전국 시·도
공공기관
통합편

시대에듀

2025 최신판 시대에듀 전국 시·도 공공기관 통합편
NCS + 일반상식 + 모의고사 4회 + 무료NCS특강

Always **with you**

사람의 인연은 길에서 우연하게 만나거나 함께 살아가는 것만을 의미하지는 않습니다.
책을 펴내는 출판사와 그 책을 읽는 독자의 만남도 소중한 인연입니다.
시대에듀는 항상 독자의 마음을 헤아리기 위해 노력하고 있습니다. 늘 독자와 함께하겠습니다.

머리말 PREFACE

전국 시·도의 공공기관은 양질의 일자리를 창출하고자 다각도로 채용을 진행하고 있으며, 필기전형에 국가직무능력표준(NCS)을 도입하여 우리 사회에 직무 위주의 채용 문화를 정착시키는 데 기여하고 있다. 문제 유형은 대표적으로 모듈형, 피듈형, PSAT형 3가지로 구분할 수 있고, 출제되는 영역은 공공기관마다 상이하다. 따라서 공공기관 채용을 준비하는 수험생들은 지원하는 기관이 어떤 영역을 어떤 스타일로 출제하는지 미리 파악해 두어야 한다. 무엇보다 필기전형에서 고득점을 받기 위해서는 다양한 유형에 대한 폭넓은 학습과 문제풀이능력을 높이는 등의 철저한 준비가 필요하다.

공공기관 필기전형 합격을 위해 시대에듀에서는 NCS 도서 시리즈 판매량 1위의 출간 경험을 토대로 다음과 같은 특징을 가진 도서를 출간하였다.

도서의 특징

❶ 기출복원문제를 통한 출제 유형 확인!
- 2024년 주요 공공기관 NCS 및 일반상식 기출문제를 복원하여 공공기관별 필기 유형을 파악할 수 있도록 하였다.

❷ 출제 영역 맞춤 문제를 통한 실력 상승!
- NCS 직업기초능력평가 대표기출유형 및 기출응용문제를 수록하여 유형별로 꼼꼼히 대비할 수 있도록 하였다.
- 일반상식 핵심이론 및 적중예상문제를 수록하여 일반상식에도 빈틈없이 대비할 수 있도록 하였다.

❸ 최종점검 모의고사를 통한 완벽한 실전 대비!
- 철저한 분석을 통해 실제 유형과 유사한 최종점검 모의고사를 3회분(필수영역 + 핵심영역 + 전 영역) 수록하여 자신의 실력을 점검하고 향상시킬 수 있도록 하였다.

❹ 다양한 콘텐츠로 최종 합격까지!
- 인성검사와 주요 공공기관 면접 기출질문을 수록하여 채용 전반에 대비할 수 있도록 하였다.
- 온라인 모의고사를 무료로 제공하여 필기전형을 준비하는 데 부족함이 없도록 하였다.

끝으로 본 도서를 통해 공공기관 채용을 준비하는 모든 수험생 여러분이 합격의 기쁨을 누리기를 진심으로 기원한다.

SDC(Sidae Data Center) 씀

◇ **2024년 전국 시 · 도별 공공기관 통합채용 통계**

지역	기관
경기도 (총 24개 기관 101명)	• 경기주택도시공사 • 경기평택항만공사 • 경기관광공사 • 경기교통공사 • 경기연구원 • 경기문화재단 • 경기도경제과학진흥원 • 경기테크노파크 • 한국도자재단 • 경기도수원월드컵경기장관리재단 • 경기도청소년수련원 • 경기콘텐츠진흥원 • 경기아트센터 • 경기대진테크노파크 • 경기도농수산진흥원 • 경기도의료원 • 경기복지재단 • 경기도평생교육진흥원 • 경기도일자리재단 • 차세대융합기술연구원 • 경기도시장상권진흥원 • 경기도사회서비스원 • 경기환경에너지진흥원 • 경기도사회적경제원
경상북도 (총 10개 기관 20명)	• 경상북도안동의료원 • 경상북도경제진흥원 • 경북신용보증재단 • 경북문화재단 • 경상북도환경연수원 • 경북행복재단 • 경상북도인재평생교육진흥원 • 경상북도농식품유통교육진흥원 • 새마을재단 • 경상북도장애인체육회
전라북도 (총 10개 기관 40명)	• 전북테크노파크 • 경제통상진흥원 • 자동차융합기술원 • 에코융합섬유연구원 • 군산의료원 • 남원의료원 • 여성가족재단 • 국제협력진흥원 • 문화관광재단 • 콘텐츠융합진흥원
전라남도 (총 13개 기관 46명)	• 전남개발공사 • 전남테크노파크 • 녹색에너지연구원 • 전남관광재단 • 전남여성가족재단 • 남도장터 • 전라남도교통연수원 • 전남인재평생교육진흥원 • 전라남도청소년미래재단 • 전라남도중소기업일자리경제진흥원 • 전남신용보증재단 • 전남정보문화산업진흥원 • 전라남도환경산업진흥원
부산시 (총 15개 기관 183명)	• 부산관광공사 • 부산시설공단 • 부산환경공단 • 부산연구원 • 부산신용보증재단 • 부산테크노파크 • 부산경제진흥원 • 영화의전당 • 부산여성가족과평생교육진흥원 • 부산정보산업진흥원 • 부산글로벌도시재단 • 부산사회서비스원 • 부산디자인진흥원 • 부산문화재단 • 부산문화회관

대전시 (총 12개 기관 114명)	• 대전도시공사 • 대전교통공사 • 대전관광공사 • 대전광역시시설관리공단 • 대전세종연구원 • 대전평생교육진흥원	• 대전과학산업진흥원 • 대전테크노파크 • 대전신용보증재단 • 대전고암미술문화재단 • 대전효문화진흥원 • 대전청년내일재단
광주시 (총 15개 기관 82명)	• 광주광역시도시공사 • 광주교통공사 • 광주관광공사 • 광주환경공단 • 광주광역시사회서비스원 • 광주정보문화산업진흥원 • 광주신용보증재단 • 광주광역시체육회	• 광주경제진흥상생일자리재단 • 광주연구원 • 광주디자인진흥원 • 광주그린카진흥원 • 광주여성가족재단 • 광주광역시교통약자이동지원센터 • 광주광역시장애인체육회
수원시 (총 6개 기관 21명)	• 수원도시공사 • 수원도시재단 • 수원문화재단	• 수원시청소년청년재단 • 수원시국제교류센터 • 수원시체육회
화성시 (총 5개 기관 42명)	• 화성도시공사 • 화성시문화재단 • 화성시여성가족청소년	• 화성푸드통합지원센터 • 화성시환경재단
용인시 (총 4개 기관 34명)	• 용인도시공사 • 용인시자원봉사센터	• 용인시청소년미래재단 • 용인문화재단
안산시 (총 3개 기관 12명)	• 안산문화재단 • 안산시청소년재단	• 안산시상권활성화재단
고양시 (총 7개 기관 45명)	• 고양시정연구원 • 고양도시관리공사 • 킨텍스 • 고양국제꽃박람회	• 고양문화재단 • 고양산업진흥원 • 고양시청소년재단
제주도 (총 6개 기관 19명)	• 제주개발공사 • 제주관광공사 • 제주연구원	• 제주문화예술재단 • 제주영상 · 문화산업진흥원 • 제주테크노파크

총평

2024년 치러진 전국 시·도별 공공기관 통합채용에서 NCS는 대체로 4지선다 피듈형으로 출제되었다는 후기가 많았다. 특히 여타 공기업 필기전형의 출제경향과 달리 공공기관 통합채용에서는 의사소통능력, 수리능력, 문제해결능력, 자원관리능력에서도 꾸준히 모듈형 문제가 출제되고 있으므로 모듈 이론에 대한 숙지가 철저하게 이루어져야 한다. 그러나 고득점을 취득하기 위해서는 PSAT 유형에 대한 폭넓은 연습도 필요하다. 주어진 시간 내에 효율적으로 문제를 풀이할 수 있도록 반복해서 훈련하기를 권한다.

◇ NCS 영역별 출제 비중

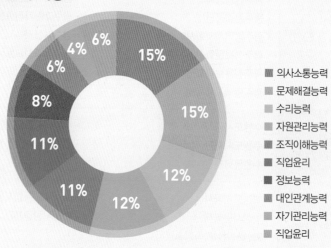

- ■ 의사소통능력
- ■ 문제해결능력
- ■ 수리능력
- ■ 자원관리능력
- ■ 조직이해능력
- ■ 직업윤리
- ■ 정보능력
- ■ 대인관계능력
- ■ 자기관리능력
- ■ 직업윤리

◇ 일반상식 과목별 출제 비중

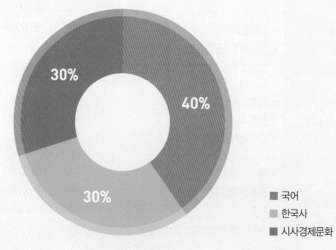

- ■ 국어
- ■ 한국사
- ■ 시사경제문화

◇ NCS 영역별 출제 특징

구분	출제 특징
의사소통능력	• 공문서 등의 문서 이해, 작성 관련 문제가 다수 출제됨 • 맞춤법, 어휘 · 어법, 한자성어 문제가 출제됨 • 경청, 의사소통 관련 모듈형 문제가 출제됨 • 독해 문제의 경우 지문의 길이가 짧은 편으로, 난이도가 높지 않게 출제됨
수리능력	• 응용 수리 문제가 다수 출제됨 • 수열 문제가 출제됨 • 자료를 활용하여 계산하는 등의 문제는 난이도가 다소 평이하게 출제됨
문제해결능력	• 명제 문제가 출제됨 • 창의적 사고와 관련된 모듈형 문제가 출제됨 • 지문이 주어지는 PSAT형 문제가 출제됨
자원관리능력	• 각 숙소의 정보가 주어진 뒤 묵을 곳을 고르는 등의 품목 확정 문제가 출제됨 • 도표를 참고하여 옳은 선택지를 고르는 문제가 출제됨 • 시간 관리, 예산 관리, 인적 자원 관리 등의 모듈형 문제가 출제됨
정보능력	• SQL 문제가 출제됨 • 코딩 명령어 문제가 출제됨 • 정보 이해와 관련된 모듈형 문제가 출제됨
기술능력	• 주로 모듈형 문제가 출제됨 • 사용설명서를 읽고 풀이하는 문제가 출제됨
조직이해능력	• 대부분 모듈형 문제가 출제됨 • 경영 전략에 관한 문제가 출제됨
대인관계능력	• 팀워크, 리더십, 고객 응대 관련 모듈형 문제가 출제됨
자기개발능력	• 자기개발 또는 경력개발 관련 모듈형 문제가 출제됨
직업윤리	• 직장 내 괴롭힘, 비즈니스 매너 등의 모듈형 문제가 출제됨 • 의사소통능력처럼 지문이 주어지기도 함

PSAT형

| 수리능력

04 다음은 신용등급에 따른 아파트 보증률에 대한 사항이다. 자료와 상황에 근거할 때, 갑(甲)과 을(乙)의 보증료의 차이는 얼마인가?(단, 두 명 모두 대지비 보증금액은 5억 원, 건축비 보증금액은 3억 원이며, 보증서 발급일로부터 입주자 모집공고 안에 기재된 입주 예정 월의 다음 달 말일까지의 해당 일수는 365일이다)

- (신용등급별 보증료)=(대지비 부분 보증료)+(건축비 부분 보증료)
- 신용평가 등급별 보증료율

구분	대지비 부분	건축비 부분				
		1등급	2등급	3등급	4등급	5등급
AAA, AA	0.138%	0.178%	0.185%	0.192%	0.203%	0.221%
A⁺		0.194%	0.208%	0.215%	0.226%	0.236%
A⁻, BBB⁺		0.216%	0.225%	0.231%	0.242%	0.261%
BBB⁻		0.232%	0.247%	0.255%	0.267%	0.301%
BB⁺ ~ CC		0.254%	0.276%	0.296%	0.314%	0.335%
C, D		0.404%	0.427%	0.461%	0.495%	0.531%

※ (대지비 부분 보증료)=(대지비 부분 보증금액)×(대지비 부분 보증료율)×(보증서 발급일로부터 입주자 모집공고 안에 기재된 입주 예정 월의 다음 달 말일까지의 해당 일수)÷365
※ (건축비 부분 보증료)=(건축비 부분 보증금액)×(건축비 부분 보증료율)×(보증서 발급일로부터 입주자 모집공고 안에 기재된 입주 예정 월의 다음 달 말일까지의 해당 일수)÷365
- 기여고객 할인율 : 보증료, 거래기간 등을 기준으로 기여도에 따라 6개 군으로 분류하며, 건축비 부분 요율에서 할인 가능

구분	1군	2군	3군	4군	5군	6군
차감률	0.058%	0.050%	0.042%	0.033%	0.025%	0.017%

〈상황〉

- 갑 : 신용등급은 A⁺이며, 3등급 아파트 보증금을 내야 한다. 기여고객 할인율에서는 2군으로 선정되었다.
- 을 : 신용등급은 C이며, 1등급 아파트 보증금을 내야 한다. 기여고객 할인율은 3군으로 선정되었다.

① 554,000원
② 566,000원
③ 582,000원
④ 591,000원
⑤ 623,000원

특징 ▶ 대부분 의사소통능력, 수리능력, 문제해결능력을 중심으로 출제(일부 기업의 경우 자원관리능력, 조직이해능력을 출제)
▶ 자료에 대한 추론 및 해석 능력을 요구

대행사 ▶ 엑스퍼트컨설팅, 커리어넷, 태드솔루션, 한국행동과학연구소(행과연), 휴노 등

모듈형

| 문제해결능력

41 문제해결절차의 문제 도출 단계는 (가)와 (나)의 절차를 거쳐 수행된다. 다음 중 (가)에 대한 설명으로 적절하지 않은 것은?

(가)	→	(나)
전체 문제를 개별화된 이슈들로 세분화		문제에 영향력이 큰 핵심이슈를 선정

① 문제의 내용 및 영향 등을 파악하여 문제의 구조를 도출한다.
② 본래 문제가 발생한 배경이나 문제를 일으키는 메커니즘을 분명히 해야 한다.
③ 현상에 얽매이지 말고 문제의 본질과 실제를 봐야 한다.
④ 눈앞의 결과를 중심으로 문제를 바라봐야 한다.
⑤ 문제 구조 파악을 위해서 Logic Tree 방법이 주로 사용된다.

특징
▶ 이론 및 개념을 활용하여 푸는 유형
▶ 채용 기업 및 직무에 따라 NCS 직업기초능력평가 10개 영역 중 선발하여 출제
▶ 기업의 특성을 고려한 직무 관련 문제를 출제
▶ 주어진 상황에 대한 판단 및 이론 적용을 요구

대행사
▶ 인트로맨, 휴스테이션, ORP연구소 등

피듈형(PSAT형 + 모듈형)

| 자원관리능력

07 다음 자료를 근거로 판단할 때, 연구모임 A~E 중 세 번째로 많은 지원금을 받는 모임은?

〈지원계획〉
• 지원을 받기 위해서는 한 모임당 5명 이상 9명 미만으로 구성되어야 한다.
• 기본지원금은 모임당 1,500천 원을 기본으로 지원한다. 단, 상품개발을 위한 모임의 경우는 2,000천 원을 지원한다.
• 추가지원금

등급	상	중	하
추가지원금(천 원/명)	120	100	70

※ 추가지원금은 연구 계획 사전평가결과에 따라 달라진다.
• 협업 장려를 위해 협업이 인정되는 모임에는 위의 두 지원금을 합한 금액의 30%를 별도로 지원한다.

〈연구모임 현황 및 평가결과〉

특징
▶ 기초 및 응용 모듈을 구분하여 푸는 유형
▶ 기초인지모듈과 응용업무모듈로 구분하여 출제
▶ PSAT형보다 난도가 낮은 편
▶ 유형이 정형화되어 있고, 유사한 유형의 문제를 세트로 출제

대행사
▶ 사람인, 스카우트, 인크루트, 커리어케어, 트리피, 한국사회능력개발원 등

주요 공공기관 적중 문제 TEST CHECK

코레일 한국철도공사

농도 ▶ 유형

02 농도가 10%인 소금물 200g에 농도가 15%인 소금물을 섞어서 13%인 소금물을 만들려고 한다. 이때, 농도가 15%인 소금물은 몇 g이 필요한가?

① 150g
② 200g
③ 250g
④ 300g
⑤ 350g

SWOT 분석 ▶ 유형

01 다음은 K섬유회사에 대한 SWOT 분석 자료이다. 분석에 따른 대응 전략으로 적절한 것을 〈보기〉에서 모두 고르면?

• 첨단 신소재 관련 특허 다수 보유	• 신규 생산 설비 투자 미흡 • 브랜드의 인지도 부족
S 강점	W 약점
O 기회	T 위협
• 고기능성 제품에 대한 수요 증가 • 정부 주도의 문화 콘텐츠 사업 지원	• 중저가 의류용 제품의 공급 과잉 • 저임금의 개발도상국과 경쟁 심화

보기

ㄱ. SO전략으로 첨단 신소재를 적용한 고기능성 제품을 개발한다.
ㄴ. ST전략으로 첨단 신소재 관련 특허를 개발도상국의 경쟁업체에 무상 이전한다.
ㄷ. WO전략으로 문화 콘텐츠와 디자인을 접목한 신규 브랜드 개발을 통해 적극적으로 마케팅 한다.
ㄹ. WT전략으로 기존 설비에 대한 재투자를 통해 대량생산 체제로 전환한다.

① ㄱ, ㄷ
② ㄱ, ㄹ
③ ㄴ, ㄷ
④ ㄴ, ㄹ
⑤ ㄷ, ㄹ

국민건강보험공단

접속어 ▶ 유형

08 다음 중 빈칸에 들어갈 접속사로 가장 적절한 것은?

날이 추우면 통증이 커질 수 있는 질환이 몇 가지 있다. 골관절염이나 류마티스 관절염 등 관절 관련 질환이 여기에 해당한다. 통증은 신체에 어떤 이상이 있으니 상황이 악화되지 않도록 피할 방법을 준비하라고 스스로에게 알리는 경고이다.

골관절염과 류마티스 관절염은 여러 면에서 차이가 있으나 환절기에 추워지면 증상이 악화될 수 있다는 공통점이 있다. 날씨에 따라 관절염 증상이 악화되는 이유를 의학적으로 명확하게 설명할 수 있는 근거는 다소 부족하지만 추위로 인해 관절염 통증이 심해질 수 있다. 우리는 신체의 신경을 통해 통증을 느끼는데, 날이 추워지면 신체의 열을 빼앗기지 않고자 조직이 수축한다. 이 과정에서 신경이 자극을 받아 통증을 느끼게 되는 것이다. 즉, 관절염의 질환 상태에는 큰 변화가 없을지라도 평소보다 더 심한 통증을 느끼게 된다.

_____ 날이 추워질수록 외부 온도 변화에 대응할 수 있도록 가벼운 옷을 여러 개 겹쳐 입어 체온을 일정하게 유지해야 한다. 특히 일교차가 큰 환절기에는 아침, 점심, 저녁으로 변화하는 기온에 따라 옷을 적절하게 입고 벗을 필요가 있다. 오전에 첫 활동을 시작할 때는 가벼운 스트레칭을 통해 체온을 올린 후 활동하는 것도 효과적이다. 춥다고 웅크린 상태에서 움직이지 않으면 체온이 유지되지 않을 수 있으므로 적절한 활동을 지속하는 것이 중요하다.

① 그러나
② 따라서
③ 한편
④ 그리고

빅데이터 ▶ 키워드

01 다음 중 '녹내장' 질환에 대한 설명으로 적절하지 않은 것은?

국민건강보험공단이 건강보험 빅데이터를 분석한 내용에 따르면 '녹내장 질환'으로 진료를 받은 환자가 2010년 44만 4천 명에서 2015년 76만 8천 명으로 5년간 73.1% 증가했으며, 성별에 따른 진료인원을 비교해 보면 여성이 남성보다 많은 것으로 나타났다. 남성은 2010년 20만 7천 명에서 2015년 35만 3천 명으로 5년간 70.1%(14만 6천 명), 여성은 2010년 23만 6천 명에서 2015년 41만 6천 명으로 75.8%(18만 명) 증가한 것으로 나타났다.

2015년 기준 '녹내장' 진료인원 분포를 연령대별로 살펴보면, 70대 이상이 26.2%를, 50대 이상이 68.6%를 차지했다. 2015년 기준 인구 10만 명당 '녹내장'으로 진료 받은 인원수가 60대에서 급격히 증가해 70대 이상이 4,853명으로 가장 많았다. 특히, 9세 이하와 70대 이상을 제외한 모든 연령대에서 여성보다 남성 환자가 많은 것으로 나타났다. 국민건강보험 일산병원 안과 박종운 교수는 60대 이상 노인 환자가 많은 이유에 대해 "녹내장은 특성상 40세 이후에 주로 발병한다. 그런데 최근장비와 약물의 발달로 조기 치료가 많은 데다가 관리도 많고 관리도 잘돼 나이가 들어서까지 시력이 보존되는 경우가 늘어났다. 그래서 60대 이후 노인 환자가 많은 것으로 보인다."고 설명했다.

2015년 남녀기준 전체 진료환자의 월별 추이를 살펴보면, 12월에 168,202명으로 진료인원이 가장 많은 것으로 나타났다. 2015년 기준 성별 진료인원이 가장 많은 달은 남성은 12월(80,302명)인 반면, 여성은 7월(88,119명)로 나타났다.

박종운 교수는 안과질환 녹내장 환자가 많은 이유에 대해 "녹내장은 노년층에 주로 발생하지만, 젊은 층에서도 스마트폰 등 IT기기 사용의 증가로 인해 최근 많이 나타나고 있다. 따라서 가족력이나 고혈압, 당뇨, 비만이 있는 경우 정밀검사를 통해 안압이 정상인지 자주 체크하여야 한다. 또 녹내장 환자이면서 고혈압이 있다면 겨울에 안압이 높아지는 경향이 있으니 특히 조심해야 한다. 높은

주요 공공기관 적중 문제 TEST CHECK

문장 삽입 ▶ 유형

02 다음 글에서 〈보기〉의 문장이 들어갈 위치로 가장 적절한 곳은?

문화가 발전하려면 저작자의 권리 보호와 저작물의 공정 이용이 균형을 이루어야 한다. 저작물의 공정 이용이란 저작권자의 권리를 일부 제한하여 저작권자의 허락이 없어도 저작물을 자유롭게 이용하는 것을 말한다. 대표적으로 비영리적인 사적 복제를 허용하는 것이 있다. (㉮) 우리나라의 저작권법에서는 오래전부터 공정 이용으로 볼 수 있는 저작권 제한 규정을 두었다.

그런데 디지털 환경에서 저작물의 공정 이용은 여러 장애에 부딪혔다. 디지털 환경에서는 저작물을 원본과 동일하게 복제할 수 있고 용이하게 개작할 수 있다. (㉯) 그 결과 디지털화된 저작물의 이용 행위가 공정 이용의 범주에 드는 것인지 가늠하기가 더 어려워졌고 그에 따른 처벌 위험도 커졌다. (㉰)

이러한 문제를 해소하기 위한 시도의 하나로 포괄적으로 적용할 수 있는 '저작물의 공정한 이용' 규정이 저작권법에 별도로 신설되었다. 그리하여 저작권자의 동의가 없어도 저작물을 공정하게 이용할 수 있는 영역이 확장되었다. 그러나 공정 이용 여부에 대한 시비가 자율적으로 해소되지 않으면 예나 지금이나 법적인 절차를 밟아 갈등을 해소해야 한다. (㉱) 저작물 이용의 영리성과 비영리성, 목적과 종류, 비중, 시장 가치 등이 법적인 판단의 기준이 된다.

저작물 이용자들이 처벌에 대한 불안감을 여전히 느낀다는 점에서 저작물의 자유 이용 허락 제도와 같은 '저작물의 공유' 캠페인이 주목을 받고 있다. 이 캠페인은 저작권자들이 자신의 저작물에 일정한 이용 허락 조건을 표시해서 이용자들에게 무료로 개방하는 것을 말한다. 누구의 저작물이든 개별적인 저작권을 인정하지 않고 모두가 공동으로 소유하자고 주장하는 사람들과 달리, 이 캠페인을 펼치는 사람들은 기본적으로 자신과 타인의 저작권을 존중한다. 캠페인 참여자들은 저작권자와 이용자들의 자발적인 참여를 통해 자유롭게 활용할 수 있는 저작물의 양과 범위를 확대하려고 노력한

도서코드 ▶ 키워드

10 다음은 도서코드(ISBN)에 대한 자료이다. 주문한 도서에 대한 설명으로 옳은 것은?

〈[예시] 도서코드(ISBN)〉

국제표준도서번호					부가기호		
접두부	국가번호	발행자번호	서명식별번호	체크기호	독자대상	발행형태	내용분류
123	12	1234567		1	1	1	123

※ 국제표준도서번호는 5개의 군으로 나누어지고 군마다 '–'로 구분한다.

〈도서코드(ISBN) 세부사항〉

접두부	국가번호	발행자번호	서명식별번호	체크기호
978 또는 979	한국 89 미국 05 중국 72 일본 40 프랑스 22	발행자번호 – 서명식별번호 7자리 숫자 예 8491 – 208 : 발행자번호가 8491인인 출판사에서 208번째 발행한 책		0 ~ 9

독자대상	발행형태	내용분류
0 교양	0 문고본	030 백과사전
1 실용	1 사전	100 철학
2 여성	2 신서판	170 심리학
3 (예비)	3 단행본	200 종교
4 청소년	4 전집	360 법학
5 중고등 학습참고서	5 (예비)	470 생명과학
6 초등 학습참고서	6 도감	680 연극
7 아동	7 그림책, 만화	710 한국어

서울교통공사

보고서 작성 방법 ▶ 유형

27 다음 중 A대리가 메일에서 언급하지 않았을 내용은?

> A대리 : ○○○씨, 보고서 잘 받아봤습니다.
> B사원 : 아, 네. 대리님. 미흡한 점이 많았을 텐데…… 죄송합니다.
> A대리 : 아닙니다. 처음인데도 잘했습니다. 그런데, 얘기해 줄 것이 있어요. 문서는 '내용'이 물론 가장 중요하긴 하지만 '표현'과 '형식'도 중요합니다. 앞으로 참고할 수 있게 메일로 유의사항을 보냈으니까 읽어보세요.
> B사원 : 감사합니다. 확인하겠습니다.

① 의미를 전달하는 데 문제가 없다면 문장은 가능한 한 짧게 만드는 것이 좋다.
② 우회적인 표현은 오해의 소지가 있으므로 가능하면 쓰지 않는 것이 좋다.
③ 한자의 사용을 자제하되, 만약 사용할 경우 상용한자의 범위 내에서 사용한다.
④ 중요한 내용은 미괄식으로 작성하는 것이 그 의미가 강조되어 효과적이다.
⑤ 핵심을 담은 문장을 앞에 적어준다면 이해가 더 잘 될 것이다.

참 거짓 논증 ▶ 유형

39 다음의 마지막 명제가 참일 때, 빈칸에 들어갈 명제로 가장 적절한 것은?

> • 허리통증이 심하면 나쁜 자세로 공부했다는 것이다.
> • 공부를 오래 하면 성적이 올라간다.
> • _____
> • 성적이 떨어졌다는 것은 나쁜 자세로 공부했다는 것이다.

① 성적이 올라갔다는 것은 좋은 자세로 공부했다는 것이다.
② 좋은 자세로 공부한다고 해도 허리의 통증은 그대로이다.
③ 성적이 떨어졌다는 것은 공부를 별로 하지 않았다는 증거다.
④ 좋은 자세로 공부한다고 해도 공부를 오래 하긴 힘들다.
⑤ 허리통증이 심하지 않으면 공부를 오래 할 수 있다.

도서 200% 활용하기 STRUCTURES

1 기출복원문제로 출제경향 파악

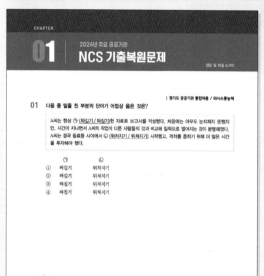

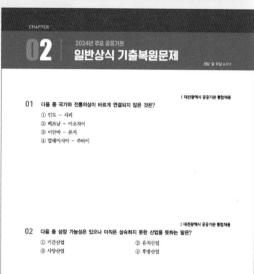

▸ 2024년 주요 공공기관 NCS 및 일반상식 기출문제를 수록하여 공공기관별 출제경향을 파악할 수 있도록 하였다.

2 이론 + 맞춤형 문제로 필기전형 완벽 대비

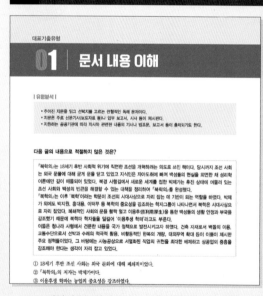

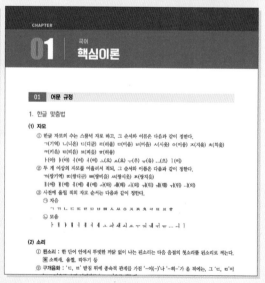

▸ NCS 직업기초능력평가 대표기출유형 및 기출응용문제를 수록하여 유형별로 꼼꼼히 대비할 수 있도록 하였다.

▸ 일반상식 핵심이론 및 적중예상문제를 수록하여 일반상식에도 빈틈없이 대비할 수 있도록 하였다.

3 최종점검 모의고사 + OMR을 활용한 실전 연습

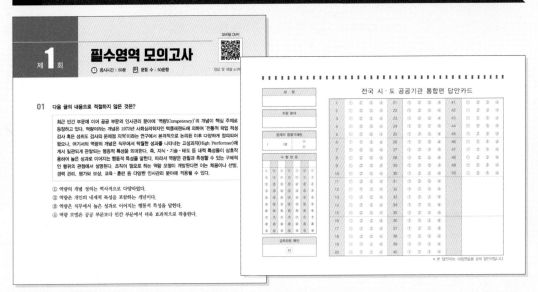

▶ 철저한 분석을 통해 실제 유형과 유사한 최종점검 모의고사를 3회분(필수영역 + 핵심영역 + 전 영역) 수록하여 자신의 실력을 점검하고 향상시킬 수 있도록 하였다.

▶ 모바일 OMR 답안채점/성적분석 서비스를 통해 필기전형에 대비할 수 있도록 하였다.

4 인성검사부터 면접까지 한 권으로 최종 마무리

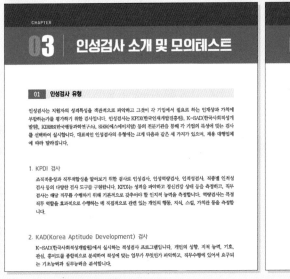

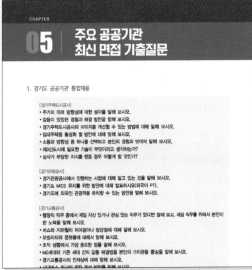

▶ 인성검사 모의테스트를 수록하여 인성검사 유형 및 문항을 확인할 수 있도록 하였다.

▶ 주요 공공기관의 면접 기출질문을 수록하여 면접에서 나오는 질문을 미리 파악하고 대비할 수 있도록 하였다.

이 책의 차례 CONTENTS

Add+

합격의 공식 시대에듀 www.sdedu.co.kr

특별부록

01 다음 중 밑줄 친 부분의 단어가 어법상 옳은 것은?

> A씨는 항상 ㉠ 짜깁기 / 짜집기한 자료로 보고서를 작성했다. 처음에는 아무도 눈치채지 못했지만, 시간이 지나면서 A씨의 작업이 다른 사람들의 것과 비교해 질적으로 떨어지는 것이 분명해졌다. A씨는 결국 동료들 사이에서 ㉡ 뒤처지기 / 뒤쳐지기 시작했고, 격차를 좁히기 위해 더 많은 시간을 투자해야 했다.

	㉠	㉡
①	짜깁기	뒤처지기
②	짜깁기	뒤쳐지기
③	짜집기	뒤처지기
④	짜집기	뒤쳐지기

02 다음 중 공문서 작성 시 유의해야 할 점으로 옳지 않은 것은?

① 한 장에 담아내는 것이 원칙이다.
② 부정문이나 의문문의 형식은 피한다.
③ 마지막엔 반드시 '끝'자로 마무리한다.
④ 날짜 다음에 괄호를 사용할 경우에는 반드시 마침표를 찍는다.

03 4개의 자연수 1, 2, 3, 4 중 3개의 수를 중복되지 않도록 골라 만들 수 있는 모든 세 자리 자연수의 합은?

① 6,580   ② 6,660

③ 6,740   ④ 6,820

04 어떤 자연수 '25□'가 3의 배수일 때, □에 들어갈 수 있는 모든 자연수의 합은?

① 12   ② 13

③ 14   ④ 15

05 대칭수는 순서대로 읽은 수와 거꾸로 읽은 수가 같은 수를 가리키는 말이다. 예컨대, 121, 303, 1,441, 85058 등은 대칭수이다. 1,000 이상 50,000 미만의 대칭수는 모두 몇 개인가?

① 180개   ② 325개

③ 405개   ④ 490개

06 영서가 어머니와 함께 40분 동안 만두를 60개 빚었다고 한다. 어머니가 혼자서 1시간 동안 만두를 빚을 수 있는 개수가 영서가 혼자서 1시간 동안 만두를 빚을 수 있는 개수보다 10개 더 많을 때, 영서는 1시간 동안 만두를 몇 개 빚을 수 있는가?

① 30개   ② 35개

③ 40개   ④ 45개

07 다음과 같이 일정한 규칙으로 수를 나열할 때, 빈칸에 들어갈 수로 옳은 것은?

8   18   32   50   72   98   (   )   162   200   …

① 128   ② 130

③ 132   ④ 134

08 K씨는 A지점에서 B지점으로 80km/h의 속력으로 가서 도착 후 10분 동안 쉬고 난 뒤 60km/h의 속력으로 되돌아왔다. 이때 걸린 시간이 2시간 30분 이상일 때, 두 지점의 거리는 최소 몇 km인가?

① 72km   ② 80km

③ 88km   ④ 96km

09 바이올린, 호른, 오보에, 플루트 4가지의 악기를 〈조건〉에 따라 좌우로 4칸인 선반에 각각 1대씩 보관하려 한다. 각 칸에는 한 대의 악기만 배치할 수 있을 때, 왼쪽에서 두 번째 칸에 배치할 수 없는 악기는?

> **조건**
> • 호른은 바이올린 바로 왼쪽에 위치한다.
> • 오보에는 플루트 왼쪽에 위치하지 않는다.

① 바이올린   ② 호른

③ 오보에   ④ 플루트

10 다음 중 비영리 조직으로 옳지 않은 것은?

① 교육기관
② 자선단체
③ 사회적 기업
④ 비정부기구

11 다음 중 설명서를 작성할 때의 유의사항으로 옳지 않은 것은?

① 정확한 내용 전달을 위해 간결하게 작성한다.
② 동일한 문장 반복을 피하고 다양하게 표현하도록 한다.
③ 복잡한 내용은 도표를 통해 시각화하여 이해도를 높인다.
④ 내용의 신뢰도 향상을 위해 전문용어를 사용하여 상세히 설명한다.

※ 다음 글을 읽고 이어지는 질문에 답하시오. [12~13]

> (가) 반면 기억자아는 과거의 경험을 이야기 형식으로 기억하고 이를 바탕으로 현재의 결정을 내리며, 미래를 예측하는 자아이다. 사람은 과거의 경험을 통해 자신을 평가하고 정체성을 형성하는데, 기억자아는 전체 경험 중 가장 좋았던 순간과 가장 나빴던 순간을 주로 기억하는 경향이 있으며, 이런 경험들을 통해 각자의 의미를 부여하고 스토리텔링을 한다. 따라서 기억자아는 경험자아가 느낀 실제 경험보다는 기억 속에 남아 있는 경험을 바탕으로 의사 결정을 내린다.
>
> (나) 경험자아와 기억자아를 이해하는 것은 우리의 삶을 더욱 풍요롭게 만든다. 경험자아를 통해 현재의 순간을 즐기고, 기억자아를 통해 과거의 경험에서 의미를 찾아 삶의 만족도를 높일 수 있다. 또한 다른 사람의 행동이나 선택을 이해하는 데에도 도움이 된다. 이와 같이 경험자아와 기억자아 두 가지 자아의 특징을 이해하고 조화롭게 발전시켜 나간다면 더욱 행복하고 만족스러운 삶을 살 수 있을 것이다.
>
> (다) 우리는 삶에서 매 순간 다양한 경험을 한다. 맛있는 음식을 먹으며 행복을 느끼고, 사랑하는 사람과 함께하며 즐거움을 느끼고, 실패나 상실로 인해 슬픔과 좌절을 느낀다. 이러한 경험들은 우리의 삶을 풍요롭게 만들며 우리를 성장하게 한다. 심리학자이자 노벨 경제학상을 수상한 대니얼 카너먼 교수는 이러한 경험을 바라보는 두 가지 시각인 경험자아와 기억자아를 제시했다.
>
> (라) 우리의 삶은 이 두 가지 자아가 상호작용하여 만들어진다. 맛있는 음식을 먹는 경험은 경험자아에게 즐거움을 주지만, 기억자아는 이 경험을 통해 '행복한 순간'이라는 의미를 부여하고, 이를 바탕으로 미래에 또 다른 행복을 추구하려 한다. 반면, 때로는 두 자아가 상충하기도 한다. 다이어트를 하는 경우 경험자아는 맛있는 음식을 먹고 싶어 하지만, 기억자아는 건강한 몸을 위해 참아야 한다고 생각할 수 있다.
>
> (마) 경험자아는 현재 순간의 감정과 느낌을 직접적으로 경험하는 자아이다. 친구와 함께 노는 순간의 즐거움, 아름다운 풍경을 보며 느끼는 감동 등이 모두 경험자아의 영역에 속한다. 경험자아는 즉각적인 만족을 추구하며, 현재의 순간에 집중하기 때문에 지금 벌어지는 기쁜 일이나 쾌락을 즐기고 고통이나 괴로움을 피하려 한다.

| 광주광역시 공공기관 통합채용 / 의사소통능력

12 다음 중 윗글의 문단을 논리적 순서대로 바르게 나열한 것은?

① (나) – (다) – (라) – (가) – (마)
② (나) – (마) – (라) – (가) – (다)
③ (다) – (가) – (라) – (나) – (마)
④ (다) – (마) – (가) – (라) – (나)

13 다음 중 윗글의 주제로 가장 적절한 것은?

① 기억자아 이해의 중요성

② 경험이 인간에게 작용하는 방식

③ 우리의 삶을 구성하는 두 가지 자아

④ 대니얼 카너먼 교수의 심리학적 업적

14 A주임은 신입사원 B가 작성한 보고서를 본 후 문서 작성에 대해 조언하려고 한다. 다음 중 적절한 조언이 아닌 것은?

① 제출하기 전에는 반드시 최종점검을 해야 합니다.

② 진행과정에 대한 핵심내용을 구체적으로 제시해야 합니다.

③ 핵심사항은 다양한 단어 및 어휘를 활용하여 수시로 서술해야 합니다.

④ 내용에 대한 예상 질문을 사전에 추출해 보고, 답을 미리 준비해야 합니다.

15 다음 중 업무 수행 시 방해요소와 그 해결방안이 잘못 연결된 것은?

① 방문 : 외부 방문시간 등 시간을 정하여 해결한다.

② 통화 : 3분 이내 통화원칙을 세우거나, 사적인 통화는 나중에 다시 걸겠다고 한 후 업무 시간 외에 통화하도록 한다.

③ 갈등 : 대화와 협상으로 의견일치에 초점을 맞추고, 양측에 도움이 될 수 있는 해결방법을 찾는다.

④ 스트레스 : 스트레스를 받는 시간을 줄이기 위해 업무를 몰아서 빨리 끝낸 뒤 명상 등 개인적인 여가시간을 갖는다.

16 다음 중 브레인스토밍의 규칙으로 옳지 않은 것은?

① 최대한 많이 아이디어를 낸다.

② 문제에 대한 제안은 자유롭게 이루어질 수 있다.

③ 다른 사람의 의견에 반박하거나 자신의 의견을 덧붙이지 않는다.

④ 모든 아이디어들이 제안되고 나면 이를 결합하여 해결책을 마련한다.

17 다음 중 문제해결을 위한 5W1H기법에 해당하는 것을 〈보기〉에서 모두 고르면?

보기

ㄱ. Who　　　　　　　　　ㄴ. What
ㄷ. Wherever　　　　　　ㄹ. Want
ㅁ. Honest　　　　　　　ㅂ. How

① ㄱ, ㄴ, ㅁ　　　　　　② ㄱ, ㄴ, ㅂ
③ ㄴ, ㄹ, ㅂ　　　　　　④ ㄷ, ㄹ, ㅁ

18 다음 글이 설명하는 창의적 사고 개발 방법으로 가장 적절한 것은?

영국의 심리학자 윌리엄 고든이 제안한 이 발상 방법은 서로 관련이 없어 보이는 것들을 조합하여 새로운 것들을 도출해 내는 등 문제를 바라보는 관점을 완전히 다르게 하여 창조적인 아이디어를 도출해 내는 발상 방법이다.

① 스캠퍼(SCAMPER)기법　　　② 브레인스토밍(Brainstorming)
③ 시네틱스(Synectics)　　　　④ 체크리스트(Checklist)

19 다음은 J공사 총무팀의 2024년 3월 기준 근무기간 및 근속연수에 대한 자료이다. 〈조건〉에 따라 승진 대상자에 포함되는 사람은 몇 명인가?

〈J공사 총무팀 근무기간 및 근속연수〉

구분	근무기간	직위	근속연수
A	2년	사원	1년
B	2년	사원	4개월
C	7년	대리	7년 1개월
D	17년	차장	15년 2개월
E	12년	과장	2년 6개월
F	3년	사원	2년 8개월
G	7년	대리	1년 5개월
H	4년	대리	3년 6개월

조건

- 직위는 사원, 대리, 과장, 차장, 부장 순서이다.
- 직위에 따른 근무기간 및 근속연수의 기준은 다음과 같다.
  - 근무기간 : 사원 2년 이상, 대리 5년 이상, 과장 10년 이상, 차장 15년 이상
  - 근속연수 : 사원 6개월 이상, 대리 2년 이상, 과장·차장 3년 이상
- 근무기간 및 근속연수 조건을 모두 만족하는 직원은 승진 대상자에 포함된다.

① 3명　　　　　　　　　② 4명
③ 5명　　　　　　　　　④ 6명

20 다음 중 직장 내 성희롱에 대한 설명으로 옳은 것은?

① 직장 외부에서 일어날 경우 직장 내 성희롱에 해당하지 않는다.

② 협력업체 및 파견근로자는 직장 내 성희롱에 피해자 범위에서 제외된다.

③ 채용과정에서의 구직자의 경우 직장 내 성희롱의 피해자 범위에서 제외된다.

④ 거래처 관계자나 고객 등 제3자는 직장 내 성희롱의 가해자 범위에서 제외된다.

21 다음과 같이 지름 6cm, 높이 8cm인 원기둥에서 밑면의 지름의 한쪽 끝과 반대쪽 윗면의 지름 한 쪽 끝을 잇는 선분의 길이는?

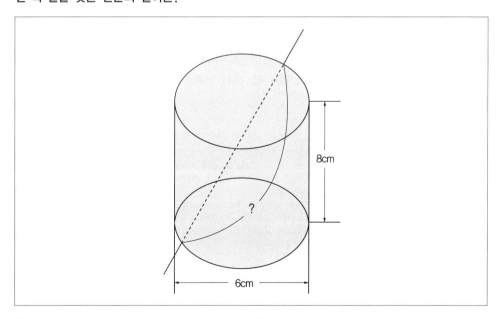

① 10cm

② 12cm

③ 14cm

④ 16cm

22 연속된 세 자연수가 있다. 가장 큰 자연수의 제곱은 다른 두 수의 곱의 2배보다 20 더 작은 수와 같을 때, 연속된 세 자연수는?

① 4, 5, 6   ② 5, 6, 7

③ 6, 7, 8   ④ 7, 8, 9

23 식당을 운영하는 A씨는 최근 식당 매출이 하락하여 극복 전략을 세우기 위해 SWOT 분석을 하였다. SWOT 분석 결과가 다음과 같을 때, 분석 결과에 대응하는 전략과 그 내용으로 옳지 않은 것은?

〈A씨 식당의 SWOT 분석 결과〉

강점(Strength)	약점(Weakness)
• 매일 아침에 질 좋은 식재료를 공수해온다. • 점심시간에는 식당을 찾는 사람이 많다.	• 판매하는 음식이 현대인의 기호와 다르다.
기회(Opportunity)	위협(Threat)
• 근처에 학교, 학원, 주택가, 사무실이 모두 있다. • 신선한 식재료를 바라는 학부모, 회사원이 많다.	• 한 블록 뒤에 대형 프랜차이즈 카페가 입점하였다. • 저녁시간에는 식당을 찾는 사람이 거의 없다.

① SO전략 : 학부모 및 회사원을 대상으로 질 좋은 식재료로 만든 음식을 판매한다고 적극 홍보한다.

② ST전략 : 가게 마감시간을 저녁 이전으로 정하고 점심시간에 제공하는 서비스 품질을 높인다.

③ WO전략 : 학생의 기호에 맞는 음식을 새로 개발한다.

④ WT전략 : 프랜차이즈와는 다른 새로운 독창적인 매력임을 강조하며 적극 홍보한다.

24 다음 글이 설명하는 창의적 사고 개발 방법은?

> 각종 자료를 강제로 연결하여 발상하는 강제연상법 중 하나이다. 막연한 발상이 주가 되는 자유연상법과는 달리 중요하거나 우선시되는 점을 미리 정하고 발상한 생각들이 미리 정해둔 점을 만족하는지 점검하면서 진행한다.

① 시네틱스(Synectics)
② 체크리스트(Checklist)
③ NM법
④ 브레인스토밍(Brainstorming)

25 다음 중 직장 내 괴롭힘에 해당하는 사례로 옳은 것을 〈보기〉에서 모두 고르면?

> **보기**
> ㉠ 회사 임원인 A씨는 육아휴직 후 복직한 B직원을 휴직 전에 담당하던 업무가 아닌 타 부서 보조업무를 주고, 기존의 자리를 치우게 하였다. 이에 B직원은 우울증을 앓게 되었고 결국 퇴사하였다.
> ㉡ A과장은 B사원에게 첫 월급 기념으로 술자리를 만들 것을 요구하였으며, 상세 날짜 및 비용 등에 대해 지속적으로 보고하게 하였다. 금전적으로 여유가 없던 B사원이 술자리 개최를 거부하자 A과장은 B사원에게 사유서를 작성하도록 지시하였다. 이에 B사원은 극심한 스트레스를 받게 되었고 결국 퇴사하였다.
> ㉢ 입사 10년차인 영업소 매니저 A씨는 총괄 매니저로 승진하기 위해 근무평정 1등급이 필요했다. A씨의 평정을 맡고 있는 본부장 B는 평소에 매니저 A씨와 사이가 좋지 않았다. 이후 B씨는 A씨의 영업소장과 함께 영업소 매출 하락을 근거로 A씨에 대한 근무평정을 2등급으로 책정했고, A씨는 승진에 실패하였다. A씨는 승진하지 못한 좌절감에 우울증을 앓게 되었고, 사이가 좋지 않은 본부장 B씨가 본인의 승진을 고의적으로 막았다고 생각하였다.

① ㉠, ㉡
② ㉠, ㉢
③ ㉡, ㉢
④ ㉠, ㉡, ㉢

26 다음 중 악수를 할 때의 매너로 옳지 않은 것은?

① 기본적으로 오른손으로 한다.

② 남성이 먼저 여성에게 청하는 것이 좋다.

③ 예의 바르고 정중한 태도를 갖추어야 한다.

④ 서양인과 악수를 할 때는 허리를 세운 채 악수한다.

27 어떤 연산자 ☆에 대한 규칙이 〈조건〉과 같을 때, 15☆3의 값으로 옳은 것은?

> 조건
>
> • 9☆3＝4
> • 5☆2＝3
> • 2☆5＝6
> • 10☆2＝16

① 10　　　　　　　　　　② 12

③ 15　　　　　　　　　　④ 16

28 다음 중 크기가 가장 작은 수는?

① $\dfrac{97}{188}$　　　　　　　　② $\dfrac{109}{208}$

③ $\dfrac{117}{246}$　　　　　　　　④ $\dfrac{148}{285}$

29 다음과 같이 가로와 세로의 길이가 같은 정사각형 안에 각각의 길이가 절반인 정사각형이 겹쳐져 있다. 색칠한 영역의 넓이가 3cm^2일 때, 큰 정사각형의 넓이는?

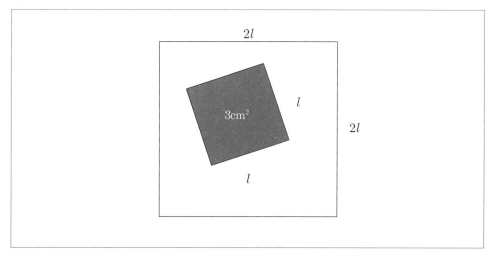

① 6cm^2
② 12cm^2
③ 24cm^2
④ 48cm^2

30 B사는 야유회에서 직원들에게 나눠 줄 치킨, 햄버거, 피자를 〈조건〉에 따라 주문하고자 할 때, 최대 주문 금액과 최소 주문 금액의 차이는?

> **조건**
> • 주문한 치킨, 햄버거, 피자의 각 수량의 합은 10개이다.
> • 모든 음식은 적어도 1개는 반드시 주문한다.
> • 피자는 치킨을 주문한 수량의 2배를 주문한다.
> • 치킨, 햄버거, 피자의 가격은 다음과 같다.

구분	치킨	햄버거	피자
가격	20,000원	12,000원	25,000원

① 68,000원
② 71,000원
③ 74,000원
④ 77,000원

31 형서와 정수가 양궁 놀이를 하고 있다. 과녁은 0점부터 10점까지 있으며, 각각 10회씩 쏘아 합산한 점수가 더 높은 사람이 이긴다고 한다. 형서가 10발 쏜 결과와 정수가 6발까지 쏜 결과가 다음과 같을 때, 정수가 남은 4발을 쏘아 이길 수 있는 경우의 수는 모두 몇 가지인가?

(단위 : 점)

구분	1회	2회	3회	4회	5회	6회	7회	8회	9회	10회
형서	7	8	8	10	9	9	9	8	10	8
정수	8	9	9	10	7	7				

① 32가지
② 34가지
③ 35가지
④ 36가지

32 검은색 바둑돌과 흰색 바둑돌을 다음과 같이 놓았을 때, 100번째에 놓인 바둑돌의 개수는?

① 191개
② 195개
③ 199개
④ 203개

33 자연수 a, b, c에 대하여 다음 등식이 만족할 때, $a+b+c$의 값은?

$$74.9 \div a.b = 21.c$$

① 11
② 12
③ 13
④ 14

34 다음은 2021 ~ 2023년 광업 및 제조업의 출하액 및 원재료비에 대한 자료이다. 2023년의 광업 및 제조업 전체의 원재료비는 2021년에 비해 몇 % 증가하였는가?

〈2021 ~ 2023년 광업 및 제조업체 출하액 · 원재료비〉

(단위 : 십억 원)

구분	2021년		2022년		2023년	
	출하액	원재료비	출하액	원재료비	출하액	원재료비
광업	3,000	400	3,300	600	3,500	600
제조업	1,504,200	803,000	1,765,600	983,000	2,040,300	1,171,600

① 약 35.6%
② 약 37.1%
③ 약 40.7%
④ 약 45.9%

35 B사에서 1주 전에 판매하는 물건에 안전상 문제가 발견되어 당일 밤에 제조공장으로 전량 회수해야 하는 사고가 발생하였다. 이를 5W1H방법으로 정리하였을 때, 들어갈 내용이 바르게 연결되지 않은 것은?

구분	내용
누가(Who)	B사 직원
무엇을(What)	안전상 문제가 발견되어 판매 중인 물건을 전량 회수 처리함
언제(When)	① 1주일 후
어디서(Where)	② 제조공장
왜(Why)	③ 출하 전 검수 미비, 사용 재료의 하자 등
어떻게(How)	④ 검수 시스템 재정비, 사용 재료 적합성 재검토 및 변경 등

36 다음 중 브레인스토밍에 대한 설명으로 옳지 않은 것은?

① 본인의 의견을 적극적으로 표출할 수 있다.
② 목표와 동떨어진 의견이라 하더라도 비난을 하지 않도록 한다.
③ 의견이 많으면 많을수록 올바른 브레인스토밍을 진행한 것이다.
④ 다른 사람의 의견을 존중하여 다른 사람의 의견에 자신의 의견을 첨가하지 않도록 한다.

37 다음은 청소년 불법 도박을 예방하기 위해 Logic Tree로 정리한 자료이다. 빈칸에 들어갈 내용으로 옳지 않은 것은?

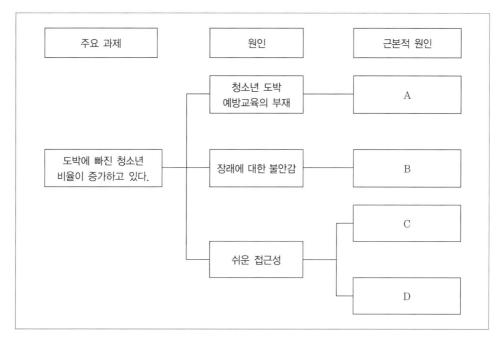

① A : 도박 예방 프로그램이 부족하다.
② B : 청소년 범죄율이 증가하고 있다.
③ C : 스마트폰 및 인터넷에 중독된 청소년이 많다.
④ D : 본인 인증이 허술한 불법 사이트가 많다.

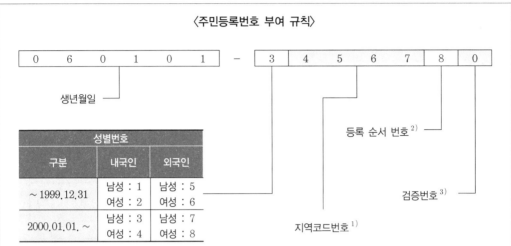

〈주민등록번호 부여 규칙〉

성별번호		
구분	내국인	외국인
~ 1999.12.31	남성 : 1 여성 : 2	남성 : 5 여성 : 6
2000.01.01. ~	남성 : 3 여성 : 4	남성 : 7 여성 : 8

1) 출생신고를 한 주민센터에 따라 각 주민센터에 할당된 4자리의 고유한 지역코드번호를 부여한다.
   앞 2자리는 지역번호, 뒤 2자리는 행정안전부에서 부여하는 주민센터 고유번호로 구성되어 있다.

지역	지역코드번호 앞 2자리	지역	지역코드번호 앞 2자리
서울	00 ~ 08	전북	48 ~ 54
부산	09 ~ 12	전남	55 ~ 66
인천	13 ~ 15	광주	55, 56(구) / 65, 66(신)
경기	16 ~ 25	대구	67 ~ 69, 76
강원	26 ~ 34	경북	70 ~ 75, 77 ~ 81
충북	35 ~ 39	경남	82 ~ 84, 86 ~ 92
대전	40 ~ 41	울산	85, 90
충남	42 ~ 47	제주	93 ~ 95
세종	44(구) / 96(신)	–	–

   예 충남의 한 주민센터에서 출생신고를 하면 출생신고 지역코드번호는 43XX이다.
2) 출생신고를 한 날 신고기관에 출생신고를 한 순서이며, 남성과 여성을 구분한다.

   예 생년월일이 2024년 3월 1일인 남자아이를 계산1동 주민센터에서 신고할 때 등록 순서 번호가 '4'라면,
   계산1동에 출생신고를 한 생년월일이 같은 남자아이는 적어도 4명 이상이다.
3) 검증번호는 다음과 같은 규칙을 따른다.
   ① 주민등록번호의 각 자리에 2, 3, 4, 5, 6, 7, 8, 9, 2, 3, 4, 5를 곱한다.

0	6	0	1	0	1	–	3	1	1	7	5	1
×	×	×	×	×	×		×	×	×	×	×	×
2	3	4	5	6	7		8	9	2	3	4	5
=	=	=	=	=	=		=	=	=	=	=	=
0	18	0	5	0	7		24	9	2	21	20	5

   ② 곱한 값을 모두 더한다.
   0+18+0+5+0+7+24+9+2+21+20+5=111
   ③ ②의 값을 11로 나누었을 때의 나머지를 구한다.
   $111 \div 11 = 10 \cdots 1$
   ④ 11에 ③의 값을 뺀 값이 검증번호이다.
   11-1=10 → 검증번호는 0이다.
   ※ 검증코드가 11, 10이 나오는 경우, 1, 0을 검증코드로 사용한다.

38 다음 중 자료에 대한 설명으로 옳지 않은 것은?

① 2002년에 태어난 대한민국에서 출생신고를 한 남성의 성별번호는 '3'이다.

② 어떤 사람의 등록 순서 번호가 '3'이면 생년월일이 같은 사람은 전국에서 적어도 3명 이상이다.

③ 주민등록번호 뒤 7자리 번호로 대략적인 출생 지역을 알아낼 수 있다.

④ 1997년 3월 5일에 태어난 사람과 2007년 3월 5일에 태어난 사람의 등록 순서 번호는 다르다.

39 다음 중 주민등록번호를 바르게 작성한 것은?

① 830726 – 4476518

② 111117 – 3038222

③ 021030 – 2313428

④ 881207 – 1986613

40 다음은 서울과 각 국가의 도시와의 시차에 대한 자료이다. 이를 바탕으로 도시의 현지 시각을 나타낼 때, 각 도시의 현지 시각이 바르게 연결되지 않은 것은?

> 그리니치 평균시(GMT)는 영국 런던 소재의 그리니치 천문대를 시점, 뉴질랜드의 웰링턴을 종점으로 하는 경도를 사용하는 협정 세계시이다.
> 런던을 기준으로 시간이 더 빠르면 (+), 더 느리면 (−)로 나타낸다.

〈국가 도시별 GMT〉

구분	런던	방콕	서울	도쿄	워싱턴
GMT	GMT+0	GMT+7	GMT+9	GMT+9	GMT−4

① 런던, 13일 08시 – 서울, 13일 17시

② 방콕, 14일 07시 – 도쿄, 14일 09시

③ 서울, 12일 09시 – 워싱턴, 12일 04시

④ 도쿄, 15일 0시 – 런던, 14일 15시

02 | 2024년 주요 공공기관 일반상식 기출복원문제

정답 및 해설 p.012

| 대전광역시 공공기관 통합채용

01 다음 중 국가와 전통의상이 바르게 연결되지 않은 것은?

① 인도 – 사리

② 베트남 – 아오자이

③ 미얀바 – 론지

④ 말레이시아 – 쑤타이

| 대전광역시 공공기관 통합채용

02 다음 중 성장 가능성은 있으나 아직은 성숙하지 못한 산업을 뜻하는 말은?

① 기간산업   ② 유치산업

③ 사양산업   ④ 후방산업

| 대전광역시 공공기관 통합채용

03 다음 중 물의 끓는점을 다르게 이르는 말은?

① 인화점   ② 임계점

③ 이슬점   ④ 비등점

04 다음 중 OPEC+에만 해당하는 국가는?

① 러시아
② 쿠웨이트
③ 이란
④ 베네수엘라

05 다음 역사적 사건들을 발생한 순서대로 바르게 나열한 것은?

ㄱ. 근초고왕 즉위	ㄴ. 광개토대왕 즉위
ㄷ. 진흥왕 즉위	ㄹ. 살수 대첩

① ㄱ - ㄴ - ㄷ - ㄹ
② ㄱ - ㄴ - ㄹ - ㄷ
③ ㄴ - ㄷ - ㄱ - ㄹ
④ ㄷ - ㄱ - ㄹ - ㄴ

06 다음 자료에 나타난 상황 이후의 사실로 옳은 것은?

> 왕이 보현원으로 가는 길에 5문 앞에 당도하자 시신(侍臣)들을 불러 술을 돌렸다. … (중략) … 저물녘 어가가 보현원 가까이 왔을 때, 이고와 이의방이 앞서가서 왕명을 핑계로 순검군을 집결시켰다. 왕이 막 문을 들어서고 신하들이 물러나려 하는 찰나에, 이고 등은 왕을 따르던 문관 및 높고 낮은 신하와 환관들을 모조리 살해했다. … (중략) … 정중부 등은 왕을 궁궐로 도로 데리고 왔다.
>
> － 『고려사』

① 만적이 개경에서 반란을 도모하였다.
② 이자겸이 왕이 되기 위해 난을 일으켰다.
③ 윤관이 별무반을 이끌고 여진을 정벌하였다.
④ 의천이 교종 중심의 해동 천태종을 개창하였다.

07 다음 중 고려시대 광종의 업적이 아닌 것은?

① 광덕 · 준풍이라는 자주적 연호를 사용했다.

② 노비안검법으로 호족세력을 견제했다.

③ 과거제를 시행해 신진세력을 등용했다.

④ 전시과 제도를 마련해 관리에게 지급했다.

08 다음 중 일제강점기에 일제의 통치방식이 무단통치에서 문화통치로 바뀌게 된 계기가 된 사건은?

① 3 · 1운동   ② 2 · 8독립선언

③ 국채보상운동   ④ 대한민국 임시정부 설립

09 다음 중 물질문화의 급속한 발전을 비물질문화가 따라잡지 못하는 현상은?

① 문화실조   ② 문화접변

③ 문화지체   ④ 문화충격

10 다음 중 사진을 통해 자신의 정체성을 드러내는 세대를 뜻하는 신조어는?

① 미닝아웃   ② 포토프레스

③ 쓸쓸비용   ④ 나포츠족

11 다음 중 '가을철에 농사를 짓느라 매우 바쁨'을 의미하는 속담은?

① 가을에는 부지깽이도 덤벙인다.

② 가을 추수는 입추 이슬을 맞아야 한다.

③ 밤송이 맺을 때 모 심어도 반밥 더 먹는다.

④ 가을멸구는 볏섬에서도 먹는다.

12 다음 중 조선시대 세종대왕 재임 때 발명되지 않은 것은?

① 신기전   ② 침금동인

③ 혼상   ④ 병진자

13 다음 중 우리 국회에서 원내 교섭단체를 구성할 수 있는 인원수는?

① 15명

② 20명

③ 25명

④ 30명

14 다음 중 2023년 개봉한 영화 〈서울의 봄〉의 배경이 되는 역사적 사건은?

① 5·16 군사정변

② 12·12 군사반란

③ 사사오입 개헌

④ 5·18 민주화운동

15 다음 중 이슬람력의 9월에 해당하며, 이슬람교도들이 의무적으로 금식을 하는 신성한 기간은?

① 이드 알 아드하

② 이맘

③ 메카

④ 라마단

16 다음 중 세계 3대 신용평가기관에 해당하지 않는 것은?

① 무디스(Moody's)

② 스탠더드 앤드 푸어스(S&P)

③ 피치 레이팅스(Fitch Ratings)

④ D & B(Dun & Bradstreet Inc)

17 다음 중 조선시대 정조의 정책으로 옳은 것을 〈보기〉에서 모두 고르면?

보기
㉠ 장용영 설치	㉡ 균역법 시행
㉢ 초계문신 제도 실시	㉣ 속대전 편찬

① ㉠, ㉡

② ㉠, ㉢

③ ㉡, ㉣

④ ㉢, ㉣

18 다음 중 영화에서 중요한 것처럼 등장하지만 실제로는 관객의 주의를 분산시키기 위한 도구에 불과한 속임수를 일컫는 말은?

① 깨진 유리창

② 샐리의 법칙

③ 맥거핀 효과

④ 파노플리 효과

19 다음 중 정권 말기에 발생하는 권력누수현상을 일컫는 말은?

① 키친 캐비닛

② 스케이프고트

③ 레임덕

④ 로그롤링

20 다음 중 사군자(四君子)에 속하지 않는 것은?

① 매화   ② 대나무

③ 국화   ④ 소나무

PART 1

직업기초능력평가

의사소통능력

합격 Cheat Key

의사소통능력은 평가하지 않는 공공기관이 없을 만큼 필기시험에서 중요도가 높은 영역으로, 세부 유형은 문서 이해, 문서 작성, 의사 표현, 경청, 기초 외국어로 나눌 수 있다. 문서 이해·문서 작성과 같은 지문에 대한 주제 찾기, 내용 일치 문제의 출제 비중이 높으며, 문서의 특성을 파악하는 문제도 출제되고 있다.

1 문제에서 요구하는 바를 먼저 파악하라!

의사소통능력에서 가장 중요한 것은 제한된 시간 안에 빠르고 정확하게 답을 찾아내는 것이다. 의사소통능력에서는 지문이 아니라 문제가 주인공이므로 지문을 보기 전에 문제를 먼저 파악해야 하며, 문제에 따라 전략적으로 빠르게 풀어내는 연습을 해야 한다.

2 잠재되어 있는 언어 능력을 발휘하라!

세상에 글은 많고 우리가 학습할 수 있는 시간은 한정적이다. 이를 극복할 수 있는 방법은 다양한 글을 접하는 것이다. 실제 시험장에서 어떤 내용의 지문이 나올지 아무도 예측할 수 없으므로 평소에 신문, 소설, 보고서 등 여러 글을 접하는 것이 필요하다.

3 **상황을 가정하라!**

업무 수행에 있어 상황에 따른 언어 표현은 중요하다. 같은 말이라도 상황에 따라 다르게 해석될 수 있기 때문이다. 그런 의미에서 자신의 의견을 효과적으로 전달할 수 있는 능력을 평가하는 것이다. 업무를 수행하면서 발생할 수 있는 여러 상황을 가정하고 그에 따른 올바른 언어표현을 정리하는 것이 필요하다.

4 **말하는 이의 입장에서 생각하라!**

잘 듣는 것 또한 하나의 능력이다. 상대방의 이야기에 귀 기울이고 공감하는 태도는 업무를 수행하는 관계 속에서 필요한 요소이다. 그런 의미에서 다양한 상황에서 듣는 능력을 평가하는 것이다. 말하는 이가 요구하는 듣는 이의 태도를 파악하고, 이에 따른 판단을 할 수 있도록 언제나 말하는 사람의 입장이 되는 연습이 필요하다.

01 | 문서 내용 이해

| 유형분석 |

- 주어진 지문을 읽고 선택지를 고르는 전형적인 독해 문제이다.
- 지문은 주로 신문기사(보도자료 등)나 업무 보고서, 시사 등이 제시된다.
- 지원하는 공공기관에 따라 자사와 관련된 내용의 기사나 법조문, 보고서 등이 출제되기도 한다.

다음 글의 내용으로 적절하지 않은 것은?

『북학의』는 18세기 후반 사회적 위기에 직면한 조선을 개혁하려는 의도로 쓰인 책이다. 당시까지 조선 사회는 외국 문물에 대해 굳게 문을 닫고 있었고 지식인은 자아도취에 빠져 백성들의 현실을 외면한 채 성리학 이론에만 깊이 매몰되어 있었다. 북경 사행길에서 새로운 세계를 접한 박제가는 후진 상태에 머물러 있는 조선 사회와 백성의 빈곤을 해결할 수 있는 대책을 정리하여 『북학의』를 완성했다.

『북학의』는 이후 '북학'이라는 학문이 조선의 시대사상으로 자리 잡는 데 기반이 되는 역할을 하였다. 박제가 외에도 박지원, 홍대용, 이덕무 등 북학의 중요성을 강조하는 학자그룹이 나타나면서 북학은 시대사상으로 자리 잡았다. 폐쇄적인 사회의 문을 활짝 열고 이용후생(利用厚生)을 통한 백성들의 생활 안정과 부국을 강조했기 때문에 북학파 학자들을 일컬어 '이용후생 학파'라고도 부른다.

이들은 청나라 사행에서 견문한 내용을 국가 정책으로 발전시키고자 하였다. 건축 자재로서 벽돌의 이용, 교통수단으로서 선박과 수레의 적극적 활용, 비활동적인 한복의 개량, 대외무역 확대 등이 이들이 제시한 주요 정책들이었다. 그 바탕에는 사농공상으로 서열화된 직업의 귀천을 최대한 배제하고 상공업의 중흥을 강조해야 한다는 생각이 자리 잡고 있었다.

① 18세기 후반 조선 사회는 외국 문화에 대해 폐쇄적이었다.
② 『북학의』의 저자는 박제가이다.
③ 이용후생 학파는 농업의 중요성을 강조하였다.
④ 이용후생 학파는 청나라에서 보고 들은 내용을 국가 정책으로 발전시키고자 했다.

정답 ③

세 번째 문단에서 이용후생 학파들이 제시한 주요 정책들의 바탕에는 '사농공상으로 서열화된 직업의 귀천을 최대한 배제하고 상공업의 중흥을 강조해야 한다는 생각이 자리 잡고 있었다.'라고 하였다. 따라서 농업의 중요성이 아닌 상공업의 중흥을 강조했다.

풀이 전략!

주어진 선택지에서 키워드를 체크한 후, 지문의 내용과 비교해 가면서 내용의 일치 유무를 빠르게 판단한다.

01 다음 글의 내용으로 적절하지 않은 것은?

어떠한 보상을 얻기 위해서 환경에 조작을 가하는 것을 '조작적 조건화'라고 한다. 조작적 조건화는 어떤 행동을 한 후에 '강화'가 주어지면 그 행동을 빈번히 하게 되고, '처벌'이 주어지면 그 행동을 더 이상 하지 않는다는 기본 원리를 갖고 있다.

조작적 조건화에서 '강화'는 외적 자극을 주기 전의 반응자, 즉 반응을 하는 대상자의 행동이 미래에도 반복해서 나타날 가능성을 높이는 사건이라고 정의할 수 있다. 강화는 두 가지로 구분되는데, 하나는 정적 강화이고, 다른 하나는 부적 강화이다. 정적 강화는 반응자가 어떤 행동을 한 직후 그가 좋아하는 것을 주어 그 행동의 빈도를 증가시키는 사건을 말한다. 단것을 좋아하는 아이가 착한 일을 했을 경우, 그 아이에게 사탕을 줌으로써 착한 일의 발생 빈도를 증가시키는 것이 그 예가 될 수 있다.

부적 강화는 반응자가 어떤 행동을 했을 때 그가 싫어하는 것을 제거해 주어 그 행동의 빈도를 증가시키는 것이다. 예를 들어 아이가 바람직한 행동을 했을 때 그 아이가 하기 싫어하는 숙제를 취소 또는 감소시켜 줌으로써 바람직한 행동을 자주 할 수 있도록 만들 수 있다. 사탕을 주거나 숙제를 취소하는 등의 행위는 강화를 유도하는 자극에 해당하며, 이를 '강화물'이라고 한다. 강화물은 상황에 따라 변할 수 있다. 음식은 배고픈 사람에게는 강화물이지만 그렇지 않은 사람에게는 강화물이 되지 않을 수 있다.

'처벌'은 강화와 반대로, 외적 자극을 주기 전 반응자의 행동이 미래에도 반복해서 나타날 가능성을 낮추는 사건을 가리킨다. 처벌에도 정적 처벌과 부적 처벌이 존재한다. 정적 처벌은 반응자가 싫어하는 어떤 것을 제시함으로써 그에 앞서 나타났던 행동을 감소시킬 수 있는 사건을 의미한다. 아이들이 나쁜 짓을 해서 벌을 받은 후 그다음에 나쁜 짓을 하지 않는 것이 그 예가 될 수 있다.

반면에 반응자가 선호하는 어떤 것을 주지 않음으로써 반응자의 행동을 감소시킬 수도 있다. 이것이 부적 처벌이다. 부적 처벌은 부모님의 말을 잘 듣지 않는 어린이에게 용돈을 줄임으로써 말을 잘 듣지 않는 행동을 감소시키는 것에서 찾아 볼 수 있다.

이처럼 강화와 처벌은 외적 자극을 통해 반응자의 행동을 변화시키는 사건이다. 강화와 달리 처벌은 바람직하지 않은 행동을 억압하기는 하지만, 반응자의 바람직한 행동을 증가시키는 데는 한계가 있다. 따라서 바람직한 행동을 유도하려면 처벌만 사용하기보다 처벌을 강화와 결합하여 사용할 때 더 효과가 있다. 강화와 처벌은 조작적 조건화의 기본 원리로, 가정이나 학교, 회사, 스포츠 분야 등에서 활용되고 있다.

① 조작적 조건화는 외적 자극을 사용한다.
② 강화는 반응자의 행동을 증가시킬 수 있다.
③ 자극은 상황에 관계없이 모두 강화물이 된다.
④ 처벌은 반응자의 부정적 행동 가능성을 낮춘다.

02 A공공기관의 K과장은 산림청이 주관하는 학술발표회에 참석하였다. 다음 글을 읽고 K과장이 이해한 내용으로 적절하지 않은 것은?

우리나라에만 자생하는 희귀·멸종 위기수종인 미선나무에 발광다이오드(LED)광을 처리해 대량증식을 할 수 있는 기술을 개발했다. 이번에 개발된 기술은 줄기증식이 어려운 미선나무의 조직배양 단계에서 LED를 이용해 줄기의 생장을 유도하는 특정 파장의 빛을 쬐어주어 대량생산이 가능하게 하는 기술이다.

미선나무의 눈에서 조직배양한 기내식물체*에 청색과 적색(1 : 1) 혼합광을 쬐어준 결과, 일반광(백색광)에서 자란 것보다 줄기 길이가 1.5배 이상 증가하였고, 한 줄기에서 3개 이상의 새로운 줄기가 유도되었다. LED광은 광파장의 종류에 따라 식물의 광합성효율, 줄기의 생장, 잎의 발달, 뿌리 형성 등 식물이 자라는 것을 조절할 수 있다. 이러한 방법은 미선나무 외에 다른 희귀·멸종위기수종에도 적용하여 고유한 특성을 가진 식물자원의 보존과 증식에 효과적인 기술이다.

또한, 어미나무의 작은 부분을 재료로 사용해서 나무를 훼손하지 않고도 어미나무와 같은 형질을 가진 복제묘를 대량으로 생산할 수 있다는 점에서 희귀멸종위기수종의 보존을 위한 기술로 의미가 있다.

새로 개발된 기술로 생산된 미선나무는 경기도 오산의 물향기수목원에 기증되어 시민들과 만나게 된다. 한반도에만 서식하는 1속 1종인 미선나무는 우리나라와 북한 모두 천연기념물로 지정해 보호하고 있는 귀한 나무이다. 미선나무 꽃은 아름답고 향기로우며, 추출물은 미백과 주름개선에 효과가 있는 것으로 알려져 있다.

앞으로 미선나무와 같은 희귀·멸종 위기 식물의 복제 및 증식을 위한 조직배양 기술을 지속적으로 개발하고, 우리나라 자생식물의 유전자원 보전과 활용을 위한 기반을 마련해 '나고야 의정서**' 발효에 대응해나갈 계획이다.

*기내식물체 : 조직배양 방법으로 무균상태의 특수한 배양용기에 식물이 자라는 데 필요한 영양분이 들어 있고 외부자연 환경과 유사한 인공적인 환경에서 자라는 식물체
**나고야 의정서 : 생물자원을 활용하며 생기는 이익을 공유하기 위한 지침을 담은 국제협약

① 미선나무의 조직배양 단계에서 LED 파장을 쬐어주어야 줄기의 생장을 유도할 수 있다.
② 청색과 적색의 혼합광은 줄기의 생장을 조절할 수 있다.
③ 복제묘 생산 시 어미나무의 작은 부분을 재료로 사용해 나무를 훼손하지 않을 수 있다.
④ LED 파장으로 미선나무의 줄기의 길이는 증가하고, 줄기의 개수는 줄어들었다.

03 다음 글을 읽은 독자의 반응으로 적절하지 않은 것은?

지름 $10\mu m$ 이하인 미세먼지는 각종 호흡기 질환을 유발할 수 있기 때문에, 예방 차원에서 대기 중 미세먼지의 농도를 알 필요가 있다. 이를 위해 미세먼지 측정기가 개발되었는데, 이 기기들은 대부분 베타선 흡수법을 사용하고 있다. 베타선 흡수법을 이용한 미세먼지 측정기는 입자의 성분에 상관없이 설정된 시간에 맞추어 미세먼지의 농도를 자동적으로 측정한다. 이 기기는 크게 분립 장치, 여과지, 베타선 광원 및 감지기, 연산 장치 등으로 구성된다.

미세먼지의 농도를 측정하기 위해서는 우선 분석에 쓰일 재료인 시료의 채취가 필요하다. 시료인 공기는 흡인 펌프에 의해 시료 흡입부로 들어오는데, 이때 일정한 양의 공기가 일정한 시간 동안 유입되도록 설정된다. 분립 장치는 시료 흡입부를 통해 유입된 공기 속 입자 물질을 내부 노즐을 통해 가속한 후, 충돌판에 충돌시켜 $10\mu m$보다 큰 입자만 포집하고 그보다 작은 것들은 통과할 수 있도록 한다.

결국 지름 $10\mu m$보다 큰 먼지는 충돌판에 그대로 남고, 이보다 크기가 작은 미세먼지만 아래로 떨어져 여과지에 쌓인다. 여과지는 긴 테이프의 형태로 되어 있으며, 일정 시간 미세먼지를 포집한다. 여과지에 포집된 미세먼지는 베타선 광원과 베타선 감지기에 의해 그 질량이 측정된 후 자동 이송 구동 장치에 의해 밖으로 배출된다.

방사선인 베타선을 광원으로 사용하는 이유는 베타선이 어떤 물질을 통과할 때, 그 물질의 질량이 커질수록 베타선의 세기가 감쇠하는 성질이 있기 때문이다. 또한 종이는 빠르게 투과하나 얇은 금속판이나 플라스틱은 투과할 수 없어, 안전성이 뛰어나기 때문이다. 베타선 광원에서 조사(照射)된 베타선은 여과지 위에 포집된 미세먼지를 통과하여 베타선 감지기에 도달하게 된다. 이때 감지된 베타선의 세기는 미세먼지가 없는 여과지를 통과한 베타선의 세기보다 작을 수밖에 없다. 왜냐하면 베타선이 여과지 위에 포집된 미세먼지를 통과할 때, 그 일부가 미세먼지 입자에 의해 흡수되거나 소멸되기 때문이다. 따라서 미세먼지가 없는 여과지를 통과한 베타선의 세기와 미세먼지가 있는 여과지를 통과한 베타선의 세기에는 차이가 발생한다.

베타선 감지기는 이 두 가지 베타선의 세기를 데이터 신호로 바꾸어 연산 장치에 보낸다. 연산 장치는 이러한 데이터 신호를 수치로 환산한 후 미세먼지가 흡수한 베타선의 양을 고려하여 여과지에 포집된 미세먼지의 질량을 구한다. 이렇게 얻은 미세먼지의 질량은 유량 측정부를 통해 측정한, 시료 포집 시 흡입된 공기량을 감안하여 ppb단위를 갖는 대기 중의 미세먼지 농도로 나타나게 된다.

① 미세먼지 측정기는 미세먼지 농도 측정 시 미세먼지의 성분에 영향을 받는군.

② 베타선 감지기는 베타선 세기를 데이터 신호로 바꾸어 주는 장치겠군.

③ 대기 중 미세먼지의 농도 측정은 시료의 채취부터 시작하겠군.

④ 베타선은 플라스틱으로 만들어진 물체를 투과하지 못하겠군.

02 | 글의 주제 · 제목

| 유형분석 |

- 주어진 지문을 파악하여 전달하고자 하는 핵심 주제를 고르는 문제이다.
- 정보를 종합하고 중요한 내용을 구별하는 능력이 필요하다.
- 설명문부터 주장, 반박문까지 다양한 성격의 지문이 제시되므로 글의 성격별 특징을 알아두는 것이 좋다.

다음 글의 주제로 가장 적절한 것은?

우리 사회는 타의 추종을 불허할 정도로 빠르게 변화하고 있다. 이에 따라 가족정책도 4인 가족 중심에서 1~2인 가구 중심으로 변해야 하며, 청년실업율과 비정규직화, 독거노인의 증가를 더 이상 개인의 문제가 아닌 사회문제로 다뤄야 하는 시기이다. 여러 유형의 가구와 생애주기 변화, 다양해지는 수요에 맞춘 공동체 주택이야말로 최고의 주거복지사업이다. 공동체 주택은 공동의 목표와 가치를 가진 사람들이 커뮤니티를 이뤄 사회문제에 공동으로 대처해 나가도록 돕고, 나아가 지역사회와도 연결시키는 작업을 진행하고 있다. 임대료 부담으로 작품활동이나 생계에 어려움을 겪는 예술인을 위한 공동주택, 1인 창업과 취업을 위해 골몰하는 청년을 위한 주택, 지속적인 의료서비스가 필요한 환자나 고령자를 위한 의료안심주택은 모두 시민의 삶의 질을 높이고 선별적 복지가 아닌 복지사회를 이루기 위한 노력의 일환이다. 혼자가 아닌 '함께 가는' 길에 더 나은 삶이 있기 때문에 오늘도 수요자 맞춤형 공공주택은 수요자에 맞게 진화하고 있다.

① 주거난에 대비하는 주거복지 정책
② 4차 산업혁명과 주거복지
③ 선별적 복지 정책의 긍정적 결과
④ 다양성을 수용하는 주거복지 정책

정답 ④

제시문은 빠른 사회변화 속 다양해지는 수요에 맞춘 주거복지 정책의 예로 예술인을 위한 공동주택, 창업 및 취업자를 위한 주택, 의료안심주택을 들고 있다. 따라서 주제로 가장 적절한 것은 '다양성을 수용하는 주거복지 정책'이다.

풀이 전략!

'결국', '즉', '그런데', '그러나', '그러므로' 등의 접속어 뒤에 주제가 드러나는 경우가 많다는 것에 주의하면서 지문을 읽는다.

PART 1

※ 다음 글의 주제로 가장 적절한 것을 고르시오. [1~2]

01

높은 유류세는 자동차를 사용함으로써 발생하는 다음과 같은 문제들을 줄이는 교정적 역할을 수행한다. 첫째, 유류세는 사람들의 대중교통수단 이용을 유도하고, 자가용 사용을 억제함으로써 교통혼잡을 줄여 준다. 둘째, 교통사고 발생 시 대형 차량이나 승합차가 중소형 차량에 비해 치명적인 피해를 줄 가능성이 높다. 이와 관련해서 유류세는 유류를 많이 소비하는 대형 차량을 운행하는 사람에게 보다 높은 비용을 치르게 함으로써 교통사고 위험에 대한 간접적인 비용을 징수하는 효과를 가진다. 셋째, 유류세는 유류 소비를 억제함으로써 대기오염을 줄이는 데 기여한다.

① 유류세의 용도
② 높은 유류세의 정당성
③ 유류세의 지속적 인상
④ 에너지 소비 절약

02

통계는 다양한 분야에서 사용되며 막강한 위력을 발휘하고 있다. 그러나 모든 도구나 방법이 그렇듯이 통계 수치에도 함정이 있다. 함정에 빠지지 않으려면 통계 수치의 의미를 정확히 이해하고, 도구와 방법을 올바르게 사용해야 한다. 친구 5명이 만나서 이야기를 나누다가 연봉이 화두에 올랐다고 가정해 보자. 2천만 원이 4명, 7천만 원이 1명이었는데, 평균을 내면 3천만 원이다. 이 숫자에 대해 4명은 "나는 봉급이 왜 이렇게 적을까?"라며 한숨을 내쉬었다. 그러나 이 평균값 3천만 원이 5명의 집단을 대표하는 데 아무 문제가 없을까? 물론 계산 과정에는 하자가 없지만, 평균을 집단의 대푯값으로 사용하는 데 어떤 한계가 있을 수 있는지 깊이 생각해 보지 않는다면, 우리는 잘못된 생각에 빠질 수도 있다. 평균은 극단적으로 아웃라이어(비정상적인 수치)에 민감하다. 집단 내에 아웃라이어가 하나만 있어도 평균이 크게 바뀐다는 것이다. 위의 예에서 1명의 연봉이 7천만 원이 아니라 100억 원이었다고 하자. 그러면 평균은 20억 원이 넘게 된다.
나머지 4명은 자신의 연봉이 평균치의 100분의 1밖에 안 된다며 슬퍼해야 할까? 연봉 100억 원인 사람이 아웃라이어이듯이 처음의 예에서 연봉 7천만 원인 사람도 아웃라이어인 것이다. 두드러진 아웃라이어가 있는 경우에는 평균보다는 최빈값이나 중앙값이 대푯값으로서 더 나을 수 있다.

① 평균은 집단을 대표하는 수치로서는 매우 부적당하다.
② 통계는 숫자 놀음에 불과하므로 통계 수치에 일희일비할 필요가 없다.
③ 평균보다는 최빈값이나 중앙값을 대푯값으로 사용해야 한다.
④ 통계 수치의 의미와 한계를 정확히 인식하고 사용할 필요가 있다.

※ 다음 글의 제목으로 가장 적절한 것을 고르시오. [3~4]

03

우리는 처음 만난 사람의 외모를 보고 그를 어떤 방식으로 대우해야 할지를 결정할 때가 많다. 그가 여자인지 남자인지, 얼굴색이 흰지 검은지, 나이가 많은지 적은지, 혹은 그의 스타일이 조금은 상류층의 모습을 띠고 있는지 아니면 너무나 흔해서 별 특징이 드러나 보이지 않는 외모를 하고 있는지 등을 통해 그들과 나의 차이를 재빨리 감지한다. 일단 감지가 되면 우리는 둘 사이의 지위 차이를 인식하고 우리가 알고 있는 방식으로 그를 대하게 된다. 한 개인이 특정 집단에 속한다는 것은 단순히 다른 집단의 사람과 다르다는 것뿐만 아니라, 그 집단이 다른 집단보다는 지위가 높거나 우월하다는 믿음을 갖게 한다. 모든 인간은 평등하다는 우리의 신념에도 불구하고 왜 인간들 사이의 이러한 위계화(位階化)를 당연한 것으로 받아들일까? 위계화란 특정 부류의 사람들은 자원과 권력을 소유하고 다른 부류의 사람들은 낮은 사회적 지위를 갖게 되는 사회적이며 문화적인 체계이다. 다음으로 이러한 불평등이 어떠한 방식으로 경험되고 조직화되는지를 살펴보기로 하자.

인간이 불평등을 경험하게 되는 방식은 여러 측면으로 나눌 수 있다. 산업 사회에서의 불평등은 계층과 계급의 차이를 통해서 정당화되는데, 이는 재산, 생산 수단의 소유 여부, 학력, 집안 배경 등등의 요소들의 결합에 의해 사람들 사이의 위계를 만들어 낸다. 또한 모든 사회에서 인간은 태어날 때부터 얻게 되는 인종, 성, 종족 등의 생득적 특성과 나이를 통해 불평등을 경험한다. 이러한 특성들은 단순히 생물학적인 차이를 지칭하는 것이 아니라, 개인의 열등성과 우등성을 가늠하게 만드는 사회적 개념이 되곤 한다.

한편 불평등이 재생산되는 다양한 사회적 기제들이 때로는 관습이나 전통이라는 이름 아래 특정 사회의 본질적인 문화적 특성으로 간주되고 당연시되는 경우가 많다. 불평등은 체계적으로 조직되고 개인에 의해 경험됨으로써 문화의 주요 부분이 되었고, 그 결과 같은 문화권 내의 구성원들 사이에 권력 차이와 그에 따른 폭력이나 비인간적인 행위들이 자연스럽게 수용될 때가 많다.

문화 인류학자들은 사회 집단의 차이와 불평등, 사회의 관습 또는 전통이라고 얘기되는 문화 현상에 대해 어떤 입장을 취해야 할지 고민을 한다. 문화 인류학자가 이러한 문화 현상은 고유한 역사적 산물이므로 나름대로 가치를 지닌다는 입장만을 반복하거나 단순히 관찰자로서의 입장에 안주한다면, 이러한 차별의 형태를 제거하는 데 도움을 줄 수 없다. 실제로 문화 인류학 연구는 기존의 권력 관계를 유지시켜주는 다양한 문화적 이데올로기를 분석하고, 인간 간의 차이가 우등성과 열등성을 구분하는 지표가 아니라 동등한 다름일 뿐이라는 것을 일깨우는 데 기여해 왔다.

① 차이와 불평등
② 차이의 감지 능력
③ 문화 인류학의 역사
④ 위계화의 개념과 구조

일반적으로 소비자들은 합리적인 경제 행위를 추구하기 때문에 최소 비용으로 최대 효과를 얻으려 한다는 것이 소비의 기본 원칙이다. 그들은 '보이지 않는 손'이라고 일컬어지는 시장 원리 아래에서 생산자와 만난다. 그러나 이러한 일차적 의미의 합리적 소비가 언제나 유효한 것은 아니다. 생산보다는 소비가 화두가 된 소비 자본주의 시대에 소비는 단순히 필요한 재화, 그리고 경제학적으로 유리한 재화를 구매하는 행위에 머물지 않는다. 최대 효과 자체에 정서적이고 사회 심리학적인 요인이 개입하면서, 이제 소비는 개인이 세계와 만나는 다분히 심리적인 방법이 되어버린 것이다. 곧 인간의 기본적인 생존 욕구를 충족시켜 주는 합리적 소비 수준에 머물지 않고, 자신을 표현하는 상징적 행위가 된 것이다. 이처럼 오늘날의 소비문화는 물질적 소비 차원이 아닌 심리적 소비 형태를 띠게 된다.

소비 자본주의의 화두는 과소비가 아니라 '과시 소비'로 넘어간 것이다. 과시 소비의 중심에는 신분의 논리가 있다. 신분의 논리는 유용성의 논리, 나아가 시장의 논리로 설명되지 않는 것들을 설명해 준다. 혈통으로 이어지던 폐쇄적 계층 사회는 소비 행위에 대해 계급에 근거한 제한을 부여했다. 먼 옛날 부족 사회에서 수장들만이 걸칠 수 있었던 장신구에서부터, 제아무리 권문세가의 정승이라도 아흔아홉 칸을 넘을 수 없던 집이 좋은 예이다. 권력을 가진 자는 힘을 통해 자기의 취향을 주위 사람들과 분리시킴으로써 경외감을 강요하고, 그렇게 자기 취향을 과시함으로써 잠재적 경쟁자들을 통제한 것이다.

가시적 신분 제도가 사라진 현대 사회에서도 이러한 신분의 논리는 여전히 유효하다. 이제 개인은 소비를 통해 자신의 물질적 부를 표현함으로써 신분을 과시하려 한다.

① '보이지 않는 손'에 의한 합리적 소비의 필요성
② 소득을 고려하지 않은 무분별한 과소비의 폐해
③ 계층별 소비 규제의 필요성
④ 소비가 곧 신분이 되는 과시 소비의 원리

03 | 문단 나열

| 유형분석 |

- 각 문단의 내용을 파악하고 논리적 순서에 맞게 배열하는 복합적인 문제이다.
- 전체적인 글의 흐름을 이해하는 것이 중요하며, 각 문장의 지시어나 접속어에 주의한다.

다음 문단을 논리적 순서대로 바르게 나열한 것은?

(가) 그렇기 때문에 남녀 고용 평등의 확대를 위해 채용 목표제를 강화할 필요가 있다.

(나) 우리나라 대졸 이상 여성의 고용 비율은 OECD 국가 중 최하위인데 이는 채용 과정에서 여성이 부당한 차별을 받는 경우가 많다는 것을 보여준다.

(다) 우리나라 남녀 전체의 평균 고용 비율 격차는 31.8%p로 남성에 비해 여성의 고용 비율이 현저히 낮다.

(라) 강화된 법규가 준수될 수 있도록 정부의 계도와 감독 기능을 강화해야 할 것이다.

(마) 고용 시 여성에게 일정 비율을 할애하는 것은 남성에 대한 역차별이라는 주장이 있기는 하지만, 남녀 고용 평등이 어느 정도 실현될 때까지 여성에 대한 배려는 불가피하다.

① (다) – (가) – (마) – (나) – (라)

② (다) – (나) – (라) – (가) – (마)

③ (라) – (나) – (마) – (다) – (가)

④ (라) – (다) – (가) – (나) – (마)

정답 ①

제시문은 우리나라 여성의 고용 비율이 남성보다 낮기 때문에 여성의 고용에 대한 배려가 필요하다는 내용이다. 따라서 (다) 우리나라는 남성에 비해 여성의 고용 비율이 현저히 낮음 → (가) 남녀 고용 평등의 확대를 위한 채용 목표제의 강화 필요 → (마) 역차별이라는 주장과 현실적인 한계 → (나) 대졸 이상 여성의 고용 비율이 OECD 국가 중 최하위인 대한민국의 현실 → (라) 강화된 법규가 준수될 수 있도록 정부의 계도와 감독 기능이 강화의 순서로 나열되어야 한다.

풀이 전략!

- 각 문단에 위치한 지시어와 접속어를 살펴본다. 문두에 접속어가 오거나 문장 중간에 지시어가 나오는 경우 글의 첫 번째 문단이 될 수 없다.
- 각 문단의 첫 문장과 마지막 문장에 집중하면서 글의 순서를 하나씩 맞춰 나가는 것도 좋은 방법이다.
- 상대적으로 시간이 부족하다고 느낄 때는 선택지를 참고하여 문장의 순서를 생각해 본다.

01   다음 제시된 문단 뒤에 이어질 내용을 논리적 순서대로 바르게 나열한 것은?

> 산수만 가르치면 아이들이 돈의 중요성을 알게 될까? 돈의 가치를 어떻게 가르쳐야 아이들이 돈에 대하여 올바른 개념을 갖게 될까? 이런 생각은 모든 부모의 공통된 고민일 것이다.

(가) 독일의 한 연구에 따르면 부모가 돈에 대한 개념이 없으면 아이들이 백만장자가 될 확률이 500분의 1인 것으로 나타났다. 반면 부모가 돈을 다룰 줄 알면 아이들이 백만장자로 성장할 확률이 5분의 1이나 된다. 특히 백만장자의 자녀들은 돈 한 푼 물려받지 않아도 백만장자가 될 확률이 일반인보다 훨씬 높다는 게 연구 결과의 요지다. 이는 돈의 개념을 이해하는 가정의 자녀들이 그렇지 않은 가정의 자녀들보다 백만장자가 될 확률이 100배 높다는 얘기다.

(나) 연구 결과 만 7세부터 돈의 개념을 어렴풋이나마 짐작하게 되는 것으로 나타났다. 따라서 이때부터 아이들에게 약간의 용돈을 주는 것으로 돈에 대한 교육을 시작하면 좋다. 8세 때부터는 돈의 위력을 이해하기 시작한다. 소유가 뭘 의미하는지, 물물교환은 어떻게 하는지 등을 가르칠 수 있다. 아이들은 돈을 벌고자 하는 욕구를 느낀다. 이때부터 돈은 자연스러운 것이고, 건강한 것이고, 인생에서 필요한 것이라고 가르칠 필요가 있다.

(다) 아이들에게 돈의 개념을 가르치는 지름길은 용돈이다. 용돈을 받아 든 아이들은 돈에 대해 책임감을 느끼게 되고, 돈에 대한 결정을 스스로 내리기 시작한다. 그렇다면 언제부터, 얼마를 용돈으로 주는 것이 좋을까?

(라) 하지만 돈에 대해서 부모가 결코 해서는 안 될 일들도 있다. 예컨대 벌을 주기 위해 용돈을 깎거나 포상 명목으로 용돈을 늘려줘서는 안 된다. 아이들은 무의식적으로 잘못한 일을 돈으로 때울 수 있다고 생각하거나 사랑과 우정을 돈으로 살 수 있다고 생각하게 된다. 아이들은 우리의 미래다. 부모는 아이들이 돈에 대하여 정확한 개념과 가치관을 세울 수 있도록 좋은 본보기가 되어야 할 것이다. 그러한 노력만이 아이들의 미래를 아름답게 만들어 줄 것이다.

① (가) - (다) - (나) - (라)   ② (나) - (라) - (가) - (다)
③ (다) - (가) - (나) - (라)   ④ (다) - (나) - (라) - (가)

02

(가) 개념사를 역사학의 한 분과로 발전시킨 독일의 역사학자 코젤렉은 '개념은 실재의 지표이자 요소'라고 하였다. 이 말은 실타래처럼 얽혀 있는 개념과 정치 · 사회적 실재, 개념과 역사적 실재의 관계를 정리하기 위한 중요한 지침으로 작용한다. 그에 의하면 개념은 정치적 사건이나 사회적 변화 등의 실재를 반영하는 거울인 동시에 정치 · 사회적 사건과 변화의 실제적 요소이다.

(나) 개념은 정치적 사건과 사회적 변화 등에 직접 관련되어 있거나 그것을 기록, 해석하는 다양한 주체들에 의해 사용된다. 이러한 주체들, 즉 '역사 행위자'들이 사용하는 개념은 여러 의미가 포개어진 층을 이룬다. 개념사에서는 사회 · 역사적 현실과 관련하여 이러한 층들을 파헤치면서 개념이 어떻게 사용되어 왔는가, 이 과정에서 그 의미가 어떻게 변화했는가, 어떤 함의들이 거기에 투영되었는가, 그 개념이 어떠한 방식으로 작동했는가 등에 대해 탐구한다.

(다) 이상에서 보듯이 개념사에서는 개념과 실재를 대조하고 과거와 현재의 개념을 대조함으로써, 그 개념이 대응하는 실재를 정확히 드러내고 있는가, 아니면 실재의 이해를 방해하고 더 나아가 왜곡하는가를 탐구한다. 이를 통해 코젤렉은 과거에 대한 '단 하나의 올바른 묘사'를 주장하는 근대 역사학의 방법을 비판하고, 과거의 역사 행위자가 구성한 역사적 실재와 현재 역사가가 만든 역사적 실재를 의미있게 소통시키고자 했다.

(라) 사람들이 '자유', '민주', '평화' 등과 같은 개념들을 사용할 때, 그 개념이 서로 같은 의미를 갖는 것은 아니다. '자유'의 경우, '구속받지 않는 상태'를 강조하는 개념으로 쓰이는가 하면, '자발성'이나 '적극적인 참여'를 강조하는 개념으로 쓰이기도 한다. 이러한 정의와 해석의 차이로 인해 개념에 대한 논란과 논쟁이 늘 있어 왔다. 바로 이러한 현상에 주목하여 출현한 것이 코젤렉의 '개념사'이다.

(마) 또한 개념사에서는 '무엇을 이야기 하는가.'보다는 '어떤 개념을 사용하면서 그것을 이야기하는가.'에 관심을 갖는다. 개념사에서는 과거의 역사 행위자가 자신이 경험한 '현재'를 서술할 때 사용한 개념과 오늘날의 입장에서 '과거'의 역사 서술을 이해하기 위해 사용한 개념의 차이를 밝힌다. 그리고 과거의 역사를 현재의 역사로 번역하면서 양자가 어떻게 수렴될 수 있는가를 밝히는 절차를 밟는다.

① (가) – (나) – (다) – (라) – (마)

② (나) – (라) – (가) – (다) – (다)

③ (라) – (가) – (나) – (마) – (다)

④ (라) – (나) – (가) – (다) – (마)

03

(가) 세조가 왕이 된 후 술자리에 관한 최초의 기록은 1455년 7월 27일의 "왕이 노산군에게 문안을 드리고 술자리를 베푸니 종친 영해군 이상과 병조판서 이계전 그리고 승지 등이 모셨다. 음악을 연주하니 왕이 이계전에게 명하여 일어나 춤을 추게 하고, 지극히 즐긴 뒤에 파하였다. 드디어 영응대군 이염의 집으로 거둥하여 자그마한 술자리를 베풀고 한참 동안 있다가 환궁하였다."라는 기록이다. 술자리에서 음악과 춤을 즐기고, 1차의 아쉬움 때문에 2차까지 가지는 모습은 세조의 술자리에서 거의 공통적으로 나타나는 특징이다.

(나) 세조(1417 ~ 1468, 재위 1455 ~ 1468)하면 어린 조카를 죽이고 왕위에 오른 비정한 군주로 기억하는 경우가 많다. 1453년 10월 계유정난의 성공으로 실질적으로 권력의 1인자가 된 수양대군은 2년 후인 1455년 6월 단종을 압박하여 세조가 되어 왕위에 오른다. 불법적인 방식으로 권력을 잡은 만큼 세조에게는 늘 정통성에 대한 시비가 따라 붙게 되었다. 이후 1456년에 성삼문, 박팽년 등이 중심이 되어 단종 복위운동을 일으킨 것은 세조에게는 정치적으로 큰 부담이 되었다. 이로 인해 세조는 왕이 된 후 문종, 단종 이후 추락된 왕권 회복을 정치적 목표로 삼고, 육조 직계제를 부활시키는가 하면 경국대전과 동국통감 같은 편찬 사업을 주도하여 왕조의 기틀을 잡아 갔다.

(다) 이처럼 세조실록의 기록에는 세조가 한명회, 신숙주, 정인지 등 공신들과 함께 자주 술자리를 마련하고 대화는 물론이고 흥이 나면 함께 춤을 추거나 즉석에서 게임을 하는 등 신하들과 격의 없이 소통하는 장면이 자주 나타난다. 이는 당시에도 칼로 권력을 잡은 이미지가 강하게 남았던 만큼 최대한 소탈하고 인간적인 모습을 보임으로써 자신의 강한 이미지를 희석시켜 나간 것으로 풀이된다. 또한 자신을 왕으로 만들어준 공신 세력을 양날의 검으로 인식했기 때문으로도 보인다. 자신을 위해 목숨을 바친 공신들이지만, 또 다른 순간에는 자신에게 칼끝을 겨눌 위험성을 인식했던 세조는 잦은 술자리를 통해 그들의 기분을 최대한 풀어주고 자신에게 충성을 다짐하도록 했던 것이다.

(라) 세조가 왕권 강화를 바탕으로 자신만의 정치를 펴 나가는 과정에서 특히 주목되는 점은 자주 술자리를 베풀었다는 사실이다. 이것은 세조실록에 '술자리'라는 검색어가 무려 467건이나 나타나는 것에서도 단적으로 확인할 수가 있다. 조선의 왕 중 최고의 기록일 뿐만 아니라 조선왕조실록의 '술자리' 검색어 974건의 거의 절반에 달하는 수치이다. 술자리의 횟수에 관한 한 세조는 조선 최고의 군주라 불릴 만하다.

① (나) − (가) − (다) − (라) ② (나) − (라) − (가) − (다)
③ (라) − (가) − (다) − (나) ④ (라) − (나) − (가) − (다)

04 | 빈칸 삽입

| 유형분석 |

- 주어진 지문을 바탕으로 빈칸에 들어갈 내용을 찾는 문제이다.
- 선택지의 내용을 정확하게 확인하고 빈칸 앞뒤 문맥을 파악하는 능력이 필요하다.

다음 글에서 〈보기〉의 문장이 들어갈 위치로 가장 적절한 곳은?

밥상에 오르는 곡물이나 채소가 국내산이라고 하면 보통 그 종자도 우리나라의 것으로 생각하기 쉽다. (가) 하지만 실상은 벼, 보리, 배추 등을 제외한 많은 작물의 종자를 수입하고 있어 그 자급률이 매우 낮다고 한다. (나) 또한, 청양고추 종자는 우리나라에서 개발했음에도 현재는 외국 기업이 그 소유권을 가지고 있다. (다) 국내 채소 종자 시장의 경우 종자 매출액의 50%가량을 외국 기업이 차지하고 있다는 조사 결과도 있다. (라) 이런 상황이 지속될 경우, 우리 종자를 심고 키우기 어려워질 것이고 종자를 수입하거나 로열티를 지급하는 데 지금보다 훨씬 많은 비용이 들어가는 상황도 발생할 수 있다. 또한, 전문가들은 세계 인구의 지속적인 증가와 기상 이변 등으로 곡물 수급이 불안정하고, 국제 곡물 가격이 상승하는 상황을 고려할 때, 결국에는 종자 문제가 식량 안보에 위협 요인으로 작용할 수 있다고 지적한다.

> **보기**
>
> 양파, 토마토, 배 등의 종자 자급률은 약 16%, 포도는 약 1%에 불과하다.

① (가) ② (나)
③ (다) ④ (라)

정답 ②

보기의 문장은 우리나라 작물의 낮은 자급률을 보여주는 구체적인 수치이다. 따라서 우리나라 작물의 낮은 자급률을 이야기하는 '하지만 실상은 벼, 보리, 배추 등을 제외한 많은 작물의 종자를 수입하고 있어 그 자급률이 매우 낮다고 한다.'의 뒤인 (나)에 위치하는 것이 가장 적절하다.

풀이 전략!

빈칸 앞뒤의 문맥을 파악한 후 선택지에서 가장 어울리는 내용을 찾는다. 빈칸 앞에 접속어가 있다면 이를 활용한다.

01 다음 글의 빈칸에 들어갈 접속어를 순서대로 바르게 나열한 것은?

> 각 시대에는 그 시대의 특징을 나타내는 문학이 있다고 한다. 우리나라도 무릇 사천 살이 넘는 생활의 역사를 가진 만큼 그 발전 시기마다 각각 특색을 가진 문학이 없을 수 없고, 문학이 있었다면 그 중추가 되는 것은 아무래도 시가문학이라고 볼 수밖에 없다. _____ 대개 어느 민족을 막론하고 인간 사회가 성립하는 동시에 벌써 각자의 감정과 의사를 표시하려는 욕망이 생겼을 것이며, 삼라만상의 대자연은 자연 그 자체가 율동적이고 음악적이라고 할 수 있기 때문이다. 다시 말하면 인간이 생활하는 곳에는 자연적으로 시가가 발생하였다고 할 수 있다. _____ 사람의 지혜가 트이고 비교적 언어의 사용이 능란해짐에 따라 종합 예술체의 한 부분으로 있었던 서정문학적 요소가 분화·독립되어 제요나 노동요 따위의 시가의 원형을 이루고 다시 이 집단적 가요는 개인적 서정시로 발전하여 갔으리라 추측된다. _____ 다른 나라도 마찬가지이겠지만, 우리 문학사상에서 시가의 지위는 상당히 중요한 몫을 지니고 있다.

① 왜냐하면 – 그리고 – 그러므로

② 그리고 – 왜냐하면 – 그러므로

③ 그러므로 – 그리고 – 왜냐하면

④ 왜냐하면 – 그러나 – 그럼에도 불구하고

02 다음 글의 빈칸에 들어갈 문장을 〈보기〉에서 찾아 순서대로 바르게 나열한 것은?

요즘에는 낯선 곳을 찾아갈 때 지도를 해석하며 어렵게 길을 찾지 않아도 된다. 이는 기술력의 발달에 따라 제공되는 공간 정보를 바탕으로 최적의 경로를 탐색할 수 있게 되었기 때문이다. _____ _____ 이처럼 공간 정보가 시간에 따른 변화를 반영할 수 있게 된 것은 정보를 수집하고 분석하는 정보 통신 기술의 발전과 밀접한 관련이 있다.

공간 정보의 활용은 '위치정보시스템(GPS)'과 '지리정보시스템(GIS)' 등의 기술적 발전과 휴대전화나 태블릿 PC 등 정보 통신 기기의 보급을 기반으로 한다. 위치정보시스템은 공간에 대한 정보를 수집하고, 지리정보시스템은 정보를 저장, 분류, 분석한다. 이렇게 분석된 정보는 사용자의 요구에 따라 휴대전화나 태블릿 PC 등을 통해 최적화되어 전달된다.

길 찾기를 예로 들어 이 과정을 살펴보자. 휴대전화 애플리케이션을 이용해 사용자가 가려는 목적지를 입력하고 이동 수단으로 버스를 선택하였다면, 우선 사용자의 현재 위치가 위치정보시스템에 의해 실시간으로 수집된다. 그리고 목적지와 이동 수단 등 사용자의 요구와 실시간으로 수집된 정보에 따라 지리정보시스템은 탑승할 버스 정류장의 위치, 다양한 버스 노선, 최단 시간 등을 분석하여 제공한다. _____ _____ 예를 들어 여행지와 관련한 공간 정보는 여행자의 요구와 선호에 따라 선별적으로 분석되어 활용된다. 나아가 유동 인구를 고려한 상권 분석과 교통의 흐름을 고려한 도시 계획 수립에도 공간 정보 활용이 가능하게 되었다. 획기적으로 발전되고 있는 첨단 기술이 적용된 공간 정보가 국가 차원의 자연재해 예측 시스템에도 활발히 활용된다면 한층 정밀한 재해 예방 및 대비가 가능해질 것이다. 이로 인해 우리의 삶도 더 편리하고 안전해질 것으로 기대된다.

보기

㉠ 어떤 곳의 위치 좌표나 지리적 형상에 대한 정보뿐만 아니라 시간에 따른 공간의 변화를 포함한 공간 정보를 이용할 수 있게 되면서 가능해진 것이다.

㉡ 더 나아가 교통 정체와 같은 돌발 상황과 목적지에 이르는 경로의 주변 정보까지 분석하여 제공한다.

㉢ 공간 정보의 활용 범위는 계속 확대되고 있다.

---

① ㉠, ㉡, ㉢   ② ㉠, ㉢, ㉡

③ ㉡, ㉠, ㉢   ④ ㉡, ㉢, ㉠

03 다음 글의 빈칸에 들어갈 내용으로 가장 적절한 것은?

탁월함은 어떻게 습득되는가. 그것을 가르칠 수 있는가? 이 물음에 대하여 아리스토텔레스는 지성의 탁월함은 가르칠 수 있지만, 성품의 탁월함은 비이성적인 것이어서 가르칠 수 없고, 훈련을 통해서 얻을 수 있다고 대답한다.

그는 좋은 성품을 얻는 것을 기술을 습득하는 것에 비유한다. 그에 따르면, 리라(Lyra)를 켬으로써 리라를 켜는 법을 배우며 말을 탐으로써 말을 타는 법을 배운다. 어떤 기술을 얻고자 할 때 처음에는 교사의 지시대로 행동한다. 그리고 반복 연습을 통하여 그 행동이 점점 더 하기 쉽게 되고 마침내 제2의 천성이 된다. 이와 마찬가지로 어린아이는 어떤 상황에서 어떻게 행동해야 진실되고 관대하며 예의를 차리게 되는지 일일이 배워야 한다. 훈련과 반복을 통하여 그런 행위들을 연마하다 보면 그것들을 점점 더 쉽게 하게 되고, 결국에는 스스로 판단할 수 있게 된다.

그는 올바른 훈련이란 강제가 아니고 그 자체가 즐거움이 되어야 한다고 지적한다. 또한 그렇게 훈련받은 사람은 일을 바르게 처리하는 것을 즐기게 되고, 일을 바르게 처리하고 싶어하게 되며, 올바른 일을 하는 것을 어려워하지 않게 된다. 이처럼 성품의 탁월함이란 사람들이 '하는 것'만이 아니라 사람들이 '하고 싶어 하는 것'과도 관련된다. 그리고 한두 번 관대한 행동을 한 것으로 충분하지 않으며, 늘 관대한 행동을 하고 그런 행동에 감정적으로 끌리는 성향을 갖고 있어야 비로소 관대함에 관하여 성품의 탁월함을 갖고 있다고 할 수 있다.

다음과 같은 예를 통해 아리스토텔레스의 견해를 생각해 보자. 갑돌이는 성품이 곧고 자신감이 충만하다. 그가 한 모임에 참석하였는데, 거기서 다수의 사람들이 옳지 않은 행동을 한다고 생각했을 때, 그는 다수의 행동에 대하여 비판의 목소리를 낼 것이며 그렇게 하는 데 별 어려움을 느끼지 않을 것이다. 한편, 수줍어하고 우유부단한 병식이도 한 모임에 참석하였는데, 그 역시 다수의 행동이 잘못되었다는 판단을 했다고 하자. 이런 경우에 병식이는 일어나서 다수의 행동이 잘못되었다고 말할 수 있겠지만, 그렇게 하려면 엄청난 의지를 발휘해야 할 것이고 자신과 힘든 싸움도 해야 할 것이다. 그런데도 병식이가 그렇게 행동했다면 우리는 병식이가 용기 있게 행동하였다고 칭찬할 것이다. 그러나 아리스토텔레스의 입장에서 성품의 탁월함을 가진 사람은 갑돌이다. 왜냐하면 _____ 우리가 어떠한 사람을 존경할 것인가가 아니라, 우리 아이를 어떤 사람으로 키우고 싶은가라는 질문을 받는다면 우리는 아리스토텔레스의 견해에 가까워질 것이다. 왜냐하면 우리는 우리 아이들을 갑돌이와 같은 사람으로 키우고 싶어 할 것이기 때문이다.

① 그는 내적인 갈등 없이 옳은 일을 하기 때문이다.

② 그는 옳은 일을 하는 천성을 타고났기 때문이다.

③ 그는 주체적 판단에 따라 옳은 일을 하기 때문이다.

④ 그는 자신이 옳다는 확신을 가지고 옳은 일을 하기 때문이다.

05 | 문서 작성 · 수정

| 유형분석 |

• 기본적인 어휘력과 어법에 대한 지식을 필요로 하는 문제이다.
• 글의 내용을 파악하고 문맥을 읽을 줄 알아야 한다.

다음 글에서 ㉠~㉣의 수정 방안으로 적절하지 않은 것은?

근대화는 전통 사회의 생활양식에 큰 변화를 가져온다. 특히 급속한 근대화로 인해 전통 사회의 해체 과정이 빨라진 만큼 ㉠ <u>급격한 변화를 일으킨다.</u> 생활양식의 급격한 변화는 전통 사회 문화의 해체 과정이라고 보아도 ㉡ <u>무던할</u> 정도이다.

전통문화의 해체는 새롭게 변화하는 사회 구조에 대해서 전통적인 문화가 당면하게 되는 적합성(適合性)의 위기에서 초래되는 현상이다. ㉢ <u>이처럼 근대화 과정에서 외래문화와 전통문화는 숱하게 갈등을 겪었다.</u> ㉣ <u>오랫동안</u> 생활양식으로 유지되었던 전통 사회의 문화가 사회 구조 변화의 속도에 맞먹을 정도로 신속하게 변화할 수는 없다.

따라서 문화적 전통을 확립한다는 것은 과거의 전통문화가 고유성을 유지하면서도 현재의 변화된 사회에 적합성을 가지는 것이라 할 수 있다.

① ㉠ : 필요한 문장 성분이 생략되었으므로 '급격한' 앞에 '문화도'를 추가한다.
② ㉡ : 문맥에 어울리지 않으므로 '무방할'로 고친다.
③ ㉢ : 글의 흐름에 어긋나는 내용이므로 삭제한다.
④ ㉣ : 띄어쓰기가 올바르지 않으므로 '오랫 동안'으로 고친다.

> **정답** ④
>
> '오랫동안'은 부사 '오래'와 명사 '동안'이 결합하면서 사이시옷이 들어간 합성어이다. 따라서 한 단어이므로 붙여 써야 한다.

> **풀이 전략!**
>
> 문장에서 주어와 서술어의 호응 관계가 적절한지 주어와 서술어를 찾아 확인해 보는 연습을 하며, 문서 작성의 원칙과 주의사항은 미리 알아 두는 것이 좋다.

01 A공공기관에서 근무하는 C씨는 지역에서 열리고 있는 축제에 대해 조사한 뒤 '지역 축제의 문제점과 발전 방안'에 관한 보고서를 준비하고 있다. 다음은 C씨가 작성한 개요일 때, 수정 계획으로 적절하지 않은 것은?

주제 : 지역 축제의 문제점과 발전 방안

Ⅰ. 지역 축제의 실태
　　가. 지역 축제에 대한 관광객의 외면
　　나. 지역 축제에 대한 지역 주민의 무관심

Ⅱ. 지역 축제의 문제점
　　가. 지역마다 유사한 내용의 축제
　　나. 관광객을 위한 편의 시설 낙후
　　다. 행사 전문 인력의 부족
　　라. 인근 지자체 협조 유도
　　마. 지역 축제 시기 집중

Ⅲ. 지역 축제 발전을 위한 방안
　　가. 지역적 특성을 보여줄 수 있는 프로그램 개발
　　나. 관광객을 위한 편의 시설 개선
　　다. 원활한 진행을 위한 자원봉사자 모집
　　라. 지자체 간 협의를 통한 축제 시기의 분산

Ⅳ. 결론 : 지역 축제가 가진 한계 극복

---

① 'Ⅱ - 라. 인근 지자체 협조 유도'는 상위 항목에 해당하지 않으므로 삭제한다.
② 'Ⅲ - 다. 원활한 진행을 위한 자원봉사자 모집'은 'Ⅱ - 다'와 연계하여 '지역 축제에 필요한 전문 인력 양성'으로 수정한다.
③ 'Ⅳ. 결론 : 지역 축제가 가진 한계 극복'은 주제와 부합하도록 '내실 있는 지역 축제로의 변모 노력 촉구'로 수정한다.
④ 'Ⅱ - 가. 지역마다 유사한 내용의 축제'는 '관광객 유치를 위한 홍보 과열'로 수정한다.

※ 다음 글을 읽고 이어지는 질문에 답하시오. [2~3]

〈기안문 작성법〉

1. **구성**
   (1) 두문 : 기관명, 수신, 경유로 구성된다.
   (2) 본문 : 제목, 내용, 붙임(첨부)으로 구성된다.
   (3) 결문 : 발신명의, 기안자 및 검토자의 직위 및 직급과 서명, 결재권자의 직위 및 직급과 서명, 협조자의 직위 및 직급과 서명, 시행 및 시행일자, 접수 및 접수일자, 기관의 우편번호, 도로명 주소, 홈페이지 주소, 전화, 팩스, 작성자의 전자우편 주소, 공개구분(완전공개, 부분공개, 비공개)으로 구성된다.
2. **일반 기안문 결재 방법**
   (1) 결재 시에는 본인의 성명을 직접 쓴다. 물론, 전자문서의 경우에는 전자이미지 서명을 사용한다.
   (2) 전결의 경우에는 전결권자가 '전결' 표시를 하고 서명을 한다.
   (3) 전결을 대결하는 경우에는 전결권자의 난에는 '전결'이라고 쓰고 대결하는 자의 난에 '대결' 표시를 하고 서명한다. 물론 결재하지 않는 자의 서명란은 별도로 두지 않는다.

02 H대리는 입사한 지 얼마 되지 않은 K사원에게 기안문 작성법에 대해 알려주려고 한다. H대리와 K사원의 대화로 옳지 않은 것은?

① H대리 : 기존에 사용하던 주소가 아닌 새롭게 시행된 도로명 주소를 사용해야 합니다.

② H대리 : 기안문을 작성할 때는 마지막에 공개 여부를 확실하게 표시해야 합니다.

③ K사원 : 현재 우리 회사는 전자서명을 하고 있으니 결재할 때는 전자이미지 서명으로 하면 되겠군요.

④ H대리 : 일정 업무는 D부장님이 C과장님께 결재권한을 위임했으니, C과장님이 'C과장'으로 결재합니다.

03 기안문 작성법을 참고하여 기안문을 작성할 때, 다음 상황에 대해 (가) ~ (라)에 들어갈 내용으로 옳은 것은?

〈상황〉

A그룹사(계열사 : A진흥원, A문화재단, A시설관리공단)의 본사에 재직 중인 K사원은 2025년에 10년째를 맞이하는 '우수직원 봉사단'을 편성하기 위해 각 계열사에 공문을 보내고자 한다. A진흥원의 경우 1 ~ 2년 차 직원, A문화재단은 2년 차 직원, A시설관리공단은 2 ~ 3년 차 직원 중 희망자를 대상으로 한다. 총무부의 D부장은 C과장에게 결재권한을 위임하였다.

(가)

수신자 : A진흥원, A문화재단, A시설관리공단(경유)

제목 : (나)

---

1. 서무 1033-2340(2024.11.10.)과 관련입니다.
2. 2025학년도에 우수직원을 대상으로 봉사단을 편성하고자 하오니, 회사에 재직 중인 직원 중 통솔력이 있고 책임감이 투철한 사원을 다음 사항을 참고로 선별하여 2024.12.10.까지 통보해 주시기 바랍니다.

– 다 음–

가. 참가범위
  1) A진흥원 : (다)
  2) A문화재단 : (라)
  3) A시설관리공단 : 2 ~ 3년 차 직원 중 희망자
나. 아울러 지난해에 참가했던 책임자와 직원은 제외시켜 주시기 바라며, 지난해 참가 직원 명단을 첨부하니 참고하시기 바랍니다.
첨부 : 2024년도 참가 직원 명단 1부. 끝.

A그룹사 사장

| 사원 | K사원 | 계장 | H대리 | 과장 (전결) | C과장 |

협조자
시행　총무부-25(9.19)
접수　우 12345 주소 서울 마포구 A우물로 6F / www.aaa.co.kr
전화(02-123-4567) 팩스(02-122-4567) / webmaster@aaa.com / 완전공개

---

① (가) : A그룹사
② (나) : 2026년도 우수직원 봉사단 편성
③ (다) : 2년 차 직원 중 희망자
④ (라) : 1 ~ 2년 차 직원 중 희망자

06 | 맞춤법 · 어휘

| 유형분석 |

- 맞춤법에 맞는 단어를 찾거나 주어진 지문의 내용에 어울리는 단어를 찾는 문제가 주로 출제된다.
- 단어 사이의 관계에 대한 문제가 출제되므로 뜻이 비슷하거나 반대되는 단어를 함께 학습하는 것이 좋다.
- 자주 출제되는 단어나 헷갈리는 단어에 대한 학습을 꾸준히 하는 것이 좋다.

다음 중 밑줄 친 부분의 맞춤법이 옳은 것은?

① 그는 손가락으로 북쪽을 <u>가르켰다</u>.
② <u>뚝배기</u>에 담겨 나와서 시간이 지나도 식지 않았다.
③ 열심히 하는 것은 좋은데 <u>촛점</u>이 틀렸다.
④ 세영이는 몸이 너무 약해서 보약을 <u>다려</u> 먹어야겠다.

정답 ②
'찌개 따위를 끓이거나 설렁탕 따위를 담을 때 쓰는 그릇'을 뜻하는 어휘는 '뚝배기'이다.

오답분석
① '손가락 따위로 어떤 방향이나 대상을 집어서 보이거나 말하거나 알리다.'의 의미를 가진 어휘는 '가리키다'이다.
③ '사람들의 관심이나 주의가 집중되는 사물의 중심 부분'의 의미를 가진 어휘는 '초점'이다.
④ '액체 따위를 끓여서 진하게 만들다, 약재 따위에 물을 부어 우러나도록 끓이다.'의 의미를 가진 어휘는 '달이다'이다(다려 →
달여).

풀이 전략!

문제에서 물어보는 단어를 정확히 확인해야 하고, 문제에서 다루고 있는 단어의 앞뒤 내용을 읽고 글의 전체적 흐름을 생각하며
문제에 접근해야 한다.

01 다음 중 밑줄 친 부분과 같은 의미로 쓰인 것은?

> N사는 전 직원을 대상으로 임금피크제를 도입하여 일자리를 만들고 우수한 인력의 낭비를 <u>막았다</u>.

① 어젯밤 태풍에 쓰러진 나무가 도로를 <u>막아</u> 출근길 정체를 빚고 있다.
② 신축 건물이 햇빛을 <u>막아</u> 인근의 발전소가 피해를 봤다면 원인 제공자가 이를 배상해야 한다.
③ 두만강 하구에 위치한 녹둔도는 이순신 장군이 여진족의 침입을 <u>막아</u> 낸 곳이다.
④ 재난은 늘 예고 없이 찾아오지만, 예측하고 준비한다면 충분히 <u>막을</u> 수 있다.

02 다음 중 밑줄 친 부분의 띄어쓰기가 옳지 않은 것은?

① 휴가철 비행기 값이 너무 비싼데 그냥 <u>헤엄쳐 갈까 보다</u>.
② 그 문제를 깊이 <u>파고들어보면</u> 다양한 조건들이 얽혀 있음을 알 수 있다.
③ 감독은 처음부터 그 선수를 마음에 <u>들어 했다</u>.
④ 지나가는 사람을 붙잡고 그를 보았는지 <u>물어도 보았다</u>.

03 다음 밑줄 친 ㉠ ~ ㉣의 쓰임이 적절하지 않은 것은?

> 현행 수입화물의 프로세스는 ㉠ <u>적하(積荷)</u> 목록 제출, 입항, 하선, 보세운송, 보세구역 반입, 수입신고, 수입신고 수리, ㉡ <u>반출(搬出)</u>의 절차를 이행하고 있다. 입항 전 수입신고는 5% 내외에 머무르고, 대부분의 수입신고가 보세구역 반입 후에 행해짐에 따라 보세운송 절차와 보세구역 반입 절차가 반드시 ㉢ <u>인도(引導)</u>되어야 했다. 하지만 새로운 제도가 도입되면 해상화물의 적하 목록 제출 시기가 ㉣ <u>적재(積載)</u> 24시간 전(근거리 출항 전)으로 앞당겨져 입항 전 수입신고가 일반화될 수 있는 여건이 조성될 것이다. 따라서 수입화물 프로세스가 적하 목록 제출, 수입신고, 수입신고 수리, 입항, 반출의 절차를 거침에 따라 화물반출을 위한 세관 절차가 입항 전에 종료되므로 보세운송, 보세구역 반입이 생략되어 수입화물을 신속하게 화주(貨主)에게 인도할 수 있게 된다.

① ㉠ 적하(積荷)   ② ㉡ 반출(搬出)
③ ㉢ 인도(引導)   ④ ㉣ 적재(積載)

07 | 한자성어 · 속담

│ 유형분석 │

- 실생활에서 활용되는 한자성어나 속담을 이해할 수 있는지 평가한다.
- 제시된 상황과 일치하는 한자성어나 속담을 고르거나 한자의 훈음·독음을 맞히는 등 다양한 유형이 출제된다.

다음 상황에 가장 적절한 한자성어는?

> A씨는 업무를 정리하다가 올해 초 진행한 프로젝트에 자신의 실수가 있었음을 알게 되었다. 하지만 자신의 실수를 드러내고 싶지 않았고, 그리 큰 문제라고 생각하지 않은 A씨는 이를 무시하였다. 이후 다른 프로젝트를 진행하면서 지난번 실수와 동일한 실수를 다시 저지르게 되었고, 프로젝트에 큰 피해를 입혔다.

① 유비무환(有備無患)　　　　　　② 유유상종(類類相從)

③ 회자정리(會者定離)　　　　　　④ 개과불린(改過不吝)

정답 ④

'개과불린(改過不吝)'은 '허물을 고침에 인색하지 말라'는 뜻으로, 잘못된 것이 있으면 고치는 데 주저하지 않고 빨리 바로잡아 반복하지 말라는 의미이다.

오답분석

① 유비무환(有備無患) : 준비가 있으면 근심이 없다.
② 유유상종(類類相從) : 같은 무리끼리 서로 사귄다.
③ 회자정리(會者定離) : 만남이 있으면 헤어짐도 있다.

풀이 전략!

- 한자성어나 속담 문제의 경우 일정 수준 이상의 사전지식을 요구하므로, 지원하는 공공기관 관련 기사 및 이슈를 틈틈이 찾아보며 한자성어에 대입하는 연습을 하면 효과적으로 대처할 수 있다.
- 문제에 제시된 한자성어의 의미를 파악하기 어렵다면, 먼저 알고 있는 한자가 있는지 확인한 후 글의 문맥과 상황에 대입하며 선택지를 하나씩 소거해 나가는 것이 효율적이다.

01 다음 글과 관련된 한자성어는?

> 지난해 중국, 동남아, 인도, 중남미 등의 신흥국이 우리나라의 수출 시장에서 차지하는 비중은 57%
> 수준으로, 미국, 일본, 유럽 등의 선진국 시장을 앞섰다. 특히 최근 들어 중국이 차지하는 비중이
> 주춤하면서 다른 신흥 시장의 비중이 늘어나고 있다.
> 다양한 형태의 중국발 위험이 커짐에 따라 여타 신흥국으로의 수출 시장을 다변화할 필요성이 대두
> 되고 있다. 이에 따라 정부에서도 기업의 새로운 수출 시장을 개척하기 위해 마케팅과 금융 지원을
> 강화하고 있다.
> 그러나 이러한 단기적인 대책으로는 부족하다. 신흥국과 함께하는 파트너십을 강화하는 노력이 병
> 행되어야 한다. 신흥국과의 협력은 단기간 내에 성과를 거두기는 어렵지만, 일관성과 진정성을 갖고
> 꾸준히 추진한다면 해외 시장에서 어려움을 겪고 있는 우리 기업들에게 큰 도움이 될 수 있다.

① 안빈낙도(安貧樂道) 　　　　② 호가호위(狐假虎威)
③ 각주구검(刻舟求劍) 　　　　④ 우공이산(愚公移山)

02 다음 제시된 한자성어와 유사한 뜻을 가진 속담은?

> 부화뇌동(附和雷同)

① 서른세 해 만에 꿈 이야기 한다.
② 누운 소 똥 누듯 한다.
③ 서낭에 가 절만 한다.
④ 차돌에 바람 들면 석돌보다 못하다.

08 | 경청 · 의사 표현

| 유형분석 |

- 주로 특정 상황을 제시한 뒤 올바른 의사소통 방법을 묻는 형태의 문제가 출제된다.
- 경청과 관련한 이론에 대해 묻거나 대화문 중에서 올바른 경청 자세를 고르는 문제가 출제되기도 한다.

다음 중 효과적인 경청 방법에 대한 설명으로 적절하지 않은 것은?

① 대화를 하는 동안 시간 간격이 있으면, 다음에 무엇을 말할 것인가를 추측하려고 노력해야 한다.

② 상대방이 전달하려는 메시지가 무엇인가를 생각해보고 자신의 삶, 목적, 경험과 관련지어 본다.

③ 대화 도중에 주기적으로 대화의 내용을 요약하면 상대방이 전달하려는 메시지를 이해하고, 사상과 정보를 예측하는 데 도움이 된다.

④ 상대방이 말하는 사이에 질문을 하면 질문에 대한 답이 즉각적으로 이루어질 수 없으므로 되도록 질문하지 않고 상대방의 이야기에 집중한다.

정답 ④

효과적인 경청은 상대방과 상호작용하고, 말한 내용에 관해 생각하고, 무엇을 말할지 기대하는 것을 의미한다. 질문에 대한 답이 즉각적으로 이루어질 수 없다고 하더라도 질문을 하려고 하면 오히려 경청하는 데 적극적 태도를 갖게 되고 집중력이 높아질 수 있다.

풀이 전략!

별다른 암기 없이도 풀 수 있는 문제가 자주 출제되지만, 문제에 주어진 상황에 대한 확실한 이해가 필요하다.

01 직장 내에서의 의사소통은 반드시 필요하지만, 적절한 의사소통을 형성한다는 것은 쉽지 않다. 다음과 같은 갈등 상황을 유발하는 원인으로 가장 적절한 것은?

> 기획팀의 K대리는 팀원들과 함께 프로젝트를 수행하고 있다. K대리는 이번 프로젝트를 조금 여유 있게 진행할 것을 팀원들에게 요청하였다. 팀원들은 프로젝트 진행을 위해 회의를 진행하였는데, L사원과 P사원의 의견이 서로 대립하는 바람에 결론을 내리지 못한 채 회의를 마치게 되었다. K대리가 회의 내용을 살펴본 결과 L사원은 프로젝트 기획 단계에서 좀 더 꼼꼼하고 상세한 자료를 모으자는 의견이었고, 반대로 P사원은 여유 있는 시간을 프로젝트 수정·보완 단계에서 사용하자는 의견이었다.

① L사원과 P사원이 K대리의 의견을 서로 다르게 받아들였기 때문이다.
② L사원은 K대리의 고정적 메시지를 잘못 이해하고 있기 때문이다.
③ L사원과 P사원이 자신의 정보를 상대방이 이해하기 어렵게 표현하고 있기 때문이다.
④ L사원과 P사원이 서로 잘못된 정보를 전달하고 있기 때문이다.

02 다음 〈보기〉는 K사원의 고민에 대한 A ~ D사원의 반응이다. A ~ D사원의 경청을 방해하는 요인이 잘못 연결된 것은?

> K사원 : P부장님이 새로 오시고부터 일하기가 너무 힘들어. 내가 하는 일 하나하나 지적하시고, 매일매일 체크하셔. 마치 내가 초등학생 때 담임선생님께 숙제를 검사받는 것 같은 기분이야. 일을 맡기셨으면 믿고 기다려 주셨으면 좋겠어.

> **보기**
>
> A사원 : 매일매일 체크하신다는 건 네가 일을 못한 부분이 많아서 아닐까 생각이 들어. 너의 행동도 뒤돌아보는 것이 좋을 것 같아.
> B사원 : 내가 생각하기엔 네가 평소에도 예민한 편이라 P부장님의 행동을 너무 예민하게 받아들이는 것 같아. 부정적으로만 보지 말고 좋게 생각해 봐.
> C사원 : 너의 말을 들으니 P부장님이 너를 너무 못 믿는 것 같네. 직접 대면해서 이 문제에 대해 따져보는 게 좋을 것 같아. 계속 듣고만 있을 수는 없잖아, 안 그래?
> D사원 : 기분 풀고 우리 맛있는 거나 먹으러 가자. 회사 근처에 새로 생긴 파스타집 가봤어? 정말 맛있더라. 먹으면 기분이 풀릴 거야.

① A사원 – 짐작하기
② B사원 – 판단하기
③ C사원 – 언쟁하기
④ D사원 – 슬쩍 넘어가기

CHAPTER 02

수리능력

합격 Cheat Key

수리능력은 사칙 연산·통계·확률의 의미를 정확하게 이해하고 이를 업무에 적용하는 능력으로, 기초 연산과 기초 통계, 도표 분석 및 작성의 문제 유형으로 출제된다. 수리능력 역시 채택하지 않는 공공기관이 거의 없을 만큼 필기시험에서 중요도가 높은 영역이다.

특히, 대다수 공공기관의 시험에서는 응용 수리 유형의 문제가 많이 출제되고 있지만, 도표 계산이나 자료 이해 역시 꾸준히 출제하는 공공기관이 많기 때문에 기초 연산과 기초 통계에 대한 공식의 암기와 더불어 자료 해석 능력을 기를 수 있는 꾸준한 연습이 필요하다.

1 응용 수리의 공식은 반드시 암기하라!

응용 수리는 공공기관마다 출제되는 문제는 다르지만, 사용되는 공식은 비슷한 경우가 많으므로 자주 출제되는 공식을 반드시 암기하여야 한다. 문제에서 묻는 것을 정확하게 파악하여 그에 맞는 공식을 적절하게 적용하는 꾸준한 노력과 공식을 암기하는 연습이 필요하다.

2 자료의 해석은 자료에서 즉시 확인할 수 있는 지문부터 확인하라!

수리능력 중 도표 분석, 즉 자료 해석 능력은 많은 시간을 필요로 하는 문제가 출제되므로, 증가 · 감소 추이와 같이 눈으로 확인이 가능한 지문을 먼저 확인한 후 복잡한 계산이 필요한 지문을 확인하는 방법으로 문제를 풀이한다면 시간을 조금이라도 아낄 수 있다. 또한, 여러 가지 보기가 주어진 문제 역시 지문을 잘 확인하고 문제를 풀이한다면 불필요한 계산을 생략할 수 있으므로 항상 지문부터 확인하는 습관을 들여야 한다.

3 도표 작성에서 지문에 작성된 도표의 제목을 반드시 확인하라!

도표 작성은 하나의 자료 혹은 보고서와 같은 수치가 표현된 자료를 도표로 작성하는 형식으로 출제되는데, 대체로 표보다는 그래프를 작성하는 형태로 많이 출제된다. 지문을 살펴보면 각 지문에서 주어진 도표에도 소제목이 있는 경우가 대부분이다. 이때, 자료의 수치와 도표의 제목이 일치하지 않는 경우 함정이 존재하는 문제일 가능성이 높으므로 도표의 제목을 반드시 확인하는 것이 중요하다.

01 | 응용 수리

| 유형분석 |

- 문제에서 제공하는 정보를 파악한 뒤, 사칙연산을 활용하여 계산하는 전형적인 수리문제이다.
- 문제를 풀기 위한 정보가 산재되어 있는 경우가 많으므로 주어진 조건 등을 꼼꼼히 확인해야 한다.

K사원은 회사 근처 카페에서 거래처와 미팅을 갖기로 했다. 처음에는 4km/h로 걸어가다가 약속 시간에 늦을 것 같아서 10km/h로 뛰어서 24분 만에 미팅 장소에 도착했다. 회사에서 카페까지의 거리가 2.5km일 때, K사원이 뛴 거리는?

① 0.6km
② 0.9km
③ 1.2km
④ 1.5km

정답 ④

총거리와 총시간이 주어져 있으므로 걸은 거리와 뛴 거리 또는 걸은 시간과 뛴 시간을 미지수로 잡을 수 있다.
미지수를 잡기 전에 문제에서 묻는 것을 정확하게 파악해야 나중에 답을 구할 때 헷갈리지 않는다.
문제에서 K사원이 뛴 거리를 물어보았으므로 거리를 미지수로 놓는다.
K사원이 회사에서 카페까지 걸어간 거리를 $x$km, 뛴 거리를 $y$km라고 하면,
회사에서 카페까지의 거리는 2.5km이므로 걸어간 거리 $x$km와 뛴 거리 $y$km를 합하면 2.5km이다.
$x+y=2.5 \cdots$ ㉠

K사원이 회사에서 카페까지 24분이 걸렸으므로 걸어간 시간$\left(\dfrac{x}{4}\right.$시간$\left.\right)$과 뛰어간 시간$\left(\dfrac{y}{10}\right.$시간$\left.\right)$을 합치면 24분이다.

이때 속력은 시간 단위이므로 '분'으로 바꾸어 계산한다.

$\dfrac{x}{4} \times 60 + \dfrac{y}{10} \times 60 = 24 \rightarrow 5x+2y=8 \cdots$ ㉡

㉠과 ㉡을 연립하여 ㉡−(2×㉠)을 하면 $x=1$이고, 구한 x의 값을 ㉠에 대입하면 $y=1.5$이다.
따라서 K사원이 뛴 거리는 $y$km이므로 1.5km이다.

풀이 전략!

문제에서 묻는 바를 정확하게 확인한 후, 필요한 조건 또는 정보를 구분하여 신속하게 풀어 나간다. 단, 계산에 착오가 생기지 않도록 유의한다.

01 A사에서는 파견 근무를 나갈 10명을 뽑아 팀을 구성하려 한다. 새로운 팀 내에서 팀장 한 명과 회계 담당 2명을 뽑으려고 할 때, 이 인원을 뽑는 경우의 수는 몇 가지인가?

① 300가지   ② 320가지

③ 348가지   ④ 360가지

02 A, B가 서로 일직선상으로 20km 떨어져 마주보는 위치에 있고, A로부터 7.6km 떨어진 곳에는 400m 길이의 다리가 있다. A가 먼저 시속 6km로 출발하고, B가 x분 후에 시속 12km로 출발하여 A와 B가 다리 위에서 만났다고 할 때, x의 최댓값과 최솟값의 차는 얼마인가?(단, 다리와 일반 도로 사이의 경계는 다리에 포함한다)

① 3   ② 4

③ 6   ④ 7

03 A가 혼자 컴퓨터 조립을 하면 2시간이 걸리고, B가 혼자 컴퓨터 조립을 하면 3시간이 걸린다. 먼저 A가 혼자 컴퓨터를 조립하다가 중간에 일이 생겨 나머지를 B가 완성했는데, 걸린 시간은 총 2시간 15분이었다. A가 혼자 일한 시간은 몇 시간인가?

① 1시간 25분   ② 1시간 30분

③ 1시간 35분   ④ 1시간 40분

04 현민이와 형빈이가 둘레의 길이가 1.5km인 공원 산책길을 걷고자 한다. 같은 출발점에서 동시에 출발하여 서로 반대 방향으로 걷기 시작하였다. 현민이는 60m/min, 형빈이는 90m/min의 속력으로 걸을 때, 두 사람이 만나는 것은 출발한 지 몇 분 후인가?

① 4분 후   ② 6분 후

③ 8분 후   ④ 10분 후

05 농도가 15%인 소금물을 5% 증발시킨 후 농도가 30%인 소금물 200g을 모두 섞어서 농도가 20%인 소금물을 만들었다. 증발 전 농도가 15%인 소금물의 양은?

① 350g   ② 400g

③ 450g   ④ 500g

06 어떤 물통을 채우는 데 A수도만 틀었을 때는 5시간, B수도만 틀었을 때는 2시간이 소요된다. 처음 1시간은 B수도가 고장나서 A수도만을 이용해 물을 채우고, 이후 A수도와 B수도를 모두 이용하여 물통을 가득 채웠을 때, 두 수도를 모두 이용한 시간은?

① 1시간   ② $\frac{8}{7}$ 시간

③ $\frac{9}{7}$ 시간   ④ $\frac{10}{7}$ 시간

07 A공공기관에서 노후화된 컴퓨터 모니터를 교체하기 위해 부서별로 조사한 결과, 다음과 같이 교체하기로 하였다. 이때, 새로 구입할 모니터는 총 몇 대인가?(단, 부서는 인사팀, 총무팀, 기획팀, 지원팀 4개만 있다)

> 새로 구입할 전체 모니터 중 $\frac{2}{5}$ 대는 인사부, $\frac{1}{3}$ 대는 총무팀의 것이고, 인사팀에서 교체할 모니터 개수의 $\frac{1}{3}$ 은 기획팀에서 교체할 개수이며, 지원팀은 400대를 교체할 것이다.

① 1,000대   ② 1,500대
③ 2,500대   ④ 3,000대

08 희경이의 회사는 본사에서 A지점까지의 거리가 총 50km이다. 본사에서 근무하는 희경이가 A지점에서의 미팅을 위해 버스를 타고 60km/h의 속력으로 20km를 갔더니 미팅시간이 얼마 남지 않아 택시로 바꿔 타고 90km/h의 속력으로 갔더니 오후 3시에 도착할 수 있었다. 희경이가 본사에서 나온 시각은 언제인가?(단, 본사에서 나와 버스를 기다린 시간과 버스에서 택시로 바꿔 탄 시간은 고려하지 않는다)

① 오후 1시 40분   ② 오후 2시
③ 오후 2시 20분   ④ 오후 2시 40분

02 | 수열 규칙

| 유형분석 |

- 나열된 수의 규칙을 찾아 해결하는 문제이다.
- 등차·등비수열 등 다양한 수열 규칙에 대한 사전 학습이 요구된다.

다음과 같이 일정한 규칙으로 수를 나열할 때, 빈칸에 들어갈 수는 무엇인가?

| 0 | 3 | 5 | 10 | 17 | 29 | 48 | ( ) |

① 55

② 60

③ 71

④ 79

정답 ④

n을 자연수라 하면 $(n+1)$항에서 n항을 더하고 $+2$를 한 값인 $(n+2)$항이 되는 수열이다.

따라서 ( )$=48+29+2=79$이다.

풀이 전략!

- 수열을 풀이할 때는 다음과 같은 규칙이 적용되는지를 순차적으로 판단한다.
  1) 각 항에 일정한 수를 사칙연산($+$, $-$, $\times$, $\div$)하는 규칙
  2) 홀수 항, 짝수 항 규칙
  3) 피보나치 수열과 같은 계차를 이용한 규칙
  4) 군수열을 활용한 규칙
  5) 항끼리 사칙연산을 하는 규칙

주요 수열 규칙

구분	내용
등차수열	앞의 항에 일정한 수를 더해 이루어지는 수열
등비수열	앞의 항에 일정한 수를 곱해 이루어지는 수열
피보나치 수열	앞의 두 항의 합이 그 다음 항의 수가 되는 수열
건너뛰기 수열	두 개 이상의 수열 또는 규칙이 일정한 간격을 두고 번갈아가며 적용되는 수열
계차수열	앞의 항과 차가 일정하게 증가하는 수열
군수열	일정한 규칙성으로 몇 항씩 묶어 나눈 수열

※ 다음과 같이 일정한 규칙으로 수를 나열할 때, 빈칸에 들어갈 수를 고르시오. [1~2]

01

$$\frac{1}{3} \qquad \frac{6}{10} \qquad (\quad) \qquad \frac{16}{94} \qquad \frac{21}{283}$$

① $\dfrac{10}{31}$　　　　　　　　　② $\dfrac{11}{31}$

③ $\dfrac{10}{47}$　　　　　　　　　④ $\dfrac{11}{47}$

02

$$2 \quad 12 \quad 32 \quad 72 \quad 152 \quad 312 \quad 632 \quad (\quad)$$

① 1,252　　　　　　　　　② 1,262

③ 1,264　　　　　　　　　④ 1,272

03 다음과 같이 일정한 규칙으로 수를 나열할 때, B-A를 구하면?

$$1 \quad 2 \quad A \quad 5 \quad 8 \quad 13 \quad 21 \quad B$$

① 22　　　　　　　　　② 25

③ 28　　　　　　　　　④ 31

03 | 자료 계산

| 유형분석 |

- 문제에 주어진 자료를 분석하여 각 선택지의 값을 계산해 정답 유무를 판단하는 문제이다.
- 주로 그래프와 표로 제시되며, 경영·경제·산업 등과 관련된 최신 이슈를 많이 다룬다.
- 자료 간의 증감률·비율·추세 등을 자주 묻는다.

다음은 시·군지역의 성별 비경제활동 인구에 관해 조사한 자료이다. 빈칸 (가), (다)에 들어갈 수가 바르게 연결된 것은?(단, 인구수는 백의 자리에서 반올림하고, 비중은 소수점 첫째 자리에서 반올림한다)

〈성별 비경제활동 인구〉

(단위 : 천 명, %)

구분	총계	남자	비중	여자	비중
시지역	7,800	2,574	(가)	5,226	(나)
군지역	1,149	(다)	33.5	(라)	66.5

	(가)	(다)			(가)	(다)
①	30	385		②	30	392
③	33	378		④	33	385

정답 ④

- (가) : $\dfrac{2,574}{7,800} \times 100 = 33\%$
- (다) : $1,149 \times 0.335 = 385$천 명

풀이 전략!

선택지를 먼저 읽고 필요한 정보를 도표에서 확인하도록 하며, 계산이 필요한 경우에는 실제 수치를 사용하여 복잡한 계산을 하는 대신, 대소 관계의 비교나 선택지의 옳고 그름만을 판단할 수 있을 정도로 간소화하여 계산해 풀이시간을 단축할 수 있도록 한다.

01 A마트 물류팀에 근무하는 E사원은 9월 라면 입고량과 판매량을 확인하던 중 11일과 15일에 B, C업체의 기록이 누락되어 있는 것을 발견하였다. 동료직원인 K사원은 E사원에게 "9월 11일의 전체 라면 재고량 중 B업체는 10%, C업체는 9%를 차지하였고, 9월 15일의 B업체 라면 재고량은 C업체보다 500개가 더 많았다."라고 말했다. 이때 9월 11일의 전체 라면 재고량은 몇 개인가?

구분		9월 12일	9월 13일	9월 14일
B업체	입고량	300	–	200
	판매량	150	100	–
C업체	입고량	–	250	–
	판매량	200	150	50

① 10,000개
② 15,000개
③ 20,000개
④ 25,000개

02 A통신회사는 휴대전화의 통화시간에 따라 월 2시간까지는 기본요금을 부과하고, 2시간 초과 3시간 미만까지는 분당 a원, 3시간 초과부터는 $2a$원을 부과한다. 다음과 같이 요금이 청구되었을 때, a의 값은 얼마인가?

〈휴대전화 이용요금〉		
구분	통화시간	요금
8월	3시간 30분	21,600원
9월	2시간 20분	13,600원

① 50
② 80
③ 100
④ 120

03 서울에 사는 A씨는 휴일에 가족들과 경기도 맛집에 가기 위해 오후 3시에 집 앞으로 중형 콜택시를 불렀다. 집에서 맛집까지의 거리는 12.56km이며, 집에서 맛집으로 출발하여 4.64km를 이동하면 경기도에 진입한다. 맛집에 도착할 때까지 신호로 인해 택시가 멈췄던 시간은 8분이며, 택시의 속력은 이동 시 항상 60km/h 이상이었다. 다음 자료를 참고할 때, A씨가 지불하게 될 택시요금은 얼마인가?(단, 콜택시의 예약 비용은 없으며, 신호로 인한 멈춘 시간은 모두 경기도 진입 후이다)

〈서울시 택시요금 계산표〉

구분			신고요금
중형택시	주간	기본요금	2km까지 3,800원
		거리요금	100원당 132m
		시간요금	100원당 30초
	심야	기본요금	2km까지 4,600원
		거리요금	120원당 132m
		시간요금	120원당 30초
	공통사항		− 시간·거리 부분 동시병산(15.33km/h 미만 시) − 시계외 할증 20% − 심야(00:00 ~ 04:00) 할증 20% − 심야·시계외 중복할증 40%

※ 시간요금은 속력이 15.33km/h 미만이거나 멈춰있을 때 적용된다.
※ 서울시에서 다른 지역으로 진입 후 시계외 할증(심야 거리 및 시간요금)이 적용된다.

① 13,800원
② 14,000원
③ 14,520원
④ 14,920원

04 다음은 K국의 2023년 연령별 인구수 현황을 나타낸 그래프이다. 연령대를 기준으로 남성 인구가 40% 이하인 연령대 ㉠과 여성 인구가 50% 초과 60% 이하인 연령대 ㉡이 바르게 연결된 것은?(단, 소수점 둘째 자리에서 반올림한다)

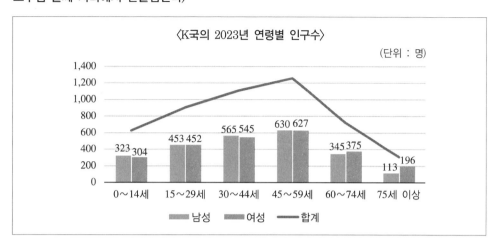

	㉠	㉡
①	0 ~ 14세	15 ~ 29세
②	30 ~ 44세	15 ~ 29세
③	45 ~ 59세	60 ~ 74세
④	75세 이상	60 ~ 74세

04 | 자료 이해

| 유형분석 |

- 제시된 표를 분석하여 선택지의 정답 유무를 판단하는 문제이다.
- 표의 수치 등을 통해 변화량이나 증감률, 비중 등을 비교하여 판단하는 문제가 자주 출제된다.
- 지원하고자 하는 공공기관이나 관련 산업 자료 등이 문제의 자료로 많이 다뤄진다.

다음은 도시폐기물량 상위 10개국의 도시폐기물량지수와 한국의 도시폐기물량을 나타낸 자료이다. 이에 대한 〈보기〉 중 옳은 것을 모두 고르면?

〈도시폐기물량 상위 10개국의 도시폐기물량지수〉

순위	2020년		2021년		2022년		2023년	
	국가	지수	국가	지수	국가	지수	국가	지수
1	미국	12.05	미국	11.94	미국	12.72	미국	12.73
2	러시아	3.40	러시아	3.60	러시아	3.87	러시아	4.51
3	독일	2.54	브라질	2.85	브라질	2.97	브라질	3.24
4	일본	2.53	독일	2.61	독일	2.81	독일	2.78
5	멕시코	1.98	일본	2.49	일본	2.54	일본	2.53
6	프랑스	1.83	멕시코	2.06	멕시코	2.30	멕시코	2.35
7	영국	1.76	프랑스	1.86	프랑스	1.96	프랑스	1.91
8	이탈리아	1.71	영국	1.75	이탈리아	1.76	터키	1.72
9	터키	1.50	이탈리아	1.73	영국	1.74	영국	1.70
10	스페인	1.33	터키	1.63	터키	1.73	이탈리아	1.40

※ (도시폐기물량지수)= $\dfrac{\text{(해당 연도 해당 국가의 도시폐기물량)}}{\text{(해당 연도 한국의 도시폐기물량)}}$

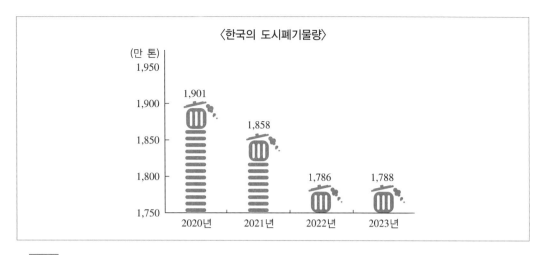

〈한국의 도시폐기물량〉

(만 톤)

- 2020년: 1,901
- 2021년: 1,858
- 2022년: 1,786
- 2023년: 1,788

㉠ 2023년 도시폐기물량은 미국이 일본의 4배 이상이다.
㉡ 2022년 러시아의 도시폐기물량은 8,000만 톤 이상이다.
㉢ 2023년 스페인의 도시폐기물량은 2020년에 비해 감소하였다.
㉣ 영국의 도시폐기물량은 터키의 도시폐기물량보다 매년 많다.

① ㉠, ㉢
② ㉠, ㉣
③ ㉡, ㉢
④ ㉡, ㉣

정답 ①

㉠ 제시된 자료의 각주에 의해 같은 해의 각국의 도시폐기물량지수는 그 해 한국의 도시폐기물량을 기준해 도출된다. 즉, 같은 해의 여러 국가의 도시폐기물량을 비교할 때 도시폐기물량지수로도 비교가 가능하다. 2023년 미국과 일본의 도시폐기물량지수는 각각 12.73, 2.53이며, $2.53 \times 4 = 10.12 < 12.73$이므로 옳은 설명이다.

㉢ 2020년 한국의 도시폐기물량은 1,901만 톤이므로 2020년 스페인의 도시폐기물량은 $1,901 \times 1.33 = 2,528.33$만 톤이다. 도시폐기물량 상위 10개국의 도시폐기물량지수 자료를 보면 2023년 스페인의 도시폐기물량지수는 상위 10개국에 포함되지 않았음을 확인할 수 있다. 즉, 스페인의 도시폐기물량은 도시폐기물량지수 10위인 이탈리아의 도시폐기물량보다 적다. 2023년 한국의 도시폐기물량은 1,788만 톤이므로 이탈리아의 도시폐기물량은 $1,788 \times 1.40 = 2,503.2$만 톤이다. 즉, 2023년 이탈리아의 도시폐기물량은 2020년 스페인의 도시폐기물량보다 적다. 따라서 2023년 스페인의 도시폐기물량은 2020년에 비해 감소했다.

오답분석

㉡ 2022년 한국의 도시폐기물량은 1,786만 톤이므로 2022년 러시아의 도시폐기물량은 $1,786 \times 3.87 = 6,911.82$만 톤이다.

㉣ 2023년의 경우 터키의 도시폐기물량지수는 영국보다 높다. 따라서 2023년 영국의 도시폐기물량은 터키의 도시폐기물량보다 적다.

풀이 전략!

평소 변화량이나 증감률, 비중 등을 구하는 공식을 알아두고 있어야 하며, 지원하는 기관이나 관련 산업에 관한 자료 등을 확인하여 비교하는 연습 등을 한다.

※ 다음은 국내기업의 업종별 현재 수출 국가와 업종별 향후 진출 희망 국가에 대한 자료이다. 이어지는 질문에 답하시오. [1~2]

〈업종별 현재 수출 국가〉

(단위 : 개)

구분	일본	중국	미국	동남아	독일	유럽 (독일제외)	기타	무응답	합계
주조	24	15	20	18	20	13	15	0	125
금형	183	149	108	133	83	83	91	0	830
소성가공	106	100	94	87	56	69	94	19	625
용접	96	96	84	78	120	49	77	0	600
표면처리	48	63	63	45	0	24	57	0	300
열처리	8	13	11	9	5	6	8	0	60
합계	465	436	380	370	284	244	342	19	2,540

〈업종별 향후 진출 희망 국가〉

(단위 : 개)

구분	일본	중국	미국	동남아	독일	유럽 (독일제외)	기타	합계
주조	24	16	29	25	1	8	3	106
금형	16	7	23	16	24	25	0	111
소성가공	96	129	140	129	8	28	58	588
용접	16	295	92	162	13	119	48	745
표면처리	5	32	7	19	0	13	10	86
열처리	0	16	2	7	0	0	2	27
합계	157	495	293	358	46	193	121	1,663

※ 모든 업종의 기업은 하나의 국가에만 수출한다.

01 다음 중 업종별 현재 수출 국가에 대한 설명으로 옳지 않은 것은?

① 열처리 분야 기업 중 중국에 수출하는 기업의 비율은 20% 이상이다.

② 금형 분야 기업의 수는 전체 기업 수의 40% 미만이다.

③ 일본에 수출하는 용접 분야 기업의 수는 중국에 수출하는 주조 분야 기업의 수의 7배 이상이다.

④ 소성가공 분야 기업 중 미국에 수출하는 기업의 수가 동남아에 수출하는 기업의 수보다 많다.

02 다음 중 자료에 대해 옳은 설명을 한 사람을 모두 고르면?

> 지현 : 가장 많은 수의 금형 분야 기업들이 진출하고 싶어 하는 국가는 독일이야.
> 준엽 : 국내 열처리 분야 기업들이 가장 많이 수출하는 국가는 가장 많은 열처리 분야 기업들이 진출하고 싶어 하는 국가와 같아.
> 찬영 : 표면처리 분야 기업 중 유럽(독일 제외)에 진출하고 싶어 하는 기업은 미국에 진출하고 싶어 하는 기업의 2배 이상이야.
> 진경 : 용접 분야 기업 중 기타 국가에 수출하는 기업의 수는 용접 분야 기업 중 독일을 제외한 유럽에 수출하는 기업의 수보다 많아.

① 지현, 준엽　　　　　　　　　　　② 지현, 찬영
③ 준엽, 찬영　　　　　　　　　　　④ 준엽, 진경

03 다음은 A공장에서 근무하는 근로자들의 임금수준 분포를 나타낸 자료이다. 근로자 전체에게 지급된 임금(월 급여)의 총액이 2억 원일 때, 〈보기〉에서 옳은 것을 모두 고르면?

〈A공장 근로자의 임금수준 분포〉

임금수준(만 원)	근로자 수(명)
월 300 이상	4
월 270 이상 300 미만	8
월 240 이상 270 미만	12
월 210 이상 240 미만	26
월 180 이상 210 미만	30
월 150 이상 180 미만	6
월 150 미만	4
합계	90

> **보기**
>
> ㉠ 근로자당 평균 월 급여액은 230만 원 이하이다.
> ㉡ 절반 이상의 근로자들이 월 210만 원 이상의 급여를 받고 있다.
> ㉢ 월 180만 원 미만의 급여를 받는 근로자의 비율은 약 14%이다.
> ㉣ 적어도 15명 이상의 근로자가 월 250만 원 이상의 급여를 받고 있다.

① ㉠　　　　　　　　　　　② ㉠, ㉡
③ ㉠, ㉡, ㉣　　　　　　　　④ ㉡, ㉢, ㉣

※ 다음은 이산가족 교류 성사에 대한 자료이다. 이어지는 질문에 답하시오. [4~5]

<table>
<tr><th colspan="7" style="text-align:center">〈이산가족 교류 성사 현황〉</th></tr>
<tr><td colspan="7" style="text-align:right">(단위 : 건)</td></tr>
<tr><th>구분</th><th>3월</th><th>4월</th><th>5월</th><th>6월</th><th>7월</th><th>8월</th></tr>
<tr><td>접촉신청</td><td>18,193</td><td>18,200</td><td>18,204</td><td>18,205</td><td>18,206</td><td>18,221</td></tr>
<tr><td>생사확인</td><td>11,791</td><td>11,793</td><td>11,795</td><td>11,795</td><td>11,795</td><td>11,798</td></tr>
<tr><td>상봉</td><td>6,432</td><td>6,432</td><td>6,432</td><td>6,432</td><td>6,432</td><td>6,432</td></tr>
<tr><td>서신교환</td><td>12,267</td><td>12,272</td><td>12,274</td><td>12,275</td><td>12,276</td><td>12,288</td></tr>
</table>

04 다음 〈보기〉 중 이산가족 교류 성사 현황에 대한 설명으로 옳은 것을 모두 고르면?

> **보기**
>
> ㄱ. 접촉신청 건수는 4월부터 7월까지 매월 증가하였다.
> ㄴ. 3월부터 8월까지 생사확인 건수와 서신교환 건수의 증감 추세는 동일하다.
> ㄷ. 6월 생사확인 건수는 접촉신청 건수의 70% 이하이다.
> ㄹ. 5월보다 8월에 상봉 건수 대비 서신교환 건수 비율은 감소하였다.

① ㄱ, ㄴ

② ㄱ, ㄷ

③ ㄴ, ㄷ

④ ㄷ, ㄹ

05 다음은 이산가족 교류 성사 현황을 토대로 작성한 보고서이다. 밑줄 친 부분 중 옳지 않은 것을 모두 고르면?

> 통일부는 올해 3월부터 8월까지 이산가족 교류 성사 현황을 발표하였다. 발표한 자료에 따르면 ㉠ 3월부터 생사확인 건수는 꾸준히 증가하였다. 그러나 상봉 건수는 남북 간의 조율 결과 매월 일정 수준을 유지하고 있다. ㉡ 서신교환의 경우 3월 대비 8월 증가율은 2%p 미만이나, 꾸준한 증가 추세를 보이고 있다. ㉢ 접촉신청 건수는 7월 전월 대비 불변한 것을 제외하면 꾸준히 증가 추세를 보이고 있다. 통일부는 접촉신청, 생사확인, 상봉, 서신교환 외에도 다른 형태의 이산가족 교류를 추진하고 특히 상봉을 확대할 계획이라고 밝혔다. ㉣ 전문가들은 총 이산가족 교류 건수가 증가 추세에 있음을 긍정적으로 평가하고 있다.

① ㉠, ㉡

② ㉠, ㉢

③ ㉡, ㉢

④ ㉢, ㉣

06 다음은 A국의 인구성장률에 대한 그래프이다. 이에 대한 설명으로 옳은 것은?

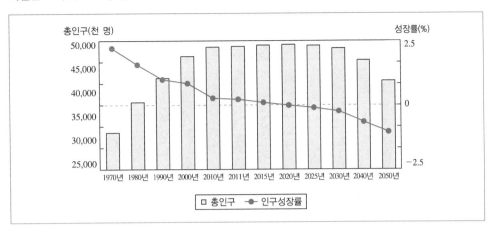

① 인구성장률은 2025년에 잠시 성장하다가 다시 감소할 것이다.

② 2011년부터 총인구는 감소할 것이다.

③ 2000 ~ 2010년 기간보다 2025 ~ 2030년 기간의 인구 증가가 덜할 것이다.

④ 2040년 총인구는 1990년 총인구보다 적을 것이다.

문제해결능력

합격 Cheat Key

문제해결능력은 업무를 수행하면서 여러 가지 문제 상황이 발생하였을 때, 창의적이고 논리적인 사고를 통하여 이를 올바르게 인식하고 적절히 해결하는 능력으로, 하위 능력에는 사고력과 문제처리능력이 있다.

문제해결능력은 NCS 기반 채용을 진행하는 대다수의 공공기관에서 채택하고 있으며, 다양한 자료와 함께 출제되는 경우가 많아 어렵게 느껴질 수 있다. 특히, 난이도가 높은 문제로 자주 출제되기 때문에 다른 영역보다 더 많은 노력이 필요할 수는 있지만 그렇기에 차별화를 할 수 있는 득점 영역이므로 포기하지 말고 꾸준하게 노력해야 한다.

1 질문의 의도를 정확하게 파악하라!

문제해결능력은 문제에서 무엇을 묻고 있는지 정확하게 파악하여 먼저 풀이 방향을 설정하는 것이 가장 효율적인 방법이다. 특히, 조건이 주어지고 답을 찾는 창의적·분석적인 문제가 주로 출제되고 있기 때문에 처음에 정확한 풀이 방향이 설정되지 않는다면 문제를 제대로 풀지 못하게 되므로 첫 번째로 출제 의도 파악에 집중해야 한다.

2 중요한 정보는 반드시 표시하라!

출제 의도를 정확히 파악하기 위해서는 문제의 중요한 정보를 반드시 표시하거나 메모하여 하나의 조건, 단서도 잊고 넘어가는 일이 없도록 해야 한다. 실제 시험에서는 시간의 압박과 긴장감으로 정보를 잘못 적용하거나 잊어버리는 실수가 많이 발생하므로 사전에 충분한 연습이 필요하다.

3 반복 풀이를 통해 취약 유형을 파악하라!

문제해결능력은 특히 시간관리가 중요한 영역이다. 따라서 정해진 시간 안에 고득점을 할 수 있는 효율적인 문제 풀이 방법을 찾아야 한다. 이때, 반복적인 문제 풀이를 통해 자신이 취약한 유형을 파악하는 것이 중요하다. 정확하게 풀 수 있는 문제부터 빠르게 풀고 취약한 유형은 나중에 푸는 효율적인 문제 풀이를 통해 최대한 고득점을 맞는 것이 중요하다.

01 | 명제 추론

| 유형분석 |

- 주어진 조건을 토대로 논리적으로 추론하여 참 또는 거짓을 구분하는 문제이다.
- 자료를 제시하고 새로운 결과나 자료에 주어지지 않은 내용을 추론해 가는 형식의 문제가 출제된다.

K공공기관은 공휴일 세미나 진행을 위해 인근의 가게 A ~ F에서 필요한 물품을 구매하고자 한다. 다음 〈조건〉을 따를 때, 공휴일에 영업하는 가게의 수는?

조건

- C는 공휴일에 영업하지 않는다.
- B가 공휴일에 영업하지 않으면, C와 E는 공휴일에 영업한다.
- E 또는 F가 영업하지 않는 날이면, D는 영업한다.
- B가 공휴일에 영업하면, A와 E는 공휴일에 영업하지 않는다.
- B와 F 중 한 곳만 공휴일에 영업한다.

① 2곳　　　　　　　　　　　　　　② 3곳
③ 4곳　　　　　　　　　　　　　　④ 5곳

정답 ①

주어진 조건을 순서대로 논리 기호화하면 다음과 같다.
- 첫 번째 조건 : $\sim$C
- 두 번째 조건 : $\sim$B → (C ∧ E)
- 세 번째 조건 : ($\sim$E ∨ $\sim$F) → D
- 네 번째 조건 : B → ($\sim$A ∧ $\sim$E)

첫 번째 조건이 참이므로 두 번째 조건의 대우[($\sim$C ∨ $\sim$E) → B]에 따라 B는 공휴일에 영업한다. 이때 네 번째 조건에 따라 A와 E는 영업하지 않고, 다섯 번째 조건에 따라 F도 영업하지 않는다. 마지막으로 세 번째 조건에 따라 D는 영업한다. 따라서 공휴일에 영업하는 가게는 B와 D 2곳이다.

풀이 전략!

조건과 관련한 기본적인 논법에 대해서는 미리 학습해 두며, 이를 바탕으로 각 문장에 있는 핵심단어 또는 문구를 기호화하여 정리한 후, 선택지와 비교하여 참 또는 거짓을 판단한다. 또한, 이를 바탕으로 문제에서 구하고자 하는 내용을 추론 및 분석한다.

01 아마추어 야구 리그에서 활동하는 A ~ D팀은 빨간색, 노란색, 파란색, 보라색 중에서 매년 상징하는 색을 바꾸고 있다. 다음 〈조건〉을 참고할 때, 반드시 참인 것은?

> **조건**
> • 하나의 팀은 하나의 상징색을 갖는다.
> • 이전에 사용했던 상징색을 다시 사용할 수는 없다.
> • A팀과 B팀은 빨간색을 사용한 적이 있다.
> • B팀과 C팀은 보라색을 사용한 적이 있다.
> • D팀은 노란색을 사용한 적이 있고, 파란색을 선택하였다.

① A팀은 파란색을 사용한 적이 있어 다른 색을 골라야 한다.
② A팀의 상징색은 노란색이 될 것이다.
③ C팀은 파란색을 사용한 적이 있을 것이다.
④ C팀의 상징색은 빨간색이 될 것이다.

02 A ~ G 7명이 원형테이블에 〈조건〉과 같이 앉아 있을 때, 다음 중 직급이 사원인 사람과 대리인 사람을 순서대로 바르게 나열한 것은?(단, A ~ G는 모두 사원, 대리, 과장, 차장, 팀장, 부장, 이사 중 하나의 직급에 해당하며, 이 중 동일한 직급인 직원은 없다.)

> **조건**
> • A의 왼쪽에는 부장이, 오른쪽에는 차장이 앉아 있다.
> • E는 사원과 이웃하여 앉지 않았다.
> • B는 부장과 이웃하여 앉아 있다.
> • C의 직급은 차장이다.
> • G는 차장과 과장 사이에 앉아 있다.
> • D는 A와 이웃하여 앉아 있다.
> • 사원은 부장, 대리와 이웃하여 앉아 있다.

	사원	대리
①	A	F
②	B	E
③	B	F
④	D	E

03 K베이커리에서는 A ~ D단체에 우유식빵, 밤식빵, 옥수수식빵, 호밀식빵을 다음 〈조건〉에 따라 한 종류씩 납품하려고 한다. 이때 반드시 참인 것은?

> **조건**
> • 한 단체에 납품하는 빵의 종류는 겹치지 않도록 한다.
> • 우유식빵과 밤식빵은 A에 납품된 적이 있다.
> • 옥수수식빵과 호밀식빵은 C에 납품된 적이 있다.
> • 옥수수식빵은 D에 납품된다.

① 우유식빵은 B에 납품된 적이 있다.
② 옥수수식빵은 A에 납품된 적이 있다.
③ 호밀식빵은 A에 납품될 것이다.
④ 우유식빵은 C에 납품된 적이 있다.

04 K대학교의 기숙사에 거주하는 A ~ D는 1층부터 4층에 매년 새롭게 방을 배정받고 있으며, 올해도 방을 배정받는다. 다음 〈조건〉을 참고할 때, 반드시 참인 것은?

> **조건**
> • 한 번 배정받은 층에는 다시 배정받지 않는다.
> • A와 D는 2층에 배정받은 적이 있다.
> • B와 C는 3층에 배정받은 적이 있다.
> • A와 B는 1층에 배정받은 적이 있다.
> • A, B, D는 4층에 배정받은 적이 있다.

① C는 4층에 배정될 것이다.
② D는 3층에 배정받은 적이 있을 것이다.
③ D는 1층에 배정받은 적이 있을 것이다.
④ C는 2층에 배정받은 적이 있을 것이다.

05 K공공기관의 건물에서는 엘리베이터 여섯 대(1 ~ 6호기)를 6시간에 걸쳐 검사하고자 한다. 한 시간에 한 대씩만 검사한다고 할 때, 다음 〈조건〉에 근거하여 바르게 추론한 것은?

> **조건**
> • 제일 먼저 검사하는 엘리베이터는 5호기이다.
> • 가장 마지막에 검사하는 엘리베이터는 6호기가 아니다.
> • 2호기는 6호기보다 먼저 검사한다.
> • 3호기는 두 번째로 먼저 검사하며, 그 다음으로 검사하는 엘리베이터는 1호기이다.

① 6호기는 4호기보다 늦게 검사한다.
② 마지막으로 검사하는 엘리베이터는 4호기가 아니다.
③ 4호기 다음으로 검사할 엘리베이터는 2호기이다.
④ 6호기는 1호기 다다음에 검사하며, 다섯 번째로 검사하게 된다.

06 이번 학기에 4개의 강좌 A ~ D가 새로 개설되는데, 강사 갑 ~ 무 중 4명이 한 강좌씩 맡으려 한다. 배정 결과를 궁금해 하는 5명은 다음 〈조건〉과 같이 예측했다. 배정 결과를 보니 갑 ~ 무의 진술 중 한 명의 진술만이 거짓이고 나머지는 참임이 드러났을 때, 다음 중 바르게 추론한 것은?

> **조건**
> 갑 : 을이 A강좌를 담당하고 병은 강좌를 담당하지 않을 것이다.
> 을 : 병이 B강좌를 담당할 것이다.
> 병 : 정은 D강좌가 아닌 다른 강좌를 담당할 것이다.
> 정 : 무가 D강좌를 담당할 것이다.
> 무 : 을의 말은 거짓일 것이다.

① 갑은 A강좌를 담당한다.
② 을은 C강좌를 담당한다.
③ 병은 강좌를 담당하지 않는다.
④ 정은 D강좌를 담당한다.

02 | SWOT 분석

| 유형분석 |

- 상황에 대한 환경 분석 결과를 통해 주요 과제를 도출하는 문제이다.
- 주로 3C 분석 또는 SWOT 분석을 활용한 문제들이 출제되고 있으므로 해당 분석도구에 대한 사전 학습이 요구된다.

다음 설명을 참고하였을 때 〈보기〉의 L자동차가 취할 수 있는 전략으로 가장 적절한 것은?

> 'SWOT'는 Strength(강점), Weakness(약점), Opportunity(기회), Threat(위협)의 머리글자를 따서 만든 단어로, 경영 전략을 세우는 방법론이다. SWOT로 도출된 조직의 내·외부 환경을 분석하고, 이 결과를 통해 대응전략을 구상할 수 있다. 'SO전략'은 기회를 활용하기 위해 강점을 사용하는 전략이고, 'WO전략'은 약점을 보완 또는 극복하여 시장의 기회를 활용하는 전략이다. 'ST전략'은 위협을 피하기 위해 강점을 활용하는 방법이며, 'WT전략'은 위협요인을 피하기 위해 약점을 보완하는 전략이다.

보기

- 새로운 정권의 탄생으로 자동차 업계 내 새로운 바람이 불 것으로 예상된다. A당선인이 이번 선거에서 친환경차 보급 확대를 주요 공약으로 내세웠고, 공약에 따라 공공기관용 친환경차 비율을 70%로 상향시키기로 하고, 친환경차 보조금 확대 등을 통해 친환경차 보급률을 높이겠다는 계획을 세웠다. 또한 최근 환경을 생각하는 국민 의식의 향상과 친환경차의 연비 절감 부분이 친환경차 구매 욕구 상승에 기여하고 있다.
- L자동차는 기존의 전기자동차 모델들을 꾸준히 출시하여 성장세가 두드러지고 있는 데다가 고객들의 다양한 구매 욕구를 충족시킬 만한 전기자동차 상품의 다양성을 확보하였다. 또한, L자동차의 전기자동차 미국 수출이 증가하고 있는 만큼 앞으로의 전망도 밝을 것으로 예상된다.

① SO전략
② WO전략
③ ST전략
④ WT전략

정답 ①

- Strength(강점) : L자동차는 전기자동차 모델들을 꾸준히 출시하여 성장세가 두드러지고 있는 데다가 고객들의 다양한 구매 욕구를 충족시킬 만한 전기자동차 상품의 다양성을 확보하였다.
- Opportunity(기회) : 새로운 정권에서 친환경차 보급 확대에 적극 나설 것으로 보인다는 점과 환경을 생각하는 국민 의식의 향상과 친환경차의 연비 절감 부분이 친환경차 구매 욕구 상승에 기여하고 있으며 L자동차의 미국 수출이 증가하고 있다.

따라서 해당 기사를 분석하면 SO전략이 가장 적절하다.

풀이 전략!

문제에 제시된 분석도구를 확인한 후, 분석 결과를 종합적으로 판단하여 각 선택지의 전략 과제와 일치 여부를 판단한다.

01　다음 중 SWOT 분석에 대한 설명으로 옳지 않은 것은?

〈SWOT 분석〉

강점, 약점, 기회, 위협요인을 분석·평가하고 이들을 서로 연관 지어 전략을 개발하고 문제해결 방안을 개발하는 방법이다.

	강점 (Strengths)	약점 (Weaknesses)
기회 (Opportunities)	SO	WO
위협 (Threats)	ST	WT

① 강점과 약점은 외부 환경요인에 해당하며, 기회와 위협은 내부 환경요인에 해당한다.

② SO전략은 강점을 살려 기회를 포착하는 전략을 의미한다.

③ ST전략은 강점을 살려 위협을 회피하는 전략을 의미한다.

④ WO전략은 약점을 보완하여 기회를 포착하는 전략을 의미한다.

02 다음은 K섬유회사에 대한 SWOT 분석 결과이다. 분석에 따른 대응 전략으로 적절한 것을 〈보기〉에서 모두 고르면?

〈K섬유회사 SWOT 분석 결과〉

• 첨단 신소재 관련 특허 다수 보유	• 신규 생산 설비 투자 미흡 • 브랜드의 인지도 부족
S 강점	**W 약점**
O 기회	**T 위협**
• 고기능성 제품에 대한 수요 증가 • 정부 주도의 문화 콘텐츠 사업 지원	• 중저가 의류용 제품의 공급 과잉 • 저임금의 개발도상국과 경쟁 심화

보기

ㄱ. SO전략으로 첨단 신소재를 적용한 고기능성 제품을 개발한다.
ㄴ. ST전략으로 첨단 신소재 관련 특허를 개발도상국의 경쟁업체에 무상 이전한다.
ㄷ. WO전략으로 문화 콘텐츠와 디자인을 접목한 신규 브랜드 개발을 통해 적극적으로 마케팅 한다.
ㄹ. WT전략으로 기존 설비에 대한 재투자를 통해 대량생산 체제로 전환한다.

① ㄱ, ㄷ   ② ㄱ, ㄹ
③ ㄴ, ㄷ   ④ ㄴ, ㄹ

03 다음은 국내 금융기관에 대한 SWOT 분석 자료이다. 이를 통해 SWOT 전략을 세운다고 할 때, 〈보기〉 중 전략과 그 내용이 바르게 연결된 것을 모두 고르면?

> 국내 대부분의 예금과 대출을 국내 은행이 차지하고 있을 정도로 국내 금융기관에 대한 우리나라 국민들의 충성도는 높은 편이다. 또한 국내 금융기관은 철저한 신용 리스크 관리로 해외 금융기관과 비교해 자산건전성 지표가 매우 우수한 편이다. 시장 리스크 관리도 해외 선진 금융기관 수준에 도달한 것으로 평가받는다. 국내 금융기관은 외환위기와 글로벌 금융위기 등을 거치며 꾸준히 자산건전성을 강화해왔기 때문이다.
>
> 그러나 은행과 이자 이익에 수익이 편중돼 있다는 점은 국내 금융기관의 가장 큰 약점이 된다. 대부분 예금과 대출 거래 중심의 영업구조로 되어 있기 때문이다. 취약한 해외 비즈니스도 문제로 들 수 있다. 최근 동남아 시장을 중심으로 해외 진출에 박차를 가하고 있지만, 아직은 눈에 띄는 성과가 많지 않은 상황이다.
>
> 많은 어려움에도 불구하고 국내 금융기관의 발전 가능성은 아직 무궁무진하다. 우선 해외 시장으로 눈을 돌리면 다양한 기회가 열려있다. 전 세계 신용·단기 자금 확대, 글로벌 무역 회복세로 국내 금융기관의 해외 진출 여건은 양호한 편이다. 따라서 해외 시장 개척을 통해 어떻게 신규 수익원을 확보하느냐가 성장의 새로운 기회로 작용할 전망이다. IT 기술 발달에 따른 핀테크의 등장도 새로운 기회가 될 수 있다. 국내의 발달된 인터넷과 모바일뱅킹 서비스, IT 인프라를 활용한 새로운 수익 창출 가능성이 열려 있는 것이다.
>
> 역설적으로 핀테크의 등장은 오히려 국내 금융기관의 발목을 잡을 수 있다. 블록체인 기술에 기반한 암호화폐, 간편결제와 송금, 로보어드바이저, 인터넷 은행, P2P 대출 등 다양한 핀테크 분야의 새로운 서비스들이 기존 금융 서비스의 대체재로서 출현하고 있기 때문이다. 금융시장 개방에 따른 글로벌 금융기관과의 경쟁 심화도 넘어야 할 산이다. 특히 중국 은행을 비롯한 중국 금융이 급성장하고 있어 이에 대한 대비책 마련이 시급하다.

보기

㉠ SO전략 : 높은 국내 시장점유율을 기반으로 국내 핀테크 사업에 진출한다.
㉡ WO전략 : 위기관리 역량을 강화하여 해외 금융시장에 진출한다.
㉢ ST전략 : 해외 금융기관과 비교해 우수한 자산건전성을 강조하여 글로벌 금융기관과의 경쟁에서 우위를 차지한다.
㉣ WT전략 : 해외 비즈니스 역량을 강화하여 해외 금융시장에 진출한다.

① ㉠, ㉡　　　　　　　　　　　　　　② ㉠, ㉢
③ ㉡, ㉢　　　　　　　　　　　　　　④ ㉡, ㉣

03 | 자료 해석

| 유형분석 |

- 주어진 자료를 해석하고 활용하여 풀어가는 문제이다.
- 꼼꼼하고 분석적인 접근이 필요한 다양한 자료들이 출제된다.

다음 중 정수장 수질검사 현황에 대해 바르게 설명한 사람은?

〈정수장 수질검사 현황〉

급수 지역	항목						검사결과	
	일반세균 100 이하 (CFU/mL)	대장균 불검출 (수/100mL)	NH3-N 0.5 이하 (mg/L)	잔류염소 4.0 이하 (mg/L)	구리 1 이하 (mg/L)	망간 0.05 이하 (mg/L)	적합	기준 초과
함평읍	0	불검출	불검출	0.14	0.045	불검출	적합	없음
이삼읍	0	불검출	불검출	0.27	불검출	불검출	적합	없음
학교면	0	불검출	불검출	0.13	0.028	불검출	적합	없음
엄다면	0	불검출	불검출	0.16	0.011	불검출	적합	없음
나산면	0	불검출	불검출	0.12	불검출	불검출	적합	없음

① A사원 : 함평읍의 잔류염소는 가장 낮은 수치를 보였고, 기준치에 적합하네.
② B사원 : 모든 급수지역에서 일반세균이 나오지 않았어.
③ C사원 : 기준치를 초과한 곳은 없었지만 적합하지 않은 지역은 있어.
④ D사원 : 대장균과 구리가 검출되면 부적합 판정을 받는구나.

정답 ②

오답분석
① 잔류염소에서 가장 낮은 수치를 보인 지역은 나산면(0.12mg/L)이고, 함평읍(0.14mg/L)은 세 번째로 낮다.
③ 기준치를 초과한 곳도 없고, 모두 적합 판정을 받았다.
④ 함평읍과 학교면, 엄다면은 구리가 검출되었지만 적합 판정을 받았다.

풀이 전략!

문제 해결을 위해 필요한 정보가 무엇인지 먼저 파악한 후, 제시된 자료를 분석적으로 읽고 해석한다.

01 K공공기관은 본사 근무환경개선을 위해 공사를 시행할 업체를 선정하고자 한다. 다음 선정방식에 따라 시행업체를 선정할 때, 최종 선정될 업체는?

〈공사 시행업체 선정방식〉

- 평가점수는 적합성 점수와 실적점수, 입찰점수를 1 : 2 : 1의 비율로 합산하여 도출한다.
- 평가점수가 가장 높은 업체 한 곳을 최종 선정한다.
- 적합성 점수는 각 세부항목의 점수를 합산하여 도출한다.
- 입찰점수는 입찰가격이 가장 낮은 곳부터 10점, 8점, 6점, 4점을 부여한다.
- 평가점수가 동일한 경우, 실적점수가 우수한 업체에 우선순위를 부여한다.

〈업체별 입찰정보 및 점수〉

평가항목	업체	A	B	C	D
적합성 점수 (30점)	운영 건전성(8점)	8	6	8	7
	근무 효율성 개선(10점)	8	9	6	8
	환경친화설계(5점)	2	3	4	4
	미적 만족도(7점)	4	6	5	7
실적점수 (10점)	최근 2년 시공실적(10점)	6	9	7	7
입찰점수 (10점)	입찰가격(억 원)	7	10	11	9

※ 미적 만족도 항목은 지난달에 시행한 내부 설문조사 결과에 기반한다.

① A업체
② B업체
③ C업체
④ D업체

02 다음은 A공공기관이 공개한 부패공직자 사건 및 징계에 대한 자료이다. 〈보기〉 중 이에 대한 설명으로 옳지 않은 것을 모두 고르면?

〈부패공직자 사건 및 징계 현황〉

구분	부패행위 유형	부패금액	징계종류	처분일	고발 여부
1	이권개입 및 직위의 사적 사용	23만 원	감봉 1월	2019. 06. 19.	미고발
2	직무관련자로부터 금품 및 향응수수	75만 원	해임	2020. 05. 20.	미고발
3	직무관련자로부터 향응수수	6만 원	견책	2021. 12. 22.	미고발
4	직무관련자로부터 금품 및 향응수수	11만 원	감봉 1월	2022. 02. 04.	미고발
5	직무관련자로부터 금품수수	40만 원가량	경고 (무혐의 처분, 징계시효 말소)	2023. 03. 06.	미고발
6	직권남용(직위의 사적이용)	–	해임	2023. 05. 24.	고발
7	직무관련자로부터 금품수수	526만 원	해임	2023. 09. 17.	고발
8	직무관련자로부터 금품수수 등	300만 원	해임	2024. 05. 18.	고발

보기

ㄱ. 공사에서 해당 사건의 부패금액이 일정 수준 이상인 경우에만 고발한 것으로 해석할 수 있다.
ㄴ. 해임당한 공직자들은 모두 고발되었다.
ㄷ. 직무관련자로부터 금품을 수수한 사건은 총 5건 있었다.
ㄹ. 동일한 부패행위 유형에 해당하더라도 다른 징계처분을 받을 수 있다.

① ㄱ, ㄴ
② ㄱ, ㄷ
③ ㄴ, ㄷ
④ ㄷ, ㄹ

03 다음은 아동수당에 대한 매뉴얼이다. 〈보기〉 중 고객의 문의에 대한 처리로 적절한 것을 모두 고르면?

〈아동수당〉

- 아동수당은 만 6세 미만 아동의 보호자에게 월 10만 원의 수당을 지급하는 제도이다.
- 아동수당은 보육료나 양육수당과는 별개의 제도로서 다른 복지급여를 받고 있어도 수급이 가능하지만, 반드시 신청을 해야 혜택을 받을 수 있다.
- 6월 20일부터 사전 신청 접수가 시작되고, 9월 21일부터 수당이 지급된다.
- 아동수당 수급대상 아동을 보호하고 있는 보호자나 대리인은 20일부터 아동 주소지 읍·면·동 주민센터에서 방문 신청 또는 복지로 홈페이지 및 모바일 앱에서 신청할 수 있다.
- 아동수당 제도 첫 도입에 따라 초기에 아동수당 신청이 한꺼번에 몰릴 것으로 예상되어 연령별 신청기간을 운영한다(연령별 신청기간은 만 0 ~ 1세는 20 ~ 25일, 만 2 ~ 3세는 26 ~ 30일, 만 4 ~ 5세는 7월 1 ~ 5일, 전 연령은 7월 6일부터이다).
- 아동수당은 신청한 달의 급여분(사전신청은 제외)부터 지급한다. 따라서 9월분 아동수당을 받기 위해서는 9월 말까지 아동수당을 신청해야 한다(단, 소급 적용은 되지 않는다).
- 아동수당 관련 신청서 작성요령이나 수급 가능성 등 자세한 내용은 아동수당 홈페이지에서 확인 가능하다.

보기

고객 : 저희 아이가 만 5세인데요. 아동수당을 지급받을 수 있나요?

(가) : 네, 만 6세 미만의 아동이면 9월 21일부터 10만 원의 수당을 지급받을 수 있습니다.

고객 : 제가 보육료를 지원받고 있는데, 아동수당도 받을 수 있는 건가요?

(나) : 아동수당은 보육료와는 별개의 제도로 신청만 하면 수당을 받을 수 있습니다.

고객 : 그럼 아동수당을 신청하려면 어떻게 해야 하나요?

(다) : 아동 주소지의 주민센터를 방문하거나 복지로 홈페이지 또는 모바일 앱에서 신청하시면 됩니다.

고객 : 따로 정해진 신청기간은 없나요?

(라) : 6월 20일부터 사전 신청 접수가 시작되고, 9월 말까지 아동수당을 신청하면 되지만 소급 적용이 되지 않습니다. 10월에 신청하시면 9월 아동수당은 지급받을 수 없으므로 9월 말까지 신청해 주시면 될 것 같습니다.

고객 : 네, 감사합니다.

(마) : 아동수당 관련 신청서 작성요령이나 수급 가능성 등의 자세한 내용은 메일로 문의해 주세요.

① (가), (나)　　　　　　　　　　② (가), (다)

③ (가), (나), (다)　　　　　　　　④ (나), (다), (마)

04 다음은 A공공기관에서 발표한 행동강령 위반 신고물품 최종 처리결과이다. 이에 대한 설명으로 옳은 것은?

〈행동강령 위반 신고물품 처리현황〉

연번	접수일시	제공받은 물품	제공자 인적사항		처리내용	처리일시
			소속	성명		
1	22.01.28	귤 1상자(10kg)	직무관련자	안유진	복지단체기증	22.01.29
2	22.04.19	결혼경조금 200,000원	직무관련자	이미애	즉시 반환	22.04.23
3	22.08.11	박카스 10상자(100병)	민원인	김철수	즉시 반환	22.08.12
4	22.11.11	사례금 100,000원	민원인	리영수	즉시 반환	22.11.14
5	22.12.11	과메기 1상자	직무관련자	박대기	즉시 반환	22.12.12
6	23.09.07	음료 1상자	민원인	유인정	즉시 반환	23.09.07
7	23.09.24	음료 1상자	민원인	김지희	즉시 반환	23.09.24
8	24.02.05	육포 1상자	직무관련자	최지은	즉시 반환	24.02.11
9	24.04.29	1만 원 상품권 5매	직무관련업체	S마켓	즉시 반환	24.05.03
10	24.07.06	음료 1상자	민원인	김은우	복지단체기증	24.07.06
11	24.09.01	표고버섯 선물세트 3개, 견과류 선물세트 1개	직무관련업체	M단체	즉시 반환	24.09.01
12	24.09.07	표고버섯 선물세트 3개, 확인미상 물품 1개	직무관련업체	L단체	즉시 반환	24.09.07
13	24.09.12	과일선물세트 1개	직무관련업체	N병원	즉시 반환	24.09.12
14	24.09.12	음료 1상자	민원인	장지수	복지단체기증	24.09.12
15	24.09.22	사례금 20,000원	민원인	고유림	즉시 반환	24.09.23
16	24.10.19	홍보 포스트잇	직무관련업체	Q화학	즉시 반환	24.10.19

① 신고 물품 중 직무관련업체로부터 제공받은 경우가 가장 많았다.

② 모든 신고물품은 접수일시로부터 3일 이내에 처리되었다.

③ 2022년 4월부터 2024년 9월까지 접수된 신고물품 중 개인으로부터 제공받은 신고물품이 차지하는 비중은 80% 이상이다.

④ 직무관련업체로부터 받은 물품은 모두 즉시 반환되었다.

05 A씨와 B씨는 카셰어링 업체인 K카를 이용하여 각각 일정을 소화하였다. K카의 이용요금표와 일정이 다음과 같을 때, A씨와 B씨가 지불해야 하는 요금이 바르게 연결된 것은?

〈K카 이용요금표〉

구분	기준요금 (10분)	누진 할인요금				주행요금
		대여요금(주중)		대여요금(주말)		
		1시간	1일	1시간	1일	
모닝	880원	3,540원	35,420원	4,920원	49,240원	160원/km
레이		3,900원	39,020원	5,100원	50,970원	
아반떼	1,310원	5,520원	55,150원	6,660원	65,950원	170원/km
K3						

※ 주중 / 주말 기준
   – 주중 : 일요일 20:00 ~ 금요일 12:00
   – 주말 : 금요일 12:00 ~ 일요일 20:00(공휴일 및 당사 지정 성수기 포함)
※ 최소 예약은 30분이며 10분 단위로 연장할 수 있습니다(1시간 이하는 10분 단위로 환산하여 과금합니다).
※ 예약시간이 4시간을 초과하는 경우에는 누진 할인요금이 적용됩니다(24시간 한도).
※ 연장요금은 기준요금으로 부과합니다.
※ 이용시간 미연장에 따른 반납지연 패널티 요금은 초과한 시간에 대한 기준요금의 2배가 됩니다.

〈일정〉

• A씨
   – 차종 : 아반떼
   – 예약시간 : 3시간(토요일, 11:00 ~ 14:00)
   – 주행거리 : 92km
   – A씨는 저번 주 토요일, 친구 결혼식에 참석하기 위해 인천에 다녀왔다. 인천으로 가는 길은 순탄하였으나 돌아오는 길에는 고속도로에서 큰 사고가 있었던 모양인지 예상했던 시간보다 1시간 30분이 더 걸렸다. A씨는 이용시간을 연장해야 한다는 사실을 몰라 하지 못했다.

• B씨
   – 차종 : 레이
   – 예약시간 : 목요일, 금요일 00:00 ~ 08:00
   – 주행거리 : 243km
   – B씨는 납품지연에 따른 상황을 파악하기 위해 강원도 원주에 있는 거래처에 들러 이틀에 걸쳐 일을 마무리한 후 예정된 일정에 맞추어 다시 서울로 돌아왔다.

	A씨	B씨
①	61,920원	120,140원
②	62,800원	122,570원
③	62,800원	130,070원
④	63,750원	130,070원

04 | 규칙 적용

| 유형분석 |

- 주어진 상황과 규칙을 종합적으로 활용하여 풀어 가는 문제이다.
- 일정, 비용, 순서 등 다양한 내용을 다루고 있어 유형을 한 가지로 단일화하기 어렵다.

A팀과 B팀은 보안등급 상에 해당하는 문서를 나누어 보관하고 있다. 이에 따라 두 팀은 보안을 위해 아래와 같은 규칙에 따라 각 팀의 비밀번호를 지정하였다. 다음 중 A팀과 B팀에 들어갈 수 있는 암호배열은?

〈규칙〉

- 1 ～ 9까지의 숫자로 (한 자릿수)×(두 자릿수)=(세 자릿수)=(두 자릿수)×(한 자릿수) 형식의 비밀번호로 구성한다.
- 가운데에 들어갈 세 자릿수의 숫자는 156이며 숫자는 중복 사용할 수 없다. 즉, 각 팀의 비밀번호에 1, 5, 6이란 숫자가 들어가지 않는다.

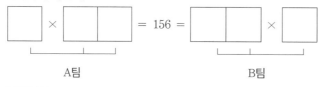

① 23   ② 27
③ 37   ④ 39

정답 ④

규칙에 따라 사용할 수 있는 숫자는 1, 5, 6을 제외한 나머지 2, 3, 4, 7, 8, 9의 총 6개이다. (한 자릿수)×(두 자릿수)=156이 되는 수를 알기 위해서는 156의 소인수를 구해 보면 된다. 156의 소인수는 3, 2^2, 13으로 여기서 156이 되는 수의 곱 중에 조건을 만족하는 것은 2×78과 4×39이다. 따라서 선택지 중에 A팀 또는 B팀에 들어갈 수 있는 암호배열은 39이다.

풀이 전략!

문제에 제시된 조건이나 규칙을 정확히 파악한 후, 선택지나 상황에 적용하여 문제를 풀어 나간다.

01 A회사는 신제품의 품번을 다음 규칙에 따라 정한다고 한다. 제품에 설정된 임의의 영단어가 'INTELLECTUAL'이라면 이 제품의 품번으로 옳은 것은?

〈규칙〉

- 1단계 : 알파벳 A~Z를 숫자 1, 2, 3, …으로 변환하여 계산한다.
- 2단계 : 제품에 설정된 임의의 영단어를 숫자로 변환한 값의 합을 구한다.
- 3단계 : 임의의 영단어 속 자음의 합에서 모음의 합을 뺀 값의 절댓값을 구한다.
- 4단계 : 2단계와 3단계의 값을 더한 다음 4로 나누어 2단계의 값에 더한다.
- 5단계 : 4단계의 값이 정수가 아닐 경우에는 소수점 첫째 자리에서 버림한다.

---

① 120　　　　　　　　　　　　　② 140

③ 160　　　　　　　　　　　　　④ 180

02 A~E 5명이 순서대로 퀴즈게임을 해서 벌칙을 받을 사람 1명을 선정하고자 한다. 다음 게임 규칙과 결과에 근거할 때, 〈보기〉 중 항상 옳은 것을 모두 고르면?

- 규칙
  - A → B → C → D → E 순서대로 퀴즈를 1개씩 풀고, 모두 한 번씩 퀴즈를 풀고 나면 한 라운드가 끝난다.
  - 퀴즈 2개를 맞힌 사람은 벌칙에서 제외되고, 다음 라운드부터는 게임에 참여하지 않는다.
  - 라운드를 반복하여 맨 마지막까지 남는 한 사람이 벌칙을 받는다.
  - 벌칙에서 제외되는 4명이 확정되면 라운드 중이라도 더 이상 퀴즈를 출제하지 않으며, 이 외에는 라운드 끝까지 퀴즈를 출제한다.
  - 게임 중 동일한 문제는 출제하지 않는다.
- 결과
  3라운드에서 A는 참가자 중 처음으로 벌칙에서 제외되었고, 4라운드에서는 오직 B만 벌칙에서 제외되었으며, 벌칙을 받을 사람은 5라운드에서 결정되었다.

보기

ㄱ. 5라운드까지 참가자들이 정답을 맞힌 퀴즈는 총 9개이다.

ㄴ. 게임이 종료될 때까지 총 22개의 퀴즈가 출제되었다면, E는 5라운드에서 퀴즈의 정답을 맞혔다.

ㄷ. 게임이 종료될 때까지 총 21개의 퀴즈가 출제되었다면, 퀴즈를 푸는 순서가 벌칙을 받을 사람 선정에 영향을 미친 것으로 볼 수 있다.

---

① ㄱ　　　　　　　　　　　　　② ㄴ

③ ㄱ, ㄷ　　　　　　　　　　　　④ ㄴ, ㄷ

05 | 창의적 사고

| 유형분석 |

- 창의적 사고에 대한 개념을 묻는 문제가 출제된다.
- 창의적 사고 개발 방법에 대한 암기가 필요한 문제가 출제되기도 한다.
- 문제해결절차나 방법에 대한 지식을 필요로 하는 문제 또한 빈출된다.

다음 글에서 설명하고 있는 사고력은 무엇인가?

> 정보에는 주변에서 발견할 수 있는 지식인 내적 정보와 책이나 밖에서 본 현상인 외부 정보의 두 종류가 있다. 이러한 정보를 조합하고 그 조합을 최종적인 해답으로 통합해야 한다.

① 분석적 사고　　　　　　　　　　② 논리적 사고

③ 비판적 사고　　　　　　　　　　④ 창의적 사고

정답 ④

창의적 사고란 정보와 정보의 조합이다. 여기에서 말하는 정보에는 주변에서 발견할 수 있는 지식(내적 정보)과 책이나 밖에서 본 현상(외부 정보)의 두 종류가 있다. 이러한 정보를 조합하고 그 조합을 최종적인 해답으로 통합해야 하는 것이 창의적 사고의 첫걸음이다.

풀이 전략!

모듈이론에 대한 전반적인 학습을 미리 해두어야 하며, 이를 주어진 문제에 적용하여 빠르게 풀이한다.

01   다음 사례 속 최대리에게 해줄 수 있는 조언으로 적절하지 않은 것은?

> 최대리는 오늘도 기분이 별로다. 오전부터 팀장에게 싫은 소리를 들었기 때문이다. 늘 하던 일을
> 하던 방식으로 처리한 것이 빌미였다. 관행에 매몰되지 말고 창의적이고 발전적인 모습을 보여 달라
> 는 게 팀장의 주문이었다. '창의적인 일처리'라는 말을 들을 때마다 주눅이 드는 자신을 발견할 때면
> 더욱 의기소침해지고 자신감이 없어진다. 어떻게 해야 창의적인 인재가 될 수 있을까 고민해 보지만
> 뾰족한 수가 보이지 않는다. 자기만 뒤처지는 것 같아 불안하기도 하고 남들은 어떤지 궁금하기도
> 하다.

① 창의적인 사람은 새로운 경험을 찾아 나서는 사람을 말하는 것 같아.
② 창의적인 사람의 독특하고 기발한 재능은 선천적으로 타고나는 것이라 할 수 있어.
③ 창의적인 사고는 후천적 노력에 의해서도 개발이 가능하다고 생각해.
④ 창의력은 본인 스스로 자신의 틀에서 벗어나도록 노력해야 한다고 생각해.

02   다음 글에서 설명하는 창의적 사고를 개발하는 방법으로 가장 적절한 것은?

> '신차 출시'라는 같은 주제에 대해서 판매방법, 판매대상 등의 힌트를 통해 사고 방향을 미리 정해서
> 발상한다. 이때, 판매방법이라는 힌트에 대해서는 '신규 해외 수출 지역을 물색한다.'라는 아이디어
> 를 떠올릴 수 있을 것이다.

① 자유 연상법   ② 강제 연상법
③ 비교 발상법   ④ 비교 연상법

03 다음과 같은 특징을 가지고 있는 창의적 사고의 개발 방법은?

> 일정한 주제에 관하여 회의를 하고, 참가하는 인원이 자유발언을 통해 아이디어를 제시하는 것으로, 다른 사람의 발언에 비판하지 않는다.

① 스캠퍼 기법 ② 여섯 가지 색깔 모자
③ 브레인스토밍 ④ TRIZ

04 다음 중 최근에 많이 사용되고 있는 퍼실리테이션의 문제해결에 대한 설명으로 옳지 않은 것은?

① 어떤 그룹이나 집단이 의사결정을 잘하도록 도와주는 일을 의미한다.
② 주제에 대한 공감을 이룰 수 있도록 능숙하게 도와주는 역할을 한다.
③ 구성원의 동기뿐만 아니라 팀워크도 한층 강화되는 특징을 보인다.
④ 제3자가 합의점이나 줄거리를 준비해놓고 예정대로 결론을 도출한다.

05 다음 중 문제를 해결할 때 필요한 분석적 사고에 대한 설명으로 옳은 것은?

① 전체를 각각의 요소로 나누어 그 요소의 의미를 도출한 다음 우선순위를 부여하고 구체적인 문제해결 방법을 실행하는 것이 요구된다.

② 성과 지향의 문제는 일상업무에서 일어나는 상식, 편견을 타파하여 사고와 행동을 객관적 사실로부터 시작해야 한다.

③ 가설 지향의 문제는 기대하는 결과를 명시하고 효과적인 달성 방법을 사전에 구상하고 실행에 옮겨야 한다.

④ 사실 지향의 문제는 현상 및 원인분석 전에 지식과 경험을 바탕으로 일의 과정이나 결과, 결론을 가정한 다음 검증 후 사실일 경우 다음 단계의 일을 수행해야 한다.

06 다음 중 문제해결절차에 따라 사용되는 문제해결 방법을 〈보기〉에서 골라 순서대로 바르게 나열한 것은?

〈문제해결절차〉

| 문제 인식 | → | 문제 도출 | → | 원인 분석 | → | 해결안 개발 | → | 실행 및 평가 |

보기

㉠ 주요 과제를 나무 모양으로 분해·정리한다.
㉡ 자사, 경쟁사, 고객사에 대해 체계적으로 분석한다.
㉢ 부분을 대상으로 먼저 실행한 후 전체로 확대하여 실행한다.
㉣ 전체적 관점에서 방향과 방법이 같은 해결안을 그룹화한다.

① ㉠ - ㉡ - ㉢ - ㉣
② ㉠ - ㉡ - ㉣ - ㉢
③ ㉡ - ㉠ - ㉢ - ㉣
④ ㉡ - ㉠ - ㉣ - ㉢

CHAPTER 04

자원관리능력

합격 Cheat Key

자원관리능력은 현재 NCS 기반 채용을 진행하는 많은 공공기관에서 핵심영역으로 자리 잡아, 일부를 제외한 대부분의 시험에서 출제되고 있다.

세부 유형은 비용 계산, 해외파견 지원금 계산, 주문 제작 단가 계산, 일정 조율, 일정 선정, 행사 대여 장소 선정, 최단거리 구하기, 시차 계산, 소요시간 구하기, 해외파견 근무 기준에 부합하는 또는 부합하지 않는 직원 고르기 등으로 나눌 수 있다.

1 시차를 먼저 계산하라!

시간 자원 관리의 대표유형 중 시차를 계산하여 일정에 맞는 항공권을 구입하거나 회의시간을 구하는 문제에서는 각각의 나라 시간을 한국 시간으로 전부 바꾸어 계산하는 것이 편리하다. 조건에 맞는 나라들의 시간을 전부 한국 시간으로 바꾸고 한국 시간과의 시차만 더하거나 빼면 시간을 단축하여 풀 수 있다.

2 선택지를 잘 활용하라!

계산을 해서 값을 요구하는 문제 유형에서는 선택지를 먼저 본 후 자리 수가 몇 단위로 끝나는지 확인해야 한다. 예를 들어 412,300원, 426,700원, 434,100원인 선택지가 있다고 할 때, 제시된 조건에서 100원 단위로 나올 수 있는 항목을 찾아 그 항목만 계산하는 방법이 있다. 또한, 일일이 계산하는 문제가 많다. 예를 들어 640,000원, 720,000원, 810,000원 등의 수를 이용해 푸는 문제가 있다고 할 때, 만 원 단위를 절사하고 계산하여 64, 72, 81처럼 요약하는 방법이 있다.

3 최적의 값을 구하는 문제인지 파악하라!

물적 자원 관리의 대표유형에서는 제한된 자원 내에서 최대의 만족 또는 이익을 얻을
수 있는 방법을 강구하는 문제가 출제된다. 이때, 구하고자 하는 값을 x, y로 정하고
연립방정식을 이용해 x, y 값을 구한다. 최소 비용으로 목표생산량을 달성하기 위한 업
무 및 인력 할당, 정해진 시간 내에 최대 이윤을 낼 수 있는 업체 선정, 정해진 인력으로
효율적 업무 배치 등을 구하는 문제에서 사용되는 방법이다.

4 각 평가항목을 비교하라!

인적 자원 관리의 대표유형에서는 각 평가항목을 비교하여 기준에 적합한 인물을 고르거
나, 저렴한 업체를 선정하거나, 총점이 높은 업체를 선정하는 문제가 출제된다. 이런 유형
은 평가항목에서 가격이나 점수 차이에 영향을 많이 미치는 항목을 찾아 1 ~ 2개의 선택
지를 삭제하고, 남은 3 ~ 4개의 선택지만 계산하여 시간을 단축할 수 있다.

01 | 시간 계획

| 유형분석 |

- 시간 자원과 관련된 다양한 정보를 활용하여 풀어 가는 유형이다.
- 대체로 교통편 정보나 국가별 시차 정보가 제공되며, 이를 근거로 '현지 도착 시각 또는 약속된 시간 내에 도착하기 위한 방안'을 고르는 문제가 출제된다.

해외영업부 A대리는 B부장과 함께 샌프란시스코에 출장을 가게 되었다. 샌프란시스코의 시각은 한국보다 16시간 느리고, 비행시간은 10시간 25분일 때 샌프란시스코 현지 시각으로 11월 17일 오전 10시 35분에 도착하는 비행기를 타려면 한국 시각으로 인천공항에 몇 시까지 도착해야 하는가?

구분	날짜	출발 시각	비행 시간	날짜	도착 시각
인천 → 샌프란시스코	11월 17일		10시간 25분	11월 17일	10:35
샌프란시스코 → 인천	11월 21일	17:30	12시간 55분	11월 22일	22:25

※ 단, 비행기 출발 한 시간 전에 공항에 도착해 티켓팅을 해야 한다.

① 12:10   ② 13:10
③ 14:10   ④ 15:10

정답 ④

인천에서 샌프란시스코까지 비행 시간은 10시간 25분이므로, 샌프란시스코 도착 시각에서 거슬러 올라가면 샌프란시스코 시각으로 00시 10분에 출발한 것이 된다. 이때 한국은 샌프란시스코보다 16시간 빠르기 때문에 한국 시각으로는 16시 10분에 출발한 것이다. 하지만 비행기 티켓팅을 위해 출발 한 시간 전에 인천공항에 도착해야 하므로 15시 10분까지 공항에 가야 한다.

풀이 전략!

문제에서 묻는 것을 정확히 파악한다. 특히 제한사항에 대해서는 빠짐없이 확인해 두어야 한다. 이후 제시된 정보(시차 등)에서 필요한 것을 선별하여 문제를 풀어 간다.

01 A공공기관의 청원경찰은 6층짜리 회사건물을 층마다 모두 순찰한 후에 퇴근한다. 다음 〈조건〉에 따라 1층에서 출발하여 순찰을 완료하고 다시 1층으로 돌아오기까지 소요되는 최소 시간은?(단, 다른 요인은 고려하지 않는다)

> **조건**
> • 층간 이동은 엘리베이터로만 해야 하며 엘리베이터가 한 개 층을 이동하는 데는 1분이 소요된다.
> • 엘리베이터는 한 번에 최대 세 개 층(예) 1층 → 4층)을 이동할 수 있다.
> • 엘리베이터는 한 번 위로 올라갔으면, 그 다음에는 아래 방향으로 내려오고, 그 다음에는 다시 위 방향으로 올라가야 한다.
> • 하나의 층을 순찰하는 데는 10분이 소요된다.

① 1시간
② 1시간 10분
③ 1시간 16분
④ 1시간 22분

02 해외로 출장을 가는 김대리는 다음 〈조건〉과 같이 이동하려고 계획하고 있다. 연착 없이 계획대로 출장지에 도착했을 때의 현지 시각은?

> **조건**
> • 서울 시각으로 5일 오후 1시 35분에 출발하는 비행기를 타고, 경유지 한 곳을 거쳐 출장지에 도착한다.
> • 경유지는 서울보다 1시간 빠르고, 출장지는 경유지보다 2시간 느리다.
> • 첫 번째 비행은 3시간 45분이 소요된다.
> • 경유지에서 3시간 50분을 대기하고 출발한다.
> • 두 번째 비행은 9시간 25분이 소요된다.

① 오전 5시 35분
② 오전 6시
③ 오후 5시 35분
④ 오후 6시

03 다음 중 시간 계획에 대한 설명으로 옳지 않은 것은?

① 시간이라고 하는 자원을 최대한 활용하기 위한 것이다.
② 가장 많이 반복되는 일에 가장 적은 시간을 분배한다.
③ 최단시간에 최선의 목표를 달성하려고 한다.
④ 시간 계획을 잘할수록 자기의 이상을 달성할 수 있는 시간을 창출할 수 있다.

02 | 비용 계산

| 유형분석 |

- 예산 자원과 관련된 다양한 정보를 활용하여 문제를 풀어간다.
- 대체로 한정된 예산 내에서 수행할 수 있는 업무 및 예산 가격을 묻는 문제가 출제된다.

A사원은 이번 출장을 위해 KTX표를 미리 40% 할인된 가격에 구매하였으나, 출장 일정이 바뀌는 바람에 하루 전날 표를 취소하였다. 다음 환불 규정에 따라 16,800원을 돌려받았을 때, 할인되지 않은 KTX표의 가격은 얼마인가?

<table>
<tr><td colspan="3" align="center">〈KTX 환불 규정〉</td></tr>
<tr><th>출발 2일 전</th><th>출발 1일 전 ~ 열차 출발 전</th><th>열차 출발 후</th></tr>
<tr><td align="center">100%</td><td align="center">70%</td><td align="center">50%</td></tr>
</table>

① 40,000원
② 48,000원
③ 56,000원
④ 67,200원

정답 ①

할인되지 않은 KTX표의 가격을 x원이라 하면, 표를 40% 할인된 가격으로 구매하였으므로 구매 가격은 $(1-0.4)x=0.6x$원이다. 환불 규정에 따르면 하루 전에 표를 취소하는 경우 70%의 금액을 돌려받을 수 있으므로 다음 식이 성립한다.

$0.6x \times 0.7 = 16,800$

$\rightarrow 0.42x = 16,800$

$\therefore x = 40,000$

풀이 전략!

제한사항인 예산을 고려하여 문제에서 묻는 것을 정확히 파악한 후, 제시된 정보에서 필요한 것을 선별하여 문제를 풀어간다.

01 다음 자료를 보고 A사원이 6월 출장여비로 받을 수 있는 총액을 바르게 구한 것은?

〈출장여비 계산기준〉

• 출장여비는 출장수당과 교통비의 합으로 계산한다.
• 출장수당의 경우 업무추진비 사용 시 1만 원을 차감하며, 교통비의 경우 관용차량 사용 시 1만 원을 차감한다.

〈출장지별 출장여비〉

출장지	출장수당	교통비
I시	10,000원	20,000원
I시 이외	20,000원	30,000원

※ I시 이외 지역으로 출장을 갈 경우 13시 이후 출장 시작 또는 15시 이전 출장 종료 시 출장수당에서 1만 원 차감된다.

〈A사원의 6월 출장내역〉

출장일	출장지	출장 시작 및 종료 시각	비고
6월 8일	I시	14 ~ 16시	관용차량 사용
6월 16일	S시	14 ~ 18시	–
6월 19일	B시	09 ~ 16시	업무추진비 사용

① 6만 원
② 7만 원
③ 8만 원
④ 10만 원

02 A와 B는 각각 해외에서 직구로 물품을 구매하였다. 해외 관세율이 다음과 같을 때, A와 B 중 관세를 더 많이 낸 사람과 그 금액은 얼마인가?

〈해외 관세율〉

(단위 : %)

품목	관세	부가세
책	5	5
유모차, 보행기	5	10
노트북	8	10
스킨, 로션 등 화장품	6.5	10
골프용품, 스포츠용 헬멧	8	10
향수	7	10
커튼	13	10
카메라	8	10
신발	13	10
TV	8	10
휴대폰	8	10

※ 향수 화장품의 경우 개별소비세 7%, 농어촌특별세 10%, 교육세 30%가 추가된다.
※ 100만 원 이상 전자제품(TV, 노트북, 카메라, 핸드폰 등)은 개별소비세 20%, 교육세 30%가 추가된다.

〈구매 품목〉

A : TV(110만 원), 화장품(5만 원), 휴대폰(60만 원), 스포츠용 헬멧(10만 원)
B : 책(10만 원), 카메라(80만 원), 노트북(110만 원), 신발(10만 원)

① A, 91.5만 원
② B, 90.5만 원
③ A, 92.5만 원
④ B, 92.5만 원

03 A구에서는 주택을 소유하고 해당 주택에 거주하는 가구를 대상으로 주택 노후도 평가를 시행하여 그 결과에 따라 주택보수비용을 지원하고 있다. 주택보수비용 지원 내용과 지원율, 상황을 근거로 판단할 때, A구에 사는 C씨가 지원받을 수 있는 주택보수비용의 최대 액수는 얼마인가?

〈주택보수비용 지원 내용〉

구분	경보수	중보수	대보수
보수항목	도배 혹은 장판	수도시설 혹은 난방시설	지붕 혹은 기둥
주택당 보수비용 지원한도액	350만 원	650만 원	950만 원

〈소득인정액별 주택보수비용 지원율〉

구분	중위소득 25% 미만	중위소득 25% 이상 35% 미만	중위소득 35% 이상 43% 미만
지원율	100%	90%	80%

※ 소득인정액에 따라 위 보수비용 지원한도액의 80 ~ 100%를 차등 지원

〈상황〉

C씨는 현재 거주하고 있는 B주택의 소유자이며, 소득인정액이 중위소득 40%에 해당한다. B주택의 노후도 평가 결과, 지붕의 수선이 필요한 주택보수비용 지원 대상에 선정되었다.

① 520만 원 ② 650만 원
③ 760만 원 ④ 855만 원

04 다음은 예산 관리의 정의이다. 빈칸에 들어갈 단어로 적절하지 않은 것은?

예산 관리는 활동이나 사업에 소요되는 비용을 산정하고, 예산을 _____하는 것뿐만 아니라 예산을 _____하는 것 모두를 포함한다고 할 수 있다. 즉, 예산을 _____하고 _____하는 모든 일을 예산 관리라고 할 수 있다.

① 편성 ② 지원
③ 통제 ④ 수립

03 | 품목 확정

| 유형분석 |

- 물적 자원과 관련된 다양한 정보를 활용하여 풀어 가는 문제이다.
- 주로 공정도·제품·시설 등에 대한 가격·특징·시간 정보가 제시되며, 이를 종합적으로 고려하는 문제가 출제된다.

다음 중 물적 자원 관리의 과정에 대한 설명으로 옳지 않은 것은?

① 물품의 정리 및 보관 시 물품을 앞으로 계속 사용할 것인지 아닌지를 구분해야 한다.

② 유사성의 원칙은 유사품을 같은 장소에 보관하는 것을 말하며, 이는 보관한 물품을 보다 쉽고 빠르게 찾을 수 있도록 하기 위해서 필요하다.

③ 물품이 특성에 맞는 보관장소를 선정해야 하므로, 종이류와 유리 등은 그 재질의 차이로 인해서 보관장소의 차이를 두는 것이 바람직하다.

④ 물품의 정리 시 회전대응 보관의 원칙은 입출하의 빈도가 높은 품목은 출입구 가까운 곳에 보관하는 것을 말한다.

정답 ②

유사성의 원칙은 유사품은 인접한 장소에 보관한다는 것을 말한다. 같은 장소에 보관하는 것은 동일한 물품이다.

오답분석

① 물적 자원 관리 과정에서 첫 번째로 해야 할 일은 사용 물품과 보관 물품의 구분이며, 물품 활용의 편리성과 반복 작업 방지를 위해 필요한 작업이다.

③ 물품 분류가 끝났으면 적절하게 보관장소를 선정해야 하는데, 물품의 특성에 맞게 분류하여 보관하는 것이 바람직하다. 재질의 차이로 분류하는 방법도 옳은 방법이다.

④ 회전대응 보관 원칙에 대한 옳은 정의이다. 물품 보관 장소까지 선정이 끝나면 차례로 정리하면 된다. 여기서 회전대응 보관 원칙을 지켜야 물품 활용도가 높아질 수 있다.

풀이 전략!

문제에서 묻고자 하는 바를 정확히 파악하는 것이 중요하다. 문제에서 제시한 물적 자원의 정보를 문제의 의도에 맞게 선별하면서 풀어 간다.

01 A씨는 밤도깨비 야시장에서 푸드 트럭을 운영하기로 계획하고 있다. 다음 자료를 참고하여 순이익이 가장 높은 메인 메뉴 한 가지를 선정하려고 할 때, A씨가 선정할 메뉴로 옳은 것은?

메뉴	예상 월간 판매량(개)	생산 단가(원)	판매 가격(원)
A	500	3,500	4,000
B	300	5,500	6,000
C	400	4,000	5,000
D	200	6,000	7,000

① A   ② B
③ C   ④ D

02 다음은 A기업의 재고 관리에 대한 자료이다. 금요일까지 부품 재고 수량이 남지 않게 완성품을 만들 수 있도록 월요일에 주문할 부품 A~C의 개수가 바르게 연결된 것은?(단, 주어진 조건 이외에는 고려하지 않는다)

〈부품 재고 수량과 완성품 1개당 소요량〉

부품명	부품 재고 수량	완성품 1개당 소요량
A	500	10
B	120	3
C	250	5

〈완성품 납품 수량〉

항목 \ 요일	월	화	수	목	금
완성품 납품 개수	없음	30	20	30	20

※ 부품 주문은 월요일에 한 번 신청하며, 화요일 작업 시작 전에 입고된다.
※ 완성품은 부품 A, B, C를 모두 조립해야 한다.

	A	B	C			A	B	C
①	100	100	100		②	100	180	200
③	500	100	100		④	500	180	250

04 | 인원 선발

| 유형분석 |

- 인적 자원과 관련된 다양한 정보를 활용하여 풀어 가는 문제이다.
- 주로 근무명단, 휴무일, 업무할당 등의 주제로 다양한 정보를 활용하여 종합적으로 풀어 가는 문제가 출제된다.

어느 버스회사에서 (가)시에서 (나)시를 연결하는 버스 노선을 개통하기 위해 새로운 버스를 구매하려고 한다. 다음 〈조건〉과 같이 노선을 운행하려고 할 때, 최소 몇 대의 버스를 구매해야 하며 이때 필요한 운전사는 최소 몇 명인가?

조건

- 새 노선의 평균 왕복 시간은 2시간이다(승하차 시간을 포함).
- 배차시간은 15분 간격이다.
- 운전사의 휴식시간은 매 왕복 후 30분씩이다.
- 첫차는 05시 정각에, 막차는 23시에 (가)시를 출발한다.
- 모든 차는 (가)시에 도착하자마자 (나)시로 곧바로 출발하는 것을 원칙으로 한다.
  즉, (가)시에 도착하는 시간이 바로 (나)시로 출발하는 시간이다.
- 모든 차는 (가)시에서 출발해서 (가)시로 복귀한다.

	버스	운전사
①	6대	8명
②	8대	10명
③	10대	12명
④	12대	14명

정답 ②

왕복 시간이 2시간, 배차 간격이 15분이라면 첫차가 재투입되는 데 필요한 앞차의 수는 첫차를 포함해서 8대이다(∵ 15분×8대=2시간이므로 8대 버스가 운행된 이후 9번째에 첫차 재투입 가능).

운전사는 왕복 후 30분의 휴식을 취해야 하므로 첫차를 운전했던 운전사는 2시간 30분 뒤에 운전을 시작할 수 있다. 따라서 8대의 버스로 운행하더라도 운전자는 150분 동안 운행되는 버스 150÷15=10대를 운전하기 위해서는 10명의 운전사가 필요하다.

풀이 전략!

문제에서 신입사원 채용이나 인력배치 등의 주제가 출제될 경우에는 주어진 규정 혹은 규칙을 꼼꼼히 확인하여야 한다. 이를 근거로 각 선택지가 어긋나지 않는지 검토하며 문제를 풀어 간다.

01 K공공기관에서는 2개월 동안 근무할 인턴사원을 선발하기 위해 다음과 같은 공고를 게시하였다.
A ~ E지원자 중 K공공기관의 인턴사원으로 가장 적절한 지원자는?

PART 1

〈인턴사원 모집 공고〉

- 근무기간 : 2개월(8 ~ 10월)
- 자격 요건
  - 1개월 이상 경력자
  - 포토샵 가능자
  - 근무 시간(9 ~ 18시) 이후에도 근무가 가능한 자
- 기타사항
  - 경우에 따라서 인턴 기간이 연장될 수 있음

A지원자	• 경력 사항 : 출판사 3개월 근무 • 컴퓨터 활용 능력 中(포토샵, 워드 프로세서) • 대학 휴학 중(9월 복학 예정)
B지원자	• 경력 사항 : 없음 • 포토샵 능력 우수 • 전문대학 졸업
C지원자	• 경력 사항 : 마케팅 회사 1개월 근무 • 컴퓨터 활용 능력 上(포토샵, 워드 프로세서, 파워포인트) • 4년제 대학 졸업
D지원자	• 경력 사항 : 제약 회사 3개월 근무 • 포토샵 가능 • 저녁 근무 불가

① A지원자   ② B지원자

③ C지원자   ④ D지원자

02 다음은 팀원들을 적절한 위치에 효과적으로 배치하기 위한 3가지 원칙에 대한 글이다. ㉠ ~ ㉢에 들어갈 말을 바르게 연결한 것은?

> ___㉠___ 는 개인에게 능력을 발휘할 수 있는 기회와 장소를 부여하고, 그 성과를 바르게 평가한 뒤 평가된 실적에 대해 그에 상응하는 보상을 주는 원칙을 말한다. 이때, 미래에 개발 가능한 능력까지도 함께 고려해야 한다. 반면, ___㉡___ 는 팀의 효율성을 높이기 위해 팀원을 그의 능력이나 성격 등과 가장 적합한 위치에 배치하여 팀원 개개인의 능력을 최대로 발휘해 줄 것을 기대하는 것이다. 즉, 작업이나 직무가 요구하는 요건과 개인이 보유하고 있는 조건이 서로 균형 있고 적합하게 대응되어야 한다. 결국 ___㉢___ 는 ___㉣___ 의 하위개념이라고 할 수 있다.

	㉠	㉡	㉢	㉣
①	능력주의	적재적소주의	적재적소주의	능력주의
②	능력주의	적재적소주의	능력주의	적재적소주의
③	적재적소주의	능력주의	능력주의	적재적소주의
④	적재적소주의	능력주의	적재적소주의	능력주의

03 A구청은 주민들의 정보화 교육을 위해 정보화 교실을 동별로 시행하고 있고, 주민들은 각자 일정에 맞춰 정보화 교육을 수강하려고 한다. 다음 중 개인 일정상 신청과목을 수강할 수 없는 사람은?(단, 하루라도 수강을 빠진다면 수강이 불가능하다)

〈정보화 교육 일정표〉

교육 날짜	교육 시간	장소	과정명	장소	과정명
화, 목	09:30 ~ 12:00	A동	인터넷 활용하기	C동	스마트한 클라우드 활용
	13:00 ~ 15:30		그래픽 초급 픽슬러 에디터		스마트폰 SNS 활용
	15:40 ~ 18:10		ITQ한글2010(실전반)		—
수, 금	09:30 ~ 12:00		한글 문서 활용하기		Windows10 활용하기
	13:00 ~ 15:30		스마트폰 / 탭 / 패드(기본앱)		스마트한 클라우드 활용
	15:40 ~ 18:10		컴퓨터 기초(윈도우 및 인터넷)		—
월	09:30 ~ 15:30		포토샵 기초		사진 편집하기
화 ~ 금	09:30 ~ 12:00	B동	그래픽 편집 달인되기	D동	한글 시작하기
	13:00 ~ 15:30		한글 활용 작품 만들기		사진 편집하기
	15:40 ~ 18:10		—		엑셀 시작하기
월	09:30 ~ 15:30		Windows10 활용하기		스마트폰 사진 편집&앱 배우기

〈개인 일정 및 신청과목〉

구분	개인 일정	신청과목
D동의 홍길동	• 매주 월 ~ 금 08:00 ~ 15:00 편의점 아르바이트 • 매주 월요일 16:00 ~ 18:00 음악학원 수강	엑셀 시작하기
A동의 이몽룡	• 매주 화, 수, 목 09:00 ~ 18:00 학원 강의 • 매주 월 16:00 ~ 20:00 배드민턴 동호회 활동	포토샵 기초
C동의 성춘향	• 매주 수, 금 17:00 ~ 22:00 호프집 아르바이트 • 매주 월 10:00 ~ 12:00 과외	스마트한 클라우드 활용
B동의 변학도	• 매주 월, 화 08:00 ~ 15:00 카페 아르바이트 • 매주 수, 목 18:00 ~ 20:00 요리학원 수강	그래픽 편집 달인되기

① 홍길동
② 이몽룡
③ 성춘향
④ 변학도

정보능력

합격 Cheat Key

정보능력은 업무를 수행함에 있어 기본적인 컴퓨터를 활용하여 필요한 정보를 수집, 분석, 활용하는 능력을 의미한다. 또한 업무와 관련된 정보를 수집하고, 이를 분석하여 의미 있는 정보를 얻는 능력이다. 국가직무능력표준에 따르면 정보능력의 세부 유형은 컴퓨터 활용ㆍ정보 처리로 나눌 수 있다.

1 평소에 컴퓨터 활용 스킬을 틈틈이 익혀라!

윈도우(OS)에서 어떠한 설정을 할 수 있는지, 응용프로그램(엑셀 등)에서 어떠한 기능을 활용할 수 있는지를 평소에 직접 사용해 본다면 문제를 보다 수월하게 해결할 수 있다. 여건이 된다면 컴퓨터 활용 능력에 관련된 자격증 공부를 하는 것도 이론과 실무를 익히는 데 도움이 될 것이다.

2 문제의 규칙을 찾는 연습을 하라!

일반적으로 코드체계나 시스템 논리체계를 제공하고 이를 분석하여 문제를 해결하는 유형이 출제된다. 이러한 문제는 문제해결능력과 같은 맥락으로 규칙을 파악하여 접근하는 방식으로 연습이 필요하다.

3 현재 보고 있는 그 문제에 집중하라!

정보능력의 모든 것을 공부하려고 한다면 양이 너무나 방대하다. 그렇기 때문에 수험서에서 본인이 현재 보고 있는 문제들을 집중적으로 공부하고 기억하려고 해야 한다. 그러나 엑셀의 함수 수식, 연산자 등 암기를 필요로 하는 부분들은 필수적으로 암기를 해서 출제가 되었을 때 오답률을 낮출 수 있도록 한다.

4 사진·그림을 기억하라!

컴퓨터 활용 능력을 파악하는 영역이다 보니 컴퓨터 속 옵션, 기능, 설정 등의 사진·그림이 문제에 같이 나오는 경우들이 있다. 그런 부분들은 직접 컴퓨터를 통해서 하나하나 확인을 하면서 공부한다면 더 기억에 잘 남게 된다. 조금 귀찮더라도 한 번씩 클릭하면서 확인을 해보도록 한다.

01 | 정보 이해

| 유형분석 |

- 정보능력 전반에 대한 이해를 확인하는 문제이다.
- 정보능력 이론이나 새로운 정보 기술에 대한 문제가 자주 출제된다.

다음 중 정보의 가공 및 활용에 대한 설명으로 옳지 않은 것은?

① 정보는 원형태 그대로 혹은 가공하여 활용할 수 있다.

② 수집된 정보를 가공하여 다른 형태로 재표현하는 방법도 가능하다.

③ 정적정보의 경우 이용한 이후에도 장래활용을 위해 정리하여 보존한다.

④ 비디오테이프에 저장된 영상정보는 동적정보에 해당한다.

정답 ④

저장매체에 저장된 자료는 시간이 지나도 언제든지 동일한 형태로 재생이 가능하므로 정적정보에 해당한다.

오답분석

① 정보는 원래 형태 그대로 활용하거나 분석, 정리 등 가공하여 활용할 수 있다.

② 정보를 가공하는 것뿐 아니라 일정한 형태로 재표현하는 것도 가능하다.

③ 시의성이 사라지면 정보의 가치가 떨어지는 동적정보와 달리, 정적정보의 경우 이용 후에도 장래에 활용을 하기 위해 정리하여 보존하는 것이 좋다.

풀이 전략!

자주 출제되는 정보능력 이론을 확인하고, 확실하게 암기해야 한다. 특히 새로운 정보 기술이나 컴퓨터 전반에 대해 관심을 가지는 것이 좋다.

01 다음 글을 읽고 정보관리의 3원칙 중 ㉠ ~ ㉢에 해당하는 내용을 바르게 나열한 것은?

> '구슬이 서말이라도 꿰어야 보배'라는 속담처럼 여러 가지 채널과 갖은 노력 끝에 입수한 정보가 우리가 필요한 시점에 즉시 활용되기 위해서는 모든 정보가 차곡차곡 정리되어 있어야 한다. 이처럼 정보의 관리란 수집된 다양한 형태의 정보를 어떤 문제해결이나 결론도출에 사용하기 쉬운 형태로 바꾸는 일이다. 정보를 관리할 때에는 특히 ㉠ 정보에 대한 사용목표가 명확해야 하며, ㉡ 정보를 쉽게 작업할 수 있어야 하고, ㉢ 즉시 사용할 수 있어야 한다.

	㉠	㉡	㉢		㉠	㉡	㉢
①	목적성	용이성	유용성	②	다양성	용이성	통일성
②	용이성	통일성	다양성	④	통일성	목적성	유용성

02 다음은 데이터베이스에 대한 설명이다. 데이터베이스의 특징으로 적절하지 않은 것은?

> 데이터베이스란 대량의 자료를 관리하고 내용을 구조화하여 검색이나 자료 관리 작업을 효과적으로 실행하는 프로그램으로, 삽입, 삭제, 수정, 갱신 등을 통하여 항상 최신의 데이터를 유동적으로 유지할 수 있으며, 이와 같은 대량의 데이터는 사용자의 질의에 대한 신속한 응답 처리를 가능하게 한다. 또한 이러한 데이터를 여러 명의 사용자가 동시에 공유할 수 있고, 각 데이터를 참조할 때는 사용자가 요구하는 내용에 따라 참조가 가능함은 물론 응용프로그램과 데이터베이스를 독립시킴으로써 데이터를 변경시키더라도 응용프로그램은 변경되지 않는다.

① 실시간 접근성   ② 계속적인 진화

③ 동시 공유   ④ 데이터의 논리적 의존성

03 귀하는 거래처의 컴퓨터를 빌려서 쓰게 되었는데, 해당 컴퓨터를 부팅하고 바탕화면에 저장된 엑셀 파일을 열자 어디에 사용될지 모르는 고객의 상세한 신상정보가 담겨 있었다. 다음 중 귀하가 취해야 할 태도로 가장 적절한 것은?

① 고객 신상 정보를 즉시 지우고 빌린 컴퓨터를 사용한다.

② 고객 신상 정보의 훼손을 방지하고자 자신의 USB에 백업해두고 보관해 준다.

③ 고객 신상 정보를 저장장치에 복사해서 빌린 거래처 담당자에게 되돌려 준다.

④ 거래처에 고객 신상 정보 삭제를 요청한다.

02 | 엑셀 함수

| 유형분석 |

- 컴퓨터 활용과 관련된 상황에서 문제를 해결하기 위한 행동이 무엇인지 묻는 문제이다.
- 주로 업무수행 중에 많이 활용되는 대표적인 엑셀 함수(COUNTIF, ROUND, MAX, SUM, COUNT, AVERAGE …)가 출제된다.
- 종종 엑셀시트를 제시하여 각 셀에 들어갈 함수식이 무엇인지 고르는 문제가 출제되기도 한다.

다음 시트에서 판매수량과 추가판매의 합계를 구하기 위해서 [B6] 셀에 들어갈 수식으로 옳은 것은?

	A	B	C
1	일자	판매수량	추가판매
2	06월19일	30	8
3	06월20일	48	
4	06월21일	44	
5	06월22일	42	12
6	합계	184	

① =SUM(B2,C2,C5)

② =LEN(B2:B5, 3)

③ =COUNTIF(B2:B5,">=12")

④ =SUM(B2:B5,C2,C5)

정답 ④

「=SUM(합계를 구할 처음 셀:합계를 구할 마지막 셀)」으로 표시해야 한다. 판매수량과 추가판매를 더하는 것은 비연속적인 셀을 더하는 것이므로 연속하는 영역을 입력하고 ‘,’로 구분해 준 다음 영역을 다시 지정해야 한다. 따라서 [B6] 셀에 작성해야 할 수식으로는 「=SUM(B2:B5,C2,C5)」이 옳다.

풀이 전략!

제시된 상황에서 사용할 엑셀 함수가 무엇인지 파악한 후, 선택지에서 적절한 함수식을 골라 식을 만들어야 한다. 평소 대표적으로 문제에 자주 출제되는 몇몇 엑셀 함수를 익혀두면 풀이시간을 단축할 수 있다.

01 다음 시트의 [B9] 셀에 「＝DSUM(A1:C7,C1,A9:A10)」 함수를 입력했을 때, 결괏값으로 옳은 것은?

◢	A	B	C
1	이름	직급	상여금
2	장기동	과장	1,200,000
3	이승연	대리	900,000
4	김영신	차장	1,300,000
5	공경호	대리	850,000
6	표나리	사원	750,000
7	한미연	과장	950,000
8			
9	상여금		
10	>=1,000,000		

① 1,950,000

② 2,500,000

③ 3,000,000

④ 3,450,000

02 A중학교에서 근무하는 P교사는 반 학생들의 과목별 수행평가 제출 여부를 확인하기 위해 다음과 같이 자료를 정리하였다. P교사가 [D11] ~ [D13] 셀에 〈보기〉와 같이 함수를 입력하였을 때, [D11] ~ [D13] 셀에 나타날 결괏값이 바르게 연결된 것은?

	A	B	C	D
1				(제출했을 경우 '1'로 표시)
2	이름	A과목	B과목	C과목
3	김혜진	1	1	1
4	이방숙	1		
5	정영교	재제출 요망	1	
6	정혜운		재제출 요망	1
7	이승준		1	
8	이혜진			1
9	정영남	1		1
10				
11				
12				
13				

보기

[D11] 셀에 입력한 함수	→	=COUNTA(B3:D9)
[D12] 셀에 입력한 함수	→	=COUNT(B3:D9)
[D13] 셀에 입력한 함수	→	=COUNTBLANK(B3:D9)

	[D11]	[D12]	[D13]
①	12	10	11
②	12	10	9
③	10	12	11
④	10	12	9

※ 병원에서 근무하는 A씨는 건강검진 관리 현황을 정리하고 있다. 이어지는 질문에 답하시오. **[3~4]**

	A	B	C	D	E	F
1				〈건강검진 관리 현황〉		
2	이름	검사구분	주민등록번호	검진일	검사항목 수	성별
3	강민희	종합검진	960809-2******	2024-08-12	18	
4	김범민	종합검진	010323-3******	2024-02-13	17	
5	조현진	기본검진	020519-3******	2024-07-07	10	
6	최진석	추가검진	871205-1******	2024-08-06	6	
7	한기욱	추가검진	980228-1******	2024-04-22	3	
8	정소희	종합검진	001015-4******	2024-02-19	17	
9	김은정	기본검진	891025-2******	2024-06-14	10	
10	박미옥	추가검진	011002-4******	2024-07-21	5	

03 다음 중 2024년 상반기에 검진 받은 사람의 수를 확인하고자 할 때 사용해야 할 함수는?

① COUNT
② COUNTA
③ SUMIF
④ COUNTIF

04 다음 중 주민등록번호를 통해 성별을 구분하려고 할 때, 각 셀에 필요한 함수식으로 옳은 것은?

① F3 : =IF(AND(MID(C3,8,1)="2",MID(C3,8,1)="4"),"여자","남자")
② F4 : =IF(AND(MID(C4,8,1)="2",MID(C4,8,1)="4"),"여자","남자")
③ F7 : =IF(OR(MID(C7,8,1)="2",MID(C7,8,1)="4"),"여자","남자")
④ F9 : =IF(OR(MID(C9,8,1)="1",MID(C9,8,1)="3"),"여자","남자")

03 | 프로그램 언어(코딩)

| 유형분석 |

- 프로그램의 실행 결과를 코딩을 통해 파악하여 이를 풀이하는 문제이다.
- 대체로 문제에서 규칙을 제공하고 있으며, 해당 규칙을 적용하여 새로운 코드번호를 만들거나 혹은 만들어진 코드번호를 해석하는 등의 문제가 출제된다.

다음 C 프로그램의 실행 결과에서 p의 값으로 옳은 것은?

```c
#include <stdio.h>
int main()
{
    int x, y, p;
    x = 3;
    y = x++;
    printf("x = %d y = %d\n", x, y);
    x = 10;
    y = ++x;
    printf("x = %d y = %d\n", x, y);
    p = ++x++y++;
    printf("x = %d y = %d\n", x, y);
    printf("p = %d\n", p);
    return 0;
}
```

① p=22   ② p=23

③ p=24   ④ p=25

정답 ②

x값을 1 증가하여 x에 저장하고, 변경된 x값과 y값을 덧셈한 결과를 p에 저장한 후 y값을 1 증가하여 y에 저장한다.
따라서 x=10+1=11, y=x+1=12 → p=x+y=23이다.

풀이 전략!

문제에서 실행 프로그램 내용이 주어지면 핵심 키워드를 확인한다. 코딩 프로그램을 통해 요구되는 내용을 알아맞혀 정답 유무를 판단한다.

01 다음 중첩 반복문을 실행할 때 "Do all one can"이 출력되는 횟수는 총 몇 번인가?

```
for ( i = 0; i < 4; i++)
{
for ( j = 0; j < 6; j++)
{
printf("Do all one can\n");
}
}
```

① 6번   ② 12번
③ 18번   ④ 24번

02 다음 프로그램의 실행 결과로 옳은 것은?

```
#include <stdio.h>
void main() {
    int arr[10] = {1, 2, 3, 4, 5};
    int num = 10;
    int i;

    for (i = 0; i < 10; i++) {
      num += arr[i];
    }
    printf("%d\n", num);
}
```

① 15   ② 20
③ 25   ④ 30

CHAPTER 06

기술능력

합격 Cheat Key

기술능력은 업무를 수행함에 있어 도구, 장치 등을 포함하여 필요한 기술에 어떠한 것들이 있는지 이해하고, 실제 업무를 수행함에 있어 적절한 기술을 선택하여 적용하는 능력이다.

세부 유형은 기술 이해·기술 적용으로 나눌 수 있다. 제품설명서나 상황별 매뉴얼을 제시하는 문제 또는 명령어를 제시하고 규칙을 대입할 수 있는지 묻는 문제가 출제되기 때문에 이런 유형들을 공략할 수 있는 전략을 세워야 한다.

1 긴 지문이 출제될 때는 보기의 내용을 미리 보라!

기술능력에서 자주 출제되는 제품설명서나 상황별 매뉴얼을 제시하는 문제에서는 기술을 이해하고, 상황에 알맞은 원인 및 해결방안을 고르는 문제가 출제된다. 실제 시험장에서 문제를 풀 때는 시간적 여유가 없기 때문에 보기를 먼저 읽고, 그 다음 긴 지문을 보면서 동시에 보기와 일치하는 내용이 나오면 확인해 가면서 푸는 것이 좋다.

2 모듈형에도 대비하라!

모듈형 문제의 비중이 늘어나는 추세이므로 공공기관을 준비하는 취업준비생이라면 모듈형 문제에 대비해야 한다. 기술능력의 모듈형 이론 부분을 학습하고 모듈형 문제를 풀어 보고 여러 번 읽으며 이론을 확실히 익혀두면 실제 시험장에서 이론을 묻는 문제가 나왔을 때 단번에 답을 고를 수 있다.

3 전공 이론도 익혀 두어라!

지원하는 직렬의 전공 이론이 기술능력으로 출제되는 경우가 많기 때문에 전공 이론을 익혀두는 것이 좋다. 깊이 있는 지식을 묻는 문제가 아니더라도 출제되는 문제의 소재가 전공과 관련된 내용일 가능성이 크기 때문에 최소한 지원하는 직렬의 전공 용어는 확실히 익혀 두어야 한다.

4 쉽게 포기하지 말라!

직업기초능력에서 주요 영역이 아니면 소홀한 경우가 많다. 시험장에서 기술능력을 읽어 보지도 않고 포기하는 경우가 많은데 차근차근 읽어보면 지문만 잘 읽어도 풀 수 있는 문제들이 출제되는 경우가 있다. 이론을 모르더라도 풀 수 있는 문제인지 파악해보자.

01 | 기술 이해

| 유형분석 |

- 업무수행에 필요한 기술의 개념 및 원리, 관련 용어에 대한 문제가 자주 출제된다.
- 기술 시스템의 개념과 발전 단계에 대한 문제가 출제되므로 각 단계의 순서와 그에 따른 특징을 숙지하여야 하며, 단계별로 요구되는 핵심 역할이 다름에 유의한다.

다음 〈보기〉 중 기술선택에 대한 설명으로 옳지 않은 것을 모두 고르면?

보기

ㄱ. 상향식 기술선택은 기술경영진과 기술기획자들의 분석을 통해 기업이 필요한 기술 및 기술수준을 결정하는 방식이다.

ㄴ. 하향식 기술선택은 전적으로 기술자들의 흥미 위주로 기술을 선택하여 고객의 요구사항과는 거리가 먼 제품이 개발될 수 있다.

ㄷ. 수요자 및 경쟁자의 변화와 기술 변화 등을 분석해야 한다.

ㄹ. 기술능력과 생산능력, 재무능력 등의 내부 역량을 고려하여 기술을 선택한다.

ㅁ. 기술선택 시 최신 기술로 진부화될 가능성이 적은 기술을 최우선순위로 결정한다.

① ㄱ, ㄴ, ㄹ　　　　　　　　　　　② ㄱ, ㄴ, ㅁ

③ ㄴ, ㄷ, ㄹ　　　　　　　　　　　④ ㄷ, ㄹ, ㅁ

정답 ②

ㄱ. 하향식 기술선택에 대한 설명이다.

ㄴ. 상향식 기술선택에 대한 설명이다.

ㅁ. 기술선택을 위한 우선순위는 다음과 같다.
   ① 제품의 성능이나 원가에 미치는 영향력이 큰 기술
   ② 기술을 활용한 제품의 매출과 이익 창출 잠재력이 큰 기술
   ③ 쉽게 구할 수 없는 기술
   ④ 기업 간 모방이 어려운 기술
   ⑤ 기업이 생산하는 제품 및 서비스에 보다 광범위하게 활용할 수 있는 기술
   ⑥ 최신 기술로 진부화될 가능성이 적은 기술

풀이 전략!

문제에 제시된 내용만으로는 풀이가 어려울 수 있으므로, 사전에 관련 기술 이론을 숙지하고 있어야 한다. 자주 출제되는 개념을 확실하게 암기하여 빠르게 문제를 풀 수 있도록 하는 것이 좋다.

01 다음 중 기술선택을 위한 우선순위 결정요인으로 옳지 않은 것은?

① 쉽게 구할 수 있는 기술
② 기업 간에 모방이 어려운 기술
③ 최신 기술로 진부화될 가능성이 적은 기술
④ 제품의 성능이나 원가에 미치는 영향력이 큰 기술

02 다음 중 노하우(Know-How)와 노와이(Know-Why)에 대한 설명으로 옳은 것은?

① 노와이는 과학자, 엔지니어 등이 가지고 있는 체화된 기술이다.
② 노하우는 이론적인 지식으로서 과학적인 탐구에 의해 얻어진다.
③ 노하우는 Technique 혹은 Art라고도 부른다.
④ 기술은 원래 노와이의 개념이 강했으나, 시간이 지나면서 노와이와 노하우가 결합하게 되었다.

03 다음 중 상향식 기술선택과 하향식 기술선택에 대한 설명으로 옳지 않은 것은?

① 상향식 기술선택은 연구자나 엔지니어들이 자율적으로 기술을 선택한다.
② 상향식 기술선택은 기술 개발자들의 창의적인 아이디어를 활용할 수 있다.
③ 상향식 기술선택은 기업 간 경쟁에서 승리할 수 없는 기술이 선택될 수 있다.
④ 하향식 기술선택은 단기적인 목표를 설정하고 달성하기 위해 노력한다.

04 다음은 기술선택을 위한 절차를 나타내는 도표이다. 밑줄 친 (A) ~ (D)에 대한 행동으로 옳은 것은?

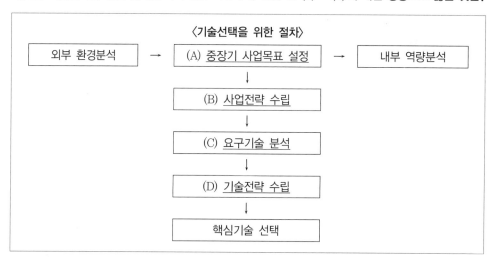

① (A) : 기술획득 방법 결정
② (B) : 사업 영역 결정, 경쟁 우위 확보 방안 수립
③ (C) : 기업의 장기비전, 매출목표 및 이익목표 설정
④ (D) : 기술능력, 생산능력, 마케팅 / 영업능력, 재무능력 등 분석

05 다음은 벤치마킹을 수행 방식에 따라 분류한 자료이다. (A) ~ (D)에 들어갈 내용으로 적절하지 않은 것은?

〈벤치마킹의 수행 방식에 따른 분류〉

구분	직접적 벤치마킹	간접적 벤치마킹
정의	• 벤치마킹 대상을 직접 방문하여 조사 · 분석하는 방법	• 벤치마킹 대상을 인터넷 및 문서형태의 자료 등을 통해서 간접적으로 조사 · 분석하는 방법
장점	• 필요로 하는 정확한 자료의 입수 및 조사가 가능하다. • _____(A)_____	• 벤치마킹 대상의 수에 제한이 없고 다양하다. • _____(C)_____
단점	• 벤치마킹 수행과 관련된 비용 및 시간이 많이 소요된다. • _____(B)_____	• _____(D)_____ • 정확한 자료 확보가 어렵다.

① (A) : 벤치마킹의 이후에도 계속적으로 자료의 입수 및 조사가 가능하다.

② (B) : 벤치마킹 결과가 피상적일 수 있다.

③ (C) : 비용과 시간을 상대적으로 많이 절감할 수 있다.

④ (D) : 핵심자료의 수집이 상대적으로 어렵다.

02 | 기술 적용

| 유형분석 |

- 주어진 자료를 해석하고 기술을 적용하여 풀어가는 문제이다.
- 자료 등을 읽고 제시된 문제 상황에 적절한 해결 방법을 찾는 문제가 자주 출제된다.
- 지문의 길이가 길고 복잡하므로, 문제에서 요구하는 정보를 놓치지 않도록 주의해야 한다.

B사원은 다음 제품 설명서의 내용을 토대로 직원들을 위해 '사용 전 꼭 읽어야 할 사항'을 만들려고 한다. 이때, 작성할 내용으로 적절하지 않은 것은?

[사용 전 알아두어야 할 사항]
1. 물통 또는 제품 내부에 절대 의류 외에 다른 물건을 넣지 마십시오.
2. 제품을 작동시키기 전 문이 제대로 닫혔는지 확인하십시오.
3. 필터는 제품 사용 전후로 반드시 청소해 주십시오.
4. 제품의 성능유지를 위해서 물통을 자주 비워 주십시오.
5. 겨울철이거나 건조기가 설치된 곳의 기온이 낮을 경우 건조시간이 길어질 수 있습니다.
6. 과도한 건조물을 넣고 기계를 작동시키면 완벽하게 건조되지 않거나 의류에 구김이 생길 수 있습니다. 최대용량 5kg 이내로 의류를 넣어 주십시오.
7. 가죽, 슬립, 전기담요, 마이크로 화이바 소재 의류, 이불, 동·식물성 충전재 사용 제품은 사용을 피해 주십시오.

[동결 시 조치방법]
1. 온도가 낮아지게 되면 물통이나 호스가 얼 수 있습니다.
2. 동결 시 작동 화면에 'ER' 표시가 나타납니다. 이 경우 일시정지 버튼을 눌러 작동을 멈춰 주세요.
3. 물통이 얼었다면, 물통을 꺼내 따뜻한 물에 20분 이상 담가 주세요.
4. 호스가 얼었다면, 호스 안의 이물질을 모두 꺼내고, 호스를 따뜻한 물 또는 따뜻한 수건으로 20분 이상 녹여 주세요.

① 사용 전후로 필터는 꼭 청소해 주세요.
② 건조기에 넣은 의류는 5kg 이내로 해 주세요.
③ 사용이 불가한 의류 제품 목록을 꼭 확인해 주세요.
④ 화면에 ER 표시가 떴을 때는 전원을 끄고 작동을 멈춰 주세요.

정답 ④

제시문의 동결 시 조치방법에서는 화면에 'ER' 표시가 나타나면 전원 버튼이 아닌 일시정지 버튼을 눌러 작동을 멈추라고 설명하고 있다.

오답분석

① 필터는 제품 사용 전후로 반드시 청소해 주라고 설명하고 있다.
② 과도한 건조물을 넣고 기계를 작동시키면 완벽하게 건조되지 않거나 의류에 구김이 생길 수 있으니 최대용량 5kg 이내로 의류를 넣어 주라고 설명하고 있다.
③ 건조기 사용이 불가한 제품 목록이 설명되어 있다.

풀이 전략!

문제에 제시된 자료 중 필요한 정보를 빠르게 파악하는 것이 중요하다. 질문을 먼저 읽고 문제 상황을 파악한 뒤 제시된 선택지를 하나씩 소거하며 문제를 푸는 것이 좋다.

※ 귀하는 사무실에서 사용 중인 기존 공유기에 새로운 공유기를 추가하여 무선 네트워크 환경을 개선하려고 한다. 다음 자료를 보고 이어지는 질문에 답하시오. [1~2]

〈공유기를 AP / 스위치(허브)로 변경하는 방법〉

[안내]
공유기 2대를 연결하기 위해서는 각각의 공유기가 다른 내부 IP를 사용하여야 하며, 이를 위해 스위치(허브)로 변경하고자 하는 공유기에 내부 IP 주소를 변경하고 DHCP 서버 기능을 중단해야 합니다.

[절차요약]
– 스위치(허브)로 변경하고자 하는 공유기의 내부 IP 주소 변경
– 스위치(허브)로 변경하고자 하는 공유기의 DHCP 서버 기능 중지
– 인터넷에 연결된 공유기에 스위치(허브)로 변경한 공유기를 연결

[세부절차 설명]
(1) 공유기의 내부 IP 주소 변경
  • 공유기의 웹 설정화면에 접속하여 [관리도구] – [고급설정] – [네트워크관리] – [내부 네트워크 설정]을 클릭합니다.
  • 내부 IP 주소의 끝자리를 임의적으로 변경한 후 [적용 후 시스템 다시 시작] 버튼을 클릭합니다.
(2) 공유기의 DHCP 서버 기능 중지
  • 변경된 내부 IP 주소로 재접속 후 [관리도구] – [고급설정] – [네트워크관리] – [내부 네트워크 설정]을 클릭합니다.
  • 하단의 [DHCP 서버 설정]을 [중지]로 체크한 후 [적용]을 클릭합니다.
(3) 스위치(허브)로 변경된 공유기의 연결

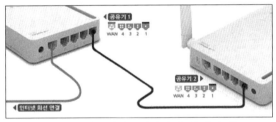

  • 위의 그림과 같이 스위치로 변경된 〈공유기 2〉의 LAN 포트 1 ~ 4 중 하나를 원래 인터넷에 연결되어 있던 〈공유기 1〉의 LAN 포트 1 ~ 4 중 하나에 연결합니다.
  • 〈공유기 2〉는 스위치로 동작하게 되므로 〈공유기 2〉의 WAN 포트에는 아무것도 연결하지 않습니다.

[최종점검]
이제 스위치(허브)로 변경된 공유기를 기존 공유기에 연결하는 모든 과정이 완료되었습니다. 설정이 완료된 상태에서 정상적으로 인터넷 연결이 되지 않는다면 상단 네트워크 〈공유기 1〉에서 IP 할당이 정상적으로 이루어지지 않는 경우입니다. 이와 같은 경우 PC에서 IP 갱신을 해야 하며 PC를 재부팅하거나 공유기를 재시작하시기 바랍니다.

[참고]

(1) Alpha3 / Alpha4의 경우는 간편설정이 가능하므로 (1) ~ (2) 과정을 쉽게 할 수 있습니다.

(2) 스위치(허브)로 변경되어 연결된 공유기가 무선 공유기로, 필요에 따라 무선 연결 설정이 필요한 경우
〈공유기 1〉 또는 〈공유기 2〉에 연결된 PC 어디에서나 〈공유기 2〉의 변경된 IP 주소를 인터넷 탐색기의
주소란에 입력하면 공유기 관리도구에 쉽게 접속할 수 있으며, 필요한 무선 설정을 진행할 수 있습니다.

[경고]

(1) 상단 공유기에도 "내부 네트워크에서 DHCP 서버 발견 시 공유기의 DHCP 서버 기능 중단" 설정이 되어
있을 경우 문제가 발생할 수 있으므로 상단 공유기의 설정을 해제하시기 바랍니다.

(2) 일부 환경에서 공유기를 스위치(허브)로 변경한 후, UPNP 포트포워딩 기능이 실행 중이라면 네트워크
장애를 유발할 수 있으므로 해당 기능을 중단해 주시기 바랍니다.

01 귀하는 새로운 공유기를 추가로 설치하기 전 판매업체에 문의하여 위와 같은 설명서를 전달받았다.
다음 중 설명서를 이해한 내용으로 옳지 않은 것은?

① 새로 구매한 공유기가 Alpha3 또는 Alpha4인지 먼저 확인한다.

② 기존 공유기와 새로운 공유기를 연결할 때, 새로운 공유기의 LAN 포트에 연결한다.

③ 기존에 있는 공유기의 내부 IP 주소와 새로운 공유기의 내부 IP 주소를 서로 다르게 설정한다.

④ 네트워크를 접속할 때 IP를 동적으로 할당받을 수 있도록 하는 DHCP 서버 기능을 활성화한다.

02 귀하는 설명서 내용을 토대로 새로운 공유기를 기존 공유기와 연결하고 설정을 마무리하였는데
제대로 작동하지 않았다. 귀하의 동료 중 IT기술 관련 능력이 뛰어난 A주임에게 문의를 한 결과
다음과 같은 답변을 받았을 때, 옳지 않은 것은?

① 기존 공유기와 새로운 공유기를 연결하는 LAN선이 제대로 연결되어 있지 않네요.

② PC에서 IP 갱신이 제대로 되지 않은 것 같습니다. 공유기와 PC 모두 재시작해 보는 게 좋을
것 같습니다.

③ 새로운 공유기를 설정할 때, UPNP 포트포워딩 기능이 중단되어 있지 않아서 오작동을 일으킨
것 같아요. 중단되도록 설정하면 될 것 같습니다.

④ 기존 공유기로부터 연결된 LAN선이 새로운 공유기에 LAN 포트에 연결되어 있네요. 이를 WAN
포트에 연결하면 될 것 같습니다.

03 A정보통신회사에 입사한 K씨는 시스템 모니터링 및 관리 업무를 담당하게 되었다. 다음 자료를 참고할 때, 〈보기〉의 빈칸에 들어갈 코드로 옳은 것은?

다음 모니터에 나타나는 정보를 이해하고 시스템 상태를 판독하여 적절한 코드를 입력하는 방식을 파악하시오.

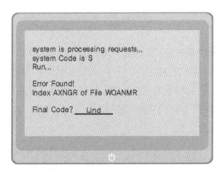

항목	세부사항
Index ◇◇◇ of File ◇◇◇	• 오류 문자 : Index 뒤에 나타나는 문자 • 오류 발생 위치 : File 뒤에 나타나는 문자
Error Value	• 오류 문자와 오류 발생 위치를 의미하는 문자에 사용된 알파벳을 비교하여 일치하는 알파벳의 개수를 확인
Final Code	• Error Value를 통하여 시스템 상태 판단

판단 기준	Final Code
일치하는 알파벳의 개수＝0	Svem
0＜일치하는 알파벳의 개수≤1	Atur
1＜일치하는 알파벳의 개수≤3	Lind
3＜일치하는 알파벳의 개수≤5	Nugre
일치하는 알파벳의 개수＞5	Qutom

보기

```
system is processing requests...
system Code is S
Run...

Error Found!
Index SOPENTY of File ATONEMP

Final Code?_____
```

① Svem

② Atur

③ Qutom

④ Nugre

04 기술개발팀에서 근무하는 A씨는 차세대 로봇에 사용할 주행 알고리즘을 개발하고 있다. 다음 주행 알고리즘과 예시를 참고하였을 때, 로봇의 이동 경로로 옳은 것은?

〈주행 알고리즘〉

회전과 전진만이 가능한 로봇이 미로에서 목적지까지 길을 찾아가도록 구성하였다. 미로는 (4단위)×(4단위)의 정방형 단위구역(Cell) 16개로 구성되며 미로 중앙부에는 1단위구역 크기의 도착지점이 있다. 도착지점에 이르기 전 로봇은 각 단위구역과 단위구역 사이를 이동할 때 벽의 유무를 탐지하여 벽이 없음이 감지되는 방향으로 주행한다. 로봇은 주명령을 수행하고, 이에 따라 주행할 수 없을 때만 보조명령을 따른다.

• 주명령 : 현재 단위구역(Cell)에서 로봇은 왼쪽, 앞쪽, 오른쪽 순서로 벽의 유무를 탐지하여 벽이 없음이 감지되는 방향의 단위구역을 과거에 주행한 기록이 없다면 해당 방향으로 한 단위구역만큼 주행한다.

• 보조명령 : 현재 단위구역에서 로봇이 왼쪽, 앞쪽, 오른쪽, 뒤쪽 순서로 벽의 유무를 탐지하여 벽이 없음이 감지되는 방향의 단위구역에 벽이 없음이 감지되는 방향과 반대 방향의 주행기록이 있을 때만, 로봇은 그 방향으로 한 단위구역만큼 주행한다.

〈예시〉

로봇이 A → B → C → B → A로 이동한다고 가정할 때, A에서 C로의 이동은 주명령에 의한 것이고 C에서 A로의 이동은 보조명령에 의한 것이다.

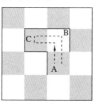

①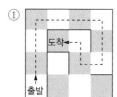

②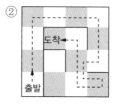

③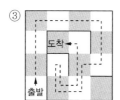

④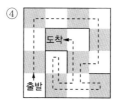

※ A공공기관에서는 화장실의 청결을 위해 비데를 구매하고 화장실과 가까운 곳에 위치한 귀하에게 비데를 설치하도록 지시하였다. 다음은 비데를 설치하기 위해 참고할 제품 설명서의 일부이다. 이어지는 질문에 답하시오. [5~6]

〈설치방법〉

1) 비데 본체의 변좌와 변기의 앞면이 일치되도록 전후로 고정하십시오.
2) 비데용 급수호스를 정수필터와 비데 본체에 연결한 후 급수밸브를 열어 주십시오.
3) 전원을 연결하십시오(반드시 전용 콘센트를 사용하십시오).
4) 비데가 작동하는 소리가 들린다면 설치가 완료된 것입니다.

〈주의사항〉

• 전원은 반드시 AC220V에 연결하십시오(반드시 전용 콘센트를 사용하십시오).
• 변좌에 걸터앉지 말고 항상 중앙에 앉고, 변좌 위에 어떠한 것도 놓지 마십시오(착좌센서가 동작하지 않을 수도 있습니다).
• 정기적으로 수도필터와 정수필터를 청소 또는 교환해 주십시오.
• 급수밸브를 꼭 열어 주십시오.

〈A/S 신청 전 확인 사항〉

현상	원인	조치방법
물이 나오지 않을 경우	급수밸브가 잠김	매뉴얼을 참고하여 급수밸브를 열어 주세요.
	정수필터가 막힘	매뉴얼을 참고하여 정수필터를 교체해 주세요(A/S상담실로 문의하세요).
	본체 급수호스 등이 동결	더운물에 적신 천으로 급수호스 등의 동결부위를 녹여 주세요.
기능 작동이 되지 않을 경우	수도필터가 막힘	흐르는 물에 수도필터를 닦아 주세요.
	착좌센서 오류	착좌센서에서 의류, 물방울, 이물질 등을 치워 주세요.
수압이 약할 경우	수도필터에 이물질이 낌	흐르는 물에 수도필터를 닦아 주세요.
	본체의 호스가 꺾임	호스의 꺾인 부분을 펴 주세요.
노즐이 나오지 않을 경우	착좌센서 오류	착좌센서에서 의류, 물방울, 이물질을 치워 주세요.
본체가 흔들릴 경우	고정 볼트가 느슨해짐	고정 볼트를 다시 조여 주세요.
비데가 작동하지 않을 경우	급수밸브가 잠김	매뉴얼을 참고하여 급수밸브를 열어 주세요.
	급수호스의 연결문제	급수호스의 연결상태를 확인해 주세요. 계속 작동하지 않는다면 A/S 상담실로 문의하세요.
변기의 물이 샐 경우	급수호스가 느슨해짐	급수호스 연결부분을 조여 주세요. 계속 샐 경우 급수밸브를 잠근 후 A/S상담실로 문의하세요.

05 귀하는 지시에 따라 비데를 설치하였다. 일주일이 지난 뒤, 동료 K사원으로부터 기능 작동이 되지 않는다는 사실을 접수하였다. 다음 중 귀하가 해당 문제점에 대한 원인을 파악하기 위해 확인해야 할 사항으로 옳은 것은?

① 급수밸브의 잠김 여부
② 수도필터의 청결 상태
③ 정수필터의 청결 상태
④ 급수밸브의 연결 상태

06 05번 문제에서 확인한 사항이 추가로 다른 문제를 일으킬 수 있는지 미리 점검하고자 할 때, 다음 중 가장 적절한 행동은?

① 수압이 약해졌는지 확인한다.
② 물이 나오지 않는지 확인한다.
③ 본체가 흔들리는지 확인한다.
④ 노즐이 나오지 않는지 확인한다.

CHAPTER 07

조직이해능력

합격 Cheat Key

조직이해능력은 업무를 원활하게 수행하기 위해 조직의 체제와 경영을 이해하고 국제적인 추세를 이해하는 능력이다. 현재 많은 공공기관에서 출제 비중을 높이고 있는 영역이기 때문에 미리 대비하는 것이 중요하다. 실제 업무 능력에서 조직이해능력을 요구하기 때문에 중요도는 점점 높아 질 것이다.

세부 유형은 조직 체제 이해, 경영 이해, 업무 이해, 국제 감각으로 나눌 수 있다. 조직도를 제시하는 문제가 출제되거나 조직의 체계를 파악해 경영의 방향성을 예측하고, 업무의 우선순위를 파악하는 문제가 출제된다.

1 문제 속에 정답이 있다!

경력이 없는 경우 조직에 대한 이해가 낮을 수밖에 없다. 그러나 문제 자체가 실무적인 내용을 담고 있어도 문제 안에는 해결의 단서가 주어진다. 부담을 갖지 않고 접근하는 것이 중요하다.

2 경영·경제학원론 정도의 수준은 갖추도록 하라!

지원한 직군마다 차이는 있을 수 있으나, 경영·경제이론을 접목시킨 문제가 꾸준히 출제되고 있다. 따라서 기본적인 경영·경제이론은 익혀 둘 필요가 있다.

3 지원하는 공공기관의 조직도를 파악하라!

출제되는 문제는 각 공공기관의 세부내용일 경우가 많기 때문에 지원하는 공공기관의 조직도를 파악해 두어야 한다. 조직이 운영되는 방법과 전략을 이해하고, 조직을 구성하는 체제를 파악하고 간다면 조직이해능력에서 조직도가 나올 때 단기간에 문제를 풀 수 있을 것이다.

4 실제 업무에서도 요구되므로 이론을 익혀라!

각 공공기관의 직무 특성상 일부 영역에 중요도가 가중되는 경우가 있어서 많은 취업준비생들이 일부 영역에만 집중하지만, 실제 업무 능력에서 직업기초능력 10개 영역이 골고루 요구되는 경우가 많고, 현재는 필기시험에서도 조직이해능력을 출제하는 기관의 비중이 늘어나고 있기 때문에 미리 이론을 익혀 둔다면 모듈형 문제에서 고득점을 노릴 수 있다.

01 | 경영 전략

| 유형분석 |

- 경영 전략에서 대표적으로 출제되는 문제는 마이클 포터(Michael Porter)의 본원적 경쟁전략이다.
- 경쟁전략의 기본적인 이해와 구조를 물어보는 문제가 자주 출제되므로 전략별 특징 및 개념에 대한 이론 학습이 요구된다.

다음 중 마이클 포터(Michael E. Porter)의 본원적 경쟁전략에 대한 설명으로 가장 적절한 것은?

① 해당 사업에서 경쟁우위를 확보하기 위한 전략이다.

② 차별화 전략은 특정 산업을 대상으로 한다.

③ 원가우위 전략에서는 연구개발이나 광고를 통하여 기술, 품질, 서비스 등을 개선할 필요가 있다고 본다.

④ 집중화 전략에서는 대량생산을 통해 단위 원가를 낮추거나 새로운 생산기술을 개발할 필요가 있다고 본다.

정답 ①

마이클 포터(Michael E. Porter)의 본원적 경쟁전략

- 원가우위 전략 : 원가절감을 통해 해당 산업에서 우위를 점하는 전략으로, 이를 위해서는 대량생산을 통해 단위 원가를 낮추거나 새로운 생산기술을 개발할 필요가 있다. 1970년대 우리나라의 섬유업체나 신발업체, 가발업체 등이 미국시장에 진출할 때 취한 전략이 여기에 해당한다.
- 차별화 전략 : 조직이 생산품이나 서비스를 차별화하여 고객에게 가치가 있고 독특하게 인식되도록 하는 전략이다. 이를 위해서는 연구개발이나 광고를 통하여 기술, 품질, 서비스, 브랜드 이미지를 개선할 필요가 있다.
- 집중화 전략 : 특정 시장이나 고객에게 한정된 전략으로, 원가우위나 차별화 전략이 산업 전체를 대상으로 하는 데 비해 집중화 전략은 특정 산업을 대상으로 한다. 즉, 경쟁조직들이 소홀히 하고 있는 한정된 시장을 원가우위나 차별화 전략을 써서 집중적으로 공략하는 방법이다.

풀이 전략!

대부분의 기업들은 마이클 포터의 본원적 경쟁전략을 사용하고 있다. 각 전략에 해당하는 대표적인 기업을 연결하고, 그들의 경영 전략을 상기하며 문제를 풀어보도록 한다.

01 경영이 어떻게 이루어지냐에 따라 조직의 생사가 결정된다고 할 만큼 경영은 조직에 있어서 핵심이다. 다음 중 경영전략을 추진하는 과정에 대한 설명으로 옳지 않은 것은?

① 경영전략은 조직전략, 사업전략, 부문전략으로 분류된다.

② 환경 분석을 할 때는 조직의 내부환경뿐만 아니라 외부환경에 대한 분석도 필수이다.

③ '환경 분석 → 전략목표 설정 → 경영전략 도출 → 경영전략 실행 → 평가 및 피드백'의 과정을 거쳐 이루어진다.

④ 경영전략이 실행됨으로써 세웠던 목표에 대한 결과가 나오는데, 그것에 대한 평가 및 피드백 과정도 생략되어서는 안 된다.

02 A씨는 취업스터디에서 마이클 포터의 본원적 경쟁전략을 토대로 기업의 경영전략을 정리하고자 한다. 다음 중 〈보기〉의 내용이 바르게 분류된 것은?

- 차별화 전략 : 가격 이상의 가치로 브랜드 충성심을 이끌어 내는 전략이다.
- 원가우위 전략 : 업계에서 가장 낮은 원가로 우위를 확보하는 전략이다.
- 집중화 전략 : 특정 세분시장만 집중공략하는 전략이다.

보기

ㄱ I기업은 S/W에 집중하기 위해 H/W의 한글전용 PC분야를 한국계기업과 전략적으로 제휴하고 회사를 설립해 조직체에 위양하였으며 이후 고유분야였던 S/W에 자원을 집중하였다.

ㄴ B마트는 재고 네트워크를 전산화하여 원가를 절감하고 양질의 제품을 최저가격에 판매하고 있다.

ㄷ A호텔은 5성급 호텔로 하루 숙박비용이 상당히 비싸지만, 환상적인 풍경과 더불어 친절한 서비스를 제공하고 객실 내 제품이 모두 최고급으로 비치되어 있어 이용객들에게 높은 만족도를 준다.

	차별화 전략	원가우위 전략	집중화 전략
①	ㄱ	ㄴ	ㄷ
②	ㄱ	ㄷ	ㄴ
③	ㄴ	ㄱ	ㄷ
④	ㄷ	ㄴ	ㄱ

02 | 조직 구조

| 유형분석 |

- 조직 구조 유형에 대한 특징을 물어보는 문제가 자주 출제된다.
- 기계적 조직과 유기적 조직의 차이점과 사례 등을 숙지하고 있어야 한다.
- 조직 구조 형태에 따라 기능적 조직, 사업별 조직으로 구분하여 출제되기도 한다.

다음 〈보기〉 중 기계적 조직의 특징으로 옳은 것을 모두 고르면?

보기

㉠ 변화에 맞춰 쉽게 변할 수 있다.
㉡ 상하 간 의사소통이 공식적인 경로를 통해 이루어진다.
㉢ 대표적으로 사내 벤처팀, 프로젝트팀이 있다.
㉣ 구성원의 업무가 분명하게 규정되어 있다.
㉤ 다양한 규칙과 규제가 있다.

① ㉠, ㉡, ㉢
② ㉠, ㉣, ㉤
③ ㉡, ㉢, ㉣
④ ㉡, ㉣, ㉤

정답 ④

오답분석

㉠·㉢ 유기적 조직에 대한 설명이다.
- 기계적 조직
  - 구성원의 업무가 분명하게 규정되어 있고, 많은 규칙과 규제가 있다.
  - 상하 간 의사소통이 공식적인 경로를 통해 이루어진다.
  - 대표적으로 군대, 정부, 공공기관 등이 있다.
- 유기적 조직
  - 업무가 고정되지 않아 업무 공유가 가능하다.
  - 규제나 통제의 정도가 낮아 변화에 맞춰 쉽게 변할 수 있다.
  - 대표적으로 권한위임을 받아 독자적으로 활동하는 사내 벤처팀, 특정한 과제 수행을 위해 조직된 프로젝트팀이 있다.

풀이 전략!

조직 구조는 유형에 따라 기계적 조직과 유기적 조직으로 나눌 수 있다. 기계적 조직과 유기적 조직은 서로 상반된 특징을 가지고 있으며, 기계적 조직이 관료제의 특징과 비슷함을 파악하고 있다면, 이와 상반된 유기적 조직의 특징도 수월하게 파악할 수 있다.

01   다음 글에 해당하는 조직체계 구성요소는 무엇인가?

> 조직의 목표나 전략에 따라 수립되며, 조직구성원들의 활동범위를 제약하고 일관성을 부여하는 기능을 한다.

① 조직목표   ② 경영자
③ 조직문화   ④ 규칙 및 규정

02   다음 중 조직문화의 특징으로 적절하지 않은 것은?

① 구성 요소에는 리더십 스타일, 제도 및 절차, 구성원, 구조 등이 있다.
② 조직구성원들에게 일체감과 정체성을 준다.
③ 조직의 안정성을 유지하는 데 기여한다.
④ 구성원들 개개인의 다양성을 강화해 준다.

03   다음 중 조직목표의 기능에 대한 설명으로 적절하지 않은 것은?

① 조직이 나아갈 방향을 제시해 주는 기능을 한다.
② 조직구성원의 의사결정 기준의 기능을 한다.
③ 조직구성원의 행동에 동기를 유발시키는 기능을 한다.
④ 조직을 운영하는 데 융통성을 제공하는 기능을 한다.

04 다음 중 조직변화의 과정을 순서대로 바르게 나열한 것은?

> ㄱ. 환경변화 인지   ㄴ. 변화결과 평가
> ㄷ. 조직변화 방향 수립   ㄹ. 조직변화 실행

① ㄱ - ㄷ - ㄹ - ㄴ   ② ㄱ - ㄹ - ㄷ - ㄴ

③ ㄴ - ㄷ - ㄹ - ㄱ   ④ ㄹ - ㄱ - ㄷ - ㄴ

05 조직 구조의 형태 중 사업별 조직 구조는 제품이나 고객별로 부서를 구분하는 것이다. 다음 중 사업별 조직 구조의 형태로 적절하지 않은 것은?

06 다음 〈보기〉 중 제시된 조직도에 대해 바르게 설명한 사람을 모두 고르면?

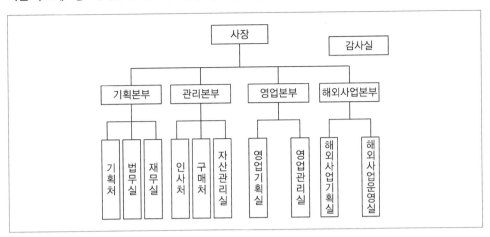

보기

A : 조직도를 보면 4개 본부, 3개의 처, 8개의 실로 구성되어 있어.

B : 사장 직속으로 4개의 본부가 있고, 그중 한 본부에서는 인사업무만을 전담하고 있네.

C : 감사실은 사장 직속이지만 별도로 분리되어 있구나.

D : 해외사업기획실과 해외사업운영실은 둘 다 해외사업과 관련이 있으니까 해외사업본부에 소속되어 있는 것이 맞아.

① A, B

② A, C

③ A, D

④ B, C

03 | 업무 종류

| 유형분석 |

- 부서별 주요 업무에 대해 묻는 문제이다.
- 부서별 특징과 담당 업무에 대한 이해가 필요하다.

다음 상황에서 팀장의 지시를 적절히 수행하기 위하여 오대리가 거쳐야 할 부서명을 순서대로 바르게 나열한 것은?

> 오대리, 내가 내일 출장 준비 때문에 무척 바빠서 그러는데 자네가 좀 도와줘야 할 것 같군. 우선 박비서한테 가서 오후 사장님 회의 자료를 좀 가져다 주게나. 오는 길에 지난주 기자단 간담회 자료 정리가 되었는지 확인해 보고 완료됐으면 한 부 챙겨 오고. 다음 주에 승진자 발표가 있을 것 같은데 우리 팀 승진 대상자 서류가 잘 전달되었는지 그것도 확인 좀 해 줘야겠어. 참, 오후에 바이어가 내방하기로 되어 있는데 공항 픽업 준비는 잘 해 두었지? 배차 예약 상황도 다시 한 번 점검해 봐야 할 거야. 그럼 수고 좀 해 주게.

① 기획팀 – 홍보팀 – 총무팀 – 경영관리팀
② 비서실 – 홍보팀 – 인사팀 – 총무팀
③ 인사팀 – 법무팀 – 총무팀 – 기획팀
④ 경영관리팀 – 법무팀 – 총무팀 – 인사팀

정답 ②

우선 박비서에게 회의 자료를 받아 와야 하므로 비서실을 들러야 한다. 다음으로 기자단 간담회는 대회 홍보 및 기자단 상대 업무를 맡은 홍보팀에서 자료를 정리할 것이므로 홍보팀을 거쳐야 한다. 또한, 승진자 인사 발표 소관 업무는 인사팀이 담당한다고 볼 수 있으며, 회사의 차량 배차에 대한 업무는 총무팀과 같은 지원부서의 업무로 보는 것이 적절하다.

풀이 전략!

조직은 목적의 달성을 위해 업무를 효과적으로 분배하고 처리할 수 있는 구조를 확립해야 한다. 조직의 목적이나 규모에 따라 업무의 종류는 다양하지만, 대부분의 조직에서는 총무, 인사, 기획, 회계, 영업으로 부서를 나누어 업무를 담당하고 있다. 따라서 5가지 업무 종류에 대해서는 미리 숙지해야 한다.

01 다음은 최팀장이 김사원에게 남긴 음성메시지이다. 김사원이 가장 먼저 처리해야 할 일로 가장 적절한 것은?

> 지금 업무 때문에 밖에 나와 있는데, 전화를 안 받아서 음성메시지 남겨요. 내가 중요한 서류를 안 가져왔어요. 미안한데 점심시간에 서류 좀 갖다 줄 수 있어요? 아, 그리고 이팀장한테 퇴근 전에 전화 좀 달라고 해 줘요. 급한 건 아닌데 확인할 게 있어서 그래요. 나는 오늘 여기서 퇴근할 거니까 회사로 연락 오는 거 있으면 정리해서 오후에 알려 주고. 오전에 박과장이 문의사항이 있어서 방문하기로 했으니까 응대 잘 할 수 있도록 해요. 박과장이 문의한 사항은 관련 서류 정리해서 내 책상에 두었으니까 미리 읽어 보고, 궁금한 사항 있으면 연락 주세요.

① 박과장 응대하기
② 최팀장에게 서류 갖다 주기
③ 회사로 온 연락 최팀장에게 알려 주기
④ 최팀장 책상의 서류 읽어 보기

02 직무 전결 규정상 전무이사가 전결인 '과장의 국내출장 건'의 결재를 시행하고자 한다. 박기수 전무이사가 해외출장으로 인해 부재중이어서 직무대행인 최수영 상무이사가 결재하였다. 다음 〈보기〉 중 이에 대한 설명으로 적절하지 않은 것을 모두 고르면?

> **보기**
> ㄱ. 최수영 상무이사가 결재한 것은 전결이다.
> ㄴ. 공문의 결재표 상에는 '과장 최경옥, 부장 김석호, 상무이사 전결, 전무이사 최수영'이라고 표시되어 있다.
> ㄷ. 박기수 전무이사가 출장에서 돌아와서 해당 공문을 검토하는 것은 후결이다.
> ㄹ. 위임 전결받은 사항에 대해서는 원결재자인 대표이사에게 후결을 받는 것이 원칙이다.

① ㄱ, ㄴ
② ㄱ, ㄹ
③ ㄱ, ㄴ, ㄹ
④ ㄴ, ㄷ, ㄹ

※ 다음은 A공사 조직도의 일부이다. 이어지는 질문에 답하시오. [3~4]

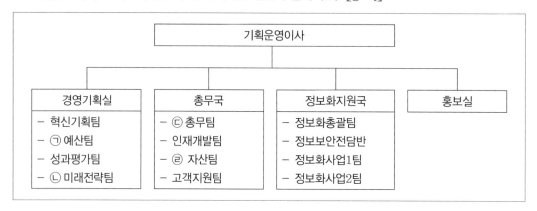

03 다음 중 A공사의 각 부서와 업무가 바르게 연결되지 않은 것은?

① ㉠ : 수입·지출 예산 편성 및 배정 관리

② ㉡ : 공단사업 관련 연구과제 개발 및 추진

③ ㉢ : 복무관리 및 보건·복리 후생

④ ㉣ : 예산집행 조정, 통제 및 결산 총괄

04 다음 중 정보보안전담반의 업무로 적절하지 않은 것은?

① 정보보안기본지침 및 개인정보보호지침 제·개정 관리

② 직원 개인정보보호 의식 향상 교육

③ 개인정보종합관리시스템 구축·운영

④ 전문자격 시험 출제정보시스템 구축·운영

※ 다음은 A공사 연구소의 주요 사업별 연락처이다. 이어지는 질문에 답하시오. [5~6]

〈주요 사업별 연락처〉

주요 사업	담당부서	연락처
고객지원	고객지원팀	044-410-7001
감사, 부패방지 및 지도점검	감사실	044-410-7011
국제협력, 경영평가, 예산기획, 규정, 이사회	전략기획팀	044-410-7023
인재개발, 성과평가, 교육, 인사, ODA사업	인재개발팀	044-410-7031
복무노무, 회계관리, 계약 및 시설	경영지원팀	044-410-7048
품질평가관리, 품질평가 관련 민원	평가관리팀	044-410-7062
가공품 유통 전반(실태조사, 유통정보), 컨설팅	유통정보팀	044-410-7072
대국민 교육, 기관 마케팅, 홍보관리, CS, 브랜드인증	고객홍보팀	044-410-7082
이력관리, 역학조사지원	이력관리팀	044-410-7102
유전자분석, 동일성검사	유전자분석팀	044-410-7111
연구사업 관리, 기준개발 및 보완, 시장조사	연구개발팀	044-410-7133
정부3.0, 홈페이지 운영, 대외자료제공, 정보보호	정보사업팀	044-410-7000

05 다음 중 A공사 연구소의 주요 사업별 연락처를 본 채용 지원자의 반응으로 적절하지 않은 것은?

① A공사 연구소는 1개 실과 11개 팀으로 이루어져 있구나.
② 예산기획과 경영평가는 같은 팀에서 종합적으로 관리하겠구나.
③ 평가업무라 하더라도 평가 특성에 따라 담당하는 팀이 달라지겠구나.
④ 홈페이지 운영은 고객홍보팀에서 마케팅과 함께 하겠구나.

06 다음 민원인의 요청을 듣고 난 후 민원을 해결하기 위해 연결할 부서로 가장 적절한 것은?

> 민원인 : 얼마 전 신제품 관련 등급 신청을 했습니다. 신제품 품질에 대한 등급에 대해 이의가
> 있습니다. 관련 건으로 담당자분과 통화하고 싶습니다.
> 상담직원 : 불편을 드려서 죄송합니다. ＿＿＿＿＿＿＿＿＿＿＿＿＿ 연결해 드리겠습니다. 잠
> 시만 기다려 주십시오.

① 지도점검 업무를 담당하고 있는 감사실로
② 품질평가를 관리하는 평가관리팀으로
③ 기관의 홈페이지 운영을 전담하고 있는 정보사업팀으로
④ 이력관리 업무를 담당하고 있는 이력관리팀으로

CHAPTER 08

대인관계능력

합격 Cheat Key

대인관계능력은 직장생활에서 접촉하는 사람들과 원만한 관계를 유지하고 조직구성원들에게 도움을 줄 수 있으며 조직 내부 및 외부의 갈등을 원만히 해결하고 고객의 요구를 충족할 수 있는 능력을 의미한다. 또한, 직장생활을 포함한 일상에서 스스로를 관리하고 개발하는 능력을 말한다. 세부 유형은 팀워크, 갈등 관리, 협상, 고객 서비스로 나눌 수 있다.

1 일반적인 수준에서 판단하라!

일상생활에서의 대인관계를 생각하면서 문제에 접근하면 어렵지 않게 풀 수 있다. 그러나 수험생들 입장에서 직장 내에서의 상황, 특히 역할(직위)에 따른 대인관계를 묻는 문제는 까다롭게 느껴질 수 있고 일상과는 차이가 있을 수 있기 때문에 이런 유형에 대해서는 따로 알아둘 필요가 있다.

2 이론을 먼저 익혀라!

대인관계능력 이론을 접목한 문제가 종종 출제된다. 물론 상식 수준에서도 풀 수 있지만 정확하고 신속하게 해결하기 위해서는 이론을 정독한 후 자주 출제되는 부분들은 암기를 필수로 해야 한다. 자주 출제되는 부분은 리더십과 멤버십의 차이, 단계별 협상 과정, 고객 불만 처리 프로세스 등이 있다.

3 실제 업무에 대한 이해를 높여라!

출제되는 문제의 수는 많지 않으나, 고객과의 접점에 있는 서비스직군 시험에 출제될 가능성이 높은 영역이다. 특히 상황 제시형 문제들이 많이 출제되므로 실제 업무에 대한 이해를 높여야 한다.

4 애매한 유형의 빈출 문제, 선택지를 파악하라!

대인관계능력의 출제 문제들을 보면 이것도 맞고, 저것도 맞는 것 같은 선택지가 많다. 하지만 정답은 하나이다. 출제자들은 대인관계능력이란 공부를 통해 얻는 것이 아닌 본인의 독립적인 성품으로부터 자연스럽게 나오는 것이라고 생각한다. 수험생들이 선택하는 보기로 그 수험생들을 파악한다. 그러므로 대인관계능력은 빈출 유형의 문제와 선택지를 파악하고 가는 것이 애매한 문제들의 정답률을 높이는 데 도움이 될 것이다. 내가 맞다고 생각하는 선택지가 답이 아닐 가능성이 있기 때문이다.

01 | 팀워크

| 유형분석 |

- 팀워크에 대한 이해를 묻는 문제가 자주 출제된다.
- 직장 내 상황 중에서 구성원으로서 팀워크를 위해 어떤 행동을 해야 하는지 묻는 문제가 출제되기도 한다.

다음 사례에서 알 수 있는 효과적인 팀의 특징으로 가장 적절한 것은?

A, B, C가 함께 운영 중인 커피전문점은 현재 매출이 꾸준히 상승하고 있다. 매출 상승의 원인을 살펴보면 우선, A, B, C는 각자 자신이 해야 할 일이 무엇인지 정확하게 알고 있다. A는 커피를 제조하고 있으며, B는 디저트를 담당하고 있다. 그리고 C는 계산 및 매장관리를 전반적으로 맡고 있다. A는 고객들이 다시 생각나게 할 수 있는 독창적인 커피 맛을 위해 커피 블렌딩을 연구하고 있으며, B는 커피와 적합하고, 고객들의 연령에 맞는 다양한 디저트를 개발 중이다. 그리고 C는 A와 B가 자신의 업무에 집중할 수 있도록 적극적으로 지원하고 있다. 이처럼 A, B, C는 서로의 업무를 이해하면서 즐겁게 일하고 있으며, 이것이 매출 상승의 원인으로 작용하고 있는 것이다.

① 창조적으로 운영된다.
② 결과에 초점을 맞춘다.
③ 개인의 강점을 활용한다.
④ 역할을 명확하게 규정한다.

정답 ④

A, B, C는 각자 자신이 해야 할 일이 무엇인지 정확하게 알고 있으며, 서로의 역할도 이해하는 모습을 볼 수 있다. 이처럼 효과적인 팀은 역할을 명확하게 규정한다.

풀이 전략!

제시된 상황을 자신의 입장이라고 생각해 본 후, 가장 모범적이라고 생각되는 것을 찾아야 한다. 이때, 지나치게 자신의 생각만 가지고 문제를 풀지 않도록 주의하며, 팀워크에 대한 이론과 연관 지어 답을 찾도록 해야 한다.

01　다음 중 팀워크에 효과적인 방법으로 적절하지 않은 것은?

① 사소한 것에도 관심을 가진다.
② 결과보다 과정에 초점을 맞춘다.
③ 기대와 책임 등을 명확하게 한다.
④ 목표를 명확하게 한다.

02　다음 두 사례를 보고 팀워크에 대해 바르지 않게 분석한 사람은?

〈A사의 사례〉

A사는 1987년부터 1992년까지 품질과 효율 향상은 물론 생산 기간을 50%나 단축시키는 성과를 내었다. 모든 부서에서 품질 향상의 경쟁이 치열했고, 그 어느 때보다 좋은 팀워크가 만들어졌다고 평가되었다. 가장 성과가 우수하였던 부서는 미국의 권위 있는 볼드리지(Baldrige) 품질대상을 수상하기도 하였다. 그런데 이러한 개별 팀의 성과가 회사 전체의 성과나 주주의 가치로 잘 연결되지 못했던 것으로 분석되었다. 시장의 PC 표준 규격을 반영하지 않은 새로운 규격으로 인해 호환성 문제가 대두되었고, 대중의 외면을 받아야만 했다. 한 임원은 "아무리 빨리, 제품을 잘 만들어도 고객의 가치를 반영하지 못하거나, 시장에서 고객의 접촉이 제대로 이루어지지 않으면 의미가 없다는 점을 배웠다."라고 말했다.

〈K병원의 사례〉

가장 정교하고 효과적인 팀워크가 요구되는 의료 분야에서 K병원은 최고의 의료 수준과 서비스로 명성을 얻고 있다. 이 병원의 조직 운영 기본 원칙에는 '우리 지역과 국가, 세계의 환자들의 니즈에 집중하는 최고의 의사, 연구원 및 의료 전문가의 협력을 기반으로 병원을 운영한다.'라고 명시되어 있다고 한다. 팀 간의 협력은 물론 전 세계의 고객을 지향하는 웅대한 가치를 공유하고 있는 것이다. K병원이 최고의 명성과 함께 노벨상을 수상하는 실력을 갖출 수 있었던 데는 이러한 팀워크가 중요한 역할을 하였다고 볼 수 있다.

① 재영 : 개별 팀의 팀워크가 좋다고 해서 반드시 조직의 성과로 이어지는 것은 아니군.
② 건우 : 팀워크는 공통된 비전을 공유하고 있어야 해.
③ 수정 : 개인의 특성을 이해하고 개인 간의 차이를 중시해야 해.
④ 유주 : 팀워크를 지나치게 강조하다 보면 외부에 배타적인 자세가 될 수 있어.

02 | 리더십

| 유형분석 |

- 리더십의 개념을 비교하는 문제가 자주 출제된다.
- 리더의 역할에 대한 문제가 출제되기도 한다.

다음은 리더와 관리자의 차이점을 설명한 글이다. 리더의 행동을 이해한 내용으로 옳지 않은 것은?

리더와 관리자의 가장 큰 차이점은 비전이 있고 없음에 있다. 또한 관리자의 역할이 자원을 관리·분배하고, 당면한 과제를 해결하는 것이라면, 리더는 비전을 선명하게 구축하고, 그 비전이 팀원들의 협력 아래 실현되도록 환경을 만들어 주는 것이다.

① 리더는 자신다움을 소중히 하며, 자신의 브랜드 확립에 적극적으로 임한다.
② 리더는 매일 새로운 것을 익혀 변화하는 세계 속에서 의미를 찾도록 노력한다.
③ 리더는 목표의 실현에 관련된 모든 사람들을 중시하며, 약속을 지켜 신뢰를 쌓는다.
④ 리더는 변화하는 세계에서 현재의 현상을 유지함으로써 조직이 안정감을 갖도록 한다.

정답 ④

리더는 혁신을 신조로 가지며, 일이 잘 될 때에도 더 좋아지는 방법이 있다면 변화를 추구한다. 반면, 관리자는 현재의 현상과 지금 잘하고 있는 것을 계속 유지하려 하는 모습을 보인다.

리더와 관리자의 차이점

리더	관리자
• 새로운 상황을 창조한다.	• 상황에 수동적이다.
• 혁신지향적이다.	• 유지지향적이다.
• 내일에 초점을 둔다.	• 오늘에 초점을 둔다.
• 사람의 마음에 불을 지핀다.	• 사람을 관리한다.
• 사람을 중시한다.	• 체제나 기구를 중시한다.
• 정신적이다.	• 기계적이다.
• 계산된 리스크를 취한다.	• 리스크를 회피한다.
• '무엇을 할까?'를 생각한다.	• '어떻게 할까?'를 생각한다.

풀이 전략!

리더십의 개념을 비교하는 문제가 자주 출제되기 때문에 관련 개념을 정확하게 암기해야 하고, 조직 내에서의 리더의 역할에 대한 이해가 필요하다.

01 다음은 리더십 유형 중 변혁적 리더에 대한 설명이다. 이를 참고할 때 변혁적 리더의 특징으로 적절하지 않은 것은?

> 변혁적 리더는 전체 조직이나 팀원들에게 변화를 가져오는 원동력이다. 즉, 변혁적 리더는 개개인과 팀이 유지해 온 이제까지의 업무수행 상태를 뛰어넘고자 한다.

① 카리스마　　　　　　　　　② 정보 독점
③ 풍부한 칭찬　　　　　　　　④ 감화(感化)

02 다음은 멤버십 유형별 특징에 대한 자료이다. 각 유형의 멤버십을 가진 사원에 대한 리더의 대처방 안으로 옳은 것은?

<멤버십 유형별 특징>

소외형	순응형
• 조직에서 자신을 인정해주지 않음 • 적절한 보상이 없음 • 업무 진행에 있어 불공정하고 문제가 있음	• 기존 질서를 따르는 것이 중요하다고 생각함 • 리더의 의견을 거스르는 것은 어려운 일임 • 획일적인 태도와 행동에 익숙함
실무형	수동형
• 조직에서 규정준수를 강조함 • 명령과 계획을 빈번하게 변경함	• 조직이 나의 아이디어를 원치 않음 • 노력과 공헌을 해도 아무 소용이 없음 • 리더는 항상 자기 마음대로 함

① 소외형 사원은 팀에 협조하는 경우에 적절한 보상을 주도록 한다.
② 소외형 사원은 팀을 위해 업무에서 배제시킨다.
③ 순응형 사원에 대해서는 조직을 위해 순응적인 모습을 계속 권장한다.
④ 수동형 사원에 대해서는 자신의 업무에 대해 자신감을 주도록 한다.

03 | 갈등 관리

| 유형분석 |

- 갈등의 개념이나 원인, 해결방법을 묻는 문제가 자주 출제된다.
- 실제 사례에 적용할 수 있는지를 확인하는 문제가 출제되기도 한다.
- 일반적인 상식으로 해결할 수 있는 문제가 출제되기도 하지만, 자의적인 판단에 주의해야 한다.

K공공기관에 근무하는 사원 A씨는 최근 자신의 상사인 B대리 때문에 스트레스를 받고 있다. A씨가 공들여 작성한 기획서를 제출하면 B대리가 중간에서 매번 퇴짜를 놓기 때문이다. 이와 동시에 A씨는 자신에 대한 B대리의 감정이 좋지 않은 것 같아 마음이 더 불편하다. A씨가 직장 동료인 C씨에게 이러한 어려움을 토로했을 때, 다음 중 C씨가 A씨에게 해 줄 수 있는 조언으로 적절하지 않은 것은?

① 무엇보다 관계 갈등의 원인을 찾는 것이 중요하다.
② B대리님의 입장을 충분히 고려해 볼 필요가 있다.
③ B대리님과 마음을 열고 대화해 볼 필요가 있다.
④ B대리님과 누가 옳고 그른지 확실히 논쟁해 볼 필요가 있다.

정답 ④

갈등을 성공적으로 해결하기 위해서는 누가 옳고 그른지 논쟁하는 일은 피하는 것이 좋으며, 상대방의 양 측면을 모두 이해하고 배려하는 것이 중요하다.

풀이 전략!

문제에서 물어보는 내용을 정확하게 파악한 뒤, 갈등 관련 이론과 대조해 본다. 특히 자주 출제되는 갈등 해결방법에 대한 이론을 암기해 두면 문제 푸는 속도를 줄일 수 있다.

01   다음은 갈등해결을 위한 6단계 프로세스이다. 3단계에 해당하는 대화의 예로 가장 적절한 것은?

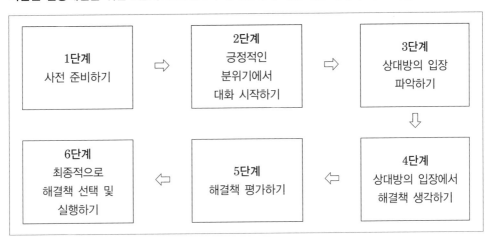

① 그럼 A씨의 생각대로 진행해 보시죠.

② 제 생각은 이런데, A씨의 생각은 어떠신지 말씀해 주시겠어요?

③ 저도 좋아요. 그것으로 결정해요.

④ 저는 모두가 만족하는 해결책을 찾고 싶어요.

02   A사에 근무하는 귀하는 최근 매주 금요일 업무시간이 끝나고 한 번씩 진행해야 하는 바닥 청소 당번 문제를 두고 동료인 B사원과 갈등 중에 있다. 둘 중 한 명은 매주 바닥 청소를 해야 하는데, 금요일에 일찍 퇴근하기를 원하는 귀하와 B사원 모두 청소 당번에서 빠지고 싶어 하기 때문이다. 이러한 상황에서 갈등의 해결방법 중 하나인 '윈 – 윈(Win – Win) 관리법'으로 갈등을 해결하고자 할 때, 다음 중 B사원에게 제시할 수 있는 귀하의 제안으로 가장 적절한 것은?

① 우리 둘 다 청소 당번을 피할 수는 없으니, 그냥 공평하게 같이 하죠.

② 제가 그냥 B사원 몫까지 매주 청소를 맡아서 할게요.

③ 저와 B사원이 번갈아가면서 청소를 맡도록 하죠.

④ 우선 금요일 업무시간 전에 청소를 할 수 있는지 확인해 보도록 하죠.

04 | 고객 서비스

| 유형분석 |

- 고객불만을 효과적으로 처리하기 위한 과정이나 방법에 대한 문제이다.
- 고객불만 처리 프로세스에 대한 숙지가 필요하다.

다음 글에서 알 수 있는 J씨의 잘못된 고객응대 자세는 무엇인가?

직원 J씨는 대형 마트에서 육류제품의 유통 업무를 담당하고 있다. 전화벨이 울리고 신속하게 인사와 함께 전화를 받았는데 전화는 채소류에 관련된 업무 문의로 직원 J씨는 고객에게 자신은 채소류에 관련된 담당자가 아니라고 설명하고, "지금 거신 전화는 육류에 관련된 부서로 연결되어 있습니다. 채소류 관련 부서로 전화를 연결해드릴 테니 잠시만 기다려 주십시오."라고 말하고 다른 부서로 전화를 돌렸다.

① 신속하게 전화를 받지 않았다.
② 기다려 주신 데 대한 인사를 하지 않았다.
③ 고객의 기다림에 대해 양해를 구하지 않았다.
④ 전화를 다른 부서로 돌려도 괜찮은지 묻지 않았다.

정답 ④

전화를 다른 부서로 연결할 때 양해를 구하지 않았으며, 다른 부서의 사람이 전화를 받을 수 있는 상황인지를 사전에 확인하지 않았다.

풀이 전략!

제시된 상황이나 고객 유형을 정확하게 파악해야 하고, 고객불만 처리 프로세스를 토대로 갈등을 해결해야 한다.

01 K사원은 A공사에서 고객응대 업무를 맡고 있다. 다음과 같이 고객의 민원에 답변하였을 때, 적절하지 않은 것은?

> 고객 : 저기요. 제가 너무 답답해서 이렇게 전화했습니다.
> K사원 : 안녕하세요. 고객님. 상담사 ○○○입니다. 무슨 문제로 전화해주셨나요? … ①
>
> 고객 : 아니, 아직 납부기한이 지나지도 않았는데, 홈페이지에 왜 '납부하지 않은 보험료'로 나오는 건가요? 일 처리를 왜 이렇게 하는 건가요?
> K사원 : 고객님, 이건 저희 실수가 아니라 고객님이 잘못 이해하신 부분 같습니다. … ②
>
> 고객 : 무슨 소리예요? 내가 지금 홈페이지에서 확인하고 왔는데.
> K사원 : 고객님, 홈페이지에서 '납부하지 않은 보험료'로 표시되는 경우는 고객님께서 다음 달 10일까지 납부하셔야 할 당월분 보험료라고 이해하시면 됩니다. … ③
>
> 고객 : 정말이에요? 나 참 왜 이렇게 헷갈리게 만든 건가요?
> K사원 : 죄송합니다. 고객님. 참고로 이미 보험료를 납부했는데도 '납부하지 않은 보험료'로 표시되는 경우에는 보험료 납부내역이 공단 전산에 반영되는 기준일이 '납부 후 최장 4일 경과한 시점'이기 때문임을 유의해 주시기 바랍니다. … ④
>
> 고객 : 알겠습니다. 수고하세요.
> K사원 : 감사합니다. 고객님 좋은 하루 보내세요. 상담사 ○○○이었습니다.

02 K레스토랑에서 근무하는 A씨는 아래와 같은 손님의 불만을 듣게 되었다. 다음 중 A씨의 고객 응대 방안으로 가장 적절한 것은?

> (음식 주문 5분 후) 아니 음식 기다린 지가 언제인데 아직도 안 나오는 거예요? 아까부터 말했는데 너무 안 나오네. 이거 테이블보도 너무 더러운 것 같아요. 이거 세탁한 지 얼마나 된 거예요? 수저도 너무 무거워요. 좀 가벼운 수저 없나요? 의자에 물자국도 있는데 닦기는 한 건가요?

① 흥분이 가라앉을 때까지 가만히 내버려 둔다.
② 정중하게 잘 모르겠다고 대답한다.
③ 잘못이 없음을 타당하게 설명한다.
④ 경청하고 맞장구치며 설득한다.

09

자기개발능력

합격 Cheat Key

자기개발능력은 직업인으로서 자신의 능력, 적성, 특성 등의 객관적 이해를 기초로 자기 발전 목표를 스스로 수립하고 자기관리를 통하여 성취해 나가는 능력을 의미한다. 또한 직장 생활을 포함한 일상에서 스스로를 관리하고 개발하는 능력을 말한다. 국가직무능력표준에 따르면 세부 유형은 자아 인식 · 자기 관리 · 경력 개발로 나눌 수 있다.

1 개념을 정립하라!

자기개발능력의 문제들은 대부분 어렵거나 특별한 지식을 요구하지는 않는다. 그렇기 때문에 따로 시간을 할애해 학습하지 않아도 득점이 가능하다. 다만, 매슬로의 욕구 단계, 조하리의 창 등의 개념이나 키워드들은 정리해서 미리 알아 둘 필요가 있다.

2 개념과 상황에 대비하라!

자신에 대한 이해를 바탕으로 스스로를 관리하고 나아가 개발하는 것에 대한 문제가 대부분인데, 상식으로 풀 수 있는 내용뿐만 아니라 지식을 알아 두지 않으면 틀릴 수밖에 없는 내용도 많다. 그렇기 때문에 자주 출제되는 개념들은 분명히 정리해야 하고, 출제되는 유형이 지식 자체를 묻기보다는 대화나 예시와 함께 제시되기 때문에 상황과 함께 연결해서 정리해 두어야 한다.

3 업무 사례와 연관 지어라!

자기개발의 정의와 구성 요인을 파악하는 기본적인 이론도 중요하지만, 실제 업무 사례와 연관 짓거나 상황에 적용하는 등의 문제를 통해 자기개발 전략에 대해 이해할 필요가 있다. 스스로 자기개발 계획을 수립하여 실제 업무 수행 시 반영할 수 있어야 한다.

4 출제 이유를 생각하라!

이 영역은 굳이 공부를 하지 않아도 되는 영역이라고 생각하는 사람들이 많다. 그럼에도 공공기관에서 자기개발능력을 시험으로 출제하는 근본적인 이유를 생각해 볼 필요가 있다. 대부분의 수험생들이 자기개발능력에 공부시간을 전혀 할애하지 않고 시험을 보러 간다. 그렇기 때문에 본인이 찍는 정답이 곧 본인의 가치관을 반영하는 것이라고 할 수 있다. 자기개발은 본인 스스로를 위해서 이루어지고, 직장생활에서의 자기개발은 업무의 성과를 향상시키기 위해 이루어진다. 출제자들은 그것을 파악하려고 하는 것이다. 이는 기본적인 개념을 암기해야 할 이유이다.

01 | 자기 관리

| 유형분석 |

- 자기개발과 관련된 개념 문제가 자주 출제된다.
- 다양한 상황에 이론을 대입하여 푸는 문제가 출제된다.

다음 사례에서 B사원이 자기개발에 어려움을 겪고 있는 이유로 가장 적절한 것은?

> B사원은 국내 제조업체에서 근무하고 있지만 업무에 흥미를 느끼지 못하고 있다. 그래서 외국계 IT회사로 이직하기 위해 계획을 세우고 관련 자격증을 따기 위해서 인터넷 강의도 등록하였다. 그러나 강의를 들어보니 그동안 해왔던 업무와 전혀 다른 새로운 분야인데다가, 현재 근무 중인 회사를 벗어나 자신이 새로운 곳에 잘 적응할 수 있을지 두려움이 생겼다.

① 자기실현에 대한 욕구보다 다른 욕구가 더 강했기 때문에
② 자신을 객관적으로 파악하지 못했기 때문에
③ 자기개발 방법을 정확히 알지 못했기 때문에
④ 현재 익숙한 일과 환경을 지속하려는 습성 때문에

정답 ④

B사원은 새로운 분야의 업무와 새로운 직장에 대한 두려움 때문에 자기개발에 어려움을 겪고 있다. 즉, 현재 익숙한 일과 환경을 지속하려는 습성으로 인해 자기개발의 한계에 직면한 것이다.

풀이 전략!

주로 상황과 함께 문제가 출제되기 때문에 제시된 상황을 정확하게 이해하는 것이 중요하다. 또한 자주 출제되는 개념을 반복 학습하여 빠르게 문제를 풀어야 한다.

01 A사원은 자기개발을 위해 먼저 자신의 흥미 · 적성 · 특성 등을 파악했다. 다음 중 A사원이 얻을 수 있는 효과로 적절하지 않은 것은?

① 자아정체감을 형성할 수 있다.
② 성장욕구가 증가하게 된다.
③ 자기개발 방법을 결정할 수 있다.
④ 직업생활에서 회사의 요구를 파악할 수 있다.

02 인사팀 부장 A씨는 올해 입사한 신입사원을 대상으로 자기개발을 해야 하는 이유에 대하여 이야기하려고 한다. 다음 중 A씨가 해야 할 말로 적절하지 않은 것은?

① 자기개발을 통해 자신의 장점을 유지하고, 한 분야에서 오랫동안 업무를 수행할 수 있어요.
② 직장생활에서의 자기개발은 업무의 성과를 향상시키는 데 도움이 됩니다.
③ 자기개발은 자신이 달성하고자 하는 목표를 설정하여 성취하는 데 큰 도움을 줄 수 있습니다.
④ 자기개발을 하게 되면 자신감이 상승하고, 삶의 질이 향상되어 보다 보람된 삶을 살 수 있어요.

03 관리부에 근무 중인 A과장은 회사 사람들에게 자기개발 계획서를 작성해 제출하도록 하였다. 다음 중 자기개발 계획서를 잘못 작성한 사람은?

① P사원 : 자신이 맡은 직무를 정확하게 파악하고 앞으로 개발해야 할 능력을 작성했다.
② T인턴 : 현재 부족한 점을 파악하고 단기, 장기적 계획을 모두 작성했다.
③ R사원 : 10년 이상의 계획은 모호하기 때문에 1년의 계획과 목표만 작성했다.
④ S인턴 : 자신이 속해 있는 환경과 인간관계를 모두 고려하며 계획서를 작성했다.

04 다음은 K사원이 자신의 업무성과를 높이기 위해 작성한 워크시트이다. 이를 통해 K사원이 업무수행 성과를 높이기 위한 전략으로 적절하지 않은 것은?

〈K사원의 워크시트〉

내가 활용할 수 있는 자원	• 업무시간 8시간 • 업무시간 외에 하루에 2시간의 자유시간 • 노트북과 스마트폰 보유
업무 지침	• 회의에서 나온 내용은 모두가 공유할 것 • 회사 신제품에 대한 고객 만족도 조사를 실시할 것 • 경쟁사 제품에 대한 조사를 실시할 것 • 신제품의 개선방안에 대해 발표자료를 준비할 것
나의 현재 능력	• 컴퓨터 타자 속도가 매우 빠르다. • 엑셀과 파워포인트 활용 능력이 뛰어나다. • 인터넷 정보검색 능력이 뛰어나다.
상사 / 동료의 지원 정도	• 상사와 동료 모두 자기 업무에 바빠 업무 지침에 해당되는 업무를 지원하는 데 한계가 있다.

⇩

업무수행 성과를 높이기 위한 전략

① 자신의 자유시간에 경쟁사 제품에 대한 고객의 반응을 스마트폰으로 살핀다.

② 팀원들이 조사한 만족도 조사를 받아서, 엑셀로 통계화하여 보고서를 작성한다.

③ 아침 회의 내용을 타이핑하고, 문서화하여 팀원과 공유하도록 한다.

④ 신제품 사용 시 불편했던 점을 정리해서, 파워포인트를 통해 발표자료를 만든다.

05 다음 중 C사원이 계획 수행에 성공하지 못한 이유로 적절하지 않은 것은?

> A공공기관 신입사원 C는 회사 일도 잘하고 싶고 업무 외의 자기개발에도 욕심이 많다. 그래서 업무와 관련한 자격증을 따기 위해서 3개의 인터넷 강의도 등록하였고, 체력관리를 위해 피트니스 센터에도 등록하였으며, 친목을 다지기 위해 본인이 동호회도 만들었다. 그러나 의욕에 비해 첫 주부터 자격증 강의도 반밖에 듣지 못했고, 피트니스 센터에는 2번밖에 가지 못했다. 동호회는 자신이 만들었기 때문에 빠질 수가 없어서 참석했지만 C사원은 수행하지 못한 다른 일 때문에 기분이 좋지 않다. 단순히 귀찮아서가 아니라 회사 회식도 빠지기 난감했고, 감기에 걸려 몸도 좋지 않았기 때문인데 계획이 문제인지 본인이 문제인지 C사원은 고민이 많아졌다.

① 자기실현에 대한 욕구보다 다른 욕구가 더 강해서
② 자기합리화를 하려는 인간의 제한적인 사고 때문에
③ 자기개발에 대한 구체적인 방법을 몰라서
④ 내·외부 요인 때문에

02 | 경력 관리

| 유형분석 |

- 경력개발의 단계에 대한 문제가 자주 출제된다.
- 직장 내 상황에 경력개발의 단계를 대입하여 푸는 문제가 출제된다.

다음 사례의 L씨가 경력개발 계획을 수립하고 실행하는 과정에서 나타나지 않은 단계는?

자산관리회사에서 근무 중인 L씨는 투자 전문가가 되고자 한다. L씨는 주변의 투자 전문가를 보면서 그들이 높은 보수를 받고 있으며, 직업에 대한 만족도도 높다는 것을 알았다. 또한 얼마 전 실시했던 적성 검사 결과를 보니, 투자 전문가의 업무가 자신의 적성과 적합한 것 같았다. L씨는 투자 전문가가 되기 위해 본격적으로 알아본 결과 많은 경영학 지식과 관련 자격증이 필요하다는 것을 알게 되었다. 이를 위해 퇴근 후 저녁시간을 활용하여 공부를 해야겠다고 다짐하면서 투자 전문가 관련 자격증을 3년 내에 취득하는 것을 목표로 설정하였다.

① 직무정보 탐색　　　　　　　　② 자기 탐색
③ 경력목표 설정　　　　　　　　④ 경력개발 전략 수립

정답 ④

경력개발 전략 수립 단계는 경력목표를 수립한 이후 이를 달성하기 위한 구체적인 활동계획을 수립하는 것이다. L씨는 현재 경력목표만 설정한 상태이므로 그 이후 단계인 경력개발 전략 수립 단계는 사례에서 찾아볼 수 없다.

오답분석
① 직무정보 탐색 : 투자 전문가의 보수, 종사자의 직무만족도 등을 파악하였다.
② 자기 탐색 : 적성검사를 통해 자신의 적성을 파악하였다.
③ 경력목표 설정 : 3년 내에 투자 전문가 관련 자격증을 취득하는 것을 목표로 설정하였다.

풀이 전략!

경력개발의 단계에 대한 암기를 확실하게 해야 하고, 문제에 제시된 상황을 꼼꼼하게 읽고 이론을 대입해야 한다.

01 다음은 경력개발의 단계를 나타낸 자료이다. 빈칸 ⑤에 대한 설명으로 적절하지 않은 것은?

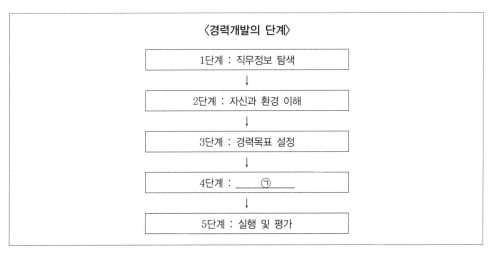

〈경력개발의 단계〉

1단계 : 직무정보 탐색
↓
2단계 : 자신과 환경 이해
↓
3단계 : 경력목표 설정
↓
4단계 : ___⑤___
↓
5단계 : 실행 및 평가

① 자기인식 관련 워크숍에 참여하거나 특정 직무와 직업에 대한 설명 자료를 확인한다.

② 자신의 역량 개발을 위해 대학원, 교육프로그램 등의 활동에 참여한다.

③ 자신을 알리고 다른 사람과 상호작용할 수 있는 기회를 늘린다.

④ 직장에서 업무시간에 경력개발을 한다.

02 다음 사례에서 현재 A씨가 해당하는 경력개발 단계는 무엇인가?

A씨는 33세에 건축회사에 취업하여 20년 가까이 직장생활을 하다가 문득 직장생활을 되돌아보고 창업을 결심하여 지난 달 퇴사하였다. 현재는 창업 관련 서적을 찾아 구입하기도 하고, 관련 박람회를 찾아 가기도 하며 많은 노력을 기울이고 있다.

① 경력 초기   ② 경력 말기

③ 경력 중기   ④ 직업 선택

CHAPTER 10

직업윤리

합격 Cheat Key

직업윤리는 업무를 수행함에 있어 원만한 직업생활을 위해 필요한 태도, 매너, 올바른 직업관이다. 직업윤리는 필기시험뿐만 아니라 서류를 제출하면서 자기소개서를 작성할 때와 면접을 시행할 때도 포함되는 항목으로 들어가지 않는 공공기관이 없을 정도로 필수 능력으로 꼽힌다.

직업윤리의 세부 능력은 근로 윤리·공동체 윤리로 나눌 수 있다. 구체적인 문제 상황을 제시하여 해결하기 위해 어떤 대안을 선택해야 할지에 관한 문제들이 출제된다.

1 오답을 통해 대비하라!

이론을 따로 정리하는 것보다는 문제에서 본인이 생각하는 모범답안을 선택하고 틀렸을 경우 그 이유를 정리하는 방식으로 학습하는 것이 효율적이다. 암기하기보다는 이해에 중점을 두고 자신의 상식으로 문제를 푸는 것이 아니라 해당 문제가 어느 영역 어떤 하위 능력의 문제인지 파악하는 훈련을 한다면 답이 보일 것이다.

2 직업윤리와 일반윤리를 구분하라!

일반윤리와 구분되는 직업윤리의 특징을 이해해야 한다. 통념상 비윤리적이라고 일컬어지는 행동도 특정한 직업에서는 허용되는 경우가 있다. 그러므로 문제에서 주어진 상황을 판단할 때는 우선 직업의 특성을 고려해야 한다.

3 직업윤리의 하위능력을 파악해 두어라!

직업윤리의 경우 직장생활 경험이 없는 수험생들은 조직에서 일어날 수 있는 구체적인 직업윤리와 관련된 내용에 흥미가 없고 이를 이해하는 데 어려움이 있을 수 있다. 그러나 문제에서는 구체적인 상황 · 사례를 제시하는 문제가 나오기 때문에 직장에서의 예절을 정리하고 문제 상황에서 적절한 대처를 선택하는 연습을 하는 것이 중요하다.

4 면접에서도 유리하다!

많은 공공기관에서 면접 시 직업윤리에 관련된 질문을 하는 경우가 많다. 직업윤리 이론 학습을 미리 해 두면 본인의 가치관을 세우는 데 도움이 되고 이는 곧 기업의 인재상과도 연결되기 때문에 미리 준비해 두면 필기시험에서 합격하고 면접을 준비할 때도 수월할 것이다.

01 | 윤리·근면

| 유형분석 |

- 주어진 제시문 속의 비윤리적인 상황에 대하여 원인이나 대처법을 고르는 문제가 출제된다.
- 근면한 자세의 사례를 고르는 문제 또한 종종 출제된다.
- 직장생활 내에서 필요한 윤리적이고 근면한 태도에 대한 문제가 자주 출제된다.

다음 중 직업에서 근면의식의 표출로 적절하지 않은 것은?

① 직업의 현장에서는 능동적인 자세로 임해야 한다.
② 강요에 의한 근면은 노동 행위에 즐거움을 주지 못한다.
③ 즐거운 마음으로 시간을 보내면 궁극적으로 우리의 건강이 증진된다.
④ 노동 현장에서 보수나 진급이 보장되지 않으면 일을 적게 하는 것이 중요하다.

정답 ④

노동 현장에서는 보수나 진급이 보장되지 않더라도 적극적인 노동 자세가 필요하다.

풀이 전략!

근로윤리는 우리 사회가 요구하는 도덕상에 기초하고 있다는 점을 유념하고, 다양한 사례를 익혀 문제에 적응한다.

01 다음 중 기업 간 거래 관계에서 요구되는 윤리적 기초에 대한 설명으로 적절하지 않은 것은?

① 배려의 도덕성은 의무이행을 위해 보상과 격려, 관용과 존경을 강조한다.

② 이해할 만한 거래상대방의 설명 등 쌍방 간 의사소통이 원활하면 분배 공정성이 달성된다.

③ 약속의 성실한 이행은 거래를 지속시키며, 갈등을 해소하는 토대가 된다.

④ 의무의 도덕성이란 불가조항을 일일이 열거하는 것을 말한다.

02 A대리는 B사원 때문에 스트레스를 받고 있다. 빠르게 처리해야 할 업무에 대해 B사원은 항상 꼼꼼하게 검토하고 A대리에게 늦게 보고하기 때문이다. A대리가 B사원의 업무방식에 불만을 표현하자 B사원은 자신의 소심한 성격 때문이라고 대답했다. 이때 A대리에게 가장 필요한 역량은 무엇인가?

① 통제적 리더십   ② 감사한 마음

③ 상호 인정   ④ 헌신의 자세

03 다음 〈보기〉 중 (가)의 입장에서 (나)의 문제점을 해결하기 위해 제시할 수 있는 자세를 모두 고르면?

> (가) 모든 사회구성원이 공정하게 대우받는 정의로운 공동체를 만들기 위해서는 부패 행위를 방지해야 한다. 우리 조상들은 전통적으로 청렴 의식을 중요하게 여겨, 청렴 의식을 강조하는 전통 윤리를 지켜왔다.
> (나) 부패 인식 지수는 공무원과 정치인이 얼마나 부패해 있는지에 대한 정도를 비교하여 국가별로 순위를 매긴 것이다. 100점 만점을 기준으로 점수가 높을수록 청렴하다. 2023년 조사한 결과 우리나라의 부패 인식 지수는 100점 만점에 63점으로, 조사대상국 180개국 중 32위를 기록했다.

> **보기**
> ㉠ 공동체와 국가의 공사(公事)를 넘어서 개인의 일을 우선하는 정신을 기른다.
> ㉡ 공직자들은 개인적 이익과 출세만을 추구하지 않고 바른 마음과 정성을 가진다.
> ㉢ 부당한 방법으로 공익을 추구하려 하지 않고 개인의 이익을 가장 중요하게 여긴다.
> ㉣ 공직자들은 청빈한 생활 태도를 유지하면서 국가의 일에 충심을 다하려는 정신을 지닌다.

① ㉠, ㉡   ② ㉠, ㉢

③ ㉡, ㉢   ④ ㉡, ㉣

02 | 봉사 · 책임 의식

| 유형분석 |

- 개인이 가져야 하는 책임 의식과 기업의 사회적 책임으로 양분되는 문제이다.
- 봉사의 의미를 묻는 문제가 종종 출제된다.

다음 중 직업윤리의 덕목에 대한 설명으로 옳지 않은 것은?

① 소명 의식 : 자신이 맡은 일은 하늘에 의해 맡겨진 일이라고 생각하는 태도이다.

② 책임 의식 : 직업에 대한 사회적 역할과 책무를 충실히 수행하고 책임을 다하는 태도이다.

③ 천직 의식 : 자신의 일이 자신의 능력과 적성에 꼭 맞는다 여기고 그 일에 열성을 가지고 성실히 임하는 태도이다.

④ 봉사 의식 : 자신의 일이 누구나 할 수 있는 것이 아니라 해당 분야의 지식과 교육을 밑바탕으로 성실히 수행해야만 가능한 것이라 믿고 수행하는 태도이다.

정답 ④

봉사 의식은 직업 활동을 통해 다른 사람과 공동체에 대하여 봉사하는 정신을 갖추고 실천하는 태도를 의미한다.

풀이 전략!

직업인으로서 요구되는 봉사 정신과 책임 의식에 관해 숙지하도록 한다.

01 다음은 A사 사보에 올라온 영국 처칠 수상의 일화이다. 이에 대한 직장생활의 교훈으로 가장 적절한 것은?

> 어느 날 영국의 처칠 수상은 급한 업무 때문에 그의 운전기사에게 차를 빠르게 몰 것을 지시하였다. 그때 교통 경찰관은 속도를 위반한 처칠 수상의 차량을 발견하고 차를 멈춰 세웠다. 처칠 수상은 경찰관에게 말했다. "이봐. 내가 누군지 알아?" 그러자 경찰관이 대답했다. "얼굴은 우리 수상 각하와 비슷하지만, 법을 지키지 않는 것을 보니 수상 각하가 아닌 것 같습니다." 경찰관의 답변에 부끄러움을 느낀 처칠은 결국 벌금을 지불했고, 교통 경찰관의 근무 자세에 감명을 받았다고 한다.

① 무엇보다 고객의 가치를 최우선으로 생각해야 한다.
② 업무에 대해서는 스스로 자진해서 성실하게 임해야 한다.
③ 모든 결과는 나의 선택으로 일어난 것으로 여긴다.
④ 조직의 운영을 위해서는 지켜야 하는 의무가 있다.

02 다음 중 직장에서 책임감 있는 생활을 하고 있지 않은 사람은?

① A사원은 몸이 아파도 맡은 임무는 다하려고 한다.
② B부장은 나쁜 상황이 일어났을 때 왜 그런 일이 일어났는지만 끊임없이 분석한다.
③ C대리는 자신과 상황을 최대한 객관적으로 판단한 뒤 책임질 수 있는 범위의 일을 맡는다.
④ D과장은 자신이 맡은 일이라면 개인적인 일을 포기하고 그 일을 먼저 한다.

03 다음 중 직업윤리에 따른 직업인의 기본자세로 옳지 않은 것은?

① 대체 불가능한 희소성을 갖추어야 한다.
② 봉사 정신과 협동 정신이 있어야 한다.
③ 소명 의식과 천직 의식을 가져야 한다.
④ 공평무사한 자세가 필요하다.

우리가 해야 할 일은 끊임없이 호기심을 갖고
새로운 생각을 시험해 보고 새로운 인상을 받는 것이다.

- 월터 페이터 -

PART 2

일반상식

01 | 국어 핵심이론

01 어문 규정

1. 한글 맞춤법

(1) 자모

① 한글 자모의 수는 스물넉 자로 하고, 그 순서와 이름은 다음과 같이 정한다.

ㄱ(기역) ㄴ(니은) ㄷ(디귿) ㄹ(리을) ㅁ(미음) ㅂ(비읍) ㅅ(시옷) ㅇ(이응) ㅈ(지읒) ㅊ(치읓)
ㅋ(키읔) ㅌ(티읕) ㅍ(피읖) ㅎ(히읗)

ㅏ(아) ㅑ(야) ㅓ(어) ㅕ(여) ㅗ(오) ㅛ(요) ㅜ(우) ㅠ(유) ㅡ(으) ㅣ(이)

② 두 개 이상의 자모를 어울러서 적되, 그 순서와 이름은 다음과 같이 정한다.

ㄲ(쌍기역) ㄸ(쌍디귿) ㅃ(쌍비읍) ㅆ(쌍시옷) ㅉ(쌍지읒)

ㅐ(애) ㅒ(얘) ㅔ(에) ㅖ(예) ㅘ(와) ㅙ(왜) ㅚ(외) ㅝ(워) ㅞ(웨) ㅟ(위) ㅢ(의)

③ 사전에 올릴 적의 자모 순서는 다음과 같이 정한다.

  ㉠ 자음

    ㄱ ㄲ ㄴ ㄷ ㄸ ㄹ ㅁ ㅂ ㅃ ㅅ ㅆ ㅇ ㅈ ㅉ ㅊ ㅋ ㅌ ㅍ ㅎ

  ㉡ 모음

    ㅏ ㅐ ㅑ ㅒ ㅓ ㅔ ㅕ ㅖ ㅗ ㅘ ㅙ ㅚ ㅛ ㅜ ㅝ ㅞ ㅟ ㅠ ㅡ ㅢ ㅣ

(2) 소리

① **된소리** : 한 단어 안에서 뚜렷한 까닭 없이 나는 된소리는 다음 음절의 첫소리를 된소리로 적는다.

  예 소쩍새, 움찔, 깍두기 등

② **구개음화** : 'ㄷ, ㅌ' 받침 뒤에 종속적 관계를 가진 '-이(-)'나 '-히-'가 올 적에는, 그 'ㄷ, ㅌ'이 'ㅈ, ㅊ'으로 소리 나더라도 'ㄷ, ㅌ'으로 적는다.

  예 해돋이[해도지], 굳이[구지], 맏이[마지] 등

③ **'ㄷ'소리받침** : 'ㄷ' 소리로 나는 받침 중에서 'ㄷ'으로 적을 근거가 없는 것은 'ㅅ'으로 적는다.

  예 덧저고리, 돗자리, 웃어른 등

④ **모음**

  ㉠ '계, 례, 몌, 폐, 혜'의 'ㅖ'는 'ㅔ'로 소리 나는 경우가 있더라도 'ㅖ'로 적는다.

    예 계수[게수], 사례[사레], 혜택[헤택] 등

    다만, 다음 말은 본음대로 적는다.

    예 게송, 게시판, 휴게실 등

  ㉡ '의'나 자음을 첫소리로 가지고 있는 음절의 'ㅢ'는 'ㅣ'로 소리 나는 경우가 있더라도 'ㅢ'로 적는다.

    예 무늬[무니], 씌어[씨어], 본의[본이] 등

⑤ 두음법칙
　　㉠ 한자음 '녀, 뇨, 뉴, 니'가 단어 첫머리에 올 적에는, 두음법칙에 따라 '여, 요, 유, 이'로 적는다.
　　　예 여자[녀자], 연세[년세], 요소[뇨소] 등
　　　• 단어의 첫머리 이외의 경우에는 본음대로 적는다.
　　　　예 남녀(男女), 당뇨(糖尿), 은닉(隱匿) 등
　　　• 접두사처럼 쓰이는 한자가 붙어서 된 말이나 합성어에서, 뒷말의 첫소리가 'ㄴ' 소리로 나더라도 두음법칙에 따라 적는다.
　　　　예 신여성(新女性), 공염불(空念佛), 남존여비(男尊女卑) 등
　　㉡ 한자음 '랴, 려, 례, 료, 류, 리'가 단어의 첫머리에 올 적에는, 두음법칙에 따라 '야, 여, 예, 요, 유, 이'로 적는다.
　　　예 양심[량심], 역사[력사], 이발[리발] 등
　　　• 단어의 첫머리 이외의 경우에는 본음대로 적는다.
　　　　예 개량(改良), 수력(水力), 급류(急流) 등
　　　• 모음이나 'ㄴ' 받침 뒤에 이어지는 '렬, 률'은 '열, 율'로 적는다.
　　　　예 나열[나렬], 분열[분렬], 전율[전률] 등
　　　• 접두사처럼 쓰이는 한자가 붙어서 된 말이나 합성어에서, 뒷말의 첫소리가 'ㄴ' 또는 'ㄹ' 소리로 나더라도 두음법칙에 따라 적는다.
　　　　예 역이용(逆利用), 연이율(年利率), 열역학(熱力學) 등
　　㉢ 한자음 '라, 래, 로, 뢰, 루, 르'가 단어의 첫머리에 올 적에는, 두음법칙에 따라 '나, 내, 노, 뇌, 누, 느'로 적는다.
　　　예 낙원[락원], 노인[로인], 뇌성[뢰성] 등
　　　• 단어의 첫머리 이외의 경우에는 본음대로 적는다.
　　　　예 쾌락(快樂), 극락(極樂), 지뢰(地雷) 등
　　　• 접두사처럼 쓰이는 한자가 붙어서 된 단어는 뒷말을 두음법칙에 따라 적는다.
　　　　예 상노인(上老人), 중노동(重勞動), 비논리적(非論理的) 등
⑥ **겹쳐 나는 소리** : 한 단어 안에서 같은 음절이나 비슷한 음절이 겹쳐 나는 부분은 같은 글자로 적는다.
　예 눅눅하다[눙눅하다], 꼿꼿하다[꼿곳하다], 씁쓸하다[씁슬하다] 등

(3) 형태

① 사이시옷
　㉠ '순우리말＋순우리말'의 형태로 합성어를 만들 때 앞말에 받침이 없을 경우
　　• 뒷말의 첫소리가 된소리로 나야 한다.
　　　예 귓밥(귀＋밥), 나뭇가지(나무＋가지), 쇳조각(쇠＋조각) 등
　　• 뒷말의 첫소리가 'ㄴ, ㅁ'이고, 그 앞에서 'ㄴ' 소리가 덧나야 한다.
　　　예 아랫마을(아래＋ㅅ＋마을), 뒷머리(뒤＋ㅅ＋머리), 잇몸(이＋ㅅ＋몸) 등
　　• 뒷말의 첫소리 모음 앞에서 'ㄴㄴ' 소리가 덧나야 한다.
　　　예 깻잎[깬닙], 나뭇잎[나문닙], 댓잎[댄닙] 등

ⓒ '순우리말＋한자어' 혹은 '한자어＋순우리말'의 형태로 합성어를 만들 때 앞말에 받침이 없을 경우
- 뒷말의 첫소리가 된소리로 나야 한다.
  예 콧병[코뼝], 샛강[새깡], 아랫방[아래빵] 등
- 뒷말의 첫소리가 'ㄴ, ㅁ'이고, 그 앞에서 'ㄴ' 소리가 덧나야 한다.
  예 훗날[훈날], 제삿날[제산날], 툇마루[퇸마루] 등
- 뒷말의 첫소리 모음 앞에서 'ㄴㄴ' 소리가 덧나야 한다.
  예 가욋일[가원닐], 예삿일[예산닐], 훗일[훈닐] 등
ⓒ 한자어＋한자어로 된 두 음절의 합성어 가운데에서는 다음 6개만 인정한다.
  예 곳간(庫間), 숫자(數字), 횟수(回數), 툇간(退間), 셋방(貰房), 찻간(車間)

② 준말
㉠ 단어의 끝모음이 줄어지고 자음만 남은 것은 그 앞의 음절에 받침으로 적는다.
  예 엊그저께(어제그저께), 엊저녁(어제저녁), 온갖(온가지) 등
㉡ 체언과 조사가 어울려 줄어지는 경우에는 준 대로 적는다.
  예 그건(그것은), 그걸로(그것으로), 무얼(무엇을) 등
㉢ 모음 'ㅏ, ㅓ'로 끝난 어간에 '－아／－어, －았－／－었－'이 어울릴 적에는 준 대로 적는다.
  예 가(가아), 갔다(가았다), 폈다(펴었다) 등
㉣ 모음 'ㅗ, ㅜ'로 끝난 어간에 '－아／－어, －았－／－었－'이 어울려 'ㅘ／ㅝ, ㅘ／ㅝ'으로 될 적에는 준 대로 적는다.
  예 꽜다(꼬았다), 쐈다(쏘았다), 쒔다(쑤었다) 등
㉤ 'ㅣ' 뒤에 '－어'가 와서 'ㅕ'로 줄 적에는 준 대로 적는다.
  예 가져(가지어), 버텨(버티어), 치여(치이어) 등
㉥ 'ㅏ, ㅕ, ㅗ, ㅜ, ㅡ'로 끝난 어간에 '－이－'가 와서 각각 'ㅐ, ㅖ, ㅚ, ㅟ, ㅢ'로 줄 적에는 준 대로 적는다.
  예 쌔다(싸이다), 폐다(펴이다), 씌다(쓰이다) 등
㉦ 'ㅏ, ㅗ, ㅜ, ㅡ' 뒤에 '－이어'가 어울려 줄어질 적에는 준 대로 적는다.
  예 보여(보이어), 누여(누이어), 트여(트이어) 등
㉧ 어미 '－지' 뒤에 '않－'이 어울려 '－잖－'이 될 적과 '－하지' 뒤에 '않－'이 어울려 '찮－'이 될 적에는 준 대로 적는다.
  예 그렇잖은(그렇지 않은), 만만찮다(만만하지 않다), 변변찮다(변변하지 않다) 등
㉨ 어간의 끝음절 '하'의 'ㅏ'가 줄고 'ㅎ'이 다음 음절의 첫소리와 어울려 거센소리로 될 적에는 거센소리로 적는다.
  예 간편케(간편하게), 연구토록(연구하도록), 흔타(흔하다) 등
- 'ㅎ'이 어간의 끝소리로 굳어진 것은 받침으로 적는다.
  예 아무렇다 － 아무렇고 － 아무렇지 － 아무렇든지
- 어간의 끝음절 '하'가 아주 줄 적에는 준 대로 적는다.
  예 거북지(거북하지), 생각건대(생각하건대), 넉넉지 않다(넉넉하지 않다) 등
㉩ 다음과 같은 부사는 소리대로 적는다.
  예 결단코, 기필코, 무심코, 하여튼, 요컨대 등

③ '-쟁이', '-장이'

　　㉠ 그것이 나타내는 속성을 많이 가진 사람은 '-쟁이'로 적는다.

　　　예 거짓말쟁이, 욕심쟁이, 심술쟁이 등

　　㉡ 그것과 관련된 기술을 가진 사람은 '-장이'로 적는다.

　　　예 미장이, 대장장이, 토기장이 등

> **틀리기 쉬운 어휘**
> - 너머 : 높이나 경계로 가로막은 사물의 저쪽
>   넘어 : 일정한 시간, 시기, 범위 따위에서 벗어나 지나다.
> - 띄다 : 눈에 보이다.
>   띠다 : 빛깔이나 성질을 가지다.
> - 틀리다 : 바라거나 하려는 일이 순조롭게 되지 못하다.
>   다르다 : 비교가 되는 두 대상이 서로 같지 아니하다.
> - 가리키다 : 어떤 방향이나 대상을 집어서 보이거나 말하거나 알리다.
>   가르치다 : 상대편에게 지식이나 기능, 이치 따위를 깨닫거나 익히게 하다.
> - 금새 : 물건의 값
>   금세 : 지금 바로
> - 어느 : 여럿 가운데 대상이 되는 것이 무엇인지 물을 때 쓰는 말
>   여느 : 그 밖의 예사로운. 또는 다른 보통의
> - 늘이다 : 본디보다 더 길게 하다.
>   늘리다 : 길이나 넓이, 부피 따위를 본디보다 커지게 하다.
> - ~던지 : 막연한 의문이 있는 채로 그것을 뒤 절의 사실이나 판단과 관련시킬 때
>   ~든지 : 나열된 동작이나 상태, 대상 중에서 어느 것이든 선택될 수 있음을 나타낼 때
> - 부치다 : 일정한 수단이나 방법을 써서 상대에게로 보내다.
>   붙이다 : 맞닿아 떨어지지 않게 하다.
> - 삭이다 : 긴장이나 화가 풀려 마음이 가라앉다.
>   삭히다 : 김치나 젓갈 따위의 음식물이 발효되어 맛이 들다.
> - 일절 : 아주, 전혀, 절대로의 뜻
>   일체 : 모든 것, 모든 것을 다

2. 표준어 규정

(1) 자음

① 거센소리를 가진 형태의 단어를 표준어로 삼는다.

　　예 끄나풀, 살쾡이, 나팔꽃 등

② 거센소리로 나지 않는 형태의 단어를 표준어로 삼는다.

　　예 가을갈이, 거시기, 분침 등

③ 어원에서 멀어진 형태로 굳어져서 널리 쓰이는 것은, 그것을 표준어로 삼는다.

　　예 강낭콩, 사글세, 고삿 등

④ 다음 단어들은 의미를 구별함이 없이, 한 가지 형태만을 표준어로 삼는다(다만, '둘째'는 십 단위 이상의 서수사에 쓰일 때에 '두째'로 한다).

　　예 돌, 둘째, 빌리다 등

⑤ 수컷을 이르는 접두사는 '수-'로 통일한다.

　　예 수꿩, 수나사, 수소 등

　㉠ 다음 단어의 접두사는 '숫-'으로 한다.

　　예 숫양, 숫염소, 숫쥐

　㉡ 다음 단어에서는 접두사 다음에서 나는 거센소리를 인정한다.

　　예 수캉아지, 수퇘지, 수평아리, 수키와 등

(2) 모음

① 양성 모음이 음성 모음으로 바뀌어 굳어진 단어는 음성 모음 형태를 표준어로 삼는다.

　　예 깡충깡충, 발가숭이, 오뚝이 등

　※ 다만, 어원 의식이 강하게 작용하는 단어에서는 양성 모음 형태를 그대로 표준어로 삼는다.

　　예 부조, 사돈, 삼촌 등

② 'ㅣ'역행 동화현상에 의한 발음은 원칙적으로 표준 발음으로 인정하지 아니하되, 그러한 동화가 적용된 형태를 표준어로 삼는다.

　　예 풋내기, 냄비, 동댕이치다 등

③ 모음이 단순화한 형태의 단어를 표준어로 삼는다.

　　예 괴팍하다, 미루나무, 으레, 케케묵다 등

④ 모음의 발음 변화를 인정하여, 발음이 바뀌어 굳어진 형태의 단어를 표준어로 삼는다.

　　예 깍쟁이, 상추, 허드레 등

⑤ '위-, 윗-, 웃-'

　㉠ '위'를 가리키는 말은 '위-'로 적는 것이 원칙이다.

　　예 위층, 위쪽, 위턱 등

　㉡ '위-'가 뒷말과 결합하면서 된소리가 되거나 'ㄴ'이 덧날 때는 '윗-'으로 적는다.

　　예 윗입술, 윗목, 윗눈썹 등

　㉢ 아래, 위의 대립이 없는 낱말은 '웃-'으로 적는다.

　　예 웃돈, 웃어른, 웃옷 등

⑥ 한자 '구(句)'가 붙어서 이루어진 단어는 '귀'로 읽는 것을 인정하지 아니하고, '구'로 통일한다.

　　예 구절(句節), 시구(詩句), 인용구(引用句) 등

　※ 다음의 단어들은 '귀'로 발음되는 형태를 표준어로 삼는다.

　　예 귀글, 글귀

(3) 단수표준어

비슷한 발음의 몇 형태가 쓰일 경우, 그 의미에 아무런 차이가 없고 그중 하나가 더 널리 쓰이면 그 한 형태만을 표준어로 삼는다.

예 귀고리, 꼭두각시, 우두커니, 천장 등

(4) 복수표준어

① 다음 단어는 앞의 것을 원칙으로 하고, 뒤의 것도 허용한다.

예 네 – 예, 쇠고기 – 소고기 등

② 어감의 차이를 나타내는 단어 또는 발음이 비슷한 단어들이 다 같이 널리 쓰이는 경우에는, 모두를 표준어로 삼는다.

예 거슴츠레하다 – 게슴츠레하다, 고까 – 꼬까, 고린내 – 코린내 등

③ 한 가지 의미를 나타내는 형태 몇 가지가 널리 쓰이며 표준어 규정에 맞으면, 모두를 표준어로 삼는다.

예 넝쿨 – 덩굴, 민둥산 – 벌거숭이산, 살쾡이 – 삵, 어림잡다 – 어림치다, 옥수수 – 강냉이 등

3. 띄어쓰기

① 조사는 그 앞말에 붙여 쓴다.

예 꽃이, 꽃마저, 웃고만 등

② 의존 명사는 띄어 쓴다.

예 아는 것이 힘이다, 나도 할 수 있다, 먹을 만큼 먹어라 등

③ 단위를 나타내는 명사는 띄어 쓴다.

예 한 개, 열 살, 집 한 채 등

단, 순서를 나타내는 경우나 숫자와 어울려 쓰이는 경우에는 붙여 쓸 수 있다.

예 삼학년, 육층, 80원 등

④ 수를 적을 적에는 '만(萬)' 단위로 띄어 쓴다.

예 십이억 삼천사백오십육만 칠천팔백구십팔 → 12억 3456만 7898

⑤ 두 말을 이어 주거나 열거할 적에 쓰이는 말들은 띄어 쓴다.

예 국장 겸 과장, 열 내지 스물, 청군 대 백군 등

⑥ 단음절로 된 단어가 연이어 나타날 적에는 붙여 쓸 수 있다.

예 그때 그곳, 좀더 큰것, 한잎 두잎 등

⑦ 보조용언은 띄어 씀을 원칙으로 하되, 경우에 따라 붙여 씀도 허용한다.

예 불이 꺼져 간다. / 불이 꺼져간다. 비가 올 성싶다. / 비가 올성싶다. 등

⑧ 성과 이름, 성과 호 등은 붙여 쓰고, 이에 덧붙는 호칭어, 관직명 등은 띄어 쓴다.

예 채영신 씨, 최치원 선생, 충무공 이순신 장군 등

⑨ 성명 이외의 고유명사는 단어별로 띄어 씀을 원칙으로 하되, 단위별로 띄어 쓸 수 있다.

예 대한 중학교 / 대한중학교, 시대 고시 / 시대고시 등

⑩ 전문 용어는 단어별로 띄어 씀을 원칙으로 하되, 붙여 쓸 수 있다.

예 만성 골수성 백혈병 / 만성골수성백혈병 등

4. 로마자 표기법

(1) 자음

ㄱ	ㄲ	ㅋ	ㄷ	ㄸ	ㅌ	ㅂ	ㅃ	ㅍ	ㅈ	ㅉ	ㅊ	ㅅ	ㅆ	ㅎ	ㅁ	ㄴ	ㅇ	ㄹ
g/k	kk	k	d/t	tt	t	b/p	pp	p	j	jj	ch	s	ss	h	m	n	ng	r/l

(2) 모음

ㅏ	ㅐ	ㅑ	ㅒ	ㅓ	ㅔ	ㅕ	ㅖ	ㅗ	ㅘ	ㅙ	ㅚ	ㅛ	ㅜ	ㅝ	ㅞ	ㅟ	ㅠ	ㅡ	ㅢ	ㅣ
a	ae	ya	yae	eo	e	yeo	ye	o	wa	wae	oe	yo	u	wo	we	wi	yu	eu	ui	i

(3) 표기상 유의점

① 음운변화가 일어날 때에는 변화의 결과에 따라 적는다.
- ㉠ 자음 사이에서 동화작용이 일어나는 경우
  - 예 신문로(Sinmunno), 왕십리(Wangsimni), 신라(Silla) 등
- ㉡ 'ㄴ, ㄹ'이 덧나는 경우
  - 예 학여울(Hangnyeoul), 알약(Allyak) 등
- ㉢ 구개음화가 일어나는 경우
  - 예 해돋이(Haedoji), 같이(Gachi), 맞히다(Machida) 등
- ㉣ 'ㄱ, ㄷ, ㅂ, ㅈ'이 'ㅎ'과 합하여 거센소리로 소리 나는 경우(단, 된소리는 반영하지 않음)
  - 예 좋고(Joko), 잡혀(Japyeo), 압구정(Apgujeong), 낙동강(Nakdonggang) 등

② 발음상 혼동의 우려가 있을 때에는 음절 사이에 붙임표(‐)를 쓸 수 있다.
- 예 중앙(Jung-ang), 반구대(Ban-gudae), 해운대(Hae-undae) 등

③ 고유명사는 첫소리를 대문자로 적는다.
- 예 부산(Busan), 세종(Sejong) 등

④ 인명은 성과 이름의 순서로 쓰되 띄어 쓴다.
- 예 민용하(Min Yongha), 송나리(Song Na-ri), 홍빛나(Hong Bit-na) 등

⑤ '도・시・군・구・읍・면・리・동'의 행정구역 단위와 거리를 지칭하는 '가'는 'do, si, gun, gu, eup, myeon, ri, dong, ga'로 적고, 그 앞에는 붙임표(‐)를 넣는다.
- 예 도봉구(Dobong-gu), 종로 2가[Jongno 2(i)-ga]

⑥ 자연지물명, 문화재명, 인공축조물명은 붙임표(‐) 없이 붙여 쓴다.
- 예 속리산(Songnisan), 경복궁(Gyeongbokgung), 촉석루(Chokseongnu) 등

⑦ 인명, 회사명, 단체명 등은 그동안 써온 표기를 쓸 수 있다.

⑧ 학술, 연구, 논문 등 특수 분야에서 한글 복원을 전제로 표기할 경우에는 한글 표기를 대상으로 적는다.
- 예 짚(Jip), 붓꽃(Buskkoch), 조랑말(Jolangmal) 등

5. 외래어 표기법

(1) 외래어 표기법의 기본 원칙
① 외래어는 국어의 현용 24자모만으로 적는다.
② 외래어의 1음운은 원칙적으로 1기호로 적는다.
③ 외래어의 받침에는 'ㄱ, ㄴ, ㄹ, ㅁ, ㅂ, ㅅ, ㅇ'만을 적는다.
④ 파열음 표기에는 된소리를 쓰지 않는 것을 원칙으로 한다.
⑤ 이미 굳어진 외래어는 관용을 존중하되, 그 범위와 용례는 따로 정한다.

(2) 틀리기 쉬운 외래어 표기
- 액세서리(○) / 액세사리(×)
- 바비큐(○) / 바베큐(×)
- 비스킷(○) / 비스켓(×)
- 케이크(○) / 케익(×)
- 초콜릿(○) / 초콜렛(×)
- 소시지(○) / 소세지(×)
- 워크숍(○) / 워크샵(×)
- 팸플릿(○) / 팜플렛(×)
- 앙케트(○) / 앙케이트(×)
- 콘텐츠(○) / 컨텐츠(×)
- 컬렉션(○) / 콜렉션(×)
- 앙코르(○) / 앵콜(×)
- 마니아(○) / 매니아(×)
- 로열(○) / 로얄(×)

6. 높임법

(1) 주체 높임법
① 직접 높임 : '-시-(선어말 어미), -님(접미사), -께서(조사)'에 의해 실현된다.
예 어머니, 선생님께서 오십니다.
② 간접 높임 : '-시-(선어말 어미)'를 붙여 간접적으로 높인다.
예 할아버지는 연세가 많으시다.

(2) 상대 높임법
① 격식체 : 공식적이고 직접적이며, 딱딱하고 단정적인 느낌을 준다.
　㉠ 해라체(아주낮춤) : '-ㄴ다, -는다, -다, -는구나, -느냐, -냐, -어라 / 아라, -자'
　　예 빨리 자거라. 일찍 일어나야 한다.
　㉡ 하게체(예사낮춤) : '-네, -이, -ㄹ세, -는구먼, -로구먼, -는가, -ㄴ가, -게, -세'
　　예 이리 와서 앉게. 자네 혼자 왔나?

ⓒ 하오체(예사높임) : '-(으)오, -(으)소, -는구려, -구려, -(으)ㅂ시다'
例 어서 나오시오. 무얼 그리 꾸물거리시오?
ⓔ 합쇼체(아주높임) : '-ㅂ니다, -ㅂ(습)니다, -ㅂ니까, -ㅂ(습)니까, -십시오, -시지요'
例 어서 오십시오. 자주 들르겠습니다.
② 비격식체 : 부드럽고 친근하며 격식을 덜 차리는 경우에 쓰인다.
ⓐ 해체(두루낮춤) : '-어 / 아, -야, -군'
例 어서 빨리 가. 가방 놓고 앉아.
ⓑ 해요체(두루높임) : '-어 / 아요, -군요'
例 안녕히 계세요. 이따 또 오겠어요.

(3) 객체 높임법

말하는 이가 객체, 곧 문장의 목적어나 부사어를 높이는 높임법
例 드리다, 뵙다, 모시다, 여쭙다 등

(4) 공손법과 압존법

① 공손법 : 말하는 이가 자신을 낮추는 공손한 표현을 써서 결과적으로 상대방을 높이는 높임법
例 변변치 못한 물건이지만, 정성을 생각하셔서 받아 주시옵소서.
② 압존법 : 주체를 높여야 하지만, 듣는 이가 주체보다 높은 경우에는 높임을 하지 않는 것
例 할아버지, 아버지가 오고 있어요.

02 **어휘 및 한자성어**

| 01 | **어휘의 의미**

1. 의미 관계

(1) 유의 관계

유의어는 두 개 이상의 어휘가 서로 소리는 다르나 의미가 비슷한 경우로, 유의 관계의 대부분은 개념적 의미의 동일성을 전제로 한다.

(2) 반의 관계

반의어는 둘 이상의 단어에서 의미가 서로 짝을 이루어 대립하는 경우로, 어휘의 의미가 서로 대립되는 단어를 말하며, 이러한 어휘들의 관계를 반의 관계라고 한다. 한 쌍의 단어가 반의어가 되려면, 두 어휘 사이에 공통적인 의미 요소가 있으면서도 동시에 하나의 의미 요소만 달라야 한다.

(3) 상하 관계

상하 관계는 단어의 의미적 계층 구조에서 한쪽이 의미상 다른 쪽을 포함하거나 다른 쪽에 포섭되는 관계를 말한다. 상하 관계를 형성하는 단어들은 상위어일수록 일반적이고 포괄적인 의미를 지니며, 하위어일수록 개별적이고 한정적인 의미를 지니므로 하위어는 상위어를 의미적으로 함의하게 된다. 즉, 상위어가 가지고 있는 의미 특성을 하위어가 자동적으로 가지게 된다.

(4) 부분 관계

부분 관계는 한 단어가 다른 단어의 부분이 되는 관계를 말하며, 전체 – 부분 관계라고도 한다. 부분 관계에서 부분을 가리키는 단어를 부분어, 전체를 가리키는 단어를 전체어라고 한다. 예를 들면, '머리, 팔, 몸통, 다리'는 '몸'의 부분어이며, 이러한 부분어들에 의해 이루어진 '몸'은 전체어이다.

2. 다의어와 동음이의어

다의어(多義語)는 뜻이 여러 개인 낱말을 뜻하고, 동음이의어(同音異義語)는 소리는 같으나 뜻이 다른 낱말을 뜻한다. 중심의미(본래의 의미)와 주변의미(변형된 의미)로 나누어지면 다의어이고, 중심의미와 주변의미로 나누어지지 않고 전혀 다른 의미를 지니면 동음이의어라 한다.

| 02 | 알맞은 어휘

1. 나이와 관련된 어휘

충년(沖年)	10세 안팎의 어린 나이
지학(志學)	15세가 되어 학문에 뜻을 둠
약관(弱冠)	남자 나이 20세. 스무 살 전후의 여자 나이는 묘령(妙齡), 묘년(妙年), 방년(芳年), 방령(芳齡) 등이라 칭함
이립(而立)	30세, 『논어』에서 공자가 서른 살에 자립했다고 한 데서 나온 말로 인생관이 섰다는 뜻
불혹(不惑)	40세, 세상의 유혹에 빠지지 않음을 뜻함
지천명(知天命)	50세, 하늘의 뜻을 깨달음
이순(耳順)	60세, 경륜이 쌓이고 사려와 판단이 성숙하여 남의 어떤 말도 거슬리지 않음
화갑(華甲)	61세, 회갑(回甲), 환갑(還甲)
진갑(進甲)	62세, 환갑의 이듬해
고희(古稀)	70세, 두보의 시에서 유래. 마음대로 한다는 뜻의 종심(從心)이라고도 함
희수(喜壽)	77세, '喜'자의 초서체가 '七十七'을 세로로 써놓은 것과 비슷한 데서 유래
산수(傘壽)	80세, '傘'자를 풀면 '八十'이 되는 데서 유래
망구(望九)	81세, 90세를 바라봄
미수(米壽)	88세, '米'자를 풀면 '八十八'이 되는 데서 유래
졸수(卒壽)	90세, '卒'의 초서체가 '九十'이 되는 데서 유래
망백(望百)	91세, 100세를 바라봄

백수(白壽)		99세, '百'에서 '一'을 빼면 '白'
상수(上壽)		100세, 사람의 수명 중 최상의 수명
다수(茶壽)		108세, '茶'를 풀면, '十'이 두 개라서 '二十'이고, 아래 '八十八'이니 합하면 108
천수(天壽)		120세, 병 없이 늙어서 죽음을 맞이하면 하늘이 내려 준 나이를 다 살았다는 뜻

2. 단위와 관련된 어휘

길이	자	한 치의 열 배로 약 30.3cm
	마장	5리나 10리가 못 되는 거리
	발	두 팔을 양옆으로 펴서 벌렸을 때 한쪽 손끝에서 다른 쪽 손끝까지의 길이
	길	여덟 자 또는 열 자로 약 2.4m 또는 3m. 사람 키 정도의 길이
	치	한 자의 10분의 1 또는 약 3.03cm
	칸	여섯 자로, 1.81818m
	뼘	엄지손가락과 다른 손가락을 완전히 펴서 벌렸을 때에 두 끝 사이의 거리
넓이	길이	논밭 넓이의 단위. 소 한 마리가 하루에 갈 만한 넓이로, 약 2,000평 정도
	단보	땅 넓이의 단위. 1단보는 남한에서는 300평으로 991.74m², 북한에서는 30평으로 99.174m²
	마지기	논밭 넓이의 단위. 볍씨 한 말의 모 또는 씨앗을 심을 만한 넓이로, 논은 약 150~300평, 밭은 약 100평 정도
	되지기	논밭 넓이의 단위. 볍씨 한 되의 모 또는 씨앗을 심을 만한 넓이로 한 마지기의 10분의 1
	섬지기	논밭 넓이의 단위. 볍씨 한 섬의 모 또는 씨앗을 심을 만한 넓이로 한 마지기의 열 배이며 논은 약 2,000평, 밭은 약 1,000평
	간	건물의 칸살의 넓이를 잴 때 사용. 한 간은 보통 여섯 자 제곱의 넓이
부피	홉	곡식, 가루, 액체 따위의 부피를 잴 때 쓰는 단위. 한 되의 10분의 1로 약 180mL
	되	곡식, 가루, 액체 따위의 부피를 잴 때 쓰는 단위. 한 말의 10분의 1, 한 홉의 열 배로 약 1.8L
	말	곡식, 액체, 가루 따위의 부피를 잴 때 쓰는 단위. 한 되의 10배로 약 18L
	섬	곡식, 액체, 가루 따위의 부피를 잴 때 쓰는 단위. 한 말의 10배로 약 180L
	되들이	한 되를 담을 수 있는 분량
	줌	한 손에 쥘 만한 분량
	춤	가늘고 기름한 물건을 한 손으로 쥘 만한 분량
무게	냥	귀금속이나 한약재 따위의 무게를 잴 때 쓰는 단위. 귀금속의 무게를 잴 때는 한 돈의 열 배이고, 한약재의 무게를 잴 때는 한 근의 16분의 1로 37.5g
	돈	귀금속이나 한약재 따위의 무게를 잴 때 쓰는 단위. 한 냥의 10분의 1, 한 푼의 열 배로 3.75g
	푼	귀금속이나 한약재 따위의 무게를 잴 때 쓰는 단위. 한 돈의 10분의 1로, 약 0.375g
	냥쭝	한 냥쯤 되는 무게
	돈쭝	한 돈쯤 되는 무게
묶음	갓	굴비ㆍ비웃 따위 10마리, 또는 고비ㆍ고사리 따위 10모숨을 한 줄로 엮은 것
	강다리	쪼갠 장작을 묶어 세는 단위. 쪼갠 장작 100개비
	거리	오이나 가지 50개
	고리	소주를 사발에 담은 것을 묶어 세는 단위로, 한 고리는 소주 10사발
	꾸러미	꾸리어 싼 물건을 세는 단위. 달걀 10개를 묶어 세는 단위
	담불	곡식이나 나무를 높이 쌓아 놓은 무더기. 벼 100섬씩 묶어 세는 단위
	동	물건을 묶어 세는 단위. 먹 10정, 붓 10자루, 생강 10접, 피륙 50필, 백지 100권, 곶감 100접, 볏짚 100단, 조기 1,000마리, 비웃 2,000마리

묶음	마투리	곡식의 양을 섬이나 가마로 잴 때, 한 섬이나 한 가마가 되지 못하고 남은 양
	모숨	길고 가느다란 물건의, 한 줌 안에 들어올 만한 분량
	뭇	짚, 장작, 채소 따위의 작은 묶음을 세는 단위. 볏단을 세는 단위. 생선 10마리, 미역 10장
	새	피륙의 날을 세는 단위. 한 새는 날실 여든 올
	쌈	바늘을 묶어 세는 단위. 한 쌈은 바늘 24개
	손	한 손에 잡을 만한 분량을 세는 단위. 고등어 따위의 생선 2마리
	우리	기와를 세는 단위. 한 우리는 기와 2,000장
	접	채소나 과일 따위를 묶어 세는 단위. 한 접은 100개
	제	한약의 분량을 나타내는 단위. 한 제는 탕약 20첩
	죽	옷, 그릇 따위의 열 벌을 묶어 이르는 말
	축	오징어를 묶어 세는 단위. 한 축은 오징어 20마리
	쾌	북어를 묶어 세는 단위. 한 쾌는 북어 20마리
	톳	김을 묶어 세는 단위. 한 톳은 김 100장
	필	명주 40자

3. 절기와 관련된 어휘

봄	입춘	봄의 문턱에 들어섰다는 뜻으로, 봄의 시작을 알리는 절기 [2월 4일경]
	우수	봄비가 내리는 시기라는 뜻 [2월 18일경]
	경칩	개구리가 잠에서 깨어난다는 의미로, 본격적인 봄의 계절이라는 뜻 [3월 5일경]
	춘분	봄의 한가운데로, 낮이 길어지는 시기 [3월 21일경]
	청명	하늘이 맑고 높다는 뜻으로, 전형적인 봄 날씨가 시작되므로 농사 준비를 하는 시기 [4월 5일경]
	곡우	농사에 필요한 비가 내리는 시기라는 뜻 [4월 20일경]
여름	입하	여름의 문턱에 들어섰다는 뜻으로, 여름의 시작을 알리는 절기 [5월 5일경]
	소만	조금씩 차기 시작한다는 뜻으로, 곡식이나 과일의 열매가 생장하여 가득 차기 시작하는 절기 [5월 21일경]
	망종	수염이 있는 곡식, 즉 보리·수수 같은 곡식은 추수를 하고 논에 모를 심는 절기 [6월 6일경]
	하지	여름의 중간으로 낮이 제일 긴 날 [6월 21일경]
	소서	작은 더위가 시작되는 절기로 한여름에 들어선 절기 [7월 7 ~ 8일경]
	대서	큰 더위가 시작되는 절기로 가장 더운 여름철이란 뜻 [7월 24일경]
가을	입추	가을의 문턱에 들어섰다는 뜻으로, 가을의 시작을 알리는 절기 [8월 8 ~ 9일경]
	처서	더위가 식고 일교차가 커지면서 식물들이 성장을 멈추고 겨울 준비를 하는 절기 [8월 23일경]
	백로	흰 이슬이 내리는 시기로 기온은 내려가고 본격적인 가을이 시작되는 시기 [9월 8일경]
	추분	밤이 길어지는 시기이며 가을의 한가운데라는 뜻 [9월 23일경]
	한로	찬 이슬이 내린다는 뜻 [10월 8일경]
	상강	서리가 내린다는 뜻 [10월 23일경]
겨울	입동	겨울의 문턱에 들어섰다는 뜻으로, 겨울의 시작을 알리는 절기 [11월 8일경]
	소설	작은 눈이 내린다는 뜻으로, 눈이 내리고 얼음이 얼기 시작하는 절기 [11월 22 ~ 23일경]
	대설	큰 눈이 내리는 절기 [12월 8일경]
	동지	밤이 가장 긴 날로 겨울의 한가운데라는 뜻 [12월 22 ~ 23일경]
	소한	작은 추위라는 뜻으로, 본격적인 추위가 시작되는 절기 [1월 6 ~ 7일경]
	대한	큰 추위가 시작된다는 뜻으로, 한겨울 [1월 20일경]

4. 지칭과 관련된 어휘

구분		생존	사망
본인	아버지	가친(家親), 엄친(嚴親), 가군(家君)	선친(先親), 선군(先君), 망부(亡父)
	어머니	자친(慈親)	선비(先妣), 선자(先慈), 망모(亡母)
타인	아버지	춘부장(椿府丈)	선대인(先大人)
	어머니	자당(慈堂)	선대부인(先大夫人)

5. 접속어

순접	앞의 내용을 순조롭게 받아 연결시켜 주는 역할 예 그리고, 그리하여, 그래서, 이와 같이, 그러므로 등
역접	앞의 내용과 상반된 내용을 이어주는 역할 예 그러나, 그렇지만, 하지만, 그래도, 반면에 등
인과	앞뒤의 문장을 원인과 결과로, 또는 결과와 원인으로 연결시켜 주는 역할 예 그래서, 따라서, 그러므로, 왜냐하면 등
환언·요약	앞 문장을 바꾸어 말하거나 간추려 짧게 말하며 이어주는 역할 예 즉, 요컨대, 바꾸어 말하면, 다시 말하면 등
대등·병렬	앞 내용과 뒤의 내용을 대등하게 이어주는 역할 예 또는, 혹은, 및, 한편 등
전환	뒤의 내용이 앞의 내용과는 다른, 새로운 생각이나 사실을 서술하여 화제를 바꾸어 이어주는 역할 예 그런데, 한편, 아무튼, 그러면 등
예시	앞 문장에 대한 구체적인 예를 들어 설명하며 이어주는 역할 예 예컨대, 이를테면, 가령, 예를 들어 등

| 03 | 한자성어

1. 깨끗하고 편안한 마음

- 飮馬投錢(음마투전) : 말에게 물을 마시게 할 때 먼저 돈을 물속에 던져서 물 값을 갚는다는 뜻으로, 결백한 행실을 비유함
- 純潔無垢(순결무구) : 마음과 몸가짐이 깨끗하여 조금도 더러운 티가 없음
- 明鏡止水(명경지수) : 맑은 거울과 잔잔한 물이란 뜻으로, 아주 맑고 깨끗한 심경을 일컫는 말
- 安貧樂道(안빈낙도) : 가난한 생활을 하면서도 편안한 마음으로 분수를 지키며 지냄

2. 놀라움·이상함

- 茫然自失(망연자실) : 멍하니 정신을 잃음
- 刮目相對(괄목상대) : 눈을 비비고 상대방을 본다는 뜻. 남의 학식이나 재주가 놀랄 만큼 갑자기 늘어난 것을 일컫는 말
- 魂飛魄散(혼비백산) : 몹시 놀라 넋을 잃음

- 大驚失色(대경실색) : 몹시 놀라 얼굴빛이 변함
- 傷弓之鳥(상궁지조) : 화살에 상처를 입은 새란 뜻으로, 한 번 혼이 난 일로 인하여 늘 두려운 마음을 품는 일을 비유
- 駭怪罔測(해괴망측) : 헤아릴 수 없이 괴이함

3. 계절

- 陽春佳節(양춘가절) : 따뜻하고 좋은 봄철
- 天高馬肥(천고마비) : 하늘은 높고 말은 살찐다는 뜻으로, 가을의 특성을 형용하는 말
- 嚴冬雪寒(엄동설한) : 눈이 오고 몹시 추운 겨울
- 凍氷寒雪(동빙한설) : 얼어붙은 얼음과 차가운 눈. 심한 추위

4. 교훈 · 경계

- 好事多魔(호사다마) : 좋은 일에는 흔히 장애물이 들기 쉬움
- 戴盆望天(대분망천) : 화분 등을 머리에 이고 하늘을 바라봄. 한 번에 두 가지 일을 할 수 없음을 비유
- 兵家常事(병가상사) : 전쟁에서 이기고 지는 것은 흔히 있는 일. 실패는 흔히 있는 일이니 낙심할 것이 없다는 말
- 登高自卑(등고자비) : 높은 곳도 낮은 데서부터. 모든 일은 차례를 밟아서 해야 함. 직위가 높아질수록 자신을 낮춤
- 事必歸正(사필귀정) : 무슨 일이나 결국 옳은 이치대로 돌아감
- 堤潰蟻穴(제궤의혈) : 제방도 개미구멍으로 해서 무너진다는 뜻으로, 작은 일이라도 신중을 기하여야 한다는 말
- 他山之石(타산지석) : 다른 산의 돌 자체로는 쓸모가 없으나 다른 돌로 옥을 갈면 옥이 빛난다는 사실 에서 하찮은 남의 언행일지라도 자신을 수양하는 데에 도움이 된다는 말
- 孤掌難鳴(고장난명) : 한쪽 손뼉으로는 울리지 못한다는 뜻. 혼자서는 일을 이루기가 어려움. 맞서는 이가 없으면 싸움이 되지 아니함
- 大器晚成(대기만성) : 크게 될 인물은 오랜 공적을 쌓아 늦게 이루어짐
- 識字憂患(식자우환) : 학식이 도리어 근심을 이끌어 옴

5. 기쁨 · 좋음

- 氣高萬丈(기고만장) : 일이 뜻대로 잘 될 때 우쭐하며 뽐내는 기세가 대단함
- 抱腹絕倒(포복절도) : 배를 그러안고 넘어질 정도로 몹시 웃음
- 與民同樂(여민동락) : 임금이 백성과 함께 즐김
- 弄璋之慶(농장지경) : '장(璋)'은 사내아이의 장난감인 구슬이라는 뜻으로, 아들을 낳은 즐거움을 이르는 말
- 弄瓦之慶(농와지경) : 딸을 낳은 즐거움을 이르는 말

- 拍掌大笑(박장대소) : 손뼉을 치며 크게 웃음
- 秉燭夜遊(병촉야유) : 경치가 좋을 때 낮에 놀던 흥이 미진해서 밤중까지 놀게 됨을 일컫는 말. 옛날에는 촛대가 없기 때문에 촛불을 손에 들고 다녔음
- 錦上添花(금상첨화) : 비단 위에 꽃을 놓는다는 뜻으로, 좋은 일이 겹침을 비유 ↔ 설상가상(雪上加霜)
- 多多益善(다다익선) : 많을수록 더욱 좋음

6. 슬픔 · 분노

- 哀而不傷(애이불상) : 슬퍼하되 도를 넘지 아니함
- 兎死狐悲(토사호비) : 토끼의 죽음을 여우가 슬퍼한다는 뜻으로, 같은 무리의 불행을 슬퍼한다는 말
- 目不忍見(목불인견) : 눈으로 차마 볼 수 없음
- 天人共怒(천인공노) : 하늘과 사람이 함께 분노한다는 뜻. 도저히 용서 못 함을 비유
- 悲憤慷慨(비분강개) : 슬프고 분한 느낌이 마음속에 가득 차 있음
- 切齒腐心(절치부심) : 몹시 분하여 이를 갈면서 속을 썩임

7. 강박 · 억압

- 焚書坑儒(분서갱유) : 학업을 억압하는 것을 의미하는 것으로, 진나라 시황제가 정부를 비방하는 언론을 봉쇄하기 위하여 서적을 불사르고 선비를 생매장한 일을 일컫는 말
- 盤溪曲徑(반계곡경) : 꾸불꾸불한 길이라는 뜻으로 정당하고 평탄한 방법으로 하지 아니하고 그릇되고 억지스럽게 함을 이르는 말
- 弱肉強食(약육강식) : 약한 자는 강한 자에게 먹힘
- 不問曲直(불문곡직) : 옳고 그른 것을 묻지도 아니하고 함부로 마구 함
- 牽強附會(견강부회) : 이치에 맞지 아니한 말을 끌어 대어 자기에게 유리하게 함

8. 근심 · 걱정

- 勞心焦思(노심초사) : 마음으로 애를 써 속을 태움
- 髀肉之嘆(비육지탄) : 재능을 발휘할 기회를 가지지 못하여 헛되이 날만 보냄을 탄식함을 이름
- 坐不安席(좌불안석) : 불안, 근심 등으로 자리에 가만히 앉아 있지를 못함
- 內憂外患(내우외환) : 나라 안팎의 여러 가지 근심과 걱정
- 輾轉反側(전전반측) : 이리저리 뒤척이며 잠을 이루지 못함

9. 평온

- **物外閒人(물외한인)** : 번잡한 세상 물정을 벗어나 한가롭게 지내는 사람
- **無念無想(무념무상)** : 무아의 경지에 이르러 일체의 상념을 떠나 담담함
- **無障無碍(무장무애)** : 마음에 아무런 집착이 없는 평온한 상태

10. 권세

- **左之右之(좌지우지)** : 제 마음대로 휘두르거나 다룸
- **僭賞濫刑(참상남형)** : 상을 마음대로 주고 형벌을 함부로 내림
- **指鹿爲馬(지록위마)** : 사슴을 가리켜 말이라 이른다는 뜻으로, 윗사람을 농락하여 권세를 마음대로 휘두르는 짓의 비유. 모순된 것을 끝까지 우겨 남을 속이려는 짓
- **生殺與奪(생살여탈)** : 살리고 죽이고 주고 빼앗음. 어떤 사람이나 사물을 마음대로 쥐고 흔들 수 있음

11. 노력

- **臥薪嘗膽(와신상담)** : 불편한 섶에서 자고, 쓴 쓸개를 맛본다는 뜻. 마음먹은 일을 이루기 위하여 온갖 괴로움을 무릅씀을 이르는 말
- **粉骨碎身(분골쇄신)** : 뼈는 가루가 되고 몸은 산산조각이 됨. 곧 목숨을 걸고 최선을 다함
- **專心致志(전심치지)** : 오로지 한 가지 일에만 마음을 바치어 뜻한 바를 이룸
- **不撤晝夜(불철주야)** : 어떤 일에 골몰하느라고 밤낮을 가리지 아니함. 또는 그 모양
- **切磋琢磨(절차탁마)** : 옥·돌·뼈·뿔 등을 갈고 닦아서 빛을 낸다는 뜻으로, 학문·도덕·기예 등을 열심히 닦음을 말함
- **不眠不休(불면불휴)** : 자지도 아니하고 쉬지도 아니함. 쉬지 않고 힘써 일하는 모양을 말함
- **走馬加鞭(주마가편)** : 달리는 말에 채찍질을 계속함. 자신의 위치에 만족하지 않고 계속 노력함

12. 대책

- **一擧兩得(일거양득)** : 한 가지 일로 두 가지 이익을 얻음≒一石二鳥(일석이조)
- **三顧草廬(삼고초려)** : 인재를 맞아들이기 위해서 온갖 노력을 다함을 이르는 말
- **拔本塞源(발본색원)** : 폐단이 되는 근원을 아주 뽑아 버림
- **泣斬馬謖(읍참마속)** : 촉한의 제갈량이 군령을 어긴 마속을 눈물을 흘리면서 목을 베었다는 고사에서, 큰 목적을 위하여 자기가 아끼는 사람을 버리는 것을 비유하는 말
- **臨機應變(임기응변)** : 그때그때의 사정과 형편을 보아 그에 알맞게 그 자리에서 처리함
- **姑息之計(고식지계)** : 당장 편한 것만을 택하는 꾀나 방법
- **苦肉之計(고육지계)** : 적을 속이기 위하여, 자신의 희생을 무릅쓰고 꾸미는 계책. 일반적으로는 괴로운 나머지 어쩔 수 없이 쓰는 계책을 이름
- **下石上臺(하석상대)** : 아랫돌 빼서 윗돌 괴기. 임시변통으로 이리저리 돌려 맞춤을 이르는 말
- **隔靴搔癢(격화소양)** : 신을 신은 채 발바닥을 긁음. 일의 효과를 나타내지 못하고 만족을 얻지 못함

- 窮餘之策(궁여지책) : 궁박한 나머지 생각다 못하여 짜낸 꾀
- 束手無策(속수무책) : 어찌할 도리가 없어 손을 묶은 듯이 꼼짝 못함
- 糊口之策(호구지책) : 겨우 먹고 살아갈 수 있는 방책

13. 도리 · 윤리

- 世俗五戒(세속오계) : 신라 진평왕 때, 원광 법사가 지은 화랑의 계명
- 事君以忠(사군이충) : 세속오계의 하나. 임금을 섬기기를 충성으로써 함
- 事親以孝(사친이효) : 세속오계의 하나. 어버이를 섬기기를 효도로써 함
- 交友以信(교우이신) : 세속오계의 하나. 벗을 사귀기를 믿음으로써 함
- 臨戰無退(임전무퇴) : 세속오계의 하나. 전장에 임하여 물러서지 아니함
- 殺生有擇(살생유택) : 세속오계의 하나. 생명을 죽일 때에는 가려서 해야 함
- 君爲臣綱(군위신강) : 신하는 임금을 섬기는 것이 근본이다.
- 夫爲婦綱(부위부강) : 아내는 남편을 섬기는 것이 근본이다.
- 父子有親(부자유친) : 아버지와 아들은 친애가 있어야 한다.
- 君臣有義(군신유의) : 임금과 신하는 의가 있어야 한다.
- 夫婦有別(부부유별) : 남편과 아내는 분별이 있어야 한다.
- 長幼有序(장유유서) : 어른과 아이는 순서가 있어야 한다.
- 朋友有信(붕우유신) : 벗과 벗은 믿음이 있어야 한다.
- 夫唱婦隨(부창부수) : 남편이 주장하고 아내가 잘 따르는 것이 부부 사이의 도리라는 말

14. 미인

- 丹脣晧齒(단순호치) : 붉은 입술과 하얀 이란 뜻에서 여자의 아름다운 얼굴을 이르는 말
- 綠鬢紅顔(녹빈홍안) : 윤이 나는 검은 머리와 고운 얼굴이라는 뜻. 젊고 아름다운 여자의 얼굴을 이르는 말
- 傾國之色(경국지색) : 한 나라를 위기에 빠뜨리게 할 만한 미인이라는 뜻

15. 비교

- 伯仲之勢(백중지세) : 서로 우열을 가리기 힘든 형세
- 難兄難弟(난형난제) : 누구를 형이라 해야 하고, 누구를 아우라 해야 할지 분간하기 어렵다는 뜻으로, 두 사물의 우열을 판단하기 어려움을 비유
- 春蘭秋菊(춘란추국) : 봄의 난초와 가을의 국화는 각각 그 특색이 있으므로, 어느 것이 더 낫다고 말할 수 없다는 것
- 互角之勢(호각지세) : 역량이 서로 비슷비슷한 위세
- 五十步百步(오십보백보) : 오십 보 도망가나 백 보 도망가나 같다는 뜻으로, 좀 낫고 못한 차이는 있으나 서로 엇비슷함을 이르는 말

16. 변화

- 塞翁之馬(새옹지마) : 국경에 사는 늙은이[새옹 : 人名]와 그의 말[馬]과 관련된 고사에서, 인생의 길흉화복은 변화가 많아 예측하기 어렵다는 말
- 苦盡甘來(고진감래) : 쓴 것이 다하면 단 것이 온다는 뜻으로, 고생 끝에 즐거움이 옴을 비유
- 桑田碧海(상전벽해) : 뽕나무밭이 푸른 바다가 된다는 뜻으로, 세상이 몰라볼 정도로 바뀐 것을 이르는 말≒ 동해양진(東海揚塵)
- 轉禍爲福(전화위복) : 언짢은 일이 계기가 되어 오히려 좋은 일이 생김
- 朝令暮改(조령모개) : 아침에 법령을 만들고 저녁에 그것을 고친다는 뜻으로, 자꾸 이리저리 고쳐 갈피를 잡기가 어려움을 이르는 말≒ 朝令夕改(조령석개)
- 龍頭蛇尾(용두사미) : 머리는 용이나 꼬리는 뱀이라는 뜻으로, 시작이 좋고 나중은 나빠짐의 비유
- 改過遷善(개과천선) : 허물을 고치어 착하게 됨
- 榮枯盛衰(영고성쇠) : 사람의 일생이 성하기도 하고, 쇠하기도 한다는 뜻
- 隔世之感(격세지감) : 그리 오래지 아니한 동안에 아주 바뀌어서 딴 세대가 된 것 같은 느낌
- 一口二言(일구이언) : 한 입으로 두 말을 한다는 뜻. 말을 이랬다저랬다 함≒ 一口兩舌(일구양설)
- 今昔之感(금석지감) : 지금을 옛적과 비교함에 변함이 심하여 저절로 일어나는 느낌
- 換骨奪胎(환골탈태) : 용모가 환하게 트이고 아름다워져 전혀 딴사람처럼 됨

17. 영원함 · 한결같음

- 常住不滅(상주불멸) : 본연 진심이 없어지지 아니하고 영원히 있음
- 晝夜長川(주야장천) : 밤낮으로 쉬지 아니하고 연달아. 언제나
- 搖之不動(요지부동) : 흔들어도 꼼짝 않음
- 萬古常靑(만고상청) : 오랜 세월을 두고 변함없이 언제나 푸름
- 舊態依然(구태의연) : 예나 이제나 조금도 다름이 없음
- 始終一貫(시종일관) : 처음부터 끝까지 한결같이 함
- 堅如金石(견여금석) : 굳기가 금이나 돌같음
- 始終如一(시종여일) : 처음이나 나중이 한결같아서 변함없음
- 一片丹心(일편단심) : 한 조각 붉은 마음. 곧 참된 정성

18. 은혜

- 結草報恩(결초보은) : 은혜를 입은 사람이 혼령이 되어 풀포기를 묶어 적이 걸려 넘어지게 함으로써 은인을 구해 주었다는 고사에서 유래, 죽어서까지도 은혜를 잊지 않고 갚음을 뜻하는 말
- 刻骨難忘(각골난망) : 은덕을 입은 고마움이 마음 깊이 새겨져 잊히지 아니함
- 罔極之恩(망극지은) : 다함이 없는 임금이나 부모의 큰 은혜
- 白骨難忘(백골난망) : 백골이 된 후에도 잊을 수 없다는 뜻으로, 큰 은혜나 덕을 입었을 때 감사의 뜻으로 하는 말

19. 원수

- 誰怨誰咎(수원수구) : 남을 원망하거나 탓할 것이 없음
- 刻骨痛恨(각골통한) : 뼈에 사무치게 맺힌 원한≒刻骨之痛(각골지통)
- 徹天之冤(철천지원) : 하늘에 사무치는 크나큰 원한
- 不俱戴天(불구대천) : 하늘을 같이 이지 못한다는 뜻. 이 세상에서 같이 살 수 없을 만큼 큰 원한을 비유하는 말

20. 우정

- 斷金之契(단금지계) : 합심하면 그 단단하기가 쇠를 자를 수 있을 만큼 굳은 우정이나 교제란 뜻으로, 절친한 친구 사이를 말함
- 芝蘭之交(지란지교) : 지초와 난초의 향기와 같이 벗 사이의 맑고도 높은 사귐
- 竹馬故友(죽마고우) : 어렸을 때부터 친하게 사귄 벗
- 水魚之交(수어지교) : 고기와 물과의 사이처럼 떨어질 수 없는 특별한 친분
- 刎頸之交(문경지교) : 목이 잘리는 한이 있어도 마음을 변치 않고 사귀는 친한 사이
- 類類相從(유유상종) : 같은 무리끼리 서로 내왕하며 사귐
- 管鮑之交(관포지교) : 관중과 포숙아의 사귐이 매우 친밀하였다는 고사에서, 우정이 깊은 사귐을 이름
- 金蘭之契(금란지계) : 둘이 합심하면 그 단단하기가 능히 쇠를 자를 수 있고, 그 향기가 난의 향기와 같다는 뜻으로, 친구 사이의 매우 두터운 정의를 이름≒金蘭之交(금란지교)
- 知己之友(지기지우) : 서로 뜻이 통하는 친한 벗
- 莫逆之友(막역지우) : 거스르지 않는 친구란 뜻으로, 아주 허물없이 지내는 친구를 일컬음
- 金蘭之交(금란지교) : 둘이 합심하면 그 단단하기가 능히 쇠를 자를 수 있고, 그 향기가 난의 향기와 같다는 뜻으로, 벗 사이의 깊은 우정을 말함
- 肝膽相照(간담상조) : 간과 쓸개를 보여주며 사귄다는 뜻으로, 서로의 마음을 터놓고 사귐을 이르는 말

21. 원인과 결과

- 因果應報(인과응보) : 선과 악에 따라 반드시 업보가 있는 일
- 結者解之(결자해지) : 맺은 사람이 풀어야 한다는 뜻으로, 자기가 저지른 일은 자기가 해결하여야 한다는 말
- 礎潤而雨(초윤이우) : 주춧돌이 축축해지면 비가 온다는 뜻으로, 원인이 있으면 결과가 있다는 말
- 孤掌難鳴(고장난명) : 손바닥도 마주 쳐야 소리가 난다.
- 矯角殺牛(교각살우) : 빈대 잡으려다 초가 삼간 태운다. 뿔을 바로잡으려다가 소를 죽인다. 곧 조그마한 일을 하려다 큰일을 그르친다는 뜻
- 錦衣夜行(금의야행) : 비단 옷 입고 밤길 가기. 아무 보람 없는 행동
- 金枝玉葉(금지옥엽) : 아주 귀한 집안의 소중한 자식
- 囊中之錐(낭중지추) : 주머니에 들어간 송곳. 재능이 뛰어난 사람은 숨어 있어도 저절로 사람들에게 알려짐을 이르는 말
- 談虎虎至(담호호지) : 호랑이도 제 말 하면 온다. 이야기에 오른 사람이 마침 그 자리에 나타났을 때 하는 말
- 堂狗風月(당구풍월) : 서당개 삼 년에 풍월을 읊는다.
- 螳螂拒轍(당랑거철) : 계란으로 바위치기, 하룻강아지 범 무서운 줄 모른다. 사마귀가 수레에 항거한다는 뜻으로 자기 힘을 생각하지 않고 강적 앞에서 분수없이 날뛰는 것을 비유한 말
- 同價紅裳(동가홍상) : 같은 값이면 다홍치마
- 同族相殘(동족상잔) : 갈치가 갈치 꼬리 문다. 동족끼리 서로 헐뜯고 싸움
- 得隴望蜀(득롱망촉) : 말 타면 경마(말의 고삐) 잡고 싶다. 농서지방을 얻고 또 촉나라를 탐낸다는 뜻으로 인간의 욕심이 무한함을 나타냄
- 登高自卑(등고자비) : 천리길도 한 걸음부터. 일을 하는 데는 반드시 차례를 밟아야 한다.
- 磨斧爲針(마부위침) : 열 번 찍어 안 넘어가는 나무 없다. 도끼를 갈면 바늘이 된다는 뜻으로 아무리 어렵고 험난한 일도 계속 정진하면 꼭 이룰 수가 있다는 말
- 亡羊補牢(망양보뢰) : 소 잃고 외양간 고친다.
- 百聞不如一見(백문불여일견) : 열 번 듣는 것이 한 번 보는 것만 못하다.
- 不入虎穴不得虎子(불입호혈 부득호자) : 호랑이 굴에 가야 호랑이 새끼를 잡는다.
- 牝鷄之晨(빈계지신) : 암탉이 울면 집안이 망한다. 집안에서 여자가 남자보다 활달하여 안팎일을 간섭하면 집안 일이 잘 안 된다는 말
- 三歲之習至于八十(삼세지습 지우팔십) : 세 살 버릇 여든까지 간다.
- 喪家之狗(상가지구) : 상갓집 개. 궁상맞은 초라한 모습으로 이곳저곳 기웃거리며 얻어먹을 것만 찾아다니는 사람을 이름
- 雪上加霜(설상가상) : 엎친 데 덮친다(엎친 데 덮치기), 눈 위에 서리 친다.
- 脣亡齒寒(순망치한) : 입술이 없으면 이가 시리다. 서로 이해관계가 밀접한 사이에 어느 한쪽이 망하면 다른 한쪽도 그 영향을 받아 온전하기 어려움을 이르는 말
- 十伐之木(십벌지목) : 열 번 찍어 아니 넘어 가는 나무 없다.
- 十匙一飯(십시일반) : 열에 한 술 밥이 한 그릇 푼푼하다. 열이 어울려 밥 한 그릇 된다.
- 我田引水(아전인수) : 제 논에 물 대기. 자기 이익을 먼저 생각하고 행동하는 것을 이름
- 吾鼻三尺(오비삼척) : 내 코가 석자. 자기 사정이 급하여 남을 돌보아 줄 겨를이 없음

- 烏飛梨落(오비이락) : 까마귀 날자 배 떨어진다. 아무 관계도 없는 일인데 우연히 때가 같음으로 인하여 무슨 관계가 있는 것처럼 의심을 받게 되는 것
- 牛耳讀經(우이독경) : 쇠귀에 경 읽기. 아무리 가르치고 일러 주어도 알아듣지 못함
- 耳懸鈴鼻懸鈴(이현령비현령) : 귀에 걸면 귀걸이, 코에 걸면 코걸이라는 뜻
- 一魚濁水(일어탁수) : 한 마리의 고기가 물을 흐린다. 한 사람의 잘못이 여러 사람에게 해가 됨
- 以管窺天(이관규천) : 우물 안 개구리. 대롱을 통해 하늘을 봄

03 독해

1. 논리구조

논리구조에서는 주로 문장과 문장 간의 관계나 글 전체의 논리적 구조를 정확히 파악했는지를 묻는다. 글의 순서를 바르게 나열하는 유형이 출제되므로 제시문의 전체적인 흐름을 바탕으로 각 문단의 특징, 문단 간의 역할 등을 논리적으로 구조화할 수 있는 능력을 길러야 한다.

(1) 문장과 문장 간의 관계

① 상세화 관계 : 주지 → 구체적 설명(비교, 대조, 유추, 분류, 분석, 인용, 예시, 비유, 부연, 상술 등)
② 문제(제기)와 해결 : 한 문장이 문제를 제기하고, 다른 문장이 그 해결책을 제시하는 관계(과제 제시 → 해결 방안, 문제 제기 → 해답 제시)
③ 선후 관계 : 한 문장이 먼저 발생한 내용을 담고, 다음 문장이 나중에 발생한 내용을 담고 있는 관계
④ 원인과 결과 : 한 문장이 원인이 되고, 다른 문장이 그 결과가 되는 관계(원인 제시 → 결과 제시, 결과 제시 → 원인 제시)
⑤ 주장과 근거 : 한 문장이 필자가 말하고자 하는 바(주장)가 되고, 다른 문장이 그 문장의 증거(근거)가 되는 관계(주장 제시 → 근거 제시, 의견 제안 → 의견 설명)
⑥ 전제와 결론 관계 : 앞 문장에서 조건이나 가정을 제시하고, 뒤 문장에서 이에 따른 결론을 제시하는 관계

(2) 문장의 연결 방식

① 순접 : 원인과 결과, 부연 설명 등의 문장 연결에 쓰임 예 그래서, 그리고, 그러므로 등
② 역접 : 앞글의 내용을 전면적 또는 부분적으로 부정 예 그러나, 그렇지만, 그래도, 하지만 등
③ 대등·병렬 : 앞뒤 문장의 대비와 반복에 의한 접속 예 및, 혹은, 또는, 이에 반하여 등
④ 보충·첨가 : 앞글의 내용을 보다 강조하거나 부족한 부분을 보충하기 위해 다른 말을 덧붙이는 문맥 예 단, 곧, 즉, 더욱이, 게다가, 왜냐하면 등
⑤ 화제 전환 : 앞글과는 다른 새로운 내용을 이야기하기 위한 문맥 예 그런데, 그러면, 다음에는, 이제, 각설하고 등
⑥ 비유·예시 : 앞글에 대해 비유적으로 다시 말하거나 구체적인 예를 보임 예 예를 들면, 예컨대, 마치 등

(3) 논리구조의 원리 접근법

앞뒤 문장의 중심 의미 파악		앞뒤 문장의 중심 내용이 어떤 관계인지 파악		문장 간의 접속어, 지시어의 의미와 기능 파악		문장의 의미와 관계성 파악
각 문장의 의미를 어떤 관계로 연결해서 글을 전개하는지 파악해야 한다.	→	지문 안의 모든 문장은 서로 논리적 관계성이 있다.	→	접속어와 지시어를 음미하는 것은 독해의 길잡이 역할을 한다.	→	문단의 중심 내용을 알기 위한 기본 분석 과정이다.

2. 논리적 이해

(1) 분석적 이해

글의 내용을 분석적으로 파악하는 것으로, 분석적 이해의 핵심은 글의 세부 내용을 파악하고, 이를 바탕으로 글의 중심 내용을 파악하는 것이다.

① 글을 구성하는 각 단위의 내용 관계 파악하기 : 글은 단어, 문장, 문단 등의 단위가 모여 이루어진다. 글을 이해하기 위해서는 각각의 단어와 단어들이 모여 이루어진 문장, 문장들이 모여 이루어진 문단의 내용을 정확하게 파악하고 각각의 의미 관계를 이해하는 것이 필요하다.

② 글의 중심 내용 파악하기 : 글의 작은 단위를 분석하여 부분적인 내용을 파악했더라도 글 전체의 중심 내용을 파악했다고 할 수 없다. 글의 중심 내용을 파악하는 데는 글을 구성하고 있는 각 단위, 특히 문단의 중심 내용이 중요하다. 따라서 글의 전체적인 맥락을 고려해야 하고, 중심 내용을 파악해 내는 기술이 필요하다.

③ 글의 전개 방식과 구조적 특징 파악하기 : 모든 글은 종류에 따라 다양한 전개 방식을 활용하고 있다. 대표적인 전개 방식은 서사, 비교, 대조, 열거, 인과, 논증 등이 있다. 이와 같은 전개 방식을 이해하면 글의 내용을 이해하는 데 큰 도움이 된다.

(2) 추론적 이해

제시문에 나와 있는 정보들의 관계를 파악하거나 글에서 명시되지 않은 생략된 내용을 상상하며 글을 읽고 내용을 파악하는 것이다. 제시문의 정보를 근거로 하여 글에 드러나 있지 않은 정보를 추리해 낼 수 있어야 한다.

① 내용의 추론 : 제시문의 정보를 바탕으로 숨겨진 의미를 찾거나 생략된 의미를 앞뒤 내용의 흐름 및 내용 정보의 관계를 통해서 짐작한 다음, 다른 상황에 적용할 수 있어야 한다.
  ㉠ 숨겨진 정보를 추리하기
  ㉡ 제시되지 않은 부분의 내용을 추리하기
  ㉢ 문맥 속의 의미나 함축적 의미를 추리하기
  ㉣ 알고 있는 지식을 다른 상황에 적용하기

② 과정의 추론 : 제시문에 설명된 정보에 대한 가정이나 그것의 전체 또는 대상을 보는 관점, 태도나 입장을 파악하는 것이다.
  ㉠ 정보의 가정이나 전제
  ㉡ 글을 쓰는 관점 추리하기
  ㉢ 글 속에 나타나는 대상 또는 정서·심리 상태, 어조 추리하기
  ㉣ 글을 쓰게 된 동기나 목적 추리하기
③ 구조의 추론
  ㉠ 구성 방식 : 전체 글의 짜임새 및 단락의 짜임새
  ㉡ 구성 원리 : 정확한 의미 전달을 위한 통일성, 완결성, 일관성

(3) 비판적 이해

제시문의 주요 논지에 대한 비판의 여지를 탐색하고 따져보거나 글이나 자료의 생성 과정 및 그것을 구성한 관점, 태도 등을 파악하는 등 글의 내용으로부터 객관적인 거리를 두고 판단하거나 평가함으로써 도달하는 것이다.

① 핵심어 이해 : 제시문이 객관적인지, 또는 현실과 어떤 연관성이 있는지 등을 판단해 본다. 그리고 핵심 개념을 정의하는 부분에 비논리적 내용이나 주제를 강조하기 위한 의도에서 오류는 없는지를 파악해 본다.

② 쟁점 파악 : 제시문의 핵심 내용을 파악했다면, 주장이 무엇인지, 그리고 타당한지를 비판적으로 고려해 보아야 한다.

③ 주장과 근거 : 제시문의 주제를 비판적으로 고려했다면, 그 주장이 어떤 근거에 바탕을 두고 있는지, 그리고 근거와 주장 사이에 논리적 오류가 없는지 비판적으로 생각해 본다.

04 문학

1. 고전 문학

(1) 고대의 문학

① 서사 문학

신화명	주요 내용	주제	출전
단군 신화	우리나라의 건국 신화로 홍익인간의 이념 제시	단군의 조선 건국	삼국유사
주몽 신화	동명왕의 출생에서부터 건국의 성업(聖業)까지를 묘사한 설화	고구려의 건국 과정	삼국유사
박혁거세 신화	나정(蘿井) 근처의 알에서 태어나 사람들의 추대로 임금이 된 박씨의 시조 설화	신라 시조의 신이한 탄생과 신라의 건국	삼국유사
석탈해 신화	알에서 나와 남해왕의 사위가 되고 나중에 임금으로 추대된 석(昔)씨의 시조 설화	탈해의 능력과 왕위 등극 과정	삼국사기
김알지 신화	시림(始林 : 施林)의 나무에 걸렸던 금궤에서 태어났다고 전해지는 경주 김(金)씨의 시조 설화	김씨 부족의 시조 출현	삼국사기
수로왕 신화	알에서 태어난 6명의 아이들 중 가락국의 왕이 된 김해 김(金)씨의 시조 설화	수로의 강림과 가락국의 건국	삼국유사

② 고대 가요

가요명	연대	작자	주요 내용	주제	출전
구지가	신라 유리왕	구간(九干)	주술적인 노래. 일명 「영신군가(迎新軍歌)」	수로왕의 강림 기원, 생명 탄생의 염원	삼국유사
해가(사)	신라 성덕왕	강릉의 백성들	수로부인(水路夫人)을 구원하기 위한 주술적인 노래. 「구지가(龜旨歌)」의 아류	수로부인의 구출	삼국유사
공무도하가	고조선	백수 광부의 처	물에 빠져 죽은 남편의 죽음을 애도	임을 여읜 슬픔, 남편의 죽음을 애도(哀悼)	해동역사
황조가	고구려 유리왕	유리왕	실연(失戀)의 슬픔을 노래	임을 여읜 슬픔 (실연의 아픔)	삼국사기
정읍사	백제(百濟)	행상인의 처	남편을 근심하여 부른 노래. 국문으로 정착된 가장 오래된 노래	행상 나간 남편의 무사귀환(안전)을 기원	악학궤범

③ 향가

가요명	작자	연대	형식	주요 내용	주제	출전
서동요	백제 무왕	신라 진평왕	4구	서동이 선화공주를 얻기 위하여 궁중 주변의 아이들에게 부르게 한 동요(童謠). 참요적 성격	선화공주에 대한 연정(戀情), 선화공주의 은밀한 사랑, 선화공주의 비행 풍자, 결혼계략	삼국유사
혜성가	융천사	신라 진평왕	10구	혜성이 심대성(心大星)을 범했을 때 이 노래를 지어 물리쳤다는 축사(逐邪)의 노래	혜성의 변괴를 없애고 왜병의 침략을 막음	삼국유사
풍요	미상	신라 선덕여왕	4구	양지(良志)가 영묘사의 장육존상을 만들 때 부역 온 남녀가 부른 노동요	공덕을 닦음으로써 극락왕생을 기원함	삼국유사
원왕생가	광덕	신라 문무왕	10구	왕생(往生)을 원하는 광덕의 불교적인 신앙심을 읊은 노래	극락왕생에 대한 간절한 염원	삼국유사
모죽지랑가	득오	신라 효소왕	8구	죽지랑의 고매한 인품을 사모하고, 인생의 무상을 노래한 만가(輓歌)	죽지랑에 대한 사모, 연모의 정	삼국유사
헌화가	견우노인	신라 성덕왕	4구	수로부인이 벼랑에 핀 철쭉꽃을 탐하기에, 소를 끌고 가던 노인이 꽃을 꺾어 바치며 부른 노래	배경설화의 등장인물(수로부인)이 고대 가요 『해가』와 같은 노래, 민요가 정착된 향가, 적극적 애정 표현이 나타난 향가	삼국유사
원가	신충	신라 효성왕	10구	효성왕이 약속을 지키지 않자, 노래를 지어 잣나무에 붙였다는 주가(呪歌)	약속을 못 지킨 임금에 대한 원망	삼국유사
도솔가	월명사	신라 경덕왕	4구	해가 둘이 나타나자 지어 불렀다는 산화공덕(散花功德)의 노래	산화공덕(散花功德)	삼국유사
제망매가	월명사	신라 경덕왕	10구	죽은 누이의 명복을 비는 재를 올릴 때 부른 추도의 노래	죽은 누이를 추도함	삼국유사
안민가	충담사	신라 경덕왕	10구	경덕왕의 요청으로 군(君)·신(臣)·민(民)이 알바를 노래한 치국안민(治國安民)의 노래	치국(治國)을 위한 군(君)·신(臣)·민(民)의 유대 관계	삼국유사

찬기파랑가	충담사	신라 경덕왕	10구	충담사가 기파랑의 높은 인품을 추모하여 부른 노래	기파랑에 대한 추모심	삼국유사
천수대비가	희명	신라 경덕왕	10구	희명이 실명(失明)한 자식을 위해 천수대비 앞에 나가 부른 불교 신앙의 노래	눈 뜨기를 기원함	삼국유사
우적가	영재	신라 원성왕	10구	영재가 도둑 떼를 만나, 이를 깨우치고 회개시켰다는 노래	도둑에 대한 교화(敎化)	삼국유사
처용가	처용	신라 헌강왕	8구	아내를 범한 역신(疫神)을 굴복시켰다는 무가(巫歌)	벽사진경(辟邪進境 – 간사한 귀신을 물리치고 경사를 맞이함)의 소박한 민요에서 형성된 무가, 의식무(儀式舞) 또는 연희의 성격을 띠고 고려와 조선시대까지 계속 전승되었음	삼국유사

④ 한문학

작품	작자	연대	형식	주요 내용	주제	출전
여수장우중문시	을지문덕	고구려 영양왕	한시	수(隋)의 우중문을 희롱한 오언시	적장 조롱과 적장의 오판 유도	삼국사기
치당태평송	진덕여왕	진덕여왕	한시	당의 태평을 기린 굴욕적인 외교의 시	진덕여왕이 당나라의 태평을 기림	삼국사기
화왕계	설총	신라 신문왕	설화	꽃을 의인화한 소설적 기록물의 효시인 산문	임금에 대한 경계	삼국사기
토황소격문	최치원	신라 헌강왕	한문	황소의 난 때 지어 문명을 떨침	황소의 죄과를 꾸짖고 투항할 것을 권고함	동문선
계원필경	최치원	신라 정강왕	문집	당에서 지은 원고를 고국에서 찬집함	표(表), 장(狀), 격(檄), 서(書), 위곡(委曲), 거첩(擧牒), 재사(齋詞), 제문(祭文), 소(疏), 계장(啓狀), 잡서(雜書), 시 등을 수록한 전 20권 4책으로 된 최초의 개인 문집	계원필경집
왕오천축국전	혜초	신라 성덕왕	기행문	인도와 인근의 여러 나라를 기행하고 당나라에 돌아와 적은 행문으로 3권으로 구성되어 있음	구도를 위해 천축국을 순례한 기행	왕오천축국전
고승전	김대문	고종	전기	저명한 스님에 대한 전기를 적은 것	불교와 불교도에 대한 찬양	고승전

(2) 고려의 문학

① 고려 가요

작품	연대	작자	주요 내용	주제	출전
사모곡	미상	미상	곡조명 : 엇노리. 「목주가」와 연관됨. 어머니 사랑을 예찬. 비교법	효심(孝心)	악장가사, 시용향악보
상저가	미상	미상	방아를 찧으면서 부른 노동요. 촌부의 효성이 담김		시용향악보
동동	미상	미상	월령체(달거리 형식) 노래의 효시, 연정과 송축. 비련의 노래	송도(頌禱)	악학궤범
정석가	미상	미상	불가능한 상황 설정으로 만수무강 송축. 영원한 사랑을 노래		악장가사, 시용향악보
처용가	미상	미상	향가 「처용가」에서 발전한 희곡적 노래	축사(逐邪)	악학궤범, 악장가사
청산별곡	미상	미상	비애, 고독, 도피, 낙천적, 체념을 노래. 대칭 구조	현실도피	악장가사
가시리	미상	미상	이별의 한(恨), 체념, 기다림의 전통적 여심(女心)을 노래, 일명 「귀호곡」	별리(別離)의 정한(情恨)	악장가사, 시용향악보
서경별곡	미상	미상	이별을 거부하는 적극적 애정		악장가사
쌍화점	고려 충렬왕	미상	남녀상열지사	솔직한 사랑의 표현	악장가사
만전춘	미상	미상	남녀상열지사, '시조'의 형식을 보여줌		악장가사
이상곡	고려 충숙왕	채홍철	남녀상열지사		악장가사
유구곡	미상	미상	「벌곡조」와 유사. 정치 풍자	애조(愛鳥)	시용향악보

② 경기체가

작품	연대	작자	형식	주요 내용	주제	출전
한림별곡	고려 고종	한림제유	8연 3·3·4조	시부, 서적, 명필, 명주, 화훼(花卉), 음악, 누각, 추천(鞦韆)을 노래. 경기체가의 효시(한문과 국어)	명문장과 금의의 문하생 찬양	악장가사, 고려사 악지
관동별곡	고려 충숙왕	안축	8연 3·3·4조	관동의 절경을 읊음(한문과 이두)	선정다짐과 신선의 풍류	근재집(謹齋集)
죽계별곡	고려 충숙왕	안축	5연	고향인 풍기 순흥의 절경을 읊음 (한문과 이두)	죽계의 자연 경관과 신흥 사대부들의 의욕적인 생활 감정	근재집(謹齋集)

③ 패관 문학

작품	연대	작자	주요 내용
수이전	고려 문종	박인량	우리나라 최초의 설화집으로 본래 신라의 설화를 실었으나, 지금은 전하지 않고 『삼국유사(三國遺事)』, 『해동고승전(海東高僧傳)』, 『대동운부군옥(大東韻府群玉)』, 『필원잡기』 등에 실려 있음
백운소설	고려 고종	이규보	순연한 시화(詩話)와 문담(文談)으로 이루어지며, 홍만종의 『시화총림(詩話叢林)』에 28편이 전해짐
파한집	고려 고종	이인로	동방 고대 제가(諸家)의 명문장이나 뛰어난 구절을 수록하고, 이에 시화·문담·기사와 자신의 작품 등을 섞은 것으로 총 3권 1책으로 되어 있음
보한집	고려 고종	최자	야사(野史)와 기녀(妓女)들의 얘기를 모아 놓은 것으로 『파한집』을 보(補)하기 위해서 서술된 것인데, 상·중·하 3권으로 구성되어 있음
역옹패설	고려 충혜왕	이제현	고려 말기 학자이자 문신으로 이름을 날렸던 이제현이 시문을 평론한 책으로, 고려 말의 문학계를 연구할 수 있는 자료이며 4권 1책으로 구성되어 있음

④ 가전체 문학

작품	연대	작자	주요 내용	출전
국순전	고려 고종	임춘	술을 의인화하여 술이 사람에게 미치는 영향을 씀. 『국선생전』에 영향을 줌	동문선
국선생전	고려 고종	이규보	술을 의인화하여 군자(君子)의 처신을 경계함	동문선
공방전	고려 고종	임춘	엽전(葉錢)을 의인화하여 탐재(貪財)를 경계함	동문선
죽부인전	고려 말	이곡	죽부인을 의인화하여 절개(節槪)를 나타냄	동문선
저생전	고려 말	이첨	종이를 의인화함	동문선
정시자전	고려 말	석식영암	지팡이를 의인화하여 인세(人世)의 덕에 관하여 경계함	동문선
청강사자현부전	고려 고종	이규보	거북을 의인화하여 어진 사람의 행적을 그림	동문선
강감찬	고려 인종	최자	강감찬의 인품과 책략을 소개하고 있음	보한집
호랑이와 승려	고려 고종	최자	불교의 윤회 사상을 밑바탕에 깔고 불교 교화를 목적으로 함	보한집

(3) 조선 전기의 문학

① 악장 문학 작품

형식	작품	연대	작자	주요 내용	출전
한시체	문덕곡	태조 2년	정도전	태조의 문덕을 찬양	악학궤범
	정동방곡	태조 2년	정도전	태조의 위화도회군을 찬양	악학궤범, 악장가사
	납씨가	태조 2년	정도전	태조가 야인을 격파한 무공을 찬양	악학궤범, 악장가사, 시용향악보
	봉황음	세종	윤회	조선의 문물과 왕가의 축수(祝壽)를 노래	악학궤범
속요체	신도가	태조 3년	정도전	태조의 덕과 한양의 경치를 찬양	악장가사
	유림가	미상	미상	유교 이념을 찬양	악장가사
	감군은	미상	미상	임금의 은덕을 감축(感祝)	악장가사
경기체가체	상대별곡	정종 ~ 태종	권근	조선의 제도 문물의 왕성함을 찬양	악장가사
	화산별곡	세종 7년	변계량	조선의 개국 창업을 찬양	악장가사
	오륜가	미상	미상	오륜에 대한 송가	악장가사
	연형제곡	미상	미상	형제의 우애를 기리고 조선의 문물제도를 찬양	악장가사
신체	용비어천가	초간본 세종 29년	정인지, 안지, 권제	조선 6조의 건국 창업을 노래	단행본
	월인천강지곡	세종 31년	세종	석보상절(釋譜詳節)의 석가 공덕을 보고 지은 석가모니(釋迦牟尼)의 찬송가	단행본

② 조선 전기 가사

작품	연대	작자	주요 내용
상춘곡	성종	정극인	태인(泰仁)에서의 은거생활. 『불우헌집』에 수록
면앙정가	중종 19년	송순	향리인 담양에 면앙정(俛仰亭)을 짓고 나서, 그곳의 자연과 정취를 노래함. 「성산별곡」에 영향을 줌
관서별곡	명종 11년	백광홍	「기산별곡(冀山別曲)」과 「향산별곡(香山別曲)」으로 됨. 정철의 「관동별곡」에 영향
성산별곡	명종 15년	정철	성산의 자연미를 읊음. 「송강가사」에 수록됨
관동별곡	선조 13년	정철	강원도 관찰사로 부임하여 그곳의 자연을 노래한 기행 가사
사미인곡	선조 18 ~ 22년	정철	충신연주지사. 창평에 귀양가서 지음
속미인곡	선조 18 ~ 22년	정철	「사미인곡」의 후편. 두 여인의 문답으로 된 연군지사. 우리말 표현이 뛰어남
고공가	선조	허전	농사에 나랏일을 빗대어 읊음

③ 조선 전기 한문 소설

작품	작자	주요 내용
금오신화	김시습	최초의 한문 소설. 구우의 『전등신화』에서 영향을 받음. 『만복사저포기』, 『이생규장전』, 『취유부벽정기』, 『남염부주지』, 『용궁부연록』
화사	임제	국가와 군신을 꽃에 비유하여 치국흥망의 역사를 기록한 의인체 한문소설, 일설 남성중(南聖重)의 작
수성지	임제	세상에 대한 불만과 현실에 대한 저주를 그린 의인체 한문 소설
원생몽유록	임제	생육신의 한 사람인 남효온의 처지를 슬퍼하여 쓴 전기 소설(傳奇小說), 세조의 왕위 찬탈을 배경으로 한 정치 권력의 모순을 폭로함

(4) 조선 후기의 문학

① 조선 후기 주요 시조집

시조집	연대	편찬자	편수
청구영언	영조 4년	김천택(金天澤)	시조 998수, 가사 17편
해동가요	영조 39년	김수장(金壽長)	시조 883수
고금가곡	미상	송계연월옹	시조 294수, 가사 11편
병와가곡집 (甁窩歌曲集)	미상	이형상(李衡祥)	시조 1,109수
가곡원류	고종 13년	박효관 · 안민영	시조 839수

② 조선 후기 가사

작품	연대	작자	주요 내용
고공가	선조 (임란 후)	허전	나라 일을 농사에 비유하여 관리들의 부패를 비판함. 각성 촉구
고공답주인가	임진왜란 이후	이원익	「고공가」의 답가. 나라를 다스리는 도리를 농사에 비유하여 풍자함
태평사	선조 31년	박인로	전쟁 가사, 왜구의 토벌과 태평을 갈구함
선상탄	선조38년	박인로	임진왜란 뒤 전쟁의 비애와 평화를 추구한 가사
사제곡	광해군 3년	박인로	사제의 승경과 이덕형의 풍모를 읊음

누항사	광해군 3년	박인로	안빈낙도(安貧落島)를 노래함
독락당	광해군 11년	박인로	독락당을 찾아 이언적을 추모하고 서원의 경치를 읊음
영남기	인조 13년	박인로	이근원의 선정을 백성들이 숭앙함을 표현함
노계가	인조 14년	박인로	지은이가 만년에 숨어 살던 '노계'의 경치를 읊음
일동장유가	영조 39년	김인겸	일본 통신사로 갔다가 견문한 바를 적은 장편 기행 가사
만언사	정조	안조원	추자도에 귀양 가서 노래한 장편 유배 가사
도산사	정조	조정신	도산의 정치와 퇴계 선생을 추모
농가월령가	헌종	정학유	농가의 연중행사와 세시 풍속을 읊은 가사. 월령체, 교훈적
봉선화가	헌종	정일당	봉선화에 얽힌 여자의 정서를 노래
한양가	헌종 10년	한산거사	한양의 문물제도를 읊음
북천가	철종 4년	김진형	명천에서 귀양 생활을 하면서 견문을 쓴 유배 가사
연행가	고종 3년	홍순학	청나라 북경에서의 견문을 적은 장편 기행 가사

③ 고대 수필

분류	작품	연대	작자	주요 내용
일기 (日記)	산성일기	인조	궁녀	병자호란을 중심으로 한 치욕적인 일면을 서술한 객관적 작품
	화성일기	정조 19년	이희평	능행(陵行) 시 화성(수원)에 수행하여 왕대비의 회갑연에 참가했던 것을 일기로 엮은 것
	의유당일기	순조	연안 김씨	남편 이회찬이 함흥 판관에 부임하자, 따라가 그 부근의 명승 고적을 찾아다니며 보고 듣고 느낀 바를 적은 글
궁정 수상	계축일기 (서궁록)	광해군	궁녀	광해군이 선조의 계비인 인목 대비의 아들 영창 대군을 죽이고 대비를 폐하여 서궁에 감금했던 사실을 일기체로 기록
	한중록	정조 20년 ~ 순조 4년	혜경궁 홍씨	남편 사도 세자의 비극과 궁중의 음모, 당쟁, 자신의 기구한 생애를 회갑 때 회고하여 적은 자서전적 회고록
	인현왕후전	숙종 ~ 정조	궁녀	인현왕후의 폐비사건과 숙종과 장희빈과의 관계를 그림. 『사씨남정기』는 같은 내용을 비유적으로 소설화한 작품
기행문	을병연행록	영조 41년	홍대용	한글로 적은 긴 연행록으로, 작자의 고백에서부터 역사 문헌의 비판에 이르기까지 백과사전적인 내용을 다룸
	무오연행록	정조 22년	서유문	서장관으로 중국에 갔다가, 그 견문·감상을 자세히 기록한 완전한 산문체 작품
서간	우념재수서	영조	이봉한	일본 통신사의 수행원으로 갔을 때 그 자당에게 보낸 편지
	한산유찰	영조 ~ 정조	양주 조씨	이산중(李山重) 부인의 수기
제문	제문	숙종 45년	숙종	숙종의 막내 아들 연령군이 숙종이 승하하기 한 해 전에 세상을 떠났는데, 그 애통한 심회를 적은 글
	조침문	순조	유씨	자식 없는 미망인으로서 바느질로 생계를 도와 오다가 바늘을 부러뜨려 그 섭섭한 심회를 적은 글
전기	윤씨행장	숙종	김만중	김만중이 그의 모부인(母夫人)이 돌아가시자 그를 추념하여 생전의 행장(行狀)을 지어 여자 조카들에게 나누어 준 글
기타	어우야담	광해군	유몽인	선조에서 광해군까지의 유명·무명 인사들의 기행 일화를 모은 야담집으로 한문, 한글본이 있음
	규중칠우쟁론기	미상	미상	규중 부인들의 손에서 떨어지지 않는 바늘·자·가위·인두다리미·실·골무 등의 쟁공(爭功)을 쓴 글
	요로원야화기	숙종 4년	박두세	당시 선비 사회의 병폐를 대화체로 파헤친 풍자 문학

④ 고대 소설

분류	작품	연대	작자	주요 내용
사회 소설	홍길동전	광해군	허균	『수호지(水滸誌)』 등의 영향을 받음. 한글 창작 소설, 영웅 소설
	전우치전	미상	미상	『홍길동전』의 아류작(亞流作)
군담 소설	임진록	임란 이후	미상	한문본(漢文本)도 있음. 『삼국지연의』의 영향을 받음
	곽재우전	임란 이후	미상	『천간홍의 장군』이란 제목으로 출간
	임경업전	병란 이후	미상	『임장군전』이라고도 함. 전기적 소설
	박씨전	병란 이후	미상	병자호란을 배경으로 한 박씨 부인의 전기적 소설
염정 소설	춘향전	영조 ~ 정조	미상	완판본 『열녀춘향수절가(完版本烈女春香守節歌)』, 『열녀 암행 어사 설화(烈女暗行御史說話)』
	옥단춘전	미상	미상	이혈룡과 기생 옥단춘의 사랑을 그림
	숙향전	영조 ~ 정조	미상	한문본도 있음
	숙영낭자전	미상	미상	한문본 재생연(再生緣)
	운영전	선조	미상	원본은 한문본. 일명 『수성궁 몽유록』
	구운몽	숙종	김만중	한문본도 있음
	옥루몽	숙종	남익훈	『구운몽(九雲夢)』의 아류작(亞流作). 한문본도 있음
풍자 소설	배비장전	순조 ~ 철종	미상	양반의 위선 풍자. 배비장과 기생 애랑의 이야기
	이춘풍전	영조 ~ 정조	미상	무력한 남편과 거세된 양반을 풍자
가정 소설	사씨남정기	숙종 18년	김만중	숙종이 인현왕후를 쫓아냄을 풍자한 것이라고도 함
	장화홍련전	숙종 ~ 철종	미상	권선징악을 주제로 함
설화 소설	심청전	미상	미상	『연권녀(蓮權女)』·『효녀 지은(知恩)』 설화. 도덕 소설
	장끼전	미상	미상	『웅치전(雄稚傳)』이라고도 함. 풍자 소설
	흥부전	미상	미상	『방이설화』, 『박타는처녀』에서 발견
	왕랑반혼전	현종 14년	보우 (普雨)	고려 이래 민간에 전해 오던 불교 설화가 소설화된 것. 한문본도 있으며, 화엄사본이 가장 오래됨
한문 소설	호질	영조	박지원	도학자의 위선적인 생활 폭로
	허생전	영조	박지원	허생의 상행위(商行爲)를 통한 이용후생의 실학 사상 반영
	양반전	영조	박지원	양반 사회의 허례허식 및 그 부패성의 폭로
	광문자전	영조	박지원	기만과 교만에 찬 양반 생활의 풍자
	예덕선생전	영조	박지원	직업 차별의 타파와 천인(賤人)의 성실성 예찬

2. 근대 및 현대 문학

(1) 개화기 문학

① 개화 가사

작품	연대	작자	형식	주요 내용
교훈가	1880	최제우	4 · 4조	인간 평등의 주장
동심가	1896	이중원	4 · 4조	나라사랑과 문명개화를 위해 합심해야 함
애국가	1896	김철영	4 · 4조	우리나라의 아름다움과 역사, 앞으로 나아가야 할 길

② 신체시

작품	연대	작자	주요 내용
해에게서 소년에게	1908	최남선	소년의 씩씩한 기상을 노래, 『소년』의 권두시로 실림

③ 신소설

작품	작자	주요 내용
혈(血)의 누(淚)	이인직	최초의 신소설, 인습 타파, 자유 결혼, 계몽 주장
은세계(銀世界)	이인직	평등권, 자주 독립, 신교육 사상 고취, 정치 소설
귀(鬼)의 성(聲)	이인직	귀족 사회의 부패, 축첩 등의 폐습 폭로
치악산(雉岳山)	이인직	양반의 부패 폭로, 고부간의 갈등을 그림
자유종(自由鍾)	이해조	부녀의 해방, 애국정신과 자유 교육 등을 토론 형식으로 쓴 정치 소설
금수회의록	안국선	동물들의 입을 빌려 인간 세계를 풍자한 우화 소설
안(雁)의 성(聲)	최찬식	인권 옹호, 자유 결혼을 다룸
초월색(秒月色)	최찬식	외국 유학 및 애정의 기복을 다룸

(2) 1920년대 문학작품

① 시

작품	작자	주요 내용
봄, 봄은 간다, 무덤, 낙엽, 악성	김억	창작 시집 『해파리의 노래』를 발간. 감상적인 경향에서 출발하여 민요에 관심을 가지면서 점차 정형시로 옮아감
진달래꽃, 산유화, 초혼	김소월	민요조의 서정시를 많이 남김. 주로 순수 서정시 쪽을 향해 있고 전원·자연에 귀착한 형태
오뇌(懊惱)의 청춘, 우윳빛 거리	박종화	낭만적, 퇴폐적 경향의 작품을 썼는데, 1935년경부터는 역사 소설로 전환함. 『백조』, 『장미촌』의 동인
나의 침실로, 빼앗긴 들에도 봄은 오는가	이상화	탐미적이고 퇴폐적인 시 경향과 현실을 직시한 경향파적 세계가 순차적으로 나타남. 『백조』의 동인
불놀이, 빗소리, 봄, 달잡이, 채석장	주요한	『창조』, 『영대』를 통하여 초기에는 감상적인 작품을, 후기에는 민요에 관심을 기울이면서 건강한 정서의 작품을 씀
님의 침묵, 알 수 없어요, 나룻배와 행인	한용운	불교적인 명상을 통한 자연에의 몰입, 깊은 관조의 세계에서 오는 신비적 경향, 연가풍(戀歌風)의 서정성이 교묘히 결합된 산문시적 작풍(作風)이 특징

② 소설

작품	작자	주요 내용
목숨, 배따라기, 태형(笞刑), 감자, 명문(明文), 광염 소타나	김동인	이광수의 계몽주의적 성향에 대립하여 순수 문학을 주장하였으며 사실주의적 수법으로써 우수한 단편들을 남김
표본실의 청개구리, 묘지(만세전), 금반지, 전화, 조그만 일	염상섭	식민지의 암울한 상황에 처한 지식인의 고뇌, 도시 중산층의 일상생활 등을 사실주의 수법으로 그림
빈처, 운수 좋은 날, 술 권하는 사회, B사감과 러브레터	현진건	치밀한 구성과 객관적 묘사로 사실주의적 단편 소설의 수작(秀作)을 남김
뽕, 물레방아, 벙어리 삼룡이	나도향	낭만적 감상주의 경향에서 출발, 섬세하고 세련된 감각의 소설을 씀
탈출기, 박돌의 죽음, 기아와 살육, 홍염(紅艶)	최서해	신경향파의 대표적 작자. 체험을 바탕으로 주로 하층민의 빈궁 문제를 다룸
생명의 봄, 화수분	전영택	작위적인 허구성을 배제하고 경험주의적인 미학화 및 인도주의의 연민적 인간애가 작품의 기조를 이룸

(3) 1930년대 문학작품

① 시

작품	작자	특징	유파
모란이 피기까지는	김영랑	감각적인 시어를 고운 가락으로 표현	시문학파
떠나가는 배, 싸늘한 이마	박용철	생에 대한 회의가 주조를 이루고 감상적인 가락이 특색	
들국화, 실향의 화원	이하윤	해외시의 소개와 서정시 운동, 『시문학』 동인	
외인촌, 추일 서정, 설야, 와사등, 기항지	김광균	도시의 소시민층의 감정을 노래하여 모더니즘적 경향이 강한 시풍	모더니즘
달·포도·잎사귀, 바다로 가는 여인	장만영	농촌과 자연을 소재로 하여 감성과 시각적 심상을 기교적으로 표현	
오감도, 거울	이상	실험적인 초현실주의 작품을 시도함, 구인회에 참여하여 『시와 소설』 편집	
문둥이, 귀촉도, 춘향 유문, 화사	서정주	인간의 원죄 의식과 생명성 탐구	생명파
생물, 황혼	김달진	눈으로 볼 수 있는 세계를 통해 인생의 의미 추구	
깃발, 울릉도, 생명의 서, 바위	유치환	생명의 의지와 형이상학적 색조에 허무적 요소가 짙음	
그 먼 나라를 알으십니까, 촛불	신석정	자연을 동경하는 목가적 시풍	전원파
파초, 진주만, 백설부, 내 마음은	김동명	전원적 정서와 민족적 비애를 노래	
남으로 창을 내겠소	김상용	『시원』을 통해 등단. 동양적 관조의 세계를 그림	기타
무녀(巫女)의 춤, 바라춤	신석초	동양적 허무 사상을 바탕으로 한 고전적 절제와 형식미를 갖춤. 『자오선』 동인	

② 소설

작품	작자	특징
봄봄, 동백꽃, 소나기, 금 따는 콩밭	김유정	『구인회』 동인. 사실주의적 경향, 토속적 유머
메밀꽃 필 무렵, 돈(豚), 산, 들, 분녀	이효석	소설을 시적 수필의 경지로 승화시킴
상록수, 직녀성, 영원의 미소	심훈	민족주의, 사실주의적 경향의 농촌 계몽 소설
제1과 제1장, 흙의 노예, 농민	이무영	농민 작자, 농촌을 소재로 한 사실주의적 경향
무녀도, 황토기, 산화	김동리	토속적, 신비주의적, 사실주의적 경향, 무속 신앙을 배경으로 함
모범 경작생, 목화씨 뿌릴 때	박영준	농민 작자. 농촌에서 취재한 사실주의적 경향
사하촌, 인간 단지	김정한	현실의 모순에 대항해 나가는 생존 양식의 추구
성황당, 줄곡제, 제신제, 파도	정비석	『동아일보』로 등단. 순수 소설에서 대중 소설로 전환

PART 2

적십자 병원장, 제3인간형, 북간도	안수길	『조선문단』으로 등단. 민족적 비극의 서사적 전개
늪, 별, 기러기	황순원	범생명적인 휴머니즘의 추구, 『삼사문학』, 『단층』 동인
날개, 종생기	이상	심리주의적 내면 묘사 기법인 '의식의 흐름' 추구
레디 메이드 인생, 치숙, 탁류, 태평천하	채만식	동반자 작가. 식민지시대의 어두운 현실과 갈등을 투철한 사실성의 토대 위에서 그림

③ 희곡

작품	작자	특징
토막, 소, 자매, 마의 태자	유치진	사실주의적 경향에서 출발, 낭만주의적 경향으로 변모, 『극 예술 연구회』, 『구인회』 동인
무의도 기행, 동승(童僧)	함세덕	사실주의적, 낭만주의적 경향

④ 수필

작품	작자	특징
청추 수제	이희승	결체로 선비 정신을 표현
생활인의 철학, 백설부, 주부송, 매화찬 등	김진섭	철학적, 사색적인 중수필을 주로 씀, 복잡한 내용에 만연체를 주로 씀
신록 예찬, 나무, 페이터의 산문 등	이양하	관조적 태도로 개성적, 주관적 경수필을 주로 씀, 서구 수용 이론 소개

(4) 1940년대 해방 전후 문학작품

① 시

작품	작자	특징
은수저	김광균	회화성에 기초한 이미지즘 시 창작
청록집	박두진, 박목월, 조지훈	일제 말 데뷔하였으나 국어 말살 정책으로 작품을 발표하지 못했던 3인이 해방 즈음하여 발간
생명의 서	유치환	1930년대 생명파의 경향을 발전시킴
슬픈 목가	신석정	대체로 전원적이고 명상적이나 해방 직후 현실 고발 경향의 시도 씀
귀촉도	서정주	『화사집』의 서구 지향성에서 탈피, 동양 정신이 강함
초적(草笛)	김상옥	전원적인 성격을 가짐, 개인 시조집
울릉도	유치환	해방의 감격과 민족의식의 고취를 주제로 다룸
하늘과 바람과 별과 시	윤동주	일제 말기의 암담한 현실을 기독교적 예언의 목소리로 극복, 저항시로 분류할 수 있음
해	박두진	광복의 기쁨을 기독교적 낙원의 회복이라는 주제와 연관시켜 표현한 박두진 최초의 개인 시집
푸른 오월	노천명	일제하의 암울한 현실 속에서 쓴 의지적이고 서정적인 작품
마음	김광섭	일제하의 시련과 고난, 광복의 기쁨을 다룸

② 소설

작품	작자	특징
역마(驛馬), 흥남철수(興南撤收), 사반의 십자가(十字架)	김동리	인간성, 민족주의적 순수 문학을 옹호. 한국적 운명관과 구원의 문제를 추구. 좌익의 문학을 격렬하게 반대하면서 한국적이고, 토속적인 주제를 다루어 이후 우리 문학의 큰 줄기를 이룸
목넘이 마을의 개, 사나이, 독짓는 늙은이	황순원	함축성 있는 간결한 문장. 사물을 시적 어조나 서정적 분위기로 표현. 서정적, 시적인 주제로 일관하면서도 해방 직후의 사회 현실에 대해 중도적 입장에서 우리 민족의 동질감을 강조한 작품을 씀
임종(臨終), 삼팔선, 해방의 아들	염상섭	해방 후부터 주로 가정을 무대로 한 인륜 관계의 갈등 대립을 다룬 작품 발표. 당대의 정치 현실보다는 한 가정에서 벌어지는 세세한 일상을 담담하게 묘사함
논 이야기, 민족의 죄인, 미스터 방, 역로	채만식	해방 직후의 정치적 혼란을 지극히 비판적으로 풍자함. 허무주의적인 시각을 지녀 비판의 대상이 되기도 하나 당대의 모습을 날카롭게 제시한 측면도 있음

(5) 1950년대 문학작품

① 시

작품	작자	특징
목마와 숙녀, 박인환 시선집	박인환	1946년 시작(時作). 광복 후의 혼란과 6·25 전쟁 후의 초토를 배경으로 하여, 도시를 제재로 한 서정시 창작
가까이 할 수 없는 서적, 조고마한 세상의 지혜	김수영	광복 후 박인환 등과 모더니즘 시 창작. 1950년대에 이르러 새로운 의미의 서정 시인으로 등장
생명의 서	유치환	생활과 자연, 애련과 의지, 허무와 신 등을 노래하는 어조의 시
고원의 곡, 이단의 시	김상옥	섬세하고 영롱한 언어를 구사. 해방 후, 시조보다 시 쪽으로 기움
폐호에서, 적군 묘지, 초토의 시(시집)	구상	원산에서 시집 『응향(凝香)』의 동인으로 활약. 현실 고발이 작품의 주조를 이룸. 시의 생명을 기법보다 사상에 둠
상심하는 접목, 심상의 밝은 그림자	김광림	전통적 서정주의를 거부하고 저항 의식을 형상화한 시를 발표. 주지적 서정파라 불림
사랑을 위한 되풀이	전봉건	1950년대 이후 시작(詩作) 활동. 월간지 『현대 시학』을 간행
12음계, 음악, 민간인	김종삼	초현실주의 경향의 특이한 소재와 표현 기법의 단절 및 비약으로 주목

② 소설

작품	작자	특징
제3인간형	안수길	전쟁과 극한 상황을 겪는 지식인의 고민을 사실적으로 그림
카인의 후예	황순원	해방 직후 북한의 토지 개혁을 다룸
요한 시집, 원형의 전설, 비인 탄생	장용학	단편 『지동설』(1955)로 등단, 순수한 관념 세계를 정하여 상징과 우화, 유동적 문체가 특징, 실존주의적
불꽃	선우휘	동인 문학상 수상. 1965년을 전후하여 보수적 입장으로 전환. 행동주의 문학을 지향
비오는 날, 미해결의 장, 잉여 인간	손창섭	사실적 필치로 이상 인격(異常人格)의 인간형을 그려 내어 1950년 대의 불안한시대 상황을 묘사
학마을 사람들, 오발탄	이범선	1955년 등단. 휴머니즘 시각으로 서민의 인정상 추구

작품	작자	특징
유예, 황선 지대, 백지(白紙)의 기록	오상원	사회 의식과 현실 감각이 뛰어나며, 시대에 대한 증언자로서의 역할을 수행하고자 하는 의식
암야행(暗夜行), 오분간, 바비도	김성한	장용학, 손창섭과 함께 한국 소설의 체질적 현대화에 기여, 현실 참여적인 성격이 강함
만조, 소묘, 나상	이호철	『탈향(脫享)』(1955)으로 등단. 초기의 서정적 리얼리즘의 추구에서 객관적 리얼리스트로 변모
희화(戲畫), 임진강의 민들레	강신재	도시적인 세련성과 감수성을 묘사
감정이 있는 심연, 빛의 계단	한무숙	섬세한 개인 심리 묘사

③ 희곡

작품	작자	특징
나도 인간이 되련다	유치진	「버드나무 선 동네 풍경」, 「빈민가」 등 사실주의 경향 작품들과 「마의 태자」, 「자매」, 「제사」 등 낭만주의적인 작품을 남김
귀향, 불모지, 껍질이 깨지는 아픔 없이는	차범석	조선일보 신춘문예에 「밀주」가 당선(1955)되어 등단. 사실주의적인 경향의 희곡을 주로 지음
시집 가는 날	오영진	한국적 해학과 풍자를 바탕으로 하여 아름다움과 진실을 추구

(6) 1960년대 문학작품

① 시

작품	작자	특징	성격
동경, 성북동 비둘기	김광섭	생경한 관념 세계를 예술적으로 승화시킨 시 창작	순수 서정주의
혼야, 강강술래	이동주	『문예』지에 「황혼」, 「새댁」, 「혼야」 등으로 등단	전통적 서정주의
흥부의 가난	박재삼	전통적인 정서에 연결된 맑은 감수성 견지	전통적 서정주의
나비의 여행	정한모	순수한 동심의 세계를 그림	전통적 서정주의
광화문에서, 새	천상병	서정을 발판으로 한 신고전주의 경향	전통적 서정주의
농무(農舞)	신경림	『문학예술』에 「낮달」, 「갈대」 등이 추천되어 등단	현실 참여주의
오적, 황톳길, 들녘	김지하	사회 현실을 날카롭게 풍자·비판	현실 참여주의
이 공동의 아침에, 이농(離農)	이성부	개성과 생기 있는 남도적 향토색과 저항적인 현실의식을 기조로 함	현실 참여주의
처용단장(處容斷章)	김춘수	'순수시'의 극단적 형태로서 '무의미 시'를 주장하고 실천함	모더니즘의 변형
속의 바다, 의식(儀式)	전봉건	초기의 현실적인 관점에서 점차 초현실적인 언어 표현에 주력	모더니즘의 변형
앙포스멜, 스와니 강이랑 요단 강이랑	김종삼	관념을 배제하고 사상적 이미지들로 내면세계를 표상함	모더니즘의 변형
거대한 뿌리, 풀	김수영	참된 시민·의식적 시인으로서의 통찰과 안목을 발휘	비판적 현실인식
아니오, 껍데기는 가라	신동엽	강인한 참여 정신을 가지고 건실한 역사의식을 작품 속에 투영	비판적 현실인식

② 소설

작품	작자	특징
기습작전기, 설원 먼 길 연옥	강용준	단편 「철조망」이 『사상계』에 당선되어 등단. 전쟁의 상흔과 민족의 비극이 잘 조명되어 있음
나무들 비탈에 서다, 움직이는 성(城)	황순원	동인지 『창작』 발행. 서정적인 부문에서 모더니즘까지 폭넓은 활동
이풍헌, 해벽 관촌수필(冠村)	이문구	「다갈라 불망비(不忘碑)」가 『현대 문학』 추천으로 등단
인간단지(人間團地), 모래톱 이야기	김정한	민중 문학의 한 정통을 수립. 리얼리즘 소설의 정공법
부부, 길, 삼부녀	손창섭	착실한 사실적 필치로 이상인격(異常人格)의 인간형을 그려냄
판문점(板門店), 닳아지는 살들	이호철	소시민적인 안일과 권태를 보이면서도 현실 감각과 역사의식에 있어 꾸준한 성장
나신(裸身), 꺼삐딴 리	전광용	냉철한 사실적 시선으로 부조리를 고발하면서 인간의 존엄성의 끈질긴 생명력을 부각시킴
왕릉(王陵)과 주둔군(駐屯軍), 야호(夜壺)	하근찬	농촌 소재의 형상화에서 토착 정신으로, 도회지 서민의 생활상의 부조리로 이동되는 작품 세계
불신시대, 표류도, 시장과 전장, 토지	박경리	초기에는 운명 앞에서 무너지는 약한 인간사를 그렸으나 후기에 사회와 현실의식이 확대
임진강의 민들레	강신재	초기에는 현대 남녀들의 애정모럴을 추구, 이후 관점을 사회의식, 현실의식으로 확대
무진 기행, 싸게 사들이기	김승옥	『산문시대』 동인. 인간관계가 중요한 주제로 부각. 밀도 있는 유려한 문체
소문의 벽, 등산가, 퇴원, 병신과 머저리	이청준	현실과 이상의 차이, 그리고 그 속에서 일어나는 심리적 갈등을 집요하게 추구

05 비문학

1. 글의 전개 방식

(1) 설명

① 정의 : 이미 알려진 사실에 대한 지식을 모르는 다른 사람에게 이해를 목적으로 전달하는 기술 방식이다.

② 설명의 방법

㉠ 정의 : 어떤 개념의 속성을 밝히는 것으로, '무엇은 무엇이다' 또는 '~을 ~라고 한다'로 표현된다.
예 문학은 언어로 표현되는 예술이다.

㉡ 분류 : 어떤 기준을 가지고 하의어를 상의어로 묶어 가면서 설명하는 방법이다.
예 사람, 개, 고래는 포유류이다.

㉢ 구분 : 어떤 기준을 가지고 상의어를 하의어로 나누어 가면서 설명하는 방법이다.
예 문학의 장르에는 시, 소설, 희곡 등이 있다.

ⓔ 분석 : 어떤 대상이나 관념을 이루고 있는 각 요소와 관계를 밝혀 설명하는 방법이다.

　　예 물은 수소와 산소의 결합체이다.

ⓜ 예시 : 구체적으로 친근한 예를 들어 설명하는 방법이다.

　　예 이와 비슷한 예는 극장이나 공연장 같이 사람들이 동시에 많이 모이는 장소에서 찾을 수 있다.

ⓗ 인용 : 기존의 말이나 글을 빌어 설명하는 방법이다.

　　예 칸트는 "인간을 수단이 아닌 목적으로 대하라."라고 했다.

ⓢ 비교 : 두 대상이 갖는 유사한 점이나 공통적인 면을 밝혀 설명하는 방법이다.

　　예 전쟁과 운동경기는 둘 다 이기기 위해서 싸운다는 공통점이 있다.

ⓞ 대조 : 두 대상이 갖는 차이점이나 구분되는 점을 들어 설명하는 방법이다.

　　예 전쟁은 인류에게 재앙을 가져오지만, 운동 경기는 평화와 화합을 가져온다.

ⓩ 열거 : 여러 가지 대상, 또는 예나 사실을 낱낱이 나열하여 설명하는 방법이다.

　　예 설명문은 객관성, 사실성, 평이성, 명료성, 체계성 등의 특징이 있다.

ⓒ 인과 : 어떤 일의 원인과 결과를 중심으로 설명하는 방법이다.

　　예 도로변에 있는 벼들은 가로등 불빛 때문에 꽃이 피지 않고 이삭이 달리지 않는 경우가 있다.

(2) 묘사

묘사란 대상이나 사물, 현상을 있는 그대로 생생하게 그림을 그리듯 언어로 서술하는 방법이다.

예 아버지는 남루한 회색 바지저고리에 검은 개틸 모자를 쓰고 검은 목도리를 하고 있었다.

(3) 논증

① 정의 : 옳고 그름을 이유를 들어 설명하는 방법으로, 객관적인 증거를 통해 자기가 발견한 사실이나 주장을 밝힌다.

② 논증의 방법

　ㄱ 연역법 : 일반적인 원리나 사실을 전제로 하여 개별적이거나 특수한 사실을 이끌어 내는 방법이다.

　　예 모든 사람은 죽는다. 공자는 사람이다. 그러므로 공자는 죽는다.

　ㄴ 귀납법 : 특수하거나 개별적인 여러 사실이나 현상으로부터 일반적인 결론을 이끌어 내는 추리 방법이다.

　　예 공자는 죽었다. 맹자도 죽었다. 소크라테스도 죽었다. 이들은 모두 사람이다. 그러므로 모든 사람은 죽는다.

2. 수사법

(1) 비유법

① 직유법 : 비유법 중 가장 명료한 방법으로 유사성을 지난 두 사물을 직접적으로 비교하여 표현하는 방법이다. '~처럼', '~같이', '~듯'과 같은 표현을 사용한다.

　　예 사과 같은 내 얼굴

② 은유법 : 원관념은 숨기고 보조관념만 드러내어 표현하려는 대상을 설명하거나 그 특징을 묘사하는 표현법이다.

　　예 내 마음은 호수요

③ **의인법** : 인격이 없는 사물에 인격을 부여하여 그려 내는 표현법이다.

　　예 꽃이 생글생글 웃는다.

④ **활유법** : 생명력이 없는 무생물을 생명이 있는 것처럼 그려 내는 표현법이다.

　　예 무섭게 달려오는 파도

⑤ **대유법** : 하나의 사물이나 관념을 나타내는 말이 그것과 밀접하게 연관된 다른 사물이나 관념을 나타
내도록 표현하는 방법이다.

　　예 사람은 빵만으로는 살 수 없다(빵＝식량, 인간이 살아가는 데 필요한 최소한의 생존 조건).

⑥ **풍유법** : 격언, 속담, 우화 등의 보조 관념으로만 원 관념을 간접적으로 드러내는 방법으로 풍자적이고
암시적이다.

　　예 원숭이도 나무에서 떨어질 때가 있다(익숙하게 잘하는 사람도 간혹 실수를 한다).

(2) 강조법

① **과장법** : 실제보다 과장되게 표현하는 방법이다.

② **영탄법** : 슬픔, 기쁨, 감동 등을 강조하여 표현하는 방법이다.

　　예 아, 얼마나 사나운 비바람인가?

③ **반복법** : 동일어나 유사어를 반복하는 방법이다.

④ **열거법** : 유사한 성질의 현상을 늘어놓는 방법이다.

⑤ **점층법** : 말하고자 하는 내용의 비중이나 강도를 점차 높이거나 넓혀 그 뜻을 강조하는 표현 방법
이다.

　　예 환경 보호! 나를, 이웃을, 인류를 위한 것이다

⑥ **점강법** : 말하고자 하는 내용의 비중이나 강도를 점차 낮추거나 좁혀 그 뜻을 강조하는 표현 방법이다.

　　예 천하를 태평히 하려거든 먼저 그 나라를 다스리고, 나라를 다스리려면 가정을 바로잡으라.

(3) 변화법

① **반어법** : 실제와 반대되는 뜻을 말함으로써 청자나 독자의 관심을 끄는 표현 방법이다.

　　예 예뻐 죽겠네(속뜻 : 밉다).

② **역설법** : 이치에 어긋나거나 모순되는 진술을 통해 진실을 표현하는 방법이다.

　　예 이것은 소리 없는 아우성

③ **대구법** : 비슷한 구절을 나란히 늘어놓는 표현 방법이다.

　　예 호랑이는 죽어서 가죽을 남기고, 사람은 죽어서 이름을 남긴다.

④ **설의법** : 쉽게 판단할 수 있는 사실을 의문의 형식으로 표현하여 상대편이 스스로 판단하게 하는
표현 방법이다.

　　예 자유 없이 살기를 원하십니까?

⑤ **도치법** : 문장 성분의 배열을 바꾸어 쓰는 표현 방법이다.

　　예 나는 아직 기다리고 있을 테요, 찬란한 슬픔의 봄을.

02 | 한국사 핵심이론

1. 선사시대와 고조선

(1) 정치

① 정치제도

군장 중에서 왕을 추대 → 왕의 권력 취약

② 지방행정

군장세력이 각기 자기 부족 통치 : 군장의 관료 명칭이 왕의 관료와 동일한 명칭으로 사용 → 왕의 권력 취약

③ 군사제도 : 군장세력이 독자적으로 지휘

(2) 사회

① 신분제

㉠ 구석기 : 무리 생활, 평등사회(이동 생활)

㉡ 신석기 : 부족사회, 평등사회(정착 생활 시작)

㉢ 청동기 : 사유재산제, 계급 발생(고인돌), 군장국가(농경 보편화)

㉣ 초기 철기 : 연맹왕국 형성

② 사회조직

㉠ 구석기 : 가족 단위의 무리 생활

㉡ 신석기 : 씨족이 족외혼을 통해 부족 형성

㉢ 청동기 : 부족 간의 정복활동, 군장사회

㉣ 초기 철기 : 군장이 부족을 지배하면서 국왕 선출

(3) 경제

① 구석기

㉠ 빙하기 : 고기잡이와 사냥, 채집 생활 → 무리 생활 → 이동 생활 → 동굴과 막집 생활(뗀석기, 골각기)

㉡ 주먹도끼 : 연천군 전곡리 출토 → 서구 우월적인 모비우스 학설 논파

② 신석기

㉠ 농경의 시작 → 정착 생활 → 강가나 해안가(물고기 잡이 병행) : 움집 생활, 씨족 공동체사회 (부족·평등사회)

㉡ 빗살무늬 토기, 간석기 사용, 원시 신앙 발달

③ 청동기
  ㉠ 청동기 사용 → 전반적인 기술의 급격한 발달 → 부와 권력에 의한 계급 발생 → 국가(고조선)
     등장
  ㉡ 비파형 동검과 미송리식 토기(고조선의 세력 범위와 일치)
  ㉢ 벼농사의 시작과 농경의 보편화 → 구릉지대 생활

〈동이족과 고조선의 세력 범위〉

④ 철기
  ㉠ 세형동검, 명도전과 거푸집, 암각화
  ㉡ 연맹왕국이 나타나기 시작
  ㉢ 배산임수의 취락 구조 정착, 장방형 움집, 지상가옥화

(4) 문화
① 신석기 : 애니미즘, 샤머니즘, 토테미즘, 영혼숭배와 조상숭배(원시신앙)
② 청동기 : 선민사상(정치이념)

(5) 고조선
① 청동기 문화를 바탕으로 기원전 2333년에 건국
② 만주의 요령 지방과 한반도 서북 지방의 여러 부족을 통합
③ 건국이념 : 홍익인간(弘益人間, 널리 인간을 이롭게 한다)
④ 변천과정 : 건국 → 중국의 연과 대립으로 쇠퇴 → 철기 도입 → 위만조선 건국(기원전 194년) →
   철기와 중계무역으로 성장 → 한의 침입으로 멸망
⑤ 의의 : 민족사의 유구성과 독자성
⑥ 사회 모습
  ㉠ 선민사상 : 환인과 환웅의 후손
  ㉡ 농경사회 : 농사에 필요한 비, 바람, 구름을 주관
  ㉢ 토테미즘 : 곰과 호랑이 숭배
  ㉣ 제정일치 사회

(6) 여러 나라의 성장

① 고조선이 멸망할 무렵 철기 문화를 바탕으로 성립 → 각 부족의 연합 또는 전쟁을 통해 국가 형성
② 만주지방 : 부여, 고구려
③ 한반도 북부 동해안 : 옥저, 동예
④ 한반도 남부 : 마한, 변한, 진한
　　㉠ 마한 : 54개의 소국, 목지국의 지배자가 마한의 왕으로 행세
　　㉡ 진한과 변한 : 각각 12개의 소국으로 구성

2. 삼국시대와 남북국시대(통일신라와 발해)

(1) 정치

① 삼국시대(민족 문화의 동질적 기반 확립)
　　㉠ 정치제도(왕권강화와 중앙 집권화)
　　　• 왕위세습, 율령반포, 관등제
　　　• 귀족합의제도 : 제가, 정사암, 화백회의는 국가 중대사 결정 → 왕권 중심의 귀족국가정치
　　㉡ 지방행정
　　　• 군사적 성격, 부족적 전통
　　　• 고구려 : 5부(욕살)
　　　• 백제 : 5방(방령)
　　　• 신라 : 5주(군주)
　　㉢ 군사제도 : 군사조직은 지방제도와 관련, 국왕이 직접 군사를 지휘
② 남북국시대
　　㉠ 정치제도(왕권의 전제화 – 신라 중대)
　　　• 집사부 시중의 권한 강화
　　　• 국학설치 : 유교정치이념 수용
　　　　※ 발해 : 왕위의 장자상속, 독자적 연호 사용
　　㉡ 지방행정(지방 제도 정비)
　　　• 신라
　　　　– 9주(도독) : 행정 중심
　　　　– 5소경 : 지방세력 통제
　　　• 발해 : 5경·15부·62주
　　㉢ 군사제도
　　　• 신라 : 9서당(왕권강화, 민족 융합), 10정(지방군)
　　　• 발해 : 8위

(2) 경제

① 토지제도

ㄱ 왕토사상 : 토지 공유

ㄴ 통일신라의 토지 분급, 녹읍(귀족의 농민 징발도 가능) → 관료전 지급(신문왕, 왕권 강화)
  → 녹읍의 부활(신라 하대, 왕권 약화)

ㄷ 농민에게 정전 분급

② 조세제도

ㄱ 조세 : 생산량의 1/10

ㄴ 역 : 군역과 요역

ㄷ 공물 : 토산물세

③ 산업

ㄱ 신석기 : 농경 시작

ㄴ 청동기 : 벼농사 시작, 농경의 보편화

ㄷ 철기 : 철제농기구 사용 → 경작지 확대

ㄹ 지증왕 : 우경 시작

ㅁ 신라 통일 후 상업 발달, 아라비아 상인 출입(울산항)

(3) 사회

① 신분제(신분제도 성립)

ㄱ 지배층 특권을 유지하기 위해 율령제도, 신분제도 마련

ㄴ 신분은 친족의 사회적 위치에 따라 결정

  • 귀족 : 권력과 경제력 독점

  • 평민 : 생산 활동에 참여, 조세 부담

  • 천민 : 노비, 부곡민

ㄷ 신라 골품제

  • 골품은 개인의 신분과 정치활동 제한

  • 관등조직은 골품제와 연계 편성, 복색은 관등에 따라 지정

② 사회조직

ㄱ 골품제도 : 중앙집권국가 성립시기에 군장세력 재편 → 신라 하대에 골품제도의 모순 노출

ㄴ 귀족합의기구 : 화백, 정사암, 제가회의 → 왕권 견제

ㄷ 화랑제도 : 교육의 기능, 계급갈등을 조절

ㄹ 진골 귀족의 왕위 쟁탈전

ㅁ 반신라 세력 : 호족, 6두품, 도당유학생, 선종, 풍수지리설

ㅂ 신라 하대 전국적 농민 봉기

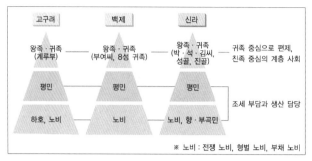

〈삼국의 신분 구조〉

(4) 문화

① 삼국시대
- ㉠ 불교
  - 수용 : 중앙 집권 체제 확립과 통합
  - 발전 : 왕실불교, 귀족불교
- ㉡ 유교
  - 고구려 : 태학, 경당(모든 계층 망라)
  - 백제 : 5경 박사
  - 신라 : 임신서기석
- ㉢ 전통사상 및 도교
  - 시조신 숭배 : 지배층
  - 샤머니즘, 점술 : 민중
  - 도교 : 사신도, 산수무늬 벽돌, 사택지적비, 백제 봉래산 향로
② 남북국시대
- ㉠ 불교
  - 원효의 정토종 : 불교의 대중화, 화쟁 사상(불교 통합)
  - 의상의 화엄종 : 전제왕권 지지
  - 교종 : 경전, 귀족 – 신라 중대
  - 선종 : 참선, 호족 – 신라 하대(반신라), 개인의 정신 중시 → 신라 중대에 탄압
  - 발해 : 고구려 불교 계승
- ㉡ 유교
  - 유교이념 수용 : 국학, 독서삼품과(귀족의 반대로 실패)
  - 강수 : 외교 문서
  - 설총 : 이두 문자 집대성
  - 김대문 : 주체적
  - 최치원 : 사회개혁
- ㉢ 전통사상 및 도교
  - 도교 : 최치원의 난랑비, 정효공주 묘비
  - 풍수지리설 : 중국에서 전래, 국토 재편론(호족 지지) → 신라 왕권의 약화

3. 고려시대

(1) 정치

① 정치제도

    ㉠ 최승로의 시무28조 : 중앙집권적, 귀족정치, 유교정치이념 채택

    ㉡ 귀족제 : 공음전과 음서제

    ㉢ 합좌기구 : 도병마사 → 도평의사사(귀족연합체제)

    ㉣ 지배계급 변천 : 호족 → 문벌귀족 → 무신 → 권문세족 → 신진사대부

    ㉤ 서경제 : 관리임명 동의, 법률개폐 동의

② 지방행정

    ㉠ 지방제도의 불완전성(5도 양계 : 이원화)

    ㉡ 중앙집권의 취약성(속군, 속현)

        ※ 속군과 속현 : 지방관이 파견 안 된 곳으로 향리가 실제 행정을 담당. 이들 향리가 후에 신진사대부로 성장

    ㉢ 중간행정기구의 미숙성(임기 6개월, 장관품계의 모순)

    ㉣ 지방의 향리세력이 강함

③ 군사제도

    ㉠ 중앙 : 2군 6위(직업군인)

    ㉡ 지방 : 주현군, 주진군(국방담당)

    ㉢ 특수군 : 광군, 별무반, 삼별초

    ㉣ 합의기구 : 중방

(2) 경제

① 토지제도(전시과 체제 정비)

    ㉠ 역분전(공신)

    ㉡ 전시과 제도 : 수조권만 지급, 시정전시과 → 개정전시과(직·산관) → 경정전시과(직관)

    ㉢ 귀족의 경제 기반 : 공음전

    ㉣ 고려 후기 : 농장 발달(권문세족)

② 조세제도

    ㉠ 전세 : 민전은 1/10세

    ㉡ 공납 : 상공, 별공

    ㉢ 역 : 정남(16 ~ 60세), 강제노동

    ㉣ 잡세 : 어세, 염세, 상세

③ 산업

    ㉠ 농업 중심의 자급자족사회 : 유통경제 부진

    ㉡ 농업 : 심경법, 2년 3작, 시비법, 목화

    ㉢ 상업 : 화폐주조

    ㉣ 무역발달(송, 여진, 거란, 일본, 아랍), 예성강 입구의 벽란도

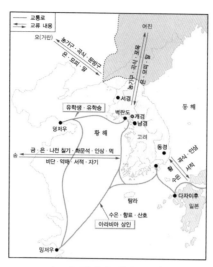

〈고려 전기의 대외 무역〉

(3) 사회

① 신분제(신분제도의 재편성)

　㉠ 골품제도의 붕괴 : 호족 중심의 중세 사회 형성

　㉡ 호족의 문벌귀족화

　㉢ 중간계층의 대두

　　• 귀족 : 왕족, 문무고위 관리

　　• 중간계층 : 남반, 서리, 향리, 군인

　　• 양인 : 농, 상, 공 – 조세부담

　　• 천민 : 노비, 향・소・부곡민

　㉣ 여성의 지위가 조선시대보다 높음

② 사회조직

　㉠ 법률 : 대가족 제도를 운영하는 관습법 중심

　㉡ 지배층의 성격 비교

　　• 문벌귀족(고려 중기) : 과거나 음서를 통해 권력 장악

　　• 권문세족(몽골간섭기) : 친원파로 권력 독점, 농장소유

　　• 신진사대부(무신집권기부터) : 성리학자, 지방 향리 출신, 중소지주

　㉢ 사회시설

　　• 의창・제위보 : 빈민구제

　　• 상평창 : 물가 조절

(4) 문화

① 불교

　㉠ 숭불정책(훈요 10조 : 연등회, 팔관회)

　㉡ 연등회, 팔관회 : 왕실 권위 강화

　㉢ 불교의 통합운동(원효 화쟁론의 영향)

　　• 의천의 천태종 : 교종 중심, 귀족적(중기)

　　• 지눌(돈오점수, 정혜쌍수)의 조계종 : 선종 중심, 무신정권기

　　• 혜심의 유불일치설

② 유교

　㉠ 유교정치이념 채택(최승로의 시무 28조)

　㉡ 유학성격 변화 : 자주적(최승로) → 보수적(김부식) → 쇠퇴(무신)

　㉢ 성리학의 수용(몽골간섭기) : 사대부의 정치사상으로 수용, 사회개혁 촉구

　㉣ 이제현의 사략(성리학적 사관)

③ 전통사상 및 도교

　㉠ 도교행사 빈번 : 장례

　㉡ 풍수지리설 : 서경길지설(북진정책 기반 – 묘청의 서경천도 운동)

　㉢ 묘청의 서경천도 운동 : 귀족사회의 구조적 모순에서 비롯됨

〈묘청의 서경천도 운동〉

4. 조선시대(전기)

(1) 정치

① 정치제도(15C : 훈구파 주도, 16C : 사림파의 성장과 주도)
  ㉠ 왕권과 신권의 균형(성리학을 바탕으로 한 왕도정치)
  ㉡ 의정부 : 합의기구, 왕권강화
  ㉢ 6조 : 행정분담
  ㉣ 3사 : 왕권견제
  ㉤ 승정원・의금부 : 왕권강화

② 지방행정(중앙집권과 지방자치의 조화)
  ㉠ 8도(일원화) : 부, 목, 군, 현 – 면, 리, 통
  ㉡ 모든 군현에 지방관 파견
  ㉢ 향리의 지위 격하(왕권강화)
  ㉣ 향・소・부곡 소멸 : 양인 수 증가
  ㉤ 유향소・경재소 운영 : 향촌자치를 인정하면서도 중앙집권강화
  ㉥ 사림은 향약과 서원을 통해 향촌지배

③ 군사제도(양인개병제, 농병일치제)
  ㉠ 중앙 : 5위, 궁궐 수비・수도 방비
  ㉡ 지방 : 영진군
  ㉢ 잡색군 : 전직 관리, 서리, 노비로 구성된 예비군

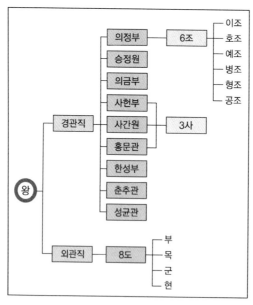

〈조선의 통치 체제〉

(2) 경제

① 토지제도(과전법 체제)
   ㉠ 과전법 : 사대부의 경제기반 마련
   ㉡ 직전법(세조, 직관) : 농장의 출현
   ㉢ 관수관급제(성종) : 국가의 토지 지배 강화, 양반의 농장 보편화 촉진
   ㉣ 녹봉제(명종) : 과전법 체제의 붕괴, 지주 전호제 강화, 농민 토지 이탈
      → 부역제와 수취제의 붕괴(임란과 병란이 이를 촉진시킴)

② 조세제도
   ㉠ 전세 : 수확의 1/10세, 영정법(4두)
   ㉡ 공납 : 호구세, 상공과 별공
   ㉢ 군역 : 양인개병제, 농병일치제

③ 산업(중농억상 정책으로 상공업 부진)
   ㉠ 농업 : 이앙법 시작, 이모작 보급
   ㉡ 상업 : 시전 중심, 지방 중심, 화폐유통 부진
   ㉢ 수공업 : 장인은 관청에 부역
   ㉣ 무역 : 조공무역 중심

(3) 사회

① 신분제(양반 관료제 사회)
   ㉠ 양인 수 증가 : 향·소·부곡의 해체, 다수의 노비 해방
   ㉡ 양천제 실시(양인과 천민)
   ㉢ 과거를 통한 능력 중심의 관료 선발
   ㉣ 16C 이후 양반, 중인, 상민, 천민으로 구별

② 사회조직
   ㉠ 법률 : 경국대전 체제(성리학적 명분질서의 법전화)
   ㉡ 종법적 가족제도 발달 : 유교적 가족제도로 가부장의 권한 강화, 적서차별
   ㉢ 사회시설
      • 환곡 : 의창 → 상평창(1/10)
      • 사창 : 양반지주층 중심의 자치적인 구제기구
   ㉣ 사회통제책 : 오가작통법, 호패법

(4) 문화

① 불교

    ㉠ 불교의 정비 : 유교주의적 국가 기초 확립

    ㉡ 재정확보책 : 도첩제, 사원전 몰수, 종파의 통합

      ※ 고대 : 불교, 중세 : 유·불교, 근세 : 유교

② 유교

    ㉠ 훈구파(15C) : 중앙집권, 부국강병, 사장 중시, 과학기술 수용, 단군 숭배

    ㉡ 사림파(16C) : 향촌자치, 왕도정치, 경학 중시, 과학기술 천시, 기자 숭배

    ㉢ 주리론 : 이황(영남학파, 남인, 도덕 중시)

    ㉣ 주기론 : 이이(기호학파, 서인, 현실 중시)

③ 전통사상 및 도교

    ㉠ 도교 행사 정비 : 소격서(중종 때 조광조에 의해 폐지)

    ㉡ 풍수지리설 · 한양천도(왕권강화), 풍수 · 도참사상 – 관상감에서 관리

    ㉢ 민간신앙의 국가신앙화

      ※ 기타 종교와 사상에 대한 국가 관리는 유교사회를 확립하려는 의도

5. 조선시대(후기)

(1) 정치

① 정치제도

    ㉠ 임란을 계기로 비변사의 강화 → 왕권의 약화(상설기구 전환)

    ㉡ 정쟁의 심화 → 서인의 일당 독재화, 영·정조의 탕평책 실패 → 세도정치의 등장 → 대원군의 개혁(왕권강화, 농민 안정책)

② 군사제도

    ㉠ 중앙 : 5군영(용병제), 임란과 병란으로 인한 부역제의 해이로 실시

    ㉡ 지방 : 속오군(향촌자체방위, 모든 계층)

    ㉢ 조선 초기(진관체제) → 임란(제승방략체제) → 조선 후기(진관체제 복구, 속오군 편성)

(2) 경제

① 토지제도

  중농학파 "농민의 토지 이탈과 부역제의 붕괴를 막는 것은 체제의 안정을 유지하는 것"

    ㉠ 유형원 : 균전제(계급 차등분배)

    ㉡ 이익 : 한전제(영업전 지급)

    ㉢ 정약용 : 여전제(급진적 내용, 공동생산과 공동분배)

② 조세제도

  농민의 불만 해소와 재정 확보를 위해, 궁극적으로는 양반지배체제의 유지를 위하여 수취제도를 개편

    ㉠ 영정법(전세) : 1결 4두 → 지주 유리

ⓛ 대동법(공납) : 공납의 전세화, 토지 결수로 징수
　　ⓒ 균역법 : 2필 → 1필, 선무군관포, 결작
　　　　※ 조세의 전세화, 금납화 → 화폐경제, 도시와 시장 발달 → 수요 증대 → 상품경제와 상공업
　　　　　발달 ⇒ 자본주의 맹아
　③ 산업
　서민경제의 성장 → 서민의식의 향상
　　ㄱ 농업 : 이앙법, 견종법의 보급 → 광작 → 농촌사회의 계층 분화
　　ⓛ 상업 : 사상, 도고의 성장 → 상인의 계층 분화, 장시의 발달 → 도시의 발달
　　ⓒ 민영수공업 발달 : 납포장, 선대제
　　ⓔ 광업
　　　• 17C : 사채의 허용과 은광 개발이 활발(대청 무역)
　　　• 18C : 상업 자본의 광산 경영 참여로 잠채 성행(금·은광)
　　　• 자본과 경영의 분리 : 덕대가 채굴 노동자 고용

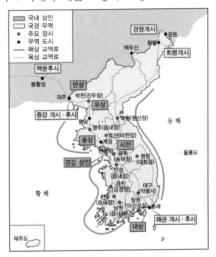

〈조선 후기의 상업〉

(3) 사회

　① 신분제(신분제도의 동요)
　　ㄱ 양반 수의 증가 : 납속책, 공명첩, 족보 위조
　　ⓛ 중인층의 지위 향상 : 서얼의 규장각 등용, 역관
　　ⓒ 평민의 분화 : 농민(경영형 부농, 임노동자), 상인(도고상인, 영세상인)
　　ⓔ 노비 수의 감소 : 공노비 해방(순조), 양인 확보
　② 사회조직(사회 불안의 고조)
　　ㄱ 신분제 동요 : 몰락양반의 사회개혁 요구
　　ⓛ 삼정(전정, 군정, 환곡)의 문란 : 서민의식의 향상(비판의식)
　　ⓒ 위기의식의 고조 : 정감록 유행, 도적의 출현, 이양선의 출몰

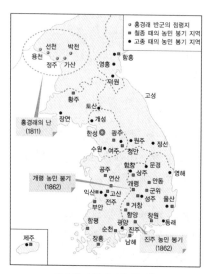

〈19세기의 농민 운동〉

(4) 문화

① 불교 : 불교의 민간 신앙화

② 유교

- ㉠ 양명학의 수용 : 정제두의 강화학파
  - ※ 실학 : 통치 질서의 붕괴와 성리학의 한계, 서학의 전래, 고증학의 영향으로 등장
- ㉡ 중농학파 : 토지제도 개혁
- ㉢ 중상학파 : 상공업 진흥책, 박제가(소비론), 박지원(화폐유통론)
- ㉣ 국학 : 동사강목(한국사의 정통론), 해동역사(다양한 자료 이용), 동사·발해고(반도 사관 극복), 연려실기술(실증적 연구)

③ 전통사상 및 도교(사회의 동요)

천주교 수용, 동학의 발전, 정감록 등 비기도참 사상, 미륵신앙 유행 → 현실 비판(서민문화의 발달)

6. 근·현대

(1) 정치

Ⅰ. 개항과 근대 변혁 운동

① 흥선대원군의 정책

- ㉠ 19세기 중엽의 상황 : 세도정치의 폐단, 민중 세력의 성장, 열강의 침략적 접근
- ㉡ 흥선대원군의 집권(1863 ~ 1873)
  - • 왕권강화정책 : 서원 철폐, 삼정의 문란 시정, 비변사 폐지, 의정부와 삼군부의 기능 회복, 『대전회통』 편찬
  - • 통상수교거부정책 : 병인양요, 신미양요, 척화비 건립

② 개항과 개화정책
  ㉠ 개항 이전의 정세
    • 개화 세력의 형성
    • 흥선대원군의 하야와 민씨 세력의 집권(1873)
    • 운요호 사건(1875)
  ㉡ 문호개방
    • 강화도 조약(1876) : 최초의 근대적 조약, 불평등 조약
    • 조ㆍ미 수호통상조약(1882) : 서양과의 최초 수교, 불평등 조약(최혜국 대우)
③ 갑신정변(1884) : 최초의 근대화 운동(정치적 – 입헌군주제, 사회적 – 신분제 폐지 주장)
  ㉠ 전개 : 급진개화파(개화당) 주도
  ㉡ 실패원인 : 민중의 지지 부족, 개혁 주체의 세력 기반 미약, 외세 의존, 청의 무력간섭
  ㉢ 결과 : 청의 내정 간섭 심화
  ㉣ 1880년대 중반 조선을 둘러싼 열강의 대립 심화
④ 동학농민운동의 전개
  ㉠ 배경
    • 대외적 : 열강의 침략 경쟁에 효과적으로 대응하지 못함
    • 대내적 : 농민 수탈, 일본의 경제적 침투
    • 농민층의 상황 : 불안과 불만 팽배 → 농촌 지식인들과 농민들 사이에서 사회 변화 움직임 고조
  ㉡ 전개 과정
    • 고부 봉기 : 전봉준 중심으로 봉기
    • 1차 봉기 : 보국안민과 제폭구민을 내세움 → 정읍 황토현 전투의 승리 → 전주 점령
    • 전주 화약기 : 폐정개혁 12개조 건의, 집강소 설치
    • 2차 봉기 : 항일 구국 봉기 → 공주 우금치 전투에서 패배

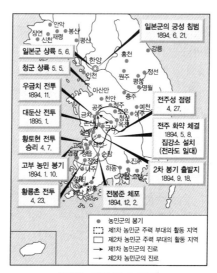

〈동학농민운동의 전개〉

⑤ 갑오개혁과 을미개혁

　　㉠ 갑오개혁(1894)

　　　• 군국기무처 설치 : 초정부적 회의 기관으로 개혁 추진

　　　• 내용 : 내각의 권한 강화, 왕권 제한, 신분제 철폐

　　　• 과정 : 홍범 14조 반포

　　　• 한계 : 군사적 측면에서의 개혁이나 농민들의 요구에 소홀

　　㉡ 을미개혁(1895)

　　　• 과정 : 일본의 명성 황후 시해 → 친일 내각을 통해 개혁 추진

　　　• 내용 : 단발령, 태양력 사용 등

⑥ 독립협회와 대한제국

　　㉠ 독립협회(1896 ~ 1898)

　　　• 배경 : 아관파천으로 인한 국가 위신 추락

　　　• 활동 : 국권·이권수호 운동, 민중계몽운동, 입헌군주제 주장

　　　• 만민공동회(1898) : 최초의 근대식 민중대회

　　　• 관민공동회 : 헌의 6조 결의

　　㉡ 대한제국 성립(1897)

　　　• 배경 : 고종의 환궁 여론 고조

　　　• 자주 국가 선포 : 국호 – 대한제국, 연호 – 광무

　　　• 성격 : 구본신참의 복고주의, 전제 황권 강화

⑦ 일제의 국권 강탈

　　㉠ 러·일 전쟁(1904 ~ 1905) : 일본의 승리(한반도에 대한 일본의 독점적 지배권)

　　㉡ 을사조약(1905, 제2차 한·일 협약)

⑧ 항일의병전쟁과 애국계몽운동

　　㉠ 항일의병운동

　　　• 을미의병(1895) : 한말 최초의 의병봉기(을미사변과 단발령이 원인)

　　　• 을사의병(1905) : 평민의병장 신돌석의 활약

　　　• 정미의병(1907) : 고종의 강제퇴위와 군대 해산에 대한 반발, 13도 창의군 조직, 서울진공작전

　　㉡ 애국계몽운동(교육과 산업)

　　　• 신민회(1907) : 비밀결사 조직, 문화적·경제적 실력양성운동, 105인 사건으로 해산

II. 민족의 수난과 항일 민족 운동

① 일제의 식민정책

　　㉠ 1910년대(1910 ~ 1919) : 무단통치(헌병경찰제 – 즉결처분권 부여)

　　㉡ 1920년대(1919 ~ 1931) : 문화통치(민족 분열 정책, 산미증식계획)

　　㉢ 1930년대(1931 ~ 1945) : 민족말살통치(병참기지화 정책, 내선일체, 황국신민화, 일본식 성명 강요)

② 3·1운동(1919)

　　㉠ 배경 : 미국 윌슨 대통령의 '민족자결주의'와 2·8독립선언

　　㉡ 3·1운동은 대한민국 임시정부가 세워진 계기가 됨

③ 대한민국 임시정부(1919. 9. 상하이)
  ㉠ 한성정부의 법통 계승
  ㉡ 연통제, 교통국, 외교활동(구미위원부)
④ 국내외 항일민족운동
  ㉠ 국내 항일운동
    • 신간회(1927) : 비타협적 민족주의자와 사회주의 세력 연합 → 노동·소작쟁의, 동맹 휴학 등을 지원
    • 학생운동 : 6·10만세운동(1926), 광주학생 항일운동(1929)
  ㉡ 국외 항일운동 : 간도와 연해주 중심
    • 대표적 전과 : 봉오동 전투, 청산리 전투(1920)
    • 간도 참변(1920) : 봉오동·청산리 전투에 대한 일제의 보복
    • 자유시 참변(1921) : 러시아 적군에 의한 피해
    • 3부의 성립(1920년대) : 정의부, 참의부, 신민부
    • 중국군과 연합하여 항일전 전개(1930년대)
    • 한국광복군(1940, 충칭)
  ㉢ 사회주의 세력 : 중국 공산당과 연계 – 화북 조선 독립 동맹 결성, 조선 의용군 조직

Ⅲ. 대한민국의 성립과 발전

① 광복 직후의 국내 정세
  ㉠ 모스크바 3상 회의(1945) : 한반도 신탁통치 결정
  ㉡ 미·소 공동위원회(1946) : 남북한 공동 정부 수립 논의 – 결렬
② 대한민국 정부의 수립(1948) : 5·10 총선거 → 제헌국회 → 대통령 선출 → 정부 수립

(2) 경제

① 토지제도
  ㉠ 동학농민운동에서만 토지의 평균 분작 요구
  ㉡ 대한제국 : 지계발급
  ㉢ 일제의 수탈
    • 토지조사사업(1910 ~ 1918) : 조선의 토지약탈을 목적으로 실시
    • 산미증식계획(1920 ~ 1935) : 농지개량, 수리시설 확충 비용 소작농이 부담
    • 병참기지화 정책(1930 ~ 1945) : 중화학공업, 광업 생산에 주력(기형적 산업구조) – 군사적 목적
② 조세제도
  ㉠ 갑신정변 : 지조법 개정
  ㉡ 동학농민운동 : 무명잡세 폐지
  ㉢ 갑오·을미개혁 : 조세 금납화
  ㉣ 독립협회 : 예산공표 요구

③ 산업
  ㉠ 근대적 자본의 성장
  ㉡ 일제 강점기 : 물산장려운동

(3) 사회

① 신분제(평등 사회로의 이행)
  ㉠ 갑신정변(1884) : 문벌폐지, 인민평등권
  ㉡ 동학농민운동(1894) : 노비제 폐지, 여성지위 상승
  ㉢ 갑오개혁(1894) : 신분제 폐지, 봉건폐습 타파
  ㉣ 독립협회(1896) : 민중의식 변화, 민중과 연대
  ㉤ 애국계몽운동(1905) : 민족교육운동, 실력양성
② 사회조직
  ㉠ 개혁 세력 : 민권사상을 바탕으로 평등사회 추구
  ㉡ 위정척사파 : 양반 중심의 봉건적 신분질서 유지
  ㉢ 동학농민운동 : 반봉건, 반제국주의의 개혁 요구
  ㉣ 독립협회 : 자주, 자유, 자강 개혁 요구
  ㉤ 광무개혁 : 전제 군주제를 강화하기 위한 개혁
  ㉥ 의병활동 : 반제국주의의 구국 항전
  ㉦ 애국계몽단체 : 자주독립의 기반 구축 운동

(4) 문화

① 동도서기(東道西器) : 우리의 정신문화는 지키고 서양의 과학 기술을 받아들이자는 주장(중체서용, 구본신참) → 양무운동, 대한제국
② 불교 유신론 : 미신적 요소를 배격하고 불교의 쇄신을 주장
③ 민족사학의 발전 : 신채호, 박은식, 최남선
④ 기독교계는 애국계몽운동에 힘씀

(5) 광복 전후의 국제 논의

① 카이로 회담(1943)
  ㉠ 일본에 대한 장래 군사행동 협정
  ㉡ 한국을 자유국가로 해방시킬 것을 약속
② 얄타 회담(1945)
  ㉠ 한국에 대한 신탁통치 약속
  ㉡ 한국 38도 군사경계선 확정
③ 포츠담 회담(1945)
  ㉠ 일본 군대 무장 해제
  ㉡ 한국 자유국가 해방 약속 재확인(카이로 회담의 선언)

④ 모스크바 3상 회의(1945)
  ㉠ 5년간 미국, 영국, 소련, 중국 등 4개국 정부의 한국 신탁통치 결정
  ㉡ 미국, 소련 공동 위원회(임시정부) 설치

(6) 대한민국 정부 수립

① 5 · 10 총선거(1948)
  ㉠ 남한 단독 선거
  ㉡ 남북 협상파 불참
  ㉢ 이승만, 한민당 압승
  ㉣ 제헌국회 구성 및 민주공화국 체제의 헌법 제정
② 대한민국 정부 수립(1948)
  ㉠ 대통령은 이승만, 부통령에 이시영 선출
  ㉡ 대한민국 성립 선포
③ 반민족 행위 처벌법 제정(1948)
  ㉠ 일제강점기시대에 친일 행위를 한 자를 처벌하기 위한 법
  ㉡ 이승만의 소극적 태도로 처벌 실패
④ 6 · 25 전쟁(1950)
  ㉠ 북한의 무력 통일 정책
  ㉡ 이승만의 정치 · 경제 불안
  ㉢ 과정
    • 무력 남침 → 서울 함락, 낙동강까지 후퇴 → 유엔국 참전 및 인천상륙작전 → 서울 탈환, 압록
      강까지 전진 → 중공군 개입 → 후퇴 → 휴전 협정
  ㉣ 경제적 · 인적 피해 및 한미상호방위조약 체결(1953)

03 | 시사경제문화
핵심이론

1. 정치 · 외교

안티투어리즘(Antitourism)

특정 지역에 관광객이 지나치게 몰리면서 해당 지역의 물가가 급등하고, 환경파괴와 더불어 각종 소음 등으로 주민들의 일상이 침해당하자 나타나게 된 외국인 관광객 기피현상이다. 2010년대 후반까지만 해도 일부 유럽의 유명 관광지에서만 주로 나타나던 현상이었으나, 코로나19 팬데믹 이후 해외여행객이 크게 증가하면서 전 세계로 확산되었다. 이에 관광객을 대상으로 도시 입장료를 받거나 숙박요금에 세금을 부과하는 등 관광세를 도입하는 지역들도 속속 등장하고 있다.

기후정의(Climate Justice)

지구온난화에 따른 기후변화의 원인과 영향이 초래하는 일들을 인식하고 그것을 줄이기 위한 움직임 또는 사회활동을 일컫는 말이다. 기후변화가 사회 · 경제적으로 열악한 사람이나 국가에 더 많은 영향을 미칠 수 있음을 인정하는 데서 출발한 개념이다. 주로 급격한 기후변화에 적응하는 데 필요한 기금을 마련하거나, 기후변화에 책임을 지닌 선진국들이 이에 대처할 재정이나 기술이 없는 기후변화 취약국(개발도상국)의 피해를 보상하고 지원하는 일을 한다.

해리스노믹스

2024년 11월 5일 치러진 미국 대통령 선거에서 민주당 대선후보로 나선 카멀라 해리스 부통령이 대선공약으로 발표한 경제정책을 뜻한다. 해리스 부통령의 이름과 경제학을 뜻하는 '이코노믹스(economics)'의 합성어로, '카멀라노믹스'라고도 한다. 서민경제 회복을 위한 물가안정, 중산층 강화, 친환경에너지산업 육성, 아동복지 확대, 법인세 인상 등을 핵심으로 하는데, 특히 법인세를 현행 21%에서 28%로 인상해 부족한 세수를 확보하겠다는 방침을 밝혔다. 이는 법인세를 20%로 인하하고 전기차보조금 정책 폐지를 추진하는 트럼프노믹스와 대조돼 미 유권자들의 주목을 받았다.

대륙간탄도미사일(ICBM; Inter – Continental Ballistic Missile)

1957년 러시아는 세계 최초의 ICBM인 R-7을 발사했고, 미국은 1959년부터 배치하기 시작했다. 초기 ICBM은 추진제 문제와 발사 준비 시간 때문에 사실상 사용이 불가능했던 까닭에 이후 로켓으로 개량되어 우주개발에 사용됐다. 훗날 2세대는 추진제 문제를 해결하고, 발사 준비 시간을 단축하는 데 초점을 맞춰 개발했다. 1990년대부터 ICBM 개발에 나선 북한은 1998년 대포동 1호를 시작으로 꾸준히 개발을 진행 중이고, 2017년 7월에는 '화성 – 14형'을 시험 발사한 후 발사 성공을 대대적으로 발표하기도 했다.

북방한계선(NLL; Northern Limit Line)

해양의 북방한계선은 서해 백령도·대청도·소청도·연평도·우도의 5개 섬 북단과 북한 측에서 관할하는 옹진반도 사이의 중간선을 말한다. 1953년 이루어진 정전협정에서 남·북한 간의 육상경계선만 설정하고 해양경계선은 설정하지 않았는데, 당시 주한 유엔군 사령관이었던 클라크는 정전협정 직후 북한과의 협의 없이 일방적으로 해양경계선을 설정했다. 북한은 1972년까지는 이 한계선에 이의를 제기하지 않았으나 1973년부터 북한이 서해 5개 섬 주변 수역을 북한 연해라고 주장하며 NLL을 인정하지 않고 침범하여 우리나라 함정과 대치하는 사태가 발생하기도 했다.

키 리졸브(Key Resolve)

'중요한 결의'라는 뜻으로, 한반도에 전쟁이 발발했을 때 대규모 미 증원군 병력·장비를 신속하고 안전하게 최전방 지역까지 파견·배치하는 절차를 숙달하는 연합전시 증원훈련이다. 한미연합사령부가 주관하고 주한미군사령부, 각 구성군 사령부 요원들이 참여하여 유사시에 미군 증원 전력을 수용·대기하고 전방으로의 이동 및 통합하는 것을 포함하여 전시 상황에 숙달하는 훈련 등을 2주 일정으로 컴퓨터 시뮬레이션을 통해 실시한다. 2002년부터 야외 기동훈련인 독수리 훈련과 통합되어 실시되기 시작했고, 2009년부터는 군단급 이상의 대규모 병력과 장비가 동원되면서 실전을 방불케 하는 훈련이 이뤄졌다. 2017년에는 북한의 핵·미사일 기지의 선제타격, 김정은을 비롯한 북한 최고지도부에 대한 '참수작전', 사드 체계를 활용한 북한 미사일 요격 훈련 등이 이루어졌다.

마빈스(MAVINS)

미국 경제 매체인 비즈니스 인사이더가 앞으로 10년간 주목해야 할 시장으로 제시한 6개 국가로 멕시코, 호주, 베트남, 인도네시아, 나이지이라, 남아프리카공화국이 해당된다.

스핀닥터(Spin Doctor)

정부 수반이나 고위 관리들의 최측근 대변인 구실을 하는 사람들을 말하며, 정치적 목적을 위해 사건을 조작하거나 정부 수반의 생각을 여론 정책을 통해 구체화시키고 납득시키는 정치 전문가 또는 홍보 전문가이다.

시리아민주군(SDF)

쿠르드·아랍 연합으로, 시리아 내전에서 IS 및 알누스라 전선(JaN)에 대항하여 만들어진 조직이다. 2015년 시리아민주평의회라는 이름의 정당을 설립하였다.

ISDS(Investor State Dispute Settlement)

외국에 투자한 기업이 상대방 국가의 정책 등으로 이익을 침해당했을 때 해당 국가를 상대로 직접 소송을 제기할 수 있는 분쟁 해결 제도이다.

카탈루냐

스페인 동북부에 있는 카탈루냐는 스페인의 주류라고 할 수 있는 카스티야와 문화적 정체성이 다르며, 언어도 스페인어보다는 프랑스의 프로방스어와 가깝다. 때문에 1714년에 에스파냐에 병합된 이후로 독립을 요구하는 주민들이 많았으나, 스페인 정부는 카탈루냐의 분리독립 찬반 주민투표를 불법으로 규정하고 독립파 정치인들을 탄압하고 있다.

한국형 3축 체계

우리 군의 독자적인 억제·대응 능력을 확보하기 위해 추진 중인 체계로써 킬 체인(Kill Chain), 한국형 미사일방어체계(KAMD), 대량응징보복(KMPR)을 의미한다.

한·일 군사정보보호협정(GSOMIA)

한국과 일본 양국 간 군사에 관한 비밀을 공유할 수 있도록 맺은 협정으로 2016년 10월부터 재논의되기 시작하여 국정 혼란 속에 졸속 강행한다는 비판을 받았으나, 2016년 11월 23일 양국이 서명하면서 협정은 공식 발효되었다. 협정의 체결로 양국은 북한군과 북한 사회 동향, 핵과 미사일에 관한 정보 등 각종 군사정보를 공유할 수 있게 되었다.

KMPR(Korea Massive Punishment&Retaliation)

대량응징보복. 북한의 핵 공격 징후가 포착되면 북한의 전쟁 지도 본부를 포함한 지휘부를 직접 겨냥해 응징·보복하는 체계로 정밀 타격이 가능한 미사일 등의 타격 전력과 정예화된 전담 특수작전부대 등이 동원된다.

틱톡금지법

정식명칭은 '외국의 적이 통제하는 앱으로부터 미국인을 보호하는 법안'으로, 미국 하원이 안보 우려를 이유로 지난 3월 중국 숏폼 플랫폼인 '틱톡(TikTok)'을 미국 앱스토어에서 퇴출할 수 있도록 한 틱톡금지법을 통과시켰다. 중국계열 모회사 '바이트댄스'가 소유하고 있는 틱톡은 현재 미국에서만 1억 7,000만명의 이용자를 보유한 인기 플랫폼이지만 이용자정보 유출 및 국가안보 위협 등과 관련해 지속적으로 문제가 제기돼 왔다. 조 바이든 미국 대통령 역시 틱톡 사용에 관한 우려에 공감해 2023년 연방정부 전 기관에 사용금지령을 내리기도 했으나, 틱톡을 강제 매각하는 법안이 발의·통과된 것은 이번이 처음이다.

핵확산금지조약(NPT; Nuclear nonproliferation Treaty)

핵보유국으로 인정받지 않은 나라가 핵을 보유하거나, 핵보유국이 비핵보유국에게 핵무기나 핵 개발 관련 기술을 이전하는 것을 금지하는 조약이다. NPT에서 핵보유국으로 인정하는 나라는 미국, 영국, 러시아, 프랑스, 중국 5개국이다.

아시아·태평양 경제협력체(APEC; Asia Pacific Economic Cooperation)

아시아·태평양 경제협력체는 역대 지속적인 경제성장과 공동의 번영을 위해 1989년 호주 캔버라에서 12개국 간의 각료회의로 출범했다. 1993년부터 매년 정상회의를 개최하고 있으며, 현재 우리나라를 포함하여 미국, 일본, 중국, 러시아 등 총 21개국이 가입하였다.

바젤협약(Basel Convention)

유해폐기물의 국가 간 이동과 처리 문제의 대책에 대한 협약. 미국 전역을 12개 연방준비구로 나눠 각 지구에 하나씩 연방준비은행을 두고 이것들을 연방준비제도이사회(FRB)가 통합 관리하는 형태를 취한다.

비례성의 원칙

개인의 자유와 권리 영역에 대한 공권력의 침해로부터 개인을 보호하는 원칙, 즉 행정의 목적과 그 목적을 실현하기 위한 수단의 관계에서 그 수단은 목적을 실현하는 데에 적합해야 하며 최소 침해를 가져오는 것이어야 할 뿐만 아니라, 그 수단의 도입으로 인해 생겨나는 침해가 의도하는 이익·효과를 능가하여서는 안된다는 원칙을 말한다.

칼렉시트(Calexit)

캘리포니아(California)와 Exit의 합성어로 미연방의 캘리포니아주에서 일어나고 있는 캘리포니아주 독립운동을 말한다.

아파르트헤이트(Apartheid)

남아프리카공화국에서 시행되었던 인종차별정책으로, 국제적으로 비난 여론이 일자 동법을 전면 폐지하였으며, 1994년 넬슨 만델라 정권이 출범하면서 백인에 의한 지배는 종언을 고하게 되었다.

게티즈버그 연설(Gettysburg Address)

미국 링컨 대통령이 남북전쟁 중이던 1863년 11월 19일, 미국 펜실베이니아주 게티즈버그에서 했던 연설로 "국민의, 국민에 의한, 국민을 위한 정치를 지상에서 소멸하지 않도록 하는 것"이야말로 우리의 목적이라고 하였다. 이 연설문은 미국 역사상 가장 많이 인용된 연설 중 하나이자 가장 위대한 연설로 손꼽힌다.

고노 담화

1993년 일본의 고노 료헤이 당시 관방장관이 발표한 담화로, 일본군 위안부 모집에 대해 일본군이 강제 연행했다는 것을 인정하는 내용이다.

네오나치즘(Neo-Nazism)

제2차 세계대전 후 서독에서 일어난 우익운동 및 사상으로, 독일 민족의 우위와 반공, 반미, 반유대주의를 내용으로 한다.

네오콘(Neocons)

네오 콘서버티브(Neo-conservatives)의 줄임말로 미국 공화당의 신보수주의자들 또는 그러한 세력을 말한다. 다른 나라 일에 크게 신경을 쓰지 않고 고립을 즐기던 전통적 보수주의자들과는 달리 적극적으로 국제문제에 개입해 새로운 국제질서를 확립해야 한다고 주장한다.

네포티즘(Nepotism)

친족 중용(重用) 주의 또는 족벌정치를 이르는 말로, 정치권력자가 자신의 가족이나 친족들에게 정치적 특혜를 베푸는 것을 말한다. 권력 부패의 온상이자 정실인사의 대명사로 인식되고 있다.

독트린(Doctrine)

국제사회에서 공식적으로 표방하는 정책상의 원칙으로 강대국 외교 노선의 기본 지침으로 대내외에 천명될 경우에도 사용된다.

배타적 경제수역(EEZ; Exclusive Economic Zone)

자국 연안으로부터 200해리까지의 모든 자원에 대해 독점적 권리를 행사할 수 있는 수역으로, 영해와 달리 영유권은 인정되지 않는다.

브릭스(BRICS)

브라질(Brazil), 러시아(Russia), 인도(India), 중국(China), 남아공(South Africa) 5국의 영문 머리글자를 딴 것이다. 1990년대 말부터 빠른 성장을 보인 신흥경제국을 가리키며, 2030년 무렵이면 이들이 세계 최대의 경제권으로 도약할 것으로 보고 있다.

아그레망(Agrement)

한 나라에서 특정 인물을 외교사절로 임명하기 전에 외교사절을 받아들이는 상대국의 의향을 확인하는데, 상대국이 이의가 없다고 회답하는 것을 '아그레망을 부여한다.'고 하며, 아그레망을 받은 사람을 페르소나 그라타(Persona Grata), 아그레망을 받지 못한 사람을 페르소나 논그라타(Persona non-grata)라고 한다.

양해각서(MOU; Memorandum of Understanding)

국가 간 정식계약의 체결에 앞서 이루어지는 문서로 된 합의이다. 당사국 사이의 외교교섭 결과에 따라 서로 양해된 사항을 확인·기록하거나, 본 조약·협정의 후속 조치를 목적으로 작성한다. 공식적으로는 법적 구속력을 갖지는 않지만, 조약과 같은 효력을 갖는다.

힐빌리(Hillbilly)

미국에서 교육수준이 낮고 경제적 어려움을 겪는 백인 육체노동자를 뜻한다. 대부분 미국 중북부 러스트벨트 지역에 거주하고 있어 애팔래치아 산맥 일대의 저소득·저임금으로 소외된 백인계층을 비하하는 호칭으로 사용된다. 러스트벨트는 한때 미국 제조업의 호황기를 이끌던 대표적인 공업지대였으나 제조업의 쇠퇴로 현재는 불황을 겪고 있다. 힐빌리는 2016년 대선 당시 보호무역주의와 반이민정책을 내세운 트럼프 전 대통령에 승리를 안겨준 핵심유권자층으로 꼽는다. 이들 외에도 남부의 백인 하층노동자와 중서부의 농민 등이 트럼프 전 대통령에 지지를 보냈고, 이들로 인해 '트럼피즘(Trumpism)'이라는 신조어가 탄생하기도 했다.

더블헤이터(Double Hater)

선거에 출마한 두 명의 유력 후보 또는 정당을 모두 싫어하는 유권자를 가리키는 말로 이들은 '어떤 후보가 더 싫은가'에 기준을 두고 판단한다. 특정 정당이나 인물에 대한 지지의사가 없더라도 후보자의 공약 등에 따라 투표하는 중도층과는 근본적인 개념 자체가 다르다. 투표결과가 발표되기 전까지 이들이 어떤 선택을 했을지 예측하기 어려워 선거의 변수로 작용하기도 하며, 특히 주요 후보나 정당에 대한 부정적 인식이 높을수록 이들이 승패를 좌우하는 경우가 많다.

2. 법률·사회·노동

워라밸(Work and Life Balance)

'일과 삶의 균형'을 의미한다. 오늘날 워라밸은 취준생들이 직장을 선택하는 데 중요한 기준이 되는 가치이자 기업 문화이다. 기업들 역시 인재를 유치하고 일의 효율을 높이기 위해 직원들의 워라밸을 보장하려는 노력을 하고 있다. '저녁이 있는 삶, 가족의 날' 등이 기업이나 공공기관에서 실시하고 있는 대표적인 워라밸 제도인데, 성실함을 최고의 미덕으로 누구보다 많이 일하는 것을 추구했던 과거와 달리 자아실현 또는 삶의 질 향상을 중요시하는 현 사회의 모습을 반영한다.

베드 로팅(Bed Rotting)

직역하면 '침대에서 썩기'라는 뜻으로 온종일 침대에 누워 휴식을 취하면서 재충전하는 시간을 갖는 것을 뜻한다. 최근 틱톡 등 SNS에서 화제가 되면서 확산한 새로운 라이프 스타일로 Z세대 사이에서 인기를 끌고 있다. 이는 각종 스트레스에서 벗어나 자기만의 시간을 갖고자 하는 Z세대의 성향이 반영된 것으로 풀이된다. 베드 로팅을 즐기는 이들은 야외활동이나 사교활동을 하는 대신 침대에 누워서 아무것도 하지 않거나 독서나 영화관람 등의 간단한 활동을 하며 편안한 일상을 보낸다.

노동3권(勞動三權)

근로자는 근로조건의 향상을 위하여 자주적인 단결권·단체교섭권 및 단체행동권을 가진다(헌법 제33조 제1항).

코브라효과(Cobra Effect)

과거 영국이 인도를 식민 지배할 때 인도의 코브라를 없애기 위해 추진한 정책에서 유래하였다. 당시 인도에는 코브라가 사람을 해치는 일이 빈번했다고 한다. 이를 해결하기 위해 영국 정부는 코브라를 잡아 오면 포상금을 지급하겠다고 발표했는데, 처음에는 코브라가 줄어드는 것 같았지만 시간이 지날수록 코브라는 오히려 증가했다. 포상금을 받기 위해 코브라를 키우는 사람이 생겨났던 것이다. 사실이 밝혀져 정책은 폐기되었지만, 코브라를 키우던 사람들이 이제는 쓸모없어진 코브라를 버리면서 코브라의 수는 더 증가하여 상황은 더 악화되었다고 한다.

칵테일파티효과(Cocktail Party Effect)

칵테일파티에서처럼 여러 사람들이 모여 한꺼번에 이야기하고 있어도 관심 있는 이야기를 골라 들을 수 있는 능력 또는 현상이다. 즉, 다수의 음원이 공간적으로 산재하고 있을 때 그 안에 특정 음원 또는 특정인의 음성에 주목하게 되면 여러 음원으로부터 분리되어 특정 음만 들리게 된다.

유니온숍(Union Shop)

사용자는 노동조합원이든 아니든 관계없이 누구나 채용할 수 있지만, 일단 채용된 사람이 일정 기간 안에 조합에 가입하지 않거나 또 조합원 자격을 상실(제명 혹은 탈퇴 등에 의하여도)하면 해고되는 협정을 말한다.

런치메이트 증후군(Lunch-mate Syndrome)

학교나 직장 등에서 함께 점심식사를 할 상대가 없어서 혼자서 식사를 하는 것에 대해 두려움과 공포를 느끼는 현상을 말한다.

디지털튜터

초·중·고등학교에서 교사를 도와 수업용 디지털기기 및 소프트웨어를 관리하고, 학생들의 디지털역량 차이에 따른 인공지능(AI) 디지털교과서 활용격차를 해소할 수 있도록 도와주는 사람을 말한다. 이들은 교실에서 학생들이 사용하는 태블릿PC 등 수업용 디지털기기의 충전이나 설정·관리 업무부터 수업보조 역할까지 맡게 된다. 교육부가 지난 5월 발표한 '초·중등 디지털인프라 개선계획'에 따르면 향후 1,200명의 디지털튜터가 양성·배치될 예정이다. 교육부는 2025년부터 일부 학년을 대상으로 AI 디지털교과서를 도입할 예정인데, 학부모들 사이에선 문해력 저하나 스마트기기 중독 등의 부작용을 우려하는 목소리도 나온다.

오버부킹(Overbooking)

항공권 초과 판매를 일컫는 용어이다. 우리나라는 국토교통부에 의해 항공사 약관이 바뀌어 2017년 6월부터 오버부킹으로 좌석이 부족할 때는 안전 운항에 필수적이지 않은 항공사 직원부터 내려야 한다.

라운징족

혼자 편하게 휴식을 취하면서 위안을 얻는 부류로 바쁜 일상에서 벗어나 실내 공간에서 빈둥거리거나 가벼운 취미 활동을 하면서 휴식을 취하는 사람을 말한다. 개인의 행복을 가장 중요시하며, 극장이나 카페, 공원 등지에서 혼자 휴식하거나 활동하는 것을 즐긴다.

미니멀 라이프(Minimal Life)

최소한의 일이나 물건만 갖추는 생활양식이다. 최소한의 요소만을 사용하여 대상의 본질을 표현하는 예술 및 문화 사조였던 최소주의가 하나의 트렌드가 되고 일상생활에도 영향을 미치면서 생겨났다. 2010년대 초 유럽 등의 선진국에서 유행하기 시작했으며 물건, 습관, 노력, 인간관계 등 모든 것을 축소시키고자 한다.

해비타트(Habitat)

'주거환경, 거주지, 보금자리'라는 뜻으로, 주거 구호를 목적으로 하는 자선단체로서, 국제적·비영리적 비정부 기구이다.

시한부 기소중지

소재 불명(국외 도피 등) 이외에 다른 기소중지 사유가 있을 때 검사가 그 사유가 해소될 때까지 수사를 중지하는 처분을 말한다.

상용근로자

상시 고용되어 있는 근로자를 의미한다. 노동통계 조사에서는 3개월을 통산하여 45일 이상 고용된 자까지 사용 근로자에 포함하고 있다.

다중이용업소

휴게음식점, 단란주점 영업, 비디오물 소득장업, 복합영상물제공업 등 불특정 다수인이 이용하는 영업장 중에서 화재 등 재난 발생 시 생명·신체·재산상의 피해가 발생할 우려가 높은 곳을 말한다.

에코체임버 효과

신념이나 생각, 성향, 정치적 견해가 비슷한 사람들이 모여 본인들에게 맞는 정보만 수용·소비함으로써 그것이 더 증폭·강화되는 현상을 말한다. 일종의 '확증편향'으로 외부소리를 차단한 채 특정 음향만 인공적으로 확대·재생산하는 에코체임버(반향실)에서 유래한 개념이다. 특히 정치적으로 에코체임버 효과가 작용할 경우 양극화 현상이 심화할 수 있다는 우려가 있으며, 검증되지 않은 정보나 개인의 의견에 기반한 '가짜뉴스'를 확산시키기 쉽다는 이유에서 위험성이 크다.

제연설비

연기와 불길을 즉시 차단할 수 있도록 하는 자동방화문, 연기감지기, 송풍기, 방화문 안쪽으로 대피했을 때 안전하게 대피 가능한 비상구 및 유입된 연기가 즉시 빠질 수 있도록 외부 공기 유입구와 연기배출구 등의 구조설비 일체를 말한다.

공모공동정범

2인 이상이 공동으로 범죄를 계획하고 그 가운데 일부에게 범죄를 저지르게 했을 경우의 공범을 뜻하며, 범죄의 실행을 담당하지 않은 공모자에게도 공동정범이 성립한다.

국가책임

국내법상으로 국가가 국민에 대하여 일정 범위 내에서 책임을 지는 것을 뜻한다. 국가배상법에 따라 국가의 권력적 작용뿐만 아니라 비권력적 공행정 작용에 대해서도 일정한 범위 내에서 국가가 배상책임을 진다.

국민법제관

현장의 의견과 실무 지식을 입법, 법령과 제도의 개선 등 법제처 주요 업무에 반영함으로써 국민이 공감하는 법제를 구현하기 위해 2011년에 도입된 제도이다. 임기는 2년이며, 2019년 4월 99명을 새로 또는 다시 위촉했다.

공직선거법

선거에 있어서 부정 및 부패의 소지를 근원적으로 제거하고, 국민의 자유롭고 민주적인 의사 표현과 선거의 공정성을 보장하기 위한 각종 선거법을 통합한 법률을 말한다.

징벌적 손해배상

가해자가 불법행위로 이익을 얻은 경우 피해자의 실제 손해액보다 큰 금액을 손해 배상액이나 과징금으로 부과하는 방식을 말한다.

맞춤형 급여

맞춤형 급여는 급여 소득 기준을 '최저생계비'라는 절대적인 기준이 아니라, 상대 기준인 '중위 소득'의 일정 값으로 잡고 생계급여, 주거급여, 의료급여, 교육급여별로 수급 기준을 다르게 선정하는 제도이다.

청렴계약제

행정기관의 건설공사·기술 용역 발주, 물품 구매의 입찰, 계약 체결·이행 등의 과정에서 뇌물을 제공하거나 받으면 제재를 받을 것을 서로 약속하고 이행하는 제도이다.

영조물책임

영조물의 하자에 대한 배상책임으로, 배상책임에는 첫째로 도로 및 하천 기타 공공의 영조물일 것과 둘째로 설치 및 관리에 하자가 있을 것을 요하며, 타인에게 손해가 발생하게 하였을 것이 요구된다.

바나나(Build Absolutely Nothing Anywhere Near Anybody) 현상

환경오염 등을 유발하는 시설이 자기가 사는 지역 내에 설치되는 것을 거부하는 이기주의 현상으로 님비 현상과 유사한 개념이다.

I턴(I-turn) 현상

원래 고향이 도시인 사람들, 특히 젊은 층이 출신지와 무관한 시골에 정착하는 것으로 1980년대 도쿄 북서쪽에 있는 나가노현에서 샐러리맨들에게 지역 이주를 권유하였는데, 도시에서 시골로 이동하는 동선이 직선 I자와 같아 이러한 이름이 붙었다.

그레이보트(Grey Vote)

노년층이 선거를 좌우하게 되는 경향으로, 전 세계적으로 노령화 추세가 지속됨에 따라 청년층에 비해 노년층의 투표 참여율이 높아져 자연스럽게 노년층의 이해관계가 선거 결과에 반영되는 것을 말한다.

젠트리피케이션(Gentrification)

낙후된 구도심 지역이 활성화되어 중산층 이상의 계층이 유입됨으로써 기존의 저소득층 원주민을 대체하는 현상으로 영국의 지주 및 신사 계급을 뜻하는 젠트리(Gentry)에서 파생되었으며, 1964년 영국의 사회학자 루스 글래스(Ruth Glass)가 처음 사용하였다.

기본소득제도

모든 개인에게 조건 없이 지급하는 기본소득으로 가구 단위가 아니라 개인 단위로 지급되며, 노동 요구나 노동 의사와 무관하게 자산이나 다른 소득의 심사 없이 보장하는 것이다. 최근 핀란드가 기본소득제도를 실험적으로 실시하면서 뜨거운 관심사로 떠올랐으며 우리나라에서도 일부 학자들이 이에 대한 연구를 진행하고 있다.

코쿠닝 현상(Cocooning Syndrome)

가정을 중시하는 최근의 경향으로 청소년 범죄, 이혼의 급증 등 전통적 가치체계가 상실된 현대에 가족의 소중함을 되찾고 이를 결속력으로 해소하려는 현상을 가리키며 독일의 사회심리학자 팝콘(S. Popcon)이 이름 붙였다.

가면 증후군(Masked Depression)

가면을 쓰고 있는 것처럼 겉으로 별로 드러나지 않는 우울증을 말한다. 표면적으로는 우울 증상이 나타나지 않는 것으로 타인의 높은 기대 속에서 실패의 두려움을 갖고 있는 사람들이 최악의 상황이 발생할 때의 충격을 사전에 완화하려는 방어기제에서 비롯된다.

제노비스 신드롬(Genovese Syndrome)

범죄 현장을 지켜보고도 쉬쉬하며 덮어버리는 현상으로 '방관자 효과'라고도 하며, 미국 뉴욕에서 발생한 '키티 제노비스 살해사건'에서 유래되었다.

녹색피로

소비자가 환경보호를 위한 친환경소비를 하는 등의 노력에도 불구하고 기후변화에 유의미한 결과를 체감하지 못하자 이에 따른 피로가 누적되어 활동의욕이 꺾이는 현상을 의미한다. 영어로는 '그린퍼티그(Green Fatigue)'라고 한다. 이러한 피로가 누적되면 소비자는 기후변화 문제해결의 책임을 소비자에게 떠넘기는 기업에 분노하게 되고, 그린워싱 등 기업의 친환경활동에 대해서도 불신할 수 있다. 업계에서는 이러한 현상이 결국 소비자와 기업 간 신뢰를 무너뜨리는 부작용을 초래할 수 있다며 경계하고 있으며, 실제 해외의 경우 친환경 관련 사업의 리스크가 증가하고 있는 것으로 나타났다.

사일로 효과(Silos Effect)

다른 부서와 교류하지 않고 자기 부서 내부의 이익만을 추구하는 조직 간 이기주의 현상으로, 어떠한 조직 내의 각 부서들이 다른 부서와 벽을 쌓고, 자신이 속한 부서의 이익만을 추구하는 부서이기주의와 같은 현상을 말한다.

메디치 효과(Medici Effect)

전혀 다른 역량의 융합으로 생겨나는 창조와 혁신의 빅뱅 현상으로, 서로 다른 이질적인 분야들이 결합할 때 각 요소가 지니는 에너지의 합보다 더 큰 에너지를 분출하여 창조적이고 혁신적 시너지를 창출하는 효과를 말한다.

링겔만 효과(Ringelmann Effect)

집단에 참여하는 개인이 늘어날수록 성과에 대한 1명의 공헌도가 오히려 떨어지는 현상을 말한다.

기본 6법

헌법·민법·형법·상법·민사소송법·형사소송법이 기본 6법이다.

헌법 개정절차

제안(헌법 제128조) → 공고 → 국회의결(헌법 제130조 제1항) → 국민투표(헌법 제130조 제2항) → 공포 (헌법 제130조 제3항) → 시행(헌법 부칙 제1조)

헌법소원(憲法訴願)

기본권을 침해받은 국민이 직접 헌법재판소에 구제를 제기하는 기본권 구제 수단으로, 권리구제형 헌법소원과 위헌 심사형 헌법소원으로 나뉜다. 헌법소원의 청구 기간은 그 사건이 발생한 날로부터 1년 이내, 그리고 기본권 침해 사유를 안 날로부터 90일 이내이다.

헌법재판소의 권한

탄핵심판권 · 위헌법률심판권 · 정당해산심판권 · 기관쟁의심판권 · 헌법소원심판권 등이 있다.

신의성실의 원칙

모든 사람은 사회 공동생활을 영위함에 있어서 상대방의 신뢰를 헛되이 하지 아니하도록 신의와 성실로써 행동하여야 한다는 원칙을 말한다.

고령화 사회(高齡化社會, Aging Society)

전체 인구 중에서 65세 이상의 인구가 7% 이상을 차지하는 사회이다. 우리나라는 2000년에 고령 인구가 전체 인구의 7%인 '고령화 사회'에 진입하였다.

노모포비아(Nomophobia)

'no', 'mobile(휴대폰)', 'phobia(공포)'를 합성한 신조어로 휴대폰이 가까이에 없으면 불안감을 느끼는 증상을 말한다. CNN은 노모포비아의 대표적인 증상이 권태, 외로움, 불안함이며 하루 세 시간 이상 휴대폰을 사용하는 사람들은 노모포비아에 걸릴 가능성이 높고, 스마트폰 때문에 인터넷 접속이 늘어나면서 노모포비아가 늘어나고 있다고 보도했다.

노블레스 오블리주(Noblesse Oblige)

사회지도층의 책임 있는 행동을 강조하는 프랑스어로, 초기 로마 시대에 투철한 도덕의식을 갖추고 솔선수범하던 왕과 귀족들의 행동에서 비롯되었다. 자신들의 지위를 지키기 위한 수단으로 볼 수도 있지만, 도덕적 책임과 의무를 다하려는 사회지도층의 노력으로서 결과적으로 국민들을 결집하는 긍정적인 효과를 기대할 수 있다.

디지털 디바이드(Digital Divide)

디지털기기를 사용하는 사람과 사용하지 못하는 사람 사이에 정보 격차와 갈등이 발생하는 것을 의미한다. 전문가들은 디지털 디바이드를 극복하지 못하면 사회 안정에 해가 될 수 있다고 지적한다.

커리어 노마드(Career Nomad)

'직업'이라는 뜻의 영단어 'career'와 '유목민'이라는 뜻의 'nomad'의 합성어로 하나의 조직이나 직무에만 매여 있지 않고 다양한 직장이나 직무를 찾아 일자리를 옮기는 사람을 가리킨다. '잡(Job)노마드'라고도 한다. 최근 불안정한 고용환경과 자기개발을 중시하는 사회적 분위기가 맞물리면서 과거 평생직장이나 평생직업을 선택하던 것에서 벗어나 다양한 경력활동을 추구한다는 특성이 있다. 이를 통해 개인의 발전기회를 높일 수 있으나 고용안정성과 전문성이 떨어진다는 단점도 있다.

스프롤현상(Sprawl Phenomena)

도시의 급격한 팽창에 따라 대도시의 교외가 무질서·무계획적으로 발전하는 현상으로, 우리나라에서는 1970년대부터 스프롤현상이 문제 되기 시작했다.

소시오패스(Sociopath)

사회를 뜻하는 '소시오(Socio)'와 병리 상태를 의미하는 '패시(Pathy)'의 합성어로 법규 무시, 인권침해 행위 등을 반복해 저지르는 정신질환이다. 범죄를 저지르는 행태 등에서 사이코패스와 혼동되기도 하지만, 감정 조절을 못 하고 충동적으로 범죄를 저지르는 사이코패스와 달리, 소시오패스는 자신의 감정을 조절하고 타인의 감정을 이용한다.

파랑새 증후군(Bluebird Syndrome)

자신이 처해있는 환경에 만족하지 못하고 높은 이상만 꿈꾸며 살아가는 병적인 증세로, 빠르게 변해가는 현대사회에 적응하지 못하는 현대인들에게 나타나고 있다.

헤일로 효과(Halo Effect)

특정 인물을 평가할 때 능력 자체보다 그 사람에 대한 인상이나 고정관념 등이 평가에 중요한 영향을 미치는 현상으로 후광효과라고도 한다.

갤러리(Gallery)족

골프 구경꾼처럼 주인의식 없이 회사의 상황에 따라 적절히 처신하다가, 더 나은 직장이 생기면 미련 없이 다른 직장으로 떠나는 직장인들을 가리킨다.

넷셔널리즘(Netionalism)

인터넷상에서 상대 국가를 비하하거나 자국 우월주의를 드러내는 집단적 움직임으로 인터넷의 'Net'과 민족주의를 뜻하는 'Nationalism'의 합성어이다.

네카시즘(Netcarthyism)

다수의 누리꾼들이 인터넷, SNS 공간에서 특정 개인을 공격하며 사회의 공공의 적으로 삼고 매장해 버리는 현상이다. 누리꾼들의 집단행동이 사법제도의 구멍을 보완할 수 있는 요소라는 공감대에서 출발했으나, 누리꾼들의 응징 대상이 대부분 힘없는 시민이라는 점에서 문제가 되고 있으며, 인터넷 문화는 사실 확인이 어렵다는 점에서 잘못된 정보가 기반이 되어 피해를 보는 사람이 생길 수 있다.

모라토리엄 인간(Moratorium Man)

사회적 책임감을 져야 할 성인이 되는 것에 거부감을 느끼며 이를 유예하는 사람으로, 어려서부터 성인이 될 때까지 문제가 생기면 부모가 나서서 해결해 줬기 때문에 직장 선택이나 결혼은 물론 자신의 자녀를 키우는 일까지 부모에게 기대게 된다.

유리천장(Glass Ceiling)

충분한 능력이 있는 여성에게 승진의 최상한선을 두거나 승진 자체를 막는 상황을 비유적으로 표현한 용어이다.

타임오프(Time-Off)제도

노조 전임자가 실제로 회사 일을 하지 않으면서도 회사로부터 임금을 받고 노조 활동을 할 수 있는 근로시간 면제제도로, 타임오프제에 따라 전임자 수가 정해지며 타임오프 상한선을 어기면 사용주가 처벌을 받는다.

노동귀족(Labor Aristocrat)

노동자 계급 중에서 권력 또는 자본가에게 매수되어 상대적으로 높은 임금과 특권적 지위를 누리는 사람들을 말한다. 노조와 사측 간의 원활한 의사소통을 담당해야 할 노조 간부들이 각종 특권을 누리며 노동자들을 지배함을 의미한다.

퍼플칼라(Purple Collar)

근무시간과 장소가 자유로워 일과 가정을 함께 돌보면서 일할 수 있는 노동자를 말하며, 적은 시간 동안 일하면 보수가 적지만 정규직으로서의 직업 안정성과 경력을 보장받는다는 점에서 파트 타임, 비정규직과는 다르다.

잡 셰어링(Job Sharing)

1인당 근무시간을 단축하여 여러 사람이 그 일을 처리하도록 함으로써 고용을 창출하는 정책이다. 잡 셰어링을 실현하는 방식은 초과근무를 축소하는 방법, 무급휴가의 확대, 주4일 근무제 등이 있으며 이를 시행한 기업에는 정부가 세제지원 혜택을 준다.

ILO(International Labour Organization)

노동조건의 개선과 노동자들의 기본적인 생활을 보장하기 위한 국제노동기구로, 국제적으로 노동자들을 보호하기 위해 설립되어 1946년 최초의 유엔 전문기구로 인정받았다. 국제노동입법 제정을 통해 고용·노동조건·기술원조 등 노동자를 위한 다양한 활동을 하고 있다.

니트(NEET)족

'Not in Education, Employment or Training'의 준말로, 취업 연령의 인구 중에 취업 의욕이 전혀 없거나, 의욕은 있지만 일자리를 구하지 못하는 청년들을 말한다. 경제 상황이 악화되고 고용 환경은 더욱 나빠져 어쩔 수 없이 취업을 포기하는 청년 실업자들이 늘어나고 있는 상황으로, 이는 경제·사회적으로 심각한 문제가 될 수 있다.

로제타 플랜(Rosetta Plan)

1990년대 후반 벨기에에서 실시해 큰 성공을 거둔 청년 실업 대책 중 하나로, 종업원 50명 이상의 기업에서는 전체 인원의 3%에 한해 청년 구직자들에게 의무적으로 일자리를 마련해줘야 한다는 내용이 핵심이다. 벨기에에서는 제도 시행 첫해에 약 5만 개의 일자리가 증가할 정도로 큰 성공을 거뒀다.

번아웃 증후군(Burnout Syndrome)

한 가지 일에 몰두하던 사람이 극도의 신체·정서적 피로로 인해 무기력증이나 자기혐오·직무 거부 등에 빠지는 것으로, 생각대로 일이 실현되지 않거나 육체적·정신적 피로가 쌓였을 때 나타난다.

플렉스타임제(Flexible Working Hours System)

획일적·강제적인 근로 시간에서 벗어나 직원들 각자가 원하는 근무시간에 일할 수 있도록 하는 제도이다.

3. 과학·컴퓨터·IT·환경

케미포비아(Chemifobia)

화학(Chemical)과 혐오(Fobia)을 더해 만든 단어로, 화학 물질에 대한 공포에 빠진 소비자 또는 화학제품 공포증을 말한다. 가습기 살균제부터 살충제 달걀과 유해 물질 생리대, 비스페놀 영수증 사건까지 줄줄이 터지면서 소비자들은 일상에서 자주 쓰는 생필품이나 식품의 안전성을 신뢰할 수 없게 됐다. 현재 밝혀진 것뿐만 아니라 다른 제품들에도 문제가 있을 가능성이 충분하기 때문에 케미포비아는 급속히 확산되고 있다.

망고(MANGO)

2022년 3월 뱅크오브아메리카(BoA)가 발표한 반도체 유망 기업들을 일컫는 말이다. ▲ 마벨 테크놀로지(MRVL) ▲ 브로드컴(AVGO) ▲ 어드밴스트 마이크로 디바이스(AMD) ▲ 아날로그 디바이스(ADI) ▲ 엔비디아(NVDA) ▲ 글로벌파운드리(GFS) ▲ 온 세미컨덕터(ON)의 앞 글자를 딴것이다. BoA는 최근 전 세계적인 인플레이션 현상과 공급망 병목 등으로 투자심리가 위축되고 있으나 높은 전략적 가치를 가진 반도체 기업들에 투자를 권고했으며, 특히 망고기업들은 반도체사업의 수익성 혹은 성장 가능성이 높거나 타 산업의 성장과 연계돼 수요가 계속 증가할 것으로 전망된다고 평가했다.

구조적 질의 언어(SQL; Structured Query Language)

관계 데이터베이스를 위한 표준 질의어로 많이 사용되는 언어다. SQL은 사용자가 처리를 원하는 데이터가 무엇인지만 제시하고 데이터를 어떻게 처리해야 하는지를 언급할 필요가 없어 비절차적 데이터 언어의 특징을 띤다고 할 수 있다. SQL은 관계형 데이터베이스 관리 시스템에서의 자료 검색과 관리, 데이터베이스 관리 시스템에서 데이터 구조와 표현 기술을 수용하는 데이터베이스 스키마 파일의 생성과 수정, 데이터베이스 객체의 접근 조정관리를 위해 고안되었다. 대다수의 데이터베이스 관련 프로그램들이 이 언어를 표준으로 채택하고 있다.

하이퍼루프(Hyperloop)

진공에 가까운 튜브 안에서 차량을 살짝 띄운 상태로 이동시켜 공기 저항과 마찰을 줄이는 방식으로 작동되는 열차이다. 우리나라에서는 한국철도기술연구원이 진공 압축 기술과 자기부상 기술을 융합하여 2016년에 한국형 하이퍼루프를 개발했고, 시속 700km 시험 작동에 성공하기도 했다. 하이퍼루프를 개발 중인 민간기업 HHT의 최고경영자 더크 알본은 CNBC에 출연해 앞으로 3 ~ 4년 뒤 아시아 국가에서 하이퍼루프가 운행될 것이라고 말했다. 또 서울－부산 노선에 채택하기를 원하는 한국과는 라이선스 협약을 맺은 상태라고 덧붙여 하이퍼루프의 현실화 가능성이 주목되고 있다.

유전자 재조합 식품(GMO; Genetically Modified Organism)

제초제와 병충해에 대한 내성과 저항력을 갖게 하거나 영양적인 가치와 보존성을 높이기 위해 해당 작물에 다른 동식물이나 미생물과 같은 외래 유전자를 주입하는 등 식물 유전자를 변형하여 생산한 농작물을 일컫는다. 1994년 무르지 않는 토마토를 시작으로 유전자 재조합이 시작되었고, 몬샌토사에 의해 본격적으로 상품화되었다. 우리나라는 현재 세계 2위의 GMO 수입국인데, GMO의 안전성이 검증되지 않아 그 표시 문제가 논란이 되고 있다.

딥보이스(Deepvoice)

인공지능(AI)을 기반으로 한 음성합성기술을 통해 특정 인물의 음성을 복제하여 해당 인물이 하지 않은 말도 실제로 한 것처럼 만들어낼 수 있는 기술을 말한다. 인간의 신경시스템을 모방한 인공신경망을 통해 방대한 양의 데이터를 분석·활용하는 기술인 '딥러닝(Deep Learning)'과 목소리를 뜻하는 'voice'의 합성어다. 2~3초가량의 짧은 샘플만으로 특정 인물의 말투와 발음, 톤 등을 자연스럽게 구현해낼 수 있다는 점에서 향후 여러 분야에서 활용될 가능성을 언급하며 기술의 발전을 환영하기도 하지만, 이러한 기술이 보이스피싱 등의 범죄에 쉽게 악용될 수 있다며 우려하는 목소리도 나온다.

네이처 저널

영국의 순수과학 저널로서, 전 세계의 과학 저널 가운데 영향력이 큰 저널 중 하나이다. 물리학·의학·생물학 등 과학 전반을 다루며, 미국의 전문 과학 저널인 사이언스와 함께 과학계의 대표적인 저널로 꼽힌다.

팝콘 브레인(Popcorn Brain)

첨단 디지털기기의 즉각적 자극에만 반응하고, 현실의 생활이나 인간관계 등에는 둔감한 반응을 보이도록 변형된 뇌 구조를 말한다. 컴퓨터와 스마트폰 등 전자기기를 지나치게 사용하거나 여러 기기로 멀티태스킹을 반복할 때 심해진다.

랜섬웨어(Ransomware)

악성코드(Malware)의 일종으로, 이에 감염된 컴퓨터에 시스템에 대한 접근을 제한시키고 이를 해제하기 위해서 대가로 금전을 요구하는 악성 프로그램을 말한다.

UHD(Ultra-HD)

Full-HD 화면보다 4배 높은 해상도를 통해 보다 선명한 화질로 동영상, 사진을 감상할 수 있다.

바이오해킹(Bio Hacking)

개인의 생체정보를 면밀하게 파악해 최적의 건강상태를 찾기 위한 바이오 기술을 말한다. 보통 '해킹'은 부정적 의미로 많이 쓰이지만, 바이오해킹에는 신체적 문제점을 찾아 보완한다는 긍정적 목표가 담겨 있다. 개인별 특성에 맞는 맞춤형 건강솔루션을 찾을 수 있는데, 수면패턴 조절, 건강한 식습관, 꾸준한 운동 등 생활방식과 식습관에 변화를 주는 행위가 모두 바이오해킹에 해당한다. 다만 생활습관을 무리하게 바꾸거나 안전성이 보장되지 않은 약물을 복용하는 행위는 지양해야 한다.

유전자가위

유전자의 특정 부위를 절단해 유전체 교정을 가능하게 하는 인공 제한 효소로 유전자가위를 이용해 질병과 관련된 유전자의 기능을 없애는 질병 치료에도 응용할 수 있다.

OTT(Over the Top)

단말기를 통해 인터넷으로 제공하는 콘텐츠를 말한다.

스마트 원자로

한국원자력연구원이 개발한 소형 일체형 원자로로 주요 기기들을 하나의 압력 용기에 구성하였다. 규모 7.0의 지진을 견딜 수 있으며, 2015년 사우디아라비아와 스마트 원자로의 공통 상용화를 위한 양해각서(MOU)를 체결하였고, 세계 최초로 중소형 원자로를 수출한 사례로 평가된다.

하이퍼 로컬(Hyper-Local)

지역 구성원 간의 직접 소통을 의미하며, 언론에서는 지역에 속한 개인이 지역의 뉴스를 직접 전파하는 시스템을 뜻한다.

인포테인먼트(Infotainment)

정보(Information)와 오락(Entertainment)의 합성어로 내비게이션(Navigation) 시스템 등이 고객을 위한 주요 명소, 맛집, 동영상, 맞춤형 광고 등 다양한 콘텐츠가 제공하는 등 고객 부가 서비스가 확충되어 있는 것을 말한다.

직접 메탄올형 연료전지(DMFC)

메탄올과 산소의 전기 화학반응으로 전기를 만드는 에너지 변환 시스템이다. 액상 연료를 사용하기 때문에 에너지 밀도가 높고, 기존 수소 연료전지보다 연료 저장·취급도 쉽다.

소형 태양광 발전기

휴대용 태양광 발전기로, 빛에너지를 전기에너지로 변환할 수 있는 태양전지 셀을 조립이 간편한 독립형의 모듈로 구성하거나 이동성 물체의 외장에 부착함으로써 태양광으로 전기를 생산한다.

프러버(Frubber)

피부 고무라는 뜻의 Flesh Rubber의 줄임말로 질감이 피부와 흡사하다고 알려진 실리콘 계열의 소재이다.

불의 고리(Ring of Fire)

지진과 화산 활동이 활발한 세계 최대의 화산대 중첩 지대인 환태평양 조산대로 4만km에 이른다.

메칼프의 법칙(Metcalfe's Law)

네트워크 효과를 설명하는 법칙으로, 통신망 사용자에 대한 효용성을 나타내는 망의 가치는 대체로 사용자 수의 제곱에 비례한다는 내용이다.

그리드 패리티(Grid Parity)

대체에너지(태양광, 풍력)로 전기를 만드는 데 드는 발전원가가 화석 원료(석유, 석탄) 발전원가와 같아지는 시점을 말한다.

사물인터넷(IoT; Internet of Things)

인터넷을 기반으로 사물에 센서를 부착해 실시간으로 데이터를 주고받는 기술 및 서비스로, 우리가 이용하는 사물(전자제품, 모바일, 컴퓨터 등)에 센서와 통신 기능을 내장하여 인터넷에 연결하고 서로 데이터를 주고받아 자체적으로 분석·학습한 정보를 사용자에게 제공함으로써 이를 원격조정으로 사용할 수 있게 한 인공지능 기술이다.

딥러닝(Deep Learning)

데이터를 조합·분석·분류하는 데 사용하여 학습하는 과정으로, 컴퓨터가 다양한 데이터를 이용해 마치 사람처럼 스스로 학습할 수 있게 하기 위해 만든 인공신경망(ANN; Artificial Neural Network)을 기반으로 하는 기계 학습 기술이다.

크라우드 펀딩(Crowd Funding)

불특정 다수의 개인으로부터 인터넷이나 소셜미디어를 통해 자금을 모으는 것으로, 군중(Crowd)으로부터 투자(Funding)를 받는다는 의미이다. 소셜미디어를 통해 이루어지는 경우가 많아 소셜 펀딩이라고 불리기도 한다.

스피어 피싱(Spear Phishing)

조직 내의 신뢰받는 특정인을 목표로 개인정보를 훔치는 피싱 공격이다. 이때 피싱 공격자들은 특정 기업과 거래한 적이 있는 기업이나 아는 사람을 가장해 송금 등을 요청하는 탓에 범죄로 의심하기가 쉽지 않다.

도그 이어(Dog Year)

정보통신의 눈부신 기술 혁신 속도를 일컫는 말로 10년 안팎인 개의 수명을 사람과 비교할 때, 개의 1년이 사람의 7년과 비슷한 것을 비유하였으며, IT업계의 1년이 보통 사람이 생각하는 7년과 맞먹는 성장 속도로 급변하고 있다는 의미이다.

바이오시밀러(Biosimilar)

특허 기간이 끝난 오리지널 의약품을 모방하여 만든 약품으로, 본래와 다른 방식으로 비슷한 성분이나 함량 등을 유지하여 만든다. 기존의 특허 받은 의약품에 비해 약값이 저렴하다는 특징이 있다.

4차 산업혁명

현재의 생산설비에 정보통신기술을 융합시켜 경쟁력을 제고하는 차세대 산업혁명으로 '지능적 가상 물리 시스템'이 핵심 키워드라 할 수 있다. 우리나라에서는 '제조업 혁신 3.0 전략'이 같은 선상의 개념이다.

카오스 이론

무질서해 보이는 현상 배후에 질서정연한 현상이 감추어져 있음을 전제로 하는 이론으로 1920년 미국의 수리 생물학자인 로버트 메이로부터 시작되었다. 예측 불가능한 현상 뒤의 알려지지 않은 법칙을 밝혀내는 것을 목적으로 한다.

스텔스 장마

레이더망을 피해 숨어 있다가 갑자기 나타나 공격하는 스텔스 전투기처럼 미처 예상하지 못했던 장마가 갑자기 튀어나와 '물폭탄'을 퍼붓는 상황을 가리킨다. 국내외 기상관측기관의 슈퍼컴퓨터마저 예측하기 어려울 만큼 기습적이고 변덕스러운 장마라는 뜻에서 붙여진 이름이다. 언제 어디서 어떻게 폭우가 쏟아질지 알 수 없고, 폭우구름이 옮겨 다니면서 단시간 좁은 지역에 많은 비를 퍼붓는다는 특징이 있다. 전문가들은 이러한 스텔스 장마가 나타나는 이유로 '지구온난화'를 꼽는다.

프레온가스

염화불화탄소(CFC)로 염소와 불소를 포함한 일련의 유기 화합물을 총칭한다. 가연성 · 부식성이 없는 무색 · 무미의 화합물로, 독성이 적으면서 휘발하기 쉽지만 잘 타지 않고 화학적으로 안정되어 있어 냉매, 발포제, 분사제, 세정제 등으로 산업계에서 폭넓게 사용되고 있다. 그러나 대기권에서 분해되지 않고, 오존이 존재하는 성층권에 올라가서 자외선에 의해 분해되어 오존층 파괴의 원인이 된다.

엘니뇨

페루와 칠레 연안에서 일어나는 해수 온난화 현상이다. 남미 연안은 남풍에 의해 호주 연안으로 바람이 불고 심층으로부터 차가운 해수가 솟는 지역으로, 연중 수온이 낮기 때문에 좋은 어장이 형성되어 있다. 그런데 무역풍이 알 수 없는 이유로 인해 약해지게 될 때 차가운 해수가 솟는 양이 줄어들어 엘니뇨가 발생한다. 엘니뇨 현상으로 태평양 적도 부근에서 따뜻한 해수가 밀려와 표층 수온이 평년보다 올라가고, 어획량도 줄어들며, 특히 호주 지역에 가뭄이 일어나 농업과 수산업에 피해를 입힌다.

온실 효과

대기를 빠져나가야 하는 지표에서 반사된 복사 에너지가 대기를 빠져나가지 못하고 재흡수되어 지구의 기온이 상승하는 현상으로, 대기 자체가 온실의 유리와 같은 기능을 하기 때문에 붙은 이름이다.

포획위성

임무를 마친 뒤 수명이 다한 인공위성의 잔해 같은 우주쓰레기에 접근해 포획하거나 연료 등을 주입해 수명을 연장시키는 역할을 하는 소형위성을 말한다. 로봇팔이나 그물 등을 이용해 우주쓰레기가 되어 떠도는 위성을 붙잡아 지구 대기권으로 진입시켜 소각시키는 것이 가능하고, 연료보급이나 수리, 궤도변화 등을 통해 위성의 임무수명을 연장시키는 용도로도 주목받고 있다. 최근 민간회사들의 우주개발이 활발해짐에 따라 우주쓰레기도 급증해 심각한 문제로 떠오르고 있다. 이에 따라 주요국은 우주쓰레기를 제거하기 위한 포획위성 개발에 나선 상황이다.

그래핀(Graphene)

탄소 원자 1개의 두께로 이루어진 아주 얇은 막으로 활용도가 뛰어난 신소재이다. 구리보다 100배 이상 전기가 잘 통하고 실리콘보다 100배 이상 전자를 빠르게 이동시킨다. 강도는 강철보다 200배 이상 강하고, 열 전도성은 다이아몬드보다 2배 이상 높다. 또한 탄성이 뛰어나 늘리거나 구부려도 전기적 성질을 잃지 않아 활용도가 아주 높다.

힉스 입자(Higgs Boson)

우주 모든 공간에 가득 차 있는 입자로, 물질을 구성하는 기본입자 중에서 유일하게 관측되지 않은 가상의 입자이며 '신의 입자'라고도 불린다.

블랙아웃(Black-out)

전기수요가 공급능력을 넘을 때 발생하는 대규모 정전사태이다. 전력망은 서로 연결이 되어 있기 때문에 만일 블랙아웃을 방치하면 한 지역에서 그치지 않고 정전 범위가 점점 더 확대된다. 냉방 수요가 급증하는 여름과 난방수요가 많은 겨울에 발생할 가능성이 높다.

리튬폴리머 전지(Lithium Polymer Battery)

외부전원을 이용해 충전하여 반영구적으로 사용하는 고체 전해질 전지로, 안정성이 높고 에너지 효율이 높은 2차 전지이다. 전해질이 고체 또는 젤 형태이기 때문에 사고로 인해 전지가 파손 되어도 발화하거나 폭발할 위험이 없어 안정적이다. 또한 제조공정이 간단해 대량생산이 가능하며 대용량으로 만들 수 있다. 노트북, 캠코더 등에 주로 사용되며 전기자동차에도 쓰이고 있다.

탄소포인트제

온실가스 감소 정도에 따라 탄소 포인트를 받고 이에 대한 인센티브를 제공받는 제도로 인센티브는 포인트 당 2원 이내로 지급하며, 그린카드 가입자에게는 그린카드 포인트, 미가입자에게는 현금, 상품권, 종량제 쓰레기봉투 등 지자체별로 단수 또는 복수로 선택하여 지급한다.

커넥티드 카(Connected Car)

주변 사물들과 인터넷으로 연결돼 운행에 필요한 각종 교통 정보는 물론 다른 차량의 운행 정보도 실시간으로 확인할 수 있는 스마트 자동차이다. 2016년 11월에 SK텔레콤과 BMW코리아는 5G 통신망을 이용한 커넥티드 카 'T5'를 공개하고 세계 최초로 미래 주행 기술을 선보이기도 했다.

데이터마이닝(Data Mining)

대규모의 데이터베이스로부터 유용한 상관관계를 발견하고, 미래에 실행 가능한 정보를 추출하여 중요한 의사결정에 활용하는 과정으로 기존의 축적된 다양한 데이터에서 기업의 경쟁력을 높일 수 있는 유용한 정보를 찾아내는 작업이다.

디도스(DDoS)

특정 사이트를 마비시키기 위해 수십 대에서 수백만 대의 컴퓨터가 일제히 접속하여 과부하를 일으키는 수법을 말한다.

바이오컴퓨터(Bio Computer)

인간의 뇌에서 이루어지는 학습·기억·추리·판단 등의 고차원적인 정보처리 기능을 컴퓨터에 적용한 것을 말한다. 보통의 컴퓨터는 실리콘을 이용한 반도체 소자를 주요 부품으로 해서 만들지만, 바이오컴퓨터는 단백질과 유기 분자, 아미노산을 결합한 결합물을 바이오칩으로 만들어 컴퓨터 소자로 이용한다.

스풀(Spool)

데이터를 주고받는 과정에서 중앙처리장치와 주변장치의 처리 속도가 달라 발생하는 속도 차이를 극복하여 지체현상 없이 프로그램을 처리하는 기술을 말한다.

그리드컴퓨팅(Grid Computing)

모든 컴퓨터 기기를 하나의 초고속 네트워크로 연결시켜 중요한 업무에 집중적으로 사용할 수 있게 하는 기술을 말한다.

90 : 9 : 1 법칙

인터넷 이용자 중 90%는 관망하고, 9%는 재전송이나 댓글로 정보확산에 기여하며, 극소수인 1%만이 콘텐츠를 창출한다는 법칙이다. 덴마크의 인터넷 전문가인 제이콥 닐슨(Jakob Nielsen)은 이 법칙을 통해 인터넷 사용이 일반화될수록 쌍방향 소통이 활발해질 것이라고 예상되는 한편으로 참여 불균등이 심해질 수 있다고 지적했다.

스트리밍(Streaming)

스트리밍은 '흐르다', '흘러내리다' 등의 의미로 인터넷상에서 데이터가 실시간으로 전송될 수 있도록 하는 기술을 말한다. 음성, 동영상 등 용량이 큰 파일을 한 번에 다운로드하거나 전송하는 것이 쉽지 않기 때문에 파일의 일부를 조금씩 실시간으로 전송하는 것이다. 스트리밍의 발달은 인터넷 방송이 활성화될 수 있는 계기가 됐다.

광대역 통합망(BcN)

음성·데이터, 유·무선 등 통신·방송·인터넷이 융합된 광대역 멀티미디어 서비스를 언제 어디서나 안전하게 이용할 수 있는 차세대 통합 네트워크를 말한다.

반크(VANK; Voluntary Agency Network of Korea)

한국의 이미지를 바르게 알리기 위해 인터넷상에서 활동하는 비정부 민간 단체로 우리나라에 대한 잘못된 정보를 바로잡는 등 폭넓게 활동하고 있으며, 동해와 독도의 국제 표기 수정 활동도 벌이고 있다.

아이핀(i-PIN, Internet Personal Identification Number)

주민등록번호를 대체해 인터넷상에서 개인의 신원을 확인할 수 있도록 부여하는 식별번호로, 하나의 아이핀을 발급받으면 아이핀을 사용하는 사이트에서 모두 이용 가능하며, 언제든지 변경이 가능하다는 것도 장점이다. 13자리 난수의 형태를 취한다.

DRM(Digital Rights Management)

DRM은 허가된 사용자만 디지털콘텐츠에 접근할 수 있도록 제한하여 비용을 지불한 사람만 콘텐츠를 사용할 수 있도록 하는 서비스이다. 인터넷상에서는 각종 디지털콘텐츠들이 불법 복제돼 다수에게 확산될 위험성이 크다. 불법복제는 콘텐츠 생산자들의 권리와 이익을 위협하고 출판, 음악, 영화 등 문화산업 발전에 심각한 해가 될 수 있다는 점에서 DRM, 즉 디지털 저작권 관리가 점점 더 중요해지고 있다.

디지로그(Digilog)

디지털(Digital)과 아날로그(Analog)의 합성어로, 기본적으로는 아날로그 시스템이지만 디지털의 장점을 살려 구성된 새로운 제품이나 서비스를 말한다. 빠르고 편리한 디지털화도 좋지만 최근에는 아날로그적이고 따뜻한 감성, 느림과 여유의 미학을 필요로 하는 사람들이 늘고 있어서 사회, 문화, 산업 전반에서 디지털과 아날로그의 융합인 디지로그에 주목하고 있다.

디지털 컨버전스(Digital Convergence)

방송과 통신, 유선과 무선 등의 구분이 모호해지면서 등장한 새로운 형태의 융합 상품과 서비스이다. 정보통신 분야뿐만 아니라 사회, 경제 모든 분야에서 주목받고 있으며, 유비쿼터스 사회로 진입하는 데 있어서의 핵심적인 전제가 된다.

IPv6(Internet Protocol version 6)

현재 사용되고 있는 IP주소 체계인 IPv4의 단점을 개선하기 위해 개발된 새로운 IP주소 체계를 말한다. IPv4와 비교할 때 IP주소의 길이가 128비트로 늘어났다는 점과 헤더 확장을 통한 데이터 무결성 및 비밀 보장이 특징이다.

m-VoIP(mobile Voice over Internet Protocol)

모바일 인터넷 전화 서비스로 전송 속도가 느리다는 것이 단점이지만, 스마트폰이 대중화되면서 가입자가 빠른 속도로 늘어나고 있다.

증강현실(AR; Augmented Reality)

실제 환경에 가상의 사물이나 정보를 합성하여 원래의 환경에 존재하는 사물처럼 보이도록 하는 컴퓨터 그래픽 기법을 말한다.

LAN(Local Area Network)

한정된 공간 안에서 컴퓨터와 주변장치 간에 정보와 프로그램을 공유할 수 있도록 하는 네트워크를 말한다.

RFID(Radio Frequency IDentification)

IC칩을 내장해 무선으로 다양한 정보를 관리할 수 있는 차세대 인식 기술로 대형 할인점 계산, 도서관의 도서 출납 관리, 대중교통 요금 징수 시스템 등 활용 범위가 다양하며 향후 여러 분야로 확산될 것으로 예상된다.

4. 문화 · 스포츠 · 미디어

주크박스 뮤지컬(Jukebox Musical)

'팝 뮤지컬(Pop musical)'이라고도 하는데, 이는 과거 대중에게 인기가 높았던 인기곡을 뮤지컬의 소재로 활용했기 때문에 붙여진 이름이다. 대표적인 작품으로는 아바(ABBA)의 노래들로 꾸며진 〈맘마미아!〉로 미국 브로드웨이뿐 아니라 전 세계적으로 약 6,000만 명 이상의 관객을 동원했다. 우리나라의 대표적인 주크박스 뮤지컬에는 〈그날들〉, 〈올슉업(All Shook Up)〉, 〈광화문 연가〉 등이 있다.

미닝아웃(Meaning Out)

소비가 상품의 질과 실용적 필요성, 경제성만을 기준으로 이뤄지던 게 전 시대의 방식이었다면, 현대사회에서 소비는 조금 다른 의미를 지닐 수도 있다. 조금 경제적이지 않더라도 자신이 사는 물건을 통해 자신의 사회적 신념을 보여줄 수 있기 때문이다. 이러한 소비 신념으로는 환경 보호, 동물복지, 친환경 등의 윤리적 신념과 위안부, 반전 등의 사회적 신념이 있다. 이러한 선택 뒤에는 SNS 활동 등이 이어진다.

미슐랭 가이드(Michelin Guide)

프랑스의 타이어 회사 미쉐린이 발간하는 세계 최고 권위의 여행 정보 안내서로, 타이어 구매 고객에게 서비스로 배포한 자동차 여행 안내 책자에서 출발했다. 숙박시설과 식당에 관한 정보를 제공해 주는 '레드'와 박물관, 자연경관 등 관광 정보를 제공해 주는 부록 형태의 '그린'이 있다. '레드'의 평가원은 일반 고객으로 가장해 동일한 식당을 연간 5 ~ 6회 방문하여 평가를 하는데, 별점을 부여하는 방식(최고 별 3개)으로 등급을 나눈다(별 1개 : 요리가 훌륭한 식당, 별 2개 : 요리를 먹기 위해 멀리 찾아갈 만한 식당, 별 3개 : 그 요리를 위해 그곳으로 여행을 떠날 만한 식당). '그린' 역시 별점을 부여하는 방식으로 평가한 후 소개한다.

월드컵(FIFA World Cup)

클럽이나 소속에 상관없이 오직 선수의 국적에 따른 구분으로 하는 축구 경기이다. 4년마다 개최되는 월드컵은 올림픽과 달리 단일종목대회이며, 올림픽은 한 도시를 중심으로 개최되는 반면 월드컵은 한 나라를 중심으로 열린다. 대회 기간 역시 올림픽이 보통 보름 정도이지만 월드컵은 약 한 달 동안 진행된다.

노벨상(Nobel Prize)

다이너마이트를 발명한 스웨덴의 화학자 알프레드 노벨(Alfred B. Nobel)은 인류 복지에 가장 구체적으로 공헌한 사람들에게 나누어 주도록 그의 유산을 기부하였고, 스웨덴의 왕립과학아카데미는 노벨 재단을 설립하여 1901년부터 노벨상을 수여하였다. 해마다 물리학·화학·생리의학·경제학·문학·평화의 6개 부문에서 인류 문명의 발달에 공헌한 사람이나 단체를 선정하여 수여한다. 평화상을 제외한 물리학, 화학, 생리의학, 경제학, 문학상의 시상식은 노벨의 사망일인 매년 12월 10일에 스톡홀름에서, 평화상 시상식은 같은 날 노르웨이 오슬로에서 열린다. 상은 생존자 개인에게 주는 것이 원칙이나 평화상은 단체나 조직에 줄 수 있다. 2024년에는 우리나라의 작가 한강이 수상자로 선정되면서, 한국인으로는 고 김대중 전 대통령(노벨평화상)에 이어 두 번째 노벨상 수상자이자 첫 번째 노벨 문학상 수상자가 됐다.

패스트무비(Fast Movie)

긴 분량의 영화나 드라마의 내용을 압축해서 짧은 시간 내에 소비할 수 있도록 요약해 편집한 영상콘텐츠를 말한다. 자막과 해석을 통해 줄거리를 간략하게 설명하여 본편을 전부 시청하지 않고도 내용을 파악할 수 있고 취향에 맞는 작품인지 확인할 수 있다는 점에서 인기를 끌고 있다. 재화를 효율적으로 소비하는 것을 선호하는 젊은 세대가 콘텐츠의 주요 소비자로 자리잡은 데다 바쁜 일상을 사는 현대인들이 짧은 길이의 영상에 익숙해지면서 이러한 콘텐츠가 증가한 것으로 분석됐다. 그러나 최근 주요장면을 과도하게 노출하거나 결말을 포함한 콘텐츠가 업로드되는 경우가 증가하면서 저작권 침해라는 비판이 나오고 있다.

스패머플라지(Spamouflage)

광고성 온라인 게시물을 뜻하는 '스팸(spam)'과 위장을 뜻하는 '커머플라지(camouflage)'의 합성어로 온라인상에 대량의 스팸 게시물을 퍼뜨려 가짜정보를 퍼뜨리는 것을 말한다. 서방에서 중국정부의 온라인 여론조작 캠페인을 가리키는 용어로 주로 사용하고 있다. 실제로 중국과 러시아, 북한 등이 사이버공간에 조작된 정보를 흘려 다른 국가의 선거를 방해하려는 시도가 빈번해지고 있다는 조사결과가 나오기도 했다. 특히 '슈퍼선거의 해'로 불릴 만큼 여러 국가에서 선거가 치러지는 2024년 들어 이러한 스패머플라지 행위가 더 활발히 일어나고 있어 주의가 요구되고 있다.

다중이용시설

실내공기 질 관리법에 따른 불특정 다수인이 이용하는 시설로서 지하 역사, 지하도상가, 철도 역사의 대합실, 여객자동차터미널의 대합실 외 광범위한 종류의 시설을 아우른다.

코드 셰이빙(Cord Shaving)

기존에 사용하던 유료 방송을 보다 저렴한 서비스로 갈아타는 것으로 최근에는 기존에 비싼 가격으로 유료 IPTV·케이블TV를 보던 이용자들이 코드 셰이빙(Cord Shaving)을 선택하고 있다.

루핑효과(Looping Effect)

평소에 인지하지 못했던 것이 언론 미디어의 보도를 통해 더욱 확대되는 현상으로 언론의 책임 의식과 신중한 보도 태도를 강조한 말이다.

타운홀미팅(Town Hall Meeting)

미국식 공동체 자유토론 방식으로 어떤 원칙이나 규정도 없으며, 다수의 사람들이 참가할 때에는 소그룹 식으로 나누어 토론을 하기도 하며, 자격을 갖춘 참가자라면 누구라도 자신의 의견을 제시할 수 있으나 투표로 의견을 결정하지는 않는다. 특히 인터넷을 사용하는 e-타운홀미팅의 경우 네티즌들이 문자, 동영상 등으로 정책에 관한 질문을 올리고 자신들의 의견을 표명하기도 한다.

팩 저널리즘(Pack Journalism)

취재 방식이나 취재 시각 등이 획일적이어서 개성 없는 저널리즘을 말한다.

빈지뷰잉(Binge Viewing)

드라마를 첫 회부터 끝까지 한 번에 몰아보는 시청 방식으로 스마트폰과 같이 콘텐츠 소비에 최적화된 디바이스가 보편화되고, 개인 여가를 즐기는 문화가 강해지면서 이러한 시청 방식은 더욱 늘어나고 있다.

맨부커상(Man Booker Prize)

노벨 문학상, 프랑스의 공쿠르 문학상과 함께 세계 3대 문학상 중의 하나로 해마다 영국연방 국가에서 출판된 영어 소설들을 대상으로 시상한다. 2016년 인터내셔널 부문에 한국소설 『채식주의자』가 선정돼 이 소설의 작가인 한강 씨와 영국인 번역가 데보라 스미스가 상을 수상했다.

스토브리그(Stove League)

야구 비시즌에 팀 전력 보강을 위해 선수 영입과 연봉 협상에 나서는 것으로 팬들이 난로(stove) 주위에 모여 선수의 소식 등을 이야기하며 흥분하는 모습이 마치 실제의 경기를 보는 것 같다는 뜻에서 유래한 말이다.

바이애슬론(Biathlon)

크로스컨트리 스키와 소총 사격을 결합한 겨울 스포츠로, 1958년 제1회 세계선수권대회가 개최되고, 1960년 동계올림픽 정식종목으로 채택되었다.

루스벨트 스코어(Roosevelt Score)

야구 경기에서 9:8로 스코어가 끝나는 경기. 프로야구에서도 1점 차에 의해 승패가 결정되는 스코어인 케네디 스코어나 루스벨트 스코어는 100회 경기에서 한두 번 나올까 말까 한 점수인데, 야구 경기가 그만큼 긴장감이 넘치고 재미있다는 뜻에서 붙여졌다.

할랄 푸드(Halal Food)

이슬람 율법에 따라 식물성 음식, 해산물, 육류 등을 가공한 음식으로 무슬림이 먹을 수 있도록 허용된 식품이다. 이슬람식 알라의 이름으로 도살된 고기와 이를 원료로 한 화장품 등이 이에 해당된다. 반면 술이나 마약류처럼 정신을 흐리게 하는 식품은 물론 돼지고기·개·고양이 등의 동물, 자연사했거나 잔인하게 도살된 짐승의 고기는 금지된 품목이다.

와하비즘(Wahhabism)

엄격한 율법을 강조하는 이슬람 근본주의를 의미하는데 사우디아라비아의 건국이념이기도 하다. 여성의 종속화, 이교도들에 대한 무관용적인 살상 등이 주요 내용으로 폭력적이고 배타적이다. 이슬람국가(IS)와 알카에다, 탈레반, 보코하람, 알샤바브 등 국제적인 이슬람 테러 조직들이 모두 와하비즘을 모태로 하고 있다.

애드버토리얼(Advertorial)

'Advertisement'와 'Editorial'을 합성한 말로 신문이나 잡지 등에서 기사 형식으로 표현한 광고 기법을 말한다. 이러한 기법으로 만들어진 광고는 보통 신문이나 잡지에 기사 형태로 실리지만 그 내용은 특정 브랜드나 제품을 광고하는 내용이다.

블레임룩(Blame Look)

'비난하다'의 뜻인 '블레임(Blame)'과 '외관', '스타일'을 일컫는 '룩(Look)'의 합성어로 사회적으로 문제를 일으킨 사람들의 패션, 액세서리 등이 이슈가 되거나 유행하는 현상을 말한다.

스낵컬처(Snack Culture)

'짧은 시간에 문화콘텐츠를 소비한다.'는 뜻으로 패션, 음식, 방송 등 사회 여러 분야에서 나타나는 현상이다. 즉 제품과 서비스에 소요되는 비용이 부담스럽지 않아, 항상 새로운 것을 열망하는 소비자들이 많은 것을 소비할 수 있도록 하는 하나의 문화 트렌드로 웹툰, 웹 소설과 웹 드라마가 대표적이다.

아방가르드(Avant-garde)

기존의 전통과 인습을 타파하고 새로운 경향이나 운동을 선보이는 전위 예술로 제1차 세계대전 이후 등장하였다. 군대 중에서도 맨 앞에 서서 가는 '선발대(Vanguard)'를 일컫는 프랑스어로, 문화적 맥락에서 당연한 것으로 받아들여졌던 경계를 허무는 초현실주의 예술운동과 표현의 일종이다.

카피레프트(Copyleft)

지적 창작물에 대한 권리를 모든 사람이 공유할 수 있도록 하는 것으로 1984년 리처드 스톨먼이 주장하였다. 저작권(Copyright)에 반대되는 개념이며 정보의 공유를 위한 조치이다.

세계 3대 영화제

베니스영화제 · 칸영화제 · 베를린영화제를 말한다.

미장센(Mise-en-scene)

영화에서 연출가가 모든 시각적 요소를 배치하여 단일한 쇼트로 영화의 주제를 만들어내는 작업으로, 몽타주와 상대적인 개념으로 쓰인다. 특정 장면을 찍기 시작해서 멈추기까지 한 화면 속에 담기는 모든 영화적 요소와 이미지가 주제를 드러내도록 한다.

선댄스영화제

세계 최고의 권위를 지닌 독립영화제로 미국의 감독 겸 배우 로버트 레드포드가 할리우드의 상업주의에 반발하여 독립영화 제작에 활기를 불어넣기 위해 이름 없는 영화제를 후원하고 선댄스 협회를 설립한 뒤, 1985년 미국영화제를 흡수하며 만들어졌다.

스크린쿼터(Screen Quarter)

자국영화 의무상영일수 제도로 영화 상영관의 경영자는 매년 1월 1일부터 12월 31일까지 연간 상영 일수의 5분의 1(73일) 이상 한국 영화를 상영하여야 한다. 본래 146일이었으나 한 · 미 FTA 협상 전제 조건에 따라 50% 축소되었다.

르네상스 3대 거장

1480~1520년까지를 르네상스 회화의 전성기로 보는데, 이 시기에 활동한 레오나르도 다빈치, 미켈란젤로, 라파엘로를 르네상스의 3대 거장이라 부른다.

팝아트(Pop Art)

대중문화적 시각이미지를 미술의 영역 속에 수용한 구상미술의 경향이다. 1950년대 영국에서 시작된 팝아트는 추상표현주의의 주관적 엄숙성에 반대하며 TV, 광고, 매스미디어 등 주위의 소재들을 예술의 영역 안으로 받아들였다.

프레타포르테(Pret-a-porter)

오트쿠튀르(Haute Couture)와 함께 세계 양대 의상 박람회를 이루는 기성복 박람회로, '고급 기성복'이라는 의미를 지닌다. 제2차 세계대전 이후 오트쿠튀르보다는 저렴하면서도 비슷한 질의 기성복을 원하는 사람들이 늘어나면서 생겨났다.

4대 통신사

AP(미국 연합통신사), UPI(미국 통신사), AFP(프랑스 통신사), 로이터(영국 통신사)를 말한다.

디지털 디톡스(Digital Detox)

디지털 중독 치유를 위해 디지털 분야에 적용하는 디톡스 요법으로 스마트폰 등 첨단 정보기술의 보급으로 인해 디지털 기기가 우리의 일상생활에 깊이 파고듦에 따라, 디지털 홍수에 빠진 현대인들이 전자기기를 멀리하고 명상과 독서 등을 통해 심신을 치유하자는 운동이다.

매스미디어 효과 이론

매스 커뮤니케이션이 끼치는 효과의 총체적 크기에 관한 이론으로 '강효과', '중효과', '소효과' 이론으로 분류한다.

게이트키핑(Gate Keeping)

뉴스가 대중에게 전해지기 전에 기자나 편집자와 같은 뉴스 결정권자(게이트키퍼)가 대중에게 전달하고자 하는 뉴스를 취사선택하여 전달하는 것이다. 보도의 공정성과 관련한 논의에서 자주 등장한다.

발롱 데세(Ballon D'essai)

여론의 방향을 탐색하기 위해 정보나 의견을 흘려보내는 것을 말한다.

스쿠프(Scoop)

일반적으로 특종기사를 다른 신문사나 방송국에 앞서 독점 보도하는 것을 말하며 비트(Beat)라고도 한다.

엠바고(Embargo)

본래 특정 국가에 대한 무역·투자 등의 교류 금지를 뜻하지만 언론에서는 뉴스 기사의 보도를 한시적으로 유보하는 것을 말한다.

IPTV(Internet Protocol Television)

인터넷망을 이용해 멀티미디어 콘텐츠를 제공하는 방송·통신 융합 서비스로, TV 수상기에 셋톱박스를 설치하면 인터넷 검색은 물론 다양한 동영상 콘텐츠 및 부가서비스를 제공받을 수 있다.

미디어렙(Media Representative)

Media(매체)와 Representative(대표)의 합성어로, 방송사의 위탁을 받아 광고주에게 광고를 판매하고 판매 대행 수수료를 받는 회사이다.

퍼블리시티(Publicity)

광고주가 회사·제품·서비스 등과 관련된 뉴스를 신문·잡지 등의 기사나 라디오·방송 등에 제공하여 무료로 보도하도록 하는 PR 방법이다. 직접적인 유료 광고를 통해 구매 욕구를 자극하는 것이 아니라, 사실보도 형식의 기사 속에 회사나 상점에 대한 언급을 포함하는 광고 활동을 말한다.

트리플더블(Triple Double)

농구의 한 경기에서 한 선수가 득점, 어시스트, 리바운드, 스틸, 블록슛 중 2자리 수 이상의 기록을 세 부문에서 달성하는 것을 말한다. 네 부문에서 달성하면 쿼드러플더블(Quadruple Double)이라고 한다.

퍼펙트게임(Perpect Game)

한 명의 투수가 선발로 출전하여 단 한 명의 주자도 출루하는 것을 허용하지 않은 게임을 말한다.

프리에이전트(FA; Free Agent)

프로야구 등 여러 스포츠 경기 규약에 따라 어떤 팀과도 자유롭게 교섭할 권리를 얻은 선수를 말한다.

골프 4대 메이저대회

남자골프(PGA)에는 PGA챔피언십(PGA Championship, 1860 ~) · US오픈(US Open, 1895 ~) · 브리티시오픈(British Open, 1916 ~) · 마스터스(Masters, 1930 ~) 등이 있고, 여자골프(LPGA)에는 브리티시오픈(British Open, 1860 ~) · US여자오픈(US Women's Open, 1946 ~) · LPGA챔피언십(LPGA Championship, 1955 ~) · 크래프트 나비스코 챔피언십(Kraft Nabisco Championship, 1972 ~) 등이 있다.

세계 4대 메이저 테니스 대회

윔블던(Wimbledon) · 전미오픈(US Open) · 프랑스오픈(French Open) · 호주오픈(Australian Open)을 말한다.

세계 4대 모터쇼

프랑크푸르트, 디트로이트, 파리, 도쿄 모터쇼가 메이저급을 대표하는 모터쇼를 말한다.

유니버시아드(Universiade)

국제대학 스포츠 연맹이 주관하는 대학생 종합 운동경기 대회를 말한다.

패럴림픽(Paralympic)

신체 · 감각 장애가 있는 운동선수가 참가하는 국제 스포츠 대회로 1988년 서울 올림픽 대회 이후부터 매 4년마다 올림픽이 끝나고 난 후 올림픽을 개최한 도시에서 국제패럴림픽위원회(IPC)의 주관하에 개최된다. 원래 패럴림픽은 척추 상해자들끼리의 경기에서 비롯되었기 때문에 Paraplegic(하반신 마비)과 Olympic(올림픽)의 합성어였지만 다른 장애인들도 경기에 포함되면서, 현재는 그리스어의 전치사 Para(나란히)를 사용하여 올림픽과 나란히 개최됨을 의미한다.

04 │ 일반상식
적중예상문제

정답 및 해설 p.052

01 │ 국어

01 다음 중 밑줄 친 단어의 맞춤법이 옳은 것을 모두 고르면?

> 오늘은 <u>웬지</u> 아침부터 기분이 좋지 않았다. 회사에 가기 싫은 마음을 다독이며 출근 준비를 하였다. 회사에 겨우 도착하여 업무용 컴퓨터를 켰지만, 모니터 화면에는 아무것도 보이지 않았다. 심각한 바이러스에 노출된 컴퓨터를 힘들게 복구했지만, <u>며칠</u> 동안 힘들게 작성했던 문서가 <u>훼손</u>되었다. 당장 오늘까지 제출해야 하는 문서인데, 이 문제를 <u>어떻게</u> 해결해야 할지 걱정이 된다. 문서를 다시 <u>작성하든지</u>, 팀장님께 사정을 <u>말씀드리던지</u> 해결책을 찾아야만 한다. 현재 나의 간절한 <u>바램</u>은 이 문제가 무사히 해결되는 것이다.

① 웬지, 며칠, 훼손
② 며칠, 어떻게, 바램
③ 며칠, 훼손, 작성하든지
④ 며칠, 말씀드리던지, 바램

02 다음 중 문맥상 단어의 쓰임이 잘못된 것은?

① 어려운 문제의 답을 <u>맞혀야</u> 높은 점수를 받을 수 있어.
② 공책에 선을 <u>반듯이</u> 긋고 그 선에 맞춰 글을 쓰는 연습을 해.
③ 생선을 간장에 10분 동안 <u>졸이면</u> 요리가 완성돼.
④ 미안하지만 지금은 바쁘니까 <u>이따가</u> 와서 얘기해.

03

> 흑사병은 페스트균에 의해 발생하는 급성 열성 감염병으로, 쥐에 기생하는 벼룩에 의해 사람에게 전파된다. 국가위생건강위원회의 자료에 따르면 중국에서는 최근에도 <u>간헐적</u>으로 흑사병 확진 판정이 나온 바 있다. 지난 2014년에는 중국 북서부에서 38살의 남성이 흑사병으로 목숨을 잃었으며, 2016년과 2017년에도 각각 1건씩 발병 사례가 확인됐다.

① 근근이   ② 자못
③ 이따금   ④ 빈번히

04

> 큰 사고를 <u>친</u> 유명 아이돌 가수는 검찰에서 조사를 받게 되었다.

① 우리 집 개는 낯선 사람을 봐도 꼬리를 <u>치느라</u> 바쁘다.
② 머리를 너무 짧게 <u>쳤는지</u> 목이 허전한 느낌이 든다.
③ 난기류를 만난 비행기의 기체가 요동을 <u>치자</u> 승객들은 불안해졌다.
④ 마침내 시도 때도 없이 거짓말을 <u>치는</u> 남자친구와 헤어졌다.

05 다음 중 제시된 문장에서 밑줄 친 한자어의 음으로 가장 적절한 것은?

> 부모가 자녀에게 말로만 지시하기보다는 먼저 모범을 보이는 것이 더 __教育__적이다.

① 능률   ② 효과
③ 효율   ④ 교육

06 다음 제시된 문장에서 밑줄 친 한자어의 뜻풀이로 가장 적절한 것은?

> 한국과 러시아 간의 협력이 강화되고 있는 것은 양국의 미래를 위해서 매우 __鼓舞__적이다.

① 희망적임   ② 바람직함
③ 격려하여 기세를 돋움   ④ 평화로움

07 다음 속담과 같은 의미의 한자성어는?

> 소 잃고 외양간 고친다.

① 十伐之木   ② 亡牛補牢
③ 見蚊拔劍   ④ 鳥足之血

08 현 경주시의 옛 지명은 '서라벌'이다. 다음 중 서라벌과 가장 관계 깊은 문학작품은?

① 서울 밝은 달 아래
   밤 깊도록 노닐다가
   들어와 잠자리를 보니
   다리가 넷이로구나.

② 살어리 살어리랏다 청산(靑山)에 살어리랏다.
   멀위랑 드래랑 먹고 청산(靑山)에 살어리랏다.

③ 펄펄 나는 저 꾀꼬리는
   암수가 서로 노니는데
   외로울 사 이내 몸은
   뉘와 함께 돌아갈꼬

④ 가시리 가시리잇고
   나는 브리고 가시리잇고
   증즐가 대평성디(太平聖代)

09 다음 사진의 작품 설명과 가장 유사한 것은?

'샘'은 1917년 4월 10일 '마르셀 뒤샹'이 뉴욕의 그랜드센트럴 갤러리에서 열린 독립미술가협회 전시회에 출품한 작품으로, 그의 레디메이드(Ready – made: 기성품) 작품 중 가장 큰 논란을 불러일으켰다. 왜냐하면 뒤샹이 공장에서 대량생산된 남성용 소변기를 그대로 구입해서 '샘'이라 제목을 붙이고 예술작품으로 전시장의 좌대 위에 올려 놓았기 때문이다. 뒤샹의 남성용 소변기인 샘은 기존 예술에 대한 전통적인 고정 관념을 완전히 뒤엎는 도발이고 도전이었다. 관습적인 미의 기준을 무시하고 미술 작품과 일상용품의 경계를 허물었다. 기성제품도 작가의 선택에 의해 어떤 주제와 의식을 불어넣으면 독립된 하나의 작품이 될 수 있다는 뒤샹의 혁명적인 제안은 현대미술에 커다란 개념의 변화를 몰고 왔다. 그래서 이제 예술가는 자신이 지닌 예술적인 기교나 솜씨를 선보이는 것이 아니라, 관념적인 요소나 원래의 환경으로부터 분리된 사물에 새롭게 의미를 부여하는 역할을 담당하게 되었다.

① 김춘수 – 꽃   ② 이상 – 오감도
③ 윤동주 – 별 헤는 밤   ④ 신동엽 – 금강

10 다음 중 2019년 10월 개봉한 영화 「82년생 김지영」의 동명 소설을 발표한 작가는?

① 조남주   ② 신경숙
③ 공지영   ④ 한강

11 다음 중 발음 표기가 옳지 않은 것은?

① 휘발유[휘발뉴]   ② 물약[물략]
③ 담임[다밈]   ④ 각막염[강망념]

12 다음 중 외래어표기법이 모두 옳은 것은?

① 랍스터 – 워크숍 – 꽁트
② 네비게이션 – 프로젝트 – 도우넛
③ 리더십 – 재즈 – 커닝
④ 글래스 – 토너먼트 – 미스테리

13 다음 중 가사를 쓴 송강 정철과 함께 조선시대 시가의 양대 산맥으로 손꼽히는 시조 시인은?

① 김수장　　　　　　② 김천택
③ 박인로　　　　　　④ 윤선도

14 다음 중 윤동주의 시 〈참회록〉에서 주제의식을 드러내는 소재로 가장 적절한 것은?

① 거울　　　　　　② 유물
③ 손바닥　　　　　　④ 운석

15 다음 중 단어와 로마자 표기가 잘못 연결된 것은?

① 개천절 – Gaecheonjeol
② 금강산 – Geumgangsan
③ 편집자 – Pyeonjipja
④ 광희문 – Gwanghimun

16 다음 글의 전개 방식으로 가장 적절한 것은?

지구가 스스로 빙빙 돈다는 것, 또 그런 상태로 태양 주변을 빙빙 돌고 있다는 것은 선구자들의 연구 덕분에 증명된 사실이다. 하지만 돌고 있는 것은 지구뿐만이 아니다. 물 역시 지구 내에서 끊임없이 돌고 있다. '물이 돌고 있다.'는 의미는 지구처럼 물이 시계방향이나 반시계방향으로 빙빙 돌고 있다는 뜻은 아니다. 지구 내 물의 전체 양은 변하지 않은 채 상태와 존재 위치만 바뀌면서 계속해서 '순환'하고 있음을 말한다.

그렇다면 '물의 순환'을 과학적으로 어떻게 정의할 수 있을까? 한마디로 물이 기체, 액체, 고체로 그 상태를 바꾸면서 지표면과 지하, 대기 사이를 순환하고, 이 과정에서 비와 눈 같은 여러 가지 기상 현상을 일으킨다고 할 수 있다. 강과 바다에서 물이 증발하면 수증기가 되는데, 수증기가 상공으로 올라가다 보면 기압이 낮아져 팽창하게 된다. 그러면서 에너지를 쓰게 되고 온도가 낮아지다 보면 수증기는 다시 작은 물방울이나 얼음 조각으로 변하는데, 그것이 우리가 알고 있는 구름이다. 구름의 얼음 조각이 커지거나 작은 물방울들이 합해지면 큰 물방울이 눈이나 비가 되어 내리고, 지표 사이로 흘러 들어간 물은 다시 강과 바다로 가게 된다. 이러한 현상은 영원히 반복된다.

이처럼 물의 순환은 열을 흡수하느냐와 방출하느냐에 따라 물의 상태가 변함으로써 발생한다. 쉽게 말해 얼음이 따뜻한 곳에 있으면 물이 되고, 물에 뜨거운 열을 가하면 수증기가 되는 것처럼, '고체 → 액체 → 기체' 혹은 '고체 → 기체'로 변화할 때는 열을 흡수하고, 반대의 경우에는 열을 방출하는 것이다. 흡수된 열에너지는 운동에너지로 전환되어 고체보다는 액체, 액체보다는 기체 상태에서 분자 사이의 움직임을 더 활발하게 만든다.

① 대상에 대한 다양한 관점을 소개하면서 이를 서로 절충하고 있다.
② 전문가의 견해를 토대로 현상의 원인을 분석하고 있다.
③ 비유의 방식을 통해 대상의 속성을 드러내고 있다.
④ 대상의 상태 변화 과정을 통해 현상을 설명하고 있다.

17 다음 글의 필자가 주장하는 바로 가장 적절한 것은?

인간과 자연환경의 운명이 순전히 시장 메커니즘 하나에 좌우된다면, 결국 사회는 폐허가 될 것이다. 구매력의 양과 사용을 시장 메커니즘에 따라 결정하는 것도 같은 결과를 낳는다. 이런 체제 아래에서 인간의 노동력을 소유자가 마음대로 처리하다 보면, 노동력이라는 꼬리표를 달고 있는 '인간'이라는 육체적·심리적·도덕적 실체마저 소유자가 마음대로 처리하게 된다. 인간들은 갖가지 문화적 제도라는 보호막이 모두 벗겨진 채 사회에 알몸으로 노출되고 결국 쇠락해 간다. 그들은 악덕, 범죄, 굶주림 등을 거치면서 격동하는 사회적 혼란의 희생물이 된다. 자연은 그 구성 원소들로 환원되어 버리고, 주거지와 경관은 더럽혀진다. 또 강이 오염되며, 군사적 안보는 위협당하고, 식량과 원자재를 생산하는 능력도 파괴된다.

마지막으로 구매력의 공급을 시장 기구의 관리에 맡기게 되면 영리 기업들은 주기적으로 파산하게 될 것이다. 원시 사회가 홍수나 가뭄으로 인해 피해를 보았던 것처럼 화폐 부족이나 과잉은 경기에 엄청난 재난을 가져올 수 있기 때문이다.

노동 시장, 토지 시장, 화폐 시장이 시장 경제에 필수적이라는 점은 의심할 여지가 없다. 하지만 인간과 자연이라는 사회의 실패와 경제 조직이 보호받지 못한 채 그 '악마의 맷돌'에 노출된다면, 어떤 사회도 무지막지한 상품 허구의 경제 체제가 몰고 올 결과를 한순간도 견뎌내지 못할 것이다.

① 무분별한 환경 파괴를 막기 위해 국가가 시장을 통제해야 한다.
② 구매력의 공급은 시장 기구의 관리에 맡기는 것이 합리적이다.
③ 시장 메커니즘은 인간의 존엄성을 파괴하는 제도이므로 철폐되어야 한다.
④ 시장 메커니즘을 맹신하기보다는 적절한 제도적 보호 장치를 마련하는 것이 바람직하다.

18 다음 문장에서 밑줄 친 사자성어가 바르게 쓰인 것은?

① 그는 평생 <u>호위호식</u>하며 살았다.
② 몸을 의지할 데 없는 <u>홀홀단신</u> 신세였다.
③ 아이들은 <u>중구남방</u> 떠들기 시작했다.
④ 당시는 매일이 <u>절체절명</u>의 나날이었다.

19 다음 ㉠ ~ ㉣ 중 어법상 옳지 않은 것은?

> 훈민정음은 크게 '예의'와 '해례'로 ㉠ <u>나뉘어져</u> 있다. 예의는 세종이 직접 지었는데 한글을 만든 이유와 한글의 사용법을 간략하게 설명한 글이다. 해례는 집현전 학사들이 한글의 자음과 모음을 만든 원리와 용법을 상세하게 설명한 글이다.
>
> 서문을 포함한 예의 부분은 무척 간략해 「세종실록」과 「월인석보」 등에도 실리며 전해져 왔지만, 한글 창제 원리가 ㉡ <u>밝혀져</u> 있는 해례는 전혀 알려져 있지 않았다. 그런데 예의와 해례가 모두 실려 있는 훈민정음 정본이 1940년에야 ㉢ <u>발견됐다</u>. 그것이 「훈민정음 해례본」이다. 그러나 이 「훈민정음 해례본」이 대중에게, 그리고 한글학회 간부들에게 공개된 것은 해방 후에 이르러서였다.
>
> 하나의 나라, 하나의 민족정신을 담는 그릇은 바로 그들의 언어이다. 언어가 사라진다는 것은 세계를 바라보는 방법, 즉 세계관이 사라진다는 것과 ㉣ <u>진배없다</u>. 일제강점기 일제의 민족말살정책 중 가장 악랄했던 것 중 하나가 바로 우리말과 글에 대한 탄압이었다. 일제는 진정으로 우리말과 글이 사라지길 바랐다. 18세기 조선의 실학 연구자들은 중국의 중화사관에서 탈피하여 우리 고유의 문물과 사상에 대한 연구를 본격화했다. 이때 실학자들의 학문적 성과가 바로 훈민정음 해례를 한글로 풀어쓴 언해본의 발견이었다. 일제는 그것을 18세기에 만들어진 위작이라는 등 허구로 몰아갔고, 해례본을 찾느라 혈안이 되어 있었다. 해례본을 없앤다면 세종의 한글 창제를 완벽히 허구화할 수 있기 때문이었다.

① ㉠   ② ㉡

③ ㉢   ④ ㉣

20 다음 중 작가와 소설작품의 연결이 옳지 않은 것은?

① 박경리 – 토지

② 이청준 – 서편제

③ 최인훈 – 광장

④ 김수영 – 장마

01   다음 중 (가) 시대에 처음 등장한 모습으로 옳은 것은?

> (가) 시대에는 농업 생산력이 향상되고 사유 재산 제도와 계급이 발생하였습니다. 이 시대의 대표적인 유적지로 부여 송국리, 여주 흔암리 등이 있습니다.

① 가락바퀴를 이용하여 실을 뽑았다.
② 슴베찌르개를 이용하여 사냥을 하였다.
③ 거푸집을 사용하여 도구를 제작하였다.
④ 주로 동굴이나 강가의 막집에서 살았다.

02   다음 중 선사 시대에 대한 설명으로 옳지 않은 것은?

① 구석기 시대에는 뗀석기를 사용하였는데, 처음에는 찍개, 주먹도끼 등과 같이 하나의 도구를 여러 용도로 사용했으나 점차 자르개, 밀개, 찌르개 등 쓰임새가 정해진 도구를 만들어 사용하였다.
② 신석기 시대부터 도구와 불을 사용하기 시작했고, 언어를 구사하였다.
③ 신석기 시대에는 사람들이 돌을 갈아 다양한 모양의 간석기를 만들고 조리나 식량 저장에 사용할 수 있는 토기를 만들었다.
④ 청동기 시대에는 일부 지역에서 벼농사가 시작되는 등 농경이 더 발달했으며, 농경의 발달에 따라 토지와 생산물에 대한 사유재산 개념이 발생하면서 빈부의 차가 생기고 계급이 분화되었다.

03 다음 유물이 등장한 시기의 생활 모습에 대한 설명으로 옳은 것은?

> • 악기의 한 종류인 비파와 같이 생긴 형태의 동검이다.
> • 점차 무늬가 없는 토기로 변화하였다.

① 오수전, 반량전과 같은 중국의 화폐가 유입되었다.
② 무리를 지배하는 계층이 등장하였다.
③ 누구나 청동무기를 소유하고 있었다.
④ 석기의 이용은 완전히 소멸되었다.

04 다음 글이 설명하는 국가에 대한 설명으로 옳은 것은?

> 제가들은 별도로 사출도를 주관하였다. …… 옛 풍속에 가뭄이나 장마가 계속되어 곡식이 영글지
> 않으면 그 허물을 왕에게 돌려 '왕을 마땅히 바꾸어야 한다.'고 하거나 '죽여야 한다.'고 하였다.
> …… 전쟁을 하게 되면 하늘에 제사를 지내고, 소를 잡아 발굽을 보고 길흉을 점쳤다.

① 가족 공동무덤인 큰 목곽에 뼈를 추려 안치하였다.
② 소도라 불리는 신성한 지역이 있었다.
③ 빈민을 구제하기 위하여 진대법을 시행하였다.
④ 12월에는 영고라는 제천 행사를 지냈다.

05 다음 중 (가), (나) 나라에 대한 설명으로 옳은 것은?

> (가) 백성들은 노래와 춤을 좋아하여 촌락마다 밤이 되면 남녀가 무리지어 모여 서로 노래하며 즐긴다. …… 10월에 지내는 제천 행사는 국중대회(國中大會)로서 동맹이라 부른다. 그 나라의 풍속에 혼인을 할 때에는 말로 미리 정한 다음, 여자 집에서는 본채 뒤에 작은 집을 짓는데 그 집을 서옥이라 부른다.
>
> – 『삼국지』 동이전
>
> (나) 해마다 5월이면 씨뿌리기를 마치고 귀신에게 제사를 지낸다. 무리지어 모여서 노래와 춤을 즐긴다. 술을 마시고 노는데 밤낮을 가리지 않는다. 춤은 수십 명이 모두 일어나서 뒤를 따라가고, 땅을 밟고 몸을 구부렸다 펴면서 손과 발로 장단을 맞추며 춘다. …… 10월에 농사일을 마치고 나서도 이렇게 한다.
>
> – 『삼국지』 동이전

① (가), (나) : 물건을 훔친 자는 12배로 배상하게 하였다.

② (가) : 철이 많이 생산되어 낙랑과 왜에 수출하였다.

③ (나) : 신성 지역인 소도가 존재하였다.

④ (나) : 읍락 간의 경계를 중시하는 책화가 있었다.

06 다음 사료에서 밑줄 친 '그 땅'에 있었던 나라에 대한 설명으로 옳은 것을 〈보기〉에서 모두 고르면?

> 제 10대 구해왕(仇亥王)에 이르러 신라에 항복했으므로 그 땅을 금관군으로 삼았다.
>
> – 『삼국사기』

보기

ㄱ. 합천·거창·함양·산청 등을 포괄하는 후기 가야연맹의 맹주로서 등장하였다.

ㄴ. 이 나라의 왕족 출신이었던 김무력(金武力)은 관산성 전투에서 큰 공을 세웠다.

ㄷ. 낙동강 하류에 위치하였고, 바다가 인접하여 수운의 편리함을 이용해 경제적·문화적 발전에 유리하였다.

① ㄱ

② ㄴ

③ ㄱ, ㄷ

④ ㄴ, ㄷ

07 다음 중 밑줄 친 '왕'의 업적에 대한 설명으로 옳은 것은?

> • 왕 7년에 율령을 반포하고, 처음으로 백관의 공복을 제정하였다.
> • 왕 19년에 금관국의 왕인 김구해가 왕비와 세 아들을 데리고 와 항복하였다.

① 대가야를 정복하였다.
② 김씨에 의한 왕위의 독점적 세습이 이루어졌다.
③ 동시전을 설치하여 수도의 상업활동을 감독하였다.
④ 병부(兵部)를 설치하여 병권을 장악하였다.

08 다음 중 남북국 시대에 대한 설명으로 옳지 않은 것은?

① 발해는 신라도, 일본도 등의 대외교통로를 이용하여 각국과 교류하였다.
② 발해는 당의 문화를 배척하고 고구려 전통 문화와 말갈 문화만을 계승하였다.
③ 신라는 당, 일본뿐만 아니라 아라비아 상인도 왕래하였다.
④ 장보고는 당나라에 신라인을 위한 불교 사찰을 세우기도 하였다.

09 다음 글에 제시된 활동을 했던 왕이 재위할 때의 사실로 옳은 것을 〈보기〉에서 모두 고르면?

> • 395년, 친히 병력을 이끌고 거란을 정벌함
> • 396년, 수군을 이끌고 백제를 쳐서 58성과 7백 촌을 획득하고, 백제의 수도 한성을 공격하여 아신 왕으로부터 "영원히 노객(奴客)이 되겠다."는 항복을 받아냄

> 보기
>
> ㄱ. 영락(永樂)이라는 연호를 사용하였다.
> ㄴ. 후연을 공격하고 동부여를 굴복시켜 영토를 대폭 확장하였다.
> ㄷ. 진흥왕이 대가야를 정복하였다.
> ㄹ. 백제 문주왕이 웅진으로 도읍을 천도하였다.

① ㄱ, ㄴ   ② ㄱ, ㄷ
③ ㄴ, ㄹ   ④ ㄷ, ㄹ

10 다음 중 제시된 역사적 사건을 시간 순서대로 나열한 것은?

> (가) 지배층의 내분으로 혼란에 빠져 있던 고구려는 나·당 연합군의 공격으로 멸망하였다.
> (나) 당 함대가 신라의 측면인 기벌포로 침입하였으나, 신라 해군은 이에 맞서 싸워 승리하였다.
> (다) 고구려의 남쪽 진출을 막기 위해 신라와 백제가 우호동맹을 맺었다.
> (라) 나·당 연합군의 공격으로 사비성이 함락되고 의자왕이 항복하면서 백제가 멸망하였다.
> (마) 신라군이 매소성 전투에서 당나라군을 상대로 승리를 이끌어냈다.
> (바) 진흥왕은 한강 하류지역을 차지하고 신라의 전성기를 열었다.

① (다) – (라) – (바) – (가) – (나) – (마)
② (다) – (바) – (라) – (가) – (마) – (나)
③ (바) – (다) – (라) – (가) – (나) – (마)
④ (바) – (다) – (라) – (마) – (가) – (나)

11 다음 중 고려 광종 때의 일로 옳지 않은 것은?

① 광덕 연호를 사용하였다.
② 노비안검법을 실시하였다.
③ 과거제도를 시행하였다.
④ 12목에 지방관을 파견하였다.

12 다음 사료의 밑줄 친 왕 때의 일로 옳지 않은 것은?

> 왕이 처음에는 정치에 마음을 두어서 이제현·이색 등을 등용하였는데, 그 후에는 승려 편조에게 미혹되어 그를 사부로 삼고 국정을 모두 위임하였다. 편조가 권력을 잡은 지 한 달 만에 대대로 공을 세운 대신들을 참소하고 헐뜯어서 이공수·경천흥·유숙·최영 등을 모두 축출하더니 그 후에 이름을 바꾸어 신돈이라 하고 삼중대광 영도첨의가 되어 더욱 권력을 마음대로 하였다. …… 신돈이 다시 왕을 시해하고자 하다가 일이 발각되었고, 왕이 이에 신돈을 수원부로 유배 보냈다가 주살하고, 그의 당여를 모두 죽였으며, 일찍이 쫓아냈던 경천흥 등을 다시 불러들였다.

① 정동행성 이문소를 폐지하였다.
② 쌍성총관부를 되찾았다.
③ 국자감을 성균관으로 개편하였다.
④ 정방을 폐지하였다.

13 다음 〈보기〉 중 고려 시대 백정에 대한 설명으로 옳은 것을 모두 고르면?

> **보기**
>
> ㄱ. 일반 주·부·군·현에 거주하였다.
> ㄴ. 국가에 대한 특정한 직역을 가지고 있다.
> ㄷ. 주로 농업에 종사하였다.
> ㄹ. 신분상 천민에 속한다.

① ㄱ, ㄴ   ② ㄱ, ㄷ

③ ㄱ, ㄹ   ④ ㄴ, ㄷ

14 다음 중 밑줄 친 승려가 한 일로 옳은 것은?

> 황해도 출신으로 명종 때 승과제 급제하였다. 당시 불교는 교종과 선종이 대립하고 있었고, 선교합일의 이론을 정립하였다. 이후 뜻이 같은 사람들과 함께 송광사에서 결사를 주장하였던 <u>이 승려</u>는 조계종을 부흥시켰다.

① 정혜쌍수를 제창하였다.
② 백련결사를 일으켰다.
③ 교선일치를 시도하였다.
④ 유불일치설을 주장하였다.

15 다음 글에서 설명하고 있는 사서는?

> 고려 후기의 저서로 상권은 중국 역사를 하권은 우리나라 역사를 다루었다. 보물 제895호로 중국과 한국의 역사를 운율시 형식으로 읊었다. 왕권 강화와 국가질서 회복, 원나라의 지배 하에서 정통성 회복을 목적으로 저술하였다.

① 『제왕운기』   ② 『동명왕편』

③ 『삼국유사』   ④ 『사략』

16 다음 중 조선 전기 왕들의 정책에 대한 설명으로 옳지 않은 것은?

① 태조 때는 정도전 등 공신들의 주도로 재상 중심의 정치체제가 갖추어졌다.

② 태종은 6조 직계제를 시행하여 왕을 중심으로 국정 운영을 도모하였다.

③ 세종은 의정부 서사제를 시행하여 왕의 권한을 더욱 강화하였다.

④ 세조는 즉위 후 단종 때 재상에게 넘어간 정치 실권을 되찾기 위해 다시 6조 직계제를 복원하였다.

17 다음 중 조선 전기 경제정책에 대한 설명으로 옳지 않은 것은?

① 조선은 유교적 민본 정치의 핵심이 되는 민생안정을 위하여 농본주의 정책을 펼쳤다.

② 한양과 지방의 수공업자를 별도의 장적에 등록하여 관리하였다.

③ 조선 초에 저화라는 지폐를 유통시켰으며 조선 후기까지 민간에서 활발히 유통되었다.

④ 세종 때 전분6등법, 연분9등법을 실시하여 전조(田租)를 토지의 비옥도나 풍흉에 따라 차등 징수하였다.

18 다음 중 조선 시대 문화에 대한 설명으로 옳은 것은?

① 「진경산수화」는 우리 자연을 사실적으로 묘사하였다.

② 조선 후기에는 박지원의 「양반전」, 「허생전」 등의 한글 소설이 성행하였다.

③ 김홍도는 남녀 간의 애정 묘사를 한 그림으로 유명하였다.

④ 김정호의 「대동여지도」에는 지방의 자연환경, 인물, 풍속 등이 수록되었다.

19 다음 중 빈칸에 들어갈 사람의 업적으로 옳은 것은?

> 중립 외교 정책은 _____때 실시하였던 외교 정책이다. 후금이 명의 변방을 위협하자 명은 조선의 출병을 요구하였다. 이에 _____은 강홍립에게 지시해 출병한 후 정세를 보아 후금에 투항하도록 했다. 명과 후금 사이에서 중립을 유지하도록 하여 실질적인 이익을 얻으려 한 것이다.

① 대동법   ② 균역법
③ 영정법   ④ 과전법

20 다음 중 제시된 그림이 성행할 때의 모습으로 옳지 않은 것은?

> • 인왕제색도
> • 금강전도
> • 미인도

① 신분제가 동요하여 양반층이 증가하였다.
② 『농사직설』, 『향약집성방』 등의 책이 저술되었다.
③ 관영 수공업이 쇠퇴하고 민영 수공업이 발달하였다.
④ 이앙법이 확대되어 노동력이 절감되고, 이모작이 가능해졌다.

01 다음 중 법의 범위를 넘어 국가에 강력한 영향력을 행사하는 숨은 권력집단은?

① 일루미나티
② 딥 스테이트
③ 권력 카르텔
④ 권력형 게이트

02 다음 중 디파이(De-Fi)에 대한 설명으로 옳지 않은 것은?

① 디파이 서비스상 보안사고 발생 시에 그 책임자는 디파이 투자자가 된다.

② 디파이는 블록체인 기술을 통해 보안성을 제고하고 비용을 절감할 수 있다.

③ 디파이는 안정적인 서비스 제공을 위해 법정화폐에 연동되거나 스테이블코인을 거래 수단으로 이용한다.

④ 디파이 서비스는 기존의 금융 서비스보다 진입 장벽이 낮으며, 중개자가 없어 중개 관련 비용이 절약된다.

03 ESG(환경·사회·지배구조) 경영에 대한 다음 기사의 밑줄 친 빈칸에 공통으로 들어갈 용어로 가장 적절한 것은?

> 국민연금공단이 탈(脫)석탄 투자 전략 수립을 연거푸 미루고 있다. 2022년 9월 열린 국민연금기금 운용위원회(이하 기금위)에서 논의될 것으로 예상되었던 탈석탄 투자 전략 도입이 안건에서 제외된 것이다. 이러한 국민연금공단의 더딘 탈석탄 행보에 대한 비판이 거세지고 있다. 국민연금공단은 2021년 5월 기금위에서 석탄 채굴 및 발전산업에 대한 투자를 제한하는 _____을 도입하고 신규 석탄발전소 건설 프로젝트에 대한 투자를 중단하기로 의결했었다. _____은 투자 포트폴리오에 ESG를 반영하는 기법 중 하나로, 부정적인 ESG 영향을 끼치는 산업에 속한 기업들의 채권을 포트폴리오에서 제외하는 것이다. 하지만 이후 1년 4개월이 지나도록 _____ 도입 논의는 '감감 무소식'이다. 엄격한 투자 제한 기준을 도입하면 석탄발전과 제조업 비율이 높은 국내 경제에 악영향을 끼칠 수 있다는 경영계의 우려 때문에 고민하고 있는 것으로 보인다. 그러나 해외 주요 연기금이 석탄 투자를 지양하는 추세인 만큼, 국민연금공단도 더 이상 _____ 도입을 미뤄서는 안 된다는 지적도 제기된다.

① ESG 그리니엄
② 네거티브 스크리닝
③ 포지티브 스크리닝
④ 규칙 기반 스크리닝

04 다음 글에서 '이 시기'에 탄생한 작품을 〈보기〉에서 모두 고르면?

> 이 시기 예술가들은 고전 미술과 있는 그대로의 자연에서 예술적 영감을 얻었다. 해부를 통해 얻은 정확한 지식을 바탕으로 인간 육체의 아름다움을 표현하되, 인간의 내면적인 정신까지 파고들어 감정의 미묘한 움직임조차 놓치지 않으려 했다. 또한 사물이 광선에 따라 색채와 형태가 달라짐을 관찰하기도 했다. 그들이 다루는 주제는 여전히 종교적이었지만 그 정신은 인간적이고 현실적이었으며 그리스 신화나 주변의 일상에 관해서도 다루었다.

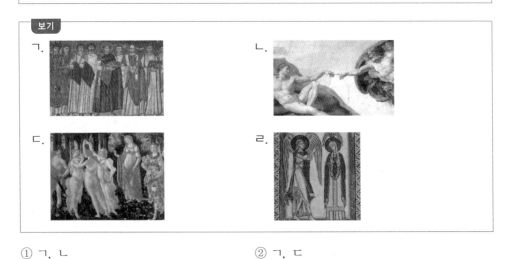

보기
ㄱ.
ㄴ.
ㄷ.
ㄹ.

① ㄱ, ㄴ
② ㄱ, ㄷ
③ ㄴ, ㄷ
④ ㄴ, ㄹ

05 다음 중 인공지능(AI)에 대한 설명으로 옳지 않은 것은?

① AI가 발달해 인간의 지능을 뛰어넘는 기점을 '세렌디피티(Serendipity)'라고 한다.

② AI는 인공신경망(ANN), 자연어 처리(NLP), 컴퓨터 비전(CV), 로봇공학(Robotics), 패턴 인식
(PR) 등의 분야에 응용된다.

③ 2000년대 들어 컴퓨팅 파워의 성장, 우수 알고리즘의 등장, 스마트폰 보급 및 네트워크 발전에
따른 데이터 축적으로 AI가 급격히 진보했다.

④ AI 기술의 활용과 AI 기반의 제품·서비스 확산에 따라 사이버 침해, 보안 위협의 증가뿐만 아니
라 딥페이크와 같은 새로운 형태의 역기능도 초래되고 있다.

06 다음 중 두 나라가 무역을 할 때 무역에서 오는 이득은?

① 두 나라에 다 균등하게 배분된다.

② 무역량이 많은 나라가 더 배분받는다.

③ 관세부과 등 다른 무역규제를 하는 나라가 더 분배받는다.

④ 수입자유화를 하는 나라가 더 분배받는다.

07 다음 중 어떤 증권에 대한 공포감 때문에 투자자들이 급격하게 매도하는 현상을 뜻하는 용어는?

① 패닉 셀링   ② 반대매매

③ 페이밴드   ④ 손절매

08 다음 중 매스커뮤니케이션의 효과 이론에서 지배적인 여론과 일치되면 의사를 적극 표출하지만 그렇지 않으면 침묵하는 경향을 설명하는 것은?

① 탄환이론
② 미디어 의존이론
③ 모델링이론
④ 침묵의 나선이론

09 다음 두 그림과 관련이 적은 작품은?

(가) (나)

① 피터팬
② 인어공주
③ 헨젤과 그레텔
④ 백설공주

10 다음 중 VR(가상현실)과 같은 인공현실 구현 기술인 AR, MR, XR, SR의 정의로 옳지 않은 것은?

① AR : 현실의 이미지나 배경에 3차원 가상 이미지를 겹쳐서 하나의 영상으로 보이는 환경이나 혹은 그러한 기술이다.
② MR : 현실의 인간(이용자)과 화면 안의 가상공간이 상호작용할 수 있는 환경이나 혹은 그러한 기술이다.
③ XR : 사진처럼 현실과 완전히 동일한 두 가지 이상의 이미지를 합성해 뇌에 직접 주입함으로써 가상의 공간을 실존하는 현실처럼 착각하도록 구현된 환경이나 혹은 그러한 기술이다.
④ SR : 과거와 현재의 영상을 혼합해 실존하지 않는 인물·사건 등을 새롭게 구현할 수 있고 이용자가 가상공간을 실제의 세계로 착각할 수 있는 환경이나 혹은 그러한 기술이다.

11 다음 글에서 설명하는 권리는?

> 타인의 물건 또는 유가증권을 점유한 자가 그 물건이나 유가증권에 관하여 생긴 채권(債權)을 가지는 경우에, 그 채권의 변제를 받을 때까지 그 물건 또는 유가증권을 유치할 수 있는 권리이다. 예를 들어, 시계수리상은 수리대금을 지급받을 때까지는 수리한 시계를 유치하여 그 반환을 거절할 수 있다.

① 점유권   ② 저당권
③ 질권   ④ 유치권

12 다음 중 크레디트 라인(Credit Line)에 대한 설명으로 옳지 않은 것은?

① 크레디트 라인을 통해 약정한 조건에 따라 필요할 때마다 수시로 자금을 대출받고 갚을 수 있다.
② 자금을 공급하는 측은 자금 요구에 대한 거부권이 없으므로 비상시에 외화 확보를 보장하는 수단으로 유용하다.
③ 한도 수준은 공여 대상이 되는 상대방의 환거래 실적, 신용 상태, 보상예금, 기존 신용한도 등에 따라 결정된다.
④ 운영기간이 보통 1년 이내의 단기이므로 무역신용거래에서는 일시적인 대외자금의 부족, 국제수지의 역조를 보완하는 데 이용된다.

13 다음 글의 빈칸에 들어갈 용어는?

> _____은/는 원래 보험시장에서 사용하던 용어로, 추후에 리스크 관리 분야에서도 사용하게 되었다. 정부가 뒤를 받쳐줄 것이라는 믿음 혹은, 절대 망하지 않을 것이라는 믿음하에 정당한 리스크를 감수하지 않는 것을 뜻한다. 이는 윤리적으로나 법적으로 자신이 해야 할 최선의 의무를 다하지 않은 행위를 나타내는데, 점차 법 또는 제도적 허점을 이용하거나 자기 책임을 소홀히 하는 행동을 포괄하는 용어로 확대됐다.

① 포이즌 필   ② 역선택
③ 내부자 거래   ④ 도덕적 해이

14 다음 중 유네스코 지정 세계기록문화유산이 아닌 것은?

① 삼국사기

② 훈민정음

③ 5·18 민주화운동 기록물

④ KBS 특별생방송 이산가족을 찾습니다 기록물

15 다음 중 사용자들이 정해진 PC 없이도 웹상에 자료를 저장하여 어디에서나 프로그램을 실행할 수 있는 분산형 IT 인프라서비스를 뜻하는 용어는?

① 클라우드 컴퓨팅(Cloud Computing)　　② 유틸리티(Utility)

③ 블로트웨어(Bloatware)　　④ 블루투스(Bluetooth)

16 다음 글의 빈칸에 공통으로 들어갈 용어는?

> • _____은/는 1970년대 미국 청년들 사이에서 유행한 자동차 게임이론에서 유래되었다.
> • _____의 예로는 한 국가 안의 정치나 노사협상, 국제외교 등에서 상대의 양보를 기다리다가 어느 쪽도 이득을 보지 못하고 파국으로 끝나는 것 등이 있다.

① 필리버스터　　② 캐스팅보트

③ 로그롤링　　④ 치킨게임

17 다음 중 전세를 끼고 주택을 구매하여 수익을 올리는 투자 방법으로 옳은 것은?

① 갭투자　　② 대체투자

③ 그린필드투자　　④ 바이아웃투자

18 다음 중 빈칸에 공통으로 들어가기에 가장 적절한 것은?

> 탄소중립의 시대에 도로 교통 중심에서 궤도 교통 중심으로 옮겨가야 한다는 전 세계적 추세인
> _____는 자동차를 보다 친환경적인 다른 교통 수단으로 전환해 환경적 부담을 줄이고 긍정적
> 효과들을 높이자는 것이다. 운송 부문의 온실가스 감축을 위해서도 철도 수송분담률을 늘리는 것은
> 전기자동차 보급률을 늘리는 것보다 중요하다. 자동차는 탄소배출의 주범으로 꼽히며, 그나마 환경
> 친화적이라는 전기자동차에 필요한 에너지를 충당하기 위해 재생 에너지 발전소를 짓더라도 산림이
> 나 농지에 대한 대규모 손실을 피하기 어렵기 때문이다. 결국 자동차 이용을 획기적으로 줄여야 하
> 며, 특히 원거리 이동에서 도로나 항공 대신 저탄소 이동수단인 철도를 중심에 두는 _____가
> 필요하다는 결론에 도달한다.

① 그린 시프트
② 모달 시프트
③ 다운 시프트
④ 패러다임 시프트

19 다음 중 세계 3대 교향곡에 해당하지 않는 것은?

① 베토벤 〈운명〉
② 슈베르트 〈미완성 교향곡〉
③ 말러 〈대지의 노래〉
④ 차이코프스키 〈비창〉

20 다음 중 초전도체의 특징으로 옳은 것을 〈보기〉에서 모두 고르면?

> **보기**
> ㄱ. 전자석을 만들 수 있다.
> ㄴ. 자기부상열차를 만들 수 있다.
> ㄷ. 전력 소모량이 크다.

① ㄱ
② ㄷ
③ ㄱ, ㄴ
④ ㄴ, ㄷ

우리의 모든 꿈은 실현된다.
그 꿈을 밀고 나갈 용기만 있다면.

- 월트 디즈니 -

PART 3

합격의 공식 시대에듀 www.sdedu.co.kr

최종점검 모의고사

제1회
필수영역 모의고사

■ 취약영역 분석

번호	O/×	영역	번호	O/×	영역	번호	O/×	영역
01			21			41		
02			22			42		
03			23		수리능력	43		
04			24			44		
05			25			45		
06			26			46		자원관리능력
07			27			47		
08		의사소통능력	28			48		
09			29			49		
10			30			50		
11			31					
12			32					
13			33		문제해결능력			
14			34					
15			35					
16			36					
17			37					
18		수리능력	38					
19			39					
20			40					

평가문항	50문항	평가시간	50분
시작시간	:	종료시간	:
취약영역			

01 다음 글의 내용으로 적절하지 않은 것은?

> 최근 민간 부문에 이어 공공 부문의 인사관리 분야에 '역량(Competency)'의 개념이 핵심 주제로 등장하고 있다. 역량이라는 개념은 1973년 사회심리학자인 맥클레랜드에 의하여 '전통적 학업 적성 검사 혹은 성취도 검사의 문제점 지적'이라는 연구에서 본격적으로 논의된 이후 다양하게 정의되어 왔으나, 여기서의 역량의 개념은 직무에서 탁월한 성과를 나타내는 고성과자(High Performer)에 게서 일관되게 관찰되는 행동적 특성을 의미한다. 즉, 지식·기술·태도 등 내적 특성들이 상호작용하여 높은 성과로 이어지는 행동적 특성을 말한다. 따라서 역량은 관찰과 측정할 수 있는 구체적인 행위의 관점에서 설명된다. 조직이 필요로 하는 역량 모델이 개발된다면 이는 채용이나 선발, 경력 관리, 평가와 보상, 교육·훈련 등 다양한 인사관리 분야에 적용될 수 있다.

① 역량의 개념 정의는 역사적으로 다양하였다.
② 역량은 개인의 내재적 특성을 포함하는 개념이다.
③ 역량은 직무에서 높은 성과로 이어지는 행동적 특성을 말한다.
④ 역량 모델은 공공 부문보다 민간 부문에서 더욱 효과적으로 작용한다.

02 다음에서 설명하는 사자성어는?

> 남의 환심을 얻기 위해 말을 번지르르하게 하거나 얼굴 표정을 통해 아첨을 하는 사람을 두고 이르는 말로, 신라 신문왕 때 설총이 한 화왕계라는 이야기가 유명하다.

① 유비무환(有備無患)   ② 경이원지(敬而遠之)
③ 만년지계(萬年之計)   ④ 교언영색(巧言令色)

03 다음 문단을 논리적 순서대로 바르게 나열한 것은?

> (가) 상품 생산자, 즉 판매자는 화폐를 얻기 위해 자신의 상품을 시장에 내놓는다. 하지만 생산자가 만들어 낸 상품이 시장에 들어서서 다른 상품이나 화폐와 관계를 맺게 되면, 이제 그 상품은 주인에게 복종하기를 멈추고 자립적인 삶을 살아가게 된다.
>
> (나) 이처럼 상품이나 시장 법칙은 인간에 의해 산출된 것이지만, 이제 거꾸로 상품이나 시장 법칙이 인간을 지배하게 된다. 이때 인간 및 인간들 간의 관계가 소외되는 현상이 나타난다.
>
> (다) 상품은 그것을 만들어 낸 생산자의 분신이지만, 시장 안에서는 상품이 곧 독자적인 인격체가 된다. 즉, 사람이 주체가 아니라 상품이 주체가 된다.
>
> (라) 또한 사람들이 상품들을 생산하여 교환하는 과정에서 시장의 경제 법칙을 만들어 냈지만, 이제 거꾸로 상품들은 인간의 손을 떠나 시장 법칙에 따라 교환된다. 이런 시장 법칙의 지배 아래에서는 사람과 사람 간의 관계가 상품과 상품, 상품과 화폐 등 사물과 사물 간의 관계에 가려 보이지 않게 된다.

① (가) – (다) – (나) – (라)   ② (가) – (다) – (라) – (나)
③ (다) – (라) – (가) – (나)   ④ (다) – (라) – (나) – (가)

04 다음 글에서 ㉠ ~ ㉣의 수정 방안으로 적절하지 않은 것은?

> 미세조류는 광합성을 하는 수중 단세포 생물로 '식물성 플랑크톤'으로도 불린다. 미세조류를 높은 밀도로 배양하여 처리하면 기름, 즉 바이오디젤을 얻을 수 있다. 최근 국내에서 미세조류에 관한 연구가 ㉠ 급속히 빠르게 늘고 있다. 미세조류는 성장 과정에서 많은 양의 이산화탄소를 소비하는 환경친화적인 특성을 지닌다. ㉡ 그러므로 미세조류로 만든 바이오디젤은 연소 시 석유에 비해 공해 물질을 ㉢ 적게 배출하는 환경친화적인 특성이 있다. 또 미세조류는 옥수수, 콩, 사탕수수 등 다른 바이오디젤의 원료와 달리 식용 작물이 아니어서 식량 자원을 에너지원으로 쓴다는 비판에서 벗어날 수 있다. 다만 아직까지는 미세조류로 만든 바이오디젤이 석유에 비해 ㉣ 두 배 가량 비싸다는 문제가 남아 있다. 향후 이 문제가 극복되면 미세조류를 대체 에너지원으로 쓸 수 있을 것이다.

① ㉠ : 의미가 중복되므로 '빠르게'를 삭제한다.
② ㉡ : 앞 문장과의 관계를 고려하여 '그리고'로 고친다.
③ ㉢ : 문맥의 흐름을 고려하여 '작게'로 고친다.
④ ㉣ : 띄어쓰기가 올바르지 않으므로 '두 배가량'으로 고친다.

05 다음 글의 중심 내용으로 가장 적절한 것은?

대부분의 동물에게 후각은 생존에 필수적인 본능으로 진화되었다. 수컷 나비는 몇 km 떨어진 곳에 있는 암컷 나비의 냄새를 맡을 수 있고, 돼지는 15cm 깊이의 땅 속에 숨어있는 송로버섯의 냄새를 맡을 수 있다. 그중에서도 가장 예민한 후각을 가진 동물은 개나 다람쥐처럼 냄새분자가 가라앉은 땅에 코를 바짝 댄 채 기어 다니는 짐승이다. 때문에 지구상의 거의 모든 포유류의 공통점은 '후각'의 발달이라고 할 수 있다.

여기서 주목할 만한 점은 만물의 영장이라 하는 인간이 후각 기능만큼은 대부분의 포유류보다 한참 뒤떨어진 수준이라는 사실이다. 개는 2억 2,000만 개의 후각세포를 갖고 있고, 토끼는 1억 개를 갖고 있는 반면, 인간은 500만 개의 후각세포를 갖고 있을 뿐이며, 그마저도 실제로 기능하는 것은 평균 375개 정도라고 알려져 있다.

이처럼 인간의 진화과정에서 유독 후각이 퇴화한 이유는 무엇일까? 새는 지면에서 멀리 떨어진 곳에 활동 영역이 있기 때문에 맡을 수 있는 냄새가 제한적이다. 자연스레 그들은 후각기관을 퇴화시키는 대신 시각기관을 발달시켰다. 인간 역시 직립보행 이후에는 냄새를 맡고 구별하는 능력보다는 시야의 확보가 생존에 더 중요해졌고, 점차 시각정보에 의존하기 시작하면서 후각은 자연스레 퇴화한 것이다.

따라서 인간의 후각정보를 관장하는 후각 중추는 이처럼 대폭 축소된 후각 기능을 반영이라도 하듯 아주 작다. 뇌 전체의 0.1% 정도에 지나지 않는 후각 중추는 감정을 관장하는 변연계의 일부이고, 언어 중추가 있는 대뇌지역과는 직접적인 연결이 없다. 따라서 후각은 시각이나 청각을 통해 감지한 요소에 비해 언어로 분석해서 묘사하기가 어려우며, 감정이 논리적 사고와 같이 정밀하고 체계적이지 못한 것처럼, 후각도 체계적이지 않다. 인간이 후각을 언어로 표현하는 것은 시각을 언어로 표현하는 것보다 세밀하지 못하며, 동일한 냄새에 대한 인지도 현저히 떨어진다는 사실은 이미 다양한 연구를 통해 증명되었다.

그러나 후각과 뇌변연계의 연결고리는 여전히 제법 강력하다. 냄새는 감정과 욕망을 넌지시 암시하고 불러일으킨다. 또한 냄새는 일단 우리의 뇌 속에 각인되면 상당히 오랫동안 지속되고, 이와 관련된 기억들을 상기시킨다. 언어로 된 기억은 기록의 힘을 빌리지 않고는 오래 남겨두기 어렵지만, 냄새로 이루어진 기억은 작은 단서만 있으면 언제든 다시 꺼낼 수 있다. 뿐만 아니라 후각은 청각이나 시각과 달리, 차단할 수 없는 유일한 감각이기도 하다. 하루에 2만 번씩 숨을 쉴 때마다 후각은 계속해서 작동하고 있고, 지금도 우리에게 영향을 끼치고 있다.

① 후각은 다른 모든 감각을 지배하는 상위 기능을 담당한다.
② 인간은 선천적인 뇌구조로 인해 후각이 발달하지 못했다.
③ 모든 동물은 정밀한 감각을 두 가지 이상 갖기 어렵다.
④ 인간은 진화하면서 필요에 따라 후각을 퇴화시켰다.

06 다음 글의 제목으로 가장 적절한 것은?

맥주의 주원료는 양조용수·보리·홉 등이다. 맥주를 양조하기 위해서는 일반적으로 맥주생산량의 10 ~ 20배 정도 되는 물이 필요하며, 이것을 양조용수라고 한다. 양조용수는 맥주의 종류와 품질을 좌우하며, 무색·무취·투명해야 한다. 보리를 싹틔워 맥아로 만든 것을 사용하여 맥주를 제조하는데, 맥주용 보리로는 곡립이 고르고 녹말질이 많으며 단백질이 적은 것, 그리고 곡피(穀皮)가 얇으며 발아력이 왕성한 것이 좋다. 홉은 맥주 특유의 쌉쌀한 향과 쓴맛을 만들어 내는 주요 첨가물이며, 맥주를 맑게 하고 잡균의 번식을 막아주는 역할을 한다.

맥주의 제조공정을 살펴보면 맥아제조, 담금, 발효, 저장, 여과의 다섯 단계로 나눌 수 있다. 이 중 발효공정은 맥즙이 발효되어 술이 되는 과정을 말하는데, 효모가 발효탱크 속에서 맥즙에 있는 당분을 알코올과 탄산가스로 분해한다. 이 공정은 1주일간 이어지며, 그동안 맥즙 안에 있던 당분은 점점 줄어들고 알코올과 탄산가스가 늘어나 맥주가 되는 것이다. 이때 발효 중 맥즙의 온도 상승을 막기 위해 탱크를 냉각 코일로 감고 그 표면을 하얀 폴리우레탄으로 단열시키는데, 그 모습이 마치 남극의 이글루처럼 보이기도 한다.

발효의 방법에 따라 하면발효 맥주와 상면발효 맥주로 구분되는데, 이는 어떤 온도에서 발효시키느냐에 달려있다. 세계 맥주 생산량의 70%를 차지하는 하면발효 맥주는 발효 중 밑으로 가라앉는 효모를 사용해 저온에서 발효시킨 맥주를 말한다. 요즘 유행하는 드래프트비어가 바로 여기에 속한다. 반면, 상면발효 맥주는 주로 영국, 미국, 캐나다, 벨기에 등에서 생산되며 발효 중 표면에 떠오르는 효모로 비교적 높은 온도에서 발효시킨 맥주를 말한다. 에일, 스타우트 등이 상면발효 맥주에 포함된다.

① 홉과 발효 방법의 종류에 따른 맥주 구분법
② 주원료에 따른 맥주의 발효 방법 분류
③ 맥주의 주원료와 발효 방법에 따른 맥주의 종류
④ 맥주의 제조공정과 맛의 변화

07 다음 신문기사 속 김아영 주무관이 해당 구청에서 실시한 '문서작성 경진대회'에서 최우수상을 받을 수 있었던 이유에 대한 추측으로 적절하지 않은 것은?

충북 청주시 ○○구청은 최근 '문서작성 경진대회'를 실시한 결과 주민복지과 김아영 주무관이 최우수상에 선정됐다고 1일 밝혔다.

경진대회는 직원들의 참신한 아이디어 발굴과 역량 발휘를 도모하기 위해 개최되었다. 대회는 관련 부서에서 어려움을 겪고 있는 현안사항인 청주남중 백로떼 문제 해결방안, 마을안길 제설대책, 면 지역 생산 농산물에 대한 동 지역 소비방안 3가지에 관해 해결방안을 작성하는 것을 주제로 진행되었다. 본 대회에 참가한 34명을 대상으로 1, 2차로 심사해 김아영(주민복지과) 주무관이 최우수상을, 이신영(건축과), 진수영(사직1동), 박정수(산남동), 유명숙(행정지원과) 주무관 등이 우수상에 선정됐다.

김아영 주무관은 "처음에는 막연했는데 일단 문서를 작성하기 시작하니 하나의 기획서가 완성됐다."라며 "문서작성에 대한 자신감을 얻었고 시 현안에 대해 고민해 볼 수 있는 좋은 계기가 됐다."라고 말했다.

2024년 11월 1일자 ○○일보

---

① 당 구청이 직면하고 있는 문제를 해결할 수 있는 핵심 메시지가 정확히 도출되었을 거야.

② 만약 분량이 많았다면, 글의 내용이 한눈에 파악되도록 목차구성에 신경을 많이 썼을 거야.

③ 평서형보다는 의문형으로, 간결한 문장보다는 수려한 문장을 사용하되, 가급적 전문용어를 사용하지 않았을 거야.

④ 심사위원이 채택하게끔 설득력을 갖춘 문서를 작성하여야 하므로, 김 주무관은 심사위원이 요구하는 것이 무엇인지 충분히 고려하여 작성하였을 거야.

08 행정기관의 기안문 작성방법이 다음과 같을 때, 옳지 않은 것은?

〈기안문 작성방법〉

1. 행정기관명 : 그 문서를 기안한 부서가 속한 행정기관명을 기재한다. 행정기관명이 다른 행정기 관명과 같은 경우에는 바로 위 상급 행정기관명을 함께 표시할 수 있다.
2. 수신 : 수신자명을 표시하고 그다음에 이어서 괄호 안에 업무를 처리할 보조·보좌 기관의 직위를 표시하되, 그 직위가 분명하지 않으면 ○○업무담당과장 등으로 쓸 수 있다. 다만, 수신자가 많은 경우에는 두문의 수신란에 '수신자 참조'라고 표시하고 결문의 발신명의 다음 줄의 왼쪽 기본선에 맞추어 수신자란을 따로 설치하여 수신자명을 표시한다.
3. (경유) : 경유문서인 경우에 '이 문서의 경유기관의 장은 ○○○(또는 제1차 경유기관의 장은 ○ ○○, 제2차 경유기관의 장은 ○○○)이고, 최종 수신기관의 장은 ○○○입니다.'라고 표시하 고, 경유기관의 장은 제목란에 '경유문서의 이송'이라고 표시하여 순차적으로 이송하여야 한다.
4. 제목 : 그 문서의 내용을 쉽게 알 수 있도록 간단하고, 명확하게 기재한다.
5. 발신명의 : 합의제 또는 독임제 행정기관의 장의 명의를 기재하고, 보조기관 또는 보좌기관 상호 간에 발신하는 문서는 그 보조기관 또는 보좌기관의 명의를 기재한다. 시행할 필요가 없는 내부 결재문서는 발신명의를 표시하지 않는다.
6. 기안자·검토자·협조자·결재권자의 직위 / 직급 : 직위가 있는 경우에는 직위를, 직위가 없는 경우에는 직급(각급 행정기관이 6급 이하 공무원의 직급을 대신하여 사용할 수 있도록 정한 대외 직명을 포함한다. 이하 이 서식에서 같다)을 온전하게 쓴다. 다만, 기관장과 부기관장의 직위는 간략하게 쓴다.
7. 시행 처리과명 – 연도별 일련번호(시행일), 접수 처리과명 – 연도별 일련번호(접수일) : 처리과 명(처리과가 없는 행정기관은 10자 이내의 행정기관명 약칭)을 기재하고, 시행일과 접수일란에 는 연월일을 각각 마침표(.)를 찍어 숫자로 기재한다. 다만, 민원문서인 경우로서 필요한 경우에 는 시행일과 접수일란에 시·분까지 기재한다.
8. 우 도로명 주소 : 우편번호를 기재한 다음, 행정기관이 위치한 도로명 및 건물번호 등을 기재하 고 괄호 안에 건물 명칭과 사무실이 위치한 층수와 호수를 기재한다.
9. 홈페이지 주소 : 행정기관의 홈페이지 주소를 기재한다.
10. 전화번호( ), 팩스번호( ) : 전화번호와 팩스번호를 각각 기재하되, ( )안에는 지역번호를 기재한다. 기관 내부문서의 경우는 구내 전화번호를 기재할 수 있다.
11. 공무원의 전자우편주소 : 행정기관에서 공무원에게 부여한 전자우편주소를 기재한다.
12. 공개구분 : 공개, 부분공개, 비공개로 구분하여 표시한다. 부분공개 또는 비공개인 경우에는「 공공기록물 관리에 관한 법률 시행규칙」제18조에 따라 '부분공개( )' 또는 '비공개( )'로 표 시하고,「공공기관의 정보공개에 관한 법률」제9조 제1항 각호의 번호 중 해당 번호를 괄호 안 에 표시한다.
13. 관인생략 등 표시 : 발신명의의 오른쪽에 관인생략 또는 서명생략을 표시한다.

① 기안자 또는 협조자의 직위가 없는 경우 직급을 기재한다.
② 연월일 날짜 뒤에는 각각 마침표(.)를 찍는다.
③ 도로명 주소를 먼저 기재한 후 우편번호를 기재한다.
④ 행정기관에서 부여한 전자우편주소를 기재해야 한다.

09 다음 글의 내용으로 가장 적절한 것은?

> 논리는 증명하지 않고도 참이라고 인정하는 명제, 즉 공리를 내세우면서 출발한다. 따라서 모든 공리는 그로부터 파생되는 수많은 논리체계의 기초를 이루고, 이들로부터 끌어낸 정리는 논리체계의 상부구조를 이룬다. 이때, 각각의 공리는 서로 모순이 없어야만 존재할 수 있다.
>
> 공리라는 개념은 고대 그리스의 수학자 유클리드로부터 출발한다. 유클리드는 그의 저서 『원론』에서 다음과 같은 5개의 공리를 세웠다. 첫째, 동일한 것의 같은 것은 서로 같다(A=B, B=C이면 A=C). 둘째, 서로 같은 것에 같은 것을 각각 더하면 그 결과는 같다(A=B이면 A+C=B+C). 셋째, 서로 같은 것에서 같은 것을 각각 빼면 그 결과는 같다(A=B이면 A−C=B−C). 넷째, 서로 일치하는 것은 서로 같다. 다섯째, 전체는 부분보다 더 크다. 수학이란 진실만을 다루는 가장 논리적인 학문이라고 생각했던 유클리드는 공리를 기반으로 명제들이 왜 성립될 수 있는가를 증명하였다.
>
> 공리를 정하고 이로부터 끌어낸 명제가 참이라는 믿음은 이후로도 2천 년이 넘게 이어졌다. 19세기 말 수학자 힐베르트는 유클리드의 이론을 보완하여 기하학의 5개 공리를 재구성하고 현대 유클리드 기하학의 체계를 완성하였다. 나아가 힐베르트는 모든 수학적 명제는 모순이 없고 독립적인 공리 위에 세워진 논리체계 안에 있으며, 이러한 공리의 무모순성과 독립성을 실제로 증명할 수 있다고 예상했다. 직관을 버리고 오로지 연역 논리에 의한 체계의 완성을 추구했던 것이다.
>
> 그러나 그로부터 30여 년 후, 괴델은 '수학은 자신의 무모순성을 스스로 증명할 수 없다.'라는 사실을 수학적으로 증명하기에 이르렀다. 그는 '참이지만 증명할 수 없는 명제가 존재한다.'와 '주어진 공리와 규칙만으로 일관성과 무모순성을 증명할 수 없다.'라는 형식체계를 명시하였다. 괴델의 이러한 주장은 힐베르트의 무모순성과 완전성의 공리주의를 부정하는 것이었기에 수학계를 발칵 뒤집어 놓았다. 기계적인 방식으로는 수학의 모든 사실을 만들어낼 수 없다는 괴델의 불완전성의 정리는 가장 객관적인 학문으로 인식됐던 수학의 체면을 구기는 오점처럼 보이기도 한다. 그러나 한편으로는 수학의 응용이 가능해지면서 다른 학문과의 융합이 이루어졌고, 이후 물리학, 논리학을 포함한 각계의 수많은 학자들에게 영감을 주었다.

① 공리의 증명 가능성을 인정하였다는 점에서 유클리드와 힐베르트는 공통점이 있다.
② 힐베르트는 유클리드와 달리 공리체계의 불완전성을 인정하였다.
③ 유클리드가 정리한 명제들은 괴델에 의해 참이 아닌 것으로 판명되었다.
④ 괴델은 공리의 존재를 인정했지만, 자체 체계만으로는 무모순성을 증명할 수 없다고 주장하였다.

10 다음 중 맞춤법이 옳지 않은 것은?

① 과녁에 화살을 맞추다.
② 오랜만에 친구를 만났다.
③ 그는 저기에 움츠리고 있었다.
④ 단언컨대 내 말이 맞다.

11 다음 글과 가장 관련 있는 한자성어는?

> 패스트푸드점 매장에서 새벽에 종업원을 폭행한 여성이 경찰에 붙잡혔다. 부산의 한 경찰서는 폭행 혐의로 30대 A씨를 현행범으로 체포해 조사 중이라고 밝혔다. 경찰에 따르면 A씨는 새벽 3시 반쯤 부산의 한 패스트푸드점 매장에서 술에 취해 "내가 2층에 있는데 왜 부르지 않았냐."라며 여성 종업 원을 수차례 밀치고 뺨을 7 ~ 8차례 때리는 등 폭행한 혐의를 받고 있다. 보다 못한 매장 매니저가 경찰에 신고해 A씨는 현행범으로 체포되었다. A씨는 경찰에서 "기분이 나빠서 때렸다."라고 진술한 것으로 알려졌다. 경찰은 A씨를 상대로 폭행 경위를 조사한 뒤 신병을 처리할 예정이다. 지난해 11 월 울산의 다른 패스트푸드점 매장에서도 손님이 햄버거를 직원에게 던지는 등의 사건이 있었는데, 손님의 갑질 행태가 끊이지 않고 있다.

① 견마지심(犬馬之心) 　　　　② 빙청옥결(氷淸玉潔)
③ 소탐대실(小貪大失) 　　　　④ 방약무인(傍若無人)

12 다음 중 비언어적 의사표현에 대한 설명으로 적절하지 않은 것은?

① 눈살을 찌푸리는 표정은 불만족과 불쾌를 나타낸다.
② 상대방의 눈을 쳐다보는 것은 흥미와 관심이 있음을 나타낸다.
③ 어조가 높으면 적대감이나 대립감을 나타낸다.
④ 말의 속도와 리듬에 있어서 매우 빠르거나 짧게 얘기하면 흥분, 즐거움을 나타낸다.

13 다음 대화에서 B사원의 문제점으로 가장 적절한 것은?

> A사원 : 배송 지연으로 인한 고객의 클레임을 해결하기 위해서는 일단 입고된 상품을 먼저 배송하 고, 추가 배송료를 부담하더라도 나머지 상품은 입고되는 대로 다시 배송하는 방법이 나을 것 같습니다.
> B사원 : 글쎄요. A사원의 그간 업무 스타일로 보았을 때, 방금 제시한 그 처리 방법이 효율적일지 의문이 듭니다.

① 짐작하기 　　　　② 판단하기
③ 조언하기 　　　　④ 비위 맞추기

14 다음 글의 빈칸에 들어갈 내용으로 가장 적절한 것은?

상품을 만들어 파는 사람이 그 수고의 대가를 받고 이익을 누리는 것은 당연하다. 하지만 그 이익이 다른 사람의 고통을 무시하고 얻어진 경우에는 정당하지 않을 수 있다. 제3세계에 사는 많은 환자가 신약 가격을 개발국인 선진국의 수준으로 유지하는 거대 제약회사의 정책 때문에 고통 속에서 죽어가고 있다. 그 약값을 감당할 수 있는 선진국이 보기에도 이는 이익이란 명분 아래 발생하는 끔찍한 사례이다. 이러한 비난의 목소리가 높아지자 제약회사의 대규모 투자자 중 일부는 자신들의 행동이 윤리적인지 고민하기 시작했다. 사람들이 약값 때문에 약을 구할 수 없다는 것은 분명히 잘못된 일이다. 하지만 그렇다고 해서 국가가 제약회사들에게 손해를 감수하라는 요구를 할 수는 없다는 데 사태의 복잡성이 있다.

신약을 개발하는 일에는 막대한 비용과 시간이 들며, 그 안전성 검사가 법으로 정해져 있어서 추가 비용이 발생한다. 이를 상쇄하기 위해 제약회사들은 시장에서 최대한 이익을 뽑아내려 한다. 얼마나 많은 환자가 신약을 통해 고통에서 벗어나는가에 대한 관심을 이들에게 기대하긴 어렵다. 그러나 만약 제약회사들이 존재하지 않는다면 신약개발도 없을 것이다.

그렇다면 상업적 고려와 인간의 건강 사이에 존재하는 긴장을 어떻게 해소해야 할까? 제3세계의 환자를 치료하는 일은 응급사항이며, 제약회사들이 자선하리라고 기대하는 것은 비현실적이다. 그렇다면 그 대안은 명백하다. _____ 물론 여기에도 문제는 있다. 이 대안이 왜 실현되기 어려운 걸까? 그 이유가 무엇인지는 우리가 자신의 주머니에 손을 넣어 거기에 필요한 돈을 꺼내는 순간 알게 될 것이다.

① 제3세계에 제공되는 신약 가격을 선진국과 같게 해야 한다.

② 제3세계 국민에게 필요한 신약을 선진국 국민이 구매하여 전달해야 한다.

③ 선진국들은 자국의 제약회사가 제3세계에 신약을 저렴하게 공급하도록 강제해야 한다.

④ 각국 정부는 거대 제약회사의 신약 가격 결정에 자율권을 주어 개발 비용을 보상받을 수 있게 해야 한다.

15 다음 글의 ㉠과 ㉡에 들어갈 말을 바르게 나열한 것은?

아담 스미스의 '보이지 않는 손'이라는 가정은 시장에서 개인의 이익 추구 활동을 제한하지 않는 것이 전체 이윤을 극대화하는 최선의 방책임을 보여주는 것으로 간주되었다. 그렇다면 다음의 경우는 어떠한가?

공동 소유의 목초지에 양을 치기에 알맞은 풀이 자라고 있다고 생각해 보자. 일정 넓이의 목초지에 방목할 수 있는 가축 두수에는 일정한 한계가 있기 마련이다. 즉, '수용 한계'가 존재하는 것이다. 그 목초지에 한 마리를 더 방목한다고 해서 다른 가축들이 갑자기 죽거나 병에 걸리는 것은 아니다. 하지만 목초지의 수용 한계를 넘어 양을 키울 경우, 목초가 줄어들어 그 목초지에서 양을 키워 얻을 수 있는 전체 생산량이 줄어든다. 나아가 수용 한계를 과도하게 초과할 정도로 사육 두수가 늘어날 경우 목초지 자체가 거의 황폐화된다.

예를 들어 수용 한계가 양 20마리인 공동 목초지에서 4명의 농부가 각각 5마리의 양을 키우고 있다고 해 보자. 그 목초지의 수용 한계에 이미 도달한 상태이지만, 그 중 한 농부가 자신의 이익을 늘리고자 방목하는 양의 두수를 늘리려 한다. 그러면 5마리를 키우고 있는 농부들은 목초지의 수용 한계로 인하여 기존보다 이익이 줄어들지만, 두수를 늘린 농부의 경우 그의 이익이 기존보다 조금 늘어난다. 손실을 만회하기 위해 다른 농부들도 사육 두수를 늘리고자 할 것이다. 이러한 상황이 장기화될 경우, _____㉠_____ 이와 같이 아담 스미스의 '보이지 않는 손'에 시장을 맡겨 둘 경우 _____㉡_____ 결과가 나타날 것이다.

① ㉠ : 농부들의 총이익은 기존보다 증가할 것이다.
  ㉡ : 한 사회의 공공 영역이 확장되는

② ㉠ : 농부들의 총이익은 기존보다 감소할 것이다.
  ㉡ : 한 사회의 전체 이윤이 감소하는

③ ㉠ : 농부들의 총이익은 기존보다 감소할 것이다.
  ㉡ : 한 사회의 전체 이윤이 유지되는

④ ㉠ : 농부들의 총이익은 기존과 동일하게 될 것이다.
  ㉡ : 한 사회의 전체 이윤이 감소되는

PART 3

16 썰매 시합에서 두 팀이 경기를 치르고 있다. A팀이 먼저 출발한 결과, 총 150km의 거리를 평균 속도 60km/h로 질주하여 경기를 마쳤다. 이어서 B팀이 출발하였고 80km를 남기고 중간 속도를 측정한 결과 평균 속도가 40km/h이었다. 이때 앞으로 남은 80km 구간 동안 B팀의 평균 속도가 얼마 이상이어야만 A팀을 이길 수 있는가?

① 100km/h

② $\dfrac{310}{3}$ km/h

③ $\dfrac{320}{3}$ km/h

④ 110km/h

17 A씨의 집에서 할아버지 댁까지의 거리는 총 50km라고 한다. 10km/h의 속력으로 25km를 갔더니 도착하기로 한 시간이 얼마 남지 않아서 15km/h의 속력으로 뛰어갔더니 오후 4시에 할아버지 댁에 도착할 수 있었다. A씨가 집에서 나온 시각은 언제인가?

① 오전 11시 30분

② 오전 11시 50분

③ 오후 12시 50분

④ 오후 1시 10분

18 다음 수열의 11번째 항의 값은?

500 499 493 482 466 445 ...

① 255

② 260

③ 265

④ 270

제1회 필수영역 모의고사 • 269

※ 일정한 규칙으로 수를 나열할 때, 빈칸에 들어갈 알맞은 수를 고르시오. [19~20]

19

$$5 \quad \frac{10}{9} \quad \frac{9}{2} \quad \frac{20}{81} \quad (\ \ )$$

① $\dfrac{729}{40}$ ② $\dfrac{718}{40}$

③ $\dfrac{707}{40}$ ④ $\dfrac{729}{30}$

20

$$18 \quad 13 \quad 10.5 \quad 9.25 \quad (\ \ )$$

① 6.5   ② 8.5

③ 8.625   ④ 9.625

21 핸드폰에 찍힌 지문을 통해 비밀번호를 유추하려고 한다. 핸드폰 화면의 1, 2, 5, 8, 9번 위치에 지문이 찍혀 있었으며, 면밀히 조사한 결과 지움 버튼에서도 지문이 발견되었다. 핸드폰 비밀번호는 네 자릿수이며, 비밀번호 힌트로 가장 작은 수는 맨 앞, 가장 큰 수는 맨 뒤라는 것을 알았다. 총 몇 번의 시도를 하면 비밀번호를 반드시 찾을 수 있는가?

① 8번   ② 10번

③ 12번   ④ 24번

22 A씨는 유아용품 판매직영점을 추가로 개장하기 위하여 팀장으로부터 다음 자료를 받았다. 팀장은 직영점을 정할 때에는 영유아 수가 많은 곳이어야 하며, 향후 5년간 수요가 지속적으로 증가하는 지역으로 선정해야 한다고 설명하였다. 이를 토대로 할 때, 유아용품 판매직영점이 설치될 최적의 지역을 선정하라는 요청에 가장 적절한 답변은 무엇인가?

지역	총인구수(명)	영유아 비중	향후 5년간 영유아 수 변동률(전년 대비)				
			1년 차	2년 차	3년 차	4년 차	5년 차
A	3,460,000	3%	−0.5%	1.0%	−2.2%	2.0%	4.0%
B	2,470,000	5%	0.5%	0.1%	−2.0%	−3.0%	−5.0%
C	2,710,000	4%	0.5%	0.7%	1.0%	1.3%	1.5%
D	1,090,000	11%	1.0%	1.2%	1.0%	1.5%	1.7%

① 현재 시점에서 영유아 수가 가장 많은 B지역을 우선적으로 개장하는 것이 좋을 것 같습니다.

② 향후 5년간 영유아 변동률을 참고하였을 때, 영유아 인구 증가율이 가장 높은 A지역이 유력합니다.

③ 총인구수가 많은 A−C−B−D지역 순서로 직영점을 개장하면 충분한 수요로 인하여 영업이 원활할 것 같습니다.

④ D지역은 현재 영유아 수가 두 번째로 많으나, 향후 5년간 지속적인 영유아 수 증가가 기대되는 지역으로 예상되므로 D지역이 가장 적절하다고 판단합니다.

23 다음은 OECD 국가의 대학졸업자 취업에 대한 자료이다. A ~ L국가 중 전체 대학졸업자 대비 대학졸업자 중 취업자 비율이 OECD 평균보다 높은 국가가 바르게 연결된 것은?

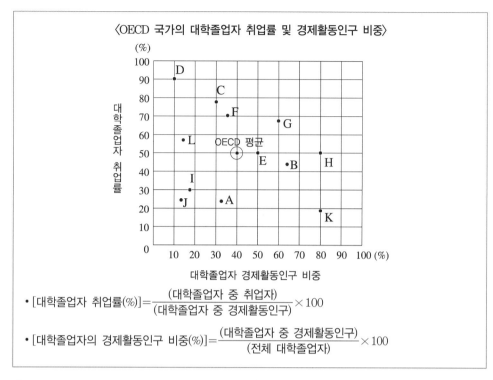

〈OECD 국가의 대학졸업자 취업률 및 경제활동인구 비중〉

• [대학졸업자 취업률(%)] = $\dfrac{(\text{대학졸업자 중 취업자})}{(\text{대학졸업자 중 경제활동인구})} \times 100$

• [대학졸업자의 경제활동인구 비중(%)] = $\dfrac{(\text{대학졸업자 중 경제활동인구})}{(\text{전체 대학졸업자})} \times 100$

① A, D

② B, C

③ D, H

④ G, K

24 다음은 어느 해 개최된 올림픽에 참가한 6개국의 성적이다. 이에 대한 내용으로 옳지 않은 것은?

〈국가별 올림픽 성적〉

(단위 : 명, 개)

국가	참가선수	금메달	은메달	동메달	메달 합계
A	240	4	28	57	89
B	261	2	35	68	105
C	323	0	41	108	149
D	274	1	37	74	112
E	248	3	32	64	99
F	229	5	19	60	84

① 획득한 금메달 수가 많은 국가일수록 은메달 수는 적었다.
② 금메달을 획득하지 못한 국가가 가장 많은 메달을 획득했다.
③ 참가선수의 수가 많은 국가일수록 획득한 동메달 수도 많았다.
④ 획득한 메달의 합계가 큰 국가일수록 참가선수의 수도 많았다.

25 다음은 K사진관이 올해 찍은 사진의 용량 및 개수를 나타낸 자료이다. 올해 찍은 사진을 모두 모아서 한 개의 USB에 저장하려고 할 때, 최소 몇 GB의 USB가 필요한가?[단, 1MB = 1,000kB, 1GB = 1,000MB이며, 합계 파일 용량(GB)은 소수점 첫째 자리에서 버림한다]

〈올해 사진 자료〉

구분	크기(cm)	용량	개수
반명함	3×4	150kB	8,000개
신분증	3.5×4.5	180kB	6,000개
여권	5×5	200kB	7,500개
단체사진	10×10	250kB	5,000개

① 4.0GB
② 4.5GB
③ 5.0GB
④ 5.5GB

26 문제해결절차의 실행 및 평가 단계가 다음과 같은 절차로 진행될 때, 실행계획 수립 단계에서 고려해야 할 사항으로 적절하지 않은 것은?

① 인적 자원, 물적 자원, 예산 자원, 시간 자원을 고려하여 계획을 세운다.

② 세부 실행내용의 난이도를 고려하여 구체적으로 세운다.

③ 해결안별 구체적인 실행계획서를 작성한다.

④ 실행상의 문제점 및 장애요인을 신속하게 해결하기 위해 모니터링 체제를 구축한다.

27 다음은 일상생활에서 자주 발견되는 논리적 오류에 대한 설명이다. (가) ~ (다)에 해당하는 논리적 오류 유형이 바르게 연결된 것은?

(가) 상대가 의도하지 않은 것을 강조하거나 허점을 비판하여 자신의 주장을 내세운다. 상대방의 주장과 전혀 상관없는 별개의 논리를 만들어 공격하는 경우도 있다.

(나) 적절한 증거 없이 몇몇 사례만을 토대로 결론을 내린다. 일부를 조사한 통계 자료나 대표성이 없는 불확실한 자료를 사용하기도 한다.

(다) 타당한 논거보다는 많은 사람들이 수용한다는 것을 내세워 어떤 주장을 정당화하려 할 때 발생한다.

	(가)	(나)	(다)
①	인신공격의 오류	애매성의 오류	무지의 오류
②	인신공격의 오류	성급한 일반화의 오류	과대 해석의 오류
③	허수아비 공격의 오류	성급한 일반화의 오류	대중에 호소하는 오류
④	허수아비 공격의 오류	무지의 오류	대중에 호소하는 오류

28 A대리는 K공사 사내 문제처리 과정을 매뉴얼하여 전사에 공표하는 업무를 맡게 되었다. 문제처리 과정 중 마지막 단계인 실행 및 Follow – Up 단계에서 실행상의 문제점을 해결하기 위한 모니터링 체제를 구축하기 위해 고려해야 할 체크리스트를 만들려고 한다. 다음 중 체크리스트 항목으로 옳지 않은 것은?

① 문제가 재발하지 않을 것을 확신할 수 있는가?

② 해결안별 세부 실행내용이 구체적으로 수립되었는가?

③ 혹시 또 다른 문제를 발생시키지 않았는가?

④ 바람직한 상태가 달성되었는가?

29 남자 2명과 여자 2명이 다음 〈조건〉과 같이 원탁에 앉아 있다. 이를 토대로 옳은 것은?

조건
- 네 사람의 직업은 각각 교사, 변호사, 자영업자, 의사이다.
- 네 사람은 각각 검은색 원피스, 파란색 재킷, 하얀색 니트, 밤색 티셔츠를 입고 있으며, 이 중 검은색 원피스는 여성용, 파란색 재킷은 남성용이다.
- 남자는 남자끼리, 여자는 여자끼리 인접해서 앉아 있다.
- 변호사는 하얀색 니트를 입고 있다.
- 자영업자는 남자이다.
- 의사의 왼쪽 자리에 앉은 사람은 검은색 원피스를 입었다.
- 교사는 밤색 니트를 입은 사람과 원탁을 사이에 두고 마주 보고 있다.

① 교사와 의사는 원탁을 사이에 두고 마주 보고 있다.

② 변호사는 남자이다.

③ 밤색 티셔츠를 입은 사람은 여자이다.

④ 의사는 파란색 재킷을 입고 있다.

30 다음 글의 빈칸에 들어갈 단어로 적절하지 않은 것은?

> 창의적 사고는 창조적인 가능성이다. 여기에는 '문제를 사전에 찾아내는 힘', '문제해결에 있어서 다각도로 힌트를 찾아내는 힘', 그리고 '문제해결을 위해 끈기 있게 도전하는 태도' 등이 포함된다. 다시 말해서 창의적 사고에는 사고력을 비롯하여 성격, 태도에 걸친 전인격적인 가능성까지도 포함된다. 이러한 창의적 사고는 창의력 교육훈련을 통해 개발할 수 있으며, _____일수록 높은 창의력을 보인다.

① 모험적   ② 적극적
③ 예술적   ④ 객관적

31 문제해결에 어려움을 겪고 있는 A대리는 상사인 B부장에게 면담을 요청하였고 B부장은 다음과 같이 조언하였다. B부장이 A대리에게 제시한 문제해결 사고방식으로 옳은 것은?

> 현재 당면하고 있는 문제와 그 해결방법에만 집착하지 말고, 그 문제와 해결방안이 상위 시스템과 어떻게 연결되어 있는지를 생각해 보세요.

① 분석적 사고   ② 발상의 전환
③ 내·외부자원의 활용   ④ 전략적 사고

32 업무 수행과정에서 발생하는 문제를 발생형, 탐색형, 설정형의 세 가지 문제 유형으로 분류한다고 할 때, 다음 중 탐색형 문제에 해당하는 것은?

① 판매된 제품에서 이물질이 발생했다는 고객의 클레임이 발생하였다.
② 국내 생산 공장을 해외로 이전할 경우 발생할 수 있는 문제들을 파악하여 보고해야 한다.
③ 대외경쟁력과 성장률을 강화하기 위해서는 생산성을 15% 이상 향상시켜야 한다.
④ 공장의 생산 설비 오작동으로 인해 제품의 발주량을 미처 채우지 못하였다.

33

A중학교 백일장에 참여한 A ~ E학생에게 다음 〈조건〉에 따라 점수를 부여할 때, 점수가 가장 높은 학생은?

〈A중학교 백일장 채점표〉

학생	오탈자(건)	글자 수(자)	주제의 적합성	글의 통일성	가독성
A	33	654	A	A	C
B	7	476	B	B	B
C	28	332	B	B	C
D	25	572	A	A	A

조건

- 기본 점수는 80점이다.
- 오탈자가 10건 이상일 때 1점을 감점하고, 5건이 추가될 때마다 1점을 추가로 감점한다.
- 전체 글자 수가 350자 미만일 때 10점을 감점하고, 600자 이상일 때 1점을 부여하며, 25자가 추가될 때마다 1점을 추가로 부여한다.
- 주제의 적합성, 글의 통일성, 가독성을 A, B, C등급으로 나누며 등급 개수에 따라 추가점수를 부여한다.
  - A등급 3개 : 25점
  - A등급 2개, B등급 1개 : 20점
  - A등급 2개, C등급 1개 : 15점
  - A등급 1개, B등급 2개 또는 A등급, B등급, C등급 1개 : 10점
  - B등급 3개 : 5점
- 예 오탈자 46건, 전체 글자 수 626자, 주제의 적합성, 글의 통일성, 가독성이 각각 A, B, A일 때 점수는 80-8+2+20=94점이다.

① A

② B

③ C

④ D

34 갑은 다음 규칙을 참고하여 알파벳 단어를 숫자로 변환하고자 한다. 규칙을 적용한 〈보기〉의 단어에서 알파벳 Z에 해당하는 자연수들을 모두 더한 값은?

〈규칙〉

① 알파벳 'A'부터 'Z'까지 순서대로 자연수를 부여한다.
예 A=2라고 하면 B=3, C=4, D=5이다.

② 단어의 음절에 같은 알파벳이 연속되는 경우 ①에서 부여한 숫자를 알파벳이 연속되는 횟수만큼 거듭제곱한다.
예 A=2이고 단어가 'AABB'이면 AA는 '2^2'이고, BB는 '3^2'이므로 '49'로 적는다.

보기

㉠ AAABBCC는 100000001020110404로 변환된다.
㉡ CDFE는 3465로 변환된다.
㉢ PJJYZZ는 1712126729로 변환된다.
㉣ QQTSR은 625282726으로 변환된다.

① 154

② 176

③ 199

④ 212

35 다음은 A기업에 대한 SWOT 분석 결과이다. 〈보기〉 중 각 전략에 따른 대응으로 적절한 것을 모두 고르면?

〈A기업의 SWOT 분석 결과〉

강점(Strength)	약점(Weakness)
• 높은 브랜드 이미지·평판 • 훌륭한 서비스와 판매 후 보증수리 • 확실한 거래망, 딜러와의 우호적인 관계 • 막대한 R&D 역량 • 자동화된 공장 • 대부분의 차량 부품 자체 생산	• 한 가지 차종에만 집중 • 고도의 기술력에 대한 과도한 집중 • 생산설비에 막대한 투자 → 차량모델 변경의 어려움 • 한 곳의 생산 공장만 보유 • 전통적인 가족형 기업 운영
기회(Opportunity)	위협(Threat)
• 소형 레저용 차량에 대한 수요 증대 • 새로운 해외시장의 출현 • 저가형 레저용 차량에 대한 선호 급증	• 휘발유의 부족 및 가격의 급등 • 레저용 차량 전반에 대한 수요 침체 • 다른 회사들과의 경쟁 심화 • 차량 안전 기준의 강화

보기

ㄱ. ST전략 : 기술개발을 통하여 연비를 개선한다.

ㄴ. SO전략 : 대형 레저용 차량을 생산한다.

ㄷ. WO전략 : 규제 강화에 대비하여 보다 안전한 레저용 차량을 생산한다.

ㄹ. WT전략 : 생산량 감축을 고려한다.

ㅁ. WO전략 : 국내 다른 지역이나 해외에 공장들을 분산 설립한다.

ㅂ. ST전략 : 경유용 레저 차량 생산을 고려한다.

ㅅ. SO전략 : 해외시장 진출보다는 내수 확대에 집중한다.

① ㄱ, ㄴ, ㅁ, ㅂ   ② ㄱ, ㄹ, ㅁ, ㅂ

③ ㄴ, ㄷ, ㅂ, ㅅ   ④ ㄴ, ㄹ, ㅁ, ㅅ

※ 다음은 K아동병원의 8월 진료스케줄을 안내한 자료이다. 이어지는 질문에 답하시오. [36~37]

〈K아동병원 8월 진료스케줄〉

(◎ : 휴진, ● : 진료, ★ : 당직)

〈진료시간〉
평일 : 오전 9시 ~ 오후 8시
공휴일(토, 일) : 오전 9시 ~ 오후 5시
점심시간 : 오후 12시 30분 ~ 오후 2시

구분	일	월 오전	월 오후	월 야간	화 오전	화 오후	화 야간	수 오전	수 오후	수 야간	목 오전	목 오후	목 야간	금 오전	금 오후	금 야간	토 오전	토 오후
1주 차								1			2			3			4	
의사 A								●	●		●	●		●	●		●	●
의사 B								◎	◎	◎	◎	◎	◎	◎	◎		◎	◎
의사 C								●	●		●	●		●	★		●	●
의사 D								●			◎	◎	◎	◎	◎	◎	◎	◎
의사 E									●	★	●		★	●	●		●	●
2주 차	5	6			7			8			9			10			11	
의사 A			●	★	●	●		●		★	●	●		●			●	●
의사 B	●	●	●			●	★	●			●	●		●			●	●
의사 C		●	●		●			●	●		◎	◎	◎		★		●	●
의사 D	◎	◎	◎	◎	◎	◎	◎	◎	◎	◎	◎	◎	◎	◎	◎	◎	◎	◎
의사 E		●	●		●	●		●	●		●		★				●	●
3주 차	12	13			14			15(광복절)			16			17			18	
의사 A	●		●	★	●			◎	◎	◎	●						●	●
의사 B		●	●		●			◎	◎	◎	●	●		●	●	★	●	●
의사 C	●	●	●		●			●	●	★				●			●	●
의사 D		●	●			●	★	●	●		●		★	●			●	●
의사 E	◎	◎	◎	◎	◎	◎	◎	◎	◎	◎	◎	◎	◎	◎	◎	◎	◎	◎

36 다음 중 자료를 이해한 내용으로 옳지 않은 것은?

① 2 ~ 3주 차에 당직을 가장 많이 하는 의사는 A이다.

② 의사 D는 8월 2일부터 11일까지 휴진이다.

③ 2주 차 월 ~ 토요일 오전에 근무하는 의사는 요일마다 3명 이상이다.

④ 1 ~ 3주 차 동안 가장 많은 의사가 휴진하는 날은 광복절이다.

37 직장인 S씨는 아들의 예방접종을 위해 진료를 예약하려고 한다. 오후에 출근하는 S씨는 8월 2 ~ 3주 차 중 평일 오전에 하루 시간을 내려고 하며, 아들이 평소에 좋아하는 의사 A에게 진료를 받고자 할 때, 예약날짜로 적절한 날짜는?

① 8월 3일　　　　　　　　　　② 8월 8일

③ 8월 9일　　　　　　　　　　④ 8월 13일

38 콩쥐, 팥쥐, 향단, 춘향 네 사람은 함께 마을 잔치에 참석하기로 했다. 족두리, 치마, 고무신을 빨간색, 파란색, 노란색, 검은색 색깔별로 총 12개의 물품을 공동으로 구입하여, 〈조건〉에 따라 각자 다른 색의 족두리, 치마, 고무신을 하나씩 빠짐없이 착용하기로 했다. 다음 중 항상 참인 것은?(예를 들어 어떤 사람이 빨간색 족두리, 파란색 치마를 착용한다면, 고무신은 노란색 또는 검은색으로 착용해야 한다)

조건
- 선호하는 것을 배정받고, 싫어하는 것은 배정받지 않는다.
- 콩쥐는 빨간색 치마를 선호하고, 파란색 고무신을 싫어한다.
- 팥쥐는 노란색을 싫어하고, 검은색 고무신을 선호한다.
- 향단이는 검은색 치마를 싫어한다.
- 춘향이는 빨간색을 싫어한다.
---

① 콩쥐는 검은색 족두리를 착용한다.

② 팥쥐는 노란색 족두리를 착용한다.

③ 향단이는 파란색 고무신을 착용한다.

④ 춘향이는 검은색 치마를 착용한다.

39 K공사는 워크숍에서 팀을 나눠 배드민턴 게임을 하기로 했다. 배드민턴 규칙은 실제 복식 경기방식을 따르기로 하고, 전략팀 직원 A, B와 총무팀 직원 C, D가 먼저 대결을 한다고 할 때, 다음과 같은 경기상황에 이어질 서브 방향 및 선수 위치로 가능한 것은?

〈배드민턴 복식 경기방식〉

- 점수를 획득한 팀이 서브권을 갖는다. 다만 서브권이 상대팀으로 넘어가기 전까지는 팀 내에서 같은 선수가 연속해서 서브권을 갖는다.
- 서브하는 팀은 자신의 팀 점수가 0이거나 짝수인 경우는 우측에서, 점수가 홀수인 경우는 좌측에서 서브한다.
- 서브하는 선수로부터 코트의 대각선 위치에 선 선수가 서브를 받는다.
- 서브를 받는 팀은 자신의 팀으로 서브권이 넘어오기 전까지는 팀 내에서 선수끼리 서로 코트 위치를 바꾸지 않는다.
- 좌측, 우측은 각 팀이 네트를 바라보고 인식하는 좌, 우이다.

〈경기상황〉

- 전략팀(A · B), 총무팀(C · D) 간 복식 경기 진행
- 3 : 3 동점 상황에서 A가 C에 서브하고 전략팀(A · B)이 1점 득점

점수	서브 방향 및 선수 위치	득점한 팀
3 : 3	D　　C A　　B	전략팀

---

①

②

③

④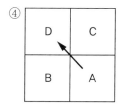

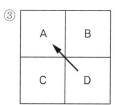

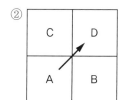

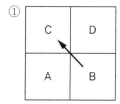

40 다음은 SWOT 분석에 대한 설명과 유전자 관련 사업을 진행 중인 K사의 SWOT 분석 자료이다. 이를 참고하여 〈보기〉의 ㉠ ~ ㉣ 중 빈칸 A, B에 들어갈 내용으로 가장 적절한 것은?

SWOT 분석은 기업의 내부환경과 외부환경을 분석하여 강점(Strength), 약점(Weakness), 기회(Opportunity), 위협(Threat) 요인을 규정하고 이를 토대로 경영전략을 수립하는 기법으로, 미국의 경영컨설턴트인 앨버트 험프리(Albert Humphrey)에 의해 고안되었다.

- 강점(Strength) : 내부환경(자사 경영자원)의 강점
- 약점(Weakness) : 내부환경(자사 경영자원)의 약점
- 기회(Opportunity) : 외부환경(경쟁, 고객, 거시적 환경)에서 비롯된 기회
- 위협(Threat) : 외부환경(경쟁, 고객, 거시적 환경)에서 비롯된 위협

〈K사 SWOT 분석결과〉

강점(Strength)	약점(Weakness)
• 유전자 분야에 뛰어난 전문가로 구성 • _____A_____	• 유전자 실험의 장기화
기회(Opportunity)	위협(Threat)
• 유전자 관련 업체 수가 적음 • _____B_____	• 고객들의 실험 부작용에 대한 두려움 인식

보기

㉠ 투자 유치의 어려움
㉡ 특허를 통한 기술 독점 가능
㉢ 점점 증가하는 유전자 의뢰
㉣ 높은 실험 비용

	A	B			A	B
①	㉠	㉣		②	㉡	㉠
③	㉠	㉢		④	㉡	㉢

41 다음 중 A씨가 시간 관리를 통해 일상에서 얻을 수 있는 효과로 적절하지 않은 것은?

> A씨는 일과 생활의 균형을 유지하기 위해 항상 노력한다. 매일 아침 가족들과 함께 아침 식사를 하며 대화를 나눈 후 출근 준비를 한다. 출근길 지하철에서는 컴퓨터 자격증 공부를 틈틈이 하고 있다. 업무를 진행하는 데 있어서 컴퓨터 사용 능력이 부족하다는 것을 스스로 느꼈기 때문이다. 회사에 출근 시간보다 여유롭게 도착하면 먼저 오늘의 업무 일지를 작성하여 무슨 일을 해야 하는지 파악한다. 근무 시간에는 일정표를 바탕으로 정해진 순서대로 일을 진행한다. 퇴근 후에는 가족과 영화를 보거나 저녁 식사를 하며 시간을 보낸다. A씨는 철저한 시간 관리를 통해 후회 없는 생활을 하고 있다.

① 스트레스 감소　　　　　　　② 균형적인 삶
③ 생산성 향상　　　　　　　　④ 사회적 인정

42 다음 중 빈칸 ㉠ ~ ㉤에 들어갈 말을 순서대로 바르게 나열한 것은?

> 예산의 구성요소는 일반적으로 직접비용과 간접비용으로 구분된다. ___㉠___ 비용은 제품 또는 서비스를 창출하기 위해 ___㉡___ 소비된 것으로 여겨지는 비용을 말한다. 반면, ___㉢___ 비용은 과제를 수행하기 위해 소비된 비용 중 ___㉣___ 비용을 제외한 비용으로, 생산에 ___㉤___ 관련되지 않은 비용을 말한다.

	㉠	㉡	㉢	㉣	㉤
①	직접	직접	간접	직접	직접
②	직접	직접	간접	간접	직접
③	직접	간접	간접	직접	간접
④	간접	간접	직접	간접	직접

43 다음은 바코드 원리를 활용하여 물품을 기호화하고 관리한 자료이다. 이와 같은 방식의 특징으로 옳지 않은 것은?

대분류	중분류	소분류	비고
책(A)	소설책(A-1)	A-1-1. 가시고기	• 2010년에 구입 • 책의 일부분이 파손됨
	전공책(A-2)	A-1-2. 레베카	
	만화책(A-3)	A-1-3. 태백산맥	
	잡지책(A-4)		

① 물품의 위치를 쉽게 파악할 수 있다.

② 동일성의 원칙과 유사성의 원칙을 기반으로 분류한 것이다.

③ 보유하고 있는 물품에 대한 정보를 쉽게 확인할 수 있다.

④ 지속적으로 확인해서 개정해야 하는 번거로움이 없다.

44 다음 중 인적 자원에 대한 설명으로 옳지 않은 것은?

① 주위에 있는 모든 사람들이 하나의 중요한 자원이다.

② 인적 자원은 조직 차원에서만 중요하다.

③ 인맥은 기본적으로 가족, 친구, 직장동료 등으로 나누어진다.

④ 인맥에는 핵심인맥과 파생인맥 등이 있다.

45 다음은 임직원 출장여비 지급규정과 A차장의 출장비 지출 내역이다. 이번 출장을 통해 A차장이 받을 수 있는 출장여비는?

〈임직원 출장여비 지급규정〉

- 출장여비는 일비, 숙박비, 식비, 교통비로 구성된다.
- 일비는 출장일수에 따라 매일 10만 원씩 지급한다.
- 숙박비는 숙박일수에 따라 실비 지급한다. 다만, 항공 또는 선박 여행 시 항공기 내 또는 선박 내에서의 숙박은 숙박비를 지급하지 아니한다.
- 식비는 일수에 따라 식사 여부에 상관없이 1일 3식으로 지급하며, 1끼니당 1만 원씩 지급한다. 단, 항공 또는 선박 여행 시에는 기내식이 포함되지 않을 경우만 지급하며, 출장 마지막 날 저녁은 지급하지 않는다.
- 교통비는 교통편의 운임 혹은 유류비 산출액을 실비 지급한다.

〈A차장의 2박 3일 출장비 지출 내역〉

8월 8일	8월 9일	8월 10일
• 인천 – 일본 항공편 84,000원 (아침 기내식 포함 ×) • 점심 식사 7,500원 • 일본 J공항 – B호텔 택시비 10,000원 • 저녁 식사 12,000원 • B호텔 숙박비 250,000원	• 아침 식사 8,300원 • 호텔 – 거래처 택시비 16,300원 • 점심 식사 10,000원 • 거래처 – 호텔 택시비 17,000원 • B호텔 숙박비 250,000원	• 아침 식사 5,000원 • 일본 – 인천 항공편 89,000원 (점심 기내식 포함)

① 880,000원

② 1,053,000원

③ 1,059,100원

④ 1,086,300원

46 A사원의 팀은 출장근무를 마치고 서울로 복귀하고자 한다. 다음 자료를 참고할 때, 서울에 가장 일찍 도착할 수 있는 예정시각은 언제인가?

〈상황〉

- A사원이 소속된 팀원은 총 4명이다.
- 대전에서 출장을 마치고 서울로 돌아가려고 한다.
- 고속버스터미널에는 은행, 편의점, 화장실, 패스트푸드점 등이 있다.

※ 시설별 소요 시간 : 은행 30분, 편의점 10분, 화장실 20분, 패스트푸드점 25분

〈대화 내용〉

S과장 : 긴장이 풀려서 그런가? 배가 출출하네. 햄버거라도 사서 먹어야겠어.

B대리 : 저도 출출하긴 한데 그것보다 화장실이 더 급하네요. 금방 다녀오겠습니다.

C주임 : 그럼 그사이에 버스표를 사야 하니 은행에 들러 현금을 찾아오겠습니다.

A사원 : 저는 그동안 버스 안에서 먹을 과자를 편의점에서 사 오겠습니다.

S과장 : 지금이 16시 50분이니까 다들 각자 볼일 보고 빨리 돌아와. 다 같이 타고 가야 하니까.

〈시외버스 배차정보〉

대전 출발	서울 도착	잔여 좌석수(개)
17:00	19:00	6
17:15	19:15	8
17:30	19:30	3
17:45	19:45	4
18:00	20:00	8
18:15	20:15	5
18:30	20:30	6
18:45	20:45	10
19:00	21:00	16

① 17:45

② 19:15

③ 19:45

④ 20:15

47 A공공기관은 직원들의 교양 증진을 위해 사내 도서관에 도서를 추가로 구비하고자 한다. 새로 구매할 도서는 직원들을 대상으로 한 사전조사 결과를 바탕으로 선정점수를 결정한다. 〈조건〉에 따라 추가로 구매할 도서를 선정할 때, 다음 중 최종 선정될 도서가 바르게 연결된 것은?

〈후보 도서 사전조사 결과〉

도서명	저자	흥미도 점수(점)	유익성 점수(점)
재테크, 답은 있다	정우택	6	8
여행학개론	W. George	7	6
부장님의 서랍	김수권	6	7
IT혁명의 시작	정인성, 유오진	5	8
경제정의론	S. Collins	4	5
건강제일주의	임시학	8	5

조건

- A공공기관은 전 직원들을 대상으로 후보 도서들에 대한 사전조사를 하였다. 각 후보 도서에 대한 흥미도 점수와 유익성 점수는 전 직원들이 10점 만점으로 부여한 점수의 평균값이다.
- 흥미도 점수와 유익성 점수를 3 : 2의 가중치로 합산하여 1차 점수를 산정하고, 1차 점수가 높은 후보 도서 3개를 1차 선정한다.
- 1차 선정된 후보 도서 중 해외저자의 도서는 가점 1점을 부여하여 2차 점수를 산정한다.
- 2차 점수가 가장 높은 2개의 도서를 최종 선정한다. 만일 선정된 후보 도서들의 2차 점수가 모두 동일한 경우, 유익성 점수가 가장 낮은 후보 도서는 탈락시킨다.

① 재테크, 답은 있다 / 여행학개론
② 재테크, 답은 있다 / 건강제일주의
③ 여행학개론 / 부장님의 서랍
④ 여행학개론 / 건강제일주의

48 출발지 O로부터 목적지 D까지의 사이에 다음과 같은 운송망이 주어졌을 때, 최단경로에 대한 설명으로 옳지 않은 것은?(단, 구간별 숫자는 거리를 나타낸다)

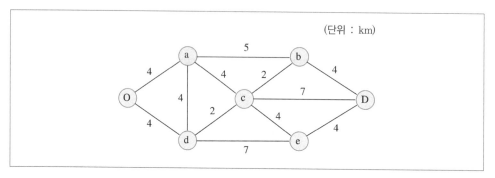

① O에서 b를 경유하여 D까지의 최단거리는 12km이다.
② O에서 c까지 최단거리는 6km이다.
③ O에서 a를 경유하여 D까지의 최단거리는 13km이다.
④ O에서 e를 경유하여 D까지의 최단거리는 15km이다.

49 S건설이 다음 〈조건〉에 따라 자재를 구매하려고 할 때, (가)안과 (나)안의 비용 차이는?

(단위 : 개)

구분	(가)안		(나)안	
	3분기	4분기	3분기	4분기
분기별 소요량	30	50	30	50
분기별 구매량	40	40	60	20
자재구매단가	7,000원	10,000원	7,000원	10,000원

조건
• 2분기 동안 80개의 자재를 구매한다.
• 자재의 분기당 재고 관리비는 개당 1,000원이다.
• 자재는 묶음 단위로만 구매할 수 있고, 한 묶음은 20개이다.

① 1만 원
② 2만 원
③ 3만 원
④ 4만 원

50 A공공기관은 2025년 초에 회사 내의 스캐너 15개를 교체하려고 계획하고 있다. 스캐너 구매를 담당하고 있는 귀하는 사내 설문조사를 통해 부서별로 필요한 스캐너 기능을 확인하였다. 다음 자료를 참고하였을 때, 구매할 스캐너의 순위는?

구분	Q스캐너	T스캐너	G스캐너
제조사	미국 B회사	한국 C회사	독일 D회사
가격	180,000원	220,000원	280,000원
스캔 속도	40장/분	60장/분	80장/분
주요 특징	– 양면 스캔 가능 – 50매 연속 스캔 – 소비전력 절약 모드 지원 – 카드 스캔 가능 – 백지 Skip 기능 – 기울기 자동 보정 – A/S 1년 보장	– 양면 스캔 가능 – 타 제품보다 전력소모 60% 절감 – 다양한 소프트웨어 지원 – PDF 문서 활용 가능 – 기울기 자동 보정 – A/S 1년 보장	– 양면 스캔 가능 – 빠른 스캔 속도 – 다양한 크기 스캔 – 100매 연속 스캔 – 이중급지 방지 장치 – 백지 Skip 기능 – 기울기 자동 보정 – A/S 3년 보장

- 양면 스캔 가능 여부
- 예산 4,200,000원까지 가능
- A/S 1년 이상 보장
- 50매 이상 연속 스캔 가능 여부
- 카드 크기부터 계약서 크기 스캔 지원
- 기울기 자동 보정 여부

① T스캐너 – Q스캐너 – G스캐너　　② G스캐너 – Q스캐너 – T스캐너
③ G스캐너 – T스캐너 – Q스캐너　　④ Q스캐너 – G스캐너 – T스캐너

제2회
핵심영역 모의고사

■ 취약영역 분석

번호	O/×	영역	번호	O/×	영역	번호	O/×	영역
01			21			41		조직이해능력
02			22		문제해결능력	42		
03			23			43		대인관계능력
04		의사소통능력	24			44		
05			25			45		
06			26			46		
07			27		자원관리능력	47		직업윤리
08			28			48		
09			29			49		
10			30			50		
11			31					
12		수리능력	32					
13			33		정보능력			
14			34					
15			35					
16			36					
17			37					
18		문제해결능력	38		조직이해능력			
19			39					
20			40					

평가문항	50문항	평가시간	50분
시작시간	:	종료시간	:
취약영역			

핵심영역 모의고사

🕐 응시시간 : 50분　📋 문항 수 : 50문항

01 다음 문단을 논리적 순서대로 바르게 나열한 것은?

> (가) 베커는 "주말이나 저녁에는 회사들이 문을 닫기 때문에 활용할 수 있는 시간의 길이가 길어지고 이에 따라 특정 행동의 시간 비용이 줄어든다."라고도 지적한다. 시간의 비용이 가변적이라는 개념은 기대수명이 늘어나서 사람들에게 더 많은 시간이 주어지는 것이 시간의 비용에 영향을 미칠 수 있다는 점에서 의미가 있다.
>
> (나) 베커와 린더는 사람들에게 주어진 시간을 고정된 양으로 전제했다. 1965년 당시의 기대수명은 약 70세였다. 하루 24시간 중 8시간을 수면에 쓰고 나머지 시간에 활동이 가능하다면, 평생 408,800시간의 활동가능 시간이 주어지는 셈이다. 하지만 이 방정식에서 변수 하나가 바뀌면 어떻게 될까? 기대수명이 크게 늘어난다면 시간의 가치 역시 달라져서 늘 시간에 쫓기는 조급한 마음에도 영향을 주게 되지 않을까?
>
> (다) 시간의 비용이 가변적이라고 생각한 이는 베커만이 아니었다. 스웨덴의 경제학자 스테판 린더는 서구인들이 엄청난 경제성장을 이루고도 여유를 누리지 못하는 이유를 논증한다. 경제가 성장하면 사람들이 시간을 쓰는 방식도 달라진다. 임금이 상승하면 직장 밖 활동에 들어가는 시간의 비용이 늘어난다. 일하는 데 쓸 수 있는 시간을 영화나 책을 보는 데 소비하면 그만큼의 임금을 포기하는 것이다. 따라서 임금이 늘어난 만큼 일 이외의 활동에 들어가는 시간의 비용도 함께 늘어난다는 것이다.
>
> (라) 1965년 노벨 경제학상 수상자 게리 베커는 '시간의 비용'이 시간을 소비하는 방식에 따라 변화한다고 주장하였다. 예를 들어 수면이나 식사 활동은 영화 관람에 비해 단위 시간당 시간의 비용이 작다. 그 이유는 수면과 식사가 생산적인 활동에 기여하기 때문이다. 잠을 못 자거나 식사를 제대로 하지 못해 체력이 떨어진다면, 생산적인 활동에 제약을 받기 때문에 수면과 식사 활동에 들어가는 시간의 비용이 영화 관람에 비해 작다고 할 수 있다.

① (가) – (다) – (나) – (라)　　　　② (가) – (라) – (다) – (나)

③ (라) – (가) – (다) – (나)　　　　④ (라) – (나) – (다) – (가)

02 다음 글의 내용으로 적절하지 않은 것은?

한글이 만들어지면서 문자 세계에서 배제되었던 여성과 하층남성도 문자를 갖게 되고, 제한적이지만 읽고 쓰는 것이 가능하게 되었다. 비록 양반남성을 중심으로 한 지식층은 한자를 사용하고, 여성은 신분에 관계없이 한글을 써야 한다는 어문생활상의 차별이 있었지만 사용할 수 있는 문자가 주어졌다는 것은 여성의 삶에 여러 가지 변화를 가져왔다.

남녀의 차별적 위계가 공고했던 조선사회에서 여성의 문자 활동은 저평가되었다. 주류의 지식을 형성하고 전달하는 한자가 아니라 한글로 글을 써야 한다는 제약도 있었지만, 여성의 가장 중요한 일은 '술과 밥을 의논하는 것'이라고 가르치고 부인의 글이 규방 밖으로 나가게 해서는 안 된다고 규율했기 때문이다. 이처럼 글을 써서 드러내는 일이 제한되어 있었지만 여성들은 언해(諺解)를 통해 지식을 수용하고, 자신들의 지식을 생산했다. 지식이 반드시 문자를 통해서만 전수되는 것은 아니다. 지식은 구전으로, 그림으로, 노래로도 전달 가능하다. 그러나 가장 지속성을 갖는 것은 문자로 기록되거나 책으로 엮어서 소통되는 경우이다. 그런 점에서 여성들이 문자를 통해 자신들의 지식을 기록하고 소통했다는 것은 중요한 의미를 갖는다.

19세기에 이르러 여성이 자신들의 문자인 한글로 자신들을 위한 지식을 수집하여 체계적으로 구성한 책이 등장했다. 바로 빙허각 이씨(1759 ~ 1824년)의 『규합총서』, 『청규박물지』이다. '총명함이 둔한 붓만 못하다(聰明不如鈍筆).'고 믿은 빙허각 이씨는 여성들의 일상생활에 필요하다고 생각되는 지식들을 철저한 문헌 고증과 실증적 태도로 저술에 임했다. 친정과 시집의 가학의 영향을 받은 빙허각 이씨는 집안일을 하는 틈틈이 저술하여 이전에는 볼 수 없었던 여성 지식 총서를 저술하였다.

『규합총서』는 술과 음식, 바느질과 길쌈, 시골살림의 즐거움, 태교와 아이 기르기, 병 다스리기, 부적과 귀신 쫓는 민간의 방법 등 일상생활에 필요한 내용을 담고 있다.

빙허각 이씨의 다른 책 『청규박물지』에는 천문, 지리까지 포함되어 있어 그녀가 생각한 지식의 범주가 일상에 필요한 실용지식부터 인문, 천문, 지리에 이르기까지 방대했다는 것을 알 수 있다. 여기서 무엇보다 강조되어야 할 점은 빙허각 이씨가 책들을 한글로 저술했고, 여성들이 19세기 이후 20세기 초까지 필사, 전승하면서 읽었다는 사실이다.

① 여성들은 한글을 써야 한다는 어문사용의 차별이 있었다.
② 조선시대에는 부인의 글이 규방 밖으로 나가게 해서는 안 된다는 규제가 있었다.
③ 『규합총서』에는 일상생활에 필요한 실용적인 지식의 내용이 담겨 있다.
④ 『청규박물지』를 통해 빙허각 이씨가 천문과 지리를 시험보는 잡과에 관심이 있었음을 알 수 있다.

03 다음 중 ㄱ~ㄷ에 들어갈 단어를 순서대로 바르게 나열한 것은?

> 약속은 시간과 장소가 정확해야 한다. 새내기 영업사원 시절의 일이다. 계약 문제로 고객을 만나기 위해 많은 차량으로 ㉠ 혼잡(混雜) / 요란(搖亂)한 회사 부근을 간신히 빠져나와 약속 장소로 갔다. 그러나 고객은 그곳에 없었다. 급히 휴대전화로 연락을 해 보니 다른 곳에서 기다리고 있다는 것이었다. 큰 실수였다. 약속 장소를 ㉡ 소동(騷動) / 혼동(混同)하여 고객을 기다리게 한 것이다. 약속을 정할 때 전에 만났던 곳에서 만나자는 말에 별생각 없이 그렇게 하겠다고 하는 바람에 이런 ㉢ 혼선(混線) / 갈등(葛藤)이 빚어졌던 것이다.

	㉠	㉡	㉢
①	요란	소동	갈등
②	요란	소동	혼선
③	요란	혼동	갈등
④	혼잡	혼동	혼선

04 다음 글의 빈칸에 들어갈 내용으로 가장 적절한 것은?

> 어떻게 그 공이 세 가지가 있다고 말하는가. 그 하나는 직통(直通)이요, 다른 하나는 합통(合通)이요, 또 다른 하나는 추통(推通)이다. 직통(直通)이라는 것은 많은 여러 물건을 일일이 취하되 순수하고 섞이지 않는 것이다. 합통(合通)이라는 것은 두 물건을 화합하여 아울러서 거두되 그렇고 그렇지 않은 것을 분별한다. 추통(推通)이라는 것은 이 물건으로써 전 물건에 합하고 또 다른 물건에 유추하는 것이다. 직통(直通)은 모두 참되고 오류가 없으니, 하나의 사물이 스스로 하나의 사물이 되기 때문이다. 합통(合通)과 추통(推通)은 참도 있고 오류도 있으니, 이것으로써 저것에 합하고 맞는 것도 있고 맞지 않은 것도 있다. _____, 더욱 많으면 맞지 않은 경우가 있기 때문이다.
>
> — 최한기, 『기학』

① 이것으로 저것에 합하는 것은 참이고, 이것으로 저것을 분별하는 것은 거짓이니

② 이것으로써 저것에 합하고 또 다른 것을 유추하는 데는 위험이 더욱 많으니

③ 이것으로써 저것에 합하는 것은 맞지 않는 것보다 맞는 것이 더욱 많으니

④ 무릇 추통은 다만 사람만이 가능하고 유추하는 데는 위험이 더욱 적으니

05 다음 문단을 논리적 순서대로 바르게 나열한 것은?

> (가) 이러한 특징은 구엘 공원에 잘 나타나 있는데, 산의 원래 모양을 최대한 유지하기 위해 지면을 받치는 돌기둥을 만드는가 하면, 건축물에 식물을 심어 그 뿌리로 하여금 무너지지 않게 했다.
>
> (나) 스페인을 대표하는 천재 건축가 가우디가 만든 건축물의 대표적인 특징을 꼽자면, 먼저 곡선을 들 수 있다. 그의 여러 건축물 중 곡선미가 가장 잘 나타나는 것은 바로 1984년에 유네스코 세계문화유산으로 지정된 카사 밀라이다.
>
> (다) 또 다른 특징으로는 자연과의 조화로, 그는 건축 역시 사람들이 살아가는 공간이자 자연의 일부라고 생각하여 가능한 자연을 훼손하지 않고 건축하는 것을 원칙으로 삼았다.
>
> (라) 이 건축물의 겉 표면에는 일렁이는 파도를 연상시키는 곡선이 보이는데, 이는 당시 기존 건축 양식과는 거리가 매우 멀어 처음엔 조롱거리가 되었다. 하지만 훗날 비평가들은 그의 창의성을 인정하게 되었고 현대 건축의 출발점으로 지금까지 평가되고 있다.

① (가) – (나) – (라) – (다) ② (가) – (다) – (나) – (라)
③ (나) – (라) – (가) – (다) ④ (나) – (라) – (다) – (가)

06 다음 글의 빈칸에 들어갈 접속어를 순서대로 바르게 나열한 것은?

> 오늘날의 민주주의는 자본주의가 성숙함에 따라 함께 성장한 것이라고 볼 수 있다. ____㉠____ 자본주의가 발달함에 따라 민주주의가 함께 발달한 것이다. ____㉡____ 이러한 자본주의의 성숙을 긍정적으로만 해석할 수는 없다. ____㉢____ 자본주의의 성숙이 민주주의와 그 성장에 부정적 영향을 끼칠 수도 있기 때문이다. 자본주의가 발달하면 돈이 많은 사람이 그렇지 않은 사람보다 더 많은 권리 내지는 권력을 갖게 된다. ____㉣____ 시장에서의 권리나 권력뿐만 아니라 정치 영역에서도 그럴 수 있다는 것이 문제이다.

① 즉 – 그러나 – 왜냐하면 – 비단
② 그러나 – 즉 – 비단 – 왜냐하면
③ 비단 – 즉 – 그러나 – 왜냐하면
④ 즉 – 그러나 – 비단 – 왜냐하면

07 다음 글의 주제로 가장 적절한 것은?

> 우리는 주변에서 신호등 음성 안내기, 휠체어 리프트, 점자 블록 등의 장애인 편의 시설을 많이 볼 수 있다. 우리는 이러한 편의 시설을 장애인들이 지니고 있는 국민으로서의 기본 권리를 인정한 것이라는 시각에서 바라보고 있다. 물론, 장애인의 일상생활 보장이라는 측면에서 이 시각은 당연한 것이다. 하지만 또 다른 시각이 필요하다. 그것은 바로 편의 시설이 장애인만을 위한 것이 아니라 일상생활에서 활동에 불편을 겪는 모두를 위한 것이라는 시각이다. 편리하고 안전한 시설은 장애인뿐만 아니라 우리 모두에게 유용하기 때문이다. 예를 들어 건물의 출입구에 설치되어 있는 경사로는 장애인들의 휠체어만 다닐 수 있도록 설치해 놓은 것이 아니라, 몸이 불편해서 계단을 오르내릴 수 없는 노인이나 유모차를 끌고 다니는 사람들도 편하게 다닐 수 있도록 만들어 놓은 시설이다. 결국 이 경사로는 우리 모두에게 유용한 시설인 것이다.
> 그런 의미에서 근래에 대두되고 있는 '보편적 디자인', 즉 '유니버설 디자인(Universal Design)'이라는 개념은 우리에게 좋은 시사점을 제공해 준다. 보편적 디자인은 가능한 모든 사람이 이용할 수 있도록 제품, 건물, 공간을 디자인한다는 의미를 가지고 있다. 이러한 시각으로 바라본다면 장애인 편의 시설은 우리 모두에게 편리하고 안전한 시설로 인식될 것이다.

① 우리 주변에서는 장애인 편의 시설을 많이 볼 수 있다.
② 보편적 디자인은 근래에 대두되고 있는 중요한 개념이다.
③ 어떤 집단의 사람들이라도 이용할 수 있는 제품을 만들어야 한다.
④ 보편적 디자인이라는 관점에서 장애인 편의 시설을 바라볼 필요가 있다.

08 다음 중 밑줄 친 부분의 띄어쓰기가 모두 옳은 것은?

① 일과 여가 <u>두가지를</u> 어떻게 <u>조화시키느냐하는</u> 문제는 항상 인류의 관심대상이 되어 왔다.
② 최선의 세계를 만들기 위해서는 <u>무엇 보다</u> 이 세계에 있는 모든 대상이 지닌 성질을 정확하게 <u>인식해야 만</u> 한다.
③ <u>내로라하는</u> 영화배우 중 내 고향 출신도 상당수 된다. 그래서 자연스럽게 영화배우를 꿈꿨고, <u>그러다 보니</u> 영화는 내 생활의 일부가 되었다.
④ 실기시험은 까다롭게 <u>심사하는만큼</u> 준비를 철저히 해야 한다. <u>한 달 간</u> 실전처럼 연습하면서 시험에 대비하자.

09 지혜와 주헌이가 함께 기숙사에서 나와 회사를 향해 분당 150m의 속력으로 출근하고 있다. 30분 정도 걸었을 때, 지혜는 집에 두고 온 중요한 서류를 가지러 분당 300m의 속력으로 집에 갔다가 같은 속력으로 다시 회사를 향해 뛰어간다고 한다. 주헌이가 그 속력 그대로 20분 뒤에 회사에 도착할 때, 지혜는 주헌이가 회사에 도착하고 나서 몇 분 후에 회사에 도착하는가?

① 20분   ② 25분
③ 30분   ④ 35분

10 은경이는 태국 여행에서 A ~ D 네 종류의 손수건을 총 9장 구매했으며, 그중 B손수건은 3장, 나머지는 각각 같은 개수를 구매했다. 기념품으로 친구 3명에게 종류가 다른 손수건을 3장씩 나눠줬을 때, 가능한 경우의 수는?

① 5가지   ② 6가지
③ 7가지   ④ 8가지

11 다음은 과일 종류별 무게에 따른 가격표이다. 이를 토대로 종류별 무게를 가중치로 적용하여 가격에 대한 가중평균을 구하면 42만 원이다. 이때, 빈칸 ㉠에 들어갈 수치로 옳은 것은?

〈과일 종류별 가격 및 무게〉

(단위 : 만 원, kg)

구분	(가)	(나)	(다)	(라)
가격	25	40	60	㉠
무게	40	15	25	20

① 40   ② 45
③ 50   ④ 55

12 다음은 기술개발 투자 및 성과에 대한 자료이다. 이를 토대로 일본의 GDP 총액을 계산하면 얼마인가?(단, 소수점 이하는 버림한다)

〈기술개발 투자 및 성과〉

구분	한국	미국	일본
R&D 투자 총액(억 달러)	313	3,688	1,508
매율	1.0	11.78	4.82
GDP 대비(%)	3.37	2.68	3.44
(기술수출액)÷(기술도입액)	0.45	1.70	3.71

※ GDP 대비 : GDP 총액 대비 R&D 투자 총액의 비율

① 26,906억 달러　　　　　　　　　② 31,047억 달러
③ 37,208억 달러　　　　　　　　　④ 43,837억 달러

13 다음은 A공사의 4년간 청렴도 측정결과 추세를 나타낸 그래프이다. 이에 대한 설명으로 옳지 않은 것은?(단, 소수점 둘째 자리에서 반올림한다)

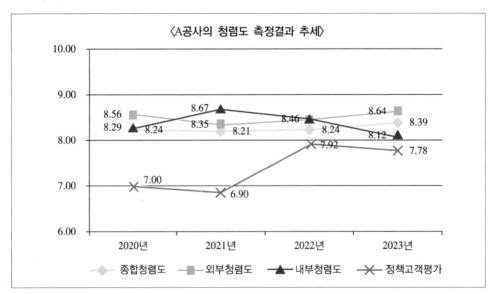

① 4년간 내부청렴도의 평균은 외부청렴도의 평균보다 낮다.
② 2021 ~ 2023년 외부청렴도와 종합청렴도의 증감 추이는 같다.
③ 정책고객평가에서 전년 대비 가장 높은 비율의 변화가 있던 것은 2022년이다.
④ 전년 대비 가장 크게 하락한 항목은 2022년의 내부청렴도이다.

14 다음과 같이 일정한 규칙으로 수를 나열할 때, 빈칸에 들어갈 수는 무엇인가?

1	1	2	3	5	8	13	21	34	( )	

① 52   ② 53

③ 54   ④ 55

15 출장을 가는 A사원은 오후 2시에 출발하는 KTX를 타기 위해 오후 12시 30분에 역에 도착하였다. A사원은 남은 시간을 이용하여 음식을 포장해 오려고 한다. 역에서 음식점까지의 거리는 다음과 같으며, 음식을 포장하는 데 15분이 걸린다고 한다. A사원이 시속 3km로 걸어서 갔다 올 때, 구입할 수 있는 음식의 종류는?

음식점	G김밥	P빵집	N버거	M만두	B도시락
거리	2km	1.9km	1.8km	1.95km	1.7km

① 도시락   ② 도시락, 햄버거

③ 도시락, 햄버거, 빵   ④ 도시락, 햄버거, 빵, 만두

16 김대리는 이번 분기의 판매동향에 대한 성과발표회 기획을 맡게 되었다. 성과발표회를 준비하는 과정에서 수행해야 될 업무를 모두 나열한 뒤 업무의 선후관계도를 만들었다. 다음 〈보기〉 중 옳은 것을 모두 고르면?

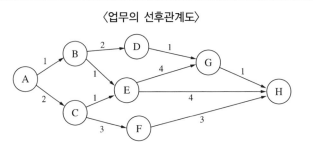

〈업무의 선후관계도〉

※ 화살표는 단위업무를 나타낸다.
※ 화살표 위의 숫자는 그 업무를 수행하는 데 소요되는 일수를 나타낸다.
※ 화살표 좌우의 알파벳은 각각 단위업무의 시작과 끝을 나타낸다.
※ 선행하는 화살표가 나타내는 업무는 후속하는 화살표가 나타내는 업무보다 먼저 수행되어야 한다.

보기

㉠ 성과발표 준비에는 최소 5일이 소요된다.
㉡ 단위작업 EH를 3일로 단축하면 전체 준비기간이 짧아진다.
㉢ 단위작업 AC를 1일로 단축하는 것은 전체 준비기간에 영향을 준다.
㉣ 단위작업 EG에 소요되는 시간을 3일로 단축하면 전체 준비기간이 짧아진다.
㉤ 성과발표 준비에는 적어도 8일이 소요된다.

① ㉠, ㉡
② ㉠, ㉢
③ ㉡, ㉣
④ ㉢, ㉤

17 5층 건물인 A공사에는 A ~ E 5개의 부서가 있고, 각 부서는 한 층에 한 개씩 위치하고 있다. 다음 〈조건〉을 모두 만족시킬 때, 항상 옳은 것은?

> **조건**
> • A부서는 1층과 5층에 위치하고 있지 않다.
> • B부서와 D부서는 인접하고 있다.
> • A부서와 E부서 사이에 C부서가 위치하고 있다.
> • A부서와 D부서는 인접하고 있지 않다.

① A부서는 3층에 있다.
② B부서는 2층에 있다.
③ D부서는 1층에 있다.
④ D부서는 5층에 있다.

18 A공장에서 제조하는 볼트의 일련번호는 다음과 같이 구성된다. 일련번호는 형태 – 허용압력 – 직경 – 재질 – 용도 순서로 표시할 때, 다음 중 허용압력이 18kg/cm² 이고, 직경이 14mm인 자동차에 쓰이는 스테인리스 육각볼트의 일련번호로 옳은 것은?

형태	사각	육각	팔각	별
	SC	HX	OT	ST
허용압력(kg/cm²)	10 ~ 20	21 ~ 40	41 ~ 60	61 이상
	L	M	H	P
직경(mm)	8	10	12	14
	008	010	012	014
재질	플라스틱	크롬 도금	스테인리스	티타늄
	P	CP	SS	Ti
용도	항공기	선박	자동차	일반
	A001	S010	M110	E100

① HXL014TiE100 ② HXL014SSS010
③ HXL012CPM110 ④ HXL014SSM110

19 같은 해에 입사한 동기 A ~ E는 모두 A기업 소속으로 서로 다른 부서에서 일하고 있다. 다음은 근무 부서와 부서별 성과급에 대한 자료이다. 이를 참고했을 때 항상 옳은 것은?

〈부서별 성과급〉

비서실	영업부	인사부	총무부	홍보부
60만 원	20만 원	40만 원	60만 원	60만 원

※ 각 사원은 모두 각 부서의 성과급을 동일하게 받는다.

〈부서배치 조건〉

• A는 성과급이 평균보다 적은 부서에서 일한다.
• B와 D의 성과급을 더하면 나머지 세 명의 성과급 합과 같다.
• C의 성과급은 총무부보다는 적지만 A보다는 많다.
• C와 D 중 한 사람은 비서실에서 일한다.
• E는 홍보부에서 일한다.

〈휴가 조건〉

• 영업부 직원은 비서실 직원보다 휴가를 더 늦게 가야 한다.
• 인사부 직원은 첫 번째 또는 제일 마지막으로 휴가를 가야 한다.
• B의 휴가 순서는 이들 중 세 번째이다.
• E는 휴가를 반납하고 성과급을 2배로 받는다.

① A의 3개월 치 성과급은 C의 2개월 치 성과급보다 많다.
② C가 맨 먼저 휴가를 갈 경우, B가 맨 마지막으로 휴가를 가게 된다.
③ D가 C보다 성과급이 많다.
④ 휴가철이 끝난 직후, D와 E의 성과급 차이는 세 배이다.

20 어느 요리를 만들기 위해서는 준비된 7가지의 재료 가 ~ 사를 정해진 순서대로 넣어야 한다. 다음 〈조건〉을 참고하여 마지막에 넣는 재료가 가일 때, 두 번째 넣어야 할 재료는 무엇인가?

> **조건**
> • 모든 재료는 차례로 한 번씩만 넣는다.
> • 가 바로 앞에 넣는 재료는 라이다.
> • 사는 라보다는 먼저 넣지만, 나보다 늦게 넣는다.
> • 마는 다와 나의 사이에 넣는 재료이다.
> • 다는 마보다 먼저 들어간다.
> • 바는 다보다 먼저 들어간다.

① 다   ② 라

③ 마   ④ 바

21 A공사의 기획팀 B팀장은 C사원에게 A공사에 대한 마케팅 전략 보고서를 요청하였다. C사원이 B팀장에게 제출한 SWOT 분석 결과가 다음과 같을 때, 밑줄 친 ㉠ ~ ㉣ 중 적절하지 않은 것은?

〈A공사의 SWOT 분석 결과〉

강점(Strength)	• 새롭고 혁신적인 서비스 • ㉠ 직원들에게 가치를 더하는 A공사의 다양한 측면 • 특화된 마케팅 전문 지식
약점(Weakness)	• 낮은 품질의 서비스 • ㉡ 경쟁자의 시장 철수로 인한 새로운 시장 진입 가능성
기회(Opportunity)	• ㉢ 합작회사를 통한 전략적 협력 구축 가능성 • 글로벌 시장으로의 접근성 향상
위협(Threat)	• ㉣ 주력 시장에 나타난 신규 경쟁자 • 경쟁 기업의 혁신적 서비스 개발 • 경쟁 기업과의 가격 전쟁

① ㉠   ② ㉡

③ ㉢   ④ ㉣

※ 다음 글을 읽고 이어지는 질문에 답하시오. [22~23]

당면한 문제를 해결하기 위해 개인이 가지고 있는 경험과 지식을 가치 있는 새로운 아이디어로 결합함으로써 참신한 아이디어를 산출하는 능력을 창의적 사고라고 한다.
이때 창의적 사고를 기를 수 있는 방법으로 어떤 생각에서 다른 생각을 계속해서 떠올리는 작용을 통해 어떤 주제에서 생각나는 것을 계속해서 열거해 나가는 발산적 사고 방법을 _____이라고 한다.

22 다음 중 윗글의 빈칸에 들어갈 단어로 가장 적절한 것은?

① 강제연상법　　　　　　　　　② 비교발상법
③ 자유연상법　　　　　　　　　④ 강제결합법

23 다음 중 윗글에 예시로 제시된 브레인스토밍의 진행 과정에 대한 설명이 바르게 짝지어진 것은?

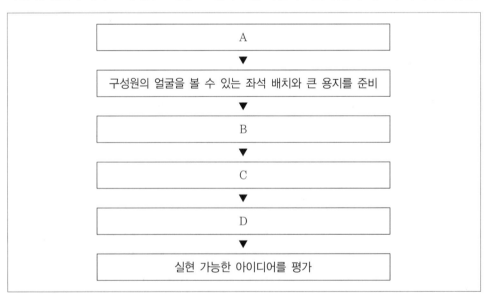

① A : 구성원들의 다양한 의견을 도출할 수 있는 리더 선출
② B : 주제를 구체적이고 명확하게 선정
③ C : 다양한 분야의 5～8명 정도의 사람으로 구성원 구성
④ D : 제시된 아이디어 비판 및 실현가능한 아이디어 평가

다음은 A회사의 당직 근무 규칙과 이번 주 당직 근무자들의 일정표이다. 당직 근무 규칙에 따라 이번 주에 당직 근무 일정을 추가해야 하는 사람으로 옳은 것은?

〈당직 근무 규칙〉

• 1일 당직 근무 최소 인원은 오전 1명, 오후 2명으로 총 3명이다.
• 1일 최대 6명을 넘길 수 없다.
• 같은 날 오전·오후 당직 근무는 서로 다른 사람이 해야 한다.
• 오전 또는 오후 당직을 모두 포함하여 당직 근무는 주당 3회 이상 5회 미만으로 해야 한다.

〈당직 근무 일정〉

성명	일정	성명	일정
공주원	월 오전 / 수 오후 / 목 오전	최민관	월 오후 / 화 오후 / 토 오전 / 일 오전
이지유	월 오후 / 화 오전 / 금 오전 / 일 오후	이영유	수 오전 / 화 오후 / 금 오후 / 토 오후
강리환	수 오전 / 목 오전 / 토 오후	지한준	월 오전 / 수 오후 / 금 오전
최유리	화 오전 / 목 오후 / 토 오후	강지공	수 오후 / 화 오후 / 금 오후 / 토 오전
이건율	월 오후 / 목 오전 / 일 오전	김민정	월 오전 / 수 오후 / 토 오전 / 일 오후

① 공주원
② 이건율
③ 최유리
④ 지한준

25

다음 중 성격이 다른 비용은?

예산관리란 활동이나 사업에 소요되는 비용을 산정하고 예산을 편성하는 것뿐만 아니라 예산을 통제하는 것 또한 포함된다. 이러한 예산은 대부분 한정되어 있기 때문에, 정해진 예산을 얼마나 효율적으로 사용하는지는 매우 중요한 문제이다. 하지만 어떤 활동이나 사업의 비용을 추정하거나 예산을 잡는 작업은 결코 생각하는 것만큼 쉽지 않다. 무엇보다 추정해야 할 매우 많은 유형의 비용이 존재하기 때문이다. 이러한 비용은 크게 제품 생산 또는 서비스를 창출하기 위해 직접 소비되는 비용인 직접비용과 제품 생산 또는 서비스를 창출하기 위해 소비된 비용 중에서 직접비용을 제외한 비용으로, 제품 생산에 직접 관련되지 않은 비용인 간접비용으로 나눌 수 있다.

① 보험료
② 건물관리비
③ 잡비
④ 통신비

26 다음 그림이 나타내는 시간관리 기법으로 옳은 것은?

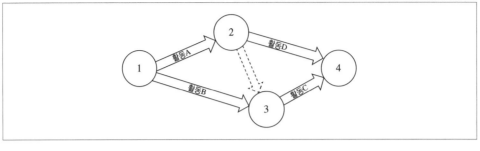

① PDM
② GTD
③ ADM
④ FTF

27 다음 중 물적 자원의 관리를 방해하는 요인에 대한 사례로 적절하지 않은 것은?

① A대리는 부서 예산으로 구입한 공용 노트북을 분실하였다.
② B주임은 세미나를 위해 회의실의 의자를 옮기던 중 의자를 훼손하였다.
③ C대리는 예산의 목적과 달리 겨울에 사용하지 않는 선풍기를 구입하였다.
④ D주임은 사내 비품을 구매하는 과정에서 필요 수량을 초과하여 구입하였다.

28 다음은 예산 관리 시스템의 유형 중 하나인 '항목별 예산 관리'에 대한 설명이다. 항목별 예산 관리의 특징으로 보기 어려운 것은?

> 항목별 예산 관리는 대개 회계연도를 기준으로 하는 가장 기본적인 예산 형식이며, 사회복지 조직에서 가장 많이 사용되고 있는 형식이다. 지출 항목별 회계와 전년도에 기초하여 작성되며, 액수의 점진적인 증가에 기초를 둔 점진주의적 특징을 가진다.

① 지출근거가 명확하므로 예산 통제에 효과적이다.
② 예산 항목별로 지출이 정리되므로 회계에 유리하다.
③ 예산 증감의 신축성을 가진다.
④ 예산 증감의 기준의 타당성이 희박하고 효율성을 무시한다.

29 A회사 B과장이 내년에 해외근무 신청을 위해서는 의무 교육이수 기준을 만족해야 한다. B과장이 지금까지 글로벌 경영교육 17시간, 해외사무영어교육 50시간, 국제회계교육 24시간을 이수하였다면 의무 교육이수 기준에 미달인 과목과 그 과목의 부족한 점수는 몇 점인가?

〈의무 교육이수 기준〉

(단위 : 점)

구분	글로벌 경영	해외사무영어	국제회계
이수 완료 점수	15	60	20
시간당 점수	1	1	2

※ 초과 이수 시간은 시간당 0.2점으로 환산하여 해외사무영어 점수에 통합한다.

	과목	점수		과목	점수
①	해외사무영어	6.8점	②	해외사무영어	7.0점
③	글로벌 경영	7.0점	④	국제회계	6.8점

30 대구에서 광주까지 편도운송을 하는 A사는 다음과 같이 화물차량을 운용한다. 수송비 절감을 통해 경영에 필요한 예산을 확보하기 위하여 적재효율을 기존 1,000상자에서 1,200상자로 높여 운행 횟수를 줄인다면, A사가 얻을 수 있는 월 수송비 절감액은?

〈A사의 화물차량 운용 정보〉

• 차량 운행대수 : 4대
• 1대당 1일 운행횟수 : 3회
• 1대당 1회 수송비 : 100,000원
• 월 운행일 수 : 20일

① 3,500,000원 ② 4,000,000원
③ 4,500,000원 ④ 5,000,000원

31 다음 중 정보의 효과적인 사용 절차로 가장 적절한 것은?

① 기획 → 관리 → 수집 → 활용 ② 수집 → 관리 → 기획 → 활용
③ 기획 → 수집 → 관리 → 활용 ④ 수집 → 기획 → 관리 → 활용

32 다음 사례에 나타난 K대학교의 문제해결을 위한 대안으로 가장 적절한 것은?

K대학교는 현재 학생 관리 프로그램, 교수 관리 프로그램, 성적 관리 프로그램의 3개의 응용 프로그램을 갖추고 있다. 학생 관리 프로그램은 학생 정보를 저장하고 있는 파일을 이용하고, 교수 관리 프로그램은 교수 정보 파일 그리고 성적 관리 프로그램은 성적 정보 파일을 이용한다. 즉 다음과 같이 각각의 응용 프로그램들은 개별적인 파일을 이용한다.
이런 경우의 파일에는 많은 정보가 중복 저장되어 있다. 그렇기 때문에 중복된 정보가 수정되면 관련된 모든 파일을 수정해야 하는 불편함이 있다. 예를 들어, 한 학생이 자퇴하게 되면 학생 정보 파일뿐만 아니라 교수 정보 파일, 성적 정보 파일도 수정해야 하는 것이다.

① 데이터베이스 구축 ② 유비쿼터스 구축
③ RFID 구축 ④ NFC 구축

33 다음은 정보화 사회에서 필수적으로 해야 할 일을 설명한 것이다. 이에 해당하는 사례로 적절하지 않은 것은?

> 첫째, 정보검색이다. 인터넷에는 수많은 사이트가 있으며, 여기서 내가 원하는 정보를 찾는 것을 정보검색, 즉 소위 말하는 인터넷 서핑이라 할 수 있다. 지금은 다행히 검색방법이 발전하여 문장검색용 검색엔진과 자연어 검색방법도 보급되어 네티즌들로부터 대환영을 받고 있다. 검색이 그만큼 쉬워졌다는 것이다. 이러한 발전에 맞추어 정보화 사회에서는 궁극적으로 타인의 힘을 빌리지 않고 내가 원하는 정보는 무엇이든지 다 찾을 수가 있도록 되어야 한다. 즉, 당신은 자신이 가고 싶은 곳의 정보라든지 궁금한 사항을 스스로 해결할 정도는 되어야 한다는 것이다.
> 둘째, 정보관리이다. 인터넷에서 어렵게 검색하여 찾아낸 결과를 관리하지 못하여 머리 속에만 입력하고, 컴퓨터를 끄고 나면 잊어버리는 것은 정보관리를 못하는 것이다. 자기가 검색한 내용에 대하여 파일로 만들어 보관하든, 프린터로 출력하여 인쇄물로 보관하든, 언제든지 필요할 때 다시 볼 수 있을 정도가 되어야 하는 것이다.
> 셋째, 정보전파이다. 이것은 정보관리를 못한 사람은 어렵다. 오로지 입을 이용해서만 전파가 가능하기 때문이다. 요즘은 전자우편과 SNS를 이용해서 정보를 전달하기 때문에 정보전파가 매우 쉽다. 참으로 편리한 세상이 아닐 수 없다. 인터넷만 이용하면 편안히 서울에 앉아서 미국에도 논문을 보낼 수 있는 것이다.

① 내일 축구에서 승리하는 국가를 맞추기 위해 선발 선수들의 특징을 파악해야겠어.
② 라면을 맛있게 조리할 수 있는 나만의 비법을 SNS에 올려야지.
③ 다음 주 제주도 여행을 위해서 다음 주 날씨를 요일별로 잘 파악해서 기억해 둬야지.
④ 내가 가진 금액에 맞는 의자를 사기 위해 가격 비교 사이트를 이용해야겠다.

34 A공사 인사부에 근무하는 김대리는 신입사원들의 교육점수를 다음과 같이 정리한 후 VLOOKUP 함수를 이용해 교육점수별 등급을 입력하려고 한다. [E2:F8]의 데이터 값을 이용해 (A) 셀에 함수식을 입력한 후 자동 채우기 핸들로 사원들의 교육점수별 등급을 입력할 때, (A) 셀에 입력해야 할 수식으로 옳은 것은?

	A	B	C	D	E	F
1	사원	교육점수	등급		교육점수	등급
2	최○○	100	(A)		100	A
3	이○○	95			95	B
4	김○○	95			90	C
5	장○○	70			85	D
6	정○○	75			80	E
7	소○○	90			75	F
8	신○○	85			70	G
9	구○○	80				

① =VLOOKUP(B2,E2:F8,2,1)

② =VLOOKUP(B2,E2:F8,2,0)

③ =VLOOKUP(B2,$E$2:$F$8,2,0)

④ =VLOOKUP(B2,$E$2:$F$8,1,0)

35 다음 프로그램의 실행 결과로 옳은 것은?

```
#include <stdio.h>
void main() {
    int a = 10;
    float b = 1.3;
    double c;
    c = a + b;
    printf("%.2lf", c);
}
```

① 11

② 11.3

③ 11.30

④ .30

36 다음 중 경영참가제도에 대한 설명으로 적절하지 않은 것은?

① 노사협의과정의 정보참가 단계에서는 노사 간 의견교환이 이루어진다.

② 노동주제도와 종업원지주제도는 자본참가제도에 해당된다.

③ 자본참가방식은 근로자에게 퇴직 후의 생활자금을 확보할 수 있는 기회를 준다.

④ 노사협의회제도는 경영 부문에서의 참가제도로서, 협의참가 단계와 달리 결정참가 단계에서는 경영자의 일방적인 경영권은 인정되지 않는다.

37 다음 중 경영전략 추진 단계에 따른 사례가 잘못 연결된 것은?

① 전략목표 설정 – A기업은 수도권의 새 수주를 확보하기 위해 경쟁력을 확보하고자 한다.

② 환경분석 – B기업은 중동분쟁으로 인한 유가상승이 생산비 증가에 미치는 영향을 분석하였다.

③ 환경분석 – C기업은 원자재 가격이 더 낮은 곳으로 공급처를 변경하기로 하였다.

④ 경영전략 도출 – D기업은 단기간 내 직원들의 생산성 증대를 위해 분기 인센티브를 추가로 지급하기로 하였다.

38 다음 글에서 설명하고 있는 조직의 경영 기법은 무엇인가?

> 모든 조직은 경영의 기본 활동인 계획 – 실행 – 평가를 통해 조직이 원하는 성과를 창출해 낸다. 해당 기법은 이러한 조직의 경영 활동을 체계적으로 지원하는 관리 도구로, 경영자 및 관리자들이 시간 관리를 통해서 개인 자기 자신을 관리하듯 목표를 통해서 개인 및 조직성과를 관리한다. 성과 향상을 위해서는 목표를 설정하고, 이를 지속적으로 관리하는 것이 중요하다. 평가 결과는 과정의 산물이며, 성과 개선에 영향을 미치는 부수적인 요인이다. 따라서 기업들은 해당 기법을 활용할 경우 평가나 그 결과의 활용보다는 목표 설정, 중간 점검 등의 단계에 더욱 많은 관심을 기울여야 한다.

① 과업평가계획(PERT)   ② 목표관리(MBO)

③ 조직개발(OD)   ④ 총체적 질관리(TQM)

39 다음 회의록을 참고할 때, 고객지원팀의 강대리가 해야 할 일로 적절하지 않은 것은?

〈회의록〉

회의일시	2024년 ○○월 ○○일	부서	기획팀, 시스템개발팀, 고객지원팀
참석자	기획팀 김팀장, 박대리 / 시스템개발팀 이팀장, 김대리 / 고객지원팀 유팀장, 강대리		
회의안건	홈페이지 내 이벤트 신청 시 발생하는 오류로 인한 고객 불만에 따른 대처방안		
회의내용	• 홈페이지 고객센터 게시판 내 이벤트 신청 오류 관련 불만 글 확인 • 이벤트 페이지 내 오류 발생 원인에 대한 확인 필요 • 상담원의 미숙한 대응으로 고객들의 불만 증가(대응 매뉴얼 부재) • 홈페이지 고객센터 게시판에 사과문 게시 • 고객 불만 대응 매뉴얼 작성 및 이벤트 신청 시스템 개선 • 추후 유사한 이벤트 기획 시 기획안 공유 필요		

① 민원 처리 및 대응 매뉴얼 작성

② 상담원 대상으로 CS 교육 실시

③ 홈페이지 내 사과문 게시

④ 오류 발생 원인 확인 및 신청 시스템 개선

40 A기업은 새로운 조직 개편 기준에 따라 다음에 제시된 조직도 (가)를 조직도 (나)로 변경하려 한다. 조직도 (나)의 빈칸에 들어갈 팀으로 적절하지 않은 것은?

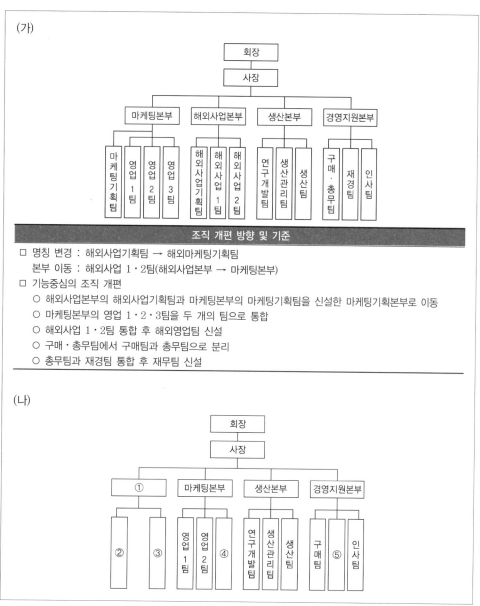

① 마케팅기획본부

② 해외마케팅기획팀

③ 영업 3팀

④ 해외영업팀

41 다음 중 이사원이 처리해야 할 업무를 순서대로 바르게 나열한 것은?

> 현재 시각은 10시 30분. 이사원은 30분 후 거래처 직원과의 미팅이 예정되어 있다. 거래처 직원에게는 회사의 제1회의실에서 미팅을 진행하기로 미리 안내하였으나, 오늘 오전 현재 제1회의실 예약이 모두 완료되어 금일 사용이 불가능하다는 연락을 받았다. 또한 이사원은 오후 2시에 김팀장과 면담 예정이었으나, 오늘까지 문서 작업을 완료해달라는 부서장의 요청을 받았다. 이사원은 면담 시간을 미뤄보려 했지만 김팀장은 이사원과의 면담 이후 부서 회의에 참여해야 하므로 면담 시간을 미룰 수 없다고 답변했다.

> ㉠ 거래처 직원과의 미팅
> ㉡ 11시에 사용 가능한 회의실 사용 예약
> ㉢ 거래처 직원에게 미팅 장소 변경 안내
> ㉣ 김팀장과의 면담
> ㉤ 부서장이 요청한 문서 작업 완료

① ㉠ - ㉢ - ㉡ - ㉣ - ㉤
② ㉡ - ㉢ - ㉠ - ㉣ - ㉤
③ ㉡ - ㉢ - ㉤ - ㉠ - ㉣
④ ㉢ - ㉡ - ㉠ - ㉣ - ㉤

42 다음 중 훌륭한 팀워크를 유지하기 위한 기본요소로 적절하지 않은 것은?

① 팀원 간 공동의 목표의식과 강한 도전의식을 가진다.
② 팀원 간에 상호신뢰하고 존중한다.
③ 서로 협력하면서 각자의 역할에 책임을 다한다.
④ 팀원 개인의 능력이 최대한 발휘되는 것이 핵심이다.

43 다음 중 리더와 관리자를 비교하여 분류한 내용으로 적절하지 않은 것은?

	리더	관리자
①	계산된 리스크(위험)를 수용한다.	리스크(위험)를 최대한 피한다.
②	'어떻게 할까'를 생각한다.	'무엇을 할까'를 생각한다.
③	사람을 중시한다.	체제·기구를 중시한다.
④	새로운 상황을 만든다.	현재 상황에 집중한다.

PART 3

44 다음 중 조직 내 갈등에 대한 설명으로 적절하지 않은 것은?

① 갈등상황을 형성하는 구성요소로서는 조직의 목표, 구성원의 특성, 조직의 규모, 분화, 의사전달, 권력구조, 의사결정에의 참여의 정도, 보상제도 등이 있다.

② 갈등은 직무의 명확한 규정, 직위 간 관계의 구체적 규정, 직위에 적합한 인원의 선발 및 훈련 등을 통해서 제거할 수 있다.

③ 조직 내 갈등은 타협을 통해서도 제거할 수 있다.

④ 갈등은 순기능이 될 수 없으므로, 갈등이 없는 상태가 가장 이상적이다.

45 다음 중 책임감이 결여된 경우로 가장 적절한 것은?

① 건우 : 회사에 입사한 이후로 정해진 퇴근시간을 넘긴 경우는 있어도 출근시간을 넘긴 적은 없어.

② 미선 : 업무 완성을 위해서는 야근을 할 수 있어.

③ 윤희 : 자신의 일은 자신이 해결해야 하기 때문에 옆 동료의 일에 간여하지 않아.

④ 예현 : 지난번 나 혼자 해결하기 힘든 업무를 동료의 도움을 받아 해결해서 감사의 뜻을 표했어.

46 다음 글을 읽고 직장생활에 바르게 적용한 사람은?

> 정의는 선행이나 호의를 베푸는 것과 아주 밀접한 관련이 있다. 그러나 선행이나 호의에도 몇 가지 주의할 점이 있다. 첫째, 받는 자에게 피해가 되지 않도록 주의해야 하고 둘째, 베푸는 자는 자신이 감당할 수 있는 능력 내에서 베풀어야 하며 셋째, 각자 받을 만한 가치에 따라서 베풀어야 한다.
>
> – 키케로 『의무론』
>
> 공자께서 말씀하시기를 "윗사람으로서 아랫사람을 너그럽게 관용할 줄 모르고, 예도를 행함에 있어 공경심이 없으며, 사람이 죽어 장례를 치르는 문상자리에서도 애도할 줄 모른다면 그런 인간을 어찌 더 이상 볼 가치가 있다 하겠느냐?"라고 하였다.
>
> – 『논어』 팔일 3-26

① A사원 : 며칠 후에 우리 부장님 생신이라 비상금을 털어서 고급 손목시계 하나 해 드리려고.

② B사원 : 지난주에 장례식장에 갔는데 육개장이 그렇게 맛있더라고.

③ C사원 : 내가 준 김밥을 먹고 배탈이 났다고? 냉장보관을 안 하긴 했는데….

④ D부장 : 출근해서 사원들과 즐겁게 아침인사를 나누었어. 내가 먼저 반갑게 아침인사를 건네면 기분이 좋아져 좋은 하루를 보낼 수 있거든.

47 최근 사회적으로 자주 등장하는 직장 내 문제로는 성희롱이 있다. 다음 중 성희롱으로 생각하기 어려운 말은?

① 예쁘고 일도 잘해서 귀여워해 줬는데?

② 애가 아프다고 그랬지? 오늘은 일찍 들어가 봐요.

③ 오늘따라 치마가 짧고 좋네요.

④ 같이 일하는 사이라서 친밀감의 표시로 예뻐했는데, 법정에까지 간다면 무서워서 어떻게 일을 하나?

48 다음 중 업무상의 이유로 상대방 회사에 전화를 걸었을 때의 태도로 가장 적절한 것은?

① 전화를 걸고 인사를 나눈 뒤에는 용건을 결론부터 이야기하고 나서 부연설명을 한다.

② 전화를 건 후 "○○회사, ○○님 맞습니까?"라고 상대방을 먼저 확인하고 자신의 신분을 밝힌다.

③ 통화 도중 필요한 자료를 찾기 위해 "잠시만요."라고 양해를 구하고 자료를 찾는다.

④ 다른 회사의 상사와 직접 통화를 한 후 끝날 때 먼저 수화기를 공손히 내려놓는다.

49 명함은 비즈니스맨에게는 없어서는 안 될 업무상 소도구의 하나라고 할 수 있다. 다음 중 명함을 교환하는 예절로 가장 적절한 것은?

① 명함은 한 손으로 건네도 예의에 어긋나지 않는다.

② 명함은 고객이 바로 볼 수 있도록 건넨다.

③ 이름의 한자 발음을 물어보는 것은 실례이다.

④ 명함을 동시에 주고받을 때는 왼손으로 주고 오른손으로 받는다.

50 A공공기관은 1년에 두 번씩 직원들에게 봉사 의식을 심어주기 위해 자원봉사 활동을 진행하고 있다. 자원봉사 활동 전에 직원들에게 봉사에 대한 마음가짐을 설명하고자 할 때, 적절하지 않은 것은?

① 봉사는 적절한 보상에 맞춰 참여해야 한다.

② 봉사는 의도적이고 계획된 활동이 되어야 한다.

③ 봉사는 함께하는 공동체 의식에 바탕을 두어야 한다.

④ 봉사는 개인의 의지에 따라 이루어져야 한다.

제3회
전 영역 모의고사

■ 취약영역 분석

번호	O/×	영역	번호	O/×	영역	번호	O/×	영역
01			21			41		
02			22			42		대인관계능력
03			23		자원관리능력	43		
04		의사소통능력	24			44		
05			25			45		
06			26			46		자기개발능력
07			27			47		
08			28			48		
09			29		정보능력	49		직업윤리
10		수리능력	30			50		
11			31					
12			32					
13			33		기술능력			
14			34					
15			35					
16			36					
17		문제해결능력	37		조직이해능력			
18			38					
19			39					
20			40					

평가문항	50문항	평가시간	50분
시작시간	:	종료시간	:
취약영역			

01 다음 글의 제목으로 가장 적절한 것은?

> 중세 유럽에서는 토지나 자원을 왕실이 소유하고 있었다. 사람들은 이러한 토지나 자원을 이용하려면 일정한 비용을 지불해야 했다. 예를 들어 광산을 개발하거나 수산물을 얻는 사람들은 해당 자원의 이용에 대한 비용을 왕실에 지불하였고 이는 왕실의 권력과 부의 유지를 돕는 동시에 국가의 재정을 보충하는 역할을 하였는데, 이때 지불한 비용이 바로 로열티이다.
>
> 로열티의 개념은 산업 혁명과 함께 발전하였다. 산업 혁명을 통해 특허, 상표 등의 지적 재산권이 보호되기 시작하면서 기업들은 이러한 권리를 보유한 개인이나 조직에게 사용에 대한 보상을 지불하였다. 지적 재산권은 기업이 특정한 기술, 디자인, 상표 등을 보유하고 있을 때 그들에게 독점적인 권리를 제공하는데, 이러한 지적 재산권의 보호와 보상을 위해 로열티 제도가 도입되었다.
>
> 로열티는 기업과 지적 재산권 소유자 간의 계약에 의해 설정되는 형태로 발전하였다. 기업이 특정 제품을 판매하거나 특정 기술을 이용하는 경우 지적 재산권 소유자에게 계약에 따라 정해진 로열티를 지불한다. 이로써 지적 재산권을 보유한 개인이나 조직은 자신들의 창작물이나 기술의 사용에 대한 보상을 받을 수 있으며, 기업들은 이러한 지적 재산권의 이용을 허가받아 경쟁 우위를 확보할 수 있게 되었다.
>
> 현재 로열티는 제품 판매나 라이선스, 저작물의 이용 등 다양한 형태로 나타나며 지적 재산권의 보호와 경제적 가치를 확보하는 중요한 수단으로 작용하고 있다. 로열티는 지식과 창조성의 보상으로서의 역할을 수행하며 기업들의 연구 개발을 촉진하고 혁신을 격려한다. 이처럼 로열티 제도는 기업과 지적 재산권 소유자 간의 협력과 혁신적인 경제 발전에 기여하는 중요한 구조적 요소이다.

① 지적 재산권을 보호하는 방법

② 로열티 지급 시 유의사항

③ 지적 재산권의 정의

④ 로열티 제도의 유래와 발전

다음 글의 빈칸에 들어갈 문장을 〈보기〉에서 골라 순서대로 바르게 나열한 것은?

_____ 다시 말해서 현상학적 측면에서 볼 때 철학도 지식의 내용이 존재하는 어떤 것이라는 점에서는 과학적 지식의 구조와 다를 바가 없다. 존재하는 것과 그 존재하는 무엇으로 의식되는 것과의 사이에는 근본적인 구별이 선다. 백두산의 금덩어리는 누가 그것을 의식하든 말든 그대로 있고, 화성에서 일어나는 여러 가지 물리적 현상도 누가 의식하든 말든 그대로 존재한다. 존재와 의식과의 이와 같은 관계를 우리는 존재차원과 의미차원이란 말로 구별할 수 있을 것이다. 여기서 차원이란 말을 붙인 까닭은 의식 이전의 백두산과 의식 이후의 백두산은 순전히 관점의 문제, 즉 백두산을 생각할 수 있는 차원의 문제이기 때문이다.

현상학적 사고를 존재차원에서 이루어지는 것이라고 말할 수 있다면 분석철학에서 주장하는 사고는 의미차원에서 이루어진다. 바꿔 말하자면 현상학적 측면에서 볼 때 철학은 아무래도 어떤 존재를 인식하는 데 그 근본적인 기능이 있다고 보아야 하는 데 반해, 분석철학의 측면에서 볼 때 철학은 존재와는 아무런 직접적인 관계 없이 존재에 대한 이야기, 서술을 대상으로 한다. 구체적으로 말해서 철학은 그것이 서술할 존재의 대상을 갖고 있지 않고, 오직 어떤 존재를 서술한 언어만을 갖고 있다. 그러나 철학이 언어를 사고의 대상으로 삼는다고 해도 철학은 언어학과 다르다.

_____ 그래서 언어학은 한 언어의 기원이라든지, 한 언어가 왜 그러한 특정한 기호, 발음 혹은 문법을 갖게 되었는가, 또는 그것들이 각기 어떻게 체계화되는가 등을 알려고 한다.

이에 반해서 분석철학은 언어를 대상으로 하되, 그 언어의 구체적인 면에는 근본적인 관심을 두지 않고 그와 같은 구체적인 언어가 가진 의미를 밝히고자 한다. 여기서 철학의 기능은 한 언어가 가진 개념을 해명하고 이해하는 데 있다. 바꿔 말해서 철학의 기능은 언어가 서술하는 어떤 존재를 인식하는 데 있지 않고, 그와는 관계없이 한 언어가 무엇인가를 서술하는 경우, 무엇인가의 느낌을 표현하는 경우 또는 그 밖의 경우에 그 언어가 정확히 어떻게 의미가 있는가를 이해하는 데 있다.

_____ 개념은 어떤 존재하는 대상을 표상(表象)하는 경우도 많으므로 존재와 그것을 의미하는 개념과는 언뜻 보아서 어떤 인과적 관계가 있는 듯하다.

보기

㉠ 과학에서 말하는 현상과 현상학에서 말하는 현상은 다른 내용을 가지고 있지만, 그것들은 다 같이 어떤 존재, 즉 우주 안에서 일어나는 사건을 가리킨다.

㉡ 언어학은 과학의 한 분야로서 그 연구의 대상을 하나의 구체적 사물로 취급한다.

㉢ 따라서 분석철학자들이 흔히 말하기를, 철학은 개념의 분석에 지나지 않는다는 주장을 하게 되는 것이다.

① ㉠, ㉡, ㉢
③ ㉡, ㉠, ㉢

② ㉠, ㉢, ㉡
④ ㉡, ㉢, ㉠

03 의사표현에서는 말하는 사람이 말하는 순간 듣는 사람이 바로 알아들을 수 있어야 하므로 어떠한 언어를 사용하는지가 매우 중요하다. 다음 〈보기〉 중 의사표현에 사용되는 언어로 적절하지 않은 것을 모두 고르면?

> **보기**
> ㉠ 이해하기 쉬운 언어　　　　　　　㉡ 상세하고 구체적인 언어
> ㉢ 간결하면서 정확한 언어　　　　　㉣ 전문적 언어
> ㉤ 단조로운 언어　　　　　　　　　　㉥ 문법적 언어

① ㉠, ㉡　　　　　　　　　　　② ㉡, ㉢

③ ㉢, ㉥　　　　　　　　　　　④ ㉣, ㉤

04 다음 중 경청에 대한 설명으로 적절하지 않은 것은?

① 경청을 통해 상대방의 입장을 공감하는 것은 어렵다.

② 대화의 과정에서 신뢰를 쌓을 수 있는 좋은 방법이다.

③ 의사소통을 위한 기본적인 자세이다.

④ 다른 사람의 말을 주의 깊게 들으며 공감하는 능력이다.

05 다음 중 빈칸에 들어갈 단어로 옳은 것은?

> • 그는 부인에게 자신의 친구를 ㉠ <u>소개시켰다 / 소개했다</u>.
> • 이 소설은 실제 있었던 일을 바탕으로 ㉡ <u>쓰인 / 쓰여진</u> 것이다.
> • 자전거가 마주 오던 자동차와 ㉢ <u>부딪혔다 / 부딪쳤다</u>.

	㉠	㉡	㉢
①	소개시켰다	쓰인	부딪혔다
②	소개시켰다	쓰여진	부딪혔다
③	소개했다	쓰인	부딪혔다
④	소개했다	쓰인	부딪쳤다

PART 3

06 다음 중 '자는 호랑이에게 코침 주기'와 뜻이 비슷한 사자성어는?

① 전전반측(輾轉反側)   ② 각골통한(刻骨痛恨)

③ 평지풍파(平地風波)   ④ 백아절현(伯牙絶絃)

07 다음의 빈칸에 들어갈 내용으로 적절하지 않은 것은?

> 이대리 : ○○ 씨, 제출한 보고서 잘 읽어봤어요.
>
> 김사원 : 네, 대리님.
>
> 이대리 : 처음 제출했는데도 잘했더군요. 그렇지만 아무래도 문서 작성 요령에 대해서는 아직 잘
> 모르는 것 같아서 몇 가지 알려줄게요. 문서를 작성하는 데도 지켜야 할 팁이 있는데요, _____

① 자료를 최대한 많이 수집해서 글에 활용하는 것이 읽는 사람의 이해에 도움이 되겠죠.

② 같은 내용이어도 구성·형식에 따라 전달에 차이가 난다는 것을 알아두세요.

③ 핵심을 전달하는 데는 그것을 하위 목차로 구분하는 것이 도움이 되죠.

④ 이 문서를 왜 작성하는지 목표를 정확히 설정해야 합니다. 그렇지 않으면 내용의 통일성을 잃기
쉬워요.

08 다음은 지역별 지역총생산에 대한 자료이다. 이에 대한 설명으로 옳지 않은 것을 〈보기〉에서 모두 고르면?

〈지역별 지역총생산〉

(단위 : 십억 원, %)

구분	2019년	2020년	2021년	2022년	2023년
전국	869,305	912,926	983,030	1,028,500	1,065,665
서울	208,899	220,135	236,517	248,383	257,598
	(2.2)	(4.3)	(4.4)	(3.0)	(1.7)
부산	48,069	49,434	52,680	56,182	55,526
	(3.0)	(3.4)	(4.6)	(1.0)	(−3.0)
대구	28,756	30,244	32,261	32,714	32,797
	(0.6)	(3.9)	(4.5)	(1.5)	(−4.4)
인천	40,398	43,311	47,780	47,827	50,256
	(3.7)	(6.8)	(7.4)	(1.7)	(0.8)
광주	18,896	20,299	21,281	21,745	22,066
	(6.5)	(6.5)	(3.7)	(−0.6)	(0.3)
대전	20,030	20,802	22,186	23,218	24,211
	(2.6)	(3.4)	(3.2)	(1.5)	(0.5)
울산	41,697	43,214	48,059	52,408	51,271
	(4.6)	(1.9)	(4.6)	(0.2)	(−2.9)
경기	169,315	180,852	193,658	198,948	208,296
	(11.0)	(7.7)	(6.1)	(4.0)	(0.8)

※ ( )은 성장률이다.

보기

㉠ 2019년부터 2023년까지 지역총생산이 가장 많은 지역은 서울이고, 두 번째 지역은 경기이다.
㉡ 2023년 성장률이 감소한 지역의 수는 3개이다.
㉢ 2019년 성장률이 가장 높은 지역은 광주지역으로, 이때의 성장률은 6.5%이다.
㉣ 2021년 인천지역은 성장률이 가장 높았기 때문에 전년 대비 총생산 증가량도 가장 많다.

① ㉠, ㉡
② ㉢, ㉣
③ ㉠, ㉡, ㉣
④ ㉡, ㉢, ㉣

09 서울에 위치한 A회사는 거래처인 B, C회사에 소포를 보냈는데, 서울에 위치한 B회사에는 800g의 소포를, 인천에 위치한 C회사에는 2.4kg의 소포를 보냈다. 두 회사로 보낸 소포의 총중량은 16kg 이하이고, 택배요금의 합계는 6만 원이었다. S택배회사의 요금표가 다음과 같을 때, A회사는 800g 소포와 2.4kg 소포를 각각 몇 개씩 보냈는가?(단, 소포는 각 회사로 1개 이상 보낸다)

〈요금표〉

구분	~ 2kg	~ 4kg	~ 6kg	~ 8kg	~ 10kg
동일지역	4,000원	5,000원	6,500원	8,000원	9,500원
타지역	5,000원	6,000원	7,500원	9,000원	10,500원

	800g	2.4kg
①	12개	2개
②	12개	4개
③	9개	2개
④	9개	4개

10 A회사의 사우회에서는 참석자들에게 과자를 1인당 8개씩 나누어 주려고 한다. 10개씩 들어 있는 과자 17상자를 준비하였더니 과자가 남았고, 남은 과자를 1인당 1개씩 더 나누어 주려고 하니 부족했다. 만약 지금보다 9명이 더 참석한다면 과자 6상자를 추가해야 참석자 모두에게 과자를 1인당 8개 이상씩 나누어 줄 수 있다. 처음 사우회에 참석한 사람의 수는?

① 18명   ② 19명

③ 20명   ④ 21명

11 서로 다른 인터넷 쇼핑몰 A, B에서 상품을 주문했다. A쇼핑몰의 상품은 오늘 오전에 도착할 예정이고, B쇼핑몰의 상품은 내일 오전에 도착할 예정이다. 택배가 정시에 도착할 확률은 $\frac{1}{3}$, 늦게 도착할 확률은 $\frac{1}{2}$ 이라고 할 때, A쇼핑몰의 상품은 정시에 도착하고, B쇼핑몰의 상품은 예정보다 늦게 도착할 확률은?

① $\frac{1}{6}$

② $\frac{1}{3}$

③ $\frac{2}{3}$

④ $\frac{5}{6}$

12 다음과 같이 일정한 규칙으로 수를 나열할 때, 빈칸에 들어갈 수는 무엇인가?

12.3	15	7.5	10.2	( )	7.8	3.9

① 4.2

② 5.1

③ 6.3

④ 7.2

13 다음은 주택용 태양광 발전시스템 도입량 예측에 대한 자료이다. 이에 대한 설명으로 옳은 것을 〈보기〉에서 모두 고르면?(단, 소수점 셋째 자리에서 반올림한다)

〈주택용 태양광 발전시스템 도입량 예측〉

(단위 : 천 건, MW)

구분		2020년		2023년			
				현재 성장을 유지할 경우		도입을 촉진할 경우	
		건수	도입량	건수	도입량	건수	도입량
기존주택	10kW 미만	94.1	454	145.4	778	165	884
	10kW 이상	23.3	245	4.6	47	5	51
신축주택	10kW 미만	86.1	407	165.3	1,057	185.2	1,281
	10kW 이상	9.2	98	4.7	48	4.2	49
합계		212.7	1,204	320	1,930	359.4	2,265

보기

가. 2023년에 10kW 이상의 설비를 사용하는 신축주택은 도입을 촉진할 경우, 현재 성장을 유지했을 때보다 건수당 도입량이 크다.

나. 2020년 기존주택의 건수당 도입량은 10kWh 이상이 10kWh 미만보다 더 적다.

다. 2023년에 태양광 설비 도입을 촉진할 경우, 전체 신축주택 도입량에서 10kW 이상이 차지하는 비중은 유지했을 경우보다 0.5%p 이상 하락한다.

라. 2023년에 태양광 설비 도입 촉진 시 10kW 미만 기존주택의 도입 건수는 현재 성장을 유지할 경우보다 15% 이상 높다.

① 가, 나
② 가, 다
③ 가, 라
④ 나, 다

14 A회사에서는 영업용 차량을 구매하고자 한다. 영업용 차량의 연평균 주행거리는 30,000km이고 향후 5년간 사용할 계획이다. 현재 고려하고 있는 차량은 A ~ D자동차이다. 다음 중 경비가 최소로 드는 차량을 구매하고자 할 때 가장 적절한 것은?

〈자동차 리스트〉

구분	사용연료	연비(km/L)	연료탱크 용량(L)	신차구매가(만 원)
A자동차	휘발유	12	60	2,000
B자동차	LPG	8	60	2,200
C자동차	경유	15	50	2,700
D자동차	경유	20	60	3,300

〈연료 종류별 가격〉

종류	리터당 가격(원/L)
휘발유	1,400
LPG	900
경유	1,150

※ (경비)=(신차구매가)+(연료비)
※ 신차구매 결제는 일시불로 한다.
※ 향후 5년간 연료 가격은 변동이 없는 것으로 가정한다.

① A자동차   ② B자동차
③ C자동차   ④ D자동차

15 A씨는 인터넷뱅킹 사이트에 가입하기 위해 가입절차에 따라 정보를 입력하는데, 패스워드를 만드는 과정이 까다로워 계속 실패하는 중이다. 사이트 가입 시 패스워드를 생성하는 〈조건〉이 다음과 같을 때, 적절한 패스워드는?

조건
• 패스워드는 7자리이다.
• 알파벳 대문자와 소문자, 숫자, 특수기호를 적어도 하나씩 포함해야 한다.
• 숫자 0은 다른 숫자와 연속해서 나열할 수 없다.
• 알파벳 대문자는 다른 알파벳 대문자와 연속해서 나열할 수 없다.
• 특수기호를 첫 번째로 사용할 수 없다.

① a?102CB   ② 7!z0bT4
③ #38Yup0   ④ ssng99&

16 안전본부 사고분석 개선처에 근무하는 A대리는 혁신우수 연구대회에 출전하여 첨단장비를 활용한 차종별 보행자 사고 모형개발을 발표했다. SWOT 분석을 통해 추진방향을 도출하기 위해 다음 자료를 작성했을 때, 주어진 분석 결과에 대응하는 전략과 그 내용이 옳지 않은 것은?

〈차종별 보행자 사고 모형개발 SWOT 분석 결과〉

강점(Strength)	약점(Weakness)
10년 이상 지속적인 교육과 연구로 신기술 개발을 위한 인프라 구축	보행자 사고 모형개발을 위한 예산 및 실차 실험을 위한 연구소 부재
기회(Opportunity)	위협(Threat)
첨단 과학장비(3D스캐너, MADYMO) 도입으로 정밀 시뮬레이션 분석 가능	교통사고에 대한 국민의 관심과 분석수준 향상으로 공단의 사고분석 질적 제고 필요

① WT전략 : 신기술 개발을 위한 연구대회를 개최해 인프라를 더욱 탄탄히 구축
② WO전략 : 실차 실험 대신 과학장비를 통한 시뮬레이션 연구로 모형개발
③ SO전략 : 과학장비를 통한 정밀 시뮬레이션 분석을 토대로 국내 차량의 전면부 형상을 취득하고 보행자 사고를 분석해 신기술 개발에 도움
④ ST전략 : 지속적 교육과 연구로 쌓아온 데이터를 바탕으로 사고분석 프로그램 신기술 개발을 통해 사고분석 질적 향상에 기여

17 6명의 학생이 아침, 점심, 저녁을 먹으려고 하는데 메뉴가 김치찌개와 된장찌개뿐이다. 다음 〈조건〉이 모두 참일 때, 옳지 않은 것은?

조건
• 아침과 저녁은 다른 메뉴를 먹는다.
• 점심과 저녁에 같은 메뉴를 먹은 사람은 4명이다.
• 아침에 된장찌개를 먹은 사람은 3명이다.
• 하루에 된장찌개를 한 번만 먹은 사람은 3명이다.

① 아침에 된장찌개를 먹은 사람은 모두 저녁에 김치찌개를 먹었다.
② 된장찌개는 총 9그릇이 필요하다.
③ 저녁에 된장찌개를 먹은 사람들은 모두 아침에 김치찌개를 먹었다.
④ 김치찌개는 총 10그릇이 필요하다.

18 다음은 의류 생산공장의 생산 코드 부여 방식에 대한 자료이다. 〈보기〉에 해당하지 않는 생산 코드는?

〈의류 생산 코드〉

• 생산 코드 부여 방식
  [종류] – [색상] – [제조일] – [공장지역] – [수량] 순으로 16자리이다.
• 종류

티셔츠	스커트	청바지	원피스
OT	OH	OJ	OP

• 색상

검정색	붉은색	푸른색	노란색	흰색	회색
BK	RD	BL	YL	WH	GR

• 제조일

해당연도	월	일
마지막 두 자리 숫자 예 2024 → 24	01 ~ 12	01 ~ 31

• 공장지역

서울	수원	전주	창원
475	869	935	753

• 수량

100벌 이상 150벌 미만	150장 이상 200벌 미만	200장 이상 250벌 미만	250장 이상	50벌 추가 생산
aaa	aab	aba	baa	ccc

〈예시〉

– 2024년 5월 16일에 수원 공장에서 검정 청바지 170벌을 생산하였다.
– 청바지 생산 코드 : OJBK – 240516 – 869aab

보기

㉠ 2022년 12월 4일에 붉은색 스커트를 창원 공장에서 120벌 생산했다.
㉡ 회색 티셔츠를 추가로 50벌을 서울 공장에서 2023년 1월 24일에 생산했다.
㉢ 생산날짜가 2022년 7월 5일인 푸른색 원피스는 창원 공장에서 227벌 생산되었다.
㉣ 흰색 청바지를 전주 공장에서 265벌을 납품일(2023년 7월 23일) 전날에 생산했다.
㉤ 티셔츠와 스커트를 노란색으로 178벌씩 수원 공장에서 2023년 4월 30일에 생산했다.

① OPGR – 230124 – 475ccc
② OJWH – 230722 – 935baa
③ OHRD – 221204 – 753aaa
④ OHYL – 230430 – 869aab

19 다음은 A공사의 고객의 소리 운영 규정의 일부이다. 고객서비스 업무를 담당하고 있는 1년 차 사원인 B씨는 9월 18일 월요일에 어느 한 고객으로부터 질의 민원을 접수받았다. 그러나 부득이한 사유로 기간 내 처리가 불가능할 것으로 보여 본사 총괄부서장의 승인을 받고 지연하였다. 해당 민원은 늦어도 언제까지 처리가 완료되어야 하는가?

목적(제1조)
이 규정은 A공사에서 고객의 소리 운영에 필요한 사항에 대하여 규정함을 목적으로 한다.

정의(제2조)
"고객의 소리(Voice Of Customer)"라 함은 A공사 직무와 관련된 행정 처리에 대한 이의신청, 진정 등 민원과 A공사의 제도, 서비스 등에 대하여 불만이나 불편사항, 건의 · 단순 질의 등 모든 고객의 의견을 말한다.

처리기간(제7조)
① 고객의 소리는 다른 업무에 우선하여 처리하여야 하며 처리기간이 남아있음 등의 이유로 처리를 지연시켜서는 아니 된다.
② 고객의 소리 처리기간은 24시간으로 한다. 다만, 서식민원은 별도로 한다.

처리기간의 연장(제8조)
① 부득이한 사유로 기간 내에 처리하기 곤란한 경우 중간 답변을 하여야 하며, 이 경우 처리기간은 48시간으로 한다.
② 중간 답변을 하였음에도 기간 내에 처리하기 어려운 사항은 1회에 한하여 본사 총괄부서장의 승인을 받고 추가로 연장할 수 있다. 이 경우 추가되는 연장시간은 48시간으로 한다.
③ 업무의 성격이나 중요도, 본사 총괄부서의 처리시간에 임박한 재배정 등으로 제1항 내지 제2항의 기간 내에 처리할 수 없는 사항은 부서장 또는 소속장이 본사 총괄부서장에게 특별 기간연장을 요구할 수 있다.

---

① 9월 19일　　　　　　　② 9월 20일
③ 9월 21일　　　　　　　④ 9월 22일

20 다음 빈칸에 들어갈 말로 적절하지 않은 것은?

> 비판적 사고는 어떤 주제나 주장 등에 대해서 적극적으로 분석하고 종합하며 평가하는 능동적인 사고이다. 이러한 비판적 사고는 어떤 논증, 추론, 증거, 가치를 표현한 사례를 타당한 것으로 수용할 것인가 아니면 불합리한 것으로 거절할 것인가에 대한 결정을 내릴 때 요구되는 사고력이다. 비판적 사고를 개발하기 위해서는 _____과 같은 태도가 요구된다.

① 체계성   ② 결단성
③ 예술성   ④ 지적 호기심

21 A공사는 사내 요리대회를 진행하고 있다. 최종 관문인 협동심 평가는 이전 평가에서 통과한 참가자 A ~ D 4명이 한 팀이 되어 역할을 나누고, 주방에서 제한시간 내에 하나의 요리를 만드는 것이다. 재료손질, 요리보조, 요리, 세팅 및 정리 4개의 역할이 있고, 협동심 평가 후 참가자별 기존 점수에 가산점을 더하여 최종 점수를 계산하고자 할 때, 〈조건〉을 토대로 참가자의 역할이 바르게 연결된 것은?

〈참가자별 점수 분포〉

(단위 : 점)

구분	A참가자	B참가자	C참가자	D참가자
기존 점수	90	95	92	97

〈역할 수행 시 가산점〉

(단위 : 점)

구분	재료손질	요리보조	요리	세팅 및 정리
가산점	5	3	7	9

※ 협동심 평가의 각 역할은 한 명만 수행할 수 있다.

조건
• C참가자는 주부습진이 있어 재료손질 역할을 원하지 않는다.
• A참가자는 깔끔한 성격으로 세팅 및 정리 역할을 원한다.
• D참가자는 손재주가 없어 재료손질 역할을 원하지 않는다.
• B참가자는 적극적인 성격으로 어떤 역할이든지 자신 있다.
• 최종점수는 100점을 넘을 수 없다.

	재료손질	요리보조	요리	세팅 및 정리
①	A	D	C	B
②	B	C	D	A
③	B	D	C	A
④	C	A	D	B

22 다음 자료를 근거로 판단할 때, 연구모임 A~D 중 두 번째로 많은 지원금을 받는 모임은?

〈지원계획〉

- 지원을 받기 위해서는 한 모임당 6명 이상 9명 미만으로 구성되어야 한다.
- 기본지원금은 모임당 1,500천 원을 기본으로 지원한다. 단, 상품개발을 위한 모임의 경우는 2,000천 원을 지원한다.
- 추가지원금

등급	상	중	하
추가지원금(천 원/명)	120	100	70

※ 추가지원금은 연구 계획 사전평가 결과에 따라 달라진다.
- 협업 장려를 위해 협업이 인정되는 모임에는 위의 두 지원금을 합한 금액의 30%를 별도로 지원한다.

〈연구모임 현황 및 평가 결과〉

모임	상품개발 여부	구성원 수	연구 계획 사전평가 결과	협업 인정 여부
A	○	5	상	○
B	×	6	중	×
C	×	8	상	○
D	○	7	중	×

① A모임　　　　　　　　② B모임
③ C모임　　　　　　　　④ D모임

※ A회사 직원인 정민, 혜정, 진선, 기영, 보람, 민영, 선호 일곱 사람은 오후 2시에 시작할 회의에 참석하기 위해 대중교통을 이용하여 거래처 내 회의장에 가고자 한다. 다음 〈조건〉을 참고하여 이어지는 질문에 답하시오. [23~24]

조건
- 이용가능한 대중교통은 버스, 지하철, 택시만 있다.
- 이용가능한 모든 대중교통의 A회사에서부터 거래처까지의 노선은 A, B, C, D지점을 거치는 직선 노선이다.
- A회사에서 대중교통을 기다리는 시간은 고려하지 않는다.
- 택시의 기본요금은 2,000원이다.
- 택시 기본요금의 기본거리는 2km이고, 이후에는 2km마다 100원씩 추가요금이 발생하며, 2km를 간다.
- 버스는 2km를 3분에 가고, 지하철은 2km를 2분에 간다.
- 버스와 지하철은 A회사, A, B, C, D 각 지점, 그리고 거래처에 있는 버스정류장 및 지하철역을 경유한다.
- 버스 요금은 500원, 지하철 요금은 700원이며 추가요금은 없다.
- 버스와 지하철 간에는 무료 환승이 가능하다.
- 환승할 경우 소요시간은 2분이다.
- 환승할 때 느끼는 번거로움 등을 비용으로 환산하면 1분당 400원이다.
- 거래처에 도착하여 회의장까지 가는 데는 2분이 소요된다.
- 회의가 시작되기 전에 먼저 회의장에 도착하여 대기하는 동안의 긴장감 등을 비용으로 환산하면 1분당 200원이다.
- 회의에 지각할 경우 회사로부터 당하는 불이익 등을 비용으로 환산하면 1분당 10,000원이다.

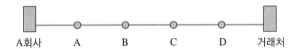

※ 각 구간의 거리는 모두 2km이다.

23 거래처에 도착한 이후의 비용을 고려하지 않을 때, A회사에서부터 거래처까지 최단시간으로 가는 방법과 최소비용으로 가는 방법 간의 비용 차는 얼마인가?

① 1,900원   ② 2,000원
③ 2,100원   ④ 2,200원

24 정민이는 A회사에서부터 B지점까지 버스를 탄 후, 택시로 환승하여 거래처의 회의장에 도착하고자 한다. 어느 시각에 출발하는 것이 비용을 최소화할 수 있는가?

① 오후 1시 42분   ② 오후 1시 45분
③ 오후 1시 47분   ④ 오후 1시 50분

25 A공공기관 경영지원실 C주임은 새롭게 부서 비품관리를 맡게 되었다. 물적자원 관리과정에 맞춰 C주임의 행동을 순서대로 나열한 것은?

> (A) 비품관리실 한쪽에 위치한 서랍 첫 번째 칸에 필기구와 메모지를 넣어두고 A4 용지는 습기가 없는 장소에 보관한다.
> (B) 바로 사용할 비품 중 필기구와 메모지를 따로 분류한다.
> (C) 기존에 있던 비품 중 사용할 사무용품과 따로 보관해둘 물품을 분리한다.

① (A) – (C) – (B)
② (B) – (A) – (C)
③ (B) – (C) – (A)
④ (C) – (B) – (A)

PART 3

26 기획팀의 A대리는 같은 팀의 B대리와 동일한 업무를 진행함에도 불구하고 항상 업무 마감 기한을 제대로 지키지 못해 어려움을 겪고 있다. B대리의 업무 처리 과정을 지켜본 결과 B대리는 업무 처리에 소요되는 시간을 미리 계획하여 일정을 여유 있게 조절하는 것을 알 수 있었다. A대리가 B대리의 업무 처리 과정을 따라 실천한다고 할 때 얻을 수 있는 효과로 적절하지 않은 것은?

① A대리의 업무 스트레스가 줄어들 것이다.
② 기업의 생산성 향상에 도움을 줄 수 있을 것이다.
③ A대리는 다양한 역할 수행을 통해 균형적인 삶을 살 수 있을 것이다.
④ A대리는 앞으로 가시적인 업무에 전력을 다할 수 있을 것이다.

27 A공사에서 근무하고 있는 S사원은 2024년 11월 발전소별 생산실적을 엑셀을 이용해 정리하려고 한다. 다음 (A)~(E) 셀에 S사원이 입력해야 할 함수로 옳지 않은 것은?

	A	B	C	D	E	F	G
1							
2				2024년 11월 발전소별 생산실적			
3							
4		구분	열용량(Gcal)	전기용량(MW)	열생산량(Gcal)	발전량(MWh)	발전량의 순위
5		파주	404	516	144,600	288,111	(B)
6		판교	172	146	94,657	86,382	
7		광교	138	145	27,551	17	
8		수원	71	43	42,353	321,519	
9		화성	407	512	141,139	6,496	
10		청주	105	61	32,510	4,598	
11		대구	71	44	46,477	753	
12		삼송	103	99	2,792	4,321	
13		평균		(A)			
14							
15					열용량의 최댓값(Gcal)	열생산량 중 세 번째로 높은 값(Gcal)	
16					(C)	(D)	

① (A) : =AVERAGE(D5:D12)

② (B) : =RANK(F5,$F$5:$F$12,1)

③ (C) : =MAX(C5:C12)

④ (D) : =LARGE(E5:E12,3)

28 다음 중 Windows에서 인터넷 익스플로러의 작업 내용과 바로가기가 바르게 연결되지 않은 것은?

① 현재 창 닫기 : 〈Ctrl〉+〈Q〉

② 홈페이지로 이동 : 〈Alt〉+〈Home〉

③ 현재 웹 페이지를 새로 고침 : 〈F5〉

④ 브라우저 창의 기본 보기와 전체 화면 간 전환 : 〈F11〉

29 귀하는 주변 동료로부터 컴퓨터 관련 능력이 우수하다고 평가받고 있다. 최근 옆 부서의 A대리로부터 "곧 신입사원이 들어와요. 그래서 컴퓨터 설치를 했는데, 프린터 연결은 어떻게 해야 하는지 몰라서 설정을 못했어요. 좀 부탁드립니다."라는 요청을 받았다. 다음 중 윈도우 운영체제에서 프린터를 연결할 때, 옳지 않은 것은?

① 한 대의 프린터를 네트워크로 공유하면 여러 대의 PC에서 사용할 수 있다.

② 네트워크 프린터를 사용할 때, 프린터의 공유 이름과 프린터가 연결된 PC 이름을 알아야 한다.

③ [프린터 추가 마법사]를 실행하면 로컬 프린터와 네트워크 프린터로 구분하여 새로운 프린터를 설치할 수 있다.

④ 한 대의 PC에는 로컬 프린터를 한 대만 설치할 수 있으며, 여러 대의 프린터가 설치되면 충돌이 일어나 올바르게 작동하지 못한다.

PART 3

30 짝수 행에만 배경색과 글꼴 스타일 '굵게'를 설정하는 조건부 서식을 지정하고자 한다. 다음 중 이를 위해 [새 서식 규칙] 대화상자에 입력할 수식으로 옳은 것은?

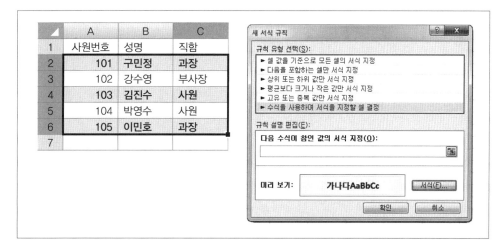

① =MOD(ROW(),2)=1   ② =MOD(ROW(),2)=0

③ =MOD(COLUMN(),2)=1   ④ =MOD(COLUMN(),2)=0

31 다음 프로그램의 실행 결과로 옳은 것은?

```c
#include <stdio.h>
int main()
{
        for(int i = 0; i < 5; i++) {
                for(int j = 0; j <= i; j++) {
                        printf("*");
                }
                printf("\n");
        }
}
```

①
```
*
**
***
****
*****
```

②
```
*****
*****
*****
*****
*****
```

③
```
*****
****
***
**
*
```

④
```
*
***
***
*****
*****
```

32 A사에는 직원들의 편의를 위해 휴게실에 전자레인지가 구비되어 있고, E사원은 회사의 기기를 관리하는 업무를 맡고 있다. 어느 날 전자레인지를 사용할 때 가끔씩 불꽃이 튀고 음식이 잘 데워지지 않는다는 이야기를 들었다. 다음 중 서비스를 접수하기 전에 점검할 사항으로 옳지 않은 것은?

증상	원인	조치 방법
전자레인지가 작동하지 않는다.	• 전원 플러그가 콘센트에 바르게 꽂혀 있습니까? • 문이 확실히 닫혀 있습니까? • 배전판 퓨즈나 차단기가 끊어지지 않았습니까? • 조리방법을 제대로 선택하셨습니까? • 혹시 정전은 아닙니까?	• 전원 플러그를 바로 꽂아 주십시오. • 문을 다시 닫아 주십시오. • 끊어졌으면 교체하고 연결시켜 주십시오. • 취소를 누르고 다시 시작하십시오.
동작 시 불꽃이 튄다.	• 조리실 내벽에 금속 제품 등이 닿지 않았습니까? • 금선이나 은선으로 장식된 그릇을 사용하고 계십니까? • 조리실 내에 찌꺼기가 있습니까?	• 벽에 닿지 않도록 하십시오. • 금선이나 은선으로 장식된 그릇은 사용하지 마십시오. • 깨끗이 청소해 주십시오.
조리 상태가 나쁘다.	• 조리 순서, 시간 등 사용 방법을 잘 선택하셨습니까?	• 요리책을 다시 확인하고 사용하십시오.
접시가 불균일하게 돌거나 돌지 않는다.	• 회전 접시와 회전 링이 바르게 놓여 있습니까?	• 각각을 정확한 위치에 놓아 주십시오.
불의 밝기나 동작 소리가 불균일하다.	• 출력의 변화에 따라 일어난 현상이니 안심하고 사용하셔도 됩니다.	

① 조리실 내 위생 상태 점검
② 사용 가능 용기 확인
③ 사무실, 전자레인지 전압 확인
④ 조리실 내벽 확인

33 다음 글에서 설명하는 것은 무엇인가?

> 기술혁신은 신기술이 발생, 발전, 채택되고 다른 기술에 의해 사라질 때까지의 일정한 패턴을 가지고 있다. 기술의 발달은 처음에는 서서히 시작되다가 성과를 낼 수 있는 힘이 축적되면 급속한 진전을 보인다. 그리고 기술의 한계가 오면 성과는 점차 줄어들게 되고, 한계가 온 기술은 다시 성과를 내는 단계로 상승할 수 없으며, 여기에 혁신적인 새로운 기술이 출현한다. 혁신적인 새로운 기술은 기존의 기술이 한계에 도달하기 전에 출현하는 경우가 많으며, 기존에 존재하는 시장의 요구를 만족시키면서 전혀 새로운 지식을 기반으로 하는 기술이다. 이러한 기술의 예로 필름 카메라에서 디지털 카메라로, 콤팩트 디스크(Compact Disk)에서 MP3 플레이어(MP3 Player)로의 전환 등을 들 수 있다.

① 바그너 법칙
② 기술의 S곡선
③ 빅3 법칙
④ 생산비의 법칙

34 다음 글에서 설명하는 기술혁신의 특성으로 가장 적절한 것은?

새로운 기술을 개발하기 위한 아이디어의 원천이나 신제품에 대한 소비자의 수요, 기술개발의 결과 등은 예측하기가 매우 어렵기 때문에 기술개발의 목표나 일정, 비용, 지출, 수익 등에 대한 사전계획을 세우기란 쉽지 않다. 또 이러한 사전계획을 세운다고 하더라도 모든 기술혁신의 성공이 사전 의도나 계획대로 이루어지진 않는다. 때로는 그러한 성공들은 우연한 기회에 이루어지기도 하기 때문이다.

① 장기간의 시간을 필요로 한다.
② 매우 불확실하다.
③ 지식 집약적인 활동이다.
④ 기업 내에서 많은 논쟁을 유발한다.

35 경영참가제도는 근로자를 경영과정에 참가하게 하여 공동으로 문제를 해결하고 이를 통해 노사 간의 균형을 이루며, 상호 신뢰로 경영의 효율을 향상시키는 제도이다. 경영참가제도의 유형은 자본참가, 성과참가, 의사결정참가로 구분되는데, 다음 중 자본참가에 해당하는 사례는?

① 임직원들에게 저렴한 가격으로 일정 수량의 주식을 매입할 수 있게 권리를 부여한다.
② 위원회제도를 활용하여 근로자의 경영참여와 개선된 생산의 판매가치를 기초로 성과를 배분한다.
③ 부가가치의 증대를 목표로 하여 이를 노사협력체제를 통해 달성하고, 이에 따라 증가된 생산성 향상분을 노사 간에 배분한다.
④ 천재지변의 대응, 생산성 하락, 경영성과 전달 등과 같이 단체교섭에서 결정되지 않은 사항에 대하여 노사가 서로 협력할 수 있도록 한다.

36 다음 글에 제시된 조직의 특징으로 가장 적절한 것은?

> A공공기관의 사내 봉사 동아리에 소속된 70여 명의 임직원이 연탄 나르기 봉사활동을 펼쳤다. 이날 임직원들은 지역 주민들이 보다 따뜻하게 겨울을 날 수 있도록 연탄 총 3,000장과 담요를 직접 전달했다. 사내 봉사 동아리에 소속된 김대리는 "매년 진행하는 연말 연탄 나눔 봉사활동을 통해 지역사회에 도움의 손길을 전할 수 있어 기쁘다."라며 "오늘의 작은 손길이 큰 불씨가 되어 많은 분들이 따뜻한 겨울을 보내길 바란다."라고 말했다.

① 인간관계에 따라 형성된 자발적인 조직
② 이윤을 목적으로 하는 조직
③ 규모와 기능 그리고 규정이 조직화되어 있는 조직
④ 조직구성원들의 행동을 통제할 장치가 마련되어 있는 조직

PART 3

37 다음은 신입사원이 업무를 위해 출장을 가서 한 행동이다. 밑줄 친 ㉠~㉣ 중 적절하지 않은 것은?

> 신입사원 A는 업무상 B기업으로 출장을 갔다. 그곳에서 이번 사업의 협상자를 만나 ㉠ 오른손으로 악수를 하면서 ㉡ 가볍게 고개를 숙였다. 이어서 ㉢ 먼저 명함을 꺼내 ㉣ 협상자에게 오른손으로 주었고, 협상자의 명함을 오른손으로 받았다. 그리고 명함을 보고 난 후 탁자 위에 보이게 놓은 채 대화를 하였다.

① ㉠   ② ㉡
③ ㉢   ④ ㉣

38 H공단에 근무 중인 B차장은 새로운 사업을 실행하기에 앞서 설문조사를 하려고 한다. 다음의 방법을 이용하려고 할 때, 설문조사 순서를 바르게 나열한 것은?

> 델파이 기법은 전문가들의 의견을 종합하기 위해 고안된 기법으로 불확실한 상황을 예측하고자 할 경우 사용하는 인문사회과학 분석기법 중 하나이다. 설문지로만 이루어지기 때문에 전문가들의 익명성이 보장되고, 반복적인 설문을 통해 얻은 반응을 수집·요약해 특정한 주제에 대한 전문가 집단의 합의를 도출하는 방식으로 진행된다.

① 설문지 제작 – 발송 – 회수 – 검토 후 결론 도출 – 결론 통보
② 설문지 제작 – 1차 대면 토론 – 중간 분석 – 2차 대면 토론 – 합의 도출
③ 설문지 제작 – 발송 – 회수 – 중간 분석 – 대면 토론 – 합의 도출
④ 설문지 제작 – 발송 – 회수 – 중간 분석 – 재발송 – 회수 – 합의 도출

39 귀하는 W은행의 프라이빗뱅킹(PB) 서비스를 제공하는 업무를 담당하고 있다. 최근 팀 내의 실적이 감소하고 있는 추세에 대해서 근본적인 원인을 파악하기 위해서 여러 가지 떠오르는 생각들을 순서대로 기술하였다. 이를 체계적으로 분석하여 팀 회의에서 보고하려고 하는데, 다음 원인들의 인과관계를 따져보고 귀하가 택할 가장 근본적인 원인은 무엇인가?

> • 재무설계 제안서의 미흡
> • 절대적인 고객 수 감소
> • 고객과의 PB 서비스 계약 건수 감소
> • 고객정보의 수집 부족
> • 금융상품의 다양성 부족

① 고객과의 PB 서비스 계약 건수 감소
② 절대적인 고객 수 감소
③ 재무설계 제안서의 미흡
④ 고객정보의 수집 부족

40 다음 중 직무수행교육(OJT; On the Job Training)의 네 가지 단계를 순서대로 바르게 나열한 것은?

> ㉠ 시켜보고 잘못을 시정한다. 시켜보면서 작업을 설명하도록 한다. 다시 한 번 시켜보면서 급소를 말하도록 한다. 완전히 이해할 때까지 확인한다.
>
> ㉡ 편안하게 한다. 어떤 작업을 하는지 말한다. 그 작업에 대해서 어느 정도 알고 있는지 확인한다. 작업을 배우고 싶은 기분이 되도록 한다. 올바른 위치에 자세를 취하도록 한다.
>
> ㉢ 중요한 스텝(Step)을 하나씩 말해서 들려주고, 해 보이고, 기록해 보인다. 급소를 강조한다. 확실하게, 빠짐없이, 끈기 있게, 이해하는 능력 이상으로 하지 않는다.
>
> ㉣ 작업에 종사시킨다. 모를 때에 답변할 사람을 지정해 둔다. 몇 번이고 조사한다. 질문하도록 작용한다. 차츰 지도를 줄인다.

① ㉠ – ㉢ – ㉡ – ㉣　　　　　　② ㉡ – ㉠ – ㉢ – ㉣
③ ㉡ – ㉢ – ㉠ – ㉣　　　　　　④ ㉢ – ㉠ – ㉣ – ㉡

41 A사에 근무하는 K부장은 현재 자신의 부서에 팀워크가 부족하다는 것을 느끼고 있다. 이를 해결하기 위해 K부장이 아침회의 전에 부서 사원들에게 효과적인 팀워크를 위한 조언을 하고자 할 때, 조언 내용으로 가장 적절한 것은?

① 자기중심적인 개인주의가 필요합니다.
② 사원들 간의 사고방식 차이는 있을 수 없습니다.
③ 강한 자신감보다는 신중함이 필요합니다.
④ 솔직한 대화로 서로를 이해해야 합니다.

42 다음은 고객불만 처리 프로세스 8단계를 나타낸 자료이다. B사원의 고객불만 처리 대응을 볼 때, 고객불만 처리 프로세스 8단계에서 B사원이 빠뜨린 항목은?

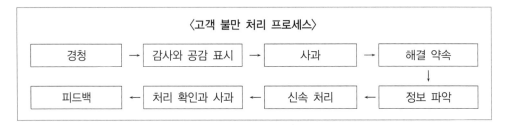

〈고객 불만 처리 프로세스〉

경청 → 감사와 공감 표시 → 사과 → 해결 약속

피드백 ← 처리 확인과 사과 ← 신속 처리 ← 정보 파악

B사원 : 안녕하세요. A쇼핑몰입니다. 무엇을 도와드릴까요?

고객 : 아, 정말, 제가 고른 옷 사이즈랑 다른 사이즈가 왔는데 이거 어떻게 해결할 건가요? 3일 후에 이 옷 입고 소개팅 나가려고 했는데 정말 답답하네요. 당장 보상하세요!

B사원 : 고객님, 주문하신 옷이 잘못 배송되었나 보군요. 화내시는 점 충분히 이해합니다. 정말 죄송합니다.

고객 : 아니, 그래서 어떻게 해결할 건데요.

B사원 : 네, 고객님. 우선 최대한 빠른 시일 내로 교환해드릴 수 있도록 최선을 다하겠습니다. 우선 제가 고객님의 구매 내역과 재고 확인을 해 보고 등록하신 번호로 다시 연락드리겠습니다. 전화 끊고 잠시만 기다려 주시기 바랍니다.

(B사원은 구매 내역과 재고를 확인하고, 10분 후 고객에게 다시 전화를 건다)

고객 : 여보세요.

B사원 : 고객님, 안녕하세요. A쇼핑몰입니다. 재고 확인 결과 다행히 사이즈가 남아 있어서 오늘 바로 배송해드릴 예정입니다. 오늘 배송 시 내일 도착 예정이어서 말씀하셨던 약속 날짜 전에 옷을 받으실 수 있을 겁니다. 잘못 보내드린 옷은 택배를 받으실 때 반송 처리해 주시면 되겠습니다. 정말 죄송합니다.

고객 : 다행이네요. 일단 알겠습니다. 앞으로 조심 좀 해 주세요.

(B사원은 통화를 끝내고, 배송이 잘못된 원인과 자신의 응대에 잘못이 없었는지 확인한다)

① 감사와 공감 표시   ② 사과

③ 해결 약속   ④ 처리 확인과 사과

귀하는 새로 추진하고 있는 중요한 프로젝트의 팀장을 맡았다. 그런데 어느 날부턴가 점점 사무실 분위기가 심상치 않다. 귀하는 프로젝트의 원활한 진행을 위해 동료 간 화합이 무엇보다 중요하다고 생각하기 때문에 팀원들의 업무 행태를 관심 있게 지켜보기 시작했다. 그 결과, A사원이 사적인 약속 등을 핑계로 업무를 미루거나 주변의 눈치를 살피며 불성실한 자세로 근무하는 모습을 발견하였다. 또한, 발생한 문제에 대해 변명만 늘어놓는 태도로 일관해 프로젝트를 함께 진행하는 동료 직원들의 불만은 점점 쌓여만 가고 있다.

43 '썩은 사과의 법칙'에 의하면, 팀 리더는 팀워크를 무너뜨리는 썩은 사과가 있을 때는 먼저 문제 상황에 대해 대화를 나누어 스스로 변화할 기회를 주어야 한다. 하지만 그 후로도 변화하지 않는다면 결단력을 가지고 썩은 사과를 내보내야 한다. 다음 중 귀하가 팀장으로서 취해야 할 행동을 썩은 사과의 법칙의 관점에서 설명한 내용으로 적절하지 않은 것은?

① A사원의 업무 행태가 끝내 변화하지 않을 경우 A사원을 팀에서 내보내야 한다.

② 팀장으로서 먼저 A사원과 문제 상황에 대하여 대화를 나눠야 한다.

③ 직원의 문제에 대해 명확한 지적보다는 간접적으로 인지하게 하여 스스로 변화할 기회를 준다.

④ A사원은 조직의 비전이나 방향은 생각하지 않고 자기중심적으로 행동하며 조직에 방해가 되는 사람이다.

44 멤버십의 유형은 마인드를 나타내는 독립적 사고 축과 행동을 나타내는 적극적 실천 축으로 나누어진다. 이에 따라 멤버십 유형은 수동형·실무형·소외형·순응형·주도형으로 구분된다. 다음 중 직장 동료와 팀장의 시각으로 볼 때, A사원의 업무 행태가 속하는 멤버십 유형으로 가장 적절한 것은?

① 소외형   ② 순응형

③ 실무형   ④ 수동형

PART 3

45 다음은 경력개발의 단계를 연령을 기준으로 나타낸 자료이다. 각 단계에 대한 설명으로 옳지 않은 것은?

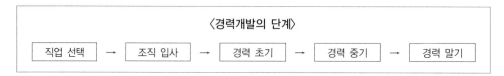

① 직업 선택 단계에서는 자신에 대한 탐색과 직업에 대한 탐색이 동시에 이루어져야 한다.

② 조직 입사 단계는 자신의 특성을 통해 직무를 선택하는 과정이다.

③ 경력 초기 단계는 자신이 그동안 성취한 것을 재평가하는 단계이다.

④ 경력 중기 단계에서는 다른 직업으로 이동하는 경력변화가 일어나기도 한다.

46 다음은 교육팀에서 근무하는 A사원이 직장동료에게 자신에 대한 평가 결과를 이야기하는 내용이다. A사원의 자기개발 실패 원인으로 가장 적절한 것은?

> 이번 회사에서 사원평가를 했는데 나보고 자기개발능력이 부족하다고 하네. 6시 퇴근시각에 바로 퇴근을 하더라도 집이 머니까 도착하면 8시고, 바로 씻고 저녁 먹고 잠깐 쉬면 금방 10시야. 방 정리하고 설거지하면 어느새 11시가 되는데, 어느 틈에 자기개발을 하라는 건지 이해도 잘 안 되고 답답하기만 해.

① 자기중심적이고 제한적인 사고

② 현재하고 있는 일을 지속하려는 습성

③ 자신의 주장과 반대되는 주장에 대한 배척

④ 인간의 욕구와 감정의 작용

47 다음 〈보기〉 중 자기개발이 필요한 이유가 같은 사람끼리 바르게 연결된 것은?

> **보기**
>
> ⊙ IT회사에 재직 중인 A사원은 새로운 기술이 도입됨에 따라 자신의 업무 방식에 변화가 필요하다는 것을 깨달았다.
> ⓛ 반도체 회사에 근무 중인 B사원은 올해 안에 새로운 제품을 개발하고, 이를 출시하는 것을 목표로 삼았다.
> ⓒ 의류업체에 다니고 있는 C사원은 업무 처리 과정에서의 잦은 실수로 인해 본인의 능력에 대한 자신감을 잃었다.
> ⓔ 자동차 공장에서 일하고 있는 D사원은 본인이 수행하던 작업을 점차 기계가 대신하는 모습을 보면서 심각한 고민에 빠졌다.

① ⊙, ⓛ
② ⊙, ⓔ
③ ⓛ, ⓒ
④ ⓛ, ⓔ

48 다음 상황을 보고 생각할 수 있는 근면한 직장생활로 적절하지 않은 것은?

> 허주임은 감각파이자 낙천주의자이다. 오늘 점심시간에 백화점 세일에 갔다 온 것을 친구에게 전화로 자랑하기 바쁘다. "오늘 땡잡았어! 스키용품을 50%에 구했지 뭐니!" "넌 혼자만 일하니? 대충대충 해. 그래서 큰 회사 다녀야 땡땡이치기 쉽다니까."

① 업무시간에는 개인적인 일을 하지 않는다.
② 업무시간에 최대한 업무를 끝내도록 한다.
③ 점심시간보다 10분 정도 일찍 나가는 것은 괜찮다.
④ 사무실 내에서 전화나 메신저 등을 통해 사적인 대화를 나누지 않는다.

49 다음 중 적절하지 않은 직업관을 가지고 있는 사람은?

① 항공사에서 근무하고 있는 A는 자신의 직업에 대해 긍지와 자부심을 갖고 있다.

② IT 회사에서 개발 업무를 담당하는 B는 업계 최고 전문가가 되기 위해 항상 노력한다.

③ 극장에서 근무 중인 C는 언제나 다른 사람에게 봉사한다는 마음을 가지고 즐겁게 일한다.

④ 화장품 회사에 입사한 신입사원 D는 입사 동기들보다 빠르게 승진하는 것을 목표로 삼았다.

50 A회사에서는 사내 공모전을 시행하였다. 팀 회식 중 C팀장은 옆 팀 B사원이 낸 아이디어가 참신하다고 이야기하였다. S사원은 그 이야기를 듣고 자신의 아이디어와 너무 비슷하다고 생각하여 당황하였다. 생각해 보니 입사 동기인 B사원과 점심 식사 중 공모전 아이디어에 대해 이야기를 나누며 의견을 물은 적이 있었다. 이때 S사원이 취해야 할 행동은 무엇인가?

① 회식 중에 사실 관계에 대해 정확히 이야기한다.

② 다음 날 B사원과 어떻게 된 일인지 이야기한다.

③ 다음 날 감사팀에 바로 이의제기를 한다.

④ 다른 입사 동기들에게 B사원이 아이디어를 따라 했다고 이야기한다.

PART 4

채용 가이드

01 | 블라인드 채용 소개

1. 블라인드 채용이란?

채용 과정에서 편견이 개입되어 불합리한 차별을 야기할 수 있는 출신지, 가족관계, 학력, 외모 등의 편견요인은 제외하고, 직무능력만을 평가하여 인재를 채용하는 방식입니다.

2. 블라인드 채용의 필요성

- 채용의 공정성에 대한 사회적 요구
  - 누구에게나 직무능력만으로 경쟁할 수 있는 균등한 고용기회를 제공해야 하나, 아직도 채용의 공정성에 대한 불신이 존재
  - 채용상 차별금지에 대한 법적 요건이 권고적 성격에서 처벌을 동반한 의무적 성격으로 강화되는 추세
  - 시민의식과 지원자의 권리의식 성숙으로 차별에 대한 법적 대응 가능성 증가
- 우수인재 채용을 통한 기업의 경쟁력 강화 필요
  - 직무능력과 무관한 학벌, 외모 위주의 선발로 우수인재 선발기회 상실 및 기업경쟁력 약화
  - 채용 과정에서 차별 없이 직무능력중심으로 선발한 우수인재 확보 필요
- 공정한 채용을 통한 사회적 비용 감소 필요
  - 편견에 의한 차별적 채용은 우수인재 선발을 저해하고 외모·학벌 지상주의 등의 심화로 불필요한 사회적 비용 증가
  - 채용에서의 공정성을 높여 사회의 신뢰수준 제고

3. 블라인드 채용의 특징

편견요인을 요구하지 않는 대신 직무능력을 평가합니다.

※ 직무능력중심 채용이란?
　기업의 역량기반 채용, NCS기반 능력중심 채용과 같이 직무수행에 필요한 능력과 역량을 평가하여 선발하는 채용방식을 통칭합니다.

4. 블라인드 채용의 평가요소

직무수행에 필요한 지식, 기술, 태도 등을 과학적인 선발기법을 통해 평가합니다.

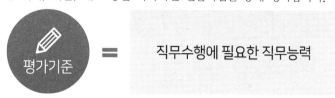

※ 과학적 선발기법이란?
　직무분석을 통해 도출된 평가요소를 서류, 필기, 면접 등을 통해 체계적으로 평가하는 방법으로 입사지원서, 자기소개서, 직무수행능력평가, 구조화 면접 등이 해당됩니다.

5. 블라인드 채용 주요 도입 내용

- 입사지원서에 인적사항 요구 금지
  - 인적사항에는 출신지역, 가족관계, 결혼여부, 재산, 취미 및 특기, 종교, 생년월일(연령), 성별, 신장 및 체중, 사진, 전공, 학교명, 학점, 외국어 점수, 추천인 등이 해당
  - 채용 직무를 수행하는 데 있어 반드시 필요하다고 인정될 경우는 제외
    예 특수경비직 채용 시 : 시력, 건강한 신체 요구
    　　연구직 채용 시 : 논문, 학위 요구 등
- 블라인드 면접 실시
  - 면접관에게 응시자의 출신지역, 가족관계, 학교명 등 인적사항 정보 제공 금지
  - 면접관은 응시자의 인적사항에 대한 질문 금지

6. 블라인드 채용 도입의 효과성

- 구성원의 다양성과 창의성이 높아져 기업 경쟁력 강화
  - 편견을 없애고 직무능력 중심으로 선발하므로 다양한 직원 구성 가능
  - 다양한 생각과 의견을 통하여 기업의 창의성이 높아져 기업경쟁력 강화
- 직무에 적합한 인재선발을 통한 이직률 감소 및 만족도 제고
  - 사전에 지원자들에게 구체적이고 상세한 직무요건을 제시함으로써 허수 지원이 낮아지고, 직무에 적합한 지원자 모집 가능
  - 직무에 적합한 인재가 선발되어 직무이해도가 높아져 업무효율 증대 및 만족도 제고
- 채용의 공정성과 기업이미지 제고
  - 블라인드 채용은 사회적 편견을 줄인 선발 방법으로 기업에 대한 사회적 인식 제고
  - 채용과정에서 불합리한 차별을 받지 않고 실력에 의해 공정하게 평가를 받을 것이라는 믿음을 제공하고, 지원자들은 평등한 기회와 공정한 선발과정 경험

02 | 서류전형 가이드

01 채용공고문

1. 채용공고문의 변화

기존 채용공고문	변화된 채용공고문
• 취업준비생에게 불충분하고 불친절한 측면 존재 • 모집분야에 대한 명확한 직무관련 정보 및 평가기준 부재 • 해당분야에 지원하기 위한 취업준비생의 무분별한 스펙 쌓기 현상 발생	• NCS 직무분석에 기반한 채용공고를 토대로 채용전형 진행 • 지원자가 입사 후 수행하게 될 업무에 대한 자세한 정보 공지 • 직무수행내용, 직무수행 시 필요한 능력, 관련된 자격, 직업기초능력 제시 • 지원자가 해당 직무에 필요한 스펙만을 준비할 수 있도록 안내
• 모집부문 및 응시자격 • 지원서 접수 • 전형절차 • 채용조건 및 처우 • 기타사항	• 채용절차 • 채용유형별 선발분야 및 예정인원 • 전형방법 • 선발분야별 직무기술서 • 우대사항

2. 지원 유의사항 및 지원요건 확인

채용 직무에 따른 세부사항을 공고문에 명시하여 지원자에게 적격한 지원 기회를 부여함과 동시에 채용과 정에서의 공정성과 신뢰성을 확보합니다.

구성	내용	확인사항
모집분야 및 규모	고용형태(인턴 계약직 등), 모집분야, 인원, 근무지역 등	채용직무가 여러 개일 경우 본인이 해당되는 직무의 채용규모 확인
응시자격	기본 자격사항, 지원조건	지원을 위한 최소자격요건을 확인하여 불필요한 지원을 예방
우대조건	법정·특별·자격증 가점	본인의 가점 여부를 검토하여 가점 획득을 위한 사항을 사실대로 기재
근무조건 및 보수	고용형태 및 고용기간, 보수, 근무지	본인이 생각하는 기대수준에 부합하는지 확인하여 불필요한 지원을 예방
시험방법	서류·필기·면접전형 등의 활용방안	전형방법 및 세부 평가기법 등을 확인하여 지원전략 준비
전형일정	접수기간, 각 전형 단계별 심사 및 합격자 발표일 등	본인의 지원 스케줄을 검토하여 차질이 없도록 준비
제출서류	입사지원서(경력·경험기술서 등), 각종 증명서 및 자격증 사본 등	지원요건 부합 여부 및 자격 증빙서류 사전에 준비
유의사항	임용취소 등의 규정	임용취소 관련 법적 또는 기관 내부 규정을 검토하여 해당여부 확인

직무기술서란 직무수행의 내용과 필요한 능력, 관련 자격, 직업기초능력 등을 상세히 기재한 것으로 입사 후 수행하게 될 업무에 대한 정보가 수록되어 있는 자료입니다.

1. 채용분야

설명

NCS 직무분류 체계에 따라 직무에 대한 「대분류 – 중분류 – 소분류 – 세분류」 체계를 확인할 수 있습니다. 채용 직무에 대한 모든 직무기술서를 첨부하게 되며 실제 수행 업무를 기준으로 세부적인 분류정보를 제공합니다.

채용분야	분류체계			
사무행정	대분류	중분류	소분류	세분류
분류코드	02. 경영 · 회계 · 사무	03. 재무 · 회계	01. 재무	01. 예산
				02. 자금
			02. 회계	01. 회계감사
				02. 세무

2. 능력단위

설명

직무분류 체계의 세분류 하위능력단위 중 실질적으로 수행할 업무의 능력만 구체적으로 파악할 수 있습니다.

능력단위	(예산)	03. 연간종합예산수립 05. 확정예산 운영	04. 추정재무제표 작성 06. 예산실적 관리
	(자금)	04. 자금운용	
	(회계감사)	02. 자금관리 05. 회계정보시스템 운용 07. 회계감사	04. 결산관리 06. 재무분석
	(세무)	02. 결산관리 07. 법인세 신고	05. 부가가치세 신고

3. 직무수행내용

설명

세분류 영역의 기본정의를 통해 직무수행내용을 확인할 수 있습니다. 입사 후 수행할 직무내용을 구체적으로 확인할 수 있으며, 이를 통해 입사서류 작성부터 면접까지 직무에 대한 명확한 이해를 바탕으로 자신의 희망직무 인지 아닌지, 해당 직무가 자신이 알고 있던 직무가 맞는지 확인할 수 있습니다.

직무수행내용	(예산) 일정기간 예상되는 수익과 비용을 편성, 집행하며 통제하는 일
	(자금) 자금의 계획 수립, 조달, 운용을 하고 발생 가능한 위험 관리 및 성과평가
	(회계감사) 기업 및 조직 내·외부에 있는 의사결정자들이 효율적인 의사결정을 할 수 있도록 유용한 정보를 제공, 제공된 회계정보의 적정성을 파악하는 일
	(세무) 세무는 기업의 활동을 위하여 주어진 세법범위 내에서 조세부담을 최소화시키는 조세전략을 포함하고 정확한 과세소득과 과세표준 및 세액을 산출하여 과세당국에 신고·납부하는 일

4. 직무기술서 예시

태도	(예산) 정확성, 분석적 태도, 논리적 태도, 타 부서와의 협조적 태도, 설득력
	(자금) 분석적 사고력
	(회계 감사) 합리적 태도, 전략적 사고, 정확성, 적극적 협업 태도, 법률준수 태도, 분석적 태도, 신속성, 책임감, 정확한 판단력
	(세무) 규정 준수 의지, 수리적 정확성, 주의 깊은 태도
우대 자격증	공인회계사, 세무사, 컴퓨터활용능력, 변호사, 워드프로세서, 전산회계운용사, 사회조사분석사, 재경관리사, 회계관리 등
직업기초능력	의사소통능력, 문제해결능력, 자원관리능력, 대인관계능력, 정보능력, 조직이해능력

5. 직무기술서 내용별 확인사항

항목	확인사항
모집부문	해당 채용에서 선발하는 부문(분야)명 확인 예 사무행정, 전산, 전기
분류체계	지원하려는 분야의 세부직무군 확인
주요기능 및 역할	지원하려는 기업의 전사적인 기능과 역할, 산업군 확인
능력단위	지원분야의 직무수행에 관련되는 세부업무사항 확인
직무수행내용	지원분야의 직무군에 대한 상세사항 확인
전형방법	지원하려는 기업의 신입사원 선발전형 절차 확인
일반요건	교육사항을 제외한 지원 요건 확인(자격요건, 특수한 경우 연령)
교육요건	교육사항에 대한 지원요건 확인(대졸 / 초대졸 / 고졸 / 전공 요건)
필요지식	지원분야의 업무수행을 위해 요구되는 지식 관련 세부항목 확인
필요기술	지원분야의 업무수행을 위해 요구되는 기술 관련 세부항목 확인
직무수행태도	지원분야의 업무수행을 위해 요구되는 태도 관련 세부항목 확인
직업기초능력	지원분야 또는 지원기업의 조직원으로서 근무하기 위해 필요한 일반적인 능력사항 확인

1. 입사지원서의 변화

기존지원서		능력중심 채용 입사지원서
직무와 관련 없는 학점, 개인신상, 어학점수, 자격, 수상경력 등을 나열하도록 구성	VS	해당 직무수행에 꼭 필요한 정보들을 제시할 수 있도록 구성

직무기술서

직무수행내용

요구지식 / 기술

관련 자격증

사전직무경험

인적사항	성명, 연락처, 지원분야 등 작성 (평가 미반영)
교육사항	직무지식과 관련된 학교교육 및 직업교육 작성
자격사항	직무관련 국가공인 또는 민간자격 작성
경력 및 경험사항	조직에 소속되어 일정한 임금을 받거나(경력) 임금 없이(경험) 직무와 관련된 활동 내용 작성

2. 교육사항

- 지원분야 직무와 관련된 학교 교육이나 직업교육 혹은 기타교육 등 직무에 대한 지원자의 학습 여부를 평가하기 위한 항목입니다.
- 지원하고자 하는 직무의 학교 전공교육 이외에 직업교육, 기타교육 등을 기입할 수 있기 때문에 전공 제한 없이 직업교육과 기타교육을 이수하여 지원이 가능하도록 기회를 제공합니다.

(기타교육 : 학교 이외의 기관에서 개인이 이수한 교육과정 중 지원직무와 관련이 있다고 생각되는 교육내용)

구분	교육과정(과목)명	교육내용	과업(능력단위)

3. 자격사항

- 채용공고 및 직무기술서에 제시되어 있는 자격 현황을 토대로 지원자가 해당 직무를 수행하는 데 필요한 능력을 가지고 있는지를 평가하기 위한 항목입니다.
- 채용공고 및 직무기술서에 기재된 직무관련 필수 또는 우대자격 항목을 확인하여 본인이 보유하고 있는 자격사항을 기재합니다.

자격유형	자격증명	발급기관	취득일자	자격증번호

4. 경력 및 경험사항

- 직무와 관련된 경력이나 경험 여부를 표현하도록 하여 직무와 관련한 능력을 갖추었는지를 평가하기 위한 항목입니다.
- 해당 기업에서 직무를 수행함에 있어 필요한 사항만을 기록하게 되어 있기 때문에 직무와 무관한 스펙을 갖추지 않아도 됩니다.
- 경력 : 금전적 보수를 받고 일정기간 동안 일했던 경우
- 경험 : 금전적 보수를 받지 않고 수행한 활동

※ 기업에 따라 경력 / 경험 관련 증빙자료 요구 가능

구분	조직명	직위 / 역할	활동기간(년 / 월)	주요과업 / 활동내용

Tip

입사지원서 작성 방법
○ 경력 및 경험사항 작성
  - 직무기술서에 제시된 지식, 기술, 태도와 지원자의 교육사항, 경력(경험)사항, 자격사항과 연계하여 개인의 직무역량에 대해 스스로 판단 가능
○ 인적사항 최소화
  - 개인의 인적사항, 학교명, 가족관계 등을 노출하지 않도록 유의

부적절한 입사지원서 작성 사례
- 학교 이메일을 기입하여 학교명 노출
- 거주지 주소에 학교 기숙사 주소를 기입하여 학교명 노출
- 자기소개서에 부모님이 재직 중인 기업명, 직위, 직업을 기입하여 가족관계 노출
- 자기소개서에 석·박사 과정에 대한 이야기를 언급하여 학력 노출
- 동아리 활동에 대한 내용을 학교명과 더불어 언급하여 학교명 노출

1. 자기소개서의 변화

- 기존의 자기소개서는 지원자의 일대기나 관심 분야, 성격의 장·단점 등 개괄적인 사항을 묻는 질문으로 구성되어 지원자가 자신의 직무능력을 제대로 표출하지 못합니다.
- 능력중심 채용의 자기소개서는 직무기술서에 제시된 직업기초능력(또는 직무수행능력)에 대한 지원자의 과거 경험을 기술하게 함으로써 평가 타당도의 확보가 가능합니다.

1. 우리 회사와 해당 지원 직무분야에 지원한 동기에 대해 기술해 주세요.
2. 자신이 경험한 다양한 사회활동에 대해 기술해 주세요.
3. 지원 직무에 대한 전문성을 키우기 위해 받은 교육과 경험 및 경력사항에 대해 기술해 주세요.
4. 인사업무 또는 팀 과제 수행 중 발생한 갈등을 원만하게 해결해 본 경험이 있습니까? 당시 상황에 대한 설명과 갈등의 대상이 되었던 상대방을 설득한 과정 및 방법을 기술해 주세요.
5. 과거에 있었던 일 중 가장 어려웠었던(힘들었었던) 상황을 고르고, 어떤 방법으로 그 상황을 해결했는지를 기술해 주세요.

자기소개서 작성 방법

① 자기소개서 문항이 묻고 있는 평가 역량 추측하기

예시

- 팀 활동을 하면서 갈등 상황 시 상대방의 니즈나 의도를 명확히 파악하고 해결하여 목표 달성에 기여했던 경험에 대해서 작성해 주시기 바랍니다.
- 다른 사람이 생각해내지 못했던 문제점을 찾고 이를 해결한 경험에 대해 작성해 주시기 바랍니다.

② 해당 역량을 보여줄 수 있는 소재 찾기(시간×역량 매트릭스)

예시

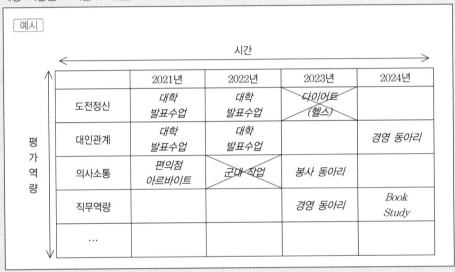

		2021년	2022년	2023년	2024년
평가역량	도전정신	*대학 발표수업*	*대학 발표수업*	~~*다이어트 (헬스)*~~	
	대인관계	*대학 발표수업*	*대학 발표수업*		*경영 동아리*
	의사소통	*편의점 아르바이트*	~~*군대 작업*~~	*봉사 동아리*	
	직무역량			*경영 동아리*	*Book Study*
	...				

③ 자기소개서 작성 Skill 익히기

- 두괄식으로 작성하기
- 구체적 사례를 사용하기
- '나'를 중심으로 작성하기
- 직무역량 강조하기
- 경험 사례의 차별성 강조하기

03 | 인성검사 소개 및 모의테스트

01 인성검사 유형

인성검사는 지원자의 성격특성을 객관적으로 파악하고 그것이 각 기업에서 필요로 하는 인재상과 가치에 부합하는가를 평가하기 위한 검사입니다. 인성검사는 KPDI(한국인재개발진흥원), K-SAD(한국사회적성개 발원), KIRBS(한국행동과학연구소), SHR(에스에이치알) 등의 전문기관을 통해 각 기업의 특성에 맞는 검사 를 선택하여 실시합니다. 대표적인 인성검사의 유형에는 크게 다음과 같은 세 가지가 있으며, 채용 대행업체 에 따라 달라집니다.

1. KPDI 검사

조직적응성과 직무적합성을 알아보기 위한 검사로 인성검사, 인성역량검사, 인적성검사, 직종별 인적성 검사 등의 다양한 검사 도구를 구현합니다. KPDI는 성격을 파악하고 정신건강 상태 등을 측정하고, 직무 검사는 해당 직무를 수행하기 위해 기본적으로 갖추어야 할 인지적 능력을 측정합니다. 역량검사는 특정 직무 역할을 효과적으로 수행하는 데 직접적으로 관련 있는 개인의 행동, 지식, 스킬, 가치관 등을 측정합 니다.

2. KAD(Korea Aptitude Development) 검사

K-SAD(한국사회적성개발원)에서 실시하는 적성검사 프로그램입니다. 개인의 성향, 지적 능력, 기호, 관심, 흥미도를 종합적으로 분석하여 적성에 맞는 업무가 무엇인가 파악하고, 직무수행에 있어서 요구되 는 기초능력과 실무능력을 분석합니다.

3. SHR 직무적성검사

직무수행에 필요한 종합적인 사고 능력을 다양한 적성검사(Paper and Pencil Test)로 평가합니다. SHR 의 모든 직무능력검사는 표준화 검사입니다. 표준화 검사는 표본집단의 점수를 기초로 규준이 만들어진 검사이므로 개인의 점수를 규준에 맞추어 해석·비교하는 것이 가능합니다. S(Standardized Tests), H(Hundreds of Version), R(Reliable Norm Data)을 특징으로 하며, 직군·직급별 특성과 선발 수준에 맞추어 검사를 적용할 수 있습니다.

인성검사는 특히 면접질문과 관련성이 높습니다. 면접관은 지원자의 인성검사 결과를 토대로 질문을 하기 때문입니다. 일관적이고 이상적인 답변을 하는 것이 가장 좋지만, 실제 시험은 매우 복잡하여 전문가라 해도 일정 성격을 유지하면서 답변을 하는 것이 힘듭니다. 또한, 인성검사에는 라이 스케일(Lie Scale) 설문이 전체 설문 속에 교묘하게 섞여 들어가 있으므로 겉치레적인 답을 하게 되면 회답태도의 허위성이 그대로 드러나게 됩니다. 예를 들어 '거짓말을 한 적이 한 번도 없다.'에 '예'로 답하고, '때로는 거짓말을 하기도 한다.'에 '예'라고 답하여 라이 스케일의 득점이 올라가게 되면 모든 회답의 신빙성이 사라지고 '자신을 돋보이게 하려는 사람'이라는 평가를 받을 수 있으므로 주의해야 합니다. 따라서 모의테스트를 통해 인성검사의 유형과 실제 시험 시 어떻게 문제를 풀어야 하는지 연습해 보고 체크한 부분 중 자신의 단점과 연결되는 부분은 면접에서 질문이 들어왔을 때 어떻게 대처해야 하는지 생각해 보는 것이 좋습니다.

03   유의사항

1. 기업의 인재상을 파악하라!

인성검사를 통해 개인의 성격 특성을 파악하고 그것이 기업의 인재상과 가치에 부합하는지를 평가하는 시험이기 때문에 해당 기업의 인재상을 먼저 파악하고 시험에 임하는 것이 좋습니다. 모의테스트에서 인재상에 맞는 가상의 인물을 설정하고 문제에 답해 보는 것도 많은 도움이 됩니다.

2. 일관성 있는 대답을 하라!

짧은 시간 안에 다양한 질문에 답을 해야 하는데, 그 안에는 중복되는 질문이 여러 번 나옵니다. 이때 앞서 자신이 체크했던 대답을 잘 기억해뒀다가 일관성 있는 답을 하는 것이 중요합니다.

3. 모든 문항에 대답하라!

많은 문제를 짧은 시간 안에 풀려다 보니 다 못 푸는 경우도 종종 생깁니다. 하지만 대답을 누락하거나 끝까지 다 못했을 경우 좋지 않은 결과를 가져올 수도 있으니 최대한 주어진 시간 안에 모든 문항에 답할 수 있도록 해야 합니다.

※ 모의테스트는 질문 및 답변 유형 연습을 위한 것으로 실제 시험과 다를 수 있습니다.
※ 인성검사는 정답이 따로 없는 유형의 검사이므로 결과지를 제공하지 않습니다.

번호	내용	예	아니요
001	나는 솔직한 편이다.	☐	☐
002	나는 리드하는 것을 좋아한다.	☐	☐
003	법을 어겨서 말썽이 된 적이 한 번도 없다.	☐	☐
004	거짓말을 한 번도 한 적이 없다.	☐	☐
005	나는 눈치가 빠르다.	☐	☐
006	나는 일을 주도하기보다는 뒤에서 지원하는 것을 선호한다.	☐	☐
007	앞일은 알 수 없기 때문에 계획은 필요하지 않다.	☐	☐
008	거짓말도 때로는 방편이라고 생각한다.	☐	☐
009	사람이 많은 술자리를 좋아한다.	☐	☐
010	걱정이 지나치게 많다.	☐	☐
011	일을 시작하기 전 재고하는 경향이 있다.	☐	☐
012	불의를 참지 못한다.	☐	☐
013	처음 만나는 사람과도 이야기를 잘 한다.	☐	☐
014	때로는 변화가 두렵다.	☐	☐
015	나는 모든 사람에게 친절하다.	☐	☐
016	힘든 일이 있을 때 술은 위로가 되지 않는다.	☐	☐
017	결정을 빨리 내리지 못해 손해를 본 경험이 있다.	☐	☐
018	기회를 잡을 준비가 되어 있다.	☐	☐
019	때로는 내가 정말 쓸모없는 사람이라고 느낀다.	☐	☐
020	누군가 나를 챙겨주는 것이 좋다.	☐	☐
021	자주 가슴이 답답하다.	☐	☐
022	나는 내가 자랑스럽다.	☐	☐
023	경험이 중요하다고 생각한다.	☐	☐
024	전자기기를 분해하고 다시 조립하는 것을 좋아한다.	☐	☐

025	감시받고 있다는 느낌이 든다.	☐	☐
026	난처한 상황에 놓이면 그 순간을 피하고 싶다.	☐	☐
027	세상엔 믿을 사람이 없다.	☐	☐
028	잘못을 빨리 인정하는 편이다.	☐	☐
029	지도를 보고 길을 잘 찾아간다.	☐	☐
030	귓속말을 하는 사람을 보면 날 비난하고 있는 것 같다.	☐	☐
031	막무가내라는 말을 들을 때가 있다.	☐	☐
032	장래의 일을 생각하면 불안하다.	☐	☐
033	결과보다 과정이 중요하다고 생각한다.	☐	☐
034	운동은 그다지 할 필요가 없다고 생각한다.	☐	☐
035	새로운 일을 시작할 때 좀처럼 한 발을 떼지 못한다.	☐	☐
036	기분 상하는 일이 있더라도 참는 편이다.	☐	☐
037	업무능력은 성과로 평가받아야 한다고 생각한다.	☐	☐
038	머리가 맑지 못하고 무거운 느낌이 든다.	☐	☐
039	가끔 이상한 소리가 들린다.	☐	☐
040	타인이 내게 자주 고민상담을 하는 편이다.	☐	☐

※ 모의테스트는 질문 및 답변 유형 연습을 위한 것으로 실제 시험과 다를 수 있습니다.
※ 인성검사는 정답이 따로 없는 유형의 검사이므로 결과지를 제공하지 않습니다.

※ 이 성격검사의 각 문항에는 서로 다른 행동을 나타내는 네 개의 문장이 제시되어 있습니다. 이 문장들을 비교하여, 자신의 평소 행동과 가장 가까운 문장을 'ㄱ' 열에 표기하고, 가장 먼 문장을 'ㅁ' 열에 표기하십시오.

01 나는 _____

	ㄱ	ㅁ
A. 실용적인 해결책을 찾는다.	☐	☐
B. 다른 사람을 돕는 것을 좋아한다.	☐	☐
C. 세부 사항을 잘 챙긴다.	☐	☐
D. 상대의 주장에서 허점을 잘 찾는다.	☐	☐

02 나는 _____

	ㄱ	ㅁ
A. 매사에 적극적으로 임한다.	☐	☐
B. 즉흥적인 편이다.	☐	☐
C. 관찰력이 있다.	☐	☐
D. 임기응변에 강하다.	☐	☐

03 나는 _____

	ㄱ	ㅁ
A. 무서운 영화를 잘 본다.	☐	☐
B. 조용한 곳이 좋다.	☐	☐
C. 가끔 울고 싶다.	☐	☐
D. 집중력이 좋다.	☐	☐

04 나는 _____

	ㄱ	ㅁ
A. 기계를 조립하는 것을 좋아한다.	☐	☐
B. 집단에서 리드하는 역할을 맡는다.	☐	☐
C. 호기심이 많다.	☐	☐
D. 음악을 듣는 것을 좋아한다.	☐	☐

PART 4

05 나는 _____

	ㄱ	ㅁ
A. 타인을 늘 배려한다.	☐	☐
B. 감수성이 예민하다.	☐	☐
C. 즐겨하는 운동이 있다.	☐	☐
D. 일을 시작하기 전에 계획을 세운다.	☐	☐

06 나는 _____

	ㄱ	ㅁ
A. 타인에게 설명하는 것을 좋아한다.	☐	☐
B. 여행을 좋아한다.	☐	☐
C. 정적인 것이 좋다.	☐	☐
D. 남을 돕는 것에 보람을 느낀다.	☐	☐

07 나는 _____

	ㄱ	ㅁ
A. 기계를 능숙하게 다룬다.	☐	☐
B. 밤에 잠이 잘 오지 않는다.	☐	☐
C. 한 번 간 길을 잘 기억한다.	☐	☐
D. 불의를 보면 참을 수 없다.	☐	☐

08 나는 _____

	ㄱ	ㅁ
A. 종일 말을 하지 않을 때가 있다.	☐	☐
B. 사람이 많은 곳을 좋아한다.	☐	☐
C. 술을 좋아한다.	☐	☐
D. 휴양지에서 편하게 쉬고 싶다.	☐	☐

09 나는 _____

	ㄱ	ㅁ
A. 뉴스보다는 드라마를 좋아한다.	☐	☐
B. 길을 잘 찾는다.	☐	☐
C. 주말엔 집에서 쉬는 것이 좋다.	☐	☐
D. 아침에 일어나는 것이 힘들다.	☐	☐

10 나는 _____

	ㄱ	ㅁ
A. 이성적이다.	☐	☐
B. 할 일을 종종 미룬다.	☐	☐
C. 어른을 대하는 게 힘들다.	☐	☐
D. 불을 보면 매혹을 느낀다.	☐	☐

11 나는 _____

	ㄱ	ㅁ
A. 상상력이 풍부하다.	☐	☐
B. 예의 바르다는 소리를 자주 듣는다.	☐	☐
C. 사람들 앞에 서면 긴장한다.	☐	☐
D. 친구를 자주 만난다.	☐	☐

12 나는 _____

	ㄱ	ㅁ
A. 나만의 스트레스 해소 방법이 있다.	☐	☐
B. 친구가 많다.	☐	☐
C. 책을 자주 읽는다.	☐	☐
D. 활동적이다.	☐	☐

04 | 면접전형 가이드

01   면접유형 파악

1. 면접전형의 변화

기존 면접전형에서는 일상적이고 단편적인 대화나 지원자의 첫인상 및 면접관의 주관적인 판단 등에 의해서 입사 결정 여부를 판단하는 경우가 많았습니다. 이러한 면접전형은 면접 내용의 일관성이 결여되거나 직무 관련 타당성이 부족하였고, 면접에 대한 신뢰도에 영향을 주었습니다.

기존 면접(전통적 면접)		능력중심 채용 면접(구조화 면접)
• 일상적이고 단편적인 대화 • 인상, 외모 등 외부 요소의 영향 • 주관적인 판단에 의존한 총점 부여 ⇩ • 면접 내용의 일관성 결여 • 직무관련 타당성 부족 • 주관적인 채점으로 신뢰도 저하	VS	• 일관성 　- 직무관련 역량에 초점을 둔 구체적 질문 목록 　- 지원자별 동일 질문 적용 • 구조화 　- 면접 진행 및 평가 절차를 일정한 체계에 의해 구성 • 표준화 　- 평가 타당도 제고를 위한 평가 Matrix 구성 　- 척도에 따라 항목별 채점, 개인 간 비교 • 신뢰성 　- 면접진행 매뉴얼에 따라 면접위원 교육 및 실습

2. 능력중심 채용의 면접 유형

① 경험 면접
- 목적 : 선발하고자 하는 직무 능력이 필요한 과거 경험을 질문합니다.
- 평가요소 : 직업기초능력과 인성 및 태도적 요소를 평가합니다.

② 상황 면접
- 목적 : 특정 상황을 제시하고 지원자의 행동을 관찰함으로써 실제 상황의 행동을 예상합니다.
- 평가요소 : 직업기초능력과 인성 및 태도적 요소를 평가합니다.

③ 발표 면접
- 목적 : 특정 주제와 관련된 지원자의 발표와 질의응답을 통해 지원자 역량을 평가합니다.
- 평가요소 : 직무수행능력과 인지적 역량(문제해결능력)을 평가합니다.

④ 토론 면접
- 목적 : 토의과제에 대한 의견수렴 과정에서 지원자의 역량과 상호작용능력을 평가합니다.
- 평가요소 : 직무수행능력과 팀워크를 평가합니다.

1. 경험 면접

① 경험 면접의 특징
- 주로 직업기초능력에 관련된 지원자의 과거 경험을 심층 질문하여 검증하는 면접입니다.
- 직무능력과 관련된 과거 경험을 평가하기 위해 심층 질문을 하며, 이 질문은 지원자의 답변에 대하여 '꼬리에 꼬리를 무는 형식'으로 진행됩니다.

> - 능력요소, 정의, 심사 기준
>   - 평가하고자 하는 능력요소, 정의, 심사기준을 확인하여 면접위원이 해당 능력요소 관련 질문을 제시합니다.
> - Opening Question
>   - 능력요소에 관련된 과거 경험을 유도하기 위한 시작 질문을 합니다.
> - Follow-up Question
>   - 지원자의 경험 수준을 구체적으로 검증하기 위한 질문입니다.
>   - 경험 수준 검증을 위한 상황(Situation), 임무(Task), 역할 및 노력(Action), 결과(Result) 등으로 질문을 구분합니다.

경험 면접의 형태

[면접관 1] [면접관 2] [면접관 3]   [면접관 1] [면접관 2] [면접관 3]

[지원자]   [지원자 1] [지원자 2] [지원자 3]

〈일대다 면접〉   〈다대다 면접〉

② 경험 면접의 구조

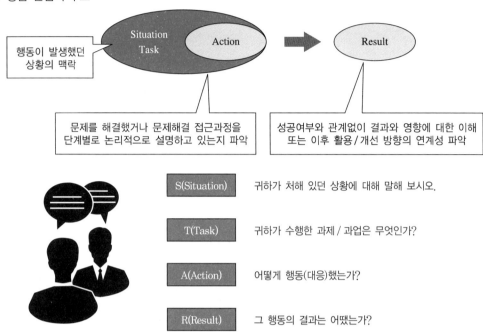

S(Situation) 귀하가 처해 있던 상황에 대해 말해 보시오.

T(Task) 귀하가 수행한 과제 / 과업은 무엇인가?

A(Action) 어떻게 행동(대응)했는가?

R(Result) 그 행동의 결과는 어땠는가?

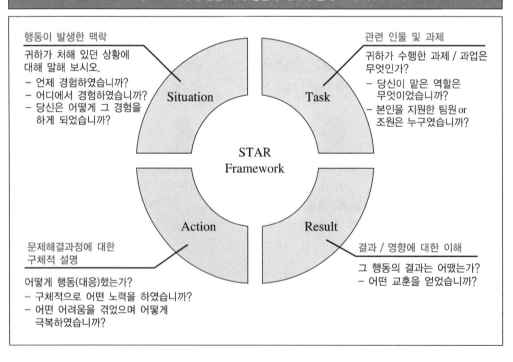

③ 경험 면접 질문 예시(직업윤리)

시작 질문	
1	남들이 신경 쓰지 않는 부분까지 고려하여 절차대로 업무(연구)를 수행하여 성과를 낸 경험을 구체적으로 말해 보시오.
2	조직의 원칙과 절차를 철저히 준수하며 업무(연구)를 수행한 것 중 성과를 향상시킨 경험에 대해 구체적으로 말해 보시오.
3	세부적인 절차와 규칙에 주의를 기울여 실수 없이 업무(연구)를 마무리한 경험을 구체적으로 말해 보시오.
4	조직의 규칙이나 원칙을 고려하여 성실하게 일했던 경험을 구체적으로 말해 보시오.
5	타인의 실수를 바로잡고 원칙과 절차대로 수행하여 성공적으로 업무를 마무리하였던 경험에 대해 말해 보시오.

후속 질문		
상황 (Situation)	상황	구체적으로 언제, 어디에서 경험한 일인가?
		어떤 상황이었는가?
	조직	어떤 조직에 속해 있었는가?
		그 조직의 특성은 무엇이었는가?
		몇 명으로 구성된 조직이었는가?
	기간	해당 조직에서 얼마나 일했는가?
		해당 업무는 몇 개월 동안 지속되었는가?
	조직규칙	조직의 원칙이나 규칙은 무엇이었는가?
임무 (Task)	과제	과제의 목표는 무엇이었는가?
		과제에 적용되는 조직의 원칙은 무엇이었는가?
		그 규칙을 지켜야 하는 이유는 무엇이었는가?
	역할	당신이 조직에서 맡은 역할은 무엇이었는가?
		과제에서 맡은 역할은 무엇이었는가?
	문제의식	규칙을 지키지 않을 경우 생기는 문제점 / 불편함은 무엇인가?
		해당 규칙이 왜 중요하다고 생각하였는가?
역할 및 노력 (Action)	행동	업무 과정의 어떤 장면에서 규칙을 철저히 준수하였는가?
		어떻게 규정을 적용시켜 업무를 수행하였는가?
		규정은 준수하는 데 어려움은 없었는가?
	노력	그 규칙을 지키기 위해 스스로 어떤 노력을 기울였는가?
		본인의 생각이나 태도에 어떤 변화가 있었는가?
		다른 사람들은 어떤 노력을 기울였는가?
	동료관계	동료들은 규칙을 철저히 준수하고 있었는가?
		팀원들은 해당 규칙에 대해 어떻게 반응하였는가?
		규칙에 대한 태도를 개선하기 위해 어떤 노력을 하였는가?
		팀원들의 태도는 당신에게 어떤 자극을 주었는가?
	업무추진	주어진 업무를 추진하는 데 규칙이 방해되진 않았는가?
		업무수행 과정에서 규정을 어떻게 적용하였는가?
		업무 시 규정을 준수해야 한다고 생각한 이유는 무엇인가?

결과 (Result)	평가	규칙을 어느 정도나 준수하였는가?
		그렇게 준수할 수 있었던 이유는 무엇이었는가?
		업무의 성과는 어느 정도였는가?
		성과에 만족하였는가?
		비슷한 상황이 온다면 어떻게 할 것인가?
	피드백	주변 사람들로부터 어떤 평가를 받았는가?
		그러한 평가에 만족하는가?
		다른 사람에게 본인의 행동이 영향을 주었다고 생각하는가?
	교훈	업무수행 과정에서 중요한 점은 무엇이라고 생각하는가?
		이 경험을 통해 느낀 바는 무엇인가?

2. 상황 면접

① 상황 면접의 특징

직무 관련 상황을 가정하여 제시하고 이에 대한 대응능력을 직무관련성 측면에서 평가하는 면접입니다.

- 상황 면접 과제의 구성은 크게 2가지로 구분
  - 상황 제시(Description) / 문제 제시(Question or Problem)
- 현장의 실제 업무 상황을 반영하여 과제를 제시하므로 직무분석이나 직무전문가 워크숍 등을 거쳐 현장성을 높임
- 문제는 상황에 대한 기본적인 이해능력(이론적 지식)과 함께 실질적 대응이나 변수 고려능력(실천적 능력) 등을 고르게 질문해야 함

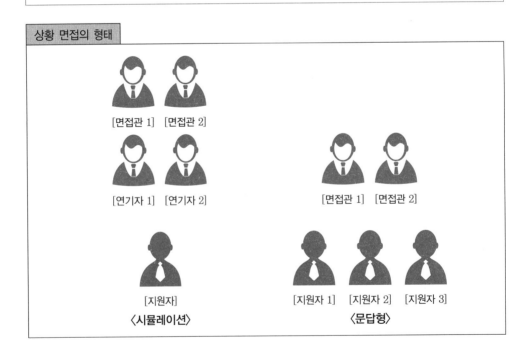

상황 면접의 형태

[면접관 1] [면접관 2]

[연기자 1] [연기자 2]   [면접관 1] [면접관 2]

[지원자]   [지원자 1] [지원자 2] [지원자 3]

〈시뮬레이션〉   〈문답형〉

② 상황 면접 예시

상황 제시	인천공항 여객터미널 내에는 다양한 용도의 시설(사무실, 통신실, 식당, 전산실, 창고 면세점 등)이 설치되어 있습니다.	실제 업무 상황에 기반함
	금년에 소방배관의 누수가 잦아 메인 배관을 교체하는 공사를 추진하고 있으며, 당신은 이번 공사의 담당자입니다.	배경 정보
	주간에는 공항 운영이 이루어져 주로 야간에만 배관 교체 공사를 수행하던 중, 시공하는 기능공의 실수로 배관 연결 부위를 잘못 건드려 고압배관의 소화수가 누출되는 사고가 발생하였으며, 이로 인해 인근 시설물에 누수에 의한 피해가 발생하였습니다.	구체적인 문제 상황
문제 제시	일반적인 소방배관의 배관연결(이음)방식과 배관의 이탈(누수)이 발생하는 원인에 대해 설명해 보시오.	문제 상황 해결을 위한 기본 지식 문항
	담당자로서 본 사고를 현장에서 긴급히 처리하는 프로세스를 제시하고, 보수완료 후 사후적 조치가 필요한 부분 및 재발방지 방안에 대해 설명해 보시오.	문제 상황 해결을 위한 추가 대응 문항

3. 발표 면접

① 발표 면접의 특징
- 직무관련 주제에 대한 지원자의 생각을 정리하여 의견을 제시하고, 발표 및 질의응답을 통해 지원자의 직무능력을 평가하는 면접입니다.
- 발표 주제는 직무와 관련된 자료로 제공되며, 일정 시간 후 지원자가 보유한 지식 및 방안에 대한 발표 및 후속 질문을 통해 직무적합성을 평가합니다.

> - 주요 평가요소
> - 설득적 말하기 / 발표능력 / 문제해결능력 / 직무관련 전문성
> - 이미 언론을 통해 공론화된 시사 이슈보다는 해당 직무분야에 관련된 주제가 발표면접의 과제로 선정되는 경우가 최근 들어 늘어나고 있음
> - 짧은 시간 동안 주어진 과제를 빠른 속도로 분석하여 발표문을 작성하고 제한된 시간 안에 면접관에게 효과적인 발표를 진행하는 것이 핵심

발표 면접의 형태

[면접관 1]　[면접관 2]

[면접관 1]　[면접관 2]

[지원자]

〈개별 과제 발표〉

[지원자 1]　[지원자 2]　[지원자 3]

〈팀 과제 발표〉

※ 면접관에게 시각적 효과를 사용하여 메시지를 전달하는 쌍방향 커뮤니케이션 방식
※ 심층면접을 보완하기 위한 방안으로 최근 많은 기업에서 적극 도입하는 추세

② 발표 면접 예시

---

1. 지시문

당신은 현재 A사에서 직원들의 성과평가를 담당하고 있는 팀원이다. 인사팀은 지난주부터 사내 조직문화관련 인터뷰를 하던 도중 성과평가제도에 관련된 개선 니즈가 제일 많다는 것을 알게 되었다. 이에 팀장님은 인터뷰 결과를 종합하려 성과평가제도 개선 아이디어를 A4용지에 정리하여 신속 보고할 것을 지시하셨다. 당신에게 남은 시간은 1시간이다. 자료를 준비하는 대로 당신은 팀원들이 모인 회의실에서 5분 간 발표할 것이며, 이후 질의응답을 진행할 것이다.

2. 배경자료

〈성과평가제도 개선에 대한 인터뷰〉

최근 A사는 회사 사세의 급성장으로 인해 작년보다 매출이 두 배 성장하였고, 직원 수 또한 두 배로 증가하였다. 회사의 성장은 임금, 복지에 대한 상승 등 긍정적인 영향을 주었으나 업무의 불균형 및 성과보상의 불평등 문제가 발생하였다. 또한 수시로 입사하는 신입직원과 경력직원, 퇴사하는 직원들까지 인원들의 잦은 변동으로 인해 평가해야 할 대상이 변경되어 현재의 성과평가제도로는 공정한 평가가 어려운 상황이다.

[생산부서 김상호]
우리 팀은 지난 1년 동안 생산량이 급증했기 때문에 수십 명의 신규인력이 급하게 채용되었습니다. 이 때문에 저희 팀장님은 신규 입사자들의 이름조차 기억 못할 때가 많이 있습니다. 성과평가를 제대로 하고 있는지 의문이 듭니다.

[마케팅 부서 김흥민]
개인의 성과평가의 취지는 충분히 이해합니다. 그러나 현재 평가는 실적기반이나 정성적인 평가가 많이 포함되어 있어 객관성과 공정성에는 의문이 드는 것이 사실입니다. 이러한 상황에서 평가제도를 재수립하지 않고, 인센티브에 계속 반영한다면, 평가제도에 대한 반감이 커질 것이 분명합니다.

[교육부서 홍경민]
현재 교육부서는 인사팀과 밀접하게 일하고 있습니다. 그럼에도 인사팀에서 실시하는 성과평가제도에 대한 이해가 부족한 것 같습니다.

[기획부서 김경호 차장]
저는 저의 평가자 중 하나가 연구부서의 팀장님인데, 일 년에 몇 번 같이 일하지 않는데 어떻게 저를 평가할 수 있을까요? 특히 연구팀은 저희가 예산을 배정하는데, 저에게는 좋지만….

4. 토론 면접

① 토론 면접의 특징

- 다수의 지원자가 조를 편성해 과제에 대한 토론(토의)을 통해 결론을 도출해가는 면접입니다.
- 의사소통능력, 팀워크, 종합인성 등의 평가에 용이합니다.

> - 주요 평가요소
>   - 설득적 말하기, 경청능력, 팀워크, 종합인성
> - 의견 대립이 명확한 주제 또는 채용분야의 직무 관련 주요 현안을 주제로 과제 구성
> - 제한된 시간 내 토론을 진행해야 하므로 적극적으로 자신 있게 토론에 임하고 본인의 의견을 개진할
>   수 있어야 함

토론 면접의 형태

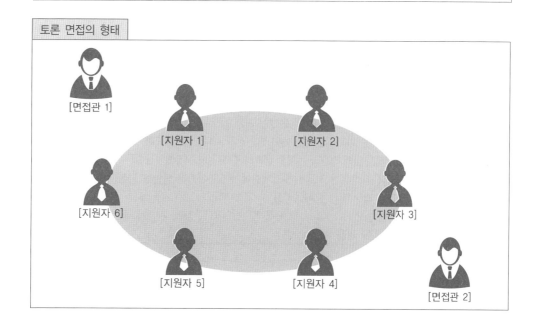

② 토론 면접 예시

고객 불만 고충처리

1. 들어가며

최근 우리 상품에 대한 고객 불만의 증가로 고객고충처리 TF가 만들어졌고 당신은 여기에 지원해 배치받았다. 당신의 업무는 불만을 가진 고객을 만나서 애로사항을 듣고 처리해 주는 일이다. 주된 업무로는 고객의 니즈를 파악해 방향성을 제시해 주고 그 해결책을 마련하는 일이다. 하지만 경우에 따라서 고객의 주관적인 의견으로 인해 제대로 된 방향으로 의사결정을 하지 못할 때가 있다. 이럴 경우 설득이나 논쟁을 해서라도 의견을 관철시키는 것이 좋을지 아니면 고객의 의견대로 진행하는 것이 좋을지 결정해야 할 때가 있다. 만약 당신이라면 이러한 상황에서 어떤 결정을 내릴 것인지 여부를 자유롭게 토론해 보시오.

2. 1분 자유 발언 시 준비사항

• 당신은 의견을 자유롭게 개진할 수 있으며 이에 따른 불이익은 없습니다.
• 토론의 방향성을 이해하고, 내용의 장점과 단점이 무엇인지 문제를 명확히 말해야 합니다.
• 합리적인 근거에 기초하여 개선방안을 명확히 제시해야 합니다.
• 제시한 방안을 실행 시 예상되는 긍정적 · 부정적 영향요인도 동시에 고려할 필요가 있습니다.

3. 토론 시 유의사항

• 토론 주제문과 제공해드린 메모지, 볼펜만 가지고 토론장에 입장할 수 있습니다.
• 사회자의 지정 또는 발표자가 손을 들어 발언권을 획득할 수 있으며, 사회자의 통제에 따릅니다.
• 토론회가 시작되면, 팀의 의견과 논거를 정리하여 1분간의 자유발언을 할 수 있습니다. 순서는 사회자가 지정합니다. 이후에는 자유롭게 상대방에게 질문하거나 답변을 하실 수 있습니다.
• 핸드폰, 서적 등 외부 매체는 사용하실 수 없습니다.
• 논제에 벗어나는 발언이나 지나치게 공격적인 발언을 할 경우, 위에서 제시한 유의사항을 지키지 않을 경우 불이익을 받을 수 있습니다.

1. 면접 Role Play 편성

• 교육생끼리 조를 편성하여 면접관과 지원자 역할을 교대로 진행합니다.
• 지원자 입장과 면접관 입장을 모두 경험해 보면서 면접에 대한 적응력을 높일 수 있습니다.

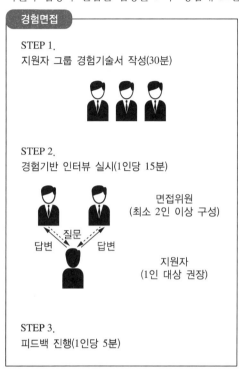

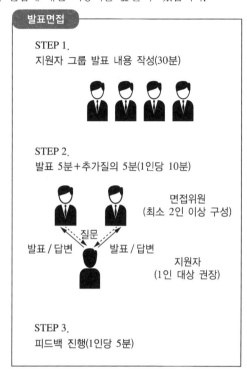

Tip

면접 준비하기
1. 면접 유형 확인 필수
   • 기업마다 면접 유형이 상이하기 때문에 해당 기업의 면접 유형을 확인하는 것이 좋음
   • 일반적으로 실무진 면접, 임원면접 2차례에 거쳐 면접을 실시하는 기업이 많고 실무진 면접과 임원 면접에서 평가요소가 다르기 때문에 유형에 맞는 준비방법이 필요
2. 후속 질문에 대한 사전 점검
   • 블라인드 채용 면접에서는 주요 질문과 함께 후속 질문을 통해 지원자의 직무능력을 판단
     → STAR 기법을 통한 후속 질문에 미리 대비하는 것이 필요

05 | 주요 공공기관 최신 면접 기출질문

1. 경기도 공공기관 통합채용

[경기주택도시공사]
- 주거의 미래 방향성에 대한 생각을 말해 보시오.
- 갈등이 있었던 경험과 해결 방안을 말해 보시오.
- 경기주택도시공사의 이미지를 개선할 수 있는 방법에 대해 말해 보시오.
- 임대주택을 활성화 할 방안에 대해 말해 보시오.
- 소통과 방향성 중 하나를 선택하고 본인의 경험과 빗대어 말해 보시오.
- 제3신도시에 필요한 기술이 무엇이라고 생각하는가?
- 상사가 부당한 지시를 했을 경우 어떻게 할 것인가?

[경기관광공사]
- 경기관광공사에서 진행하는 사업에 대해 알고 있는 것을 말해 보시오.
- 경기도 MICE 유치를 위한 방안에 대해 발표하시오(외국어 PT).
- 경기도에 외국인 관광객을 유치할 수 있는 방안을 말해 보시오.

[경기교통공사]
- 행정직 직무 중에서 제일 자신 있거나 관심 있는 직무가 있다면 말해 보고, 해당 직무를 위해서 본인이 한 노력을 말해 보시오.
- 버스와 지하철의 차이점이나 장단점에 대해 말해 보시오.
- 모빌리티와 플랫폼에 대해서 말해 보시오.
- 조직 생활에서 가장 중요한 점을 말해 보시오.
- MZ세대와 기존 세대 간의 갈등 해결법을 본인의 가치관을 중심을 말해 보시오.
- 경기교통공사의 인재상에 대해 말해 보시오.
- 시내버스 회사의 적자 개선 방안을 말해 보시오.
- 버스 준공영제의 문제점과 해결방안을 말해 보시오.

[경기연구원]
- 경기연구원 홈페이지를 보면서 개선했으면 하는 점이나 어떻게 하면 도민들에게 쉽게 다가갈 수 있을지에 대한 생각을 말해 보시오.
- 간단한 자기소개와 함께 지원 사유와 입사했을 경우 하고 싶은 일을 말해 보시오.
- 본인의 장점을 이용해 문제를 해결한 경험을 말해 보시오.
- 본인의 성격이 입사 후 장점이 될 수 있다고 생각하는가?
- 취미는 무엇인가?
- 마지막으로 하고 싶은 한마디를 말해 보시오.

[경기연구원]
- 경기연구원 홈페이지를 보면서 개선했으면 하는 점이나 어떻게 하면 도민들에게 쉽게 다가갈 수 있을지에 대한 생각을 말해 보시오.
- 간단한 자기소개와 함께 지원 사유와 입사했을 경우 하고 싶은 일을 말해 보시오.
- 본인의 장점을 이용해 문제를 해결한 경험을 말해 보시오.
- 본인의 성격이 입사 후 장점이 될 수 있다고 생각하는가?
- 취미는 무엇인가?
- 마지막으로 하고 싶은 한마디를 말해 보시오.

[경기신용보증재단]
- 경기신용보증재단의 서비스에 대해 말해 보시오.
- 1분 동안 자기소개 및 지원 동기에 대해 말해 보시오.
- 현재의 기준금리는?
- 중소·소상공인을 구분하는 기준에 대해 설명하시오.
- 재보증에 대해 설명해 보시오.
- 대위변제에 대해 설명해 보시오.
- 토론면접 주제 : 게임중독, BTS 군면제, 부모의 미성년자 체벌, 기준금리 인하, 노키즈존 등

[경기문화재단]
- 경기문화재단의 홍보활동에 대해 점수를 매긴다면 10점 만점에 몇 점을 줄 것인가?
- 지원한 업무에 대해 얼마나 알고 있는가?
- 큰 비용이 투입되는 대형 공연의 필요성에 대해 찬성과 반대의 입장에서 토론하시오.
- 교각 만들기(빨대와 스카치테이프 등 재료 제공)
- HR 관련 경험이 있는지 말해 보시오.
- 교육기획이 HRD인지 HRM인지 말해 보시오.
- 현재 GE, 삼성 등 세계적 규모의 대기업에서 주로 사용되고 있는 HR 기법에 대해 말해 보시오.
- 2018년은 경기도 1000년 정명의 해인데, 경기문화재단은 이와 관련하여 어떠한 사업을 수행하면 좋을지 말해 보시오.
- 선배가 과도한 업무지시를 한다면 어떻게 하겠는가?
- 업무에 필요한 핵심 역량은 무엇이라 생각하는지 본인의 경험을 통해 말해 보시오.
- 본인의 강점 3가지를 말해 보시오.
- 본인만의 스트레스 해소법은 무엇인가?

[경기도경제과학진흥원]
- 경기도경제과학진흥원에 대한 기사 중 최근에 본 것이 있다면 말해 보시오.
- 경기도 권역별 산업 현황에 대해 말해 보시오.
- 본인이 규제 완화 정책을 하게 된다면 어떤 식으로 할 것인가?
- 신뢰란 무엇이라고 생각하는가?

2. 전라남도 공공기관 통합채용

[전라남도청소년미래재단]
- 채용 시 어떻게 적응할 것인가?
- 공공기관에 지원한 이유가 무엇인가?
- 근무 중 돌발상황이 발생했을 때 어떻게 문제를 해결할 것인가?
- 공공기관에 근무하면서 가장 중요한 가치가 무엇이라고 생각하는가?
- 마지막으로 하고 싶은 말을 해 보시오.

[전남바이오진흥원]
- 야근을 하는데 대가가 없다면 어떻게 할 것인가?
- 주 52시간을 넘기는 초과근무에 대한 생각을 말해 보시오.
- 세대 차이로 인한 갈등을 어떻게 해결할 것인가?
- 본인의 강점이 진흥원에서 어떻게 발휘될 수 있다고 생각하는가?
- 예산이 없는데 센터를 개설하기 위해 100억 원이 필요하다고 가정하고, 어떻게 끌어올 것인지 말해 보시오.
- 여기가 아니면 안 되는 이유가 있는가?
- 직장생활 중 어려움을 겪은 경험이 있다면 말해 보시오.
- 진흥원의 수행 사업 중 가장 관심이 있는 것이 있다면 무엇인가?

[전남테크노파크]
- 공백기에 어떤 일을 했는가?
- 합격한다면 맡게 될 업무에 관해 얼마나 알고 있는가?
- 이전 직장에서는 어떤 일을 수행하였는가?
- 지원한 직무와 관련된 경험이나 지식이 있다면 말해 보시오.

[전남여성가족재단]
- 자신의 장단점을 포함한 자기소개를 해 보시오.
- 재단에서 근무한다면 무엇이 가장 중요하다고 생각하는가?
- 재단에서 주도적으로 수행하고 싶은 업무가 있다면 말해 보시오.
- 근무하면서 어려움이 생긴다면 어떻게 해결할 것인지 말해 보시오.
- 대인관계로 인해 어려움을 겪은 적 있는가?

3. 고양시 공공기관 통합채용

[킨텍스]
- 상사가 지시한 일이 있는데, 다른 상사가 또 다른 일을 지시했을 때 업무의 우선 순위를 어떻게 둘 것인가?
- 합격한다면 통근을 할 것인가? 그렇다면 통근 시간을 어떻게 보낼 것인지 말해 보시오.
- 처음 해 보는 일을 맡았을 때 어떻게 행동할 것인가?
- 자기소개서에 전시를 진행해 본 경험이 있다고 적었는데 이에 관해 구체적으로 설명해 보시오.
- 전공과 유관한 이력을 쌓은 적이 있다면 이에 대해 말해 보시오.
- 본인이 지원한 직무에 대한 이해도가 높다고 생각하는가?

[고양도시관리공사]
- 토량환산계수에 대해 알고 있다면 설명해 보시오.
- 워터해머에 대해 알고 있다면 설명해 보시오.
- 조직 생활에 있어 본인의 장점이 뭐라고 생각하는가?
- 학교에서 받은 교육 중 가장 기억에 남은 것이 무엇인가?
- 창의성을 발휘해 문제를 해결한 경험이 있다면 말해 보시오.
- 30초 동안 자기소개를 해 보시오.
- 민원인이 무리한 요구를 했을 때 어떻게 대응할 것인가?

4. 경상북도 공공기관 통합채용

[경상북도문화관광공사]
- 지원 동기를 솔직하게 말해 보시오.
- 현재 근무 중인 직장이 있는데 이직하려는 사유가 무엇인가?
- 타인과의 갈등을 적극적으로 해결해 본 경험이 있다면 말해 보시오.
- 전공과 관련해 자신이 다른 지원자들보다 이것만은 뛰어나다고 생각하는 부분이 있다면 말해 보시오.
- 본인의 가슴을 뛰게 만드는 일이 있다면 말해 보시오.
- 경상북도 관광지 중에 가장 좋아하는 곳을 설명해 보시오.
- 9 - 6시 출퇴근에 대해 어떻게 생각하는가?
- 워라밸에 대해 어떻게 생각하는가?

[경상북도개발공사]
- 전기기사와 전기공사기사의 차이점에 대해 말해 보시오.
- 분식회계의 정의와 본인의 견해를 말해 보시오.
- 가장 기억에 남는 팀 프로젝트가 있다면 말해 보시오.
- 경상북도개발공사에 대해 조사한 것이 있다면 무엇이 가장 인상적이었는지 말해 보시오.

5. 주요 공사공단

[코레일 한국철도공사]
- 이미 완수된 작업을 창의적으로 개선한 경험이 있다면 말해 보시오.
- 작업을 창의적으로 개선했을 때 주변인의 반응에 대해 말해 보시오.
- 타인과 협업했던 경험에 대해 말해 보시오.
- 다른 사람과의 갈등을 해결한 경험이 있다면 말해 보시오.
- 추가로 어필하고 싶은 본인의 역량에 대해 말해 보시오.
- 자기개발을 어떻게 하는지 말해 보시오.
- 인생을 살면서 실패해 본 경험이 있다면 말해 보시오.
- 팀워크를 발휘한 경험이 있다면 본인의 역할과 성과에 대해 말해 보시오.
- 본인의 장점과 단점은 무엇인지 말해 보시오.
- 본인의 장단점을 업무와 연관지어 말해 보시오.
- 성공이나 실패의 경험으로 얻은 교훈이 있다면 이를 직무에 어떻게 적용할 것인지 말해 보시오.
- 본인이 중요하게 생각하는 가치관에 대해 말해 보시오.
- 공공기관의 직원으로서 중요시해야 하는 덕목이나 역량에 대해 말해 보시오.
- 인간관계에서 스트레스를 받은 경험이 있다면 말해 보시오.
- 코레일의 직무를 수행하기 위해 특별히 더 노력한 부분이 있다면 말해 보시오.
- 주변 사람이 부적절한 일을 했을 때 어떻게 해결했는지 말해 보시오.

[국민건강보험공단]
- 선임이 나에게는 잡일을 시키고 동기에게는 중요한 일을 시킨다면 본인은 어떻게 할 것인가?
- 열심히 자료 조사를 했는데 선임이 상사에게 본인이 찾았다고 하는 상황에서 어떻게 대처할 것인가?
- 선임 A와 선임 B의 업무방식이 다른데 각자의 방식대로 업무를 처리하라고 하는 경우 본인은 어떻게 할 것인가?
- 갑작스럽게 전산 시스템이 먹통이 되어 고객 응대가 불가능한 상황일 때 어떻게 대처할 것인가?
- 공단 사업에 불만을 가진 고객들이 지사 앞에서 시위를 하여 내방 민원인들이 지사를 들어오지 못하고 있다면 어떻게 행동할 것인가?
- 지사에 방문한 고객이 비효율적인 제도를 논리적으로 지적하면서 화를 내고 있다면 신입사원으로서 어떻게 대응할 것인가?
- 사후관리 대상자들이 전화를 받지 않고 상담을 진행하려 해도 대상자들이 본인의 검진결과를 모른다. 본인이 담당자라면 어떻게 하겠는가?
- 해당 방안에서 가장 어려울 것이라고 생각하는 것은 무엇인가?
- 노인들을 응대할 때 가장 중요한 것은 무엇인가?
- 민원인이 자신의 생각만 고집하며 계속 우긴다면 신입사원으로서 어떻게 대처할 것인가?

[한국전력공사]

- 타인과의 갈등 상황이 발생했을 때, 지원자만의 해결 방안이 있는가?
- 우리 공사에 관련한 최신 기사에 대하여 간략하게 말해 보시오.
- 정확성과 신속성 중 무엇을 더 중요하게 생각하는가?
- 지원자의 좌우명은 무엇인가?
- 지원자의 단점을 말해 보시오.
- 최근의 시사이슈를 한 가지 말해 보고, 그에 대한 본인의 생각을 말해 보시오.
- 최근에 겪은 변화에 대하여 말해 보시오.
- 지원자의 특별한 장점에 대하여 말해 보시오.
- 우리 공사에 입사한다면, 포부에 대하여 말해 보시오.
- 지원자는 팀 프로젝트에 적극적으로 참여한 것 같은데, 적극성과 신중함 중 어느 쪽에 가깝게 프로젝트를 진행했는가?
- 우리 공사가 추구하는 가치가 무엇인지 알고 있는가?

[서울교통공사]

- 자신의 소통 역량을 어필할 수 있는 경험이 있다면 말해 보시오.
- 본인의 강점과 업무상 필요한 자질을 연관 지어 이야기해 보시오.
- 경쟁하던 상대방을 배려한 경험이 있다면 말해 보시오.
- 책에서 배우지 않았던 지식을 활용했던 경험이 있다면 말해 보시오.
- 타인과의 소통에 실패했던 경험이 있는지, 이를 통해 느낀 점은 무엇인지 말해 보시오.
- 본인의 직업관을 솔직하게 말해 보시오.
- 정보를 수집하는 본인만의 기준이 있다면 말해 보시오.
- 긍정적인 에너지를 발휘했던 경험이 있다면 말해 보시오.
- 서울교통공사와 관련하여 최근 접한 이슈가 있는지, 그에 대한 본인의 생각은 어떠한지 말해 보시오.
- 팀 프로젝트 과정 중에 문제를 겪었던 경험이 있는지, 그런 경험이 있다면 문제를 어떻게 효과적으로 해결했는지 말해 보시오.
- 본인은 주위 사람들로부터 어떤 평가를 받는 사람인지 말해 보시오.
- 본인이 맡은 바보다 더 많은 일을 해 본 경험이 있는지 말해 보시오.
- 평소 생활에서 안전을 지키기 위해 노력했던 습관이 있다면 말해 보시오.
- 기대했던 목표보다 더 높은 성과를 거둔 경험이 있다면 말해 보시오.
- 공공데이터의 활용 방안에 대해 말해 보시오.
- 상대방을 설득하는 본인만의 방법에 대해 말해 보시오.
- 지하철 객차 내에서 느낀 불편한 점이 있는지 말해 보시오.
- 본인의 스트레스 해소 방안에 대해 말해 보시오.
- 서울교통공사에 입사하기 위해 참고했던 자료 중 세 가지를 골라 말해 보시오.
- 본인의 악성민원 응대 방법에 대해 말해 보시오.
- 기획안을 작성하고자 할 때 어떤 자료를 어떻게 참고할 것인지 말해 보시오.

"오늘 당신의 노력은 아름다운 꽃의 물이 될 것입니다."

그러나, 이 꽃을 볼 때 사람들은 이 꽃의 아름다움과 향기만을 사랑하고 칭찬하였지, 이 꽃을 그렇게 아름답게 어여쁘게 만들어 주는 병 속의 물은 조금도 생각지 않는 것이 보통입니다.

만일 이 꽃병 속에 들어 있는 물을 죄다 쏟아 버리고 빈 병에다 이 꽃을 꽂아 보십시오.

아무리 아름답고 어여쁜 꽃이기로서니 단 한 송이의 꽃을 피울 수 있으며, 단 한 번이라도 꽃 향기를 날릴 수 있겠습니까?

우리는 여기서 아무리 본바탕이 좋고 아름다운 꽃이라도 보이지 않는 물의 숨은 힘이 없으면 도저히 그 빛과 향기를 자랑할 수 없는 것을 알았습니다.

- 방정환의 「우리 뒤에 숨은 힘」 중 -

교육은 우리 자신의 무지를 점차 발견해 가는 과정이다.

– 윌 듀란트 –

현재 나의 실력을 객관적으로 파악해 보자!

모바일 OMR
답안채점 / 성적분석 서비스

도서에 수록된 모의고사에 대한 객관적인 결과(정답률, 순위)를 종합적으로 분석하여 제공합니다.

OMR 입력

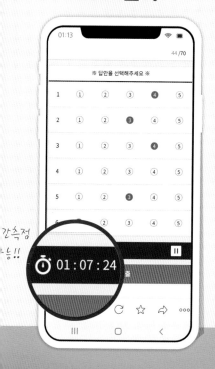

성적분석

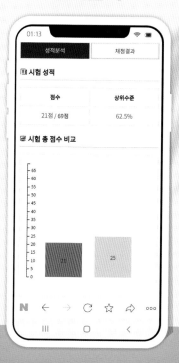

채점결과

※OMR 답안채점 / 성적분석 서비스는 등록 후 30일간 사용 가능합니다.

도서 내 모의고사 우측 상단에 위치한 QR코드 찍기 → 로그인 하기 → '시작하기' 클릭 → '응시하기' 클릭 → 나의 답안을 모바일 OMR 카드에 입력 → '성적분석 & 채점결과' 클릭 → 현재 내 실력 확인하기

NCS 핵심이론 및 대표유형 PDF | [합격시대] 온라인 모의고사 무료쿠폰 | 모바일 OMR 답안채점 / 성적분석 서비스 | 무료 NCS특강

2025
최 신 판

전국 시·도 공공기관

통합편

1위
기업별 NCS 시리즈
누적 판매량

편저 | SDC(Sidae Data Center)

NCS + 일반상식 + 모의고사 4회

정답 및 해설

시대에듀

Add+

합격의 공식 시대에듀 www.sdedu.co.kr

특별부록

01 | 2024년 주요 공공기관 NCS 기출복원문제

01	02	03	04	05	06	07	08	09	10	11	12	13	14	15	16	17	18	19	20
①	④	②	④	④	③	①	②	④	③	④	④	③	③	④	③	②	③	②	④
21	22	23	24	25	26	27	28	29	30	31	32	33	34	35	36	37	38	39	40
①	③	④	②	①	②	②	③	②	①	③	③	②	④	①	④	②	④	②	③

01 정답 ①

㉠ 짜깁기 : 기존의 글이나 영화 따위를 편집하여 하나의 완성품으로 만드는 일
㉡ 뒤처지다 : 어떤 수준이나 대열에 들지 못하고 뒤로 처지거나 남게 되다.

[오답분석]
• 짜집기 : 짜깁기의 비표준어형
• 뒤처지다 : 물건이 뒤집혀서 젖혀지다.

02 정답 ④

공문서에서 날짜를 작성할 때 날짜 다음에 괄호를 사용할 경우에는 마침표를 찍지 않아야 한다.

03 정답 ②

만들 수 있는 모든 세 자리 자연수는 다음과 같다.

구분	세 자리 자연수											
백의 자릿수	1			2			3			4		
십의 자릿수	2	3	4	1	3	4	1	2	4	1	2	3
일의 자릿수	3 4	2 4	2 3	3 4	1 4	1 3	2 4	1 4	1 2	2 3	1 3	1 2

이때, 모든 자연수의 합을 구한다면 각 자릿수의 합은 다음과 같다.
• 백의 자릿수의 합 : $(100 \times 6) + (200 \times 6) + (300 \times 6) + (400 \times 6) = 6,000$
• 십의 자릿수의 합 : $(20 \times 2 \times 3) + (30 \times 2 \times 3) + (40 \times 2 \times 3) + (10 \times 2 \times 3) = 600$
• 일의 자릿수의 합 : $(3 \times 2 \times 3) + (4 \times 2 \times 3) + (2 \times 2 \times 3) + (1 \times 2 \times 3) = 60$
따라서 모든 자연수의 합은 $6,000 + 600 + 60 = 6,660$이다.

04 정답 ④

어떤 자연수의 모든 자릿수의 합이 3의 배수일 때, 그 자연수는 3의 배수이다. 그러므로 $2 + 5 + \square$의 값이 3의 배수일 때, $25\square$는 3의 배수이다. $2 + 5 = 7$이므로, $7 + \square$의 값이 3의 배수가 되도록 하는 $\square$의 값은 2, 5, 8이다. 따라서 가능한 모든 수의 합은 $2 + 5 + 8 = 15$이다.

05

- 1,000 이상 10,000 미만

맨 앞과 맨 뒤의 수가 같은 경우는 1 ~ 9의 수가 올 수 있으므로 9가지이고, 각각의 경우에 따라 두 번째 수와 네 번째 수로 0 ~ 9의 수가 올 수 있으므로 경우의 수는 10가지이다. 그러므로 모든 네 자리 대칭수의 개수는 $9 \times 10 = 90$개이다.

- 10,000 이상 50,000 미만

맨 앞과 맨 뒤의 수가 같은 경우는 1, 2, 3, 4의 수가 올 수 있으므로 4가지이고, 각각의 경우에 따라 두 번째 수와 네 번째 수로 0 ~ 9의 수가 올 수 있으므로 경우의 수는 10가지, 그 각각의 경우에 따라 세 번째에 올 수 있는 수 또한 0 ~ 9의 수가 올 수 있으므로 경우의 수는 10가지이다. 그러므로 10,000 ~ 50,000 사이의 대칭수의 개수는 $4 \times 10 \times 10 = 400$개이다.

따라서 1,000 이상 50,000 미만의 모든 대칭수의 개수는 $90 + 400 = 490$개이다.

06

영서가 1시간 동안 빚을 수 있는 만두의 수를 x개, 어머니가 1시간 동안 만두를 빚을 수 있는 만두의 수를 y개라 할 때 다음과 같은 식이 성립한다.

$$\frac{2}{3}[(x+y)] = 60 \cdots \bigcirc$$

$$y = x + 10 \cdots \bigcirc\hspace{-0.3em}\bigcirc$$

$\bigcirc \times \dfrac{3}{2}$에 $\bigcirc\hspace{-0.3em}\bigcirc$을 대입하면

$$x + (x+10) = 90$$

$$\rightarrow 2x = 80$$

$$\therefore x = 40$$

따라서 영서는 혼자서 1시간 동안 40개의 만두를 빚을 수 있다.

07

제시된 수열은 $+10$, $+14$, $+18$, $\cdots$ 인 수열이다.

따라서 빈칸에 들어갈 수는 $98 + 30 = 128$이다.

08

두 지점의 거리를 $x$km라 할 때 다음 식이 성립한다.

$$\frac{x}{80} + \frac{1}{6} + \frac{x}{60} \geq \frac{150}{60}$$

$$\rightarrow \frac{3x + 4x}{240} \geq \frac{15 - 1}{6} = \frac{14}{6} = \frac{7}{3}$$

$$\therefore x \geq 80$$

따라서 두 지점의 거리는 최소 80km이다.

09

바이올린(V), 호른(H), 오보에(O), 플루트(F) 중 첫 번째 조건에 따라 호른과 바이올린을 묶었을 때 가능한 경우는 $3! = 6$가지로 다음과 같다.

- (HV) $-$ O $-$ F
- F $-$ (HV) $-$ O
- F $-$ O $-$ (HV)
- (HV) $-$ F $-$ O
- O $-$ (HV) $-$ F
- O $-$ F $-$ (HV)

이때 두 번째 조건에 따라 오보에는 플루트 왼쪽에 위치하지 않으므로 (HV) $-$ O $-$ F, O $-$ F $-$ (HV) 2가지는 제외된다. 따라서 왼쪽에서 두 번째 칸에는 바이올린, 호른, 오보에만 위치할 수 있으므로 플루트는 배치할 수 없다.

10

③

사회적 기업은 수익 창출을 통해 자립적인 운영을 추구하고, 사회적 문제 해결과 경제적 성장을 동시에 달성하려는 특징을 가진 기업 모델로 영리 조직에 해당한다.

> **영리 조직과 비영리 조직**
> • 영리 조직 : 이윤 추구를 주된 목적으로 하는 집단으로, 일반적인 사기업이 해당된다.
> • 비영리 조직 : 사회적 가치 실현을 위해 공익을 추구하는 집단으로, 자선단체, 의료기관, 교육기관, 비정부기구(NGO) 등이 해당된다.

11

정답 ④

설명서는 상품의 특성이나 사물의 성질과 가치, 작동 방법이나 과정을 소비자에게 설명하는 것을 목적으로 작성한 문서이다. 따라서 소비자들이 이해하기 어려운 전문용어는 최대한 사용을 삼가야 한다.

> **설명서 작성 시 유의사항**
> • 명령문보다 평서형으로 작성한다.
> • 상품이나 제품에 대해 설명하는 글의 성격에 맞춰 정확하게 기술한다.
> • 정확한 내용 전달을 위해 간결하게 작성한다.
> • 소비자들이 이해하기 어려운 전문용어는 가급적 사용을 삼간다.
> • 복잡한 내용은 도표를 통해 시각화하여 이해도를 높인다.
> • 동일한 문장 반복을 피하고 다양하게 표현하도록 한다.

12

정답 ④

먼저 대니얼 카너먼 교수가 제시한 경험자아와 기억자아를 소개하면서 글을 여는 (다) 문단이 가장 앞에 와야 한다. 이후 소개한 경험자아와 기억자아를 설명하는 내용이 나와야 하므로 경험자아를 설명하는 (마) 문단과 기억자아를 설명하는 (가) 문단이 이어져야 하는데, (가) 문단은 '반면'으로 시작하므로 (마) 문단 뒤에 위치해야 한다. 다음으로 경험자아와 기억자아의 상호작용을 설명하는 (라) 문단이 와야 하고, 마지막으로 행복하고 만족스러운 삶을 위한 경험자아와 기억자아의 조화로운 발전이라는 결론을 제시하는 (나) 문단이 와야 한다. 따라서 글의 문단을 논리적 순서대로 바르게 나열하면 (다) – (마) – (가) – (라) – (나)이다.

13

정답 ③

제시문은 대니얼 카너먼 교수가 제시한 두 가지 자아인 경험자아와 기억자아에 대해 소개하고, 두 자아가 어떻게 우리의 삶을 구성하는지 설명하는 글이다. 따라서 글의 주제로 가장 적절한 것은 '우리의 삶을 구성하는 두 가지 자아'이다.

[오답분석]
① 제시문에서는 기억자아뿐만 아니라 경험자아의 특징을 이해하고 조화롭게 발전시켜야 한다고 하였으므로 글의 주제로 적절하지 않다.
② 여러 가지 경험은 순간적으로 경험자아에 영향을 주고, 여기에 의미가 부여되어 기억자아에 영향을 준다고 하여 경험이 두 자아에 어떤 식으로 영향을 주는지는 설명하였으나, 전체적인 글의 내용이 경험이 인간에게 작용하는 방식을 구체적으로 밝히는 것은 아니므로 주제로 적절하지 않다.
④ 제시문은 대니얼 카너먼 교수가 제시한 경험자아와 기억자아에 대해 설명하고 있으므로, 교수의 심리학적 업적은 글의 주제로 적절하지 않다.

14

정답 ③

보고서는 특정한 일에 관한 현황이나 그 진행 상황 또는 연구검토 결과 등을 보고하고자 할 때 작성하는 문서이다. 핵심사항을 다양한 단어나 어휘를 활용하여 수시로 서술할 경우, 중복된 내용으로 인해 의미 전달의 효율이 떨어지므로 내용 중복을 피하고 핵심사항을 산뜻하고 간결하게 작성해야 한다.

보고서 작성 및 제출 시 유의사항
- 업무 진행과정에서 쓰는 보고서인 경우, 진행과정에 대한 핵심내용을 구체적으로 제시하도록 작성한다.
- 핵심사항을 산뜻하고 간결하게 작성한다(내용 중복을 피한다).
- 복잡한 내용일 때에는 도표나 그림을 활용한다.
- 제출하기 전에 반드시 최종점검을 한다.
- 참고자료는 정확하게 제시한다.
- 내용에 대한 예상 질문을 사전에 추출해 보고, 그에 대한 답을 미리 준비한다.

15

정답 ④

업무를 수행하다 보면 여러 가지 방해요인이 생긴다. 이러한 방해요인은 생산성을 하락시키는 주범이므로 효과적으로 통제하고 관리할 필요가 있다. 과중한 업무 스트레스는 개인 및 조직에 부정적인 결과를 초래하므로 개인 차원에서는 시간 관리를 통해 업무과중을 극복해야 하며, 조직 차원에서는 직무 및 역할을 재설계하여 업무 과중을 줄여야 한다.

대표적인 업무 방해요소
- 방문, 인터넷, 통화, 메신저
  다른 사람들의 예기치 않은 대화는 업무에 방해요소가 될 수 있지만, 무조건적으로 대화를 단절하는 것은 바람직하지 않다. 따라서 시간을 정해놓고 해결하는 것이 중요하다. 방문의 경우 외부 방문시간을 정하는 것이 효과적이며, 통화는 3분 이내 통화원칙을 세우거나 사적인 통화는 업무 시간 외에 하는 것이 좋다. 인터넷이나 메신저의 경우 접속하는 시간을 정하는 것이 효과적이다.
- 갈등
  갈등은 스트레스를 가져오지만 문제를 새로운 시각에서 바라보게 하는 등 긍정적인 결과도 가져올 수 있다. 갈등을 효과적으로 관리하려면 갈등상황을 인식하고, 갈등에 대해 객관적으로 평가하고, 원인을 분석하여 해결책을 마련해야 한다. 이때 대화와 협상으로 의견일치에 초점을 맞추고, 양측에 도움이 될 수 있는 해결방법을 찾아야 한다. 한편 중대한 분열을 초래할 수 있을 경우에는 일단 갈등상황을 회피하고, 충분한 해결시간을 가져 천천히 접근하는 등의 방법이 필요하다.
- 스트레스
  업무 스트레스는 새로운 기술, 과중한 업무, 인간관계, 경력개발 등에 대한 부담으로 발생한다. 과중한 스트레스는 정신적 불안감에서 질병까지 발생할 수 있으나, 적정 수준을 유지할 경우 업무 효율을 높일 수 있다. 스트레스를 관리하기 위해서는 시간 관리를 통해 업무과중을 극복하고, 명상 등 긍정적인 사고를 하거나 전문가의 도움을 받아야 하며, 조직 차원에서는 직무 및 역할을 재설정하고 심리적으로 안정을 찾을 수 있도록 사회적 관계형성을 장려해야 한다.

16

정답 ③

브레인스토밍(Brainstorming)은 대표적인 집단 의사결정 방법으로, 여러 명이 한 가지의 문제를 놓고 아이디어를 비판 없이 제시하여 그 중에서 최선책을 찾아내는 방법이다. 브레인스토밍을 할 때는 다른 사람의 의견을 반박해서는 안 되지만, 다른 사람의 의견에 자신의 의견을 덧붙이는 것은 아이디어를 확장하고 시너지 효과를 내며, 적극적인 참여를 유도할 수 있으므로 브레인스토밍 진행 시 반드시 이루어져야 하는 것이다.

17

문제해결을 위한 5W1H기법에서 5W는 누가(Who), 언제(When), 어디서(Where), 무엇을(What), 왜(Why)의 첫 글자를 따온 말이고, 1H는 어떻게(How)의 첫 글자를 따온 말이며, 인적·물적·시간적 자원 등을 고려하여 수립해야 한다.

18

정답 ③

[오답분석]

① 스캠퍼(SCAMPER)기법 : 대체(Substitute), 결합(Combine), 응용(Adapt), 수정(Modify), 새로운 활용(Put to another use), 제거(Eliminate), 재배열(Rearrange)을 통해 새로운 아이디어를 도출하는 기법이다.
② 브레인스토밍(Brainstorming) : 어떤 주제에 대하여 자유롭게 생각해 나가며 새로운 아이디어를 도출하는 발산적 사고방법이다.
④ 체크리스트(Checklist) : 중요한 점을 미리 정해두고 그 점에 대해서 생각해 나가는 기법이다.

19

정답 ②

- 사원에서 대리로 승진하는 직원
  근무기간이 2년 이상이어야 하며, 근속연수는 6개월 이상이어야 한다. 따라서 승진 대상자는 A, F로 2명이다.
- 대리에서 과장으로 승진하는 직원
  근무기간이 5년 이상이어야 하며, 근속연수는 2년 이상이어야 한다. 따라서 승진 대상자는 C로 1명이다.
- 과장에서 차장으로 승진하는 직원
  근무기간이 10년 이상이어야 하며, 근속연수는 3년 이상이어야 한다. 따라서 승진 대상자는 없다.
- 차장에서 부장으로 승진하는 직원
  근무기간이 15년 이상이어야 하며, 근속연수는 3년 이상이어야 한다. 따라서 승진 대상자는 D로 1명이다.
따라서 승진 대상자는 4명이다.

20

정답 ④

남녀고용평등법상 직장 내 성희롱의 가해자는 고용 및 근로조건에 관한 결정권한을 가지고 있는 사업주나 직장 상사를 비롯하여 동료 근로자와 부하직원까지 포함되지만, 거래처 관계자나 고객 등 제3자는 가해자의 범위에서 제외된다.

[오답분석]

① 출장이나 회식 장소뿐만 아니라 사적인 만남이어도 업무연관성이 있다고 볼 경우 직장 내 성희롱에 해당할 수 있다.
② 협력업체 및 파견근로자를 포함한 모든 남녀 근로자는 직장 내 성희롱의 피해자가 될 수 있다.
③ 현재 고용관계가 이루어지지 않았더라도 장래 고용관계를 예정하고 있는 모집, 채용과정의 채용희망자(구직자)도 성희롱 피해자의 범위에 포함된다.

21

선분을 포함하는 단면은 다음과 같다.

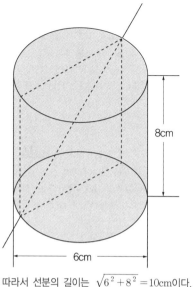 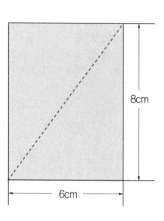

따라서 선분의 길이는 $\sqrt{6^2+8^2}=10$cm이다.

22

연속된 세 자연수를 각각 $(n-1)$, n, $(n+1)$이라 할 때,

$(n+1)^2=2n(n-1)-20$

$\rightarrow n^2+2n+1=2n^2-2n-20$

$\rightarrow n^2-4n-21=0$

$\rightarrow (n-7)(n+3)=0$

$\therefore n=7(\because n$은 자연수)

따라서 연속된 세 자연수는 6, 7, 8이다.

23

WT전략은 외부환경의 위협을 회피하고 자신의 약점을 최소화하는 전략이다. 하지만 판매하는 음식이 현대인의 기호와 다르다는 약점을 매력으로 홍보하는 것은 외부의 위협을 회피하지 않고 오히려 약점을 드러내는 것이므로 WT전략으로써 옳지 않다.

24

오답분석

① 시네틱스(Synectics) : 서로 연관이 없는 것들을 조합하여 새로운 것을 연상해 내는 발상법이다.

③ NM법 : 서로 연관이 있는 것을 찾아내 그것을 바탕으로 조합하여 새로운 것을 연상해 내는 발상법이다.

④ 브레인스토밍(Brainstorming) : 어떤 주제에 대하여 생각나는 것을 계속 열거하며 연상해 내는 발상법이다.

25

근로기준법상 직장 내 괴롭힘으로 인정되기 위해서는 다음 세 가지 핵심 요소를 모두 충족해야 한다.
1. 직장에서의 지위 또는 관계 등의 우위를 이용할 것
2. 업무상 적정범위를 넘을 것
3. 신체적·정신적 고통을 주거나 근무환경을 악화시키는 행위일 것

㉠·㉡·㉢ 모두 부하직원이 상급자로 인해 신체적, 정신적 피해를 입은 상황이므로 모두 1, 3번째 핵심 요소를 충족한다. 그러나 ㉢의 경우 본부장 B의 매니저 A에 대한 근무평정은 합당한 업무 범위이며, 매출 하락이라는 합당한 근거를 바탕으로 영업소장과 함께 2등급으로 책정하였으므로 2번째 핵심 요소인 업무상 적정범위를 넘었다고 볼 근거가 미약하다. 따라서 ㉢은 직장 내 괴롭힘의 사례로 옳지 않다.

26

인사예절은 매우 중요한 덕목으로, 항상 예의 바르고 정중한 태도를 갖추어야 하며 진실을 담은 자세를 보여야 한다. 비즈니스에서 가장 일반적인 인사법은 악수이다. 악수는 오른손으로 하며, 우리나라에서는 악수할 때 가볍게 절을 하지만, 서양에서는 허리를 세운 채 악수를 하므로 유의해야 한다. 또한 악수는 윗사람이 아랫사람에게, 여성이 남성에게, 선배가 후배에게, 상급자가 하급자에게 청하는 것이 예의이다.

27

☆의 규칙은 (뒤의 수)(앞의 수)의 약수의 개수이다. 따라서 15☆3의 값은 315의 약수의 개수이므로 315의 약수는 1, 3, 5, 7, 9, 15, 21, 35, 45, 63, 105, 315이고, 약수의 개수는 12개이다.

28

제시된 모든 수는 약 0.5이므로 분자에 2를 곱한 값과 분모를 비교한다.

- $\dfrac{97}{188}$: $97 \times 2 = 194 > 188$

- $\dfrac{109}{208}$: $109 \times 2 = 218 > 208$

- $\dfrac{117}{246}$: $117 \times 2 = 234 < 246$

- $\dfrac{148}{285}$: $148 \times 2 = 296 > 285$

따라서 크기가 가장 작은 수는 $\dfrac{117}{246}$ 이다.

29

길이의 비가 $a : b$인 도형의 넓이의 비는 $a^2 : b^2$이다. 그러므로 작은 정사각형의 길이와 큰 정사각형의 길이의 비는 $1 : 2$이므로 넓이의 비는 $1^2 : 2^2 = 1 : 4$이다. 따라서 큰 정사각형의 넓이는 $3 \times 4 = 12\text{cm}^2$이다.

30

 ①

- 치킨 1개, 피자 2개, 햄버거 7개를 주문할 경우
  $(20,000 \times 1) + (25,000 \times 2) + (12,000 \times 7) = 154,000$원
- 치킨 2개, 피자 4개, 햄버거 4개를 주문할 경우
  $(20,000 \times 2) + (25,000 \times 4) + (12,000 \times 4) = 188,000$원
- 치킨 3개, 피자 6개, 햄버거 1개를 주문할 경우
  $(20,000 \times 3) + (25,000 \times 6) + (12,000 \times 1) = 222,000$원

따라서 최대 주문 금액은 222,000원이고, 최소 주문 금액은 154,000원이므로 금액의 차이는 $222,000 - 154,000 = 68,000$원이다.

31

정답 ③

형서가 획득한 점수의 합계는 $7+8+8+10+9+9+9+8+10+8=86$점이고, 정수가 6회까지 획득한 점수의 합계는 $8+9+9+10+7+7=50$점이므로 정수가 이기려면 남은 4발을 쏘아 37점 이상을 획득해야 한다.

- 정수가 10점을 4회 획득한 경우
  $_4\mathrm{C}_4 = 1$가지
- 정수가 10점을 3회 획득한 경우
  남은 1회는 7, 8, 9점 중 하나를 얻어야 정수가 이길 수 있다.
  $_4\mathrm{C}_3 \times 3 = 12$가지
- 정수가 10점을 2회 획득한 경우
  남은 2회의 합이 17점 이상이어야 하므로 가능한 경우는 9점을 2번 얻거나, 8점 1번, 9점 1번을 얻어야 한다.
  $(_4\mathrm{C}_2 \times {}_2\mathrm{C}_2) + (_4\mathrm{C}_2 \times {}_2\mathrm{C}_1 \times {}_1\mathrm{C}_1) = 6+12 = 18$가지
- 정수가 10점을 1회 획득한 경우
  남은 3회 모두 9점을 얻어야 한다.
  $_4\mathrm{C}_1 \times 1 = 4$가지

따라서 정수가 이길 수 있는 경우의 수는 $1+12+18+4=35$가지이다.

32

정답 ③

1번째 바둑돌의 개수는 1개, 2번째 바둑돌의 개수는 3개, 3번째 바둑돌의 개수는 5개, 4번째 바둑돌의 개수는 7개이다. 바둑돌은 2개씩 늘어나므로 n번째에 놓은 바둑돌의 개수는 $(2n-1)$개이다. 따라서 100번째 바둑돌의 수는 $2 \times 100 - 1 = 199$개이다.

33

 ②

$74.9 \div a.b = 21.c$이므로 $21.c \times a.b = 74.9$이다.

$$
\begin{array}{r}
2\ 1\ .\ c \\
\times \quad a\ .\ b \\
\hline
7\ 4\ .\ 9
\end{array}
$$

$21 \times 3 = 63$, $21 \times 4 = 84$이고, $22 \times 3 = 66$, $22 \times 4 = 88$이므로 $21.c$에 3 이상 4 미만의 수를 곱해야 74.9가 성립할 것이므로 $a=3$이다. 또한, $b \times c$의 값은 10의 배수가 되어야 한다.

- $b=5$일 때

c	2	4	6	8
$21.c \times 3.5$	$21.2 \times 3.5 = 74.2$	$21.4 \times 3.5 = 74.9$	$21.6 \times 3.5 = 75.6$	$21.8 \times 3.5 = 76.3$

- $c=5$일 때

b	2	4	6	8
$21.5 \times 3.b$	$21.5 \times 3.2 = 68.8$	$21.5 \times 3.4 = 73.1$	$21.5 \times 3.6 = 77.4$	$21.5 \times 3.8 = 81.7$

따라서 $a=3$, $b=5$, $c=4$이므로 $a+b+c = 3+5+4 = 12$이다.

34

2021년의 광업 및 제조업의 전체 원재료비는 400+803,400=803,400십억 원이고, 2023년의 광업 및 제조업의 전체 원재료비는 600+1,171,600=1,172,200십억 원이다. 따라서 구하고자 하는 증가율은 $\dfrac{1,172,200-803,400}{803,400}\times100 = 45.9\%$이다.

35

5W1H방법에서 5W1H는 누가(Who), 무엇을(What), 언제(When), 어디서(Where), 왜(Why), 어떻게(How)로 나뉜다. '누가(Who)'는 문제와 관련된 사람을, '무엇을(What)'은 해결해야 할 핵심문제를, '언제(When)'는 문제가 발생한 시간 및 문제를 해결해야 할 시간을, '어디서(Where)'는 문제가 발생한 장소를, '왜(Why)'는 문제가 발생한 이유 또는 문제를 해결해야 하는 이유를, '어떻게(How)'는 문제의 구체적인 해결 방안을 파악해야 한다. '1주일 후'는 문제가 발생한 시간으로 볼 수 없으며, 발생한 문제를 해결해야 할 시간은 제시된 사례로는 확인할 수 없다.

36

브레인스토밍은 타인의 의견을 수용하고 자신의 의견을 덧붙여 표현하는 등 보다 많은 아이디어를 확보해야 하는 회의 기법이다.

브레인스토밍의 규칙
- 자신의 아이디어를 적극적으로 표현한다.
- 다른 사람의 발언을 비판하지 않는다.
- 되도록 많은 양의 아이디어를 모은다(질보다 양).
- 자신의 아이디어와 타인의 아이디어를 결합하여 새로운 아이디어를 표출해도 된다.

37

빈칸에 들어갈 내용은 원인에 해당하는 근본적 원인이어야 한다. 따라서 청소년 범죄의 증가는 장래에 대한 불안감으로 인한 결과로 볼 수는 있지만, 불안감의 근본적 원인으로 볼 수는 없다.

38

1997년 3월 5일에 태어난 사람과 2007년 3월 5일에 태어난 사람 모두 관할 주민센터에 출생신고를 했을 때 해당 생년월일이 첫 번째 신고라면 두 사람의 등록 순서 번호는 같을 수 있다.

오답분석

① 2000년 1월 1일 이후에 태어난 남성의 성별번호는 '3'이다.
② 등록 순서 번호가 '3'이면 앞서 관할 주민센터에서 같은 생년월일로 신고한 출생신고가 2건 더 있으므로 생년월일이 같은 사람은 적어도 3명 이상이다.
③ 주민등록번호 뒤 7자리 번호 중 지역코드번호의 앞 2자리를 통해 서울, 부산, 제주 등 대략적인 출생 지역을 알아낼 수 있다.

39

제시된 주민등록번호의 검증번호를 구하는 과정은 다음과 같다.

1	1	1	1	1	7	–	3	0	3	8	2	2
×	×	×	×	×	×		×	×	×	×	×	×
2	3	4	5	6	7		8	9	2	3	4	5
=	=	=	=	=	=		=	=	=	=	=	=
2	3	4	5	6	49		24	0	6	24	8	10

$2+3+4+5+6+49+24+0+6+24+8+10=141$

$141 \div 11 = 12 \cdots 9$

$11-9=2$

따라서 제시된 주민등록번호는 성별번호, 검증번호 모두 바르게 작성하였다.

오답분석

① 1999년 12월 31일 이전의 성별번호는 1, 2, 5, 6 중 하나이므로 성별번호가 바르지 않다.

③ 2000년 1월 1일 이후의 성별번호는 3, 4, 7, 8 중 하나이므로 성별번호가 바르지 않다.

④ 제시된 자료에서 지역번호의 앞 두 자리 수가 '98'인 지역은 없다.

40

GMT를 기준으로 서울은 런던보다 9시간 빠르고, 워싱턴은 런던보다 4시간 느리다.

따라서 워싱턴은 서울보다 13시간 느리므로 서울의 시각이 12일 9시이면 워싱턴은 그보다 13시간 느린 11일 20시이다.

02 | 2024년 주요 공공기관
일반상식 기출복원문제

01	02	03	04	05	06	07	08	09	10	11	12	13	14	15	16	17	18	19	20
④	②	④	①	①	①	④	①	③	②	①	②	②	②	④	④	②	③	③	④

01
정답 ④

쑤타이는 말레이시아가 아니라 태국의 전통의상으로, 우리나라의 한복처럼 남녀노소에 따라 다른 형태로 입는다. 예복으로서 중요한 행사나 결혼식 등 격식 있는 자리에서 많이 입는다. 말레이시아의 전통의상은 '바주 꾸룽(Baju Kurung)'이라고 하며, 열대기후와 이슬람문화의 영향을 받았다.

02
정답 ②

유치산업(Infant Industry)은 발달 초기에 놓인 산업으로 성장 가능성은 있지만 아직 경쟁력을 갖추지 못한 산업을 뜻한다. 유치산업에 관해서는 국제경쟁력을 갖출 수 있도록 국가에서 관세나 보조금 정책 등으로 보호육성해야 한다는 '유치산업보호론'이 있다.

03
정답 ④

비등점(Boiling Point)은 끓는점이라고도 부르며, 액체 물질의 증기압이 외부의 압력과 '비등'해져 끓기 시작하는 온도를 뜻한다. 비등점은 물질마다 고유한 값을 갖고 있으며, 비등점은 외부 압력과 관련이 있으므로 기압이 낮은 산 정상 등에서는 낮아지게 된다.

04
정답 ①

'OPEC+'는 OPEC(석유수출국기구)의 회원국과 러시아 등 기타 산유국과의 협의체를 말한다. OPEC은 쿠웨이트, 이란, 사우디아라비아 등 중동의 대표적 산유국 5개국이 모여 창립했고, 산유국 간의 공동이익 증진을 위한 행보를 보여 왔다. 이후 러시아, 멕시코, 말레이시아 같은 비OPEC 산유국들이 성장하면서 이들이 함께 모여 석유생산을 논의하는 OPEC+ 체계가 자리잡게 됐다.

05
정답 ①

주어진 사건들의 발생 연도는 ㄱ. 근초고왕 즉위(346), ㄴ. 광개토대왕 즉위(391), ㄷ. 진흥왕 즉위(534), ㄹ. 살수대첩(612)으로 순서대로 바르게 나열한 것은 ㄱ – ㄴ – ㄷ – ㄹ이다.

06
정답 ①

제시된 사료는 1170년에 일어난 보현원 사건(무신정변)이다. 보현원 사건은 정중부를 중심으로 한 무신들이 무(武)를 천시하는 시대적 상황에 불만을 품고 의종의 이궁(離宮)인 보현원에서 문신들을 살해한 사건이다.
이후 1198년에 발생한 무신집권기의 대표적 봉기인 만적의 난은 최초의 천민 해방 운동이었다. 최충헌의 사노비였던 만적은 사람이면 누구나 공경대부가 될 수 있다고 주장하며 신분 해방 운동을 펼쳤다.

② 고려 인종 때 왕실의 외척이었던 이자겸은 십팔자위왕(十八子爲王, 이씨가 왕이 된다)을 유포하여 왕위를 찬탈하고자 난을 일으켰다(1126).
③ 고려의 장수 윤관은 별무반(기병인 신기군, 보병인 신보군, 승병인 항마군)을 편성해 여진족을 몰아내고 동북 9성을 개척하였다 (1107).
④ 의천은 송나라에서 유학하고 돌아와 교종 중심의 해동 천태종을 세웠다(1097).

07
정답 ④

고려의 광종은 '광덕·준풍'이라는 자주적 연호를 사용하며 대외적으로 자주권을 선언했고, 노비안검법을 실시해 불법적으로 노비가 된 자들을 평민으로 해방하고 공신과 호족세력을 약화시켜 국가 조세수입원의 확대를 이루었다. 또한 과거제를 실시해 유학을 익힌 실력파 신진세력을 등용함으로써 신·구세력의 교체를 도모했다. 반면 관리에게 직역의 대가로 토지를 나눠주는 전시과는 경종 때 처음 시행됐다.

08
정답 ①

일본 도쿄 유학생들이 결성한 조선청년독립단은 대표 11인을 중심으로 도쿄에서 2·8독립 선언서를 발표했다. 이는 미국 대통령 월슨이 주창한 민족자결주의의 영향을 받은 것으로, 이후 국내에서도 3·1운동이 전개되어 민족대표 33인이 독립선언서를 발표하고 국내외에 독립을 선언했다. 3·1운동은 일제가 무단통치를 완화하고 식민지 통치를 문화통치 방식으로 변화시키는 계기가 됐다.

09
정답 ③

문화지체(Cultural Lag)는 미국의 사회학자 'W. F. 오그번'이 주장한 이론으로, 급속히 발전하는 기술 등의 물질문화를 국가정책이나 개인의 가치관 등의 비물질문화가 따라잡지 못하면서 발생하는 현상을 일컫는다. 자동차가 발명되어도 교통법규 등의 시민의식은 금방 확립되지 않는 것처럼, 신기술이나 획기적인 발명품이 탄생해도 이와 관련된 윤리의식이나 가치관의 발달은 더디게 일어난다는 것이다.

10
정답 ②

포토프레스(Photopress)란 '포토(Photo)'와 '표현(Express)'의 합성어로, 사진을 통해 자신의 정체성을 드러내는 세대를 가리키는 용어다. 이들은 사진을 촬영하는 과정 자체를 놀이이자 경험으로 여기기 때문에 단순히 촬영하는 것에서 끝나지 않고 실물사진으로 현상해 소장한다. 또한 이러한 사진을 선별해 소셜네트워크서비스(SNS)에 올려 타인과 공유하고 소통하기도 한다.

11
정답 ①

'가을에는 부지깽이도 덤벙인다.'는 속담은 가을 추수철에 온 식구가 농사일에 달려들어도 일손이 모자라, 부엌에서 불을 뒤적이는 부지깽이도 일을 한 손 거든다는 표현이다. 즉, 가을철 농사일이 매우 바쁘다는 의미를 담고 있다.

12
정답 ②

침금동인은 조선후기의 기술자인 최천약이 발명한 것으로, 조선시대 의관들이 침과 뜸을 연습하던 의료기기다.
① 신기전 : 군사무기인 로켓추진 화살로 1448년(세종 30년)에 제작되었다.
③ 혼상 : 별의 위치와 별자리를 표시한 것으로 1437년(세종 19년)에 제작되었다.
④ 병진자 : 세계최초의 납 활자로 1436년(세종 18년)에 세종대왕의 명으로 제작되었다.

13

교섭단체는 국회에서 정당 소속의원들의 의견과 정당의 주장을 통합하여 국회가 개회하기 전에 반대당과 교섭·조율하기 위해 구성하는 단체로, 소속 국회의원 20인 이상을 구성요건으로 한다. 하나의 정당으로 교섭단체를 구성하는 것이 원칙이지만 복수의 정당이 연합해 구성할 수도 있다. 교섭단체가 구성되면 매년 임시회와 정기회에서 연설을 할 수 있고 국고보조금 지원도 늘어난다.

14

2023년 개봉한 영화 〈서울의 봄〉은 1979년 육군 사조직 '하나회'의 전두환과 노태우가 신군부를 구성해 일으킨 12·12 군사반란의 과정과 결과를 담고 있다. 신군부는 군사반란을 성공시킨 뒤 정권장악을 위해 5·17 내란을 일으켰다. 이후 내각을 총사퇴시키고, 최규하 대통령을 하야하게 해 전두환정부를 수립했다.

15

라마단(Ramadan)은 이슬람력에서 9월에 해당하며, 아랍어로는 '더운 달'을 의미한다. 이슬람교에서는 이 절기를 대천사 가브리엘이 선지자 무함마드에게 『코란』을 가르친 달로 생각해 신성하게 여긴다. 이 기간에 신자들은 일출부터 일몰까지 해가 떠 있는 동안 금식하고 하루 다섯 번의 기도를 드린다.

16

영국의 피치 레이팅스, 미국의 무디스와 스탠더드 앤드 푸어스는 세계 3대 신용평가기관으로 각국의 정치·경제상황과 향후 전망 등을 고려하여 국가별 등급을 매겨 국가신용도를 평가한다. D&B(Dun&Bradstreet Inc)는 미국의 상사신용조사 전문기관으로, 1933년에 R.G.Dun&Company와 Bradstreet Company의 합병으로 설립됐다.

17

㉠·㉢ 왕권의 강화를 위해 정조 임금이 실시했다.

[오답분석]
㉡·㉣ 영조 임금 집권기에 이루어졌다.

18

맥거핀 효과는 히치콕 감독의 영화 〈해외 특파원〉에서 사용한 암호명에서 비롯된 말로, 영화에서 중요한 것처럼 등장하지만 실제로는 줄거리와 전혀 상관없이 관객들의 주의를 분산시키기 위해 사용하는 극적 장치 혹은 속임수를 뜻한다.

19

레임덕이란 미국 남북전쟁 때부터 사용된 말로, 재선에 실패한 현직 대통령이 남은 임기동안 마치 뒤뚱거리며 걷는 오리처럼 정책집행(政策執行)에 일관성이 없다는 데서 생겨난 말이다.

20

사군자는 매화·난초·국화·대나무의 네 가지 식물을 일컫는다.

PART 1

직업기초능력평가

01 | 의사소통능력

대표기출유형 01 | 기출응용문제

01
정답 ③

세 번째 문단에서 강화물은 강화를 유도하는 자극을 가리키며 상황에 따라 변할 수 있다고 하였다.

02
정답 ④

미선나무의 눈에서 조직배양한 기내식물체에 청색과 적색(1 : 1) 혼합광을 쬐어준 결과 일반광(백색광)에서 자란 것보다 줄기 길이가 1.5배 이상 증가하였고, 줄기의 개수가 줄어든게 아니라 한 줄기에서 3개 이상의 새로운 줄기가 유도되었다.

03
정답 ①

미세먼지 측정기는 대기 중 미세먼지의 농도 측정 시 농도만 측정하는 것이지 그 성분과는 아무런 관련이 없다.

대표기출유형 02 | 기출응용문제

01
정답 ②

제시문은 유류세 상승으로 인해 발생하는 장점을 열거함으로써 유류세 인상을 정당화하고 있다. 따라서 글의 주제로 가장 적절한 것은 ②이다.

02
정답 ④

제시문은 통계 수치의 의미를 정확하게 이해하고 도구와 방법을 올바르게 사용해야 하며, 특히 아웃라이어의 경우를 생각해야 한다고 주장하고 있다. 따라서 글의 주제로 가장 적절한 것은 ④이다.

[오답분석]
① · ② 집단을 대표하는 수치로서의 '평균' 자체가 숫자 놀음과 같이 부적당하다고는 언급하지 않았다.
③ 아웃라이어가 있는 경우에는 평균보다는 최빈값이나 중앙값이 대푯값으로 더 적당하다.

03
정답 ④

제시문의 첫 번째 문단에서 위계화의 개념을 설명하고, 이어지는 문단에서 이러한 불평등의 원인과 구조에 대해 살펴보고 있다. 따라서 글의 제목으로 가장 적절한 것은 ④이다.

04

제시문에서는 현대 사회의 소비 패턴이 '보이지 않는 손' 아래의 합리적 소비에서 벗어나 과시 소비가 중심이 되었으며, 그 이면에는 소비를 통해 자신의 물질적 부를 표현함으로써 신분을 과시하려는 욕구가 있다고 설명하고 있다. 따라서 글의 제목으로 가장 적절한 것은 ④이다.

대표기출유형 03 | 기출응용문제

01

제시문의 화제는 '돈의 가치를 어떻게 가르쳐야 아이들이 돈에 대하여 올바른 개념을 갖게 되는가(부모들의 고민)'이므로 (가) 돈의 개념을 이해하는 가정의 자녀들이 성공할 확률이 높음 → (다) 아이들에게 돈의 개념을 가르치는 지름길은 용돈임 → (나) 만 7세부터 돈의 개념을 어렴풋이나마 짐작하게 되므로 이때부터 아이들에게 약간의 용돈을 주는 것으로 돈에 대한 교육을 시작하면 좋음 → (라) 하지만 돈에 대해서 부모가 결코 해서는 안 될 일들도 있으므로 부모는 아이들이 돈에 대하여 정확한 개념과 가치관을 세울 수 있도록 좋은 본보기가 되어야 할 것 순으로 나열되어야 한다.

02

제시문은 코젤렉의 '개념사'에 대한 정의와 특징에 대한 글이다. 따라서 (라) 개념에 대한 논란과 논쟁 속에서 등장한 코젤렉의 '개념사' → (가) 코젤렉의 '개념사'와 개념에 대한 분석 → (나) 개념에 대한 추가적인 분석 → (마) '개념사'에 대한 추가적인 분석 → (다) '개념사'의 목적과 코젤렉의 주장의 순서대로 나열하는 것이 적절하다.

03

세조의 집권과 추락한 왕권 회복을 위한 세조의 정책을 설명하는 (나) 문단이 첫 번째 문단으로 적절하며, 다음으로 세조의 왕권 강화 정책 중 특히 주목되는 술자리 모습을 소개하는 (라) 문단이 와야 한다. 이후 당시 기록을 통해 세조의 술자리 모습을 설명하는 (가) 문단이 위치하는 것이 자연스럽고, 마지막으로 세조의 술자리가 가지는 의미를 해석하는 (다) 문단이 와야 한다. 따라서 '(나) – (라) – (가) – (다)'의 순서로 나열되어야 한다.

대표기출유형 04 | 기출응용문제

01

첫 번째 빈칸에는 문장의 서술어가 '때문이다'로 되어 있으므로 빈칸에는 이와 호응하는 '왜냐하면'이 와야 한다. 다음으로 두 번째 빈칸에는 문장의 내용이 앞 문장과 상반되는 내용이 아닌, 앞 문장을 부연하는 내용이므로 병렬 기능의 접속 부사 '그리고'가 들어가야 한다. 마지막으로 세 번째 빈칸은 내용상 결론에 해당하므로 '그러므로'가 적절하다.

02

• 첫 번째 빈칸 : 공간 정보가 정보 통신 기술의 발전으로 시간에 따른 변화를 반영할 수 있게 되었다는 빈칸 뒤의 내용을 통해 빈칸에는 시간에 따른 공간의 변화를 포함한 공간 정보를 이용할 수 있게 되면서 '최적의 경로 탐색'이 가능해졌다는 내용의 ㉠이 적절함을 알 수 있다.

- 두 번째 빈칸 : ⓒ은 빈칸 앞 문장의 '탑승할 버스 정류장의 위치, 다양한 버스 노선, 최단 시간 등을 분석하여 제공하는' 지리정보 시스템이 '더 나아가' 제공하는 정보에 관해 이야기한다. 따라서 빈칸에는 ⓒ이 적절하다.
- 세 번째 빈칸 : 빈칸 뒤의 내용에서는 공간 정보가 활용되고 있는 다양한 분야와 앞으로 활용될 수 있는 분야를 이야기하고 있으므로 빈칸에는 공간 정보의 활용 범위가 계속 확대되고 있다는 ⓒ이 적절함을 알 수 있다.

03

제시문에 따르면 갑돌이의 성품이 탁월하다고 볼 수 있는 것은 그의 성품이 곧고 자신감이 충만하며, 다수의 옳지 않은 행동에 대하여 비판의 목소리를 낼 것이고 그렇게 하는 데 별 어려움을 느끼지 않을 것이기 때문이다. 또한, 세 번째 문단에 따르면 탁월한 성품은 올바른 훈련을 통해 올바른 일을 바르고 즐겁게 그리고 어려워하지 않으며 처리할 수 있는 능력을 뜻한다. 따라서 아리스토텔레스의 입장에서는 '엄청난 의지를 발휘'하고 자신과의 '힘든 싸움'을 해야 했던 병식이보다는 잘못된 일에 '별 어려움' 없이 '비판의 목소리'를 내는 갑돌이의 성품을 탁월하다고 여길 것이다.

대표기출유형 05   기출응용문제

01

정답 ④

지역 축제들 각각의 특색이 없는 것은 사람들이 축제를 찾지 않는 충분한 이유가 되며, 이에 대해 그 지역만의 특성을 보여줄 수 있는 프로그램을 개발한다는 방안은 적절하다. 즉, 개요를 수정하기 전의 흐름이 매끄러우므로 불필요한 수정이다.

02

정답 ④

D부장이 C과장에게 업무를 위임했으므로, C과장이 결재하는 것은 맞다. 그러나 결재 시에는 전결 표시를 해주어야 하므로, '전결 C과장'으로 해야 한다.

30

정답 ①

올바른 기안문 작성법에 따르면 다음과 같이 작성되어야 한다.

A그룹사
수신자 : A진흥원, A문화재단, A시설관리공단(경유)
제목 : 2025년도 우수직원 봉사단 편성
1. 서무 1033-2340(2024.11.10.)과 관련입니다.
2. 2025학년도에 우수직원을 대상으로 봉사단을 편성하고자 하오니, 회사에 재직 중인 직원 중 통솔력이 있고 책임감이 투철한 사원을 다음 사항을 참고로 선별하여 2024.12.10.까지 통보해 주시기 바랍니다.
- 다 음 -

가. 참가범위
  1) A진흥원 : 1~2년 차 직원 중 희망자
  2) A문화재단 : 2년 차 직원 중 희망자
  3) A시설관리공단 : 2~3년 차 직원 중 희망자

나. 아울러 지난해에 참가했던 책임자와 직원은 제외시켜 주시기 바라며, 지난해 참가 직원 명단을 첨부하니 참고하시기 바랍니다.
첨부 : 2024년도 참가 직원 명단 1부. 끝.
A그룹사 사장

01

정답 ④

제시문의 '막다'는 '어떤 현상이 일어나지 못하게 하다.'의 의미로 쓰였으며, 이와 같은 의미로 사용된 것은 ④이다.

오답분석
① 길, 통로 따위가 통하지 못하게 하다.
② 강물, 추위, 햇빛 따위가 어떤 대상에 미치지 못하게 하다.
③ 외부의 공격이나 침입 따위에 버티어 지키다.

02

정답 ②

한글 맞춤법에 따르면 앞 단어가 합성 용언인 경우 보조 용언을 앞말에 붙여 쓰지 않는다. 따라서 '파고들다'는 합성어이므로 '파고들어 보면'과 같이 띄어 써야 한다.

오답분석
① 보조 용언 '보다' 앞에 '-ㄹ까'의 종결 어미가 있는 경우 '보다'는 앞말에 붙여 쓸 수 없다.
③ '-어 하다'가 '마음에 들다'라는 구와 결합하는 경우 '-어 하다'는 띄어 쓴다.
④ 앞말에 조사 '도'가 붙는 경우 보조 용언 '보다'는 앞말에 붙여 쓰지 않는다.

03

정답 ③

대부분의 수입신고는 보세구역 반입 후에 행해지므로 보세운송 절차와 보세구역 반입 절차는 반드시 함께 이루어져야 한다. 따라서 ⓒ에는 '이끌어 지도함. 또는 길이나 장소를 안내함'을 의미하는 '인도(引導)'보다 '어떤 일과 더불어 생김'을 의미하는 '수반(隨伴)'이 더 적절하다.

오답분석
① 적하(積荷) : 화물을 배나 차에 실음. 또는 그 화물
② 반출(搬出) : 운반하여 냄
④ 적재(積載) : 물건이나 짐을 선박, 차량 따위의 운송 수단에 실음

01

정답 ④

제시문에서는 중국발 위험이 커짐에 따라 수출 시장의 변화가 필요하고, 이를 위해 정부는 신흥국과의 꾸준한 협력을 추진해야 한다고 설명하고 있다. 따라서 제시문과 관련 있는 한자성어로는 '우공이 산을 옮긴다.'는 뜻으로, '어떤 일이든 끊임없이 노력하면 반드시 이루어짐'을 의미하는 '우공이산(愚公移山)'이 가장 적절하다.

오답분석
① 안빈낙도(安貧樂道) : 가난한 생활을 하면서도 편안한 마음으로 도를 즐겨 지킨다는 의미
② 호가호위(狐假虎威) : '여우가 호랑이의 위세를 빌려 호기를 부린다.'는 뜻으로, 남의 권세를 빌려 위세를 부리는 모습을 이르는 말
③ 각주구검(刻舟求劍) : '칼이 빠진 자리를 배에 새겨 찾는다.'는 뜻으로, 어리석고 미련해서 융통성이 없다는 의미

02

- 부화뇌동(附和雷同) : '우레 소리에 맞춰 함께 한다'는 뜻으로, 자신의 뚜렷한 소신 없이 그저 남이 하는 대로 따라가는 것을 의미한다.
- 서낭에 가 절만 한다. : 서낭신 앞에 가서 아무 목적도 없이 절만 한다는 뜻으로, 영문도 모르고 남이 하는 대로만 따라함을 비유적으로 이르는 말

오답분석
① 까맣게 잊어버린 지난 일을 새삼스럽게 들추어내서 상기시키는 쓸데없는 행동을 비유적으로 이르는 말
② 무슨 일을 힘들이지 않고 쉽게 하는 것을 비유적으로 이르는 말
④ 허술하지 않은 사람일수록 한번 타락하면 걷잡을 수 없게 된다는 말

대표기출유형 08 | 기출응용문제

01

조직은 다양한 사회적 경험과 사회적 지위를 토대로 한 개인의 집단이므로, 동일한 내용을 제시하더라도 각 구성원은 서로 다르게 받아들이고 반응할 수 있다. 제시된 사례에서는 이로 인해 갈등이 발생하였다.

오답분석
②·③·④ 제시된 갈등 상황에서는 메시지 이해 방식, 표현 및 전달 방식, 서로 간의 선입견 등의 문제보다는 서로 다른 의견이 문제가 되고 있으므로 적절하지 않다.

02

언쟁하기란 단지 논쟁을 위해 상대방의 말에 귀를 기울이는 것으로, 상대방이 무슨 주제를 꺼내든지 설명하는 것을 무시하고 자신의 생각만을 늘어놓는 것이다. 하지만 C사원의 경우 K사원과 언쟁을 하려 한다기보다는 K사원의 고민에 귀 기울이며 동의하고 있다. 또한 K사원이 앞으로 취해야 할 행동에 대해 자신의 생각을 조언하고 있다.

오답분석
① 짐작하기란 상대방의 말을 듣고 받아들이기보다 자신의 생각에 들어맞는 단서들을 찾아 자신의 생각을 확인하는 것으로, A사원의 경우 K사원의 말을 듣고 받아들이기보단, P부장이 매일매일 체크한다는 것을 단서로 K사원에게 문제점이 있다고 보고 있다.
② 판단하기란 상대방에 대한 부정적인 선입견 또는 상대방을 비판하기 위해 상대방의 말을 듣지 않는 것을 말한다. B사원은 K사원이 예민하다는 선입견 때문에 P부장의 행동보다 K사원의 행동을 문제시하고 있다.
④ 슬쩍 넘어가기란 대화가 너무 사적이거나 위협적이면 주제를 바꾸거나 농담으로 넘기려 하는 것으로 문제를 회피하려 해 상대방의 진정한 고민을 놓치는 것을 말한다. D사원의 경우 K사원의 부정적인 감정을 회피하기 위해 다른 주제로 대화방향을 바꾸고 있다.

20 • 전국 시·도 공공기관 통합편

02 | 수리능력

대표기출유형 01 기출응용문제

01

- 팀장 한 명을 뽑는 경우의 수 : $_{10}C_1 = 10$가지
- 회계 담당 2명을 뽑는 경우의 수 : $_9C_2 = \dfrac{9 \times 8}{2!} = 36$가지

따라서 $10 \times 36 = 360$가지이다.

02

x의 최댓값과 최솟값은 A와 B가 각각 다리의 양쪽 경계에서 마주쳤을 때이다. 즉, 최솟값은 A로부터 7.6km 떨어진 지점, 최댓값은 A로부터 8km 떨어진 지점에서 마주쳤을 때이므로 식을 세우면 다음과 같다.

- 최솟값 : $\dfrac{7.6}{6} = \dfrac{x}{60} + \dfrac{20-7.6}{12} \;\rightarrow\; \dfrac{x}{60} = \dfrac{15.2-12.4}{12} = \dfrac{2.8}{12}$

  $\therefore \; x = 14$

- 최댓값 : $\dfrac{8}{6} = \dfrac{x}{60} + \dfrac{20-8}{12} \;\rightarrow\; \dfrac{x}{60} = \dfrac{16-12}{12} = \dfrac{1}{3}$

  $\therefore \; x = 20$

따라서 A와 B가 다리 위에서 만날 때 x의 범위는 $14 \leq x \leq 20$이고, 최댓값과 최솟값의 차는 $20 - 14 = 6$이다.

03

전체 일의 양을 1이라고 하면 A, B가 1시간 동안 일할 수 있는 일의 양은 각각 $\dfrac{1}{2}$, $\dfrac{1}{3}$이다.

A가 혼자 일한 시간을 x시간, B가 혼자 일한 시간을 y시간이라고 하자.

$x + y = \dfrac{9}{4}$ … ㉠

$\dfrac{1}{2}x + \dfrac{1}{3}y = 1$ … ㉡

㉠과 ㉡을 연립하면

$x = \dfrac{3}{2}$, $y = \dfrac{3}{4}$

따라서 A가 혼자 일한 시간은 1시간 30분이다.

04

두 사람이 걸은 시간을 x분이라고 하면, 두 사람이 만날 때 현민이가 걸은 거리와 형빈이가 걸은 거리의 합이 산책길의 둘레 길이와 같다.

$60x + 90x = 1,500$

$\rightarrow 150x = 1,500$

$\therefore x = 10$

따라서 두 사람은 동시에 출발하여 10분 후에 만나게 된다.

05

증발하기 전 농도가 15%인 소금물의 양을 xg이라고 하면, 이 소금물의 소금의 양은 $0.15x$g이고, 5% 증발했으므로 증발한 후의 소금물의 양은 $0.95x$g이다. 또한, 농도가 30%인 소금물의 소금의 양은 $200 \times 0.3 = 60$g이다.

$\dfrac{0.15x + 60}{0.95x + 200} \times 100 = 20$

$\rightarrow 0.15x + 60 = 0.2(0.95x + 200)$

$\rightarrow 0.15x + 60 = 0.19x + 40$

$\rightarrow 0.04x = 20$

$\therefore x = 500$

따라서 증발 전 농도가 15%인 소금물의 양은 500g이다.

06

물통에 물이 가득 찼을 때의 양을 1이라고 하면, A수도로는 1시간에 $\dfrac{1}{5}$, B수도로는 1시간에 $\dfrac{1}{2}$만큼 채울 수 있다.

B수도가 1시간 동안 작동을 하지 않았고, A, B 두 수도를 모두 사용하여 물통에 물을 가득 채우는 데 걸리는 시간을 x시간이라고 하면,

$\dfrac{1}{5} + \left(\dfrac{1}{5} + \dfrac{1}{2} \right) x = 1$

$\rightarrow \dfrac{7}{10} x = \dfrac{4}{5}$

$\therefore x = \dfrac{8}{7}$

따라서 두 수도를 모두 이용한 시간은 $\dfrac{8}{7}$시간이다.

07

새로 구입할 전체 모니터 개수를 a대라 가정하면 인사팀은 $\dfrac{2}{5}a$대, 총무팀은 $\dfrac{1}{3}a$대의 모니터를 교체한다.

기획팀의 경우 인사팀에서 교체할 모니터 개수의 $\dfrac{1}{3}$을 교체하므로 $\left(\dfrac{2}{5}a \times \dfrac{1}{3} \right)$대이고, 지원팀은 400대를 교체한다.

이를 토대로 새로 구입할 전체 모니터 개수 a대에 대한 방정식을 세우면 다음과 같다.

$\dfrac{2}{5}a + \dfrac{1}{3}a + \left(\dfrac{2}{5}a \times \dfrac{1}{3} \right) + 400 = a$

$\rightarrow a \left(\dfrac{2}{5} + \dfrac{1}{3} + \dfrac{2}{15} \right) + 400 = a$

$\rightarrow 400 = a \left(1 - \dfrac{13}{15} \right)$

$\therefore a = 400 \times \dfrac{15}{2} = 3,000$

따라서 A공공기관에서 새로 구입할 모니터 개수는 3,000대이다.

08

정답 ③

희경이가 본사에서 나온 시각은 오후 3시에서 본사에서 A지점까지 걸린 시간만큼을 빼면 된다. 본사에서 A지점까지 가는 데 걸린 시간은 $\frac{20}{60}+\frac{30}{90}=\frac{2}{3}$ 시간, 즉 40분 걸렸으므로 오후 2시 20분에 본사에서 나왔다는 것을 알 수 있다.

대표기출유형 02 　기출응용문제

01

정답 ②

분자는 +5이고, 분모는 ×3+1인 수열이다.

따라서 (　)=$\frac{6+5}{10\times3+1}=\frac{11}{31}$ 이다.

02

정답 ④

앞의 항에 $+2^0\times10$, $+2^1\times10$, $+2^2\times10$, $+2^3\times10$, $+2^4\times10$, $+2^5\times10$, …을 더하는 수열이다.

따라서 (　)=$632+2^6\times10=632+640=1,272$이다.

03

정답 ④

앞의 두 항을 더하면 다음 항이 되는 피보나치 수열이다.

$1+2=A \rightarrow A=3$

$13+21=B \rightarrow B=34$

$\therefore B-A=34-3=31$

대표기출유형 03 　기출응용문제

01

정답 ①

9월 11일 전체 라면 재고량을 x개라고 하면, B, C업체의 9월 11일 라면 재고량은 각각 $0.1x$개, $0.09x$개이다.

이때 B, C업체의 9월 15일 라면 재고량을 구하면 다음과 같다.

• B업체 : $0.1x+300+200-150-100=(0.1x+250)$개

• C업체 : $0.09x+250-200-150-50=(0.09x-150)$개

9월 15일에는 B업체의 라면 재고량이 C업체보다 500개가 더 많으므로 다음과 같은 식이 성립한다.

$0.1x+250=0.09x-150+500$

$\therefore x=10,000$

즉, 9월 11일의 전체 라면 재고량은 10,000개이다.

02

A통신회사의 기본요금을 x원이라 하면 8월과 9월의 요금 계산식은 각각 다음과 같다.

$x+60a+30\times2a=21,600 \rightarrow x+120a=21,600 \cdots$ ㉠

$x+20a=13,600 \cdots$ ㉡

㉠－㉡을 하면

$100a=8,000$

$\therefore a=80$

03

A씨는 휴일 오후 3시에 택시를 타고 서울에서 경기도 맛집으로 이동 중이다. 택시요금 계산표에 따라 경기도 진입 전까지 기본요금으로 2km까지 3,800원이며, $4.64-2=2.64$km는 주간 거리요금으로 계산하면 $\frac{2,640}{132}\times100=2,000$원이 나온다. 경기도에 진입한 후 맛집까지의 거리는 $12.56-4.64=7.92$km로 시계외 할증이 적용되어 심야 거리요금으로 계산하면 $\frac{7,920}{132}\times120=7,200$원이고, 경기도 진입 후 택시가 멈춰있었던 8분의 시간요금은 $\frac{8\times60}{30}\times120=1,920$원이다. 따라서 A씨가 가족과 맛집에 도착하여 지불하게 될 택시요금은 $3,800+2,000+7,200+1,920=14,920$원이다.

04

연령대를 기준으로 남성과 여성의 인구비율을 계산하면 다음과 같다.

구분	남성	여성
$0\sim14$세	$\frac{323}{627}\times100\fallingdotseq51.5\%$	$\frac{304}{627}\times100\fallingdotseq48.5\%$
$15\sim29$세	$\frac{453}{905}\times100\fallingdotseq50.1\%$	$\frac{452}{905}\times100\fallingdotseq49.9\%$
$30\sim44$세	$\frac{565}{1,110}\times100\fallingdotseq50.9\%$	$\frac{545}{1,110}\times100\fallingdotseq49.1\%$
$45\sim59$세	$\frac{630}{1,257}\times100\fallingdotseq50.1\%$	$\frac{627}{1,257}\times100\fallingdotseq49.9\%$
$60\sim74$세	$\frac{345}{720}\times100\fallingdotseq47.9\%$	$\frac{375}{720}\times100\fallingdotseq52.1\%$
75세 이상	$\frac{113}{309}\times100\fallingdotseq36.6\%$	$\frac{196}{309}\times100\fallingdotseq63.4\%$

남성 인구가 40% 이하인 연령대는 75세 이상(36.6%)이며, 여성 인구가 50% 초과 60% 이하인 연령대는 $60\sim74$세(52.1%)이다. 따라서 바르게 연결된 것은 ④이다.

대표기출유형 04 기출응용문제

01

정답 ③

일본에 수출하는 용접 분야 기업의 수는 96개이고, 중국에 수출하는 주조 분야 기업의 수는 15개이므로 96÷15=6.4이다. 따라서 7배는 되지 않는다.

오답분석

① 열처리 분야 기업 60개 중 13개 기업으로 $\frac{13}{60}\times100\fallingdotseq21.67\%$이므로 20% 이상이다.

② 금형 분야 기업의 수는 전체 기업 수의 40%인 1,016개보다 적으므로 옳은 설명이다.

④ 소성가공 분야 기업 중 미국에 수출하는 기업의 수(94개)가 동남아에 수출하는 기업의 수(87개)보다 많다.

02

정답 ④

• 준엽 : 국내 열처리 분야 기업이 가장 많이 수출하는 국가는 중국(13개)이며, 가장 많이 진출하고 싶어 하는 국가도 중국(16개)으로 같다.

• 진경 : 용접 분야 기업 중 기타 국가에 수출하는 기업 수는 77개로, 용접 분야 기업 중 독일을 제외한 유럽에 수출하는 기업의 수인 49개보다 많다.

오답분석

• 지현 : 가장 많은 수의 금형 분야 기업이 진출하고 싶어 하는 국가는 유럽(독일 제외)이다.

• 찬영 : 표면처리 분야 기업 중 유럽(독일 제외)에 진출하고 싶어 하는 기업은 13개로, 미국에 진출하고 싶어하는 기업인 7개의 2배인 14개 미만이다.

03

정답 ②

㉠ 근로자가 총 90명이고 전체에게 지급된 임금의 총액이 2억 원이므로 근로자당 평균 월 급여액은 $\frac{2\text{억 원}}{90\text{명}}\fallingdotseq222$만 원이다. 따라서 평균 월 급여액은 230만 원 이하이다.

㉡ 월 210만 원 이상 급여를 받는 근로자 수는 26+12+8+4=50명이다. 따라서 총 90명의 절반인 45명보다 많으므로 옳은 설명이다.

오답분석

㉢ 월 180만 원 미만의 급여를 받는 근로자 수는 6+4=10명이다. 따라서 전체에서 $\frac{10}{90}\fallingdotseq11\%$의 비율을 차지하고 있으므로 옳지 않은 설명이다.

㉣ '월 240만 원 이상 270만 원 미만'의 구간에서 월 250만 원 이상 받는 근로자의 수는 주어진 자료만으로는 확인할 수 없다. 따라서 옳지 않은 설명이다.

04

ㄱ. 자료를 보면 접촉신청 건수는 4월부터 7월까지 매월 증가한 것을 알 수 있다.

ㄷ. 6월 생사확인 건수는 11,795건으로, 접촉신청 건수 18,205건의 70%인 약 12,744건 이하이다. 따라서 옳은 설명이다.

오답분석

ㄴ. 6월부터 7월까지 생사확인 건수는 전월과 동일하였으나, 서신교환 건수는 증가하였으므로 옳지 않은 설명이다.

ㄹ. 5월과 8월의 상봉 건수는 동일하다. 따라서 서신교환 건수만 비교해 보면, 8월은 5월보다 12,288−12,274＝14건이 더 많으므로 상봉 건수 대비 서신교환 건수 비율은 증가하였음을 알 수 있다.

05

㉠ 자료에 따르면 생사확인 건수는 6월과 7월에 전월 대비 불변이므로 옳지 않은 설명이다.

㉢ 접촉신청 건수는 자료에서 7월을 포함하여 매월 증가하고 있으므로 옳지 않은 설명이다.

오답분석

㉡ 서신교환의 경우 3월 대비 8월 증가율은 $\dfrac{12,288-12,267}{12,267}\times100 ≒ 0.2\%p$로 2%p 미만이지만, 매월 증가 추세를 보이고 있으므로 옳은 설명이다.

㉣ 전체 이산가족 교류 건수는 항목별 매월 동일하거나 증가하므로 옳은 설명이다.

06

인구성장률 그래프의 경사가 완만할수록 인구수 변동이 적다.

오답분석

① 인구성장률은 1970년 이후 계속 감소하는 추세이다.

② 총인구가 감소하려면 인구성장률 그래프가 (−)값을 가져야 하는데, 2011년과 2015년에는 (＋)값을 갖는다.

④ 그래프를 통해 1990년 총인구가 더 적다는 것을 알 수 있다.

03 | 문제해결능력

대표기출유형 01 | 기출응용문제

01

정답 ④

D팀은 파란색을 선택하였으므로 보라색을 사용하지 않고, B팀과 C팀도 보라색을 사용한 적이 있으므로 A팀은 보라색을 선택한다. B팀은 빨간색을 사용한 적이 있고, 파란색과 보라색은 사용할 수 없으므로 노란색을 선택한다. C팀은 나머지 빨간색을 선택한다.

A팀	B팀	C팀	D팀
보라색	노란색	빨간색	파란색

따라서 항상 참인 것은 ④이다.

오답분석

①·③ 주어진 조건만으로는 판단하기 힘들다.
② A팀의 상징색은 보라색이다.

02

정답 ③

주어진 조건을 토대로 다음과 같이 정리해 볼 수 있다. 원형테이블은 회전시켜도 좌석 배치는 동일하므로 좌석에 1 ~ 7번으로 번호를 붙이고, A가 1번 좌석에 앉았다고 가정하여 배치하면 다음과 같다.

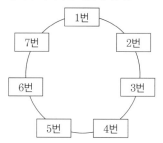

첫 번째 조건에 따라 2번에는 부장이, 7번에는 차장이 앉게 된다.
세 번째 조건에 따라 부장과 이웃한 자리 중 비어 있는 3번 자리에 B가 앉게 된다.
네 번째 조건에 따라 7번에 앉은 사람은 C가 된다.
다섯 번째 조건에 따라 5번에 과장이 앉게 되고, 과장과 차장 사이인 6번에 G가 앉게 된다.
여섯 번째 조건에 따라 A와 이웃한 자리 중 직원명이 정해지지 않은 2번 부장 자리에 D가 앉게 된다.
일곱 번째 조건에 따라 4번 자리에는 대리, 3번 자리에는 사원이 앉는 것을 알 수 있으며, 3번 자리에 앉은 B가 사원 직급임을 알 수 있다.

두 번째 조건에 따라 E는 사원과 이웃하지 않았고 직원명이 정해지지 않은 5번 과장 자리에 해당하는 것을 알 수 있다. 이를 정리하면 다음과 같은 좌석 배치가 되며, F는 이 중 유일하게 빈자리인 4번 대리 자리에 해당한다.

그러므로 사원 직급은 B, 대리 직급은 F가 해당하는 것을 도출할 수 있다.

03

정답 ③

주어진 조건을 정리해 보면 다음과 같다.

구분	A	B	C	D
경우 1	호밀식빵	우유식빵	밤식빵	옥수수식빵
경우 2	호밀식빵	밤식빵	우유식빵	옥수수식빵

따라서 항상 참인 것은 ③이다.

오답분석

①·②·④ 주어진 조건만으로는 판단하기 힘들다.

04

정답 ①

한 번 배정받은 층은 다시 배정받을 수 없기 때문에 A는 3층, B는 2층에 배정받을 수 있다. C는 1층 또는 4층에 배정받을 수 있지만, D는 1층에만 배정받을 수 있기 때문에, C는 4층, D는 1층에 배정받는다. 이를 표로 정리하면 다음과 같다.

A	B	C	D
3층	2층	4층	1층

따라서 항상 참인 것은 ①이다.

오답분석

②·③·④ 주어진 조건만으로는 판단하기 힘들다.

05

정답 ④

주어진 조건에 따라 엘리베이터 검사 순서를 추론해 보면 다음과 같다.

첫 번째	5호기
두 번째	3호기
세 번째	1호기
네 번째	2호기
다섯 번째	6호기
여섯 번째	4호기

따라서 1호기 다음은 2호기, 그 다음이 6호기이고, 6호기는 5번째로 검사한다.

06

을과 무의 진술이 모순되므로 둘 중 한 명은 참, 다른 한 명은 거짓이다. 여기서 을의 진술이 참일 경우 갑의 진술도 거짓이 되어 두 명이 거짓을 진술한 것이 되므로 문제의 조건에 위배된다. 따라서 을의 진술이 거짓, 무의 진술이 참이다. 그러므로 A강좌는 을이, B와 C강좌는 갑과 정이, D강좌는 무가 담당하고, 병은 강좌를 담당하지 않는다.

대표기출유형 02   기출응용문제

01

정답 ①

SWOT 분석은 내부 환경요인과 외부 환경요인의 2개의 축으로 구성되어 있다. 내부 환경요인은 자사 내부의 환경을 분석하는 것으로 자사의 강점과 약점으로 분석된다. 외부 환경요인은 자사 외부의 환경을 분석하는 것으로 기회와 위협으로 구분된다.

02

정답 ①

[오답분석]

ㄴ. ST전략으로 경쟁업체에 특허 기술을 무상 이전하는 것은 경쟁이 더 심화될 수 있으므로 적절하지 않다.

ㄹ. WT전략에서는 기존 설비에 대한 재투자보다는 수요에 맞게 다양한 제품을 유연하게 생산할 수 있는 신규 설비에 대한 투자가 필요하다.

03

정답 ②

국내 금융기관에 대한 SWOT 분석 결과는 다음과 같다.

강점(Strength)	약점(Weakness)
• 높은 국내 시장 지배력 • 우수한 자산건전성 • 뛰어난 위기관리 역량	• 은행과 이자수익에 편중된 수익구조 • 취약한 해외 비즈니스와 글로벌 경쟁력
기회(Opportunities)	위협(Threats)
• 해외 금융시장 진출 확대 • 기술 발달에 따른 핀테크의 등장 • IT 인프라를 활용한 새로운 수익 창출	• 새로운 금융 서비스의 등장 • 글로벌 금융기관과의 경쟁 심화

㉠ SO전략은 강점을 살려 기회를 포착하는 전략으로, 강점인 국내 시장 점유율을 기반으로 핀테크 사업에 진출하려는 ㉠은 적절한 SO전략으로 볼 수 있다.

㉢ ST전략은 강점을 살려 위협을 회피하는 전략으로, 강점인 우수한 자산건전성을 강조하여 글로벌 금융기관과의 경쟁에서 우위를 차지하려는 ㉢은 적절한 ST전략으로 볼 수 있다.

[오답분석]

㉡ WO전략은 약점을 강화하여 기회를 포착하는 전략이다. 그러나 위기관리 역량은 국내 금융기관이 지니고 있는 강점에 해당하므로 WO전략으로 적절하지 않다.

㉣ 해외 비즈니스 역량을 강화하여 해외 금융시장에 진출하는 것은 약점을 보완하여 기회를 포착하는 WO전략에 해당한다.

01
정답 ②

공사 시행업체 선정방식에 따라 가중치를 반영하여 업체들의 점수를 종합하면 다음과 같다.

평가항목 \ 업체	A	B	C	D
적합성 점수	22점	24점	23점	26점
실적점수	12점	18점	14점	14점
입찰점수	10점	6점	4점	8점
평가점수	44점	48점	41점	48점

따라서 평가점수가 가장 높은 업체는 B, D이고, 이 중 실적점수가 더 높은 업체는 B이므로 최종 선정될 업체는 B업체이다.

02
정답 ①

ㄱ. 부패금액이 산정되지 않은 6번의 경우에도 고발하였으므로 옳지 않은 설명이다.

ㄴ. 2번의 경우 해임당하였음에도 고발되지 않았으므로 옳지 않은 설명이다.

오답분석

ㄷ. 직무관련자로부터 금품을 수수한 사건은 2번, 4번, 5번, 7번, 8번으로 총 5건 있었다.

ㄹ. 2번과 4번은 모두 '직무관련자로부터 금품 및 향응수수'로 동일한 부패행위 유형에 해당함에도 2번은 해임, 4번은 감봉 1월의 처분을 받았으므로 옳은 설명이다.

03
정답 ③

오답분석

(라)·(마) 아동수당 제도 첫 도입에 따라 초기에 아동수당 신청이 한꺼번에 몰릴 것으로 예상되어 연령별 신청기간을 운영한다. 따라서 만 5세 아동은 7월 1 ~ 5일 사이에 접수를 하거나 연령에 관계없는 7월 6일 이후에 신청하는 것으로 안내하는 것이 적절하다. 또한, 아동수당 관련 신청서 작성요령이나 수급 가능성 등 자세한 내용은 아동수당 홈페이지에서 확인 가능한데, 어떤 홈페이지로 접속해야 하는지 안내를 하지 않았다. 따라서 적절하지 않은 답변이다.

04
정답 ④

직무관련업체로부터 받은 물품들인 9번, 11번, 12번, 13번, 16번을 보면 모두 즉시 반환되었음을 알 수 있다.

오답분석

① 신고물품 중 직무관련업체로부터 제공받은 경우는 5건이나, 민원인으로부터 제공받은 경우가 7건으로 더 많다.

② 2번과 8번의 경우만 보아도, 신고물품이 접수일시로부터 3일 이후에 처리된 경우가 있음을 알 수 있다.

③ 2022년 4월부터 2024년 9월까지 접수된 신고물품은 2번부터 15번까지 14건으로, 이 중 개인으로부터 제공받은 신고물품은 2 ~ 8번, 10번, 14번, 15번으로 10건이다. 따라서 이 경우의 비중은 $\frac{10건}{14건} \times 100 ≒ 71.4\%$이므로 옳지 않은 설명이다.

05

A씨와 B씨의 일정에 따라 요금을 계산하면 다음과 같다.

• A씨
- 이용요금 : 1,310원×6×3=23,580원
- 주행요금 : 92×170원=15,640원
- 반납지연에 따른 패널티 요금 : (1,310원×9)×2=23,580원
∴ 23,580+15,640+23,580=62,800원

• B씨
- 이용요금
목요일 : 39,020원
금요일 : 880원×6×8=42,240원 → 81,260원
- 주행요금 : 243×170원=41,310원
∴ 39,020+81,260+41,310=122,570원

대표기출유형 04 | 기출응용문제

01

알파벳 순서에 따라 숫자로 변환하면 다음과 같다.

A	B	C	D	E	F	G	H	I	J	K	L	M
1	2	3	4	5	6	7	8	9	10	11	12	13
N	O	P	Q	R	S	T	U	V	W	X	Y	Z
14	15	16	17	18	19	20	21	22	23	24	25	26

'INTELLECTUAL'의 품번을 규칙에 따라 정리하면 다음과 같다.
• 1단계 : 9(I), 14(N), 20(T), 5(E), 12(L), 12(L), 5(E), 3(C), 20(T), 21(U), 1(A), 12(L)
• 2단계 : 9+14+20+5+12+12+5+3+20+21+1+12=134
• 3단계 : |(14+20+12+12+3+20+12)−(9+5+5+21+1)|=|93−41|=52
• 4단계 : (134+52)÷4+134=46.5+134=180.5
• 5단계 : 180.5를 소수점 첫째 자리에서 버림하면 180이다.
따라서 제품의 품번은 '180'이다.

02

게임 규칙과 결과를 토대로 경우의 수를 따져보면 다음과 같다.

라운드	벌칙 제외	총 퀴즈 개수
3	A	15
4	B	19
5	C	21
	D	
	C	22
	E	
	D	22
	E	

CHAPTER 03 문제해결능력 • **31**

ㄴ. 총 22개의 퀴즈가 출제되었다면, E가 정답을 맞혀 벌칙에서 제외된 것이다.
ㄷ. 게임이 종료될 때까지 총 21개의 퀴즈가 출제되었다면 C, D가 벌칙에서 제외된 경우로 5라운드에서 E에게는 정답을 맞힐 기회가 주어지지 않았다. 따라서 퀴즈를 푸는 순서가 벌칙을 받을 사람 선정에 영향을 미친다.

오답분석
ㄱ. 5라운드까지 4명의 참가자가 벌칙에서 제외되었으므로 정답을 맞힌 퀴즈는 8개, 벌칙을 받을 사람은 5라운드까지 정답을 맞힌 퀴즈는 0개나 1개이므로 정답을 맞힌 퀴즈는 8개나 9개이다.

출제유형분석 05 실전예제

01
정답 ②

창의적 사고는 선천적으로 타고 날 수도 있지만, 후천적 노력에 의해 개발이 가능하기 때문에 조언으로 적절하지 않다.

오답분석
① 새로운 경험을 찾아 나서는 사람은 적극적이고, 모험심과 호기심 등을 가진 사람으로 창의력 교육훈련에 필요한 요소를 가지고 있는 사람이다.
③ 창의적인 사고는 창의력 교육훈련을 통해 후천적 노력에 의해서도 개발이 가능하다.
④ 창의력은 본인 스스로 자신의 틀에서 벗어나도록 노력하는 것으로 통상적인 사고가 아니라, 기발하고 독창적인 것을 말한다.

02
정답 ②

창의적 사고를 개발하는 방법
• 자유 연상법 : 어떤 생각에서 다른 생각을 계속해서 떠올리는 작용을 통해 어떤 주제에서 생각나는 것을 계속해서 열거해 나가는 방법 예 브레인스토밍
• 강제 연상법 : 각종 힌트에서 강제적으로 연결지어서 발상하는 방법 예 체크리스트
• 비교 발상법 : 주제와 본질적으로 닮은 것을 힌트로 하여 새로운 아이디어를 얻는 방법 예 NM법, Synetics

03
정답 ③

브레인스토밍(Brainstorming)
• 한 사람이 생각하는 것보다 다수가 생각하는 것이 아이디어가 많다.
• 아이디어 수가 많을수록 질적으로 우수한 아이디어가 나올 수 있다.
• 아이디어는 비판이 가해지지 않으면 많아진다.

오답분석
① 스캠퍼(Scamper) 기법 : 창의적 사고를 유도하여 신제품이나 서비스 등을 생각하는 발상 도구이다.
② 여섯 가지 색깔 모자(Six Thinking Hats) : 각각 중립적, 감정적, 부정적, 낙관적, 창의적, 이성적 사고를 뜻하는 여섯 가지 색의 모자를 차례대로 바꾸어 쓰면서 모자 색깔이 뜻하는 유형대로 생각해 보는 방법이다.
④ TRIZ(Teoriya Resheniya Izobretatelskikh Zadatch) : 문제에 대하여 이상적인 결과를 정하고, 그 결과를 얻는 데 모순이 되는 것을 찾아 모순을 극복할 수 있는 해결안을 찾는 40가지 방법에 대한 이론이다.

04
정답 ④

퍼실리테이션은 커뮤니케이션을 통한 문제해결 방법으로, 구성원의 동기 강화, 팀워크 향상 등을 이룰 수 있다. 이는 구성원이 자율적으로 실행하는 것으로, 제3자가 합의점이나 줄거리를 준비해놓고 예정대로 결론을 도출하는 것이 아니다.

05

정답 ①

분석적 사고

- 성과 지향의 문제 : 기대하는 결과를 명시하고 효과적으로 달성하는 방법을 사전에 구상하고 실행에 옮긴다.
- 가설 지향의 문제 : 현상 및 원인분석 전에 지식과 경험을 바탕으로 일의 과정이나 결과, 결론을 가정한 다음 검증 후 사실일 경우 다음 단계의 일을 수행한다.
- 사실 지향의 문제 : 일상 업무에서 일어나는 상식, 편견을 타파하여 사고와 행동을 객관적 사실로부터 시작한다.

06

정답 ④

㉠은 Logic Tree에 대한 설명으로 문제 도출 단계에서 사용되며, ㉡은 3C 분석 방법에 대한 설명으로 문제 인식 단계의 환경 분석 과정에서 사용된다. ㉢은 Pilot Test에 대한 설명으로 실행 및 평가 단계에서 사용된다. 마지막으로 ㉣은 해결안을 그룹화하는 방법으로 해결안을 도출하는 해결안 개발 단계에서 사용된다. 따라서 문제해결절차에 따라 문제해결 방법을 나열하면 ㉡ → ㉠ → ㉣ → ㉢의 순서가 된다.

04 │ 자원관리능력

대표기출유형 01 │ 기출응용문제

01

정답 ③

엘리베이터는 한 번에 최대 세 개 층을 이동할 수 있으며, 올라간 다음에는 반드시 내려와야 한다는 조건에 따라 청원경찰이 최소 시간으로 6층을 순찰하고, 다시 1층으로 돌아올 수 있는 방법은 다음과 같다.

1층 → 3층 → 2층 → 5층 → 4층 → 6층 → 3층 → 4층 → 1층

이때, 이동에만 소요되는 시간은 총 2+1+3+1+2+3+1+3=16분이다.

따라서 청원경찰이 6층을 모두 순찰하고 1층으로 돌아오기까지 소요되는 시간은 60(=10분×6층)+16=76분=1시간 16분이다.

02

정답 ①

두 번째 조건에서 경유지는 서울보다 +1시간, 출장지는 경유지보다 -2시간이므로 서울과 -1시간 차이다.

김대리가 서울에서 경유지를 거쳐 출장지까지 가는 과정을 서울 시각 기준으로 정리하면 다음과 같다.

서울 5일 오후 1시 35분 출발 → 오후 1시 35분+3시간 45분=오후 5시 20분 경유지 도착 → 오후 5시 20분+3시간 50분(대기시간)=오후 9시 10분 경유지에서 출발 → 오후 9시 10분+9시간 25분=6일 오전 6시 35분 출장지 도착

따라서 출장지에 도착했을 때 현지 시각은 서울보다 1시간 느리므로 오전 5시 35분이다.

03

정답 ②

시간 계획에 있어서는 가장 많이 반복되는 일에 가장 많은 시간을 분배한다.

대표기출유형 02 │ 기출응용문제

01

정답 ④

• 6월 8일

출장지는 I시이므로 출장수당은 10,000원이고, 교통비는 20,000원이다. 그러나 관용차량을 사용했으므로 교통비에서 10,000원이 차감된다. 즉, 6월 8일의 출장여비는 10,000+(20,000-10,000)=20,000원이다.

• 6월 16일

출장지는 S시이므로 출장수당은 20,000원이고, 교통비는 30,000원이다. 그러나 출장 시작 시각이 14시이므로 10,000원이 차감된다. 즉, 6월 16일의 출장여비는 (20,000-10,000)+30,000=40,000원이다.

• 6월 19일

출장지는 B시이므로 출장비는 20,000원이고, 교통비는 30,000원이다. 이때, 업무추진비를 사용했으므로 10,000원이 차감된다. 즉, 6월 19일의 출장여비는 (20,000-10,000)+30,000=40,000원이다.

따라서 A사원이 6월 출장여비로 받을 수 있는 총액은 20,000+40,000+40,000=100,000원이다.

02

정답 ④

전자제품의 경우 관세와 부가세가 모두 동일하며, 전자제품의 가격이 다른 가격보다 월등하게 높기 때문에 대소비교는 전자제품만 비교해도 된다. 이 중 A의 TV와 B의 노트북은 가격이 동일하기 때문에 굳이 계산할 필요가 없고 TV와 노트북을 제외한 휴대폰과 카메라만 비교하면 된다. B의 카메라가 A의 휴대폰보다 비싸기 때문에 B가 더 많은 관세를 낸다.

구분	전자제품	전자제품 외
A	TV(110만), 휴대폰(60만)	화장품(5만), 스포츠용 헬멧(10만)
B	노트북(110만), 카메라(80만)	책(10만), 신발(10만)

B가 내야 할 세금을 계산해 보면, 우선 카메라와 노트북의 관세율은 18%로, 190×0.18=34.2만 원이다. 이때, 노트북은 100만 원을 초과하므로 특별과세 110×0.5=55만 원이 더 과세된다. 나머지 품목들의 세금은 책이 10×0.1=1만 원, 신발이 10×0.23= 2.3만 원이다. 따라서 B가 내야 할 관세 총액은 34.2+55+1+2.3=92.5만 원이다.

03

정답 ③

C씨는 지붕의 수선이 필요한 주택보수비용 지원 대상에 선정되었다. 지붕 수선은 대보수에 해당하며, 대보수의 주택당 보수비용 지원한도액은 950만 원이다. 또한, C씨는 중위소득 40%에 해당하므로 지원한도액의 80%를 차등 지원받게 된다. 따라서 C씨가 지원받을 수 있는 주택보수비용의 최대 액수는 950만×0.8=760만 원이다.

04

정답 ②

예산 관리는 활동이나 사업에 소요되는 비용을 산정하고, 예산을 편성하는 것뿐만 아니라 예산을 통제하는 것 모두를 포함한다고 할 수 있다. 즉, 예산을 수립하고 집행하는 모든 일을 예산 관리라고 할 수 있다.

대표기출유형 03 | 기출응용문제

01

정답 ③

매출 순이익은 [(판매 가격)-(생산 단가)]×(판매량)이므로 메뉴별 매출 순이익을 계산하면 다음과 같다.

메뉴	예상 월간 판매량(개)	생산 단가(원)	판매 가격(원)	매출 순이익(원)
A	500	3,500	4,000	250,000[=(4,000-3,500)×500]
B	300	5,500	6,000	150,000[=(6,000-5,500)×300]
C	400	4,000	5,000	400,000[=(5,000-4,000)×400]
D	200	6,000	7,000	200,000[=(7,000-6,000)×200]

따라서 매출 순이익이 가장 높은 C를 메인 메뉴로 선정하는 것이 가장 적절하다.

02

정답 ④

완성품 납품 수량은 총 100개이다. 완성품 1개당 부품 A는 10개가 필요하므로 총 1,000개가 필요하고, B는 300개, C는 500개가 필요하다. 그런데 A는 500개, B는 120개, C는 250개의 재고가 있으므로, 각각 모자라는 나머지 부품인 500개, 180개, 250개를 주문해야 한다.

01

정답 ③

오답분석

• A지원자 : 9월에 복학 예정이기 때문에 인턴 기간이 연장될 경우 근무할 수 없으므로 부적합하다.
• B지원자 : 경력 사항이 없으므로 부적합하다.
• D지원자 : 근무 시간(9 ~ 18시) 이후에 업무가 불가능하므로 부적합하다.

02

정답 ①

㉠은 능력주의, ㉡은 적재적소주의, ㉢은 적재적소주의, ㉣은 능력주의이다. 개인에게 능력을 발휘할 수 있는 기회와 장소를 부여하고, 그 성과를 바르게 평가한 뒤 평가된 능력과 실적에 대해 그에 상응하는 보상을 주는 능력주의 원칙은 적재적소주의 원칙의 상위개념이라고 할 수 있다. 즉, 적재적소주의는 능력주의의 하위개념에 해당한다.

03

정답 ④

B동에 사는 변학도는 매주 월, 화 오전 8시부터 오후 3시까지 하는 카페 아르바이트로 화 ~ 금 오전 9시 30분부터 오후 12시까지 진행되는 '그래픽 편집 달인되기'를 수강할 수 없다.

05 │ 정보능력

대표기출유형 01 　 기출응용문제

01

 정답 ①

정보관리의 3원칙
- 목적성 : 사용목표가 명확해야 한다.
- 용이성 : 쉽게 작업할 수 있어야 한다.
- 유용성 : 즉시 사용할 수 있어야 한다.

02

정답 ④

제시문에서 '응용프로그램과 데이터베이스를 독립시킴으로써 데이터를 변경시키더라도 응용프로그램은 변경되지 않는다.'라고 하였다. 따라서 데이터의 논리적 의존성이 아니라, 데이터의 논리적 독립성이 적절하다.

[오답분석]
① '다량의 데이터는 사용자의 질의에 대한 신속한 응답 처리를 가능하게 한다.'라는 내용은 실시간 접근성에 해당한다.
② '삽입, 삭제, 수정, 갱신 등을 통하여 항상 최신의 데이터를 유동적으로 유지할 수 있으며'라는 내용을 통해 데이터베이스는 그 내용을 변화시키면서 계속적인 진화를 하고 있음을 알 수 있다.
③ '여러 명의 사용자가 동시에 공유가 가능하고'라는 부분에서 동시 공유가 가능함을 알 수 있다.

03

정답 ③

고객의 신상정보의 경우 유출하거나 삭제하는 것 등의 행동을 해서는 안 되며, 거래처에서 빌린 컴퓨터에서 나왔기 때문에 거래처 담당자에게 되돌려 주는 것이 가장 적절하다.

대표기출유형 02 　 기출응용문제

01

 정답 ②

DSUM 함수는 지정한 조건에 맞는 데이터베이스에서 필드 값들의 합을 구하는 함수이다. [A1:C7]에서 상여금이 100만 원 이상인 합계를 구하므로 2,500,000이 도출된다.

02

정답 ②

- [D11] 셀에 입력된 COUNTA 함수는 범위에서 비어있지 않은 셀의 개수를 구하는 함수이다. [B3:D9] 범위에서 비어있지 않은 셀의 개수는 숫자 '1' 10개와 '재제출 요망'으로 입력된 텍스트 2개로, 「=COUNTA(B3:D9)」의 결괏값은 12이다.
- [D12] 셀에 입력된 COUNT 함수는 범위에서 숫자가 포함된 셀의 개수를 구하는 함수이다. [B3:D9] 범위에서 숫자가 포함된 셀의 개수는 숫자 '1' 10개로, 「=COUNT(B3:D9)」의 결괏값은 10이다.
- [D13] 셀에 입력된 COUNTBLANK 함수는 범위에서 비어있는 셀의 개수를 구하는 함수이다. [B3:D9] 범위에서 비어있는 셀의 개수는 9개로, 「=COUNTBLANK(B3:D9)」의 결괏값은 9이다.

03

정답 ④

- COUNTIF : 지정한 범위 내에서 조건에 맞는 셀의 개수를 구한다.
- 함수식 : =COUNTIF(D3:D10,">=2024-01-01")

오답분석

① COUNT : 범위에서 숫자가 포함된 셀의 개수를 구한다.
② COUNTA : 범위가 비어있지 않은 셀의 개수를 구한다.
③ SUMIF : 주어진 조건에 의해 지정된 셀들의 합을 구한다.

04

정답 ③

오답분석

①・② AND 함수는 인수의 모든 조건이 참(TRUE)일 경우에 성별을 구분하여 표시할 수 있으므로 적절하지 않다.
④ 함수식에서 "남자"와 "여자"가 바뀌었다.

대표기출유형 03 | 기출응용문제

01

정답 ④

바깥쪽 i-for문이 4번 반복되고 안쪽 j-for문이 6번 반복되므로 j-for문 안에 있는 문장은 총 24번 반복된다.

02

정답 ③

for 반복문은 i 값이 0부터 1씩 증가하면서 10보다 작을 때까지 수행하므로 i 값은 각 배열의 인덱스(0~9)를 가리키게 되고, num에는 i가 가리키는 배열 요소 값의 합이 저장된다. arr 배열의 크기는 10이고 초기값들은 배열의 크기 10보다 작으므로 나머지 요소들은 0으로 초기화된다. 따라서 배열 arr는 {1, 2, 3, 4, 5, 0, 0, 0, 0, 0}으로 초기화되므로 이 요소들의 합 15와 num의 초기값 10에 대한 합은 25이다.

CHAPTER

06 | 기술능력

PART 1

01

정답 ①

기술선택을 위한 우선순위 결정요인
• 제품의 성능이나 원가에 미치는 영향력이 큰 기술
• 기술을 활용한 제품의 매출과 이익 창출 잠재력이 큰 기술
• 쉽게 구할 수 없는 기술
• 기업 간에 모방이 어려운 기술
• 기업이 생산하는 제품 및 서비스에 보다 광범위하게 활용할 수 있는 기술
• 최신 기술로 진부화될 가능성이 적은 기술

02

정답 ③

노하우는 경험적이고 반복적인 행위에 의해 얻어지는 것이며, 이러한 성격의 지식을 흔히 Technique 혹은 Art라고 부른다.

오답분석
① 노하우에 대한 설명이다.
② 노와이에 대한 설명이다.
④ 기술은 원래 노하우의 개념이 강했으나, 시간이 지나면서 노와이와 노하우가 결합하게 되었다.

03

정답 ④

하향식 기술선택은 중장기적인 목표를 설정하고, 이를 달성하기 위해 핵심 고객층 등에 제공하는 제품 및 서비스를 결정한다.

04

정답 ②

기술선택을 위한 절차
• 외부 환경분석 : 수요 변화 및 경쟁자 변화, 기술 변화 등 분석
• 중장기 사업목표 설정 : 기업의 장기비전, 중장기 매출목표 및 이익목표 설정
• 내부 역량분석 : 기술능력, 생산능력, 마케팅 / 영업능력, 재무능력 등 분석
• 사업전략 수립 : 사업 영역 결정, 경쟁 우위 확보 방안 수립
• 요구기술 분석 : 제품 설계 / 디자인 기술, 제품 생산 공정, 원재료 / 부품 제조기술 분석
• 기술전략 수립 : 기술획득 방법 결정

05

정답 ②

②는 간접적 벤치마킹의 단점이다. 간접적 벤치마킹은 인터넷, 문서자료 등 간접적인 형태로 조사·분석하게 됨으로써 대상의 본질보다는 겉으로 드러나 보이는 현상에 가까운 결과를 얻을 수 있는 단점을 가진다.

01

세부절차 설명 항목 중 '(2) 공유기의 DHCP 서버 기능 중지'에서 DHCP 서버 기능을 중지하도록 안내하고 있다. 그리고 안내 항목에서도 DHCP 서버 기능을 중단하도록 알려 주고 있다.

02

세부절차 설명 항목 중 '(3) 스위치(허브)로 변경된 공유기의 연결' 단계를 살펴보면 스위치로 동작하는 공유기 2의 WAN 포트에 아무것도 연결하지 않도록 안내하고 있으므로, WAN 포트에 연결하라는 답변은 적절하지 않다.

03

Index 뒤의 문자 SOPENTY와 File 뒤의 문자 ATONEMP에서 일치하는 알파벳의 개수를 확인하면 O, P, E, N, T로 총 5개가 일치하는 것을 알 수 있다. 따라서 판단 기준에 따라 빈칸에 들어갈 Final Code는 Nugre이다.

04

주행 알고리즘에 따른 로봇의 이동 경로를 그림으로 나타내면 다음과 같다.

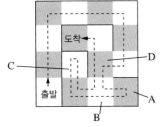

따라서 A에서 B, C에서 D로 이동할 때는 보조명령을 통해 이동했으며, 그 외의 구간은 주명령을 통해 이동했음을 알 알 수 있다.

05

제품설명서 중 A/S 신청 전 확인 사항을 살펴보면, 기능이 작동하지 않을 경우 수도필터가 막혔거나 착좌센서 오류가 원인이라고 제시되어 있다. 따라서 K사원으로부터 접수받은 현상(문제점)의 원인을 파악하려면 수도필터의 청결 상태를 확인하거나 비데의 착좌센서의 오류 여부를 확인해야 한다. 따라서 ②가 가장 적절하다.

06

05번의 문제에서 확인한 사항(원인)은 '수도필터의 청결 상태'이다. 이때, 수도필터의 청결 상태가 원인이 되는 또 다른 현상(문제점)으로는 수압이 약해지는 것이 있다. 따라서 ①이 가장 적절한 행동이다.

07 | 조직이해능력

PART 1

대표기출유형 01 기출응용문제

01

정답 ③

전략목표를 먼저 설정하고 환경을 분석해야 한다.

02

정답 ④

㉠은 집중화 전략, ㉡은 원가우위 전략, ㉢은 차별화 전략에 해당한다.

대표기출유형 02 기출응용문제

01

정답 ④

조직체계 구성요소 중 규칙 및 규정은 조직의 목표나 전략에 따라 수립되며, 조직구성원들의 활동범위를 제약하고 일관성을 부여하는 기능을 한다. 인사규정·총무규정·회계규정 등이 이에 해당한다.

오답분석

① 조직목표 : 조직이 달성하려는 장래의 상태로, 대기업, 정부부처, 종교단체를 비롯하여 심지어 작은 가게도 달성하고자 하는 목표를 가지고 있다. 조직의 목표는 미래지향적이지만 현재 조직행동의 방향을 결정해주는 역할을 한다.
② 경영자 : 조직의 전략, 관리 및 운영활동을 주관하며, 조직구성원들과의 의사결정을 통해 조직이 나아갈 방향을 제시하고 조직의 유지와 발전에 대해 책임을 지는 사람이다.
③ 조직문화 : 조직이 지속되면서 조직구성원들 간의 생활양식이나 가치를 서로 공유하게 되는 것을 말한다. 이는 조직구성원들의 사고와 행동에 영향을 미치며 일체감과 정체성을 부여하고 조직이 안정적으로 유지되게 한다.

02

정답 ④

조직문화는 구성원 개개인의 개성을 인정하고 그 다양성을 강화하기보다는 구성원들의 행동을 통제하는 기능을 한다. 즉, 구성원을 획일화·사회화시킨다.

03

정답 ④

조직목표의 기능
- 조직이 존재하는 정당성과 합법성 제공
- 조직이 나아갈 방향 제시
- 조직구성원 의사결정의 기준
- 조직구성원 행동수행의 동기유발
- 수행평가의 기준
- 조직설계의 기준

04

정답 ①

조직변화의 과정
1. 환경변화 인지
2. 조직변화 방향 수립
3. 조직변화 실행
4. 변화결과 평가

05

정답 ②

②는 업무의 내용이 유사하고 관련성이 있는 업무들을 결합해서 구분한 것으로, 기능식 조직 구조의 형태로 볼 수 있다. 기능식 구조의 형태는 재무부, 영업부, 생산부, 구매부 등의 형태로 구분된다.

06

정답 ③

[오답분석]
- B : 사장 직속으로 4개의 본부가 있다는 설명은 옳지만, 인사를 전담하고 있는 본부는 없으므로 적절하지 않다.
- C : 감사실이 분리되어 있다는 설명은 옳지만, 사장 직속이 아니므로 적절하지 않다.

01

정답 ④

김사원이 처리해야 할 일을 순서대로 나열하면 다음과 같다.
최팀장 책상의 서류 읽어 보기(박과장 방문 전) → 박과장 응대하기(오전) → 최팀장에게 서류 갖다 주기(점심시간) → 회사로
온 연락 최팀장에게 알려 주기(오후) → 이팀장에게 전화 달라고 전하기(퇴근 전)

02

정답 ③

ㄱ. 최수영 상무이사가 결재한 것은 대결이다. 대결은 결재권자가 출장, 휴가, 기타 사유로 상당기간 부재중일 때 긴급한 문서를
　　처리하고자 할 경우 결재권자의 차하위 직위의 결재를 받아 시행하는 것을 말한다.
ㄴ. 대결 시에는 기안문의 결재란 중 대결한 자의 란에 '대결'을 표시하고 서명 또는 날인한다.
ㄹ. 전결 사항은 전결권자에게 책임과 권한이 위임되었으므로 중요한 사항이라면 원결재자에게 보고하는 데 그친다.

담당	과장	부장	상무이사	전무이사
아무개	최경옥	김석호	대결 최수영	전결

오답분석
ㄷ. 대결의 경우 원결재자가 문서의 시행 이후 결재하며, 이를 후결이라 한다.

03

정답 ④

예산집행 조정, 통제 및 결산 총괄 등 예산과 관련된 업무는 ② 자산팀이 아닌 ① 예산팀이 담당하는 업무이다. 자산팀은 물품
구매와 장비・시설물 관리 등의 업무를 담당한다.

04

정답 ④

전문자격 시험의 출제정보를 관리하는 시스템의 구축・운영 업무는 정보화사업팀이 담당하는 업무로, 개인정보 보안과 관련된
업무를 담당하는 정보보안전담반의 업무로는 적절하지 않다.

05

정답 ④

홈페이지 운영 등은 정보사업팀에서 한다.

오답분석
① 1개의 감사실과 11개의 팀으로 되어 있다.
② 예산기획과 경영평가는 전략기획팀에서 관리한다.
③ 경영평가(전략기획팀), 성과평가(인재개발팀), 품질평가(평가관리팀) 등 다른 팀에서 담당한다.

06

정답 ②

품질평가 관련 민원은 평가관리팀이 담당하고 있다.

08 | 대인관계능력

대표기출유형 01 | 기출응용문제

01

팀워크와 응집력의 차이는 팀 성과의 유무이다. 응집력은 사람들로 하여금 집단에 머물도록 만들고, 그 집단의 멤버로서 계속 남아 있기를 원하게 만드는 힘이다. 팀워크는 단순히 사람들이 모여 있는 것이 아닌 목표 달성의 의지를 가지고 성과를 내는 것을 뜻한다.

02

A사의 사례는 팀워크의 중요성과 주의할 점을 보여주고, K병원의 사례는 공통된 비전으로 인한 팀워크의 성공을 보여준다. 두 사례 모두 팀워크에 대한 내용이지만, 개인 간의 차이를 중시해야 한다는 것은 언급되지 않았다.

대표기출유형 02 | 기출응용문제

01

정보 독점은 '지식이 권력의 힘'이라고 믿는 독재자 리더의 특징으로 볼 수 있다.

변혁적 리더의 특징
- 카리스마 : 변혁적 리더는 조직에 명확한 비전을 제시하고, 집단 구성원들에게 그 비전을 쉽게 전달할 수 있다.
- 자기 확신 : 변혁적 리더는 뛰어난 사업수완과 어떠한 의사결정이 조직에 긍정적으로 영향을 미치는지 예견할 수 있는 능력을 지니고 있다.
- 존경심과 충성심 유도 : 변혁적 리더는 구성원 개개인에게 시간을 할애하여 그들 스스로가 중요한 존재임을 깨닫게 하고, 존경심과 충성심을 불어넣는다.
- 풍부한 칭찬 : 변혁적 리더는 구성원이나 팀이 직무를 완벽히 수행했을 때 칭찬을 아끼지 않는다.
- 감화(感化) : 변혁적 리더는 사범이 되어 구성원들이 도저히 해낼 수 없다고 생각하는 일들을 구성원들로 하여금 할 수 있도록 자극을 주고 도움을 주는 일을 수행한다.

02

정답 ④

수동형 사원은 자신의 능력과 노력을 조직으로부터 인정받지 못해 자신감이 떨어지는 모습을 보인다. 따라서 자신의 업무에 대해 자신감을 키워주는 것이 적절하다.

오답분석

① 적절한 보상이 없다고 느끼는 소외형 사원에게 팀에 대한 협조의 조건으로 보상을 제시하는 것은 적절하지 않다.
② 리더는 팀원을 배제시키지 않고 팀 목표를 위해 팀원들이 자발적으로 업무에 참여하도록 노력해야 한다.
③ 순응형 사원에 대해서는 그들의 잠재력 개발을 통해 팀 발전을 위한 창의적인 모습을 갖도록 해야 한다.

대표기출유형 03   기출응용문제

01

정답 ②

3단계는 상대방의 입장을 파악하는 단계이다. 자기 생각을 말한 뒤 A씨의 견해를 물으며 상대방의 입장을 파악하려는 ②가 3단계에 해당하는 대화로 가장 적절하다.

02

정답 ④

'윈 – 윈(Win – Win) 관리법'은 갈등을 피하거나 타협하는 것이 아닌 모두에게 유리할 수 있도록 문제를 근본적으로 해결하는 방법이다. 귀하와 A사원이 공통적으로 가지는 근본적인 문제는 금요일에 일찍 퇴근할 수 없다는 것이므로, 금요일 업무시간 전에 청소를할 수 있다면 귀하와 B사원 모두에게 유리할 수 있는 갈등 해결방법이 된다.

오답분석

① '나도 지고 너도 지는 방법'인 회피형에 대한 방법이다.
② '나는 지고 너는 이기는 방법'인 수용형에 대한 방법이다.
③ '서로가 타협적으로 주고받는 방법'인 타협형에 대한 방법이다.

대표기출유형 04   기출응용문제

01

정답 ②

고객이 잘못 이해하고 있다고 하더라도 고객의 말에 반박하지 말고, 먼저 공감해야 한다. 즉, 고객이 그렇게 말할 수 있음을 이해하는 것이 중요하다.

02

정답 ④

사소한 것에 트집을 잡는 트집형 고객의 모습이다. 트집형 고객의 대응 방안으로는 이야기를 경청하고, 맞장구치고, 추켜세우고, 설득하는 것이 가장 효과적이다.

09 | 자기개발능력

대표기출유형 01 기출응용문제

01
정답 ④

자기개발의 첫 단계인 자신의 흥미·적성·특성 등을 파악하는 자아인식을 통해서 직업생활에서 회사가 아닌 자신의 요구를 파악하고 자신의 능력 및 기술을 이해할 수 있다.

02
정답 ①

자기개발은 한 분야에서 오랫동안 업무를 수행하도록 돕는 것이 아니라 끊임없이 변화하는 환경에 적응하도록 돕는다.

03
정답 ③

자기개발 계획을 세울 때는 장기, 단기목표를 모두 세워야 한다. 장기목표는 5 ~ 20년 뒤의 목표를 의미하고, 단기목표는 1 ~ 3년 정도의 목표를 의미한다. 장기목표는 자신의 욕구, 가치, 흥미, 적성 및 기대를 고려하여 수립하며 자신의 직장에서의 일과 관련하여 직무의 특성, 타인과의 관계 등을 고려하여 작성한다. 단기목표는 장기목표를 이룩하기 위한 기본단계로 필요한 직무경험, 능력, 자격증 등을 고려하여 세운다.

04
정답 ②

K사원의 워크시트 중 '상사 / 동료의 지원 정도'를 보면 상사와 동료 모두 자기 업무에 바빠 업무 지침에 해당되는 업무를 지원하는 데 한계가 있다고 적혀 있다. 따라서 ②의 경우 팀원들이 조사한 만족도 조사를 받는 것은 한계가 있으므로, 업무수행 성과를 높이기 위한 전략으로 보기 어렵다.

05
정답 ③

자기개발에 대한 구체적인 방법을 몰라서 계획을 실천하지 못한 것은 아니다. 업무와 관련한 자격증 강의 듣기, 체력 관리, 친목 다지기 등 계획 자체는 꽤 구체적으로 세웠기 때문이다.

오답분석

C사원이 계획을 제대로 실천하지 못한 이유는 직장에 다니고 있기 때문에 개인 시간에 한계가 있는데 그에 비해 계획이 과했기 때문이다. 그리고 다른 욕구를 이기지 못한 것도 원인이다. 몸이 아파서(내부), 회사 회식에 빠지기 어려워서(외부), 즉 쉬고 싶은 욕구와 다른 사람과 어울리고 싶은 욕구가 계획 실천 욕구보다 강했다(①·④). 이때 C사원은 자신에게는 그럴 만한 이유가 있었다고 생각했을 것이다(②).

01

 정답 ①

㉠은 '경력개발 전략 수립' 단계로, 전 단계에서 경력목표를 설정하면 이를 달성하기 위해 활동계획을 수립하는 단계이다.

[오답분석]

② 대학원, 교육프로그램 등의 활동에 참여하는 것은 자신의 현재 직무수행능력을 향상시킴과 동시에 미래의 직무를 위해서도 경력개발이 가능하다.

③ 상사나 직장 선후배 등 경력목표와 관련이 되는 인적 네트워크를 구축하여 정보나 지원을 받을 수 있다.

④ 직장에서는 개인이 외부에서 얻는 것보다 더 풍부한 인적·물적 자원, 기술력 등을 얻을 수 있다.

02

정답 ④

A씨는 창업을 하기로 결심하고 퇴사한 후 현재는 새로운 경력을 가지기 위해 관련 서적을 구매하거나 박람회에 참여하는 등 창업에 대한 정보를 탐색하고 있다. 이는 자신에게 적합한 직업이 무엇인지를 탐색하고 이를 선택한 후 여기에 필요한 능력을 키우는 과정인 직업 선택의 단계로, 사람에 따라 일생 동안 여러 번 일어날 수도 있다.

10 | 직업윤리

대표기출유형 01 | 기출응용문제

01
정답 ②

②는 절차 공정성에 대한 설명이다. 절차 공정성은 개인의 의사결정 형성에 적용되는 과정의 타당성에 대한 것으로, 목적이 달성되는 데 사용한 수단에 관한 공정성이며, 의사결정자들이 논쟁 또는 협상의 결과에 도달하기 위해 사용한 정책, 절차, 기준에 관한 공정성이다.

> **분배 공정성**
> 최종적인 결과에 대한 지각이 공정했는가를 나타내며 교환의 주목적인 대상물, 즉 핵심적인 서비스에 대한 지각이 공정했는가를 결정하는 것이다.

02
정답 ③

B사원의 업무방식은 그의 성격으로 인해 나타나는 것이며, B사원의 잘못이 아님을 알 수 있다. 따라서 A대리는 업무방식에 대해서로 다른 부분을 인정하는 상호 인정에 대한 역량이 필요하다고 볼 수 있다.

03
정답 ④

(가)의 입장을 반영하면 국가 청렴도가 낮은 문제를 해결하기 위해서는 청렴을 강조한 전통 윤리를 지킬 필요가 있다. 이에 개인을 넘어서 공동체, 나아가 국가의 공사(公事)를 우선하는 봉공 정신, 청빈한 생활 태도를 유지하면서 국가의 일에 충심을 다하려는 청백리 정신을 실천하는 자세가 필요하다.

01

제시문은 민주 시민으로서 기본적으로 지켜야 하는 의무와 생활 자세인 '준법 정신'에 대한 일화이다. 사회가 유지되기 위해서는 준법 정신이 필요한 것처럼 직장생활에서도 조직의 운영을 위해 준법 정신이 필요하다.

[오답분석]

① 봉사(서비스)에 대한 설명이다.

② 근면에 대한 설명이다.

③ 책임에 대한 설명이다.

02

일을 하다가 예상하지 못한 상황이 일어났을 때 그 이유에 대해 고민해 보는 것은 필요하다. 다시 같은 상황을 겪지 않도록 대처해야 하기 때문이다. 그러나 그 이유에 대해서만 계속 매달리는 것은 시간과 에너지를 낭비하는 일이다. 최대한 객관적으로 이유를 분석한 뒤 결과를 수용하고 신속하게 대책을 세우는 것이 바람직하다.

03

우수한 직업인의 자세에는 해당할 수 있으나, 직업윤리에서 제시하는 직업인의 기본자세에는 해당하지 않는다.

[오답분석]

② 나의 일을 필요로 하는 사람에게 봉사한다는 마음가짐이 필요하며, 직무를 수행하는 과정에서 다른 사람과 긴밀히 협력하는 협동 정신이 요구된다.

③ 직업이란 신이 나에게 주신 거룩한 일이며, 일을 통하여 자신의 존재를 실현하고 사회적 역할을 담당하는 것이니 자기의 직업을 사랑하며, 긍지와 자부심을 갖고 성실하게 임하는 마음가짐이 있어야 한다.

④ 법규를 준수하고 직무상 요구되는 윤리기준을 준수해야 하며, 공정하고 투명하게 업무를 처리해야 한다.

우리 인생의 가장 큰 영광은
절대 넘어지지 않는 데 있는 것이 아니라
넘어질 때마다 일어서는 데 있다.

– 넬슨 만델라–

PART 2

일반상식

04 | 일반상식 적중예상문제

01 국어

01	02	03	04	05	06	07	08	09	10
③	③	③	④	④	③	②	①	①	①
11	12	13	14	15	16	17	18	19	20
①	③	④	①	④	④	④	④	①	④

01 　　정답 ③

오답분석
- 웬지 → 왠지
- 어떡게 → 어떻게
- 말씀드리던지 → 말씀드리든지
- 바램 → 바람

02 　　정답 ③

'졸이다'는 '찌개를 졸이다.'와 같이 국물의 양을 적어지게 하는 것을 의미한다. 반면에 '조리다'는 '양념을 한 고기나 생선, 채소 따위를 국물에 넣고 바짝 끓여서 양념이 배어들게 하다.'의 의미를 지닌다. 따라서 ③의 경우 문맥상 '졸이다'가 아닌 '조리다'가 사용되어야 한다.

03 　　정답 ③

- 간헐적(間歇的) : 얼마 동안의 시간 간격을 두고 되풀이하여 일어나는
- 이따금 : 얼마쯤씩 있다가 가끔

오답분석
① 근근이 : 어렵사리 겨우
② 자못 : 생각보다 매우
④ 빈번히 : 번거로울 정도로 도수(度數)가 잦게

04 　　정답 ④

속이는 짓이나 짓궂은 짓, 또는 좋지 못한 행동을 하다.

오답분석
① 날개나 꼬리 따위를 세차게 흔들다.
② 날이 있는 물체를 이용하여 물체를 자르다.
③ 몸이나 몸체를 부르르 떨거나 움직이다.

05 　　정답 ④

教育(교육_가르칠 교, 기를 육) : 지식과 기술 따위를 가르치며 인격을 길러 줌

06 　　정답 ③

鼓舞(고무_ 북 고, 춤출 무) : 북을 쳐 춤을 추게 함. 또는 격려하여 기세를 돋움

07 　　정답 ②

망우보뢰(亡牛補牢) : '소 잃고 외양간 고친다.'는 뜻으로, 실패(失敗)한 후(後)에 일을 대비(對備)함을 이르는 말

오답분석
① 십벌지목(十伐之木) : '열 번 찍어 베는 나무'라는 뜻으로, 열 번 찍어 안 넘어가는 나무가 없음을 이르는 말
③ 견문발검(見蚊拔劍) : '모기를 보고 칼을 뺀다.'는 뜻으로, 보잘것없는 작은 일에 지나치게 큰 대책(對策)을 세움을 이르는 말
④ 조족지혈(鳥足之血) : '새발의 피'란 뜻으로, 극히 적은 분량(分量)을 이르는 말

08 　　정답 ①

서라벌은 현 경주시의 옛 지명으로, 신라의 수도였다. 따라서 보기 중 신라 헌강왕 때 지어진 처용가와 가장 관계가 깊다.

오답분석
② 청산별곡과 ④ 가시리는 고려 가요이며, ③ 황조가는 삼국시대에 고구려 유리왕이 지었다.

09
정답 ①

'뒤샹'의 '샘'은 작가의 손에 의해 탄생한 것이 아니다. 뒤샹은 남자 소변기를 돈을 주고 구입했으며, 그 소변기에 '샘'이라는 이름을 붙이고 작품으로 전시회에 출품을 한 것이다. 소변기의 재질과 형태는 달라지지 않았지만 뒤샹이 그 소변기를 작품으로 생각한 순간부터 그것은 작품으로의 가치가 생긴 것이다. 이는 '꽃'이라는 무의미한 대상을 명명의 과정을 통해 가치 있는 존재로 거듭나는 '김춘수 – 꽃'과 연관 지을 수 있다.

10
정답 ①

조남주는 1978년생으로 방송작가 출신의 한국 소설가이다. 페미니즘적 시각에서 바라본 사회고발 소설 『82년생 김지영』(2016년 10월 발간)이 베스트셀러에 오르면서 유명 작가가 되었다. 2019년 10월에 김도영 감독, 정유미(김지영 역), 공유(정대현 역) 주연의 동명 영화가 개봉되었다.

오답분석
④ 한강은 2016년 맨부커상 인터내셔널 부문을 수상하고 2024년 노벨문학상을 수상한 작가로서, 작품으로는 『소년이 온다』, 『여수의 사랑』, 『붉은꽃 이야기』, 『희랍어 시간』, 『작별하지 않는다』, 『채식주의자』 등이 있다.

11
정답 ①

국어 규범에 따르면 합성어 및 파생어에서, 앞 단어나 접두사의 끝이 자음이고 뒤 단어나 접미사의 첫음절이 '이, 야, 여, 요, 유'인 경우에는, 'ㄴ'음을 첨가하여 [니, 냐, 녀, 뇨, 뉴]로 발음한다(표준 발음법 제29항). '휘발유, 물약'에는 'ㄴ' 소리가 덧나며 '휘발유'는 [휘발뉴]의 'ㄴ'이 자음동화하여 [휘발류], '물약'은 [물략]으로 발음된다.

12
정답 ③

낱말 끝에 오는 [ʃ], [tʃ]는 '시, 치'로 적어야 한다. 따라서 '리더쉽'이 아니라 '리더십'이 맞다. 또 파열음은 된소리로 표기하지 않는다. '째즈'가 아니라 '재즈'가 맞다. 또 Com-(Con-)은 단어의 강세에 따라 '코' 혹은 '커'로 발음된다(첫 음절에 강세가 있으면 'ㅗ'로, 두 번째 음절에 강세가 있으면 'ㅓ'로 씀). 따라서 '컨닝'이 아니라 '커닝'이 맞는 표기이다.

13
정답 ④

조선 중기의 문신인 윤선도는 유명한 가사(歌辭)를 다수 지은 송강 정철과 함께 조선 시가 양대 산맥으로 평가되는 인물이다. 등용과 파직, 유배로 다사다난한 삶을 산 인물로 뛰어난 시조를 많이 지었으며, 특히 벼슬에 뜻을 버리고 전남 보길도에서 지내며 지은 〈어부사시사〉가 유명하다.

14
정답 ①

일제강점기 시인 윤동주는 일제의 강요로 창씨개명을 하기 5일 전, 나라를 잃은 국민으로서의 부끄러움과 이에 대한 참회와 반성을 주제로 〈참회록〉을 썼다. 이 시의 화자는 '파란 녹이 낀 구리 거울'에 자신의 얼굴을 비춰보며 부끄러움을 느끼고, 스스로 거울을 닦으며 성찰하겠다는 마음을 표현하고 있다.

15
정답 ④

국어의 로마자 표기법에 따르면 국어의 로마자 표기는 국어의 표준 발음법에 따라 적는 것을 원칙으로 한다(제1장 제1항). 다만, 'ㅢ'는 'ㅣ'로 소리 나더라도 ui로 적는다(제2장 제1항 [붙임 1]). 따라서 '광희문'의 표준발음이 [광히문]이더라도 표기 형태에 맞춰 'Gwanghuimun'으로 원형을 밝혀 적는다.

16
정답 ④

제시문에서는 물이 기체, 액체, 고체로 변화하는 과정을 통해 지구 내 '물의 순환' 현상을 설명하고 있다. 따라서 글의 전개 방식으로 ④가 가장 적절하다.

17
정답 ④

제시문의 필자는 시장 메커니즘의 부정적인 면을 강조하면서 인간과 자연이 어떠한 보호도 받지 못한 채 시장 메커니즘에 좌우된다면 사회가 견뎌낼 수 없을 것이라고 주장한다. 따라서 필자의 주장으로 가장 적절한 것은 시장 메커니즘에 대한 적절한 제도적 보호 장치를 마련해야 한다는 내용의 ④가 가장 적절하다.

오답분석
① 필자는 무분별한 환경 파괴보다는 인간과 자연이라는 사회의 실패를 막기 위한 보호가 필요하다고 주장한다.
② 필자는 구매력의 공급을 시장 기구의 관리에 맡기게 되면 영리 기업들은 주기적으로 파산하게 될 것이라고 주장하므로 적절하지 않다.
③ 필자는 시장 메커니즘이 인간의 존엄성을 파괴할 수 있다고 주장하지만, 한편으로는 시장 경제에 필수적인 존재임을 인정하므로 철폐되어야 한다는 주장은 적절하지 않다.

18

정답 ④

'절체절명(絕體絕命)'은 '몸도 목숨도 다 되었다'는 뜻으로, 어찌할 수 없는 절박한 경우를 비유적으로 이른다.

오답분석

① '호의호식(好衣好食)'이 맞는 표기이며, '좋은 옷을 입고 좋은 음식을 먹는다'는 의미다.
② '혈혈단신(孑孑單身)'의 비표준어이며, '의지할 데가 없는 외로운 홀몸'이라는 뜻이다.
③ '중구난방(衆口難防)'이 맞는 표기이며, '막기 어려울 정도로 여럿이 마구 지껄인다'는 의미다.

19
정답 ①

'나뉘다'는 '나누다'의 피동형으로 피동을 만드는 접사인 '-어지다'를 결합할 경우 이중피동이 되기 때문에 옳은 표현은 '나뉘어'이다.

20
정답 ④

김수영은 1960년대 전후로 활동한 참여문학의 대표적인 시인이다. 활동 초기에는 모더니즘을 바탕으로 현대문명과 도시생활에 대한 비판을 시에 담았으나, 4·19혁명을 기점으로 저항적 색채를 물씬 드러내는 작품을 썼다. 대표작으로는 〈달나라의 장난〉(1953), 〈눈〉(1957), 〈어느 날 고궁을 나오면서〉(1965), 〈풀〉(1968) 등이 있다. 〈장마〉(1973)는 윤흥길의 단편소설이다.

02 한국사

01	02	03	04	05	06	07	08	09	10
③	②	②	④	③	④	④	②	①	②
11	12	13	14	15	16	17	18	19	20
④	③	②	①	①	③	③	①	①	②

01
정답 ③

청동기 시대의 대표적인 유물에는 거푸집을 이용한 비파형 동검과 민무늬 토기, 반달 돌칼, 고인돌, 거친무늬 거울 등이 있다. 청동기 시대에는 벼농사의 시작으로 농업 생산력이 향상되었고 이에 따른 인구 증가와 경제 발달로 사유 재산과 계급이 발생하였다. 부족을 대표하는 족장의 등장은 고인돌과 돌널무덤을 통해 확인할 수 있다.

오답분석

① 신석기 시대의 모습이다.
②·④ 구석기 시대의 모습이다.

02
정답 ②

인간이 불을 이용하고 언어를 구사하게 된 것은 신석기 시대가 아니라 구석기 시대부터이다.

오답분석

④ 청동기 시대에 벼농사가 시작되었다는 것은 여주 흔암리 유적과 충남 부여 송국리의 탄화미 유적으로 알 수 있다.

03
정답 ②

제시문은 청동기 시대의 비파형 동검과 민무늬 토기에 대하여 설명하고 있다. 청동기 시대에 계급의 분화가 진행되었으며, 지배층과 피지배층으로 분화되었으므로 ②가 적절하다.

오답분석

① 초기 철기 시대의 상황이다.
③ 청동기는 제작의 어려움으로 인하여 누구나 소유하기 어려웠으며, 지배층이 주로 사용하였다.
④ 청동기가 제작되었음에도 석기가 여전히 생활의 큰 비중을 차지하였다.

04
정답 ④

사출도의 지배, 우제점법 등을 통해 설명하고 있는 국가가 부여임을 알 수 있으며, 부여는 12월에 제천 행사인 영고를 시행하였다.

[오답분석]
① 옥저, ② 삼한, ③ 고구려

05
정답 ③

삼한은 소도라는 신성 지역을 따로 두어 천군이 이를 관리하는 제정 분리 사회로, 죄인이 도망쳐 소도에 숨으면 잡아가지 못하였다.

(가) 고구려는 10월에 동맹이라는 제천 행사를 통해 하늘에 제사를 지내는 풍습이 있었으며, 혼인을 하면 신랑이 신부의 집 뒤에 서옥이라는 집을 짓고 생활하다가 자식을 낳아 장성하면 신랑 집으로 돌아가는 서옥제라는 풍속이 있었다.

(나) 삼한은 마한, 진한, 변한으로 구성된 연맹 왕국으로 신지, 견지, 읍차, 부례와 같은 정치적 지배자와 제사장인 천군이 있었다. 또한 해마다 씨를 뿌리고 난 뒤인 5월과 추수를 하는 10월에 계절제를 열어 하늘에 제사를 지냈다.

[오답분석]
① 부여는 남의 물건을 훔치면 12배로 갚도록 하는 1책 12법이란 엄격한 법률이 있었다.
② 삼한 중 변한 지역에서 철 생산이 매우 활발하여, 낙랑군과 왜에 수출하기도 하였다.
④ 동예는 각 부족의 영역을 중요시하여 다른 부족의 영역을 침범하는 경우 노비와 소, 말로 변상하게 하는 책화라는 제도가 있었다.

06
정답 ④

밑줄 친 '그 땅'은 '금관가야'이며, 해당 사료는 금관가야의 마지막 왕인 김구해가 신라 법흥왕 때 나라를 바치면서 항복하는 모습을 보여주고 있다.
ㄴ. 김무력은 금관가야의 마지막 왕 김구해의 아들로 투항 후 관산성 전투에서 백제의 성왕을 전사시키는 큰 공을 세웠다. 후에 신라의 삼국통일에 공헌한 김유신이 그의 손자이다.
ㄷ. 금관가야는 지금의 경남 김해 지역을 중심으로 발전하였으며, 낙동강 하류의 이점을 살려서 바다를 통한 중계무역과 문화적 발전을 하였다.

[오답분석]
ㄱ. 후기 가야연맹의 맹주로서 등장한 가야연맹체의 국가는 금관가야가 아닌 대가야이다.

07
정답 ④

법흥왕은 병부를 설치하여 군사업무를 제도화하고 병권을 장악하였다(516).

[오답분석]
① 진흥왕, ② 내물왕, ③ 지증왕

08
정답 ②

발해는 8세기 중반부터 당의 문화를 적극적으로 수용하였다. 3성 6부의 중앙정치기구, 수도인 상경용천부의 도시 구조가 당의 수도인 장안과 유사한 점, 관료제도 및 관복제도 등 당의 문화를 상당 부분 수용한 면모를 보여주고 있다.

[오답분석]
④ 장보고는 당의 산둥 반도에 법화원을 세워 해외 포교원의 역할을 담당하였을 뿐만 아니라, 본국인 신라와의 연락기관 역할도 하였다.

09
정답 ①

제시문은 4세기 말 ~ 5세기 초 광개토대왕에 대한 것이다. 광개토대왕은 북으로는 거란, 숙신, 후연, 동부여 등을 정벌하였고, 남으로는 백제를 공격하여 백제 아신왕의 항복을 받아내기도 하였다. 또한 신라 내물왕의 요청으로 군사를 파견하여 왜군을 격파하였다. 이러한 정복활동의 결과 광개토대왕은 재위 기간 중 고구려의 영토를 크게 팽창시켰고, 영락이라는 연호를 사용하여, 당시 고구려 중심의 천하관을 보여주고 있다.

[오답분석]
ㄷ. 진흥왕이 대가야를 정복한 일은 6세기의 일이다.
ㄹ. 백제 문주왕이 웅진으로 도읍을 천도한 것은 고구려 장수왕 때의 일이다.

10
정답 ②

(다) 나·제동맹(433) - (바) 신라의 한강 유역 차지(553) - (라) 백제 멸망(660) - (가) 고구려 멸망(668) - (마) 매소성 전투(675) - (나) 기벌포 전투(676)

11
정답 ④

12목에 지방관을 파견한 것은 고려 성종 때이다.

[오답분석]
① 광종은 독자적인 광덕 연호를 사용하였다.
② 노비안검법을 시행하여 억울하게 노비가 된 사람을 양인이 될 수 있게 하였다.
③ 후주 출신 쌍기의 제안을 받아들여 과거제도를 시행하였다.

12　정답 ③

사료는 신돈이 권력을 잡은 후 죽는 내용으로, 밑줄 친 왕은 고려 공민왕이다. 국자감을 성균관으로 개편한 것은 충렬왕 때 이다.

[오답분석]
① 1356년 원의 고려 내정 간섭 기구인 정동행성 이문소를 폐 지하였다.
② 1356년 무력으로 원에 빼앗겼던 쌍성총관부를 수복하였다.
④ 1352년 무신 정권기에 설치된 정방을 폐지하였다.

13　정답 ②

고려 시대 백정은 일반 주·부·군·현에 거주하면서 주로 농 업에 종사하는 농민층을 말한다.

[오답분석]
ㄴ. 고려 백정은 일반적인 국역 의무를 가졌지만, 국가에 대한 특정한 직역이 없었기 때문에 백정이라 불렸다.
ㄹ. 고려 백정은 일반 농민층이다. 조선 시대 백정이 천민에 속하였다.

14　정답 ①

밑줄 친 이 승려는 고려 시대에 활동한 지눌이다. 지눌은 정혜 쌍수를 제창하였으며, 수선사 결사운동 등을 하였다.

[오답분석]
② 고려 승려인 요세가 개창한 결사이다.
③ 교선일치는 의천 등이 시도하였고, 지눌은 선교일치를 시 도하였다.
④ 고려 승려인 혜심이 처음 주장하였다.

15　정답 ①

고려 후기 충렬왕 때 이승휴가 지은 『제왕운기』에 대한 설명이 다. 상권에서는 천지개벽, 삼황오제부터 원나라에 이르는 중 국의 역사를 다루었다. 하권은 둘로 나누어져 앞의 부분은 단 군조선에서 발해에 이르는 우리나라의 역사를 칠언고시로 읊 었고, 뒤의 부분은 왕건의 조상 설화에서 충렬왕에 이르는 역 사를 오언고시로 읊었다.

[오답분석]
② 『동명왕편』: 고려 후기 이규보가 고구려 동명왕에 대해 쓴 서사시이다.
③ 『삼국유사』: 고려 충렬왕 때 일연이 신라, 고구려, 백제에 대해 지은 역사서이다.
④ 『사략』: 고려 공민왕 때 이제현 등이 지은 역사서로 고려 의 통사로 추정된다.

16　정답 ③

세종은 의정부 서사제를 시행하여 왕의 권한은 줄이고 재상 중 심의 정치체제를 운영하였다.

[오답분석]
② 태종은 건국의 주도 세력을 제거하고 6조 직계제를 시행하 여 왕권을 강화했다.
④ 세조는 왕권을 강화하기 위해 의정부 서사제에서 6조 직계 제로의 변화, 유향소 폐지, 집현전 폐지 등의 정책을 시행 하였다.

17　정답 ③

조선 초에 저화라는 지폐가 유통된 것은 사실이다. 조선 초 각 왕들은 저화를 유통시키고 화폐 가치를 유지하기 위해 노력하 였지만, 교환수단으로서의 가치를 인정받지 못하면서 16세기 에 들어서는 자취를 감추게 되었다.

[오답분석]
② 조선 전기에는 각 지역의 수공업자들을 '공장안'이라는 장 적에 기록하여 관리하고 있었다. 관영수공업이 철저히 관 리되고 있음을 보여주는 증거이다. 조선 후기에는 민간의 수공업이 발달하면서 관영수공업이 쇠퇴하고, 18세기 영 조 때에 공장안을 폐기하였다.
④ 세종 때의 공법 하에서 전분6등법, 연분9등법의 수등이척 법을 실시하여 조세를 차등있게 징수하였다.

18　정답 ①

[오답분석]
② 박지원의 「양반전」, 「허생전」 등은 한문 소설이다. 한글 소설에는 허균의 「홍길동전」 등이 있다.
③ 양반과 부녀자의 생활과 유흥, 남녀 간의 애정 묘사를 한 그림은 신윤복이 유명하고, 김홍도는 서민적이면서 간결하 고 소탈한 풍속화로 유명하다.
④ 이중환의 『택리지』에 지방의 자연환경, 인물, 풍속 등이 수 록되어있다. 김정호는 「대동여지도」에 산맥, 하천, 포구, 도로망 등을 자세히 표시하였다

19　정답 ①

주어진 자료는 광해군이 강홍립에게 중립 외교를 지시한 내용 이다. 광해군은 토지 대장과 호적을 새로 만들어 국가재정 수 입을 늘리고 공물을 현물 대신 토지의 결수에 따라 쌀, 삼베나 무명, 동전 등으로 납부하는 대동법을 경기도에서 시범적으로 실시하였다. 또한 허준으로 하여금 『동의보감』을 편찬하게 하 였고 중립 외교 정책을 실시하였다.

20

정답 ②

「인왕제색도」, 「금강전도」 등의 진경산수화와 「미인도」 등의 풍속도는 조선 후기에 성행하였고, 『농사직설』, 『향약집성방』 등은 조선 전기에 저술되었다.

오답분석

① 조선 후기에는 부를 축적한 농민이 증가하고, 공명첩과 납속책 등이 시행되어 양반의 수가 늘어나는 등 신분제가 동요하였다.
③ 조선 후기에는 관영 수공업이 쇠퇴하고 민영 수공업이 발달하였으며, 선대제가 발달하였다.
④ 농업 기술의 발달로 이앙법이 확대되어 노동력이 절감되고, 이모작이 가능해졌으며, 수확량이 증가하였다.

03 시사경제문화

01	02	03	04	05	06	07	08	09	10
②	①	②	③	①	③	①	④	①	③
11	12	13	14	15	16	17	18	19	20
④	②	④	①	①	④	①	②	③	③

01

정답 ②

딥 스테이트(Deep State)는 국가의 공공이익에 봉사하지 않는 자기 권력화된 관료집단, 정부조직, 시민단체, 언론 등 기성세력을 의미한다. 이들은 기득권층으로 법 제도를 넘어서는 위치에서 국가에 강한 영향력을 행사한다. 터키, 이집트 등 권위주의 국가의 군부세력이 겉으로는 행정가를 두고 수시로 정치에 개입하는 모습에서 처음 사용됐다. 트럼프 전 대통령과 그 지지자들이 대선패배 음모론을 꺼낼 때 자주 사용되었다.

02

정답 ①

탈중앙화된 금융(Decentralized Finance), 즉 디파이는 중앙기관이 통제하지 않고 블록체인 기술로 금융 서비스를 제공하는 것을 말한다. 정부·은행 등의 중앙기관의 개입·중재·통제를 배제하고 거래 당사자들끼리 직접 송금·예금·대출·결제·투자 등의 금융 거래를 하자는 것이 주요 골자이다. 디파이 서비스에서는 책임 주체가 없기 때문에 보안사고 등의 문제가 발생했을 때 문제에 대한 책임 소재 논란이 발생할 수 있다. 또한 아직은 법적 규제와 이용자 보호 장치가 미흡해 금융사고 발생 가능성이 있고 상품 안정성이 낮다.

오답분석

② 디파이는 거래의 신뢰를 담보하기 위해 높은 보안성, 비용 절감 효과, 넓은 활용 범위를 자랑하는 블록체인 기술을 기반으로 한다.
③ 디파이는 서비스를 안정적으로 제공하기 위해 기존의 법정화폐에 연동되거나, 비트코인 같은 가상자산을 담보로 발행된 스테이블코인을 거래 수단으로 주로 사용한다.
④ 디파이는 거래의 속도를 크게 높이고 거래 수수료 등 부대비용이 거의 들지 않기 때문에 비용을 절감할 수 있다. 또한 인터넷에 연결되기만 하면 누구나 언제 어디든 디파이에 접근할 수 있으며, 응용성·결합성이 우수해 새로운 금융 서비스를 빠르게 개발할 수 있다.

03

네거티브 스크리닝은 일정한 ESG나 국제규범 등을 평가 기준으로 설정하고, 이 기준에 부합하지 않는 기업·산업군에 대한 주식·채권 투자를 배제하는 전략을 뜻한다.

오답분석

① ESG 그리니엄 : 'Green'과 'Premium'의 조합어인 'Green-ium'은 녹색채권 차입 금리가 일반채권보다 낮은 현상으로, 일반채권 대비 ESG 채권이 받는 프리미엄을 뜻한다. 녹색채권에만 투자하는 조건으로 운용되는 펀드가 많아질수록 일반채권 대비 ESG 채권에 대한 수요 증가가 유발된다. 이러한 수요의 증가는 곧 ESG 관련 프로젝트들의 자본조달 비용(차입금리)을 낮추는 음(−)의 그리니엄을 의미한다. 그리니엄은 채권이 자본을 조달하는 프로젝트에 영향을 끼치므로 투자자들의 수익 확대를 기대할 수 있다.

③ 포지티브 스크리닝 : 네거티브 스크리닝과 상대적인 개념으로, 평가 기준에 부합하는 기업·산업군에 대한 투자를 확대하는 전략이다.

④ 규칙 기반 스크리닝 : ESG 활동이 국제규범 등의 평가 기준에 부합하지 않는 또는 ESG 활동이 전혀 없는 기업·국가를 투자 포트폴리오에서 제외하는 전략이다. 네거티브 스크리닝이 산업의 특성을 기준으로 한다면, 규칙 기반 스크리닝은 발행자의 구체적인 행동을 기준으로 한다.

04

제시된 자료의 이 시기는 르네상스에 해당된다. 르네상스의 미술은 자연과 인체에 대한 사실적인 묘사를 특징으로 하며, 원근법이 사용되었다.

ㄴ. 미켈란젤로의 「천지 창조」

ㄷ. 보티첼리의 「봄」으로 인체에 대한 사실적 묘사로 르네상스 시기 미술의 특징을 잘 보여주고 있다.

오답분석

ㄱ·ㄹ. 중세 시대의 미술로 원근법을 사용하지 않아 평면적이며, 인체를 드러내지 않고 있다.

05

싱귤래리티(Singularity, 특이점)에 대한 설명이다. 미래학자이자 인공지능 연구가인 미국의 레이 커즈와일은 인공지능이 인류의 지능을 넘어서는 순간을 싱귤래리티라고 정의하였다. 세렌디피티(Serendipity)는 '뜻밖의 재미·발견'이라는 뜻으로, 과학 연구에서는 플레밍이 페니실린을 발견한 것처럼 순전히 우연으로부터 중대한 발견·발명이 이루어지는 것을 가리킨다.

06

무역규제를 함으로써 수입이 억제되므로 더 많은 이득을 얻게 된다.

07

패닉 셀링(Panic Selling)은 투자자들이 어떤 증권에 대해 공포감과 혼란을 느껴 급격하게 매도하는 현상을 뜻한다. '공황매도'라고도 한다. 증권시장이나 증권이 악재로 인한 대폭락이 예상되거나 폭락 중일 때 투자자들이 보유한 증권을 팔아버리는 것이다. 패닉 셀링이 시작되면 시장은 이에 힘입어 더욱 침체를 겪게 된다.

08

침묵의 나선이론은 지배적인 여론의 형성 및 확장 과정을 설명한다.

09

제시된 그림 (가)는 빗자루를 타고 나는 마녀, (나)는 마녀라는 누명을 쓰고 화형당한 잔다르크이다. 따라서 제시된 그림의 공통점은 '마녀'로, 마녀와 관련이 적은 작품은 마녀가 등장하지 않는 「피터팬」이다.

10

XR(eXtended Reality, 확장현실)은 VR, AR, MR 등을 아우르는 확장된 개념으로, 가상과 현실이 매우 밀접하게 연결되어 있고, 현실 공간에 배치된 가상의 물체를 손으로 만질 수 있는 등 극도의 몰입감을 느낄 수 있는 환경이나 그러한 기술을 뜻한다.

오답분석

① AR(Augmented Reality, 증강현실) : 머리에 착용하는 방식의 컴퓨터 디스플레이 장치는 인간이 보는 현실 환경에 컴퓨터 그래픽 등을 겹쳐 실시간으로 시각화함으로써 AR을 구현한다. AR이 실제의 이미지·배경에 3차원의 가상 이미지를 겹쳐서 하나의 영상으로 보여주는 것이라면 VR은 자신(객체)과 환경·배경 모두 허구의 이미지를 사용하는 것이다.

② MR(Mixed Reality, 혼합현실) : VR과 AR이 전적으로 시각에 의존한다면, MR은 시각·청각·후각·촉각 등 인간의 감각을 접목할 수 있다. VR과 AR의 장점을 융합함으로써 더 진보한 기술로 평가받는다.

④ SR(Substitutional Reality, 대체현실) : VR·AR·MR과 달리 하드웨어가 필요 없으며, 스마트 기기에 광범위하고 자유롭게 적용될 수 있다. SR은 가상현실과 인지 뇌과학이 융합되어 한 단계 업그레이드된 기술이라는 점에서 VR의 연장선상에 있는 기술로 볼 수 있다.

11
정답 ④

오답분석
① 점유권 : 점유라는 사실을 법률요건으로 하여 점유자에게 인정되는 물권(物權)의 일종이며, 대표적인 효력으로는 선의취득이 있다. 이는 타인의 동산을 공연하게 양수한 자가 무과실로 그 동산을 점유한 경우에는 양도인이 정당한 소유자가 아닐지라도 즉시 그 동산의 소유권을 취득하는 것이다.
② 저당권 : 민법상의 규정으로 채무가 이행되지 않을 때 목적물을 경매해 그 대금에서 저당채권자가 다른 채권자보다 우선 변제를 받을 목적으로 하는 담보물권을 말하며, 경매권과 우선변제권 등이 있다. 질권과는 달리 유치(留置) 효력을 가지고 있지 않기 때문에 변제기까지 채무자가 목적물을 점유하게 된다.
③ 질권 : 담보물권의 하나로 채권자가 그 채권의 담보로 채무자 또는 제삼자(물상보증인)로부터 취득한 물건 또는 재산권을 채무변제가 있을 때까지 유치할 수 있고 변제가 없을 때에는 그 담보 목적물의 가액에서 우선 변제받을 수 있는 권리로 담보권자에게 목적물의 점유를 이전한다는 점이 저당권과의 차이라 할 수 있다.

12
정답 ②

크레디트 라인은 금융기관이 일정 기간 동안 상대방에게 공여할 수 있는 신용공여의 종류와 최고 한도를 뜻한다. 크레디트 라인은 위기 때 상대방이 거부하면 자금을 차입할 수 없으므로 비상시에 필요한 만큼의 외화 확보를 보장하기 어렵다. 이와 달리 커미티드 라인(Committed Line)은 다른 금융사에 일정한 수수료를 지불하고 유사시 필요한 자금을 빌릴 수 있는 권한이 있으므로(공급 요청에 대한 거부권 없음) 비상시에 외화 확보 수단으로 활용될 수 있다.

13
정답 ④

도덕적 해이(Moral Hazard)는 보험시장에서 시작되어 점차 대중적으로 쓰이게 된 용어로, 경제학에서는 비대칭정보로 인하여 거래, 혹은 대리인이 상대방에게는 바람직하지 못하지만 자신의 이해에는 부합하는 행동을 취하려는 경향을 뜻한다.

오답분석
① 포이즌 필(Poison Pill) : 주식용어로 기업사냥꾼들의 적대적 인수합병 시도로부터 기업의 경영권을 방어하기 위한 수이다. 적대적 M&A 인수자에게 불리한 조건으로 작용하게 됨에 따라 인수자로 하여금 인수의지를 약하게 만드는 역할을 한다.
② 역선택 : 의사결정에 필요한 정보가 불충분함에 따라 불리한 선택을 하게 되는 현상을 뜻한다. 정보의 비대칭성으로 인하여 가치에 비해 높은 가격을 지급하거나, 같은 가격으로 더 낮은 가치의 것을 선택하는 것을 가리킨다.
③ 내부자 거래 : 특정 기업의 직무 또는 지위를 맡은 사람이 기업 내부 정보를 이용하여 자기 회사의 주식을 거래하는 행위이다. 이러한 거래는 부당이익으로 취급되어 대부분의 국가에서는 이를 범죄로서 처벌한다.

14
정답 ①

우리나라의 유네스코 세계기록유산에는 훈민정음 해례본, 조선왕조실록, 직지심체요절, 승정원 일기, 해인사 대장경판 및 제경판, 조선왕조 의궤, 동의보감, 일성록, 5・18 민주화운동 기록물, 난중일기, 새마을운동 기록물, 한국의 유교책판, KBS 특별 생방송 '이산가족을 찾습니다' 기록물, 조선왕실 어보와 어책, 국채보상운동 기록물, 조선통신사 기록물, 4・19혁명 기록물, 동학농민혁명 기록물이 있다.

15
정답 ①

오답분석
② 유틸리티(Utility) : 프로그램 작성에 도움이 되거나 컴퓨터 운영에 도움이 되는 소프트웨어이다.
③ 블로트웨어(Bolatware) : 꼭 필요한 기능 외에도 사용 빈도와 효용성이 낮은 기능까지 갖추다 보니 지나치게 많은 메모리를 요구하게 되어 저장 공간을 과다하게 차지하는 소프트웨어이다.
④ 블루투스(Bluetooth) : 근거리 무선 통신 규격의 하나이다.

16
정답 ④

치킨게임(Chicken Game)은 어느 한쪽이 양보하지 않을 경우 양쪽 모두 파국으로 치닫게 되는 극단적인 상황을 설명하는 게임이론으로 1950 ~ 1970년대 미국과 소련 사이의 극심한 군비경쟁을 꼬집는 용어로 사용되면서 국제정치학 용어로 정착되었다.

오답분석
① 필리버스터(Filibuster) : 합법적 의사 진행 방해는 의회에서 다수당이 수적 우세를 이용해 법안이나 정책을 통과시키는 상황을 막기 위해 소수당이 법률이 정한 범위 내에서 의사 진행을 방해하는 행위이다.
② 캐스팅보트(Casting Vote) : 의회의 의결이 가부동수인 경우 의장이 가지는 결정권이다.
③ 로그롤링(Log Rolling) : 정치세력이 자기의 이익을 위해 경쟁세력의 요구를 수용하거나 암묵적으로 동의하는 정치적 행위이다.

17

갭투자는 주택의 매매 가격과 전세 가격의 차이(Gap)가 작을 때 전세를 끼고 주택을 매입해 수익을 내는 투자 방식이다. 매매 가격과 전세 가격 차이만큼의 돈으로 주택을 매입한 후, 전세 계약이 종료되면 전세금을 올리거나 매매 가격이 오른 만큼의 차익을 얻을 수 있다. 이는 역으로 매매나 전세 수요가 줄어 매매 가격이나 전세 가격이 떨어지면 문제를 겪을 수 있다. 주택 매매 가격이 떨어지면 전세 세입자가 집주인에게 전세보증금을 돌려받지 못하는 이른바 '깡통전세'가 속출할 위험이 있다.

[오답분석]

② 대체투자 : 제품을 생산하는 데 사용하던 낡은 기계나 설비 등을 새로운 것으로 바꾸어 생산성을 높이려는 투자(Replacement Investment)를 뜻한다. 또는 채권·주식 등의 전통적인 투자 상품 대신 부동산·인프라·사모펀드 등에 투자(Alternative Investment)하는 방식으로, 채권보다 수익률이 높고 주식에 비해서는 위험성이 낮다.

③ 그린필드(Green Field)투자 : 해외 자본이 투자 대상국의 토지를 직접 매입하여 공장이나 사업장을 짓는 방식의 투자로, 외국인 직접투자의 일종이다.

④ 바이아웃(Buy-out)투자 : 특정 기업에 지분을 투자한 후 경영을 지원해 기업 가치가 높아지면 지분을 다시 팔아 투자금을 회수하는 방법을 뜻한다.

18

모달 시프트(Modal Shift)는 화물을 운송함에 있어 교통 혼잡, 공해 등을 유발하는 트럭 등의 자동차 운송보다 환경에 끼치는 피해가 적고 효율성이 높은 철도·해상 운송으로 전환하는 것을 뜻한다. 모달 시프트 정책은 탄소중립 시대에 도로 교통 중심에서 철도·해상 교통 중심으로 바뀌어야 한다는 환경 보호 인식에서 비롯되었다.

[오답분석]

① 그린 시프트(Green Shift) : 환경 위해성이 적고 에너지 효율이 큰 화학 물질이나 제품을 생산하도록 유도하는 녹색 화학 체계로의 전환을 뜻한다. 국민 건강 보호와 화학 산업의 국제 경쟁력 강화를 달성하는 데 목표를 둔다.

③ 다운 시프트(Down Shift) : 자동차의 기어를 고단에서 저단으로 바꾸어 속도를 줄이는 것처럼 삶의 속도를 낮추고 보수는 적더라도 시간적 여유가 있는 일로 전환한다는 뜻이다.

④ 패러다임 시프트(Paradigm Shift) : 과학의 역사는 연구자들의 객관적 관찰에 의한 진리의 축적에 따른 점진적 진보가 아니라 혁명, 즉 단절적 파열에 의한 새로운 패러다임의 등장을 통해서 과학이 발전한다는 이론이다. 미국의 과학철학자 토머스 쿤이 그의 저서 「과학 혁명의 구조」에서 처음 제시한 개념이다.

19

교향곡(Symphony)은 오케스트라의 합주를 위해 작곡한 소나타 고전파 음악이다. 18~19세기 초 고전파 음악의 대표적 장르로서, 4악장으로 구성되어 있으며 관현악으로 연주되는 대규모의 기악곡이다. 세계 3대 교향곡은 베토벤의 〈운명〉, 슈베르트의 〈미완성 교향곡〉, 차이코프스키의 〈비창〉이다.

20

초전도체란 매우 낮은 온도에서 전기저항이 0에 가까워져 저항 없이 전류가 흐르게 되어 에너지 손실이 없는 물질을 말한다. 초전도체를 이용하면 에나멜선이나 철심으로 만든 전자석보다 훨씬 강력한 세기의 전자석을 만들 수 있다. 이러한 초전도 전자석은 자기부상열차를 만드는 데 이용되는데, 열차의 밑바닥에 초전도체로 만든 고리를 달고 열차를 움직이면 이 고리가 철로에 있는 전선 고리에 전류가 흐르게 만든다. 그러면 두 고리 사이에 서로 밀어내는 힘이 작용하게 되어 열차를 뜨게 한다. 열차와 철로 사이에 공간이 생기면 열차의 속력을 줄이는 마찰력이 줄어들어 같은 연료로 훨씬 더 빨리, 그리고 멀리 이동할 수 있어 경제적으로도 막대한 이익을 얻을 수 있다.

[오답분석]

ㄷ. 에너지 손실이 극도로 적으므로 상대적으로 전력 소모량이 적다.

PART 3

최종점검 모의고사

01	02	03	04	05	06	07	08	09	10	11	12	13	14	15	16	17	18	19	20
④	④	②	③	④	③	③	③	④	①	④	④	②	②	②	③	②	③	①	③
21	22	23	24	25	26	27	28	29	30	31	32	33	34	35	36	37	38	39	40
②	④	②	③	④	③	③	②	④	④	④	③	④	③	④	④	③	④	④	④
41	42	43	44	45	46	47	48	49	50										
④	①	④	②	④	③	①	④	④	②										

01 　문서 내용 이해　　　　　　　　　　　　　　　　　정답 ④

민간 부문에서 역량 모델의 도입에 대한 논의가 먼저 이루어졌다고 짐작할 수는 있지만, 이것이 민간 부문에서 더욱 효과적으로 작용한다는 것을 의미한다고 보기는 어렵다.

02 　한자성어　　　　　　　　　　　　　　　　　　　　정답 ④

교언영색(巧言令色)은 교묘한 말과 얼굴빛이란 뜻으로 아첨꾼을 이르는 말이다.

오답분석
① 유비무환(有備無患) : 미리 준비되어 있으면 걱정이 없음을 뜻하는 말
② 경이원지(敬而遠之) : 겉으로는 공경하지만 속으로는 멀리함을 뜻하는 말
③ 만년지계(萬年之計) : 아주 먼 훗날까지를 미리 내다본 계획을 뜻하는 말

03 　문단 나열　　　　　　　　　　　　　　　　　　　정답 ②

(가) 상품 생산자와 상품의 관계를 제시 → (다) '자립적인 삶'의 부연 설명 → (라) 내용 첨가 : 시장 법칙의 지배 아래에서 사람과 사람과의 관계 → (나) 결론 : 인간의 소외의 순으로 나열하는 것이 자연스럽다.

04 　문서 수정　　　　　　　　　　　　　　　　　　　정답 ③

'적다'는 '수효나 분량, 정도가 일정한 기준에 미치지 못하다.'는 의미를 지니며, '작다'는 '길이, 넓이, 부피 따위가 비교 대상이나 보통보다 덜하다.'는 의미를 지닌다. 즉, '적다'는 양의 개념이고, '작다'는 크기의 개념이므로 공해 물질의 양과 관련된 ⓒ에는 '적게'가 적절하다.

05 　글의 주제　　　　　　　　　　　　　　　　　　　정답 ④

제시문은 인간은 직립보행을 계기로 후각이 생존에 상대적으로 덜 영향을 주게 되면서, 시각을 발달시키는 대신 후각을 현저히 퇴화시켰다는 사실을 설명하고 있다. 다만 후각은 여전히 감정과 긴밀히 연계되어있고 관련 기억을 불러일으킨다는 사실을 언급하며 마무리하고 있다. 따라서 인간은 후각을 퇴화시켜 부수적인 기능으로 남겨두었다는 것이 글의 중심 내용이다.

06 글의 제목

제시문의 내용은 크게 두 부분으로 나눌 수 있다. 처음부터 두 번째 문단까지는 맥주의 주원료에 대해서, 그 이후부터 글의 마지막 부분까지는 맥주의 제조공정 중 발효에 대해 설명하며 이에 따른 맥주의 종류에 대해 설명하고 있다.

07 문서 작성

해당 신문기사에서 문서작성 경진대회의 주제를 살펴보면 기획서를 작성하는 대회임을 알 수 있다. 기획서는 특별한 목적을 달성하기 위하여 설득하거나, 해결방안 또는 실행방안을 제시하는 문서이다. 따라서 숫자와 데이터를 활용하여 일관된 논리를 전개하고, 문장을 짧고 간결하게 작성하여 읽는 사람이 쉽게 이해할 수 있도록 해야 한다.

08 문서 작성

8번의 '우 도로명주소' 항목에 따르면 우편번호를 먼저 기재한 다음, 행정기관이 위치한 도로명 및 건물번호 등을 기재해야 한다.

[오답분석]
① 6번 항목에 따르면 직위가 있는 경우에는 직위를 쓰고, 직위가 없는 경우에는 직급을 온전하게 써야 한다.
② 7번 항목에 따르면 시행일과 접수일란에 기재하는 연월일은 각각 마침표(.)를 찍어 숫자로 기재하여야 한다.
④ 11번 항목에 따르면 전자우편주소는 행정기관에서 공무원에게 부여한 것을 기재하여야 한다.

09 문서 내용 이해

제시문의 마지막 문단에 따르면 괴델은 '참이지만 증명할 수 없는 명제가 존재한다.'라고 하였지만, '주어진 공리와 규칙만으로 일관성과 무모순성을 증명할 수 없다.'라고 하였다.

[오답분석]
① 두 번째 문단에서 유클리드는 공리를 기반으로 끌어낸 명제들이 성립함을 증명하였으나, 공리를 증명하려 시도하지는 않았다.
② 세 번째 문단에서 힐베르트는 공리의 무모순성과 독립성을 증명할 수 있다고 예상하였다.
③ 괴델은 증명할 수 없어도 참인 명제가 존재한다고 하였으며, 기존의 수학 체계 자체를 부정한 것이 아니라 그 자체 체계만으로 일관성과 모순성을 설명할 수 없다는 불완전성을 정리한 것이다.

10 맞춤법

과녁에 화살을 맞추다. → 과녁에 화살을 맞히다.
• 맞히다 : 문제에 대한 답을 틀리지 않게 하다. 쏘거나 던지거나 하여 한 물체가 어떤 물체에 닿게 하다.
• 맞추다 : 서로 떨어져 있는 부분을 제자리에 맞게 대어 붙이거나 서로 어긋남이 없이 조화를 이루다.

11 한자성어

제시문에서는 한 손님이 패스트푸드점의 직원을 폭행한 사건을 통해 손님들의 끊이지 않는 갑질 행태를 이야기하고 있다. 따라서 '곁에 사람이 없는 것처럼 아무 거리낌 없이 제멋대로 말하고 행동하는 태도가 있음'을 의미하는 '방약무인(傍若無人)'이 가장 적절하다.

[오답분석]
① 견마지심(犬馬之心) : '개나 말이 주인을 위하는 마음'이라는 뜻으로, 신하나 백성이 임금이나 나라에 충성하는 마음을 낮추어 이르는 말
② 빙청옥결(氷淸玉潔) : 얼음같이 맑고 옥같이 깨끗한 심성을 비유적으로 이르는 말
③ 소탐대실(小貪大失) : 작은 것을 탐하다가 오히려 큰 것을 잃음을 이르는 말

PART 3

일반적으로 말의 속도와 리듬에 있어서 매우 빠르거나 짧게 얘기하면 공포나 노여움을 나타낸다.

13 경청 정답 ②

B사원은 현재 문제 상황과 관련이 없는 A사원의 업무 스타일을 근거로 들며, A사원의 의견을 무시하고 있다. 즉, 상대방에 대한 부정적인 판단 때문에 상대방의 말을 듣지 않는 태도가 B사원의 경청을 방해하고 있는 것이다.

오답분석

① 짐작하기 : 상대방의 말을 듣고 받아들이기보다 자신의 생각에 들어맞는 단서들을 찾아 자신의 생각을 확인하는 것이다.
③ 조언하기 : 지나치게 다른 사람의 문제를 본인이 해결해 주고자 하여 상대방의 말끝마다 조언하려고 끼어드는 것이다.
④ 비위 맞추기 : 상대방을 위로하기 위해서 혹은 비위를 맞추기 위해서 너무 빨리 동의하는 것이다.

14 빈칸 삽입 정답 ②

빈칸 앞에서는 제3세계 환자들과 제약회사 간의 신약 가격에 대한 딜레마를 이야기하며 제3의 대안이 필요하다고 한다. 빈칸 뒤에서는 그 대안이 실현되기 어려운 이유는 '자신의 주머니에 손을 넣어 거기에 필요한 비용을 꺼내는 순간 알게 될 것'이라고 하였으므로 개인 차원의 대안을 제시했음을 추측할 수 있다. 따라서 ②가 빈칸에 들어갈 내용으로 적절하다.

15 빈칸 삽입 정답 ②

글쓴이는 아담 스미스의 '보이지 않는 손'에 대해 반박하기 위해 정부가 개인의 이익 활동을 제한하지 않으면 발생할 수 있는 문제점을 예를 들어 설명하고 있다. 수용 한계가 넘은 상황에서 개인의 이익을 위해 상대방의 이익을 침범한다면, 상대방도 자신의 이익을 늘리기 위해 사육 두수를 늘릴 것이다. 이러한 상황이 장기화 된다면 두 번째 문단에서 말했던 것과 같이 '목초가 줄어들어 그 목초지에서 양을 키워 얻을 수 있는 전체 생산량이 줄어든다.' 따라서 ① '농부들의 총이익은 기존보다 감소할 것'이고 이는 ⓒ '한 사회의 전체 이윤이 감소하는' 결과를 초래한다.

16 응용 수리 정답 ③

A팀은 $\frac{150}{60}$ 시간으로 경기를 마쳤으며, B팀은 현재 70km를 평균 속도 40km/h로 통과해 $\frac{70}{40}$ 시간이 소요되었다. 이때 남은 거리의 평균 속도를 $x$km/h라 하면 $\frac{80}{x}$ 의 시간이 더 소요된다. 따라서 B팀은 A팀보다 더 빨리 경기를 마쳐야 하므로 $\frac{150}{60} > \frac{70}{40} + \frac{80}{x} \rightarrow x > \frac{320}{3}$ 이다.

17 응용 수리 정답 ②

A씨가 할아버지 댁에 가는 데 걸린 시간은 $\frac{25}{10} + \frac{25}{15} = \frac{25}{6} = 4\frac{1}{6}$ 시간이다.

따라서 걸린 시간이 4시간 10분이므로 오후 4시에 도착했다면 오전 11시 50분에 집에서 나왔다는 것을 알 수 있다.

18 수열 규칙 정답 ③

제시된 수열은 -1, -6, -11, -16, -21, $\cdots$씩 더하는 수열이다. 수열의 일반항을 a_n 이라 하면 $a_n = 500 - \sum_{k=1}^{n-1}(5k-4) = 500 - \left[\frac{5n(n-1)}{2} - 4(n-1)\right] = 496 + 4n - \frac{5n(n-1)}{2}$ 이다. 따라서 11번째 항의 값은 $a_{11} = 496 + (4 \times 11) - \frac{5 \times 11 \times 10}{2} = 496 + 44 - 275 = 265$이다.

19 수열 규칙

정답 ①

n을 자연수라고 하면 n항과 $(n+1)$항의 역수를 곱한 값이 $(n+2)$항인 수열이다.

따라서 (   ) $= \dfrac{9}{2} \times \dfrac{81}{20} = \dfrac{729}{40}$ 이다.

20 수열 규칙

정답 ③

[(앞의 항)+8]÷2=(다음 항)인 수열이다.

따라서 (   )$=(9.25+8)÷2=8.625$이다.

21 응용 수리

정답 ②

5개의 숫자 중 4개의 숫자를 뽑는 경우의 수는 $_5\mathrm{C}_4=5$가지이다. 뽑힌 4개의 숫자 중 가장 큰 숫자와 가장 작은 숫자 2개를 제외하고 나머지 숫자 2개의 순서만 정하면 되므로 비밀번호로 가능한 경우의 수는 $5 \times 2 = 10$가지이다. 따라서 10번의 시도를 하면 반드시 비밀번호를 찾을 수 있다.

22 자료 이해

정답 ④

제시된 문제에서 팀장의 요구조건은 1) 영유아 수가 많은 곳, 2) 향후 5년간 지속적인 수요 증가 두 가지이며, 두 조건을 모두 충족하는 지역을 선정해야 한다.

ⅰ) 주어진 자료에서 영유아 수를 구하면 다음과 같다.

※ (영유아 수)=(총인구수)×(영유아 비중)
- A지역 : $3,460,000 \times 3\% = 103,800$명
- B지역 : $2,470,000 \times 5\% = 123,500$명
- C지역 : $2,710,000 \times 4\% = 108,400$명
- D지역 : $1,090,000 \times 11\% = 119,900$명

따라서 B-D-C-A지역 순서로 영유아 수가 많은 것을 알 수 있다.

ⅱ) 향후 5년간 영유아 변동률을 보았을 때 A지역은 1년 차와 3년 차에 감소하였고, B지역은 3~5년 차 동안 감소하는 것을 확인할 수 있다. 그러므로 지속적으로 수요가 증가하는 지역은 C지역, D지역이다. 두 지역 중 D지역은 현재 영유아 수가 C지역보다 많고, 향후 5년간 전년 대비 영유아 수 증가율이 3년 차에는 같으나 다른 연도에는 D지역이 C지역보다 크므로, D지역을 우선적으로 선정할 수 있다.

따라서 위의 조건을 모두 고려하였을 때, D지역이 유아용품 판매직영점을 설치하는 데 가장 적절한 지역이 된다.

오답분석

① B지역에 영유아 수가 가장 많은 것은 맞으나, 향후 5년 동안 영유아 변동률이 감소하는 추세를 보이므로 적절하지 않다.
② 향후 5년간 영유아 인구 증가율이 가장 높은 곳은 D지역이다.
③ 총인구수로 판단하는 것은 주어진 조건과 무관하므로 적절하지 않다.

23 자료 계산

정답 ②

$\dfrac{(대학졸업자\ 취업률)}{(전체\ 대학졸업자)} \times 100 = (대학졸업자\ 취업률) \times (대학졸업자의\ 경제활동인구\ 비중) \times \dfrac{1}{100}$

이때 OECD 평균은 $40 \times 50 \times \dfrac{1}{100} = 20\%$이고, 이보다 높은 국가는 B, C, E, F, G, H이다.

따라서 OECD 평균보다 높은 국가가 바르게 연결된 것은 ②이다.

24 　자료 이해　　　　　　　　　　　　　　　　　　　　　　정답 ③

A국과 F국을 비교해 보면 참가선수는 A국이 더 많지만, 동메달 수는 F국이 더 많다.

[오답분석]

① 금메달은 F>A>E>B>D>C 순서로 많고 은메달은 C>D>B>E>A>F 순서로 많다.

② C국은 금메달을 획득하지 못했지만 획득한 메달 수는 149개로 가장 많다.

④ 참가선수와 메달 합계의 순위는 동일하다.

25 　자료 계산　　　　　　　　　　　　　　　　　　　　　　정답 ③

사진별로 개수에 따른 총용량을 구하면 다음과 같다.

• 반명함 : $150 \times 8,000 = 1,200,000$kB

• 신분증 : $180 \times 6,000 = 1,080,000$kB

• 여권 : $200 \times 7,500 = 1,500,000$kB

• 단체사진 : $250 \times 5,000 = 1,250,000$kB

사진 용량 단위 kB를 MB로 전환하면 다음과 같다.

• 반명함 : $1,200,000 \div 1,000 = 1,200$MB

• 신분증 : $1,080,000 \div 1,000 = 1,080$MB

• 여권 : $1,500,000 \div 1,000 = 1,500$MB

• 단체사진 : $1,250,000 \div 1,000 = 1,250$MB

따라서 모든 사진의 총용량을 더하면 $1,200 + 1,080 + 1,500 + 1,250 = 5,030$MB이고, 5,030MB는 5.03GB이므로 필요한 USB 최소 용량은 5GB이다.

26 　창의적 사고　　　　　　　　　　　　　　　　　　　　　　정답 ④

실행계획 수립은 무엇을, 어떤 목적으로, 언제, 어디서, 누가, 어떤 방법으로의 물음에 대한 답을 가지고 계획하는 단계이다. 자원을 고려하여 수립해야 하며, 세부 실행내용의 난도를 고려하여 가급적 구체적으로 세우는 것이 좋고, 해결안별 구체적인 실행계획서를 작성함으로써 실행의 목적과 과정별 진행내용을 일목요연하게 파악하도록 하는 것이 필요하다.

27 　창의적 사고　　　　　　　　　　　　　　　　　　　　　　정답 ③

(가) 허수아비 공격의 오류 : 상대가 의도하지 않은 것을 강조하거나 허점을 비판하여 자신의 주장을 내세운다.

(나) 성급한 일반화의 오류 : 적절한 증거가 부족함에도 불구하고 몇몇 사례만을 토대로 성급하게 결론을 내린다.

(다) 대중에 호소하는 오류 : 타당한 논거를 제시하지 않고 많은 사람들이 그렇게 생각하거나 행동한다는 것을 논거로 제시한다.

[오답분석]

• 인신공격의 오류 : 주장이 아닌 상대방을 공격하여 논박한다.

• 애매성의 오류 : 여러 가지 의미로 해석될 수 있는 용어를 사용하여 혼란을 일으킨다.

• 무지의 오류 : 상대가 자신의 주장을 입증하지 못함을 근거로 상대를 반박한다.

28 　창의적 사고　　　　　　　　　　　　　　　　　　　　　　정답 ②

해결안별 세부 실행내용을 구체적으로 작성하는 것은 실행의 목적과 과정별 진행 내용을 일목요연하게 파악하도록 하는 것으로써 '실행계획 수립' 단계에 해당한다.

[오답분석]

① · ③ · ④ 실행 및 Follow – Up 단계에서 모니터 시 고려할 사항이다.

29 　명제 추론　정답 ④

의사의 왼쪽 자리에 앉은 사람이 검은색 원피스를 입었고 여자이므로, 의사가 여자인 경우와 남자인 경우로 나눌 수 있다.

• 의사가 여자인 경우

　검은색 원피스를 입은 여자가 교사가 아닌 경우와 교사인 경우로 나눌 수 있다.

　 i) 검은색 원피스를 입은 여자가 교사가 아닌 경우 : 의사가 밤색 티셔츠를 입고, 반대편에 앉은 남자가 교사가 되며, 그 옆의 남자가 변호사이고 하얀색 니트를 입는다. 그러면 검은색 원피스를 입은 여자가 자영업자가 되어야 하는데, 5번째 조건에 따르면 자영업자는 남자이므로 주어진 조건에 어긋난다.

　 ii) 검은색 원피스를 입은 여자가 교사인 경우 : 건너편에 앉은 남자는 밤색 티셔츠를 입었고 자영업자이며, 그 옆의 남자는 변호사이고 하얀색 니트를 입는다. 이 경우 의사인 여자는 남성용인 파란색 재킷을 입어야 하므로 주어진 조건에 어긋난다.

• 의사가 남자인 경우

　검은색 원피스를 입은 여자가 교사가 아닌 경우와 교사인 경우로 나눌 수 있다.

　 i) 검은색 원피스를 입은 여자가 교사가 아닌 경우 : 검은색 원피스를 입은 여자가 아닌 또 다른 여자가 교사이고, 그 옆에 앉은 남자는 자영업자이다. 이 경우 검은색 원피스를 입은 여자가 변호사가 되는데, 4번째 조건에 따르면 변호사는 하얀색 니트를 입어야 하므로 주어진 조건에 어긋난다.

　 ii) 검은색 원피스를 입은 여자가 교사인 경우 : 검은색 원피스를 입은 여자의 맞은편에 앉은 남자는 자영업자이고 밤색 니트를 입으며, 그 옆에 앉은 여자는 변호사이고 하얀색 니트를 입는다. 따라서 의사인 남자는 파란색 재킷을 입고, 모든 조건이 충족된다.

　따라서 모든 조건을 충족할 때 의사는 파란색 재킷을 입는다.

30 　창의적 사고　정답 ④

기존의 정보를 객관적으로 분석하는 것은 논리적 사고 또는 비판적 사고와 관련이 있다. 창의적 사고에는 성격, 태도에 걸친 전인격적 가능성까지 포함되므로 모험심과 호기심이 많고 집념과 끈기가 있으며, 적극적·예술적·자유분방적일수록 높은 창의력을 보인다.

31 　창의적 사고　정답 ④

전략적 사고란 현재 당면하고 있는 문제와 그 해결방법에만 집착하지 않고, 그 문제와 해결방안이 상위 시스템과 어떻게 연결되어 있는지를 생각하는 것을 의미한다.

[오답분석]

① 분석적 사고 : 전체를 각각의 요소로 나누어 그 요소의 의미를 도출한 다음 우선순위를 부여하여 구체적인 문제해결방법을 실행하는 것을 의미한다.

② 발상의 전환 : 사물과 세상을 바라보는 기존의 인식 틀을 전환하여 새로운 관점에서 바라보는 것을 의미한다.

③ 내·외부자원의 활용 : 문제해결 시 기술, 재료, 방법, 사람 등 필요한 자원 확보 계획을 수립하고 내·외부자원을 효과적으로 활용하는 것을 의미한다.

32 　창의적 사고　정답 ③

탐색형 문제는 현재의 상황을 개선하거나 효율을 높이기 위한 문제로, 눈에 보이지 않지만 방치하면 뒤에 큰 손실이 따르거나 결국 해결할 수 없는 문제로 나타날 수 있다. 현재 상황은 문제가 되지 않지만, 생산성 향상을 통해 현재 상황을 개선하면 대외경쟁력과 성장률을 강화할 수 있으므로 ③은 탐색형 문제에 해당한다.

[오답분석]

①·④ 현재 직면하고 있으면서 바로 해결해야 하는 발생형 문제에 해당한다.

② 앞으로 발생할 수 있는 설정형 문제에 해당한다.

33 자료 해석

정답 ④

- A : 기본 점수 80점에 오탈자 33건이므로 5점 감점, 전체 글자 수 654자이므로 3점 추가, A등급 2개와 C등급 1개이므로 15점 추가하여 총 80−5+3+15=93점이다.
- B : 기본 점수 80점에 오탈자 7건이므로 0점 감점, 전체 글자 수 476자이므로 0점 추가, B등급 3개이므로 5점 추가하여 총 80+5=85점이다.
- C : 기본 점수 80점에 오탈자 28건이므로 4점 감점, 전체 글자 수 332자이므로 10점 감점, B등급 2개와 C등급 1개이므로 0점 추가하여 총 80−4−10=66점이다.
- D : 기본 점수 80점에 오탈자 25건이므로 4점 감점, 전체 글자 수가 572자이므로 0점 추가, A등급 3개이므로 25점 추가하여 총 80−4+25=101점이다.
- E : 기본 점수 80점에 오탈자 12건이므로 1점 감점, 전체 글자 수가 786자이므로 8점 추가, A등급 1개와 B등급 1개와 C등급 1개이므로 10점 추가하여 총 80−1+8+10=97점이다.

따라서 점수가 가장 높은 학생은 D이다.

34 규칙 적용

정답 ④

㉠ A=100, B=101, C=102이다. 따라서 Z=125이다.
㉡ C=3, D=4, E=5, F=6이다. 따라서 Z=26이다.
㉢ P가 17임을 볼 때, J=11, Y=26, Z=27이다.
㉣ Q=25, R=26, S=27, T=28이다. 따라서 Z=34이다.

따라서 알파벳 Z에 해당하는 값을 모두 더하면 125+26+27+34=212이다.

35 SWOT 분석

정답 ②

ㄱ. 기술개발을 통해 연비를 개선하는 것은 막대한 R&D 역량이라는 강점으로 휘발유의 부족 및 가격의 급등이라는 위협을 회피하거나 최소화하는 전략에 해당하므로 적절하다.
ㄹ. 생산설비에 막대한 투자를 했기 때문에 차량모델 변경의 어려움이라는 약점이 있고, 레저용 차량 전반에 대한 수요 침체 및 다른 회사들과의 경쟁이 심화되고 있으므로 생산량 감축을 고려할 수 있다.
ㅁ. 생산 공장을 한 곳만 가지고 있다는 약점이 있지만 새로운 해외시장이 출현하고 있는 기회를 살려서 국내 다른 지역이나 해외에 공장들을 분산 설립할 수 있을 것이다.
ㅂ. 막대한 R&D 역량이라는 강점을 이용하여 휘발유의 부족 및 가격의 급등이라는 위협을 회피하거나 최소화하기 위해 경유용 레저 차량 생산을 고려할 수 있다.

[오답분석]
ㄴ. 소형 레저용 차량에 대한 수요 증대라는 기회 상황에서 대형 레저용 차량을 생산하는 것은 적절하지 않은 전략이다.
ㄷ. 차량모델 변경의 어려움이라는 약점을 보완하는 전략도 아니고, 소형 또는 저가형 레저용 차량에 대한 선호가 증가하는 기회에 대응하는 전략도 아니다. 또한, 차량 안전 기준의 강화와 같은 규제 강화는 기회 요인이 아니라 위협 요인이다.
ㅅ. 내수 확대에 집중하는 것은 새로운 해외시장의 출현과 같은 기회를 살리는 전략이 아니다.

36 자료 해석

정답 ③

2주 차 9일의 경우 오전에 근무하는 의사는 A와 B, 2명이다.

[오답분석]
① 2∼3주 차에 의사 A는 당직 3번으로 당직이 가장 많다.
② 진료스케줄에서 의사 D는 8월 2일부터 11일까지 휴진임을 알 수 있다.
④ 광복절은 의사 A, B, E 3명이 휴진함으로써 1∼3주 차 동안 가장 많은 의사가 휴진하는 날이다.

37 자료 해석

정답 ③

8월 9일은 오전에 의사 A가 근무하는 날로, 예약날짜로 적절하다.

[오답분석]

① 8월 3일은 1주 차에 해당된다.
②·④ 의사 A가 오전에 근무하지 않는다.

38 명제 추론

정답 ④

주어진 조건으로부터 콩쥐에게 빨간색 치마, 팥쥐에게 검은색 고무신을 배정하고, 나머지 조건으로부터 네 사람의 물품을 배정하면 다음과 같다.

• 팥쥐 : 이미 검은색 고무신을 배정받았기 때문에 검은색 치마를 배정받을 수 없고, 콩쥐가 빨간색 치마를 배정받았기 때문에 노란색을 싫어하는 팥쥐는 파란색 치마를 배정받는다. 또한, 노란색을 싫어하므로 빨간색 족두리를 배정받는다.
• 콩쥐 : 파란색 고무신을 싫어하고 검은색 고무신은 이미 팥쥐에게 배정되었으므로 빨간색과 노란색 고무신을 배정받을 수 있는데, 콩쥐는 이미 빨간색 치마를 배정받았으므로 노란색 고무신을 배정받는다.
• 향단 : 빨간색과 파란색 치마가 이미 팥쥐와 콩쥐에게 각각 배정되었으므로 검은색 치마를 싫어하는 향단이는 노란색 치마를 배정받고, 자연스럽게 춘향이가 검은색 치마를 배정받는다. 춘향이가 빨간색을 싫어하므로 향단이가 빨간색 고무신을, 춘향이는 파란색 고무신을 배정받는다.
• 춘향 : 검은색 치마와 파란색 고무신을 배정받았으므로, 빨간색을 싫어하는 춘향이는 자연스럽게 노란색 족두리를 배정받는다. 따라서 콩쥐와 향단이는 각각 파란색 또는 검은색 족두리를 배정받게 된다.

주어진 조건을 표로 정리하면 다음과 같다.

구분	족두리	치마	고무신
콩쥐	파란색 / 검은색	빨간색	노란색
팥쥐	빨간색	파란색	검은색
향단	검은색 / 파란색	노란색	빨간색
춘향	노란색	검은색	파란색

따라서 춘향이는 항상 검은색 치마를 배정받아 착용한다.

[오답분석]

① 콩쥐와 향단이가 파란색과 검은색 족두리 중 어느 것을 배정받을지는 알 수 없다.
② 팥쥐는 빨간색 족두리를 착용한다.
③ 향단이는 빨간색 고무신을 착용한다.

39 규칙 적용

정답 ④

A가 서브한 게임에서 전략팀이 득점하였으므로 이어지는 서브권은 A가 가지며, 총 4점을 득점한 상황이므로 팀 내에서 선수끼리 자리를 교체하여 A가 오른쪽에서 서브를 해야 한다. 그리고 서브를 받는 총무팀은 서브권이 넘어가지 않았기 때문에 선수끼리 코트 위치를 바꾸지 않는다. 따라서 ④가 정답이다.

40 SWOT 분석

정답 ④

ⓒ 특허를 통한 기술 독점은 기업의 내부환경으로 볼 수 있다. 따라서 내부환경의 강점(Strength) 사례이다.
ⓒ 점점 증가하는 유전자 의뢰는 기업의 외부환경(고객)으로 볼 수 있다. 따라서 외부환경에서 비롯된 기회(Opportunity) 사례이다.

[오답분석]

㉠ 투자 유치의 어려움은 기업의 외부환경(거시적 환경)으로 볼 수 있다. 따라서 외부환경에서 비롯된 위협(Threat) 사례이다.
㉣ 높은 실험비용은 기업의 내부환경으로 볼 수 있다. 따라서 내부환경의 약점(Weakness) 사례이다.

41 시간 계획

시간 관리를 통해 스트레스 감소, 균형적인 삶, 생산성 향상, 목표 성취 등의 효과를 얻을 수 있다.

> **시간 관리를 통해 얻을 수 있는 효과**
> - 스트레스 감소 : 사람들은 시간이 부족하면 스트레스를 받기 때문에 모든 시간 낭비요인은 잠재적인 스트레스 유발 요인이라 할 수 있다. 따라서 시간 관리를 통해 시간을 제대로 활용한다면 스트레스 감소 효과를 얻을 수 있다.
> - 균형적인 삶 : 시간 관리를 통해 일을 수행하는 시간을 줄인다면, 일 외에 다양한 여가를 즐길 수 있다. 또한, 시간 관리는 삶에 있어서 수행해야 할 다양한 역할들의 균형을 잡는 것을 도와준다.
> - 생산성 향상 : 한정된 자원인 시간을 적절히 관리하여 효율적으로 일을 하게 된다면 생산성 향상에 큰 도움이 될 수 있다.
> - 목표 성취 : 목표를 성취하기 위해서는 시간이 필요하고, 시간은 시간 관리를 통해 얻을 수 있다.

42 비용 계산

정답 ①

예산의 구성요소
- 직접비용 : 제품 또는 서비스를 창출하기 위해 직접 소비된 것으로 여겨지는 비용이다.
- 간접비용 : 과제를 수행하기 위해 소비된 비용 중 직접비용을 제외한 비용으로, 생산에 직접 관련되지 않은 비용이다.

43 품목 확정

정답 ④

물품출납 및 운용카드는 물품에 대한 상태를 지속적으로 확인하고 작성하여 개정할 필요가 있다.

44 인원 선발

정답 ②

인적 자원은 조직 차원뿐만 아니라 개인에게 있어서도 매우 중요하다.

45 비용 계산

정답 ④

- 일비 : 하루에 10만 원씩 지급 → $100,000 \times 3 = 300,000$원
- 숙박비 : 실비 지급 → B호텔 2박 → $250,000 \times 2 = 500,000$원
- 식비 : 8 ~ 9일까지는 3식이고 10일에는 점심 기내식을 제외하여 아침만 포함
  → $(10,000 \times 3) + (10,000 \times 3) + (10,000 \times 1) = 70,000$원
- 교통비 : 실비 지급 → $84,000 + 10,000 + 16,300 + 17,000 + 89,000 = 216,300$원
- 합계 : $300,000 + 500,000 + 70,000 + 216,300 = 1,086,300$원
따라서 A차장이 받을 수 있는 출장여비는 1,086,300원이다.

46 시간 계획

정답 ③

대화 내용을 살펴보면 S과장은 패스트푸드점, B대리는 화장실, C주임은 은행, A사원은 편의점을 이용한다. 이는 동시에 이루어지는 일이므로 가장 오래 걸리는 일의 시간만을 고려하면 된다. 은행이 30분으로 가장 오래 걸리므로 17:20에 모두 모이게 된다. 따라서 17:00, 17:15에 출발하는 버스는 이용하지 못하며, 17:30에 출발하는 버스는 잔여석이 부족하여 이용하지 못한다. 따라서 17:45에 출발하는 버스를 탈 수 있고, 가장 빠른 서울 도착 예정시각은 19:45이다.

47 품목 확정

제시된 조건에 따라 가중치를 적용한 각 후보 도서의 점수를 나타내면 다음과 같다.

(단위 : 점)

도서명	흥미도 점수	유익성 점수	1차 점수	2차 점수
재테크, 답은 있다	6×3=18	8×2=16	34	34
여행학개론	7×3=21	6×2=12	33	33+1=34
부장님의 서랍	6×3=18	7×2=14	32	–
IT혁명의 시작	5×3=15	8×2=16	31	–
경제정의론	4×3=12	5×2=10	22	–
건강제일주의	8×3=24	5×2=10	34	34

1차 점수가 높은 3권은 '재테크, 답은 있다', '여행학개론', '건강제일주의'이다. 이 중 '여행학개론'은 해외저자의 서적이므로 2차 선정에서 가점 1점을 받는다. 1차 선정된 도서 3권의 2차 점수가 34점으로 모두 동일하므로, 유익성 점수가 가장 낮은 '건강제일주 의'가 탈락한다. 따라서 최종 선정될 도서는 '재테크, 답은 있다'와 '여행학개론'이다.

48 시간 계획

O에서 e를 경유하여 D까지 최단경로는 O → d → c → e → D로 최단거리는 14km이다.

[오답분석]

① b를 경유하는 O에서 D까지의 최단경로는 'O → d → c → b → D'로 최단거리는 12km이다.
② O에서 c까지의 최단거리는 'O → d → c'로 6km이다.
③ a를 경유하는 O에서 D까지의 최단경로는 'O → a → b → D'로 최단거리는 13km이다.

49 비용 계산

• (가)안 : 3·4분기 자재구매 비용은 7,000×40+10,000×40=680,000원이다. 3분기에 재고가 10개가 남으므로 재고관리비는 10×1,000=10,000원이다. 따라서 자재구매·관리 비용은 680,000+10,000=690,000원이다.
• (나)안 : 3·4분기 자재구매 비용은 7,000×60+10,000×20=620,000원이다. 3분기에 재고가 30개가 남으므로 재고관리비는 30×1,000=30,000원이다. 따라서 자재구매·관리 비용은 620,000+30,000=650,000원이다.
따라서 (가)안과 (나)안의 비용 차이는 690,000-650,000=40,000원이다.

50 품목 확정

스캐너 기능별 가용한 스캐너를 찾으면 다음과 같다.
• 양면 스캔 가능 여부 – Q·T·G스캐너
• 50매 이상 연속 스캔 가능 여부 – Q·G스캐너
• 예산 4,200,000원까지 가능 – Q·T·G스캐너
• 카드 크기부터 계약서 크기 스캔 지원 – G스캐너
• A/S 1년 이상 보장 – Q·T·G스캐너
• 기울기 자동 보정 여부 – Q·T·G스캐너
모두 부합하는 G스캐너가 가장 우선시되고, 그 다음은 Q스캐너, 그리고 T스캐너로 순위가 결정된다.

01	02	03	04	05	06	07	08	09	10	11	12	13	14	15	16	17	18	19	20
③	④	④	②	④	①	④	③	①	②	④	④	④	④	②	④	①	④	③	①
21	22	23	24	25	26	27	28	29	30	31	32	33	34	35	36	37	38	39	40
②	③	③	④	③	③	④	③	④	②	③	①	③	③	③	①	③	②	④	③
41	42	43	44	45	46	47	48	49	50										
②	④	②	④	③	④	②	①	②	①										

01   문단 나열   정답 ③

첫 번째로 1965년 노벨 경제학상 수상자인 게리 베커에 대한 내용으로 이야기를 도입하며 베커가 주장한 '시간의 비용' 개념을 소개하는 (라)가 와야 하고, (라)를 보충하는 내용으로 베커의 '시간의 비용이 가변적'이라는 개념을 언급한 (가)가 와야 한다. 다음으로 베커와 같이 시간의 비용이 가변적이라고 주장한 경제학자 린더의 주장을 소개한 (다)가 와야 하며, 마지막으로 베커와 린더의 공통적 전제인 사람들에게 주어진 시간이 고정된 양이라는 사실과 기대수명이 늘어남으로써 시간의 가치가 달라질 것이라는 (나)의 순서로 나열해야 한다. 따라서 문단을 순서대로 바르게 나열한 것은 (라) − (가) − (다) − (나)이다.

02   문서 내용 이해   정답 ④

『규합총서』는 일상생활에 필요한 내용을 담았고, 『청규박물지』는 천문, 지리의 내용까지 포함되어 있어 빙허각 이씨가 생각한 지식의 범주가 일상에 필요한 실용지식부터 인문, 천문, 지리에 이르기까지 방대했다고 볼 수 있지만, 잡과 시험과는 관련이 없다.

03   어휘   정답 ④

• 혼잡(混雜) : 여럿이 한데 뒤섞이어 어수선함
• 혼동(混同) : 구별하지 못하고 뒤섞어서 생각함
• 혼선(混線) : 말이나 일 따위를 서로 다르게 파악하여 혼란이 생김

오답분석
• 요란(搖亂) : 시끄럽고 떠들썩함
• 소동(騷動) : 사람들이 놀라거나 흥분하여 시끄럽게 법석거리고 떠들어 대는 일
• 갈등(葛藤) : 개인이나 집단 사이에 목표나 이해관계가 달라 서로 적대시하거나 충돌함. 또는 그런 상태

04   빈칸 삽입   정답 ②

제시문에서 합통과 추통은 참도 있지만 오류도 있다고 말하고 있다. 빈칸 뒤의 문장에서 더욱 많으면 맞지 않은 경우가 있기 때문이라는 이유를 제시하고 있으므로, 빈칸에는 합통 또는 추통으로 유추하는 것에 위험이 많다고 말하는 ②가 가장 적절하다.

05   문단 나열   정답 ④

제시문은 스페인의 건축가 가우디의 건축물에 대해 설명하는 글이다. 따라서 (나) 가우디 건축물의 특징인 곡선과 대표 건축물인 카사 밀라 → (라) 카사 밀라에 대한 설명 → (다) 가우디 건축의 또 다른 특징인 자연과의 조화 → (가) 이를 뒷받침하는 건축물인 구엘 공원의 순서로 나열해야 한다.

06   빈칸 삽입   정답 ①

㉠은 바로 앞 문장의 내용을 환기하므로 '즉'이 적절하며, ㉡의 경우 앞뒤 문장이 서로 반대되므로 역접 관계인 '그러나'가 적절하다. ㉢에는 바로 뒤 문장의 마지막에 있는 '~때문이다'라는 표현에 따라 '왜냐하면'이 가장 자연스러우며, ㉣에는 부정하는 말 앞에서 '다만', '오직'의 뜻으로 쓰이는 말인 '비단'이 들어가야 한다.

07   글의 주제   정답 ④

제시문에서는 '장애인 편의 시설에 대한 새로운 시각'이 필요하다고 밝히고, 장애인 편의 시설이 '우리 모두에게 유용함'을 강조하고 있다. 또한 마지막 문단에서 보편적 디자인의 시각으로 바라볼 때 '장애인 편의 시설은 우리 모두에게 편리하고 안전한 시설로 인식될 것'이라고 하였다. 따라서 제시문의 주제로 가장 적절한 것은 ④이다.

08   맞춤법   정답 ③

- 내로라하다 : 어떤 분야를 대표할 만하다.
- 그러다 보니 : 보조용언 '보다'가 앞 단어와 연결 어미로 이어지는 '-다 보다'의 구성으로 쓰이면 앞말과 띄어 쓴다.

오답분석

① 두가지를 → 두 가지를 / 조화시키느냐하는 → 조화시키느냐 하는
- 두 가지를 : 수 관형사는 뒤에 오는 명사 또는 의존 명사와 띄어 쓴다.
- 조화시키느냐 하는 : 어미 다음에 오는 말은 띄어 쓴다.
② 무엇 보다 → 무엇보다 / 인식해야 만 → 인식해야만
- 무엇보다 : '보다'는 비교의 대상이 되는 말에 붙어 '~에 비해서'의 뜻을 나타내는 조사이므로 붙여 쓴다.
- 인식해야만 : '만'은 한정, 강조를 의미하는 보조사이므로 붙여 쓴다.
④ 심사하는만큼 → 심사하는 만큼 / 한 달 간 → 한 달간
- 심사하는 만큼 : 뒤에 나오는 내용의 원인, 근거를 의미하는 의존 명사이므로 띄어 쓴다.
- 한 달간 : '동안'을 의미하는 접미사이므로 붙여 쓴다.

09   응용 수리   정답 ①

지혜와 주헌이가 함께 걸어간 거리는 $150 \times 30 = 4,500$m이고, 집에서 회사까지 거리는 $150 \times 50 = 7,500$m이다. 따라서 지혜가 집에 가는 데 걸린 시간은 $150 \times 30 \div 300 = 15$분이고, 다시 회사까지 가는 데 걸린 시간은 $150 \times 50 \div 300 = 25$분이다. 따라서 주헌이가 회사에 도착하는 데 걸린 시간은 20분이고, 지혜가 걸린 시간은 40분이므로, 지혜는 주헌이가 도착하고 20분 후에 회사에 도착한다.

10   응용 수리   정답 ②

은경이는 총 9장의 손수건을 구매했으므로 B손수건 3장을 제외한 나머지 A, C, D손수건은 각각 2장씩 구매하였다. 먼저 3명의 친구들에게 서로 다른 손수건을 3장씩 나눠줘야 하므로 B손수건을 1장씩 나눠준다. 나머지 A, C, D손수건을 서로 다른 손수건으로 2장씩 나누면 (A, C), (A, D), (C, D)로 묶을 수 있다. 이 세 묶음을 3명에게 나눠주는 방법은 $3! = 3 \times 2 = 6$가지이다. 따라서 친구 3명에게 종류가 다른 손수건을 3장씩 나눠주는 경우의 수는 6가지이다.

11 　자료 계산　정답 ④

과일 종류별 무게를 가중치로 적용한 네 과일의 가중평균은 42만 원이다. (라)의 가격을 a만 원이라 가정하고 가중평균에 대한 식을 정리하면 다음과 같다.

$(25 \times 0.4) + (40 \times 0.15) + (60 \times 0.25) + (a \times 0.2) = 42$

$\rightarrow 10 + 6 + 15 + 0.2a = 42$

$\rightarrow 0.2a = 42 - 31 = 11$

$\therefore a = \dfrac{11}{0.2} = 55$

따라서 빈칸 ㉠에 들어갈 수치는 55이다.

12 　자료 계산　정답 ④

일본의 R&D 투자 총액은 1,508억 달러이며, 이는 GDP 대비 3.44%이므로 $3.44 = \dfrac{1,508}{(\text{GDP 총액})} \times 100$이다.

따라서 일본의 GDP 총액은 $\dfrac{1,508}{0.0344} \fallingdotseq 43,837$억 달러이다.

13 　자료 이해　정답 ④

전년 대비 하락한 항목은 2021년의 종합청렴도, 외부청렴도, 정책고객평가와 2022년의 내부청렴도, 2023년의 내부청렴도, 정책고객평가이다. 항목별 하락률을 구하면 다음과 같다.

• 2021년

　− 종합청렴도 : $\dfrac{8.21 - 8.24}{8.24} \times 100 \fallingdotseq -0.4\%$

　− 외부청렴도 : $\dfrac{8.35 - 8.56}{8.56} \times 100 \fallingdotseq -2.5\%$

　− 정책고객평가 : $\dfrac{6.90 - 7.00}{7.00} \times 100 \fallingdotseq -1.4\%$

• 2022년

　− 내부청렴도 : $\dfrac{8.46 - 8.67}{8.67} \times 100 \fallingdotseq -2.4\%$

• 2023년

　− 내부청렴도 : $\dfrac{8.12 - 8.46}{8.46} \times 100 \fallingdotseq -4.0\%$

　− 정책고객평가 : $\dfrac{7.78 - 7.92}{7.92} \times 100 \fallingdotseq -1.8\%$

따라서 전년 대비 가장 크게 하락한 항목은 2023년의 내부청렴도이다.

[오답분석]

① • 4년간 내부청렴도 평균 : $\dfrac{8.29 + 8.67 + 8.46 + 8.12}{4} \fallingdotseq 8.4$

　• 4년간 외부청렴도 평균 : $\dfrac{8.56 + 8.35 + 8.46 + 8.75}{4} \fallingdotseq 8.5$

　따라서 4년간 내부청렴도의 평균이 외부청렴도의 평균보다 낮다.

② 2021 ~ 2023년 외부청렴도와 종합청렴도의 증감 추이는 '감소 − 증가 − 증가'로 같다.

③ 그래프를 통해 알 수 있다.

14 　수열 규칙

정답 ④

앞의 두 수의 합이 그 다음 항의 수인 피보나치 수열이다.

따라서 (　　)=21+34=55이다.

15 　자료 계산

정답 ②

역에서 음식점까지의 거리를 $x$km라 하자.

역에서 음식점까지 왕복하는 데 걸리는 시간과 음식을 포장하는 데 걸리는 시간이 1시간 30분 이내여야 하므로 다음 식이 성립한다.

$$\frac{x}{3}+\frac{15}{60}+\frac{x}{3}\leq\frac{3}{2}$$

$$\rightarrow 20x+15+20x\leq90$$

$$\rightarrow 40x\leq75$$

$$\therefore x\leq\frac{75}{40}=1.875$$

즉, 역과 음식점 사이 거리가 1.875km 이내여야 하므로 갈 수 있는 음식점은 'N버거'와 'B도시락'이다.

따라서 A사원이 구입할 수 있는 음식은 도시락과 햄버거이다.

16 　자료 해석

정답 ④

주어진 임무는 행사와 관련하여 모두 필요한 업무이므로 가장 오래 걸리는 과정이 끝날 때 성과발표 준비가 완성되게 된다. 따라서 가장 오래 걸리게 되는 과정인 A → C → E → G → H 과정과 A → C → F → H 과정이 모두 끝나는 8일이 소요되며, 여기서 E → G → H 과정을 단축하게 되더라도 A → C → F → H 과정이 있으므로 전체기간은 짧아지지 않는다.

17 　명제 추론

정답 ①

주어진 조건에 따르면 두 가지 경우가 가능하다.

경우 1)

5층	D
4층	B
3층	A
2층	C
1층	E

경우 2)

5층	E
4층	C
3층	A
2층	B
1층	D

따라서 A부서는 항상 3층에 위치한다.

[오답분석]

② B부서는 2층 또는 4층에 있다.

③·④ D부서는 1층 또는 5층에 있다.

18 　규칙 적용

정답 ④

- 형태 : HX(육각)
- 허용압력 : L(18kg/cm^2)
- 직경 : 014(14mm)
- 재질 : SS(스테인리스)
- 용도 : M110(자동차)

19 　지료 해석　　　　　　　　　　　　　　　　　　　　　　　　　　　　　정답　③

제시된 조건을 항목별로 정리하면 다음과 같다.

- 부서배치
  - 성과급 평균은 48만 원이므로, A는 영업부 또는 인사부에서 일한다.
  - B와 D는 비서실, 총무부, 홍보부 중에서 일한다.
  - C는 인사부에서 일한다.
  - D는 비서실에서 일한다.
  따라서 A – 영업부, B – 총무부, C – 인사부, D – 비서실, E – 홍보부에서 일한다.
- 휴가
  - A는 D보다 휴가를 늦게 간다.
  따라서 C – D – B – A 또는 D – A – B – C 순으로 휴가를 간다.
- 성과급
  - D사원 : 60만 원
  - C사원 : 40만 원

[오답분석]

① A는 20만×3=60만 원이고, C는 40만×2=80만 원이다. 따라서 A의 3개월 치 성과급은 C의 2개월 치 성과급보다 적다.
② C가 제일 먼저 휴가를 갈 경우, A가 제일 마지막으로 휴가를 가게 된다.
④ 휴가를 가지 않은 E는 두 배의 성과급을 받기 때문에 총 120만 원의 성과급을 받게 되고, D의 성과급은 60만 원이기 때문에 두 사람의 성과급 차이는 두 배이다.

20 　명제 추론　　　　　　　　　　　　　　　　　　　　　　　　　　　　　정답　①

주어진 조건에 따라 들어가야 할 재료 순서를 배치해 보면 다음과 같다.

첫 번째	두 번째	세 번째	네 번째	다섯 번째	여섯 번째	일곱 번째
바	다	마	나	사	라	가

따라서 두 번째 넣어야 할 재료는 '다'이다.

21 　SWOT 분석　　　　　　　　　　　　　　　　　　　　　　　　　　　　정답　②

경쟁자의 시장 철수로 인한 새로운 시장 진입 가능성은 A공사가 가지고 있는 내부환경의 약점이 아닌 외부환경에서 비롯되는 기회에 해당한다.

22 　창의적 사고　　　　　　　　　　　　　　　　　　　　　　　　　　　　정답　③

자유연상법은 창의적 사고를 기를 수 있는 방법으로, 어떤 생각에서 다른 생각을 계속해서 떠올리는 작용을 통해 어떤 주제에서 생각나는 것을 계속해서 열거해 나가는 발산적 사고 방법이다.

[오답분석]

① 강제연상법 : 각종 힌트에 강제적으로 연결지어서 발상하는 방법이다.
② 비교발상법 : 주제의 본질과 닮은 것을 힌트로 발상하는 방법이다.

23 창의적 사고 정답 ③

브레인스토밍을 위한 인원은 5 ~ 8명 정도가 적당하며, 주제에 대한 전문가를 절반 이하로 구성하고, 다양한 분야의 사람들을 참석시키는 것이 다양한 의견을 도출하는 지름길이다.

[오답분석]

① A : 주제를 구체적이고 명확하게 선정한다.
② B : 구성원의 다양한 의견을 도출할 수 있는 사람을 리더로 선출한다.
④ D : 발언은 누구나 자유롭게 하고, 모든 발언 내용 기록 후 구조화한다.

24 인원 선발 정답 ④

직원들의 당직 근무 일정을 정리하면 다음과 같다.

구분	월	화	수	목	구분	월	화	수	목
오전	공주원 지한준 김민정	이지유 최유리	강리환 이영유	공주원 강리환 이건율	오후	이지유 최민관	최민관 이영유 강지공	공주원 지한준 강지공 김민정	최유리
구분	금	토	일	–	구분	금	토	일	–
오전	이지유 지한준 이건율	김민정 최민관 강지공	이건율 최민관	–	오후	이영유 강지공	강리환 최유리 이영유	이지유 김민정	–

당직 근무 규칙에 따르면 오후 당직의 경우 최소 2명이 근무해야 한다. 그러나 목요일 오후에 최유리 1명만 근무하므로 최소 1명의 근무자가 더 필요하다. 이때, 한 사람이 같은 날 오전·오후 당직을 모두 할 수 없으므로 목요일 오전 당직 근무인 공주원, 강리환, 이건율은 제외된다. 또한 당직 근무는 주당 5회 미만이므로, 이번 주에 4번의 당직 근무가 예정된 근무자 역시 제외된다. 따라서 지한준의 당직 근무 일정을 추가해야 한다.

25 비용 계산 정답 ③

대표적인 직접비용으로는 재료비, 원료와 장비비, 시설비, 여행(출장)비와 잡비, 인건비가 있고, 간접비용으로는 보험료, 건물관리비, 광고비, 통신비, 사무비품비, 각종 공과금이 있다. ③은 직접비용에 해당되나, ①·②·④는 간접비용에 해당된다.

26 시간 계획 정답 ③

ADM(Arrow Diagram Method)은 활동을 화살 위에 표현하고 화살과 화살을 노드로 연결하여 활동 간의 전후 관계를 나타내는 시간관리 기법이다. 비교적 직관적이고 일정의 계산 결과를 쉽게 표현할 수 있으나, 일의 선후 관계가 복잡하고 변경이 잦은 경우에는 적합하지 않다.

[오답분석]

① PDM(Precedence Diagram Method) : ADM과 달리 노드가 단순한 접점이 아닌 활동이 되며, 화살 선은 SS, SF, FS, FF 네 가지 연관 관계를 이용해 활동을 연결한다.
② GTD(Getting Things Done) : 데이비드 앨런의 저서를 통해 알려진 시간관리 기법으로 자신이 해야 할 일을 나열하고, 수집, 처리, 정리, 검토, 실행의 프로세스에 따라 일을 처리하는 방식이다.
④ FTF(First Things First) : '소중한 것을 먼저 하라.' 장기계획, 단기계획 등의 목표를 세우고 이를 이루기 위해 중요한 일, 먼저 해야 하는 일 등을 우선순위에 따라 처리하는 방식이다.

27 　품목 확정　정답 ④

적절한 수준의 여분은 사용 중인 물품의 파손 등 잠재적 위험에 즉시 대응할 수 있어 생산성을 향상시킬 수 있다.

[오답분석]
① 물품의 분실 사례에 해당한다. 물품의 분실은 훼손과 마찬가지로 물품을 다시 구입해야 하므로 경제적인 손실을 가져올 수 있다.
② 물품의 훼손 사례에 해당한다. 물품을 제대로 관리하지 못하여 새로 구입해야 한다면 경제적인 손실이 발생할 수 있다.
③ 분명한 목적 없이 물품을 구입한 사례에 해당한다. 분명한 목적 없이 물품을 구입할 경우 관리가 소홀해지면서 분실, 훼손의 위험이 커질 수 있다.

28 　비용 계산　정답 ③

항목별 예산 관리는 전년도 예산을 기준으로 하며 점진주의적인 특징이 있기 때문에 예산 증감의 신축성이 없다는 것이 단점이다.

29 　품목 확정　정답 ①

과목별 의무 교육이수 시간은 다음과 같다.

구분	글로벌 경영	해외사무영어	국제회계
의무 교육 시간	$\dfrac{15점}{1점/h}=15시간$	$\dfrac{60점}{1점/h}=60시간$	$\dfrac{20점}{2점/h}=10시간$

이제까지 B과장이 이수한 시간을 계산해 보면, 글로벌 경영과 국제회계의 초과 이수 시간은 $2+14=16$시간이며, 해외사무영어의 부족한 시간은 10시간이다. 초과 이수 시간을 점수로 환산하여 부족한 해외사무영어 점수 10점에 $16\times0.2=3.2$점을 제외하면 6.8점이 부족하다. 따라서 미달인 과목은 해외사무영어이며, 부족한 점수는 6.8점임을 알 수 있다.

30 　비용 계산　정답 ②

기존의 운행횟수는 12회이므로 1일 운송되는 화물량은 $12\times1,000=12,000$상자이다. 이때, 적재효율을 높여 기존 1,000상자에서 1,200상자로 늘어나면 운행횟수를 10회($=12,000\div1,200$)로 줄일 수 있고, 기존 방법과 새로운 방법의 월 수송비를 계산하면 다음과 같다.
(월 수송비)=(1회당 수송비)×(차량 1대당 1일 운행횟수)×(차량 운행대수)×(월 운행일 수)
• 기존 월 수송비 : $100,000\times3\times4\times20=24,000,000$원
• 신규 월 수송비 : $100,000\times10\times20=20,000,000$원
따라서 월 수송비 절감액은 4,000,000원($=24,000,000-20,000,000$)이다.

31 　정보 이해　정답 ③

정보의 사용 절차는 전략적으로 기획하여 필요한 정보를 수집하고, 수집된 정보를 필요한 시점에 사용될 수 있도록 관리하여 정보를 활용하는 것이다.

32 　정보 이해　정답 ①

데이터베이스(DB; Data Base)란 어느 한 조직의 여러 응용 프로그램들이 공유하는 관련 데이터들의 모임이다. 대학 내 서로 관련 있는 데이터들을 하나로 통합하여 데이터베이스로 구축하게 되면, 학생 관리 프로그램, 교수 관리 프로그램, 성적 관리 프로그램은 이 데이터베이스를 공유하며 사용하게 된다. 이처럼 데이터베이스는 여러 사람에 의해 공유되어 사용될 목적으로 통합하여 관리되는 데이터의 집합을 말하며, 자료항목의 중복을 없애고 자료를 구조화하여 저장함으로써 자료 검색과 갱신의 효율을 높인다.

② 유비쿼터스 : 사용자가 네트워크나 컴퓨터를 의식하지 않고 장소에 상관없이 자유롭게 네트워크에 접속할 수 있는 정보통신 환경을 의미한다.

③ RFID : 극소형 칩에 상품정보를 저장하고 안테나를 달아 무선으로 데이터를 송신하는 장치를 말한다.

④ NFC : NFC는 전자태그(RFID)의 하나로 13.56Mhz 주파수 대역을 사용하는 비접촉식 근거리 무선통신 모듈이며, 10cm의 가까운 거리에서 단말기 간 데이터를 전송하는 기술을 말한다.

33 　정보 이해　　　　　　　　　　　　　　　　　　　정답 ③

정보를 관리하지 않고 그저 머릿속에만 기억해 두는 것은 정보관리에 허술한 사례이다.

①·④ 정보검색의 바람직한 사례이다.

② 정보전파의 바람직한 사례이다.

34 　엑셀 함수　　　　　　　　　　　　　　　　　　　정답 ③

VLOOKUP 함수는 「=VLOOKUP(첫 번째 열에서 찾으려는 값,찾을 값과 결과로 추출할 값들이 포함된 데이터 범위,값이 입력된 열의 열 번호,일치 기준)」으로 구성된다. 찾으려는 값은 [B2]가 되어야 하며, 추출할 값들이 포함된 데이터 범위는 [E2:F8]이고, 자동 채우기 핸들을 이용하여 사원들의 교육점수를 구해야 하므로 '[$E$2:$F$8]'과 같이 절대참조가 되어야 한다. 그리고 값이 입력된 열의 열 번호는 [E2:F8] 범위에서 2번째 열이 값이 입력된 열이므로 '2'가 되어야 하며, 정확히 일치해야 하는 값을 찾아야 하므로 FALSE 또는 '0'이 들어가야 한다. 따라서 (A) 셀에 입력할 수식은 ③이다.

35 　프로그램 언어(코딩)　　　　　　　　　　　　　　정답 ③

서식지정자 lf는 double형 실수형 값을 표시할 때 쓰이며, %.2lf의 .2는 소수점 2자리까지 표시한다는 의미이다. 따라서 해당 프로그램의 실행 결과는 11.30이다.

36 　경영 전략　　　　　　　　　　　　　　　　　　　정답 ①

노사협의회에 따른 경영참가의 경우, 첫 번째 단계로서 경영자층이 경영 관련 정보를 근로자에게 제공하고 근로자들은 의견만을 제출하는 정보참가 단계를 가진다. 노사 간 의견교환이 이루어지는 것은 협의참가 단계이다.

② 자본참가는 근로자가 조직 재산의 소유에 참여하는 것으로서, 근로자가 경영방침에 따라 회사의 주식을 취득하는 종업원지주도, 노동제공을 출자의 한 형식으로 간주하여 주식을 취득하는 노동주제도가 있다.

③ 자본참가 방식은 근로자들이 주인의식과 충성심을 가지게 되고, 성취동기를 유발할 수 있으며, 퇴직 후에 생활자금을 확보할 수 있는 한 방법이 된다.

④ 경영참가는 경영자의 권한인 의사결정과정에 근로자 또는 노동조합이 참여하는 것으로, 대표적으로 노사협의회는 노사 대표로 구성되는 합동기구로서 생산성 향상, 근로자 복지 증진, 교육훈련, 기타 작업환경 개선 등을 논의한다. 경영참가의 초기 단계에 서는 근로자들의 참여권한이 확대되면 노사 간 서로 의견을 교환하여 토론하며 협의하는 협의참가 단계를 거친다. 다만 이 단계에서 이루어진 협의결과에 대한 시행은 경영자들에게 달려있다. 다음 단계는 근로자와 경영자가 공동으로 결정하고 결과에 대하여 공동의 책임을 지는 결정참가 단계이다. 이 단계에서는 경영자의 일방적인 경영권은 인정되지 않는다.

37 경영 전략 　　　　　　　　　　　　　　　　　　　　　　　　　　　정답 ③

노사협의회는 내부환경 분석과 외부환경 분석이 있다. C기업의 경우는 환경에 대한 분석이 아닌, 환경분석에 기반하여 경영 전략을 도출하는 단계의 사례에 해당된다.

오답분석

① 신규 수주 확보를 위한 경쟁력 확보라는 경영 전략 목표를 설정하는 단계로서 적절한 사례이다.
② 경영 전략 추진 단계 중 환경분석 단계에는 내부환경 분석과 외부환경 분석이 있다. B기업의 사례는 그중 외부환경 분석의 사례로서 적절하다.
④ 전략목표 달성을 위한 경영 전략 도출에는 크게 조직전략 도출, 사업전략 도출, 부문전략 도출이 있다. 그중 D기업의 경우는 조직전략에 해당되는 사례이고, E기업의 경우 부문전략 및 조직전략에 해당되는 사례로서 적절하다.

38 경영 전략 　　　　　　　　　　　　　　　　　　　　　　　　　　　정답 ②

목표관리(Management By Objectives)란 조직의 상하 구성원들이 참여의 과정을 통해 조직 단위와 구성원의 목표를 명확하게 설정하고, 그에 따라 생산 활동을 수행하도록 한 뒤 업적을 측정·평가하는 포괄적 조직관리 체제를 말한다. 목표관리는 종합적인 조직운영 기법으로 활용될 뿐만 아니라 근무성적평정 수단, 예산 운영 및 재정관리의 수단으로 다양하게 활용되고 있다.

오답분석

① 과업평가계획(Project Evaluation and Review Technique) : 특정 프로젝트의 일정과 순서를 계획적으로 관리하는 기법으로, 계획내용인 프로젝트의 달성에 필요한 모든 작업을 작업 관련 내용과 순서를 기초로 하여 네트워크상으로 파악한다.
③ 조직개발(Organization Development) : 조직의 유효성과 건강을 높이고, 환경변화에 적절하게 대응하기 위하여 구성원의 가치관과 태도, 조직풍토, 인간관계 등을 향상시키는 변화활동을 의미한다.
④ 총체적 질관리(Total Quality Management) : 조직의 생산성과 효율성을 제고시키기 위하여 조직 구성원 전원이 참여하여 고객의 욕구와 기대를 충족시키도록 지속적으로 개선해 나가는 활동을 의미한다.

39 업무 종류 　　　　　　　　　　　　　　　　　　　　　　　　　　　정답 ④

시스템 오류 확인 및 시스템 개선 업무는 고객지원팀이 아닌 시스템개발팀이 담당하는 업무이다.

40 조직 구조 　　　　　　　　　　　　　　　　　　　　　　　　　　　정답 ③

마케팅기획본부는 해외마케팅기획팀과 마케팅기획팀으로 구성된다고 했으므로 적절하지 않다.

오답분석

①·② 마케팅본부의 마케팅기획팀과 해외사업본부의 해외마케팅기획팀을 통합해 마케팅기획본부가 신설된다고 했으므로 적절하다.
④ 해외사업본부의 해외사업 1팀과 해외사업 2팀을 해외영업팀으로 통합하고 마케팅본부로 이동한다고 했으므로 적절하다.

41 업무 종류 　　　　　　　　　　　　　　　　　　　　　　　　　　　정답 ②

이사원에게 현재 가장 긴급한 업무는 미팅 장소를 변경해야 하는 것이다. 미리 안내했던 장소를 사용할 수 없으므로 11시에 사용 가능한 다른 회의실을 예약해야 한다. 그 후 바로 거래처 직원에게 미팅 장소가 변경된 점을 안내해야 하므로 ⓒ이 ⓒ보다 먼저 이루어져야 한다. 거래처 직원과의 11시 미팅 이후에는 오후 2시에 예정된 김팀장과의 면담이 이루어져야 한다. 김팀장과의 면담 시간은 미룰 수 없으므로 이미 예정되었던 시간에 맞춰 면담을 진행한 후 부서장이 요청한 문서 작업 업무를 처리하는 것이 적절하다. 따라서 이사원은 ⓒ - ⓒ - ⓐ - ⓔ - ⓜ의 순서로 업무를 처리해야 한다.

42 팀워크

팀워크는 개인의 능력이 발휘되는 것도 중요하지만 팀원들 간의 협력이 더 중요하다. 팀워크는 팀원 개개인의 능력이 최대치일 때 가장 뛰어난 것은 아니다.

43 리더십
정답 ②

조직을 관리하는 대표는 리더(Leader)와 관리자(Manager)로 나눌 수 있다. '무엇을 할까'를 생각하면서 적극적으로 움직이는 사람이 리더이고, 처해 있는 상황에 대처하기 위해 '어떻게 할까'를 생각하는 사람이 관리자이다.

44 갈등 관리
정답 ④

조직의 의사결정과정이 창의성을 발휘할 수 있는 분위기에서 진행된다면, 적절한 수준의 내부적 갈등은 순기능을 할 가능성이 높다.

45 책임 의식
정답 ③

같은 회사이고 동료이기 때문에 동료의 일도 나의 업무라고 생각하고 도와주는 것이 책임감 있는 행동이다.

46 윤리
정답 ④

E과장은 아랫사람에게 인사를 먼저 건네며 즐겁게 하루를 시작하는 공경심이 있는 예도를 행하였다.

[오답분석]
① 비상금을 털어 무리하게 고급 생일선물을 사는 것은 자신이 감당할 수 있는 능력을 벗어나는 것이므로 적절하지 않다.
② 장례를 치르는 문상자리에서 애도할 줄 모르는 것이므로 적절하지 않다.
③ 선행이나 호의를 베풀 때에도 받는 자에게 피해가 되지 않도록 주의해야 하므로 적절하지 않다.

47 윤리
정답 ②

자녀가 아프니 일찍 퇴근하라는 것은 아랫사람을 존중해 주는 것이다.

48 윤리
정답 ①

인사를 교환한 뒤에는 바로 통화 목적(용건)을 말해야 한다.

49 윤리
정답 ②

[오답분석]
① 명함은 두 손으로 건네되, 동시에 주고받을 때에는 부득이하게 한 손으로 건넨다.
③ 모르는 한자가 있을 때 물어보는 것은 실례가 아니다.
④ 명함을 동시에 주고받을 때는 오른손으로 주고 왼손으로 받는다.

50 봉사
정답 ①

봉사는 물질적인 보상이나 대가를 바라지 않고 사회의 공익, 행복을 위해서 하는 일이다. 따라서 보상에 맞춰 봉사에 참여하는 것은 적절하지 않다.

제 **3** 회 전 영역 모의고사

01	02	03	04	05	06	07	08	09	10	11	12	13	14	15	16	17	18	19	20
④	①	④	①	④	③	①	②	①	②	①	②	②	①	②	①	④	①	④	③
21	22	23	24	25	26	27	28	29	30	31	32	33	34	35	36	37	38	39	40
③	④	①	③	④	④	②	①	④	②	①	③	②	②	①	①	④	④	④	③
41	42	43	44	45	46	47	48	49	50										
④	④	③	④	③	④	②	③	④	②										

01   글의 제목   정답 ④

제시문은 중세 유럽에서 유래된 로열티 제도가 산업 혁명부터 현재까지 지적 재산권에 대한 보호와 가치 확보를 위해 발전되었음을 설명하고 있다. 따라서 가장 적절한 제목은 '로열티 제도의 유래와 발전'이다.

02   빈칸 삽입   정답 ①

• 첫 번째 빈칸 : 빈칸과 이어지는 '철학도 ~ 과학적 지식의 구조와 다를 바가 없다.'라는 내용으로 볼 때 같은 의미의 내용이 들어가야 하므로 ㉠이 적절하다.
• 두 번째 빈칸 : 앞부분에서는 '철학과 언어학의 차이'를 제시하고 있고, 뒤에는 언어학의 특징이 구체적으로 서술되어 있다. 그 뒤에는 분석철학에 대한 설명이 따르고 있으므로 빈칸에는 언어학에 대한 일반적인 개념 정의가 서술되어야 한다. 따라서 ㉡이 적절하다.
• 세 번째 빈칸 : 앞부분에서 '철학의 기능은 한 언어가 가진 개념을 해명하고 이해'하는 것이라고 설명하고 있다. 따라서 '철학은 개념의 분석에 지나지 않는다.'라는 ㉢이 적절하다.

03   의사 표현   정답 ④

상대방이 이해하기 어려운 전문적 언어(㉣)나 단조로운 언어(㉤)는 의사 표현에 사용되는 언어로 적절하지 않다.

오답분석
의사 표현에 사용되는 언어로는 이해하기 쉬운 언어(㉠), 상세하고 구체적인 언어(㉡), 간결하면서 정확한 언어(㉢), 문법적 언어(㉥), 감각적 언어 등이 있다.

04   경청   정답 ①

경청함으로써 상대방의 입장에 공감하며 이해하게 된다.

05 　맞춤법 　　　　　　　　　　　　　　　　　　　　　　　　　정답 ④

⊙ '소개하다'는 '서로 모르는 사람들 사이에서 양편이 알고 지내도록 관계를 맺어 주다.'의 의미로 단어 자체가 사동의 의미를 지니고 있으므로 '소개시켰다'가 아닌 '소개했다'가 옳은 표현이다.
ⓒ '쓰여지다'는 피동 접사 '-이-'와 '-어지다'가 결합한 이중 피동 표현이므로 '쓰여진'이 아닌 '쓰인'이 옳은 표현이다.
ⓒ '부딪치다'는 '무엇과 무엇이 힘 있게 마주 닿거나 마주 대다.'의 의미인 '부딪다'를 강조하여 이르는 말이고, '부딪히다'는 '부딪다'의 피동사이다. 따라서 ⓒ에는 의미상 '부딪쳤다'가 들어가야 한다.

06 　한자성어 　　　　　　　　　　　　　　　　　　　　　　　　정답 ③

'자는 호랑이에게 코침 주기[숙호충비(宿虎衝鼻)]'는 가만히 있는 사람을 건드려서 스스로 화를 불러들이는 일을 뜻한다.
'평지풍파(平地風波)'는 고요한 땅에 바람과 물결을 일으킨다는 뜻으로, 공연한 일을 만들어서 뜻밖에 분쟁을 일으키거나 사태를 어렵고 시끄럽게 만드는 경우를 뜻한다. 따라서 '자는 호랑이에게 코침 주기'와 뜻이 비슷하다고 볼 수 있다.

[오답분석]
① 전전반측(輾轉反側) : 걱정거리로 마음이 괴로워 잠을 이루지 못함
② 각골통한(刻骨痛恨) : 뼈에 사무치도록 마음속 깊이 맺힌 원한
④ 백아절현(伯牙絶絃) : 자기를 알아주는 절친한 벗의 죽음을 슬퍼함

07 　문서 작성 　　　　　　　　　　　　　　　　　　　　　　　　정답 ①

문서의 목표, 내용을 뒷받침할 자료를 모으고 활용해야 하는 것이지 무조건 자료가 많다고 글의 완성도가 높아지는 것은 아니다. 너무 방대한 자료는 오히려 글의 핵심을 가릴 위험이 있다.

08 　자료 이해 　　　　　　　　　　　　　　　　　　　　　　　　정답 ②

ⓒ 2019년 성장률이 가장 높은 지역은 경기지역으로, 이때의 성장률은 11%이다.
ⓔ 2021년 성장률은 인천지역이 7.4%로 가장 높지만, 인천지역과 경기지역의 전년 대비 총생산 증가량을 비교해 보면 인천지역은 47,780－43,311＝4,469십억 원, 경기지역은 193,658－180,852＝12,806십억 원으로 경기지역이 더 많다.

09 　자료 계산 　　　　　　　　　　　　　　　　　　　　　　　　정답 ①

800g 소포의 개수를 x개, 2.4kg 소포의 개수를 y개라고 하면
$800x+2,400y \leq 16,000$
→ $x+3y \leq 20$ ··· ㉠
B회사는 동일지역, C회사는 타지역이므로
$4,000x+6,000y=60,000$
→ $2x+3y=30$
→ $3y=30-2x$ ··· ㉡
㉡을 ㉠에 대입하면
$x+30-2x \leq 20$
→ $x \geq 10$ ··· ㉢
따라서 ㉡, ㉢을 동시에 만족하는 x, y값은 $x=12$, $y=2$이다.

10 응용 수리

정답 ②

처음 사우회에 참석한 사람의 수를 x명이라 하자.

i) $8x < 17 \times 10 \rightarrow x < \dfrac{170}{8} = 21.25$

ii) $9x > 17 \times 10 \rightarrow x > \dfrac{170}{9} \fallingdotseq 18.9$

iii) $8(x+9) \leq 10 \times (17+6) \rightarrow x \leq \dfrac{230}{8} - 9 = 19.75$

세 식을 모두 만족해야 하므로 처음 참석자 수는 19명이다.

11 응용 수리

정답 ①

A쇼핑몰은 정시에 도착하고, 동시에 B쇼핑몰은 늦게 도착해야 하므로 두 확률의 곱을 구해야 한다.

따라서 구하고자 하는 확률은 $\dfrac{1}{3} \times \dfrac{1}{2} = \dfrac{1}{6}$ 이다.

12 수열 규칙

정답 ②

$+2.7$, $\div 2$가 반복되는 수열이다.

따라서 (   ) $= 10.2 \div 2 = 5.1$이다.

13 자료 이해

정답 ②

가. 현재 성장을 유지할 경우의 건수당 도입량은 $48 \div 4.7 \fallingdotseq 10.2$MW이고, 도입을 촉진할 경우의 건수당 도입량은 $49 \div 4.2 \fallingdotseq 11.67$MW이므로 도입을 촉진했을 때 건수당 도입량이 더 크다.

다. 도입을 촉진할 경우의 전체 신축주택 도입량 중 10kW 이상이 차지하는 비중은 $\dfrac{49}{1,281+49} \times 100 \fallingdotseq 3.68\%$이고, 유지할 경우의

전체 신축주택 도입량 중 10kW 이상이 차지하는 비중은 $\dfrac{48}{1,057+48} \times 100 \fallingdotseq 4.34\%$이다. 따라서 $4.34 - 3.68 = 0.66$%p 하락하

였다.

[오답분석]

나. 2020년 10kW 미만 기존주택의 건수당 도입량은 $454 \div 94.1 \fallingdotseq 4.82$MW이고, 10kW 이상은 $245 \div 23.3 \fallingdotseq 10.52$MW이므로 10kWh 이상의 사용량이 더 많다.

라. $\dfrac{165 - 145.4}{145.4} \times 100 \fallingdotseq 13.48\%$이므로 15%를 넘지 않는다.

14 자료 해석

정답 ①

각 자동차의 경비를 구하면 다음과 같다.

• A자동차
  − (연료비) $= 150,000 \div 12 \times 1,400 = 1,750$만 원
  − (경비) $= 1,750$만 $+2,000$만 $= 3,750$만 원
• B자동차
  − (연료비) $= 150,000 \div 8 \times 900 = 1,687.5$만 원
  − (경비) $= 1,687.5$만 $+2,200$만 $= 3,887.5$만 원
• C자동차
  − (연료비) $= 150,000 \div 15 \times 1,150 = 1,150$만 원
  − (경비) $= 1,150$만 $+2,700$만 $= 3,850$만 원

- D자동차
  - (연료비)=150,000÷20×1,150=862.5만 원
  - (경비)=862.5만+3,300만=4,162.5만 원

따라서 경비가 가장 적게 드는 것은 A자동차이다.

15 규칙 적용 정답 ②

오답분석

① 숫자 0을 다른 숫자와 연속해서 나열했고(세 번째 조건 위반), 알파벳 대문자를 다른 알파벳 대문자와 연속해서 나열했다(네 번째 조건 위반).

③ 특수기호를 첫 번째로 사용했다(다섯 번째 조건 위반).

④ 알파벳 대문자를 사용하지 않았다(두 번째 조건 위반).

16 SWOT 분석 정답 ①

WT전략은 외부 환경의 위협 요인을 회피하고 약점을 보완하는 전략을 적용해야 한다. ①은 강점인 'S'를 강화하는 방법에 대해 이야기하고 있다.

오답분석

② WO전략은 외부의 기회를 사용해 약점을 보완하는 전략이므로 옳다.

③ SO전략은 기회를 활용하면서 강점을 더욱 강화시키는 전략이므로 옳다.

④ ST전략은 외부 환경의 위협을 회피하며 강점을 적극 활용하는 전략이므로 옳다.

17 명제 추론 정답 ④

주어진 조건을 표로 정리하면 다음과 같다.

구분	A	B	C	D	E	F
아침	된장찌개	된장찌개	된장찌개	김치찌개	김치찌개	김치찌개
점심	김치찌개	김치찌개	된장찌개	된장찌개	된장찌개	김치찌개
저녁	김치찌개	김치찌개	김치찌개	된장찌개	된장찌개	된장찌개

따라서 김치찌개는 총 9그릇이 필요하다.

18 규칙 적용 정답 ①

의류 종류 코드에서 'OP(원피스)'를 'OT(티셔츠)'로 수정해야 하므로 ①의 생산 코드를 'OTGR – 230124 – 475ccc'로 수정해야 한다.

오답분석

㉠ 스커트는 'OH', 붉은색은 'RD', 제조일은 '22120', 창원은 '753', 수량은 'aaa'이므로 ③의 생산 코드는 'OHRD – 221204 – 753aaa'로 옳다.

㉢ 원피스는 'OP', 푸른색은 'BL', 제조일은 '220705', 창원은 '753', 수량은 'aba'이다.

㉣ 납품일(2023년 7월 23일) 전날에 생산했으므로 생산날짜는 2023년 7월 22일이다. 따라서 ②의 생산 코드는 'OJWH – 230722 – 935baa'로 옳다.

㉤ 티셔츠의 생산 코드는 ④와 같이 'OTYL – 230430 – 869aab'로 옳으며, 스커트의 생산 코드는 'OHYL – 230430 – 869aab'이다.

19 　자료 해석　　　　　　　　　　　　　　　　　　　　　　　　　　　　　　정답　④

우선 민원이 접수되면 제7조 제2항에 따라 주어진 처리기간은 24시간이다. 그 기간 내에 처리하기 곤란할 경우에는 제8조 제1항에 의해 민원인에게 중간 답변을 한 후 48시간으로 연장할 수 있다. 또한 제8조 제2항에 따라 연장한 기간 내에서도 처리하기 어려운 사항일 경우 1회에 한하여 본사 총괄부서장의 승인에 따라 48시간을 추가 연장할 수 있다. 따라서 해당 민원은 늦어도 48+48=96시간=4일 이내에 처리하여야 한다. 그러므로 9월 18일에 접수된 민원은 늦어도 9월 22일까지는 처리가 완료되어야 한다.

20 　창의적 사고　　　　　　　　　　　　　　　　　　　　　　　　　　　　　　정답　③

예술성은 창의적 사고와 관련이 있으며, 비판적 사고를 개발하기 위해서는 감정적이고 주관적인 요소를 배제하여야 한다.

오답분석

① 체계성 : 결론에 이르기까지 논리적 일관성을 유지하여 논의하고 있는 문제의 핵심에서 벗어나지 않도록 한다.
② 결단성 : 모든 필요한 정보가 획득될 때까지 불필요한 논증을 피하고 모든 결정을 유보하며, 증거가 타당할 때 결론을 맺어야 한다.
④ 지적 호기심 : 여러 가지 다양한 질문이나 문제에 대한 해답을 탐색하고 사건의 원인과 설명을 구하기 위해 왜, 언제, 누가, 어떻게 등에 대한 질문을 제기한다.

21 　인원 선발　　　　　　　　　　　　　　　　　　　　　　　　　　　　　　정답　③

주어진 조건에 의하면 C참가자는 재료손질 역할을 원하지 않고, A참가자는 세팅 및 정리 역할을 원하고, D참가자 역시 재료손질 역할을 원하지 않는다. A참가자가 세팅 및 정리 역할을 하면 A참가자가 받을 수 있는 가장 높은 점수는 90+9=99점이고, C·D참가자는 요리보조, 요리 두 역할을 나눠하면 된다. 마지막으로 B참가자는 어떤 역할이든지 자신 있으므로 재료손질을 담당하면 된다. C·D참가자가 요리보조와 요리 역할을 나눠가질 때, D참가자는 기존 점수가 97점이므로, 요리를 선택할 경우 97+7=104점이 되어 100점이 넘어가므로 요리 역할을 선택할 수 없다. 따라서 A참가자는 세팅 및 정리, B참가자는 재료손질, C참가자는 요리, D참가자는 요리보조 역할을 담당하면 모든 참가자들의 의견을 수렴하면서 지원자 모두 최종점수가 100점을 넘지 않는다.

22 　인원 선발　　　　　　　　　　　　　　　　　　　　　　　　　　　　　　정답　④

지원계획의 첫 번째 조건을 보면 지원금을 받는 모임의 구성원은 6명 이상 9명 미만이므로 A모임은 제외한다.
나머지 B, C, D모임의 총지원금을 구하면 다음과 같다.
• B모임 : 1,500천+(100천×6)=2,100천 원
• C모임 : 1.3×[1,500천+(120천×8)]=3,198천 원
• D모임 : 2,000천+(100천×7)=2,700천 원
따라서 D모임이 두 번째로 많은 지원금을 받는다.

23 　비용 계산　　　　　　　　　　　　　　　　　　　　　　　　　　　　　　정답　①

최단시간으로 가는 방법은 택시만 이용하는 방법이고, 최소비용으로 가는 방법은 버스만 이용하는 방법이다.
• 최단시간으로 가는 방법의 비용 : 2,000(∵ 기본요금)+100×4(∵ 추가요금)=2,400원
• 최소비용으로 가는 방법의 비용 : 500원
∴ (최단시간으로 가는 방법의 비용)-(최소비용으로 가는 방법의 비용)=2,400-500=1,900원

24 　시간 계획　　　　　　　　　　　　　　　　　　　　　　　　　　　　　　정답　③

대중교통 이용 방법이 정해져 있을 경우, 비용을 최소화하기 위해서는 회의장에서의 대기시간을 최소화하는 동시에 지각하지 않아야 한다. 거래처에서 회의장까지 2분이 소요되므로 정민이는 오후 1시 58분에 거래처에 도착해야 한다. A회사에서 B지점까지는 버스를, B지점에서 거래처까지는 택시를 타고 이동한다고 하였으므로 환승시간을 포함하여 걸리는 시간은 3×2(∵ 버스 소요시간)+2(∵ 환승 소요시간)+1×3(∵ 택시 소요시간)=11분이다. 따라서 오후 1시 58분-11분=오후 1시 47분에 출발해야 한다.

25   품목 확정

물적자원의 관리과정
1. 사무 용품과 보관 물품의 구분
   - 반복 작업 방지, 물품 활용의 편리성
2. 동일 및 유사 물품으로 분류
   - 동일성, 유사성의 원칙
3. 물품 특성에 맞는 보관 장소 선정
   - 물품의 형상 및 소재

다음 과정에 맞춰 C주임의 행동을 배열한다면 기존 비품 중 바로 사용할 사무용품과 따로 보관해둘 물품을 분리하는 (C), 동일 및 유사 물품으로 분류하는 (B), 물품의 형상 및 소재에 따라 보관 장소를 선정하는 (A)의 순서가 적절하다.

26   시간 계획

많은 시간을 직장에서 보내는 일 중독자는 최우선 업무보다 가시적인 업무에 전력을 다하는 경향이 있다. 장시간 일을 한다는 것은 오히려 자신의 일에 대한 시간관리능력의 부족으로 잘못된 시간관리 행동을 하고 있다는 것이다. 시간관리를 잘하여 일을 수행하는 시간을 줄일 수 있다면 일 외에 다양한 여가를 즐길 수 있을 것이다.

27   엑셀 함수

RANK 함수는 범위에서 특정 데이터의 순위를 구할 때 사용하는 함수이다. RANK 함수의 형식은 「=RANK(인수, 범위, 논리값)」인데, 논리값의 경우 0이면 내림차순, 1이면 오름차순으로 나타나게 된다. 발전량이 가장 높은 곳부터 순위를 매기려면 내림차순으로 나타내야 하므로 (B) 셀에 입력해야 할 함수는 「=RANK(F5,$F$5:$F$12,0」이다.

28   정보 이해

현재 창 닫기 : 〈Ctrl〉+〈W〉

29   정보 이해

프린터는 한 대의 PC에 여러 대의 프린터를 로컬로 설치할 수 있다. 여러 대의 프린터를 설치하더라도 소프트웨어가 올바르게 설치되어 있다면, 프린터 간 충돌이나 오작동이 발생하지는 않는다.

30   엑셀 함수

MOD 함수를 통해 「=MOD(숫자,2)=1」이면 홀수이고, 「=MOD(숫자,2)=0」이면 짝수인 것과 같이 홀수와 짝수를 구분할 수 있다. 또한 ROW 함수는 현재 위치한 '행'의 번호를, COLUMN 함수는 현재 위치한 '열'의 번호를 출력한다. 따라서 대화상자에 입력할 수식은 ②이다.

31   프로그램 언어(코딩)

i에 0을 저장하고, i 값이 5보다 작을 때까지 i에 1을 더한다. j에는 0부터 i 값과 같거나 작을 때까지 j에 1을 더한 횟수만큼 *를 출력한다. *는 5개가 될 때까지 다음 줄에 출력되어 ①처럼 출력된다.

32   기술 적용   정답 ③

전자레인지를 사용하면서 불꽃이 튀는 경우와 조리 상태에 만족하지 않을 때 확인해야 할 사항에 사무실, 전자레인지의 전압을 확인해야 한다는 내용은 명시되어 있지 않다.

33   기술 이해   정답 ②

제시문은 기술의 S곡선에 대한 설명이다. 기술이 등장하고 처음에는 완만히 향상되다가 일정 수준이 되면 급격히 향상되고, 한계가 오면서 다시 완만해지다가 이후 다시 발전할 수 없는 상태가 되는 모양이 S모양과 닮았다하여 붙여진 이름이다.

[오답분석]

① 바그너 법칙 : 경제가 성장할수록 국민총생산(GNP)에서 공공지출의 비중이 높아진다는 법칙이다.
③ 빅3 법칙 : 분야별 빅3 기업들이 시장의 70 ~ 90%를 장악한다는 경험 법칙이다.
④ 생산비의 법칙 : 완전경쟁에서 가격·한계비용·평균비용이 일치함으로써 균형상태에 도달한다는 법칙이다.

34   기술 이해   정답 ②

제시문은 기술혁신의 예측 어려움, 즉 불확실성에 대해 설명하고 있으므로 ②가 가장 적절하다.

[오답분석]

① 기술개발로부터 이로 인한 기술혁신의 가시적인 성과가 나타나기까지는 비교적 장시간이 필요하다.
③ 인간의 지식과 경험은 빠른 속도로 축적되고 학습되는 데 반해 기술개발에 참가한 엔지니어의 지식은 문서화되기 어렵기 때문에 다른 사람들에게 쉽게 전파될 수 없고, 해당 엔지니어들이 그 기업을 떠나는 경우 기술과 지식의 손실이 크게 발생하여 기술개발을 지속할 수 없는 경우가 종종 발생한다. 이는 기술혁신의 지식 집약적 활동이라는 특성 때문이다.
④ 기술혁신은 기업의 기존 조직 운영 절차나 제품구성, 생산방식, 나아가 조직의 권력구조 자체에도 새로운 변화를 야기함으로써 조직의 이해관계자 간의 갈등을 유발하는데, 이는 기술혁신으로 인해 조직 내에서도 이익을 보는 집단과 손해를 보는 집단이 생기기 때문이다.

35   경영 전략   정답 ①

스톡옵션제도에 대한 설명으로, 자본참가 유형에 해당된다.

[오답분석]

② 스캔론플랜에 대한 설명으로, 성과참가 유형에 해당된다.
③ 럭커플랜에 대한 설명으로, 성과참가 유형에 해당된다.
④ 노사협의제도에 대한 설명으로, 의사결정참가 유형에 해당된다.

36   조직 구조   정답 ①

사내 봉사 동아리이기 때문에 공식이 아닌 비공식조직에 해당한다. 비공식조직의 특징에는 인간관계에 따라 형성된 자발적인 조직, 내면적·비가시적, 비제도적, 감정적, 사적 목적 추구, 부분적 질서를 위한 활동 등이 있다.

37   업무 종류   정답 ④

업무용 명함은 악수를 한 이후 교환하며, 아랫사람이나 손님이 먼저 꺼내 오른손으로 상대방에게 주고, 받는 사람은 두 손으로 받는 것이 예의이다.

[오답분석]

㉠ 악수는 오른손으로 한다.
㉡ 우리나라에서는 악수할 때 가볍게 절을 한다.
㉢ 업무용 명함은 손님이 먼저 꺼낸다.

38 경영 전략

델파이 기법은 반복적인 설문 조사를 통해 의견 차이를 좁혀 합의를 도출하는 방식으로, 이를 순서대로 나열한 것은 ④이다.

39 경영 전략

정답 ④

문제에 대한 원인을 물어 근본 원인을 도출하는 5Why의 사고법으로 문제를 접근한다.
• 팀 내의 실적이 감소하고 있는 이유 : 고객과의 PB 서비스 계약 건수 감소
• 고객과의 PB 서비스 건수가 계약 감소한 이유 : 절대적인 고객 수 감소
• 절대적인 고객 수가 감소한 이유 : 미흡한 재무설계 제안서
• 재무설계가 미흡한 이유 : 은행 금융상품의 다양성 부족
• 금융상품의 다양성 부족 : 고객정보의 수집 부족
따라서 고객정보의 수집 부족이 근본적인 원인이다.

40 경영 전략

정답 ③

OJT에 의한 교육방법의 4단계는 다음과 같다.
ⓒ 제1단계 : 배울 준비를 시킨다.
ⓒ 제2단계 : 작업을 설명한다.
㉠ 제3단계 : 시켜본다.
㉣ 제4단계 : 가르친 결과를 본다.
따라서 순서대로 바르게 나열한 것은 ⓒ – ⓒ – ㉠ – ㉣이다.

41 팀워크

정답 ④

효과적인 팀의 구성원들은 서로 직접적이고 솔직하게 대화한다. 이를 통해 팀원들은 상대방으로부터 조언을 구하고, 상대방의 말을 충분히 고려하며, 아이디어를 적극적으로 활용하게 된다.

[오답분석]
① 팀워크는 개인주의가 아닌 공동의 목적을 달성하기 위해 상호 관계성을 가지고 서로 협력하는 것이다.
② 어떤 팀에서든 의견의 불일치는 발생하며, 효과적인 팀워크는 이러한 갈등을 개방적으로 다루어 해결한다.
③ 팀워크에서는 강한 자신감을 통해 팀원들 간의 사기를 높일 필요가 있다.

42 고객 서비스

정답 ④

추후 고객에게 연락하여 고객이 약속 날짜 전에 옷을 받았는지 확인을 해야 하며, 확인 후 배송 착오에 대해 다시 사과를 해야 한다.

[오답분석]
① "화내시는 점 충분히 이해합니다."라고 답변하며 공감 표시를 하였다.
② 배송 착오에 대해 "정말 죄송합니다."와 같이 사과 표시를 하였다.
③ "최대한 빠른 시일 내로 교환해드릴 수 있도록 최선을 다하겠습니다."라고 말하며 해결 약속을 하였다.

43 리더십

정답 ③

'썩은 사과의 법칙'에 따르면 먼저 A사원에게 문제 상황과 기대하는 바를 분명히 전한 뒤 스스로 변화할 기회를 주어야 한다.

44 리더십　정답 ④

스스로 하는 일이 없고, 제 몫의 업무를 제대로 수행하지 못하는 A사원은 수동형에 가깝다고 볼 수 있다.

멤버십의 유형

구분	자아상	동료 및 리더의 시각	조직에 대한 자신의 느낌
소외형	• 자립적인 사람 • 일부러 반대 의견 제시 • 조직의 양심	• 냉소적 • 부정적 • 고집이 셈	• 자신을 인정해주지 않음 • 적절한 보상이 없음 • 불공정하고 문제가 있음
순응형	• 기쁜 마음으로 과업 수행 • 팀플레이를 함 • 리더나 조직을 믿고 헌신함	• 아이디어 없음 • 인기 없는 일은 하지 않음 • 조직을 위해서 자신과 가족의 요구를 양보함	• 기존 질서를 따르는 것이 중요 • 리더의 의견을 거스르는 것은 어려운 일임 • 획일적인 태도 및 행동에 익숙함
실무형	• 조직의 운영방침에 민감 • 사건을 균형 잡힌 시각으로 봄 • 규정과 규칙에 따라 행동함	• 개인의 이익을 극대화하기 위한 흥정에 능함 • 적당한 열의와 평범한 수완으로 업무 수행	• 규정준수 강조 • 명령과 계획의 빈번한 변경 • 리더와 부하 간 비인간적 풍토
수동형	• 판단과 사고를 리더에게 의존 • 지시가 있어야 행동	• 지시를 받지 않고 스스로 하는 일이 없음 • 제 몫을 하지 못함 • 업무 수행에는 감독이 필요	• 조직이 자신의 아이디어를 원치 않음 • 노력과 공헌을 해도 아무 소용이 없음 • 리더는 항상 자기 마음대로 함
주도형	• 우리가 추구하는 유형, 모범형 • 독립적·혁신적 사고 • 적극적 참여와 실천		

45 경력 관리　정답 ③

자신이 그동안 성취한 것을 재평가하는 것은 경력 중기 단계에서 볼 수 있다. 경력 초기 단계에서는 직무와 조직의 규칙과 규범에 대해서 배우게 된다. 그리고 자신이 맡은 업무의 내용을 파악하고, 새로 들어간 조직의 규칙이나 규범, 분위기 등을 알고 적응해 나가는 것이 중요한 단계이다.

46 자기 관리　정답 ④

A사원이 자기개발을 하지 못하는 이유는 자기실현에 대한 욕구보다 인간의 기본적인 생리적 욕구를 더 우선적으로 여기기 때문이다.

47 자기 관리　정답 ②

㉠의 A사원과 ㉣의 D사원은 직무 환경에 새로운 기술이나 기계 등이 도입되는 등의 변화를 겪고 있다. 이처럼 변화하는 환경에 적응하기 위해서는 지속적인 자기개발이 필요하다.

오답분석

㉡ 자신이 달성하고자 하는 목표를 성취하기 위하여 자기개발을 해야 한다.
㉢ 자신감을 얻게 되고 삶의 질이 향상되어 보다 보람된 삶을 살기 위하여 자기개발을 해야 한다.

48 근면　정답 ③

직장에서는 업무시간을 지키는 것이 중요하다.

49 책임 의식

직업생활에서의 목표를 단지 높은 지위에 올라가는 것이라고 생각하는 것은 잘못된 직업관으로, 입사 동기들보다 빠른 승진을 목표로 삼은 D는 잘못된 직업관을 가지고 있다.

바람직한 직업관
- 소명 의식과 천직 의식을 가져야 한다.
- 봉사 정신과 협동 정신이 있어야 한다.
- 책임 의식과 전문 의식이 있어야 한다.
- 공평무사한 자세가 필요하다.

50 윤리

[오답분석]
① 관련 없는 팀원들 앞에서 좋지 않은 이야기를 할 필요는 없다.
③ 당사자인 B사원과 이야기해 사실관계를 파악하는 것이 우선이다.
④ B사원에 대해 좋지 않은 이야기를 퍼트리는 것은 적절하지 않다.

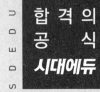

지식에 대한 투자가 가장 이윤이 많이 남는 법이다.

– 벤자민 프랭클린

전국 시·도 공공기관 통합편 답안카드

성 명

지원 분야

문제지 형별기재란
( )형   Ⓐ Ⓑ

수험번호
⓪	①	②	③	④	⑤	⑥	⑦	⑧	⑨
⓪	①	②	③	④	⑤	⑥	⑦	⑧	⑨
⓪	①	②	③	④	⑤	⑥	⑦	⑧	⑨
⓪	①	②	③	④	⑤	⑥	⑦	⑧	⑨
⓪	①	②	③	④	⑤	⑥	⑦	⑧	⑨
⓪	①	②	③	④	⑤	⑥	⑦	⑧	⑨
⓪	①	②	③	④	⑤	⑥	⑦	⑧	⑨

감독위원 확인
(인)

1	①	②	③	④		21	①	②	③	④		41	①	②	③	④
2	①	②	③	④		22	①	②	③	④		42	①	②	③	④
3	①	②	③	④		23	①	②	③	④		43	①	②	③	④
4	①	②	③	④		24	①	②	③	④		44	①	②	③	④
5	①	②	③	④		25	①	②	③	④		45	①	②	③	④
6	①	②	③	④		26	①	②	③	④		46	①	②	③	④
7	①	②	③	④		27	①	②	③	④		47	①	②	③	④
8	①	②	③	④		28	①	②	③	④		48	①	②	③	④
9	①	②	③	④		29	①	②	③	④		49	①	②	③	④
10	①	②	③	④		30	①	②	③	④		50	①	②	③	④
11	①	②	③	④		31	①	②	③	④						
12	①	②	③	④		32	①	②	③	④						
13	①	②	③	④		33	①	②	③	④						
14	①	②	③	④		34	①	②	③	④						
15	①	②	③	④		35	①	②	③	④						
16	①	②	③	④		36	①	②	③	④						
17	①	②	③	④		37	①	②	③	④						
18	①	②	③	④		38	①	②	③	④						
19	①	②	③	④		39	①	②	③	④						
20	①	②	③	④		40	①	②	③	④						

※ 본 답안지는 마킹연습용 모의 답안지입니다.

전국 시 · 도 공공기관 통합편 답안카드

성 명			

지원분야	

문제지 형별기재란	Ⓐ
(형)	Ⓑ

수험번호	⓪①②③④⑤⑥⑦⑧⑨
	⓪①②③④⑤⑥⑦⑧⑨
	⓪①②③④⑤⑥⑦⑧⑨
	⓪①②③④⑤⑥⑦⑧⑨
	⓪①②③④⑤⑥⑦⑧⑨
	⓪①②③④⑤⑥⑦⑧⑨
	⓪①②③④⑤⑥⑦⑧⑨

감독위원 확인	
(인)	

번호	1	2	3	4		번호	1	2	3	4		번호	1	2	3	4
1	①	②	③	④		21	①	②	③	④		41	①	②	③	④
2	①	②	③	④		22	①	②	③	④		42	①	②	③	④
3	①	②	③	④		23	①	②	③	④		43	①	②	③	④
4	①	②	③	④		24	①	②	③	④		44	①	②	③	④
5	①	②	③	④		25	①	②	③	④		45	①	②	③	④
6	①	②	③	④		26	①	②	③	④		46	①	②	③	④
7	①	②	③	④		27	①	②	③	④		47	①	②	③	④
8	①	②	③	④		28	①	②	③	④		48	①	②	③	④
9	①	②	③	④		29	①	②	③	④		49	①	②	③	④
10	①	②	③	④		30	①	②	③	④		50	①	②	③	④
11	①	②	③	④		31	①	②	③	④						
12	①	②	③	④		32	①	②	③	④						
13	①	②	③	④		33	①	②	③	④						
14	①	②	③	④		34	①	②	③	④						
15	①	②	③	④		35	①	②	③	④						
16	①	②	③	④		36	①	②	③	④						
17	①	②	③	④		37	①	②	③	④						
18	①	②	③	④		38	①	②	③	④						
19	①	②	③	④		39	①	②	③	④						
20	①	②	③	④		40	①	②	③	④						

※ 본 답안지는 마킹연습용 모의 답안지입니다.

전국 시·도 공공기관 통합형 답안카드

성 명	

지원 분야	

문제지 형별기재란

( )형　Ⓐ　Ⓑ

수험번호

	Ⓞ	①	②	③	④	⑤	⑥	⑦	⑧	⑨
	Ⓞ	①	②	③	④	⑤	⑥	⑦	⑧	⑨
	Ⓞ	①	②	③	④	⑤	⑥	⑦	⑧	⑨
	Ⓞ	①	②	③	④	⑤	⑥	⑦	⑧	⑨
	Ⓞ	①	②	③	④	⑤	⑥	⑦	⑧	⑨
	Ⓞ	①	②	③	④	⑤	⑥	⑦	⑧	⑨
	Ⓞ	①	②	③	④	⑤	⑥	⑦	⑧	⑨

감독위원 확인

(인)

1	① ② ③ ④	21	① ② ③ ④	41	① ② ③ ④
2	① ② ③ ④	22	① ② ③ ④	42	① ② ③ ④
3	① ② ③ ④	23	① ② ③ ④	43	① ② ③ ④
4	① ② ③ ④	24	① ② ③ ④	44	① ② ③ ④
5	① ② ③ ④	25	① ② ③ ④	45	① ② ③ ④
6	① ② ③ ④	26	① ② ③ ④	46	① ② ③ ④
7	① ② ③ ④	27	① ② ③ ④	47	① ② ③ ④
8	① ② ③ ④	28	① ② ③ ④	48	① ② ③ ④
9	① ② ③ ④	29	① ② ③ ④	49	① ② ③ ④
10	① ② ③ ④	30	① ② ③ ④	50	① ② ③ ④
11	① ② ③ ④	31	① ② ③ ④		
12	① ② ③ ④	32	① ② ③ ④		
13	① ② ③ ④	33	① ② ③ ④		
14	① ② ③ ④	34	① ② ③ ④		
15	① ② ③ ④	35	① ② ③ ④		
16	① ② ③ ④	36	① ② ③ ④		
17	① ② ③ ④	37	① ② ③ ④		
18	① ② ③ ④	38	① ② ③ ④		
19	① ② ③ ④	39	① ② ③ ④		
20	① ② ③ ④	40	① ② ③ ④		

※ 본 답안지는 마킹연습용 모의 답안지입니다.

전국 시 · 도 공공기관 통합편 답안카드

1	① ② ③ ④	21	① ② ③ ④	41	① ② ③ ④
2	① ② ③ ④	22	① ② ③ ④	42	① ② ③ ④
3	① ② ③ ④	23	① ② ③ ④	43	① ② ③ ④
4	① ② ③ ④	24	① ② ③ ④	44	① ② ③ ④
5	① ② ③ ④	25	① ② ③ ④	45	① ② ③ ④
6	① ② ③ ④	26	① ② ③ ④	46	① ② ③ ④
7	① ② ③ ④	27	① ② ③ ④	47	① ② ③ ④
8	① ② ③ ④	28	① ② ③ ④	48	① ② ③ ④
9	① ② ③ ④	29	① ② ③ ④	49	① ② ③ ④
10	① ② ③ ④	30	① ② ③ ④	50	① ② ③ ④
11	① ② ③ ④	31	① ② ③ ④		
12	① ② ③ ④	32	① ② ③ ④		
13	① ② ③ ④	33	① ② ③ ④		
14	① ② ③ ④	34	① ② ③ ④		
15	① ② ③ ④	35	① ② ③ ④		
16	① ② ③ ④	36	① ② ③ ④		
17	① ② ③ ④	37	① ② ③ ④		
18	① ② ③ ④	38	① ② ③ ④		
19	① ② ③ ④	39	① ② ③ ④		
20	① ② ③ ④	40	① ② ③ ④		

※ 본 답안지는 마킹연습용 모의 답안지입니다.

성 명

지원 분야

문제지 형별기재란
Ⓐ
Ⓑ
( )형

수 험 번 호
⓪ ① ② ③ ④ ⑤ ⑥ ⑦ ⑧ ⑨
⓪ ① ② ③ ④ ⑤ ⑥ ⑦ ⑧ ⑨
⓪ ① ② ③ ④ ⑤ ⑥ ⑦ ⑧ ⑨
⓪ ① ② ③ ④ ⑤ ⑥ ⑦ ⑧ ⑨
⓪ ① ② ③ ④ ⑤ ⑥ ⑦ ⑧ ⑨
⓪ ① ② ③ ④ ⑤ ⑥ ⑦ ⑧ ⑨
⓪ ① ② ③ ④ ⑤ ⑥ ⑦ ⑧ ⑨

감독위원 확인
(인)

전국 시·도 공공기관 통합편 답안카드

성 명

지원분야

문제지 형별기재란

( )형 Ⓐ Ⓑ

수험번호

	⓪	①	②	③	④	⑤	⑥	⑦	⑧	⑨
	⓪	①	②	③	④	⑤	⑥	⑦	⑧	⑨
	⓪	①	②	③	④	⑤	⑥	⑦	⑧	⑨
	⓪	①	②	③	④	⑤	⑥	⑦	⑧	⑨
	⓪	①	②	③	④	⑤	⑥	⑦	⑧	⑨
	⓪	①	②	③	④	⑤	⑥	⑦	⑧	⑨
	⓪	①	②	③	④	⑤	⑥	⑦	⑧	⑨

감독위원 확인

㊞

번호					번호					번호				
1	①	②	③	④	21	①	②	③	④	41	①	②	③	④
2	①	②	③	④	22	①	②	③	④	42	①	②	③	④
3	①	②	③	④	23	①	②	③	④	43	①	②	③	④
4	①	②	③	④	24	①	②	③	④	44	①	②	③	④
5	①	②	③	④	25	①	②	③	④	45	①	②	③	④
6	①	②	③	④	26	①	②	③	④	46	①	②	③	④
7	①	②	③	④	27	①	②	③	④	47	①	②	③	④
8	①	②	③	④	28	①	②	③	④	48	①	②	③	④
9	①	②	③	④	29	①	②	③	④	49	①	②	③	④
10	①	②	③	④	30	①	②	③	④	50	①	②	③	④
11	①	②	③	④	31	①	②	③	④					
12	①	②	③	④	32	①	②	③	④					
13	①	②	③	④	33	①	②	③	④					
14	①	②	③	④	34	①	②	③	④					
15	①	②	③	④	35	①	②	③	④					
16	①	②	③	④	36	①	②	③	④					
17	①	②	③	④	37	①	②	③	④					
18	①	②	③	④	38	①	②	③	④					
19	①	②	③	④	39	①	②	③	④					
20	①	②	③	④	40	①	②	③	④					

※ 본 답안지는 마킹연습용 모의 답안지입니다.

전국 시 · 도 공공기관 통합편 답안카드

	①	②	③	④		①	②	③	④		①	②	③	④		①	②	③	④
1	①	②	③	④	21	①	②	③	④	41	①	②	③	④					
2	①	②	③	④	22	①	②	③	④	42	①	②	③	④					
3	①	②	③	④	23	①	②	③	④	43	①	②	③	④					
4	①	②	③	④	24	①	②	③	④	44	①	②	③	④					
5	①	②	③	④	25	①	②	③	④	45	①	②	③	④					
6	①	②	③	④	26	①	②	③	④	46	①	②	③	④					
7	①	②	③	④	27	①	②	③	④	47	①	②	③	④					
8	①	②	③	④	28	①	②	③	④	48	①	②	③	④					
9	①	②	③	④	29	①	②	③	④	49	①	②	③	④					
10	①	②	③	④	30	①	②	③	④	50	①	②	③	④					
11	①	②	③	④	31	①	②	③	④										
12	①	②	③	④	32	①	②	③	④										
13	①	②	③	④	33	①	②	③	④										
14	①	②	③	④	34	①	②	③	④										
15	①	②	③	④	35	①	②	③	④										
16	①	②	③	④	36	①	②	③	④										
17	①	②	③	④	37	①	②	③	④										
18	①	②	③	④	38	①	②	③	④										
19	①	②	③	④	39	①	②	③	④										
20	①	②	③	④	40	①	②	③	④										

※ 본 답안지는 마킹연습용 모의 답안지입니다.

성 명

지 원 분 야

문제지 형별기재란
ⓐ
ⓑ
형( )

수 험 번 호

⓪	①	②	③	④	⑤	⑥	⑦	⑧	⑨
⓪	①	②	③	④	⑤	⑥	⑦	⑧	⑨
⓪	①	②	③	④	⑤	⑥	⑦	⑧	⑨
⓪	①	②	③	④	⑤	⑥	⑦	⑧	⑨
⓪	①	②	③	④	⑤	⑥	⑦	⑧	⑨
⓪	①	②	③	④	⑤	⑥	⑦	⑧	⑨
⓪	①	②	③	④	⑤	⑥	⑦	⑧	⑨

감독위원 확인
(인)

전국 시 · 도 공공기관 통합형 답안카드

성 명

지원분야

문제지 형별기재란

( ) 형

Ⓐ Ⓑ

수험번호

⓪	①	②	③	④	⑤	⑥	⑦	⑧	⑨
⓪	①	②	③	④	⑤	⑥	⑦	⑧	⑨
⓪	①	②	③	④	⑤	⑥	⑦	⑧	⑨
⓪	①	②	③	④	⑤	⑥	⑦	⑧	⑨
⓪	①	②	③	④	⑤	⑥	⑦	⑧	⑨
⓪	①	②	③	④	⑤	⑥	⑦	⑧	⑨
①	②	③	④	⑤	⑥	⑦	⑧	⑨	

감독위원 확인

(인)

번호	①	②	③	④		번호	①	②	③	④		번호	①	②	③	④
1	①	②	③	④		21	①	②	③	④		41	①	②	③	④
2	①	②	③	④		22	①	②	③	④		42	①	②	③	④
3	①	②	③	④		23	①	②	③	④		43	①	②	③	④
4	①	②	③	④		24	①	②	③	④		44	①	②	③	④
5	①	②	③	④		25	①	②	③	④		45	①	②	③	④
6	①	②	③	④		26	①	②	③	④		46	①	②	③	④
7	①	②	③	④		27	①	②	③	④		47	①	②	③	④
8	①	②	③	④		28	①	②	③	④		48	①	②	③	④
9	①	②	③	④		29	①	②	③	④		49	①	②	③	④
10	①	②	③	④		30	①	②	③	④		50	①	②	③	④
11	①	②	③	④		31	①	②	③	④						
12	①	②	③	④		32	①	②	③	④						
13	①	②	③	④		33	①	②	③	④						
14	①	②	③	④		34	①	②	③	④						
15	①	②	③	④		35	①	②	③	④						
16	①	②	③	④		36	①	②	③	④						
17	①	②	③	④		37	①	②	③	④						
18	①	②	③	④		38	①	②	③	④						
19	①	②	③	④		39	①	②	③	④						
20	①	②	③	④		40	①	②	③	④						

※ 본 답안지는 마킹연습용 모의 답안지입니다.

전국 시·도 공공기관 통합편 답안카드

성 명			

지원 분야			

문제지 형별기재란	
형 ( )	Ⓐ Ⓑ

수 험 번 호

⓪	①	②	③	④	⑤	⑥	⑦	⑧	⑨
⓪	①	②	③	④	⑤	⑥	⑦	⑧	⑨
⓪	①	②	③	④	⑤	⑥	⑦	⑧	⑨
⓪	①	②	③	④	⑤	⑥	⑦	⑧	⑨
⓪	①	②	③	④	⑤	⑥	⑦	⑧	⑨
⓪	①	②	③	④	⑤	⑥	⑦	⑧	⑨
⓪	①	②	③	④	⑤	⑥	⑦	⑧	⑨

감독위원 확인
(인)

번호	①	②	③	④	번호	①	②	③	④	번호	①	②	③	④
1	①	②	③	④	21	①	②	③	④	41	①	②	③	④
2	①	②	③	④	22	①	②	③	④	42	①	②	③	④
3	①	②	③	④	23	①	②	③	④	43	①	②	③	④
4	①	②	③	④	24	①	②	③	④	44	①	②	③	④
5	①	②	③	④	25	①	②	③	④	45	①	②	③	④
6	①	②	③	④	26	①	②	③	④	46	①	②	③	④
7	①	②	③	④	27	①	②	③	④	47	①	②	③	④
8	①	②	③	④	28	①	②	③	④	48	①	②	③	④
9	①	②	③	④	29	①	②	③	④	49	①	②	③	④
10	①	②	③	④	30	①	②	③	④	50	①	②	③	④
11	①	②	③	④	31	①	②	③	④					
12	①	②	③	④	32	①	②	③	④					
13	①	②	③	④	33	①	②	③	④					
14	①	②	③	④	34	①	②	③	④					
15	①	②	③	④	35	①	②	③	④					
16	①	②	③	④	36	①	②	③	④					
17	①	②	③	④	37	①	②	③	④					
18	①	②	③	④	38	①	②	③	④					
19	①	②	③	④	39	①	②	③	④					
20	①	②	③	④	40	①	②	③	④					

전국 시·도 공공기관 통합형 답안카드

성 명

지원 분야

문제지 형별기재란

( )형

Ⓐ Ⓑ

수험번호

	⓪	①	②	③	④	⑤	⑥	⑦	⑧	⑨
	⓪	①	②	③	④	⑤	⑥	⑦	⑧	⑨
	⓪	①	②	③	④	⑤	⑥	⑦	⑧	⑨
	⓪	①	②	③	④	⑤	⑥	⑦	⑧	⑨
	⓪	①	②	③	④	⑤	⑥	⑦	⑧	⑨
	⓪	①	②	③	④	⑤	⑥	⑦	⑧	⑨
	①	②	③	④	⑤	⑥	⑦	⑧	⑨

감독위원 확인

(인)

1	① ② ③ ④		21	① ② ③ ④		41	① ② ③ ④
2	① ② ③ ④		22	① ② ③ ④		42	① ② ③ ④
3	① ② ③ ④		23	① ② ③ ④		43	① ② ③ ④
4	① ② ③ ④		24	① ② ③ ④		44	① ② ③ ④
5	① ② ③ ④		25	① ② ③ ④		45	① ② ③ ④
6	① ② ③ ④		26	① ② ③ ④		46	① ② ③ ④
7	① ② ③ ④		27	① ② ③ ④		47	① ② ③ ④
8	① ② ③ ④		28	① ② ③ ④		48	① ② ③ ④
9	① ② ③ ④		29	① ② ③ ④		49	① ② ③ ④
10	① ② ③ ④		30	① ② ③ ④		50	① ② ③ ④
11	① ② ③ ④		31	① ② ③ ④		
12	① ② ③ ④		32	① ② ③ ④		
13	① ② ③ ④		33	① ② ③ ④		
14	① ② ③ ④		34	① ② ③ ④		
15	① ② ③ ④		35	① ② ③ ④		
16	① ② ③ ④		36	① ② ③ ④		
17	① ② ③ ④		37	① ② ③ ④		
18	① ② ③ ④		38	① ② ③ ④		
19	① ② ③ ④		39	① ② ③ ④		
20	① ② ③ ④		40	① ② ③ ④		

※ 본 답안지는 마킹연습용 모의 답안지입니다.

전국 시·도 공공기관 통합편 답안카드

	①	②	③	④		①	②	③	④		①	②	③	④
1	①	②	③	④	21	①	②	③	④	41	①	②	③	④
2	①	②	③	④	22	①	②	③	④	42	①	②	③	④
3	①	②	③	④	23	①	②	③	④	43	①	②	③	④
4	①	②	③	④	24	①	②	③	④	44	①	②	③	④
5	①	②	③	④	25	①	②	③	④	45	①	②	③	④
6	①	②	③	④	26	①	②	③	④	46	①	②	③	④
7	①	②	③	④	27	①	②	③	④	47	①	②	③	④
8	①	②	③	④	28	①	②	③	④	48	①	②	③	④
9	①	②	③	④	29	①	②	③	④	49	①	②	③	④
10	①	②	③	④	30	①	②	③	④	50	①	②	③	④
11	①	②	③	④	31	①	②	③	④					
12	①	②	③	④	32	①	②	③	④					
13	①	②	③	④	33	①	②	③	④					
14	①	②	③	④	34	①	②	③	④					
15	①	②	③	④	35	①	②	③	④					
16	①	②	③	④	36	①	②	③	④					
17	①	②	③	④	37	①	②	③	④					
18	①	②	③	④	38	①	②	③	④					
19	①	②	③	④	39	①	②	③	④					
20	①	②	③	④	40	①	②	③	④					

성 명

지원분야

문제지 형별기재란

( )형 Ⓐ Ⓑ

수 험 번 호

⓪	①	②	③	④	⑤	⑥	⑦	⑧	⑨
⓪	①	②	③	④	⑤	⑥	⑦	⑧	⑨
⓪	①	②	③	④	⑤	⑥	⑦	⑧	⑨
⓪	①	②	③	④	⑤	⑥	⑦	⑧	⑨
⓪	①	②	③	④	⑤	⑥	⑦	⑧	⑨
⓪	①	②	③	④	⑤	⑥	⑦	⑧	⑨
⓪	①	②	③	④	⑤	⑥	⑦	⑧	⑨

감독위원 확인

(인)

※ 본 답안지는 마킹연습용 모의 답안지입니다.

2025 최신판 시대에듀 전국 시 · 도 공공기관 통합편 NCS + 일반상식 + 모의고사 4회 + 무료NCS특강

초 판 발 행	2025년 02월 20일 (인쇄 2024년 11월 28일)
발 행 인	박영일
책 임 편 집	이해욱
편 저	SDC(Sidae Data Center)
편 집 진 행	김재희 · 강승혜
표지디자인	하연주
편집디자인	김경원 · 장성복
발 행 처	(주)시대고시기획
출 판 등 록	제10-1521호
주 소	서울시 마포구 큰우물로 75 [도화동 538 성지 B/D] 9F
전 화	1600-3600
팩 스	02-701-8823
홈 페 이 지	www.sdedu.co.kr
I S B N	979-11-383-8272-4 (13320)
정 가	25,000원

최신 출제경향 전면 반영

전국 시·도
공공기관
통합편

NCS + 일반상식 +
모의고사 4회

기업별 맞춤 학습 "기본서" 시리즈

공기업 취업의 기초부터 심화까지! 합격의 문을 여는 **Hidden Key!**

기업별 시험 직전 마무리 "모의고사" 시리즈

실제 시험과 동일하게 마무리! 합격을 향한 **Last Spurt!**

시대에듀가 합격을 준비하는
당신에게 제안합니다.

결심하셨다면 지금 당장 실행하십시오.
시대에듀와 함께라면 문제없습니다.

성공의 기회!
시대에듀를 잡으십시오.

NEXT STEP!

- 마크 트웨인 -

기회란 포착되어 활용되기 전에는 기회인지조차 알 수 없는 것이다.